인간과 사회의 진보를 위한

민주시민교육

인간과 사회의 진보를 위한
민주시민교육

초판 1쇄 인쇄 2011년 9월 9일
초판 2쇄 발행 2014년 3월 13일

지은이 심성보
펴낸이 김승희
펴낸곳 도서출판 살림터

기획 정광일
편집 조현주
디자인 썸앤준
일러스트 이태수
인쇄·제본 (주)현문
종이 월드페이퍼(주)

주소 서울시 마포구 서교동 395-27
전화 02-3141-6553
팩스 02-3141-6555
출판등록 2008년 3월 18일 제313-1990-12호
이메일 gwang80@hanmail.net

ISBN 978-89-94445-13-7 93370

*가격은 뒤표지에 있습니다.
*잘못된 책은 바꾸어 드립니다.

평화 · 인권 · 참여의 학습을 통한 **민주적 시민 되기의 길잡이**

인간과 사회의
진보를 위한

민주 시민 교육

심성보 지음

살림터

●머리말

2010년 10월, 교육과학기술부는 전국의 초·중·고교생들을 대상으로 민주 절차와 준법, 자유시장경제, 나라사랑 등에 대한 교육을 강화하는 '민주시민교육 활성화 방안'을 실시하겠다고 발표하였다. 민주시민교육 활성화 방안에 대한 교과부의 공식적 입장은, 국론 분열과 이념·세대 갈등을 극복하는 공동체 책임의식을 균형 있게 교육하겠다는 것이다. 그런데 정부의 방안은 학생들에게 비판적 사고 능력보다는 정부 입맛에 맞는 국가관을 주입해 체제 순응적, 무비판적 시민으로 양성할 가능성이 있다는 비판을 받았다. 그것은 국민적 합의 없이 민주시민교육을 국가적 차원에서 하향식으로 실시하려고 하였기 때문이다.

역사적으로 우리나라는 일제 식민지 지배, 오랜 냉전적 억압과 군사독재로 인하여 시민의 사회 참여, 정치 참여의 기회가 극도로 제한되어 국민들의 신민적 태도를 내면화해왔기 때문에 순응적인 국민만을 양성해왔다. 교육

민주화 담론이 오르내린 지 25년여의 역사가 흐르고, '민주시민교육'이라는 이름으로 사회과나 도덕과 또는 자율재량활동을 통해 시행하기는 하였지만, 정치 민주화가 퇴행하면서 학교 민주화는 큰 진척을 보이지 못했다. 그래서 실질적 민주주의나 일상적 민주주의가 튼튼하게 뿌리내리지 못한 것이다. 초중등 학교교육이 대학입시라는 선발 기제에 압도되면서 단순지식을 암기하는 훈련장으로 변질되어 감으로써 '민주시민교육'은 구호로만 남게 되었다. 특히 우리의 초중등 학교교육은 지나칠 정도로 입시교육 위주로 되어 있기 때문에 학력 수준과 시민의식과는 괴리되는 모습을 보여주었다. 입시 위주의 교육과 더불어 관료주의 행정체제, 교육과정의 미비, 교사 훈련의 미비와 교사의 의식 부족, 교사의 과중한 업무, 교사의 탈정치적 태도, 학부모의 보수적 태도 등은 민주적 시민을 양성하는 데 중대한 걸림돌로 작용하였다.

이러한 현실에서 우리는 어떻게 해야 하는가? 어떻게 해야 좋은 시민을 길러낼 수 있는가? 청소년들은 어떤 순간에 시민으로 변화하는가? 민주주의를 더욱 공고화하는 가장 좋은 방법은 무엇인가? 학교교육에서 민주주의를 공고화하는 바람직한 방법은 어린이를 민주시민으로 자라게 하는 민주시민교육을 더욱 신장시키는 일이다. 그런데 그동안 민주시민교육은 '민주적'이지 못했다. 말로 민주시민교육이었지 실제로는 공민교육civic education이나 국민교육national education의 수준을 크게 벗어나지 못했다. 그래서 '민주적' 민주시민교육이라는 동어 반복적인 말이 나오는 것이다. 시민교육 앞에 '민주적'이라는 형용사를 붙인 '민주적 시민교육democratic civic education'은 시민교육에 대한 반성과 성찰에서 나온 말이다(6장). '민주적 시민교육'은 '민주적 시민권/시민성을 위한 교육education for democratic citizenship'이라고 할 수 있다. 단순히 정부에서 제공하는 지식을 기계적으로 전달하거나 순응적 덕목을 주입하는 체제 유지나 정권 홍보를 위한 공민교육이 아니라, 민주주의에 토대를 둔 '민주교육democratic education'이라고 할 수 있다.

그런데 학생들은 그동안 왜 시민으로 자라지 못했는가? 그것은 우리의 역사에서 보듯이, 학교의 사회적 활동에서 어린이와 청소년의 참여를 무시해 왔기 때문이며, 그들이 시민으로서 대우를 받지 못하고 자랐기 때문이다. 한마디로 '시민으로서의 경험'을 하지 못했기 때문이다. 어린이들(청소년을 포함한)이 권위주의적이고 관료적인 학교체제와 문화 속에서 민주시민으로 자라지 못했음은 당연한 귀결일 것이다(3장, 14장, 16장). 그동안 우리의 학교교육은 대중화되고 보편화되었지만, 입시 위주의 교육과 관료화된 학교교육으로 인해 민주적 삶을 경험하도록 하지 못했다. 학생들이 학창시절 민주주의 경험을 하지 못한다면 성인이 되어서도 민주적 삶을 구현할 수가 없다. 그렇게 되면 종국적으로 어른들의 민주주의 지체를 초래할 것이다. 미성숙한 학생이 곧바로 성숙한 성인이나 시민이 될 수는 없을 것이다. 민주시민은 저절로 만들어지는 것이 아니라 노력과 실천, 때에 따라 싸움을 통해 만들어지는 고통의 산물이다. 그러기에 민주주의는 제도를 통해서만 가능한 것이 아니고, 하나의 삶의 양식으로 실천되어야 한다. 왜냐하면 민주시민은 어려서부터 보고 배우는 지속적이고 의도적으로 이루어지는 훈련을 통해 탄생되고 성장하기 때문이다. 학생들이 학교의 전 교육과정(공식적 교육과정이든, 잠재적 교육과정이든) 속에서 시민으로서의 체험을 하도록 해야 한다. 단순히 민주주의에 대한 지식학습에 머무는 것이 아니라, 학생들이 시민으로서 사고할 뿐 아니라 행동·실천하도록 해야 한다. 어린이들이 세상의 현실에 직면하는 체험의 장으로 쉽게 접할 수 있는 소중한 경험의 기회를 갖도록 해야 한다. 그래야만 어린이들이 민주적 시민의 경험을 하게 된다.

민주시민을 길러내는 일은 학교교육의 중요한 목표이다. 그리고 아동기와 청소년기는 능동적 시민으로 성장할 수 있는 좋은 시기이다. 그러기에 어린이들이 능동적 시민으로 성장하는 데 필요한 지식과 기술을 체계적으로 학습해야 한다. '민주적' 시민교육(이하 '민주시민교육'으로 약칭함)은 미시민의 상태에 있는 어린이가 '공공적 시민'으로 성장할 수 있는 민주적 능력을 갖게 하는 교육을 주요 목표로 두고 있다. 시민의 민주적 능력이란 의사소통하며 대화하는 기술, 사회적 환경 속에서 평화로운 삶을 영위하는 능력, 공적 토론에 참여하는 능력, 비판적 사고 능력 등을 포함한다(6장). 또한 비판적 탐구를 하고, 숙지된 결정을 내리고, 권리와 책임을 행사하도록 도우며, 공동체 생활을 하면서 삶의 의사소통을 하고, 다른 생각을 가진 타인과 교류하며 상호 소통을 하는 능력도 매우 중요하다. 민주시민교육은 학교와 학급을 인권이 신장되고 보장되는 '민주적 공동체'로 만들 수 있는 맹아를 싹트게 하는 것이다. 민주시민교육은 단순히 학문적 논의를 위한 장에 머무는 것이 아니라, 매일 살고 활동하고 있는 학생들의 삶에 대한 것이다. 민주시민교육은 매일의 삶 속에서 직면하는 문제에 대한 스스로의 해결이 없이 존재할 수 없다. 학교에서 인간 존엄, 평화, 인권, 존경, 정의, 관용 등의 가치를 소중히 여기며 생활할 때 학생들은 민주적 시민으로 성장할 것이다.

그래서 민주시민교육은 학생의 열정, 상상력, 지성을 자극할 필요가 있으며, 시민적 용기를 표출하기 위해 정치적·경제적·사회적 힘에 도전하는 '비판교육'을 해야 한다. 그리고 어린이로 하여금 자신의 권리를 인식하고 방어하고 행사하며, 타인의 권리를 존중하고 옹호하고 허용하며, 가능한 한 공동선을 증진시키기 위해서 공공 영역에 능동적으로 참여하도록 해야 한다. 그것은 가정생활, 경제생활, 문화생활, 정치생활 속에서 세상이 어떻게 돌아가는지를 배우고 참여하고 실천하는 일련의 과정을 포함한다. 정치적 학습과 관련지어 볼 때 학교 밖의 참여적 활동은 매우 중요하다. 자전거를 타봐야 자전거 타는 능력을 기를 수 있듯 민주시민의 능력도 실천해야 얻어진다. 아리스토텔레스가 강조했듯 용기 있는 사람이 되려면 용기 있는 행동을 해야 하는 것이다. 존 스튜어트 밀도 강조한 것처럼 사람들이 공직을 맡거나 재판 과정에 공적으로 참여해봄으로써 시민됨·시민성citizenship을 체득할 수 있다. 이런 활동을 학생들이 쉽게 할 수 있는 것은 아니지만, 정치적 삶의 다른 경험, 즉 캠페인이나 공개토론 참여 등을 통해서도 가능할 것이다.

어린이가 여러 집단이나 개인과 상호작용을 하면서 주고받는 경험은 시민적 역량을 체득할 수 있는 중요한 환경이 될 것이다. 특히 학교를 참여적인 민주 공동체로 운영함으로써 어린이가 학교생활 속에서 민주주의를 체험하도록 하는 것은 어린이를 민주시민으로 성장시키는 아주 중요한 학습 환경이 될 것이다. 학교를 통해 민주주의를 실천하는 데 있어 듀이가 '작은 사회·작은 공동체'로서 학교를 강조한 것은 매우 중요한 의미가 있다. 작은 공동체 사회인 학교를 민주주의의 원리에 따라 운영하기 위해서는 학생들의 자율과 자치 구조와 문화를 확립하는 데서 시작되어야 한다(15장, 16장). 민주시민교육이 효과를 발휘하기 위해서는 학교 전체를 민주주의라는 큰 원칙 아래 '협치協治·공치共治(governance)'의 원리에 따라 운영해야 한다(6장). 국가와 시민사회를 잘 연계하는 교량의 역할을 하는 것이 거버넌스이다. 민주시민의 능력은 학교교육의 구조와 권한 운용, 즉 거버넌스 속에서 그리고 학교의 민주적 문화와 분위기 속에서 잘 구현될 수 있다(15장). 학생이 시민의 경험을 하도록 하는 삶의 교육활동은 '민주주의의 맹아'이다. 만일 우리가 더 나은 민주체제로 변화시키려는 의지와 능력을 지닌 시민을 창조하는 것을 목적으로 삼는다면, 학교에서 가르치는 내용뿐 아니라 그것의 학교와의 관계와 운영에 대해서도 관심을 기울이지 않을 수 없다. 국가의 공공 정책 등에 대한 공적 논의에 참여하고, 교과서에서 배운 지식을 실제 적용해보는 비판적 상상력은 민주시민의 중요한 능력일 것이다. 이 요소는 권위주의 체제의 '신민'과 구별하는 가장 중요한 근거일 것이다.

우리도 핀란드 등 선진 국가처럼 학생의 목소리를 크게 할 수 있는 청소년의회나 청소년 포럼 등을 활성화해야 한다(14장). 그런 활동을 통해 평화적 갈등 처리 능력을 배우고 더불어 사는 협동 능력을 배우게 된다. 학생들의 민주적 능력은 학생들의 폴리스, 즉 '자치공화국' 건설을 통해 가능할 것이다. 시민사회를 건설하기 위한 민주적 학교는 기존의 전통적 학교를 민주적 생각과 행동을 탐구하도록 하는 '실험학교'나 '실험실'로 바꿔놓을 것이다. 현대 국가에서 정치공동체로서의 폴리스 복원은 어렵더라도, 우리가 노력한다면 가정, 학교, 지역사회 속에서 폴리스의 복원은 가능할 것이다(1장, 2장). 이런 이유에서 영국의 '서머힐학교'와 산청의 '간디학교' 그리고 일부 교육청에서 시도하고 있는 '혁신학교'의 실험은 세간의 관심을 충분히 끌 만하다(15장, 16장). 간디학교는 선의 공동체를 만들어 구조 악에 맞서 비폭력적으로 저항하고 불복종하는 운동과 함께 부단한 자기성찰의 삶을 동시에 이루어가는 동시적 혁신을 추구한다. 간디학교의 불복종 운동은 단순히 사회구조를 변혁하자는 운동에 그치지 않고 끊임없는 자기실현과 자기반성의 길을 요구하고 있다. 간디학교는 사회구조의 변화만으로는 전체 인생의 문제가 해결되지 않는다는 것을 인류의 역사가 입증해주고 있다고 믿는다. 구조의 변화와 마음의 변화를 동시에 이루고자 하는 것이다.

어린이를 신민이 아닌 시민으로 기르기 위해서는 권한 신장, 즉 '자력화 empowerment'가 필요하다(15장). 어린이가 단순히 수동적으로 지배되는 것이 아니라, 연령과 성숙 정도에 따라 표현의 자유를 부여하고 참여를 행사하도록 하여 지배구조에 어떤 역할을 행사하도록 하여 능동적 시민으로 자라게 하는 것이다(3장). 「유엔 아동권리협약」이 강조하듯 어린이에게 참여의 기회를 마련하고 경청할 기회를 갖게 함으로써 스스로 힘을 기르도록 하는 것이다. 민주적 시민 능력은 교실 안에서뿐만 아니라 교실 밖에서도 학습할 수 있다. 왜냐하면 학교의 '풍토'는 중요한 영향을 미치기 때문이다. 지배적인 혹은 특징적인 분위기, 정신, 정조는 인간의 삶에 스며들게 하는 삼투력이 매우 크다. '잠재적 생활교육과정'이라고 할 수 있는 학교생활에서 나타나는 이런 특성은 민주적 시민 능력을 형성하게 하는 매우 중요한 요소이다.

학교를 민주적으로 운영하려면 어린이를 '미래의 시민'으로뿐만 아니라 '현재의 시민'으로 대우하는 인식의 전환이 필요하다. 배우는 과정에 있고 아직 미성숙하다는 이유 때문에 학생을 함부로 취급해서는 안 된다. 오히려 배우는 과정이고 미성숙하기에 약자의 처지에 있는 학생들은 상처받기 쉬우며, 그러기에 더욱 조심스럽게 다루어야 한다. 체벌 등 강제적 훈육은 일시적으로 학생의 부적절한 행동을 멈추게는 할 수 있으나 근원적인 변화를 가져올 수 없다(3장). 왜냐하면 그것은 근본적으로 자기성찰을 통한 자발성에서 나온 내면의 결정이 아니기 때문이다. 마음 또는 인격의 변화가 일어나 행동 수정을 한 것이 아니라, 지레 겁이 나거나 남의 이목을 봐서 겉치레의 행동 중지를 보일 뿐이다. 이런 행동의 일시적 중지는 또 다른 상황이 발생하면 재발되기 쉽다. 어떤 일을 하도록 하는 힘으로서 무엇이 옳고 그른지를 판단하는 합리적 판단력·추리력의 증진과 함께, 판단을 지속적으로 하도록 하는 마음의 성향과 태도로서 덕의 내면화나 인격의 함양 등 '도덕적 힘'이 매우 중요하다. 이것을 바탕으로 학교의 중요한 문제에 대해 발언할 수 있고, 의사결정에 참여하는 권한을 부여하는 '정치적 힘'을 갖도록 해야 한다. 양자를 아우르는 시민교육으로서 도덕교육과 정치교육의 융합이 그래서 중요한 의미를 갖는다(8장).

민주시민교육은 학교의 '외부에 있는' 세계와 '내부에 있는' 세계에 교량을 놓는 일이다. 민주시민교육은 학생의 열정, 상상력, 지성을 자극할 필요가 있으며, 이를 위해 시민적 용기를 표출하기 위해 정치적·경제적·사회적 힘에 도전하는 교육을 요구한다. 학교는 학생들을 온실 속의 화초로 길러서는 안 된다. 마당을 거치지 않고 안방에 들어갈 수 없다. 그러므로 교과서에서 배우는 지식과 세상에서 겪는 경험의 통합이 필요하다. 한마디로 듀이가 강조한 '경험의 재구성'인 것이다. 경험의 재구성을 위해서는 지역사회의 봉사활동이나 봉사학습service learning 등에 참여하는 것이 매우 중요하다(13장). 봉사학습은 봉사를 하면서 자기성찰과 이타적 체험을 갖게 하는 동시에 봉사 대상에 대한 비판의식과 정치의식을 갖게 하는 이중의 과제를 달성하도록 한다. 봉사학습은 기존의 자원봉사활동과 같이 소극적 시민을 양성하는 것이 아니라 능동적·비판적 시민으로 성장시키는 '강한 민주주의'를 지향한다.

학생들의 강한 민주적 능력을 함양하는 데는 무엇보다도 '인권교육'이 효력 있다(9장). 보호받아야 할 인권이 무엇인지, 피해를 주지 말아야 할 인권이 무엇인지를 자각하는 데는 인권교육이 효과적이다. 인권의식을 올바로 가져야 민주시민의 자격이 있다. 특히 「유엔 아동권리협약」이 강조한 어린이의 생존권, 보호권, 발달권, 참여권 보장은 무엇보다 중요한 민주시민이 갖추어야 할 자격 요소이다. 그렇지만 민주시민의 중요한 가치로서 '인권'을 강조하면서도 자신의 내면의 폭력을 성찰하는 '인격'을 동시에 소중하게 여겨야 한다(8장). 왜냐하면 발달과정에 있는 어린이는 인권을 협소하게 이해할 가능성이 있기에 도덕적 능력으로서 인격 함양과 함께 정치적 능력으로서 인권의식을 동시에 체득해야 한다.

그리고 인권교육에 초점을 둔 민주시민교육은 평화교육을 동시에 필요로 한다(10장). '평화교육'은 마음의 평화와 세상의 평화를 동시에 구현하는 민주시민교육이다. 구조적 평화 없는 심리적 평화나 심리적 평화 없는 구조적 평화는 모두 불완전하다. 내면적 행복 없는 사회적 행복이나 사회적 행복 없는 내면적 행복도 불완전하다. 평화교육은 내적 평화(마음, 인격 등)와 외적 평화(구조, 제도 등)를 동시에 필요로 한다. 평화교육 없이 인권교육이 존재할 수 없고, 인권교육 없이 평화교육이 존재할 수 없다. 인권교육이 밖을 향한 구호·주장 운동으로 편향되지 않기 위해서는 내공을 튼튼하게 하는 행복한 시민을 양성하는 행복교육이나 인격교육을 동시에 필요로 한다(8장, 9장).

인권과 평화를 더욱 풍부하게 하고 심화시키는 일은 민주주의를 강화하고 재형성하는 일에 없어서는 안 될 중요한 요소들이다.

흔히 진보 진영에서 보듯 인권교육의 담론을 지나치게 중시한 나머지 인격교육을 경시함으로써 일상생활의 작은 실천을 소홀히 하여 인간적 성숙을 게을리해서는 안 된다. 그리고 보수 진영에서 보듯 인격·인성 교육의 담론을 지나치게 중시하여 내면의 성실이나 생활상의 성실에만 치우침으로써 사회 정의를 외면하여 불공정 사회를 초래해서도 안 된다. 개개인의 인격의 자질을 '작게' 해석하지 않고 크게 해석하여 '사회적 인격'이나 '공동체적 인격'으로 확장시켜 인권의 개념과 결합할 수 있어야 한다. 인권 없는 인격교육이나 인격 없는 인권교육은 불완전한 시민교육이다. 인격 없는 인권을 지나치게 주장하는 사람이나 인권 없는 인격을 지나치게 주장하는 사람은 전인적(온전한) 인간상이 아니라는 면에서 그다지 아름답게 보이지 않는다. 개인적 깨달음과 사회적 깨달음은 분리할 수가 없다. 타자를 향해 권리를 주창하는 '입'과 그것을 말하는 자신의 행실을 바로 하는 '몸'의 일치를 동시에 요구하는 것이다. '시민권'만을 위한 '인권교육'이나 '시민성'만을 위한 '도덕교육'으로 편향되어서는 안 된다. 새는 좌우의 날개를 통해 날듯 '시민권·인권'과 '시민성·인격'의 동시 공존과 공생이 필요하다.

최근 새로운 관심으로 떠오른 진보적 교육청의 '혁신학교' 실험은 성공해야 한다(16장). 학교 민주주의의 복원을 위해 혁신학교 모델은 '민주적 학교'를 지향해야 한다. 학교를 민주적 공동체로 만들기는 미완의 민주주의를 더욱 공고히 하는 것이다. 학교구조와 문화를 참여와 자치를 기반으로 의사소통과 대화를 활성화하고, 의사결정 구조를 민주화하고, 신뢰와 협동의 공동체로 전환시키는 것이다. 민주적 공동체로서 혁신학교는 돌봄과 배움의 가치를 대단히 소중히 여기고 있다(16장). 이 가치를 중시하는 혁신학교는 기존의 잘못된 교육관을 극복하는 의미 있는 모델이 될 것이다. 그런데 행복한 배움 공동체 담론으로서의 '돌봄'만 보이고 '정의'가 잘 안 보이는 것은 좀 문제가 된다. 정의justice 없는 돌봄care은 성실한 무골호인만 양성하는 것이며, 돌봄 없는 정의는 인간미 없는 원칙적인 사람만을 양산한다. 따라서 혁신학교는 정의와 돌봄이 동시에 작동하는 공동체로 발전되어야 한다.

국가와 시민사회의 관계는 민주주의의 수준에 의해 좌우된다. 한 국가가 민주적일수록, 그 국가는 시민들 사이에 불화가 싹틀 때마다 더욱더 의욕적으로 대화와 타협의 길을 따르고자 할 것이다. 그렇기 때문에 민주주의 사회에서는 시민과 국가 사이에 등장하는 분열과 모순이 자유의 공간을 확장시키는 원천이 될 수 있으며, 과학·예술·문화의 새로운 도약을 위한 선결조건이 될 수 있다. 왜냐하면 자유로운 시민만이 자신을 진정한 창조자로서 실현할 수 있을 것이기 때문이다. 시민사회의 중요성은 민주주의가 작동하도록 혼합시키는 본질적 구성 요소이다. 시민사회의 구축이야말로 민주국가를 건설하는 데 있어 흔들리지 않는 토대가 될 것이다. 시민의 자율성을 바탕으로 능동적 동의에 의해 운영되는 국가·시장과 시민사회의 균형이 중요하다. 양자의 균형을 위해서는 국가·시장의 힘에 의해 위축된 시민사회의 역량을 강화해야 한다. 인간의 존엄성과 인권, 평등과 평화 등의 가치를 소중히 여기는 민주주의를 약화시키는 시장만능주의와 같은 신자유주의나 권위주의 정권의 출현을 온 힘을 다해 저지해야 한다. 그렇게 해야 어린이·학생의 행복을 지켜낼 수 있다.

다른 한편으로 민주주의를 역행시키는 세력의 저지와 함께 그 출현을 적극적으로 막지 못한 세력의 책무도 우리에게 있다는 점을 유념해야 한다. 다시 말하면 민주주의를 철저하게 실천하지 않은 민주화 세력에게도 책임이 있는 것이다. 따라서 국가와 시장의 성장에 비해 덜 발달된 시민사회의 수준을 향상시키는 데 최선을 다해야 한다. 그중에서도 민주시민의 주요한 덕성·인성으로서 '민주적 교양'을 함양할 필요가 있다. 민주적 교양을 지닌 시민이 되기 위해서는 '민주적 교양교육'이 필요하다(11장). 내면의 도야를 위한 교양의 함양뿐 아니라, 나아가 사회 변화를 위한 민주적 교양으로 발전해야 한다. 국가와 시민을 감시하고 견제하는 시민사회의 비판적 감시자로서 정당성과 도덕성을 동시에 확보하려면 민주시민의 수준 높은 교양 능력은 필수적이다. 민주주의를 지키고 발전시킬 시민의 민주적 역량인 교양의 힘이 성숙되어 있지 않으면 민주주의는 언제든지 뒷걸음칠 것이다. 정치, 경제, 사회의 모든 부분에서 일상적 삶과 행동과 정신상태의 모든 층위에서 민주사회를 유지할 시민적 역량이 요구된다. 민주주의를 지키고 발전시킬 시민의 역량이 성숙하지 않으면 민주주의는 언제든지 후퇴할 수밖에 없다. 우선 학생의 시민적 역량을 기르기 위해서는 가르치는 위치에 있는 교사의 시민적 역량이 먼저 강화되어야 한다. 교사의 시민적 역량이 강화되어야 학생의 시민적 역량이 강화될 것이다. 동시에 학생의 시민적 역량 강화를 위해 그들을 보살피는 부모를 위한 교양교육이 필요하다. 인격과 비판 능력을 동시에 갖게 하는 교양교육으로서 인문학의 학습은 아주 필수적이다.

민주적 시민사회의 건설을 위한 민주시민교육운동은 '쉽지 않은 도전'이다. 그렇지만 위기는 기회이다. 해결의 의지나 용기가 없다면 희망이 생길 리가 없다. 비록 작은 실천이라도 시작할 때 싹은 트고 언젠가 결실을 맺을 것이다. 혼자 꾸는 꿈은 몽상이지만 함께 꾸면 현실이 될 것이다. 이를 위해 우정과 연대의 정신 그리고 겸손한 마음으로 정성을 다하여 해결할 수 있는 공동의 지혜를 모아야 한다. 서로 신뢰하고 협력하며, 겸손하게 헌신하는 민주적 리더십을 발휘해야 한다. 중앙권력의 통제 속에서 제약이 한두 가지가 아니지만 지구적 운동을 벌여 수많은 작은 문화적 진지를 구축해야 한다. 작은 진지를 구축하면 언젠가 거대한 철옹성은 저절로 무너질 것이다. 『인간과 사회의 진보를 위한 민주시민교육』을 통해 시민의 주권을 회복하여 잃어버린 민주주의를 되찾을 희망의 빛을 발견할 수 있기를 간절히 기대한다.

이 책이 학교의 민주적 시민사회화, 교사와 학생 그리고 학부모의 시민화·교양화를 위한 작은 불쏘시개가 되기를 기대한다.

2011년 8월

저자가 한새벌에서 씀

차례

제3부 민주시민교육의 확장

DÉCLARATION
DES DROITS DE L'HOMME
PRÉAMBULE
CITROËN-CLICHY
NTERRE

제1부

시민사회와 시민권

제1장

시민사회의 개념과 현대적 재발견

1. 시민사회란 무엇인가?

역사적으로 시민사회의 기원을 어디에서 찾아야 하는지에 대해서는 학자들마다 논의가 다양하다. 고대 그리스와 로마에서 시민사회의 기원을 찾는 사람도 있고, 중세 교회공동체나 근대의 부르주아 사회에서 그 기원을 찾기도 한다. 고대 로마와 그리스의 시민사회는 정치적으로 조직된 공동체와 동일시되었기 때문에, 중세 교회공동체를 국가와 분리된 의미에서의 시민사회의 시초로 보기도 한다.

시민사회를 구성하고 있는 '시민'의 가장 간단한 의미는 '도시의 거주민'이다. 즉, 시민市民은 '시市'의 '민民'이다. 그런데 도시의 거주민을 뜻하는 라틴어 'civis'의 어원에서 출발한 시민은 당시 '도시라는 장소에 거주하는 사람'이라는 의미에 한정되지는 않았다. 시민이라는 단어는 단순히 아테네와 로마에 거주하는 사람을 의미하지 않고, 특정한 지위와 정치적 권리를 가진 사회

집단을 의미했다. 또한 고대 서양에서 성행한 도시국가(polis, 아테나와 스파르타)는 공화국republic인 현대의 국민국가(그리스)의 구성원과도 다르다. 오늘날 사용하는 시민의 개념은 특정한 경제적·문화적·정치적 의미를 함축하고 있으며, 그 의미는 사회 변동 과정과 함께 변화했다. 실제로 시민이라는 용어는 두 가지 의미를 갖는다. 첫 번째는, "나는 한국의 시민이다. 나는 이중국적을 갖고 있다"와 같이 국가의 구성원을 의미하고, 두 번째는 "젊은이들이 좋은 시민이 되도록 장려해야 한다"와 같이 한 국가의 구성원과 연관된 기대를 충족시키는 의미를 동시에 갖고 있다(McCowan, 2011: 168). 첫 번째 의미에서는 시민이 되거나 그렇지 못하거나 한다. 그것은 '법적 지위'이다. 국가는 일련의 권리를 보장해준다. 두 번째 의미에서 우리는 좋은-나쁜 시민이라고 말할 수 있다. 이것은 법적 지위가 아니고, 개인적·집단적 정체성[1], 덕, 정치적 참여, 사회적 요건, 행위 등의 문제에 속한다. 학교교육에서 주로 다루어지는 시민교육은 주로 두 번째 의미와 관련된다.

오늘날 대한민국에서 '시민'은 어떤 특별한 신분이 아니라, 대한민국에서 인권과 기본권을 보장받고 정치적 권리를 행사할 수 있는 모든 사람을 지칭한다. 이처럼 시민이라는 개념의 의미는 사회 변화와 깊이 관련되어 있다(신진욱, 2008: 20-22). 현 시점에서 시민은 개인과 현대 민주 국가 사이에 존재하는 일련의 관계인 권리(지위), 즉 '시민권'과 함께 의무(역할), 즉 '시민성'이라는 양면적 의미를 갖는다.[2] '시민'은 공동체 구성원으로서의 자격으로 공동체와 관계 혹은 공동체의 다른 구성원과의 관계 속에서 부여된 지위(권리)와 역할(의무)을 갖고 있는 존재이다. 사회는 시·공간적으로 동일한 곳에 있는 불특

---

1 시민됨이 개인에게 부여하는 정체성은 '최소' 관점에서는 단지 형식적·법적·사법적인 것에 지나지 않는다. 반면 '최대' 관점의 정체성은 그 이상의 것으로 본다. 이 관점의 시민은 권리뿐만 아니라, 의무와 책임, 공동선의 인식, 우애심 같은 민주적 문화를 공유하는 살아 있는 공동체의 성원으로 자기 자신을 의식해야 한다.

2 citizenship을 '시민권' 또는 '시민성'으로 해석하는 것이 이러한 이유 때문이다.

정 개인들의 집합체가 아니다. 행위 주체자의 집단의식, 즉 합의된 정체성이야말로 사회 형성의 바탕을 이루는 틀이 된다. 이 합의란 바로 공동체를 형성하는 원리이며 과정을 거치는 것이다. 시민은 역사 속에서 특정 유형의 공동체 속에서 형성된 존재이다. 그래서 적어도 개념적으로나 현실적으로 공동체를 초월하거나 떠나서 살아가는 사람을 인간이나 개인이라고 부를 수는 있지만, 국가나 사회 같은 공동체와 분리된 사람을 시민이라고 부르기는 어렵다. 왜냐하면 시민은 공동체 구성원으로서의 자격으로 공동체와의 관계 혹은 공동체의 다른 구성원들과의 관계 속에서 부여된 어떤 지위(권리)와 역할(의무)을 갖고 있는 존재이기 때문이다. 보편적인 인간 혹은 자율적 개인은 공동체에 우선하거나 공동체와 분리될 개연성을 일정 정도 지니고 있다. 즉 자의든 타의든 인간은 공동체를 떠날 수 있는 가능성이 있다. 그러므로 정치와 경제에서의 행위 주체자가 아닌 이합집산적인 타율적 의존자인 개인으로 구성된 집합체는 역사적·문화적 정체감이나 공동체적 합의를 구현하기가 불가능하다. 따라서 소수 특권집단에 의한 획일적 의사결정과 자원의 불평등 분배, 생태적 위기가 초래되었다는 것은 시민이 부재하다는 반증이다.

역사적으로 시민의 가장 특징적인 형태는, 시민에 대한 고전적인 설명으로서 아테네의 이상인 고대 그리스의 폴리스[3]에서 찾을 수 있다(Pocock, 1998: 33). 아테네 문명을 향유하던 고대 그리스의 사상에서 시민사회란 일의 분업, 신분지위, 우정관계 등의 특수적 맥락에서 다양한 재능과 취향과 관심을 지닌 시민(자유민)의 활동 영역이다. 고대 그리스의 민주주의는 직접 민주주의로서 국민demos=people이 직접 지배하고 지배받는 국민의 지배였다. 따라서

3 폴리스polis는 단순히 한 장소에 거주하는 사람들의 모임도 아니고, 상호 부정을 방지하고 교환을 편리하게 하기 위한 모임도 아니다. 그것들은 폴리스의 필요조건이자 충분조건은 아니다. 폴리스의 목적과 목표는 좋은 삶이며, 사회생활의 여러 제도는 그 목적을 위해 존재한다.

국가는 오늘날의 대의제 민주주의에서처럼 국민의 대리인이 아니라 바로 국민이었다. 그러므로 도시민이 모여 사는 공동체인 시민사회가 바로 국가가 되는 셈이다. 아리스토텔레스가 시민사회를 국가 또는 정치공동체koinonia politike와 동의어로 사용한 것은 고전적 그리스의 개념에서 보면 자연스러운 것이었다. 아리스토텔레스에 의하면 인간은 정치적 동물zoon politikon이다. 인간은 정치공동체에 참여하는 생활을 하지 않고서는 자기완성을 할 수 없다. 그러기에 '좋은 인간good man'이 되기 위해서는 반드시 '좋은 시민good citizen'이 되어야만 한다.

시민사회는 중세 라틴어 'societate civili' 또는 'societas civilis', 즉 'civil society'에서 그 어원을 찾을 수 있다. 여기에서 'societate'나 'societas'는 법적으로 공인된 개인들의 집단을 지칭하는 'universitas(조합공동체)'[4]와 대조되는 개인들 간의 자발적인 동의나 계약에 의해 형성된 집단 또는 결사체를 지칭하는 말이며, 'civilis'는 고대 도시국가를 뜻하는 'civitas'의 형용사로서 이것은 희랍어 'polis'에 상응하는 말이다. 실제로 로마의 키케로Cicero는 아리스토텔레스의 정치공동체Koinonia politike를 '시민사회societas civilis'나 '시민공동체communitas civilis'로 번역하였다. 시민사회란 혼자 사는 고통을 피하고자, 자기 이익을 추구하는 개인들이 만든 관습 개념을 넘어선 자연적(본성적) 제도이며 그 정치적 표현은 개인이 속한 가장 포괄적이고 중요한 결사체라고 주장하였다. 18세기 말에 이르면 'civil society'란 문명화되지 않은 야만적 사회이거나 전제적인 지배가 이루어지는 자연인이 아닌 '개인'으로 인식되었다. 신흥 부르주아/상인계층을 중심으로 절대 권력에 가려져 있던 개인의 권리 문제가 제기되면서, 개인이란 단지 사회를 구성하는 불특정한 성원

4 세상 각자에서 모여든 학생들이 앎의 의지를 하나로 뭉쳐 자신들의 권익을 지키려고 만든 자치조합 또는 조합공동체를 의미했던 'universitas'는 오늘날 대학을 가리키는 말이 되었다.

이 아니라 신분의 예속을 받지 않는 정치적·경제적 행위를 하는 하나의 독립된 인격체이며 '주권자'라는 인식이 생겼다. 이때 개인은 동등한 권리를 가지며, 자율성과 참여의식을 가지는 사회 성원, 즉 '시민citizen'이 되는 것이다. 이들이 동등한 권리(시민권)를 가지고 구성된 사회는 '시민사회civil society'가 된다. 시민들은 국가에 압력을 가하고자 타인들과 연합했고, 바로 여기서 독립적이고 자유로운 시민집단인 '시민계급'과 이들의 연합체들로 구성된 근대적 '시민사회'가 탄생하게 되었다는 말이다.

이렇게 '시민사회civil society'라는 말은 '시민'만큼이나 오랜 역사와 복잡한 의미의 층위를 갖고 있다. 그리고 시민사회라는 용어는 오늘날 역사적 맥락에 따라 다양한 의미로 사용된다. 고대 서양의 정치사상에서는 국가와 시민사회가 구분되지 않았다. 시민계급에 의한 공화정치를 하는 폴리스는 시민적 덕성을 갖춘 시민들의 사회이다. 반면 시민사회라는 개념이 국가 또는 정치 사회와 구분되는 개념으로 분리되기 시작한 것은 근대부터이다. 이 시기에는 자본주의 시장경제가 국가나 공동체의 규제를 벗어나 독립된 사회 영역으로 커져갔고, 계몽주의나 자유주의 사상운동과 더불어 사회문화적 자의식도 성장했다. 이런 사회 변화 가운데 다양한 지적 흐름이 시민사회라는 개념을 채워갔다.

시민사회는 크게 다음과 같은 네 가지 구성요건으로 정의된다. 첫째 공적 권위 그리고 기업과 같은 사적 생산단위로부터 독립적인 자율적 조직체가 존재하는 영역, 둘째 자신들의 이익과 열정을 증진하기 위해 관련된 문제를 논의하고 집단적인 행동을 취한다는 조건, 셋째 국가기구를 대체해서 정치를 지배하거나 사적 생산자를 대체해서 시장 내지 사회를 지배하는 책임을 떠맡지 않는다는 조건, 넷째 시민적 성격, 즉 사전에 정해진 규칙 내에서 행위하는 데 동의하고 상호 간에 이를 존중하는 것이다(최장집, 2009: 76-77). 다시 말하면 시민사회는 공적 권위와 사적 단위에 대한 이중적 자율성, 집합적 행동, 권력 획득을 꾀하지 않는 성격으로 요약할 수 있다. 시민사회는 비정부적 구조와 활동으로 구성되고, 하나의 사회 형태이고, 교양·예의civility를 보여주고, 다원주의의 강력한 흔적과 강한 갈등 잠재력을 포함하고 있으며, 전 지구적이다(Keane, 2003). 시민사회는 공간적인 성격을 띠기는 하지만, 시민적인 것을 규정하는 특정 가치체계나 규범이 그보다 더 중요한 의미를 갖는다. 이와 같은 규범적 의미로부터 시민사회가 수행하는 어떤 특정의 역할을 도출할 수 있는데, 이는 민주주의와 관련된 시민사회의 역할을 말하는 것이다. 보다 구체적으로 말하면, 시민사회는 공적 권력이 행사되는 국가 영역과도 구별되지만 가족이나 시장과 같이 생산과 재생산 활동이 이루어지는 사적 영역과도 구별되며, 위계적인 구도 하에 놓고 본다면 국가 영역과 사적 영역 사이에 존재하는 '중간 층위의 영역'이라고 말할 수 있다. 시민사회는 기본적으로 정당한 그리고 정통성 있는 국가의 권위를 존중하며 법을 인정하고 존중한다. 물론 시민사회는 법의 지배 테두리 내에서 활동하지만 때로는 거부도 하는 것이다. 동시에 시민사회는 정당하지 않은 자의적이고 독재적인 국가권력에 대한 저항을 조직하는 최후의 보루이며, 정의롭지 못한 법의 지배를 거부하는 주체이기도 하다.

그러나 동시에 정당한 권력에 대해서 법의 지배에 기초한 국가권력을 정당화해주는 민주주의의 핵심적 지원 세력 또한 시민사회이기도 하다. 문명사회 또는 시민사회의 덕목으로서 교양(시민의식, 예의 등)은 시민사회를 시민답게 하는 윤리적 요소로서 공동선을 우선시한다. 그것은 단순히 개인 간의 관계에서 예의 바른 것을 말하는 것이 아니라 공적 차원의 책임을 말하는 것으로서 다양성과 관용의 가치를 두는 것이며, 공동의 이익 추구, 부동의와 불복종 등까지 나아갈 수 있음을 말한다고 할 수 있다(Dekker, 2009). 시민사회는 갈등이 발생하면 모든 문제를 평화적인 방식으로, 폭력적이지 않은 방식으로, 규칙을 따르고, 예의를 갖춘 시민들이 대화·토론·심의를 통해 문제를 해결하려고 한다. 시민사회는 그 구성원들이 상호 간 그리고 사회 전체의 복지를 돌보는 것이다. 인내, 존중 및 예의는 자발적인 사회봉사에 의해 구현될 수 있다. 시민사회는 국가를 넘어선 모든 영역을 포괄하는 개념이다. 또한 시민사회는 동일한 조직 원리에 따라 형성된 단일체도 아니며, 지배계급의 영역도, 기층민의 요구가 표출되는 여론 형성의 장도, 중간계층의 활동 공간만도 아니다. 이는 여러 계층·계급 간의 이해가 교차하는 복합적 대립 공간이며, 국가 형성과는 달리 다원적인 사회의 여러 세력이 스스로 내적 요구에 의해 아래로부터 표출되어 자율적으로 운동해가는 과정을 밟는다. 오늘날 사회를 부활시키고, 효과적인 시민들을 훈련시키고, 존중과 협력의 미덕을 구축하고, 이기심 대신에 도덕적인 대안을 제공하며, 지나친 관료제를 제한하고, 공공 영역에 활력을 불어넣는 것이 시민사회이다(Ehrenberg, 2002: 415-416).

'시민사회'라는 말은 '사회'라는 말 앞에 형용어가 붙은 특별한 내용과 형태의 사회를 일컫는 말이고, 또한 시민사회의 '시민civil'의 개념은 '교양'을 갖춘 시민의 개념을 함의하고 있다(Lisman, 1998: 13). '시민사회'는 문자 그대로 '시민적' 사회를 가리키는 말이다. 시민사회civil society의 '시민적civil'은 교양 있는, 예의 있는, 세련된, 개화된 등의 의미를 지니고 있다. 시민사회는 '문명화civilization'의 과정으로서 '교양教養·예의禮義-civility'가 지켜지는 사회이다. '문명civilization'의 어원이 되기도 하는 형용사 'civilis', 즉 'civil(시민의, 예의 바른)'은 13세기부터 동사 'civiser(교화하다, 개화하다)'는 16세기부터 사용되었고, 특히 과거분사 'civilise(세련된, 개화한)'는 17세기부터 사용되었다(나가오, 2010: 63). 모두 예의 있고 분별력 있는 세련된 사람들을 가리키는 말이다. 시민사회는 18세기 후반부터 중세 봉건사회를 대신하며 부상하는 새로운 사회 질서를 통칭하는 단어로 사용되기 시작했다. 18세기까지 남아 있던 귀족주의적 사회사상에서 '시민적civil'이라는 개념은 '무례하고 문명화되지 못한'

것과 대비하여 '정중하고 세련된' 사람과 행동을 의미했다. 18세기부터 시작된 문명의 새로운 의미는 현세에서 인간의 누진적 '자기도야', 즉 인간이 스스로를 갈고 닦아서 점점 더 나은 존재로 진보한다는 것을 강조하는 계몽사상의 정신이 깃들어 있다(나가오: 2007: 147). 한마디로 정리하면 'societas civilis'는 'civilis'를 최대화하여 'societas'를 'civilis'가 '보호해야' 한다는 의미를 갖고 있다(Gomes, et al, 2007: 6). '사회'는 가족으로부터 시작하여 시장에서 이루어지는 경제활동과 이를 뒷받침하는 경제제도, 사회활동이 전개되는 각종 사적 영역과 이들이 어우러진 사회구조, 나아가 국가를 포함하는 공적 영역까지를 아우르는 한 공동체의 공간적 영역 전체를 표현하는 말이다.

그런 의미에서 '시민적/비시민적'의 개념 구분은 '문명화된civilized/문명화되지 않은uncivilized' 것의 구분과 무관하지 않다. 18세기까지 유럽에서는 그리스의 폴리스와 로마의 공화정의 전통에 따라 '시민사회'를 인간들의 관계가 법에 의해 규제되며 개인들이 공적 생활에 적극적으로 참여하는 개화된 enlightened 또는 문명화된civilized 시민들의 사회 질서라는 개념으로 사용하였다. 영국의 자유주의자들은 이러한 그리스와 로마의 시민사회 개념을 계승하였다. 최초로 시민사회 이론을 정립한 18세기의 스코틀랜드 계몽주의자인 퍼거슨Adam Ferguson이 보는 시민사회는 국가와 확연히 구별되는 생활영역이 아니었다. 퍼거슨에 있어서 시민사회는 상업적 활동을 보호하고 세련화할 뿐 아니라 정부와 법의 지배에 의해 문화적·공적 정신을 함양하는 '세련되고 문명화된 정치사회'였다. 시민사회란 부패, 타락, 억압하는 전제정과 대비되는 공공 정신을 뜻하였다. 말하자면 로마 공화정의 유산을 이어받아 시민사회를 '공적 덕성을 가진 시민들의 공동체'로 규정하였다. 시민사회의 개념은 정중하고 세련된 '문명된 사회civilized society'의 개념과 관련이 깊으며 야만적이고 원시적인 사회와 상반된 근대적 의미를 갖고 있다. 그가 염두에 둔 시민사회는 원시적인 '무례-미숙'으로부터 다양한 정도의 '품위-세련'

에 이르기까지 진보한 사회이다(Ehrenberg, 1999: 195-204). '교양 있음kultiviert'은 분명 '문명화됨Zivilisiertsein'의 가장 수준 높은 형태를 표현한다(Elias, 2009: 107).[5] 인간 역사에 야만주의로부터 문명으로의 과정을 통해 산업, 농업, 항해술, 과학, 도덕성, 문화가 나타나기 시작하였다. 시민사회는 도시라는 생태계의 사회문화적 조직화 현상과 더불어 나타났고, 도시는 시장과 국가를 갖게 됨으로써 문명을 생성시켰다. 따라서 시민사회는 '문명화civilization'를 가능하게 하는 조직이며, 거기에는 도시, 시장, 국가라는 사회적 범주의 생성이 수반된다. 시민사회는 공권력 없이는 불가능하며, 인간의 자연 상태가 무정부 상태인 것은 곧 삶 자체를 불가능하게 만든다. 시초에는 문명화된 사회집단에 의해 그렇지 않은 사회집단을 문명화시키는 위계화된 과정을 밟는다.

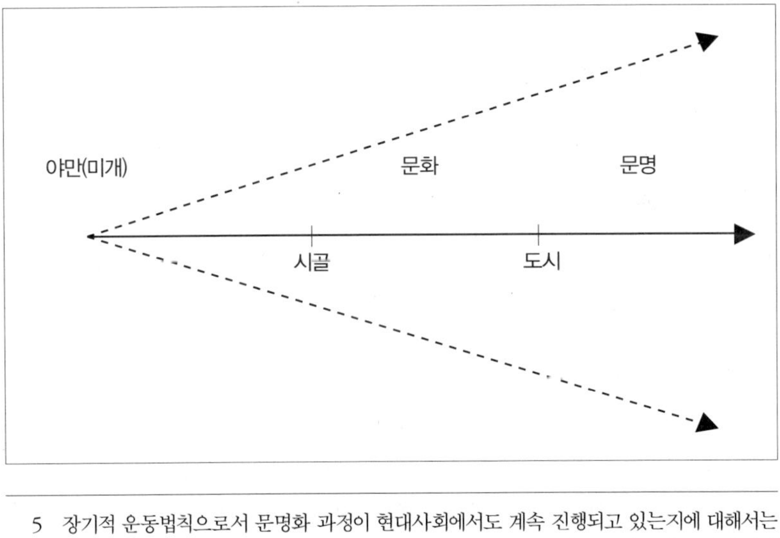

5 장기적 운동법칙으로서 문명화 과정이 현대사회에서도 계속 진행되고 있는지에 대해서는 여전히 의문이 제기되고 있다. 현대의 세계에서도 과거와 마찬가지로 잔인한 폭력이 여전하기 때문이다. 문명화 과정은 문화를 향하여 전진하기도 하지만, 후진하는 반문명화 과정이 발생하기도 한다.

이러한 귀족주의적 시민 개념이 오늘날의 민주주의적 시민 개념으로 변화하게 된 결정적인 역사적 계기는 1789년 프랑스 대혁명이었다. 당시 경제 시민과 교양 시민은 공히 개인 능력을 매우 중요시하였으며, 그에 상응하는 경제적 보상, 사회적 인정, 정치적 영향을 요구했다. 특히 문화적 측면에서 보면 18~19세기경에 '시민적'이란 단어는 개인이나 공동체의 과제를 권위나 전통에 의존하지 않고, 독립적으로 수행할 수 있다는 의미, 그리고 타인과 자발적으로 결사체를 결성하여 공동의 목표를 달성한다는 의미를 담고 있었다. 특히 신분이나 종교처럼 귀속적으로 주어지는 것이 아니라, 교육을 통해 개인의 독립적이고 이성적인 인성과 가치관을 형성한다는 점은 시민계급이 자신 자신과 사회에 대해 가진 이상의 핵심이었다. 교육은 또한 시민계급의 구성원들이 타인과 교제하고 시민계급을 다른 사회집단과 구분하는 데 가장 중요한 잣대로 쓰였다.

18세기 후반부터 20세기 초반에 탄생한 시민계급은 전통적인 신분 범주로서 '도시 주민'과는 구분되는 문화와 자의식을 갖고 있었다. 이 점에서 근대의 문화적 시민계급은 역사적으로 새로운 현상이었다. 근대 시민 문화는 근세 초기 도시국가 시민들의 문화를 계승한 측면이 있지만, 무엇보다도 근대 문화를 잉태한 중요한 사상운동의 하나인 계몽주의의 영향을 강하게 받았다. 그리고 시민계급은 새로운 시대와 새로운 사회에 조응하는 새로운 문화와 생활방식을 보편화하려는 문화적 야심을 갖고 있었다. 이렇듯 근대 시민계급은 정치, 경제, 문화 모든 측면에서 전통사회의 질서를 붕괴하고, 새로운 질서와 삶의 양식을 등장시켰다. 이러한 역사적 역할을 수행한 근대 시민계급은 크게 두 진영의 공격을 받았다. 하나는 전통 세력과 보수주의자들이었으며, 다른 하나는 근대 자본주의 사회의 하층 계급인 프롤레타리아와 사회주의 운동이었다. 근대 시민 문화는 습관, 관습, 전통, 권위 등을 전적으로 부정하지는 않았다. 그러나 이미 있는 것, 주어진 것, 전승된 것들 가운데

'지금 여기'에서 정당하고 적절한 것이 과연 무엇인지를 판단하는 일은 최종적으로 행동하는 개인 자신의 이성에 의해서만 가능하다고 보는 생각이 많아졌다. 이러한 생각은 당연히 전통과 권위를 중요시하는 구래의 사유방식과 생활방식에 근본적인 도전일 수밖에 없었다. 이것은 '문명'에 대한 '문화culture'의 도전이었다. 말하자면 문명의 타락에 대한 문화의 저항이었으며, 도시문명에 대한 농촌문화의 저항이었다. 이렇게 볼 때 도덕성을 지닌 문화는 문명의 특정한 영역 또는 문명의 보다 승화된 형태를 뜻하게 된다.

2. 시민사회의 지형

근대성modernity의 주요 특징은 중앙집권적 국민(민족) 국가의 형성, 광범위한 시장의 확장 그리고 자유를 위한 정치운동 등으로 나타났다. 시민사회는 국가와 시장 사이에 존재하는 사회적 관계와 구조로 존재하면서 한편으로는 정치체제와 국가 권위와 구별되고, 다른 한편으로 이기심의 즉각적 추구와 시장의 필수 불가결한 것과 구별되는 실체를 갖고 있다. 이러한 맥락에서 새로이 등장한 시민사회의 사상들은 사유재산, 개인적 이익, 정치적 민주주의, 법치 및 번영 지향의 경제 질서 등을 중심 개념으로 구성되는 이론이다. 여기에는 자유주의 시민사회론(로크, 스미스)과 그 변형(칸트, 헤겔, 마르크스), 그리고 중간집단론(몽테스키외, 루소, 토크빌)의 세 가지 조류가 있다.

근대 초기에 절대주의가 등장하면서, 시민사회는 이러한 절대 권력에 반대하는 방향으로 개념화되기 시작했는데, 이러한 반反절대주의 시민사회 개념은 로크J. Locke의 이론과 몽테스키외B. D. Montesquieu의 이론으로 나뉘어 등장했다. 이들은 경제사회의 개념을 긍정적인 측면에서 시민사회에 포함시키고 있다는 공통점이 있다. 로크는 시민정부civil government와 시민사회civil society 및 정치사회political society를 같은 의미로 사용하였다. 시민사회란 자연 상태와 달리 법에 의해 지배되는 국가 또는 정부를 의미했던 것이다. 프랑스 혁명 이후 'citoyen'은 자유를 누리고 동등한 권리를 가진 국가의 시민으로, 경제적인 함의를 가진 'bourgeois'와는 구별되는 의미로 사용되기 시작하였다.

그러나 자본주의가 발달하고 사회주의가 등장하면서 모든 사람이 정치적으로뿐만 아니라, 경제적으로도 평등해야 한다는 인식이 자리 잡았고, 진정한 평등은 동등한 정치 참여로 끝나는 것이 아니라, 경제적 평등으로 확대되어야 한다는 의식이 일반화되기 시작하였다. 따라서 시민은 고대에서 현대로 이어지는 개념으로 고대 그리스의 폴리스나 로마 제국의 정치적인 자아 개념에서 출발해서 프랑스 혁명과 계몽 시대에 모든 인간의 동등한 도덕적 가치에 대한 강조로 이어졌다. 이러한 일련의 시민 개념 변화를 살펴보면, 시민 개념에는 공동체와의 관계 속에서 일종의 해방(초월)과 연합(참여)이라는 과정이 포함된다는 것을 알 수 있다. 즉, 시민은 연고와 필요에 바탕을 둔 전통적인 공동체로부터 벗어나 자유와 평등을 보장하는 민주적인 공동체를 지향해왔으며, 이는 일정 정도 경제적 소유(풍요)를 기반으로 하고 있다.

로크는 시민사회가 국가 이전에 이미 존재하고 있는 인간 활동(경제)의 영역에서 도출되는 것이며, 자기 이익을 추구하는 개인들의 손에서 집행권을 건네받아 공적으로 처리함으로써 자연 상태의 결함을 치료하고, 시민사회를 개인과 국가 사이를 매개하는 중간 조직체의 영역으로 자리하게 하면서 시민사회의 중심 계층으로 평민(신흥 부르주아)을 설정하였다. 몽테스키외는 시민사회를 군주와 귀족 사이의 상호 호혜적인 관계를 형성해줄 수 있는 중간 조직으로 설정하고, 평민을 배제하면서 군주와 귀족의 관계만 생각했으며, 군주의 독재 방지를 위해 권력 분립 기구가 있어야 하기에 시민사회의 중심 계층으로 귀족을 설정하였다. 조직되지 않은 사적 개인들은 국가와 의사소통을 하고, 국가에 대해 발언하고, 반대할 수 있는 연대를 형성할 수 없다. 따라서 시민들이 자유를 확보하기 위해서는 국가에 대한 연대를 형성해주는 '중간매개 결사체'가 사전에 조직되어야 한다.

스미스A. Smith는 국가의 역할 자체를 부인하지도 않았고, 퍼거슨Adam Ferguson이 염려했던 상업의 타락 성향이 지닌 사회적 효과도 인지하고 있었지만, 최초로 부르주아 특유의 시민사회의 의미를 명확히 규정한 사상가였다. 경제 영역에서 이루어지는 인민의 활동에 특권을 부여하려던 그의 성향은 '시장으로 구성되는' 시민사회를 설정한 자유주의 사상의 강력한 조류를 극적으로 상징한다. 수송하고 물물교환을 하는 등 교환하려는 기본 성향을 지닌 '경제인간'이 자신의 이익을 추구하는 자산 소유자로서 사사로운 노력을 경주하는 행위를 추동하는 시장에 의하여 조직된 생산과 경쟁의 영역을 바로 시민사회라고 규정한다. 시민사회란 시장이 조직하는 상호 의존적 연결망이라는 것이다. 국가로부터 분리되어 자율 규제적인 시장이야말로 경제적 발전과 번영의 영원한 엔진이므로 시장은 의도하지 않은 결과인 '보이지 않는 손'으로 사회를 이롭게 하는 기제이며, 사적인 악덕을 공적인 미덕으로 집약하는 것이다. '보이지 않는 손'은 사적 이익을 공적 복지와 연결시킨다. 시민사회는 예술, 과학, 도덕, 기타 문명생활의 혜택의 결과이다. 그러나 스미스는 국가의 역할을 부인하지 않았다. 국가권력은 재산과 불평등을 보호하기 위해 존재하고 시민사회의 토대는 방어되어야 한다. 국가는 외적의 침략으로부터 시민사회를 보호하고, 부정의와 억압으로부터 시민을 보호하며, 개인이 감당할 수 없는 공공사업을 시행하는 일을 담당해야 한다. 시장에 대해서 규제와 생산의 기능을 국가가 수행할 필요도 인정하였다. 활력 있는 국가와 보편적 법치는 개인의 사사로운 이해관심으로 조직된 부르주아 시민사회의 핵심적 조건이라는 것이다.

시민사회라는 말을 현대적으로 복원한 프랑스 정치이론가 토크빌Alexis

deTocqueville은 단지 원자적인 개인들로 구성되는 것이 아니라, '자율적으로 조직된 결사체들로 촘촘히 짜인 사회'라고 정의하였다. 이 정의는 무엇보다 국가에 대해 적대적이거나 적어도 비판적인 정치적 상상력을 통해 만들어진 개념이다. 몽테스키외의 시민사회 개념은 토크빌이 물려받았다. 토크빌이 프랑스 대혁명에서 본 것은 모든 중간매개 결사체의 파괴였다. 그런데 미국을 여행하면서 본 것은 결사체 생활을 예술처럼 하는 미국 시민들의 모습이었다. 토크빌은 그것이야말로 정치적으로 경제적으로 후발국인 미국에서 민주주의가 꽃을 피울 수 있었던 핵심이라고 파악하였다. 연령, 지위, 기질에 관계없이 모든 미국인은 지속적으로 '결사체association'를 구성한다. 미국사회에는 종교적·도덕적 결사체뿐만 아니라 진지한 결사체 또는 시시콜콜한 결사체, 매우 포괄적인 결사체 또는 매우 한정적인 결사체, 거대한 결사체 또는 아주 작은 결사체 등과 같은 수천 가지의 결사체가 존재한다. 미국인들은 서로 모여서 잔치를 벌이고, 세미나를 개최하며, 교회를 건설하고, 책을 배포하며 선교사를 파견한다. 병원, 감옥, 학교가 이와 같은 방법으로 조직·운영된다. 진실을 선포하거나 어떤 모범적인 사례에서 받은 감동을 유포하려고 할 때 미국인들은 결사체를 조직한다. 미국에서 가장 주목해야 할 것은 지적·도덕적 결사체이다. 토크빌의 시민사회는 교회, 도덕운동, 학교, 독서클럽, 신문, 전문직업인 단체, 스포츠 단체, 여가 단체 등의 자발적·자치적 시민결사체civil association와 다르지 않다. 토크빌은 이러한 시민결사체가 시민들의 공동의 문제를 해결하기 위한 협력을 증대시키며, 대중민주주의 하에서 대중의 욕구를 충족시켜 주기 위해 지나치게 평준화를 추진하는 중앙집권적 전제국가의 감시와 통제에 대한 자유의 보루라고 생각한다. 시민사회를 연구하는 학자들은 압도적으로 토크빌의 시민사회 개념을 사용하고 있다.

이러한 토크빌적 시민사회 개념을 슈미터는 더욱 극단화해서 재생산의 기구인 기업을 시민사회로부터 제외시키고 있다. 슈미터의 시민사회는 국가와 사적 영역으로부터 '이중적 자율성'을 보유하고 있을 뿐만 아니라, 공동의 이익과 가치를 보호하고 추구할 수 있는 집단행동의 능력이 있지만 국가기구나 사적 생산자들을 모두 대체하려고 하지 않으며(비찬탈성), 기존의 법적 테두리 내에서 합법적으로 행동하는 '시민정신civility'의 특징을 갖고 있다. 토크빌의 시민사회 개념은 기본적으로 '비국가적 자율 공간'을 의미한다. 그런데 그 공간은 국가로부터 자율적일 뿐 아니라 가족과 사생활로부터도 자율적인 시민적 활동, 결사체적 활동의 공간을 의미한다. 말하자면, 시민사회는 비국가적이고 비개인적인 자율적인 중간매개 공간인 것이다. 이러한 중간매개 집단으로서의 시민사회 개념을 정립한 사상가가 몽테스키외와 토크빌이다. 몽테스키외의 중간매개 결사체 개념은 기본적으로 국가에 대한 자유의 확보 차원에서 출발하였다.

경제사회를 포함한 시민사회 개념에 대한 긍정적 입장을 비판하면서, 개인의 이익을 추구하는 경제사회로서의 시민사회를 극복해야 할 대상으로 삼은 사람들은 헤겔과 마르크스이다. 19세기에 들어와서 국가 또는 정치공동체와 구별되는 시민사회의 개념이 헤겔Hegel에 의해서 정립되었다. 헤겔에 의하면 시민사회는 가부장적인 가정과 보편적인 국가 사이에 위치하는 역사적으로 형성된 인륜성·윤리적 생활Sittlichkeit의 영역이었다. 헤겔은 시민사회를 개인들의 이해관심에 뿌리를 둔 사회적 관계망(필요의 체계)으로 보고, 필요를 무한히 만들어내지만 동시에 빈곤, 불평등, 폭도 등의 딜레마를 자아내는 이중성을 보이기에 그 대안을 시장 밖에서 찾았다. 즉, 국가를 시민사회가 안고 있는 문제를 해결하는 '윤리적 공동체'로 보았다. 헤겔은 시민burgher이 '공적 덕성을 가진 시민citoyen'이 되기보다는 자기 이익만을 추구하는 부르주아지가 될 가능성이 높다는 것을 간파하였고, 시민사회가 '시민적'이 되기 위해서는 항상 최고의 공적 권위를 가진 국가에 의해서 감독을 받아야 한다고 주장하였다.

마르크스K. Marx는 헤겔의 시민사회 개념에서 '상업적 시민'의 요소만을 계승하였다. 그는 영국 자유주의자들의 시민사회 개념에 내재하고 있었던 시민적 덕성이라는 도덕적 내용을 빼버렸다. 퍼거슨의 시민사회 개념에서 상업은 단지 시민사회의 한 요소에 지나지 않았을 뿐이다. 마르크스에게 있어 시민사회는 아담 스미스의 '시장market'의 개념을 계승했으나 아담 스미스의 시장에 내재되어 있는 '도덕적 감정'을 가진 윤리적 시민의 개념을 포함시키지 않았다. 마르크스는 헤겔의 용법을 따라 시민사회를 'burgerlich Gesellshaft'로 불렀으나 이는 헤겔이 사용한 것보다 훨씬 좁은 의미의, 자기 자신의 이기적인 이익을 추구하는 경제 행위자들에게 이루어지는 생산과 교환의 영역, 즉 '부르주아 자본주의 사회'를 의미하는 것이었다. 마르크스는 부르주아의 영역과 시민의 영역을 구분하지 않는다. 그에게 있어 시민사회는 윤리, 도덕, 예의가 존재하지 않는다. 생산자원을 소유하지 않은 대다수의 대중이 생산자원의 소유주에 의해 착취를 강제당하는 자본주의적 생산관계, 따라서 계급으로 분열된 사회가 시민사회의 핵심적 특징이다. 그는 시민사회를 자기 욕망 추구의 장이기에 극복해야 할 대상으로 보면서 국가도 하나의 사적 공동체일 뿐 보편적 윤리공동체의 주체가 될 수 없다고 보았다. 그의 시민사회 개념은 자유주의 시민사회론이 간과하고 있는 경제관계와 계급관계에 초점을 맞추고 있다. 그는 『자본론』에서 "국가를 비롯한 모든 정치적·법적 상부구조의 비밀은 그 사회의 물질적 생산관계에 숨어 있는 것이며 바로 이러한 물질적 생산관계의 총화가 시민사회의 실질적 내용을 구성한다"고 인식함으로써 시민사회를 '자본주의 사회', 즉 자본주의적 생산관계의 총화로서 물질적·경제적 토대와 등치시켰다. 그의 시민사회 개념은 기본적으로 국가와 사회의 이분법적 구분을 바탕으로 하고 있다. 헤겔이나 마르크스 모두 시민사회를 개인의 욕망 추구가 이루어지는 경제사회와 동일시하고 이를 극복해야 할 대상으로 비판했다는 점은 공통적이다. 근대 시민사회의 개념은 자본주의의 등장과 함께 경제 영역이 부각되면서, 경제사회를 시민사회의 개념에 포함시켰다는 점을 공통적으로 제시하고 있다.

그러나 자본주의 생산양식에서 시민사회의 개념은 경제사회를 의미했으며, 사회적인 것을 모두 경제 영역으로 보거나 혹은 경제에 의해서 규정되는 것으로 봄으로써 '경제환원주의적' 사회관이라는 비판을 받는다. 시민사회는 단지 시장사회만이 아니다. 시민사회는 이윤을 추구하는 시장뿐만 아니라 구성원 간의 유대에 기초하고 있는 공동체의 영역을 포함하고 있다. 시민사회는 물론 시장경제를 포함하고 있지만, 집단공동체의 결정에 참여하고 판단을 내림으로써 시민으로서의 권리를 행사한다는 의미의 '시민권 citizenship'을 핵심 요소로 한다. 시민의 영역은 부르주아의 영역을 포함하지만 그 영역보다 광범위하다. 시민사회는 사적 기업만이 아니라 국가로부터 상대적으로 자율적인 영역을 확보하고 있는 수많은 사적 결사체와 기구들을 포함하고 있다.

근대적 시민사회를 '긍정적으로' 평가하는 측면과 '부정적으로' 평가하는 측면으로 나누어 볼 수 있는데, 시민교육의 지향점은 양 측면에서 매우 다르게 나타난다. 시민사회의 기능을 긍정적으로 평가하는 입장은 시민사회가 국가의 선전과 조작에 대항해서 사적 입장에서 자신의 자유와 권리를 지킬 수 있도록 하는 시민교육을 요구하는 입장이다. 반면 시민사회의 기능을 부정적으로 평가하는 입장은 헤겔의 경우 도덕적 완성을 구현하는 국가가 시민교육을 주도해야 하며 국가공동체 전체를 생각하는 '공화주의적 시민성'을 함양해야 한다고 보며, 마르크스의 경우 부르주아로부터 소외된 갖지 않은 자인 프롤레타리아가 자신의 계급을 인식하도록 하고, 조직적인 사회의 경제적 불평등을 파악하여 혁명을 일으켜야 한다는 입장이다. 근대 시민 개념은 민주 국가에서 정치적 의사결정에 참여하는 주체이자 시장경제에서 합리적으로 이윤을 추구하면서 경쟁하는 동시에 생존 혹은 평등을 보장받는 주체로 그려지고 있다. 또한 시민은 공동체 혹은 다른 구성원과의 관계 속에서 정의할 수 있고, 그 공동체는 보편적이고 추상적인 공동체가 아니라, 역사적으로 실재했던 공동체들이다.

근대 시민사회 사상의 흐름에서 자유주의는 국가를 민주화하기를 원했기 때문에 시민사회 지형을 전개하였던 데 비해, 마르크스주의는 시민사회를 민주화하고자 국가의 지형을 개발하였다. 이제 20세기에 이르러 시민사회 사상에는 또 한 번의 국가와 시민사회의 대대적 만남이 두드러지게 나타난다. 가장 극단적인 예를 소위 동구권(중동부 유럽)과 미국 중심의 서구권에서 보게 된다. 현실사회주의는 마르크스의 미비한 국가론에 기초한 국가를 탄생시켰는데, 대체로 전체주의라는 이름을 얻게 된 이 체제는 중앙계획경제, 시장 불신, 자발적 사회활동의 경원시가 특징이었다. 소비에트형 사회주의 체제에 비판적인 반체제 지식인들은 자연히 입헌공화국과 제한적 국가를 전제로 하는 자유주의적 전통에 입각한 시민사회 지형을 전개하였다.

1970년대 이 지역의 시민사회 지형은 주요 권력수단과 관계되는 국가의 통제에는 직접 도전하지 않고, 오히려 국가체제의 통치 당국과 암묵적 계약에 의해서 정치색을 띠지 않는 '자율적 사회활동'의 영역을 시민사회의 모습으로 일단 규정하려 하였다. 성숙한 사회주의 나라에서 자율적인 권력의 중심들이 생길 수 있었던 것은 주로 공업화에 의한 경제 성장과 사회경제체제의 분화가 시장의 성장을 자극하게 된 전반적인 변화의 조짐이었다. 공업화, 도시화, 교육, 부의 축적, 자동차나 라디오 같은 통신기관의 발달, 지하경제의 점진적 성장, 성숙한 사회 질서의 출현 등 사회 변동은 반체제 지성인들로 하여금 '사회'로 눈을 돌리게 하였고, 사회의 자발적인 조직화를 시도하기에 이른다. 비록 아직은 '스스로 제한을 가하는' 운동이지만, 결국 불가피하게 풀뿌리 자발적 결사체의 구성을 촉진할 수밖에 없게 되었다. 여기서 우선적인 과제는 국가와 시민사회의 관계를 재정립하는 일이었다. 이제 국가는 비정치적, 독립적, 다원적, 자율조직적 시민사회의 제도적 기반을 옹호하는 책임만 지고, 기타의 행위에 대해 간여하는 것은 개인의 자율성과 사회의 건강에 대한 도덕적 위협을 가하는 것이라는 생각이 자리 잡는다. 개인의 자율성이 정치적·시민적 자유 및 법치에 의해서 보호받을 수 있는 시민사회 지형이 나오게 된다.

그런데 문제는 동구권이 해방되고(동서독의 통일 등), 개혁과 개방의 바람(소련의 페레스트로이카 등)이 불면서 스스로를 제한하는 시민사회 지형의 자유주의적 주장이 한계에 부딪치게 되었다. 1980년에 이르면 결국 정치적 자유화와 더불어 경제의 시장화가 쟁점으로 떠오른다. 따라서 시민사회 지형도 시장을 도외시하는 정치적 자유화, 민주화 지형으로는 의미가 약해지는 상황에 직면한다. 결국 자유주의 이론에 입각한 동구권 시민사회의 회복은 이제 자산의 집단소유권을 '사유재산권'으로 전환할 것을 요청하게 되고, 시장의 회복은 고도의 간섭(개입)주의적 국가의 손길을 요하는 결과를 초래하였다.

미국사회의 경우 역사상 가장 철저히 상업화한 사회 질서 속에서 시민사회는 간섭하는 국가의 힘도 제한해야 하고, 시장에 의한 인간과 사회의 황폐화도 희석시켜야 하고, 다 죽어가는 공공 영역도 되살아나게 해야 하고, 온갖 문제에 둘러싸여 허덕이는 가족도 구축해야 하며, 공동체 생활도 부활시켜야 하는 여러 과제에 당면하고 있다. 이런 상황에서 시민사회 지형의 주류는 우선 미국 특유의 다원주의 시민사회 지형이고, 그 대안으로 등장한 자본주의 비판론으로 나타났다. 다원주의 시민사회 지형인 1950년대의 이익집단론[6]과 1960년대의 정치문화론[7], 그리고 자본주의 비판론으로 등장한 1970년대 좌파의 시민사회론으로 전개되고 있다. 1960년대 말 구미사회가 겪은 정치적 혼란과 문화적 갈등으로 방황하던 서구 지식인들에게 주목을 받는 인물이 좌파적 사상가인 그람시Antonio Gramsci와 비판이론가인 하버마스W. Habermas, 공동체주의자들communitarianist이다. 근대의 시민사회가 긍정적이든 부정적이든 경제사회를 포함하는 영역이었던 것과는 달리, 현대의 시민사회는 경제사회의 문제점을 극복하기 위한 대안으로 제시되었다. 따라서 현대의 시민사회는 국가권력을 견제하는 동시에 경제 영역의 침투도 견제하는 '제3영역'으로서의 시민사회라는 성격을 띠고 있다. 시민사회를 국가·경제와 분리된 제3의 영역으로 이론화한 학자로는, 그람시와 하버마스를 들 수 있다.

그람시는 선진 자본주의 국가에서의 부르주아 지배를 특징짓는 강력한 일련의 규범과 제도가 존재하므로 자본주의를 지탱해주는 문화와 이데올로기에 주목하면서 '반헤게모니counter-hegemony'를 위한 '문화적 진지'를 구축해야 한다고 주장했다. '시민사회'라고 불릴 수 있는 것, 즉 흔히 '사적'이라고 불리는 유기체들의 총체와 '정치사회' 혹은 '국가'가 존재한다. 이러한 두 가지 수준은 한편으로 지배집단이 사회 구석구석에서 행사하는 '헤게모니' 기능과 다른 한편으로 국가와 '법률상의' 정부를 통해 행사되는 직접적인 지배나 통치 기능에 조응한다. 그에 의하면, 상부구조는 강제의 영역인 좁은 의미의 국가·정치사회와 사적이라 불리는 유기체의 총체인 시민사회로 구성된다. 상부구조를 국가와 시민사회로 구분한 것은 부르주아 지배가

6 이익집단론은 이익집단이 개인들의 이해를 공식적이거나 비공식적으로 정치 영역에 요구하여 문제를 해결하려고하고, 권력은 또한 이 요구를 어느 정도 수용하려고 한다는 관점이다.

7 정치문화는 의사소통과 설득에 기초한 다원적 문화, 합의와 다양성의 문화 그리고 변화를 허용하면서도 온건하게 하는 시민문화를 창출한다.

단순히 억압적 국가기구를 통해 유지되는 것만이 아니라, 상대적 자율성을 가지고 시민사회에 뿌리내린 다양한 제도와 실천을 통해 이루어지고 있기 때문이다. 헤게모니란 바로 이 시민사회에서 지배계급이 지적·도덕적 지도력의 행사를 통해 창출하는 피지배집단들의 자발적 동의를 말한다.

그람시의 시민사회에는 여론에 영향을 미치는 이데올로기 영역으로서 교회, 노동조합, 학교뿐만 아니라 언론, 도서관, 서클, 클럽, 건축, 거리시설까지 일반 여론에 영향을 줄 수 있는 모든 것들이 속한다. 따라서 시민사회는 헤게모니를 둘러싸고 계급 지배 및 투쟁이 이루어지는 정치적 영역이자, 시민들의 문화적인 생활이 이루어지는 사적인 활동 공간을 의미한다. 그람시는 시민사회를 상부구조의 한 영역으로 이해하고, 기존의 국가-시민사회 또는 토대-상부구조의 이분 모델을 넘어서 국가-경제-시민사회의 '삼분 모델'을 제시하고 있다.

그람시는 시민사회를 생산력 발전에 의해 규정되는 하부구조에 조응하면서도 어느 정도 '상대적 자율성'이 있는 독자적 영역으로 설정한다. 이는 사회주의 이행에서 시민사회가 갖는 결정적인 중요성을 인식했기 때문이다. 이러한 까닭에 시민사회가 허약한 러시아에서는 국가에 대한 직접적인 투쟁인 '기동전'이 중요한 반면에, 시민사회가 강력한 서구에서는 시민사회에서의 헤게모니를 획득하기 위한 '진지전'이 주요한 이행 전략으로 설정된다. 그람시에게 시민사회는 지배계급의 헤게모니가 이루어지는 영역이기도 하지만, 동시에 노동자계급의 대항 헤게모니가 조직될 수 있는 장소이기도 하다. 바꿔 말해 시민사회는 생산현장에서의 노동자계급 투쟁이 전체 사회의 다양한 계급 관련 투쟁 및 사회운동과 역동적으로 접합되는 지점이자, 지배계급의 수동적 혁명에 대항하는 반수동적 혁명으로서 진지전이 전개되는 거점인 것이다. 그람시는 사회주의로의 이행이 정치사회의 시민사회로의 흡수를 통한 '조절된 사회'를 이룩할 때, 즉 계급국가가 사멸할 때 가능하다고 전망한다. 그람시는 헤겔이나 마르크스처럼 욕구의 체계에서 시민사회관을 발전시키기보다는 조합주의에 초점을 맞추어 새로운 형태의 다원성과 결사체들(현대적 교회, 노조, 문화적 제도, 클럽, 이웃 결사체, 그리고 특히 정당 등)을 중요하게 인지하였기 때문에 자본주의 경제를 시민사회에 포함시키지 않고 분리하였다.

하버마스는 담론적 공공 영역discursive public sphere에 대한 역사적 설명을 제시하여 시민사회론을 전개하였다. 그는 공적 영역의 기원을 근대의 사교모임(살롱, 클럽), 극장, 언론 등에서 찾는다. 초기의 자유주의적 공공 영역은 사상의 자유로운 교환을 허용하여 여론을 형성하고 권력자를 제한함으로써 정당성의 원칙을 확립해왔다. 18세기 초반에 대다수의 대중들은 문맹자였고 빈민이었음에도 불구하고 문화의 대중화(상품화) 과정은 '공적 시민'을 출현시켰고, 그와 함께 새로운 사회적 삶의 영역으로서 공적 영역을 널리 성공시켰다. 공적 영역은 극장, 음악회, 예술의 대중화, 언론의 성장과 함께 발달하기 시작했다. 과거에 왕족과 귀족에게만 허용되었던 영국의 세계극장이나 프랑스 국립극장은 일반 평민에게도 입장을 허용하였다. 이제 극장의 주무대는 일반 평민들이 모이는 장이 되었다.

그러나 자본주의의 발달에 따라 공공 영역은 더 이상 전체 사회를 대변하지 못하고, 적나라한 계급 이해에 의해 구성되게 되었다며 하버마스는 그 원인을 현대 생활의 전일적 상품화, 즉 일상생활의 식민화에서 찾았다. 하버마스는 '공공 영역의 구조 변화'를 통해 시민사회와 공공 영역에 관한 새로운 해석을 제시한다. 그는 근대사회를 크게 국가의 '공적 권위의 영역'과 시민사회 및 공공의 영역으로 이루어진 '사적 영역'으로 구분한다. 여기서 시민사회가 상품 교환과 사회적 노동의 영역인 부르주아 소가족 공간을 의미한다면, 공공의 영역은 초개인적으로 구조화된, 사회적 개인 간의 행위와 의사소통 영역을 의미한다. 하버마스에 따르면, 부르주아 계급이 주도한 정치적 공공 영역은 국가와 시민사회의 매개항이자 통로로서 여론정치의 주체로 등장하며, 따라서 근대 의회민주주의는 부르주아 계급만의 전유물이 아니라 국가와 부르주아 계급의 갈등을 공개적인 토론을 통해 해결하려는 정치체제의 한 형태로 이해된다.

시민사회와 공공 영역에 대한 초기 하버마스의 이러한 시도는 '의사소통 행위이론'에서 제시된 '체계와 생활세계' 모델로 이동한다. 그는 사회를 화폐와 권력을 조정 매체로 하는 사적인 경제체계 및 공적인 행정체계로 구성되는 '체계system'와 이와 달리 사회화를 담당하는 사적 영역 및 담론적 공론 형성을 담당하는 공공 영역으로 구성되는 '생활세계life-world'로 구분한다. 그리고 근대화가 진행되면서 체계의 복합성과 강제성(자본주의화와 관료제화)의 증대는 생활세계를 위협하는 근대적인 병리 현상인 '생활세계의 식민화'로 대치된다고 이해한다. 이 생활세계의 식민화는 국가관료제의 비대화와 자본주의 경제체제의 고도화에 따라 공공 영역의 비판적 잠재력이 약화되고 소멸되는 것을 의미한다. 즉 정당은 여론의 담지자로서의 기능을 상실하고 의회정치는 정기적인 선거 곡마장 이상의 의미를 갖지 못한다는 것이다. 그는 시민사회의 민주적 잠재력을 높이 평가하며, '의사소통'의 방식 또는 담론적 윤리로 공적 삶의 많은 문제들을 해결할 수 있을 것이라고 확신했다. 담론의 구성은 숙고와 성찰의 과정이다.

이와 같이 그람시와 하버마스는 국가권력과 시장경제 양자의 위협을 모두 견제하는 '민주적 공공 영역democratic public sphere'으로 시민사회를 정의하였다. 민주적 공적 영역은 시장에서 경제적 관계들을 지배하는 규칙들에 대해 공적으로 토론하는 민주적 장이다. 사람들이 이성을 '공적으로' 사용하게 됨으로써 공적 영역을 형성하는 것이 가능해졌다. 신문 기사화되고 관심 있는 집단과 전문직 조직체 및 대학 등으로 진입하여 토론의 장을 찾아내고 극적으로 대중매체를 타게 되기도 한다. 그러나 매체에서 논쟁거리가 될 때만이 그 쟁점은 광범위한 공중에게 미칠 수 있고 결국 공공의 의제로 채택될 수가 있다. 정보와 지식의 자유로운 교환은 자신의 관점이 수정되면서 공적 시민들이 국가와 시장경제를 비판할 수 있도록 만들었다. 자본주의 국가에서 공적 영역의 정치적 기능은 시장경제의 비판과 견제라고 할 수 있다. 현대의 시민사회는 주로 정치·경제 영역과는 구분되는 '제3의 영역'으로 개념화된다. 이때 시민사회는 자율성과 연대감이 가장 큰 중심을 차지할 것이다. 즉, 시민사회는 국가권력에 대항하는 개인의 자유와 권리(자율성)를 신장하면서도, 개인의 이익 추구를 목표로 하는 시장경제의 문제점에 대응할 수 있는 공동체적 연대감을 동시에 키우는 방향으로 나아가게 된다.

그런데 하버마스류의 담론적 윤리가 정치적 갈등, 계급 갈등, 폭력, 자본주의의 구조적 불평등 같은 것이 만연한 환경에서도 과연 민주적 공공 생활을 구성할 수 있는가? 만일 시민사회와 공공 영역이 철저히 상업주의화되어버린 상황이라면 그것들이 과연 자율적이 민주적 잠재력을 지녔다고 할 수 있는가?[8] 이 딜레마에 대한 해결을 공동체주의자들에게서 찾기도 한다. 마이클 샌델Michael Sandel, 매킨타이어A. MacIntyre, 테일러C. Talyer, 왈저Walzer 등은 개인주의적 자유주의가 가져온 도덕성 상실을 극복하기 위해 공동선과 전통, 사회적 실천을 위한 학습과 공동체적 교육을 제창하고 있다.

근대적 경제사회를 긍정적으로 본 측면에서의 시민교육은 개인의 자유와 권리 측면만을 강조하면서 개인의 입장에서 합리적으로 판단하고 행동하면 사회 전체가 질서 있게 유지될 수 있다고 주장했었다. 그러나 독점자본주의가 등장하고 개인의 지나친 자기 이익 추구(개인주의와 자유주의의 과대화)가 시민사회의 문제로 대두되면서, 이러한 경제 영역과 시민사회를 분리시키는 한편, 경제 영역의 시민사회 침투를 극복하고 개인 이익 추구의 문제점을 해결하기 위해 공동체의 연대감 형성을 시도하는 시민교육의 목표를 설정하려

8 하버마스의 비판이론에 근거한 의사소통이론은 주로 급진 좌파에 의해 비판을 받고 있다.

고 한다. 최근에 시민들이 자발적으로 결성한 시민사회 단체들이 급격히 증가하면서 공적 영역으로서의 시민사회가 더욱 확장되고 있는 추세이다. 공적 영역으로서의 시민사회는 자유롭고 평등한 시민들이 공통의 관심사에 대해 서로 의사소통하고 공개적으로 의견을 표출할 수 있는 공론의 장이 되었다. 이러한 공적 영역은 개인들의 사적인 이해관심을 공적인 관심으로 전환시키는 데 기여했다. 공적 영역으로서의 시민사회는 시민들이 공통의 쟁점에 대해 토론하고 여론을 조성함으로써 정책 결정에 반영시키고 또한 비대해진 국가권력과 부패한 시장경제를 비판하고 견제할 수 있게 되었다. 현대 국가에서 공적 영역으로서의 시민사회는 경제적 영역과 국가 영역에 대해 비판적으로 토론하고 견제하는 기능, 그리고 그것들에 대한 비판적인 토론에 참여하고 공동선을 달성하기 위해 헌신할 수 있는 공적 시민을 육성하는 교육적 기능을 수행하게 된다.

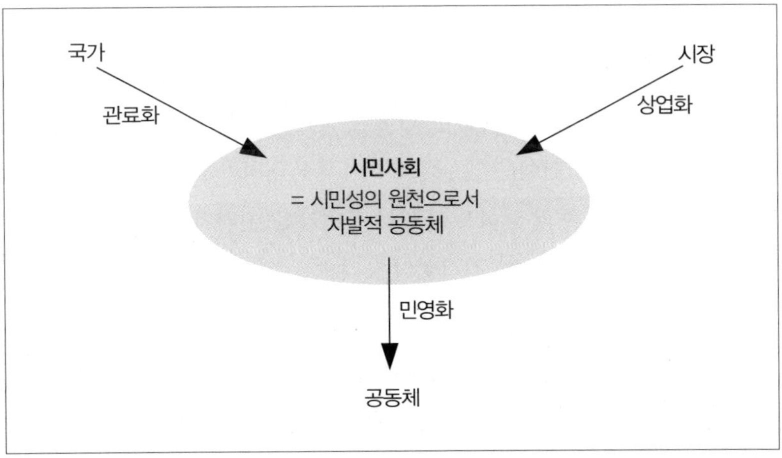

〈국가, 시장, 시민사회의 관계와 영향〉

3. 시민사회의 현대적 재발견

오늘날 현대 시민은 민주 국가와는 필연적인 관계에 있고, 자본주의와는 필연적이지는 않지만 매우 밀접한 관계가 있다. 또한 정도의 차이는 있지만 대부분의 민주 국가는 자본주의를 보완하는 정도, 즉 생존권을 보장하는 정도에서 일부 사회주의적인 요소도 받아들여지고 있다. 현대의 시민은 자본주의를 물적 토대로 한 민주 국가에 의하여 개인에게 부여된 것이며, 현대 시민은 합법적으로 인정된 민주 국가의 구성원이다. 오늘날 국가는 케인스 복지국가를 허무는 신자유주의 정치나 자유방임 경제의 등장, 민족국가의 역할을 문제 삼는 세계화의 도래와 함께 국가의 기존 정체성 개념에 도전하는 다수의 이질적인 정체성의 형성을 요구하고 있다. 지구촌 시대를 맞이한 현대적 시민은 국가의 영역을 넘어서고 있다. 엄밀히 말해 지구촌 사회는 국가의 범위를 초월하는 수많은 집단들의 구성원들, 즉 가족, 종교단체, 직장, 학교 그리고 세계의 시민들로 구성되어 있다. 따라서 시민은 현대 민주 국가에서 생활할 뿐 아니라, 다양한 단체와 조직뿐만 아니라 지역사회에서 생활하고 있다. 시민이 살아가는 공간적 지평은 매우 다양하며 '중첩적' 성격을 지니고 있다. 이제 국가 구성원의 자격은 지역사회의 주민 자격이나 세계시민사회의 자격을 동시에 부여받는 '다중적 지위'를 갖는 국면을 맞이하고 있다. 그렇지만 시민의 현실은 형식적으로 민주적 정치공동체의 구성원임에도 국내적으로는 권위주의 권력으로 인하여 억압받는 위치로 전락되고 있고, 그리고 국제적으로는 세계시민사회의 도래에도 불구하고 강대국에 의한 힘의 논리가 지배함으로써 비민주적인 특성을 보이고 있다.

현대사회에서 시민은 공동체 혹은 공동체가 다른 구성원과의 관계 속에서 정의할 수 있고, 그 공동체는 보편적이고 추상적인 공동체가 아니라, 역사적으로 실재했던 공동체들이다. 그리고 시민의 공동체, 즉 '시민사회'는 여타 공동체와 다른 특징을 지니고 있는데, 그것은 고대 그리스의 전통을 이어받아 지배자와 피지배자 사이의 경계가 없어졌다는 사실이다. 직접민주제든 대의제든 간에 시민들이 자신들의 대표를 선출해서 공동체의 운명에 대한 의사결정을 내릴 수 있게 되었다. 이러한 민주적 공동체가 시민에게 부여하지만, 공동체에 완전히 귀속되지 않는 권리를 '정치적 시민권'이라고 부른다. 또한 로마의 전통과 중세의 전통을 이어받아 시민사회는 근대로 접어들수록 사유재산의 소유나 경제적 자립을 토대로 자유로운 경제생활을 할 수 있어 기본적인 수용에 대한 평등을 보장받는 '사회적 시민권', 그리고 때로는 이 권리가 확대된 형태라고 할 수 있는 '문화적 권리'까지 보장받아야 한다는 담론으로까지 발전되고 있다.

시민사회라는 영역에서 활동하는 주요 구성 집단으로는 자율적 이익결사체, 운동단체, 정당 등이 포함된다. 또한 시민사회는 개인적이고 개별적인 이익과 관련되는 사적인 문제나 이해관계들이 상호 결합되고 조직되어 공적 이슈를 만들어낸다는 의미에서, 사적 이익과 공적 이익이 만나는 또는 사적인 문제가 공적인 문제로 전화되는 과정을 포괄하는 영역이기도 한다(최장집, 2009: 74-75). 시민사회를 이렇게 이해할 때 시민사회가 부활했다는 말은 시민사회가 수축했다가 다시 살아났다는 말로서, 이는 시민사회가 수축했다가 팽창하거나 약화되었다가 강화되는 변화의 속성을 갖는다는 뜻이다. 현 정권이 들어서면서 시민사회가 위축되었다는 말을 많이 하는데, 그것은 이전의 민주정권에서 활성화되고 팽창되었다가 권위주의 정권이 들어서면서 축소되어 가고 있다는 말로 이해할 수 있다. 이렇게 시민사회의 중요한 요건에는 변화의 속성을 갖는 가치판단의 규범적인 요소가 포함된다. 시민사회의 가치가 보다 크고 강력한 영향력을 발휘할 때는 시민사회가 커졌다고 말할 수 있고, 그 영향력이 줄어들었을 때는 축소되었다고 말할 수 있는 것이다. 이 점에서 팽창하거나 축소될 수 있다는 사실은 시민사회의 중요한 특징 가운데 하나로 보인다.

시민사회론은 지난 30여 년간 전 지구적으로 적지 않은 논란을 일으켰던 이슈 가운데 하나다. 1970년대 이후 동구 사회주의 국가들에서 서구 자본주의 국가들에 이르기까지, 나아가 제3세계 국가들에서도 시민사회론에 대한 커다란 관심을 보였다. 시민사회론에 대한 이런 높은 관심은 1980년대 민주화의 제3물결과 함께 더욱 확산되었으며, 그 결과 자유주의적 시민사회론에서 마르크스주의적 시민사회론에 이르기까지 다양한 패러다임이 경합해왔다. 더욱이 최근 세계화 경향의 증대와 정보사회의 도래는 시민사회론에 새로운 자극을 제공했는데, 지구적 시민사회 또는 온라인(전자) 시민사회는 이를 상징하는 개념들이다. 정보사회의 도래는 사이버 공론장, 즉 전자적 공론장을 등장시켰다. 전자적 공론장은 시민과 공간의 구속을 넘어서고, 무엇보다 수직적인 지배를 거부하는 쌍방향 의사소통을 활성화시킨다는 장점을 갖는다. 이 전자적 공론장은 특히 시민운동에 커다란 영향을 행사하고 있는데, 이른바 '네티즌'을 중심으로 형성되는 사이버 여론은 현실 정치와 사회에 상당한 영향력을 행사하고 있다. 시민운동의 고유한 전략 가운데 하나가 국가와 시장을 견제하고 감시하는 '영향의 정치politics of influence'에 있다면(Cohen & Arato, 1995: 504-507), 전자적 공론장은 여론이 형성되고 결집되는 또 하나의 공간으로서의 의미를 갖는다.

한국사회에 시민사회라는 말은 민중이나 시민의 경우와 같이 민주화의 산물로 나타났다. 시민사회라는 말은 민주화 운동이 최고조에 달했던 1987년 6월 민주화 운동이 발생하면서 본격적으로 사용되기 시작했고, 그 후 시민 또는 시민운동[9] 등과 함께 당시의 중요한 사회 현상을 표현하는 말로 정

9 '시민운동'은 시민들이 주체가 되어 공동의 목적을 달성하려는 조직적·비조직적 집합 행위를 뜻하고, '시민단체'는 이 시민운동을 위해 결성된 조직 및 결사체를 의미하며, 시민사회는 정치사회(국가), 경제사회(시장)와 상호작용하는 사회의 하위 영역을 지칭한다. 그 범

착되었다. 민주화 과정에서 시민사회론은 새로운 이론적·실천적 패러다임으로 주목받았으며, 특히 환경·여성·인권 운동 등을 포괄한 시민운동에 적지 않은 영향을 미쳤다. 서구의 경우와 비교해 볼 때 한국 시민사회론은 사회운동과 밀접하게 연관되어 전개되었다. 한국의 민주화가 시민사회를 다시 부활시켰다는 말은 시민사회의 핵심 요소가 무엇인지를 보여준다. 시민사회의 부활은 한국 민주화의 전형적인 특성을 표현하는 말로 이해할 수 있다. 한국사회에서 민주화 운동을 통해 나타난 시민사회는 다른 무엇보다도 국가-시민사회의 관계를 규정하는 맥락에서 정의되고 이해되어 왔다. 이러한 방식의 정의는 서구에서 일반적으로 사용되는 의미와 1980년 이래 새롭게 민주화된 여러 나라에서 사용되는 의미를 공유하는 것으로 국가에 대해 자율성을 갖는 사회적 영역이라는 뜻을 담고 있다.

그러나 1970년대 이후 재야의 형성을 통해, 특히 1987년 6월 민주화 운동을 계기로 시민사회는 성장하기 시작했다고 볼 수 있지만, 여전히 시민사회의 발전을 억압해온 국가주의, 군사주의, 반공주의, 지역감정 등으로부터 자유롭지 못하다. 개별 국가의 발전 전략, 국가의 역할, 계급구조와 밀접한 관계를 맺으면서 형성되며, 시민사회 형성의 이런 역사적 특수성은 개별 국가의 민주주의 발전에 지속적인 영향을 미친다. 한국 시민사회의 구조적 특성이라고 할 수 있는 '강한 국가, 약한 시민사회'는 최근 신자유주의 세계화의 확산과 더불어 '강한 시장, 약한 시민사회'로 이동하고 있다(김호기, 2011). 다시 말해, 세계화 경향이 증대하는 가운데 국가의 위상이 점차 약화되고 있으며, 시민사회에 대한 시장의 영향은 빠른 속도로 증가하고 있다. 지난 1987년 6월 항쟁 이후 시민사회가 꾸준히 성장해 민주화에 기여해왔지만, 그 속도는 현재 시장 원리의 확산 속도에 압도되고 있는 실정이다. 돌이켜 보면

위로 보자면 시민운동은 시민단체를 포괄하는 개념이며, 시민사회는 시민운동을 포괄하는 개념이라고 할 수 있다.

지난 10여 년간 한국 시민사회의 명암은 뚜렷하다. 시민운동의 성장과 영향력이 시민사회의 밝음을 이루어왔다면, 시장에 의한 시민사회의 식민화는 그 어두움을 이루고 있다. 시민사회가 계급적·세대적·성적·지역적 균열이 교차하는 영역이라면, 이 가운데 특히 계급적 균열은 한국 시민사회를 '20 대 80 사회'로 재편하고 있다. 문제는 시민사회의 이런 경향이 증대하고 있음에도 불구하고, 이에 대한 대응 전략이 상대적으로 미약하다는 점이다. 이런 맥락에서 사회적 불평등을 강화시키고 사회적 통합을 약화시키는 이런 경향에 대해 시민단체가 어떻게 대응할 것인가는 점차 그 중요성이 더해지고 있다.

지구적 시민은 더 넓은 세계를 인식하고 세계시민으로서 자신의 역할을 자각하며, 다양성을 존중하고 소중하게 여기며, 세계가 경제적·정치적·사회적·문화적·기술적·환경적으로 어떻게 작동하고 있는지를 이해하며, 사회정의의 기치로 격노하고, 세계를 더 평등하고 지속 가능한 장소로 만들려고 하고, 지역의 수준으로부터 지구적 수준까지 공동체(지역사회)에 참여하고 기여한다. 세계시민교육은 변화와 불확실성에 대처하는 기술을 발달시키고, 개인의 책임을 받아들이고, 시민적 헌신의 중요성을 인식하고, 문제 해결의 영역이 있다는 점을 이해하고 그것을 협동적으로 해결하며, 갈등을 비폭력적 방식으로 해결하고, 정의롭고 평화로운 민주적 공동체를 이룩하기 위해 활동하고, 성·종족·문화 등 사람들 사이의 다양성을 존중하고, 자신의 세계관이 개인과 사회의 역사 그리고 문화적 전통에 의해 형성된다는 점을 인식하며 문화적 유산을 존중하고, 평등에 기반하여 다른 사람을 존중하면서 협상하고, 연대감을 보여주면서 타인을 위해 연민을 보내고, 숙지된 선택과 판단을 하고, 선호하는 미래에 대한 비전을 갖고, 환경을 보호하고, 지속 가능한 발전으로 유도하는 생산과 소비의 방법을 채택하고, 즉각적인 기본 필요와 장기적 이익 간의 조화를 이루는 활동을 하고, 국가적·국제적 수준에서 연대와 평등을 촉진하는 교육을 하려고 한다(Osler & Starkey, 1995: 88-89).

물론 지구적 시민을 위한 교육이 국가적 시민성national citizenship의 유일한 대안도 아니며, 국가적 시민성과 긴장할 필요도 없다. 그것은 지방 수준, 국가 수준, 그리고 지구적 수준에서 한 시민이 존재하는 방식이기 때문이다. 그것은 그들이 처해 있는 동료 인간과의 연대감에 토대를 두고 있으며, 좁고 독점적인 시티즌십의 개념과는 반대의 지평과 위치로 확장하게 된다. 다양성을 중시하는 지구적 시민성/시민권global citizenship은 다중적 정체성의 처리 과정을 거쳐 발전한다. 다른 말로 하면 그들이 소속되어 있는 공동체를 반영하고 이들 공동체를 결합할 수 있다. 그렇게 하는 데 있어 지구적 시민은 타인이 본질적으로 자신과 비슷하다는 것을 인식하고, 국가에 대한 충성보다는 인간성에 터한 시민의식에 도달하게 된다. 이를 통해 타인을 인식하는 과정에서 불가피하게 지구적 시민의식을 갖게 된다. 시민으로서 생각하고 느낌을 갖고 실천하는 지구적 시민은 지방적으로, 국가적으로, 그리고 지구적으로 행동하는 것이다.

그런데 흥미로운 것은 이렇게 변화해온 시민과 시민사회 개념이 대략 19세기 후반부터 서구 사회의 공론장과 지식사회에서 거의 사라지게 되었다는 점이다. 그 요인은 매우 복합적이지만, 산업자본주의의 두 핵심 집단인 부르주아와 프롤레타리아 간의 계급 갈등이 심화되고 노동자계급이 전면에 등장하게 되면서부터이다. 노동소합과 노동사 정당이 20세기 내내 사회·정치적 영향력을 확대해오면서 18~19세기에 부르주아와 교양 시민계급이 주도해온 '시민' 담론이 약화되었기 때문이다. 그리고 시민 개념이 정치·문화 담론의 장에서 사라지게 된 또 하나의 중요한 요인은 냉전체제 때문이었다. 국제 정치의 패권을 차지하려는 미국과 소련의 싸움이기도 했던 한국전쟁 이후 냉전체제는 더 분명히 확립되었고, 이로써 세계는 이념과 사회체제의 대립이 지속된 것이다.

이처럼 '시민의 세기'라고 불리는 19세기가 지나간 뒤 오랜 세월 동안 오직 이념과 체제의 문제에 몰두했고, 정치사회적 갈등은 계급과 이데올로기의 전선을 사이에 두고 벌어졌다. 그러던 것이 1980년대 후반에 와서 '시민'과 '시민사회'가 또다시 세계의 지식인과 정치인들의 입에, 매스미디어의의 화면에 오르내리기 시작했다. 이 흐름은 오늘날까지도 지속되고 있는데 '시민'은 세계의 인문학과 사회과학, 저널리즘과 정치 담론에서 중심의 위치를 갖고 있다. 이와 같이 시민과 시민사회의 현대적 재발견이 급속히 전개된 데에는 다음과 같은 정치적·사회적 맥락이 크게 작용했다고 할 수 있다.

첫째, 1980년대에 구소련과 동유럽의 공산주의 사회에서 민주화 운동을 주도했던 반체제 지식인들이 19세기 이래 묻혀 있던 서구의 시민사회 이념을 재발견하고 현재화하였다는 사실이다. 이들은 전체주의적 통제, 일당 통제와 경찰 통치에 반대하며 서구 근대사에서 오랜 전통을 갖는 자유주의, 민주주의, 사회주의 정신을 온전히 반영하는 '민주적 사회주의'를 건설하고자 했다. 이들은 시민들과 함께하는 정치 행동을 통해 정부와 경찰, 정보기관의 감시와 통제에 저항했고, 사상·양심·표현·집회·결사의 자유를 추구했다. 그렇지만 구소련을 위시한 중동부 유럽의 현실은 1980년대 자유화 운동에서 극적인 참여로 기치를 올렸던 시민단체, 학생연맹, 노동조합, 기타 자발적 집단들은 흔적 없이 사라지고, 사회·정치·경제적 쇄신의 꿈도 점차 희미해졌다. 이제 전통적 정치운동으로 이룩한 '자기제한적 혁명'으로 얻은 열매는 경제적 불평등과 사회적 불안정을 수반하고 있는 형국이 되었다. 따라서 1990년대 중반에 이르면 한 때 활기를 띠던 시민사회론 자체도 시들기 시작하였다. 결국 시민사회는 정치적 자유주의 이론만으로는 성립할 수 없고, 자본주의 시장 이론과도 연계가 되어야 한다는 관점이 대두하였다.

둘째, 선진 민주주의를 이룬 서구 사회에서도 지난 10여 년 동안 시민 담론이 매우 빠르게 부활하여 확산되었다는 사실이다. 여기에는 무엇보다도 시민사회의 활성화와 시민 참여가 민주주의를 더욱더 심화하고 발전시킬 것이라는 기대가 크게 작용했다. 다수결 원리의 문제를 교정하고 정당정치의 한계를 보완하며, 이익집단 정치를 넘어 공동선을 확대하기 위해서는 제도 정치만으로 충분하지 않으며, 문제의 당사자인 시민 자신이 정치의 한 주체로 참여할 수 있어야 한다는 문제의식이 싹튼 것이다(신진욱, 2008: 68-73). 이것은 선거 민주주의, 다수결 민주주의를 넘어서는 참여 민주주의와 사회적 연대의 의미를 강하게 보여주는 것이다. 시민의 새로운 정치 참여를 위해 효과적인 방법으로 제시되고 있는 '협치·공치governance'[10]가 새로운 관심을 끌고 있다.

셋째, 시민과 시민사회의 현대적 재발견에 기여한 또 하나의 역사적 맥락은 1970년 중반부터 1980년대 말까지 세계 곳곳에서 계속된 정치 민주화의 물결이다. 제3의 민주화 물결이라고 보이는 이 흐름은 최종적으로 동유럽 공산주의 체제의 붕괴로 정점을 이루었고, 한국에서는 1987년 6월 민주화 항쟁으로 귀결되었다.

넷째, 국가의 실패와 시장의 실패에 대한 대안으로 시민사회에 대한 관심이 높아졌다는 점이다. 오늘날 국가의 실패와 시장의 실패를 보완하는 제3의 대안으로 시민사회의 중요성이 강조된 것이다. 제3의 영역, 비정부기구NGO, 비영리기구NPO 등 다양한 이름으로 불리는 자발적 시민결사체들이 국가도 시장도 할 수 없는 역할을 해낼 수 있다는 기대가 높아진 것이다.

10 거버넌스(governance)는 정부에 의한 일방적인 통치와 구분되는 민관 협치(協治) 또한 민관 공치(共治)이다. 민과 관이 함께 공공의 사안을 협의· 결정· 실행하는 새로운 정치의 방식이다. 이러한 정치 양식이 제대로 작동하려면 무엇보다도 사회의 공공 의제들에 대해 시민들 자신이 높은 관심과 책임의식을 갖고 적극 참여해야 한다. 바로 이 지점에서 시민에 대한 관심이 전면에 부상하게 된다.

제2장

시민사회의 갈등과 국가의 경계선 이동

1. 국가-시장-시민사회의 갈등

하부구조(도시와 시장)와 상부구조(국가와 문화)의 중간에 위치하면서 동시에 하부구조이면서 동시에 상부구조를 이루고 있다. 고대와 중세에는 '국가 우위+시장 미약+시민사회 종속'의 틀을 견지하였고, 근대 이행기와 초기에는 '국가 우위+시장 독립+시민사회 성장'의 과도기적 이해에 집중하였으며, 근대 후기에서 현대까지는 '국가 위축+시장 우위+시민사회 신장'의 구도를 띠기 시작하였다. 이제 정보화 혁명이 활기를 띠게 된 20세기 후반에서 21세기로 진입한 현재의 시점에서 세계화의 파도가 '국가 위축+시장 지배+시민사회 종속'의 위협을 자아내고 있는 국면이 도래하여 시민사회가 새로이 스스로를 정비하고 이 추세에 저항하는 태세를 보이며 과도기적 진통기를 맞이하고 있다.

	국가	시장	시민사회
중세 시대	강력한 봉건 권력	태동기	억압
계몽주의 시대	왕권의 강화	도시 영역의 등장	부르주아 가정의 분화
산업혁명 시대	봉건국가 약화	사회집단 투쟁의 강화	여성 권리의식 강화
반식민투쟁 시대	민족주의 국가의 장악	시민사회의 결여	국가 통제의 유지
지구화 시대	국가 약화	시장의 강화, 공적 영역의 분절화	국가/시장 공세의 강화

〈국가와 시장 그리고 시민사회의 관계 변화〉

우리는 일상적인 삶의 세계에서 상당한 자유와 자율성이 있을 것으로 생각하기 쉽지만, 사회 전체의 구조와 그것의 조직 원리와 정치경제적 요인들의 작용을 면밀히 검토하지 않고서는 그 실체를 파악하기가 쉽지 않다. 단순히 '비국가', '비시장' 부문이라는 접근으로는 시민사회를 구성하는 각종의 다양한 중간집단들과 사회적 세력들의 의미와 중요성을 가려서 이해하기가 불충분하다. 그런데 계몽주의 후예로서 근대사상의 2대 조류인 '자유주의'와 '사회주의'는 시민사회에 대한 견해에서 차이가 있지만, 공통점도 있다. 자유주의자들은 시민사회의 시장 세력과 사회관계를 중세기적 국가의 폭력으로부터 해방하려는 의도에서 시민사회론을 정립하였고, 마르크스주의자들은 '규제받지 않는 시장'이 시민적인 삶의 가능성 자체를 파괴할 수 있다는 의심을 품었다. 그러나 시민사회가 대체로 국가의 권력과 자본주의적 시장의 사회관계로 구성된 현상이라는 생각에는 양자의 입장이 일치한다. 시민사회의 성격을 이해하는 데는 그것이 정치와 경제에 의해 결정된다는 점이 가장 중요한 요소이다.

시민사회론의 신세대로 알려진 킨Keane과 헬드Held(1988)는 마르크스주의적 전통과 자유주의적 전통을 통합시켜 시민사회 개념을 재구성하였다. 이들은 시민사회를 이중적인 것으로 이해하였다. 즉, 시민사회는 자유주의적 전통에 따라 시민들의 자율적이고 다원적인 공간이자, 동시에 마르크스주의적 전통에 따라 복수적인 적대와 대립 그리고 체계적인 불평등으로 구성되어 있는 영역이라는 것이다(김호기, 2001: 166-169). 이러한 이해는 기존의 자유주의와 마르크스주의에 대한 이중 전선 속에서 형성된 것으로, 시민사회를 무한한 자유의 공간으로 이해하려는 자유주의적 견해와 시민사회에 대한 마르크스주의적 계급환원론의 한계를 모두 넘어서려는 의도를 내포하고 있다. 시민사회가 이렇게 이중적인 측면을 지니고 있는 한, 국가와 시민사회의 분리는 역사적 조건이자 규범적인 요구로 받아들여진다. 즉, 시민사회의 독립성이 보장되지 않는다면 자유, 평등에 대한 지역적 의사결정의 목표란 공허한 것이고, 반면에 국가의 보호, 재분배, 갈등 중재 기능이 존재하지 않는다면 시민사회를 변형하려는 시도들은 분산·정체되거나 새로운 형태의 불평등과 부자유를 낳게 될 것이라는 점이다.

이런 맥락에서 국가의 재구조화와 시민사회의 자율성 확대라는 상호 연관된 과정을 통해 국가와 시민사회를 동시에 변형하려는 '이중의 민주화' 전략으로서 새로운 민주주의를 향한 시민사회론이 정치적 기획으로 제창되었다. 이 기획은 그람시의 '진지전'의 현대적 변형이자 풀란차스가 '민주적 사회주의'라고 명명한 전략으로서, '사회주의적 시민사회'를 향한 개혁 프로그램이기도 하다. 요컨대 이 사회주의적 시민사회론의 핵심은 민주주의와 사회주의를 동일한 것으로 이해하려는 데 있는데, 민주주의란 사회주의를 통해서만 가능한 것이며, 동시에 민주주의 없는 사회주의는 사회주의가 아니라는 것이다.

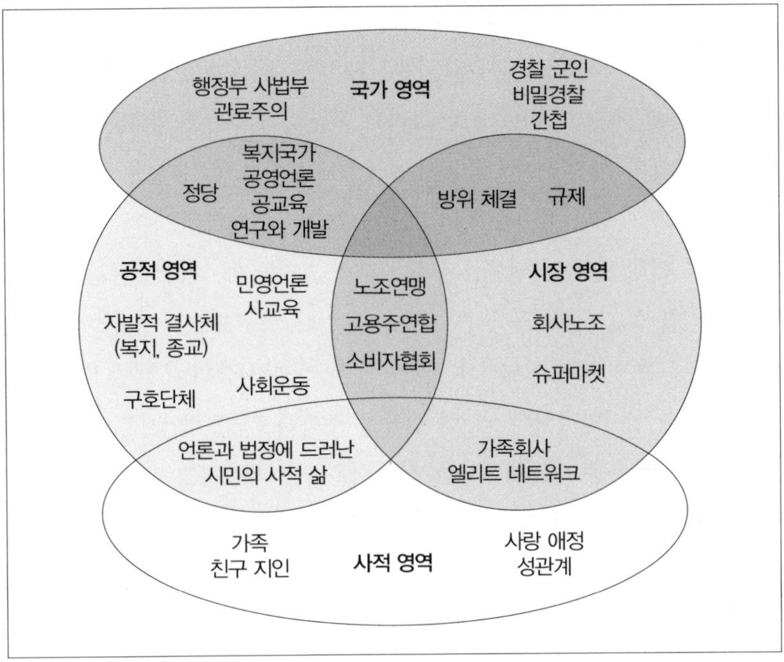

〈삼분 통제 모델(국가, 시장, 시민사회)〉(Janoski, 1998: 13)

킨과 헬드가 '국가-시민사회'의 '이분 모델'의 재구성에 주력한다면 코헨과 아래트는 하버마스의 '체계-생활세계' 모델을 받아들여 '국가-경제-시민사회'의 '삼분 모델'을 정식화한다(김호기, 2001: 168). 이들은 화폐를 매개로 하는 경제가 시민사회의 한 요소로 남아 있는 한 자율성의 공간으로 시민사회를 주장하는 것은 부적절하다고 비판하고, 현대사회의 구성을 권력의 영역인 '국가'와 화폐에 의해 매개되는 '경제' 그리고 생활세계의 제도적 차원인 '시민사회'로 이해할 것을 제안한다. 이 삼분 모델은 기존의 국가와 시민사회의 이분 모델에 내재된 경제적 토대와 시민사회의 상호 모순된 관계를 고려한 것으로 킨과 헬드의 모델보다 일단 그 절실성이 높다고 할 수 있다. 그들에 따르면 정치권력이 재생산되는 국가와 상품의 생산 및 소비가 이루어지는 경제에 대비하여 시민사회는 '친밀한 영역'(특히 가족), '결사체들의 영역(특히 자발적 결사체들)', 사회운동들 그리고 공공의 의사소통 형태들로 구성된 국가-경제와의 '사회적 상호작용의 영역'을 지칭한다(김호기, 2001: 186-189). 국가, 경제, 시민사회가 상이한 독자적인 조정 원리, 다시 말해 권력, 교환, 연대의 원리에 의해 생산 및 재생산된다는 점을 고려할 때, 이러한 삼분 모델은 현실적 접합성과 타당성을 갖는 것으로 보인다. 마르크스적 전통의 이런 시민사회론은 오늘날 광범위하게 목격되는 국가와 시장의 과잉 발전에 따른 생활세계 또는 시민사회의 식민화 현상을 주목하고, 그 대안으로 환경운동, 여성운동, 평화운동으로 대표되는 '신사회운동'을 제시하고 있다.

사실 시민사회 개혁 프로그램(Cohen & Arato, 1995)은 이중의 민주화 전략과 크게 다르지 않다. 한편으로 이것은 새로운 정체성, 사회 규범, 연대를 위해 아래로부터 광범위하고 자발적인 사회운동을 촉구하고, 다른 한편으로는 현대사회의 복합성과 국가-경제에 대한 직접적인 통제 불가능성을 고려해 위로부터 정치개혁가의 역할 및 제도개혁 또는 필수 불가결함을 강조하고 있다. 따라서 이들이 제시하는 현재의 급진주의는 제도의 전면적 부정을 의미하는 '위대한 거부'와는 달리 경제적 합리성과 시민사회의 자율성을 접목시키고자 한다는 점에서 하버마스류의 '자기한정적 급진주의'를 벗어날 수는 없을 것으로 보인다. 여기에서 '민중 주도의 시민사회 활성화론'이 부각된다(최장집, 1991; 김세균, 1992).

마르크스적 전통의 시민사회론과 다른 맥락에서 시민사회의 중요성을 부각시킨 또 하나의 흐름은 토크빌적 전통이다. 마르크스적 전통이 시민사회에 내재된 계급적·헤게모니적 성격을 강조하고 있다면, 토크빌적 전통은 자발적 결사체와 시민적 문화(습속)가 민주주의의 한 지형이라는 점을 부각시키고 있다. 널리 알려진 바와 같이 토크빌은 근대민주주의를 정치사회와 시민사회의 이중적인 과정으로 이해할 것을 제안한다. 그에 따르면 시민사회 내의 제도와 문화는 권력의 집중화를 견제하고 시민들의 공공 정신을 발양하여 사적 이익의 추구를 완화하는 데 기여하는바, 시민들의 이러한 적극적이고 자발적인 참여를 통해서 민주주의가 달성될 수 있다는 것이다. 민주주의의 정치사회적 차원과 동전의 양면을 구성하는 이러한 시민사회의 민주화는 여론의 형성을 통해 국가권력의 정당성을 제공하는 한편 국가정책에 대한 압력을 행사하는 기능을 수행한다. 이런 토크빌적 시민사회론은 민주주의의 사회문화적 차원을 검토하는 또 하나의 출발점을 제공한다. 시민사회를 구성하고 있는 핵심적 요소 가운데 하나가 자발적 결사체와 시민문화라면, 이 자발적 결사체의 조직화와 민주적 시민문화는 자유롭고 평등한 정치적 절차와 참여를 위한 전제조건이 된다. 민주주의는 절차와 제도의 도입만으로 이루어지는 것이 아니라, 다원주의적이고 평등주의적인 가치 및 규범, 시민적 덕목, 자발적 결사체를 통한 능동적인 참여의식, 다양성을 인정한 토론과 설득을 통한 합의의 창출 방법 등 '시민문화civil culture'가 사회화될 때 달성될 수 있다(Ehrenberg, 2002: 371-372). 서구사회와 제3세계의 역사에서 볼 수 있듯이 몇몇 국가들에서 절차적 민주주의 도입이 민주주의의 제도적 완성으로 귀결된 것이 아니라, 권위주의 체제로 후퇴했던 요인의 하나도 취약한 자발적 결사체와 민주적 시민문화의 부재에서 찾을 수 있다.

물론 민주정치란 지방의 자발적 활동을 조장하고 국가의 시민에 대한 책임성을 요구하는 활발한 시민사회를 필요로 하는 것은 틀림없다. 하지만 민주정치에는 시장에 대한 공중의 감시도 필요하며, 이 조건을 충족하려면 지속적인 민간의 공공적 행동과 활발한 국가의 활동 그리고 정치사상을 필요로 한다. 경제라는 것이 단순히 여러 가지 결사체의 또 다른 한 영역에 불과한 것이 아니라, 공적·사적 부문을 막론하고 점차 넓은 범위의 삶의 영역에 침투하고 이를 조직화하는 지극히 강력한 사회관계의 집합이라는 점을 인식해야 한다. 시민사회는 기본적으로 비국가, 비시장, 비가족, 비개인적 공간의 영역에서 활동하는 '중간매개 결사체'의 영역이다. 이중적 자율성을 지닌 시민사회는 물론 국가로부터 상대적으로 자율적인 영역인 것은 말할 것도 없지만, 내부 지향적인 가족생활, 사적 개인의 생활 영역도 아니며, 이윤을 추구하는 기업의 영역도 아니다. 시민사회는 가족사회나 향리사회가 아닐 뿐 아니라 시장사회도 아니다. 시민사회는 사적 목표를 추구하는 것이 아니라 공적 목표를 추구하며, 집단이기주의적 목표를 추구하지 않는다. 학부모회, 스카우트, 합창단과 같은 종류의 소위 자발적 결사체들이 연합하여 시장 세력에 저항한다고 할 때 큰 효력을 발휘한다(김경동, 2002: 42).

마르크스적 전통이건 토크빌적 전통이건 시민사회에 대한 이러한 논의의 확산은 국가의 과잉 발전에 따른 시민사회의 약화와 이에 대응하는 시민사회의 재정치화에 대한 관심을 표명한다. 그리고 그 관심의 중핵에는 근대국가의 기본 원리로서의 대의민주주의에 대한 비판이 놓여 있다. 근대 대의민주주의는 결정에 대한 통제를 다른 사람에게 양도하는 것이 불가피하며, 따라서 모든 통제가 간접적으로만 행사되기 때문에 시민들의 자율성을 침해할 가능성이 상존한다. 또한 대의민주주의에 내재되어 있는 권력의 집중화와 관료화의 증대 현상은 상향적 의사결정 구조를 약화시켜 왔다. 이 때문에 민주적 자율성을 실현하기 위해서는 평등한 구성원으로서 집단적 의사결정에 참여할 수 있는 권리가 보장되어야 하며, 이때 '참여민주주의 participatory democracy'가 구체적 방법이다(김호기, 2001: 188).[11] 더욱이 참여민주주의는 그 참여과정을 통해 시민들을 책임감 있는 정치적 주체로 만드는 교육적 가치를 갖고 있을 뿐만 아니라, 자신이 속한 공동체에 대한 결속의식을 높이는 사회 통합 효과를 낳는 장점을 갖고 있다.

---

11 민주주의의 세 이론, 즉 자유민주주의, 사회민주주의, 참여민주주의는 서로 다른 유형의 사회를 가지고 설명되면서 전통적 이해는 최근 지구적 혁명의 차원에서 도전을 받고 있다.

	자유민주주의	사회민주주의	참여민주주의
누가 소유하는가?	위임된 권위	민족국가	지역과 작은 규모의 공동체
무슨 결과?	지역에서 결정되고, 민족국가에 의해 어느 정도 간과된 결과	다수자의 동의에 의해 국가적으로 결정된 결과	지역에서 결정된 결과
정치적 가치의 쟁점	지역과 고위 당국 간의 통제 균형	발산된 집단의 권리들이 무엇인가?	공동체의 규모와 구성
사회적 가치의 쟁점	평등한 기회를 보장하는 방법	개인의 선과 사회의 선 간의 균형	거대사회에서 사회적 일치를 유지하는 방법
조직적 가치의 쟁점	힘 있는 집단의 헤게모니적 통제를 방지하는 방법	개인의 선택과 결과의 평등 간의 균형	전문가와 시민의 투입 간의 균형 참여적 조직의 창조

〈민주주의 이론에 나타난 가치와 조직의 긴장〉(Louis, 1994: 89)

그러나 참여민주주의에 대한 이러한 강조가 직접민주주의의 일방적인 확산만을 의미하는 것은 아니다. 직접민주주의는 현대사회에서 제한된 중요성을 가질 수밖에 없는데, 모든 국민들이 자신에게 영향을 미칠 결정을 내리는 데 능동적으로 참여하기란 불가능한 경우가 많기 때문이다. 오히려 시민사회에 기반한 다양한 참여민주주의적 실천이 정치·경제 영역의 제도적 민주화와 병행할 때 민주주의는 한층 심화되고 확장될 수 있다. 국가와 시민사회의 관계에 대한 '이중의 민주화' 기획에 따르면 국가의 과도한 개입에 대항하기 위해 한편으로 새로운 정체성, 규범, 연대를 위한 아래로부터의 광범위하고 자발적인 사회운동이 활성화되어야 하며, 다른 한편으로 현대사회의 복합성과 국가와 경제에 대한 직접적인 통제 불가능성을 고려하여 제도적 차원의 개혁이 필수 불가결하다. 여기서 특히 현대의 국가와 경제를 시민사회의 통제하에 둘 수 있는 직접적인 사회적 행위가 없다는 점을 고려할 때 국가와 경제의 민주화는 바람직한 시민사회의 형성과 안정화를 위한 중요한 전제조건이 된다고 볼 수 있다.

그러나 시장논리에 충실하고 '작은' 복지를 내세우는 개인주의 논리는 좋은 사회와 좋은 개인의 불평등을 정당화할 가능성이 높다. 그래서 실재하는 불평등을 은폐하는 이데올로기로 작용하는 시민 개념에 대한 민주화가 요청되기도 한다. 개인의 자유와 공동선의 관계에서 자유가 덜 제약받는 쪽에 치우쳐 각자가 자신의 삶에만 책임을 질 뿐 타인에 대한 책임감을 느끼지 않게 되자, 국가는 시장이 제공하지 못하는 질서 유지, 방위 기능과 복지 기능 등을 더욱 맡아야 한다는 입장도 나타나고 있다(Quicke,1994). 이러한 입장의 강한-참여적 민주주의는 개인의 권리 옹호보다는 공동선에 기여할 수 있는 민주적 과정을 중시하고, 공동체의 공적 사업의 실제 경험에 대한 지식을 제공하고, 적극적 참여를 유도하는 '참여적 시민'의 양성을 목표로 한다.

시장과 시민사회의 관계에서 시민사회의 성숙은 시장의 기능을 활성화하는 데 매우 중요한 힘을 발휘한다. 다시 말해 민주주의의의 성숙이 시장의 합리성과 시민사회의 연대가 동시적으로 증대하는 것을 의미한다면, 시민사회와 시장의 생산적인 견제와 균형의 관계는 민주주의의 공고화에서 매우 중요한 과제가 될 것이다. 민주주의 공고화 시대의 시민사회는 국가의 통치 능력을 강화해주는 역할을 수행한다. 민주주의 공고화 시대의 시민사회는 민주주의로 전환하는 시대의 시민사회와는 달리 국가와 대립·대치 관계에 있지 않다. 오히려 국가와 공존·협력 관계에 있다. 권위주의를 퇴장시키는 것보다 민주주의의 건설이 민주화의 주 과제로 변모한 공고화기에는 국가와 시민사회의 이분법적 대립 구조는 지양되어야 한다. 물론 시민사회는 국가권력으로부터 자율적이어야 하고 국가의 공권력에 대한 감시자 역할을 수행해야 하나, 국가의 권위를 존중해야 한다. 공적 권위를 상징하는 모든 것에 도전하는 것은 공고화기에 요구되는 시민사회의 덕목이 아니다. 공고화기에 요구되는 시민사회의 덕목은 무엇보다도 법적인 테두리 내에서 새로운 국가와 시민사회의 관계를 제도화하는 것이다.

시민사회는 국가를 통해서, 국가를 변화시켜 자신들의 공적 목적을 실현하려고 노력하며, 국가의 업무를 개선하려고 한다. 국가의 업무를 개선하기 위해 국가로 하여금 정책을 바꾸게 하고, 제도를 개혁하게 하며, 국가의 대표들이 시민들에게 책임을 지도록 압력을 넣는 데까지로 자신의 행동반경을 제한한다.[12] 시민사회는 정당에 포획되어서도 안 되고 정당과 정치사회에 대해 패권적 위치에 서서도 안 된다. 시민사회는 또한 종교적 근본주의 집단 또는 국수주의적 종족 집단과는 달리 사회의 정치적·기능적 공간을 독점하려고 하지 않고 사회의 부분적 의사만을 대표하려는 다원성을 갖는다. 시민사회가 더 적극적이고, 다원적이며, 자원이 풍부하고, 제도화되고, 내부 민주주의를 갖추고 있고, 국가와의 관계에 있어서 자율성과 협력, 감시와 충성, 의심과 신뢰, 독단적 자기주장과 시민적 예의 간에 효과적인 균형을 이루고 있으면 있을수록 시민사회는 민주주의로의 전환과 신생 민주주의의 공고화와 지속화에 크게 기여할 것이다. 물론 시민사회는 만병통치약이 아니다. 시민사회는 민주주의 공고화를 위한 '하나의 해답'이지 '유일한 해답'은 아니다. 따라서 우리는 시민사회가 민주주의의 공고화에 미칠 부정적 요소(이익추구, 시민단체의 권력화)와 시민사회가 안고 있는 딜레마와 결함에도 주목해야 한다. 그러나 이러한 부정적 요소에도 불구하고 시민사회는 민주주의를 건설하고 공고화하는 데 있어 핵심적인 역할을 담당하고 있다. 시민사회가 유일한 해답은 아닐지 몰라도 여러 해답 중의 하나임은 틀림없다.

---

12 정치사회를 이끌고 있는 정당과 마찬가지로 시민사회도 공공의 문제에 관심을 가지고 시민들의 이익을 표출, 결집하여 정치 영역에 전달하려는 정치 행위를 하지만 기본적으로 정당 또는 정치사회와 다른 점은 국가의 공적 권력을 직접 장악하여 문제를 해결하려 하지 않는다는 점이다.

민주적 발전 모델의 중핵적인 과제가 기존의 국가 중심주의나 시장 중심주의에서 벗어나 국가와 시장, 국가와 시민사회, 시장과 시민사회의 새로운 관계를 확립하는 데 있다면, 시민사회는 정부의 교육정책과 행정에 대한 지속적인 감시와 감독, 견제가 필요하며 동시에 교육시민사회는 지속적으로 대표와 정당, 정부에 대한 정보를 제공함으로써 권력의 책임성, 응답성, 포용성, 효율성, 정통성을 높여주며, 시민들로 하여금 정부의 교육정책적 권위를 존중하고 정부의 교육정책에 대한 건설적인 의사소통과 참여를 지속하는 대화적 관계를 구축하도록 도와주어야 한다. 결국 시민사회의 견제와 감시 활동은 궁극적으로 정부의 통치 능력을 높여주고 시민들로부터의 자발적 동의를 불러일으키는 데 도움을 줄 것이다.

그리고 민주주의 하에서 국가polis와 시민demos은 대립과 갈등 관계에 있지 않다. '힘 있는 국가'는 '힘 있는 시민사회'를 요구한다. 즉 시민사회는 헌법에 기초해서 지배가 이루어지는 입헌국가 또는 법치주의를 통해 가능하다. 오늘날 많이 쓰고 있는 근대적 국가 개념은 이러한 민족-국가(nation-state)의 의미를 갖고 있다. 근대적 국가의 출현 이후 초기 자본주의 사회가 근대화의 과정을 거치면서 '공공 윤리' 혹은 '국민으로서의 의무'가 강조되었다. 이것은 한 국가의 구성원으로서 사회적 관계를 맺고 있는 개인은 국가사회의 공동의 토대(국가공동체) 형성이나 공동선에 참여하지 않으면 안 되며, 국가는 이러한 공동선에 참여하는 개인에 한하여 그들의 권리를 인정하는 정치이념 체제를 가지고 있다.

결국 각 사회마다 그 양상은 다르지만 공동의 이해라는 것이 개인의 권리에 항상 우선하며, 사회 구성원들을 '동질적'으로 묶어두려는 정치적 편의에 의해 신념 및 가치체계가 만들어지고 있음을 알 수 있다. 이에 '다름의 정치' 또는 '차이의 정치'를 강조하는 목소리가 등장하게 된다. 차이는 관용의 대상이어야 할 뿐만 아니라 그것이 꽃을 필 수 있도록 인정되고 허용되어야 한다(McCowan, 2011: 173). 왜냐하면 공공 윤리 체계는 많은 경우 개인의 정체성과 독립적 의사결정체로서의 개인의 권리를 침해하고 위협하고 있기 때문이다. 이런 차이의 목소리는 공적 이해관계와 갈등하는 것으로 보이기도 한다. 그래서 공적 이해와 사적 이해의 균형은 '중립성'에 의해 보장되어야 한다는 시각도 나타나게 된다. 그런데 이 중립성은 공공 영역이 위기에 처할 때 강조되고 있음을 주의 깊게 보아야 한다. 다시 말하면 시민이라는 개념을 사용하게 되는 행위 주체자로서의 개인의 욕구 실현을 위해 공적 이해와 공유된 가치(공동선)와 대립하는 문제가 발생한다는 점을 유념해야 한다. 이 문제는 민족국가를 주도하는 시민이 부르주아(Burger, 성 안에 사는 사람)의 이해를 주로 대변하는 것과 연관이 있다. 시민사회의 시민은 결국 민중(프롤레타리아, 성 밖에 사는 사람) 사회와는 동떨어진 계급적 이해를 관철하고 있다는 것이다. 계급적 개념을 도입하는 것은 시민권의 사회적 성격을 밝히는 도구로서 자본주의와 평등의 문제를 인식하게 한다(Wexler, 1993).

개인은 국가의 공적 이해로부터 끊임없이 자신의 권리를 인정받기 위해 애써왔으며, 이것은 한 개인이 '시민으로서의 정체성' 획득 과정으로 나타난다.[13] 그러나 국가의 등장으로 초기 시민사회에서의 시민들은 직접적으로 국가의 통제를 받았고, 강건한 국가의 형성을 목표로 한 위로부터의 강제적 통합[14]을 진행시킨 데 비해, 시민 세력(스스로 이성적으로 행동하고, 사율적으로 정치

---

13 '시민'은 정치·경제의 행위 주체자로서의 각성된 개인이며, 이들 시민은 공동체적 자치를 일구는 실질적인 국가의 구성원이다. 그들은 사회의 공동선을 위해 각자의 이해를 평등하게 교환하고 자율적으로 선택할 수 있는 힘이 있다. 그들은 공동의 이익을, 개인들 간의 이해를 '평균적으로' 조절해서 실현시키기보다 개인들이 다양한 가치를 고루 계발할 수 있는 공동선의 위계를 마련하고자 한다. 또한 시민은 그들에게 부과된 공동체적 시민사회의 이해관계를 공유하고자 노력하며, 공동체적 시민생활을 위해 정의, 공동선, 도덕성, 다양성의 가치 창조와 이해, 자치와 자율, 참여 등을 자신의 권리로서 중시한다.

14 위로부터의 강제적 통합은 정치, 경제, 문화, 그리고 일상의 윤리와 가치 등을 물리력을 동원해서라도 일치시키려는 강제적 행위를 말한다.

사회적인 집단적 의사결정을 행하는 시민사회의 세력)은 더디게 성장해왔다. 이 결과 사회체제가 비대해지고 그것에 의해 일상생활은 위축되고 있다. 하버마스는 이를 두고 '식민화'로 표현하고 시민사회를 국가권력과 시장경제 양자의 위협을 모두 견제하는 '민주적 공공 영역'의 출현을 기대하였다.[15]

시민사회를 재생산하는 조정 원리는 시장의 원리와 공동체의 원리, 다시 말해 경쟁의 원리와 연대의 논리다. 여기서 연대의 원리는 시민사회 내 상호 관계를 맺는 행위자들이 자신의 이익만을 특권화하지 않고, 조직 전체의 공동체적 이익을 고려하는 상호 협력과 부조를 모색하는 것을 말한다. 이러한 연대의 논리가 미성숙되어 있거나 또는 경쟁의 논리가 연대의 논리를 과도하게 압도할 때 시민사회는 '만인 대 만인의 투쟁' 상태로 전화될 가능성이 높으며, 시민사회의 사회 통합적 자원은 고갈되기 쉽다. 민주주의와 시민사회 그리고 경제 성장은 '시민적 덕목'의 축적과 발전을 기초로 한다. 이 시민적 덕목은 사람들 사이에 공동의 이익을 위한 다양한 형태의 협력을 창출하는 수많은 자발적 연결망과 결사체들을 통해 배양된다.

시민적 결사체의 쇠퇴에 대한 우려는 최근에도 많은 학자들이 계속 제기하고 있다. 대표적인 예로 미국의 퍼트넘 교수는 『혼자 볼링하기』에서 원자화되고 개인주의화되는 미국사회의 경향을 경고했다. 그러나 고무적인 것은 20세기 후반에 와서 전 세계에 정부에도 기업에도 속하지 않는 시민들의 자발적 결사체들이 양적으로 엄청나게 늘어나고 있다는 점이다. 뿐만 아니라 이들이 각 나라와 국제사회에서 수행하는 역할과 영향력 역시 급속히 커지

15 역사적으로 시장과 시민사회는 상호 의존과 견제의 이중적 관계를 이루어왔다. 한편에서 시장과 시민사회는 근대화의 진행과 함께 밀접한 의존적 관계를 형성해왔는데, 시장이 시민사회에 재화 및 서비스 그리고 임금을 제공했다면, 시민사회는 시장에 노동력과 수요 그리고 사회적 신뢰를 제공했다. 하지만 다른 한편으로 시장과 시민사회는 상호 견제의 관계 또한 형성해왔다. 시장이 시민사회에 경쟁의 규율 기제를 강제함으로써 시민사회의 합리성을 제고시켜 온 반면에, 시민사회는 노동운동과 시민운동을 통해 시장의 자기 파괴적 경향에 대한 개입과 시장에 의한 식민화에 대한 저항을 모색해왔다.

고 있고 국제적으로 조직되고 활동하는 단체들도 많다. 시민사회를 이루는 구성원들 간의 미시적 협력을 기초로 형성되는 자발적이고 협력적이며 수평적인 연결망, 규범, 신뢰 등 '사회적 자본(social capital)'이 충만한 자발적 결사체들이 공동의 이익을 위한 협력과 참여를 창출함으로써 민주주의를 성숙시킬 수 있다고 본다(Putnam, 2000).[16] 사회적 자본은 개인들 사이의 연계, 그리고 이로부터 발생하는 사회적 네트워크, 호혜성과 신뢰의 규범을 가리키는 말이다. 사회적 자본은 시민의 사회적 참여를 북돋우는 요소일 뿐 아니라 삶의 모든 영역에서 우리를 더 건강하고 행복하게 만드는 핵심이다. 사회적 자본은 개인적 측면(사적)과 집단적 측면(공적)을 동시에 갖고 있는 '두 얼굴'이다. 이를 극복하기 위해서는 더불어 함께 모여 볼링을 치는 작은 방식으로, 그리고 대규모로 미국인들이 서로서로 다시 사회적 연계를 맺어야 미국사회의 공동체가 소생할 수 있다는 것이다(Putnam, 2009). 성숙한 시민공동체에 기반을 둔 사회적 자본의 축적은 시장의 자생적 발전에서 핵심적인 조건이 된다. 사회적 자본을 많이 지닌 자발적 결사체들은 사회의 핵심 세력들의 권력과 능력, 영향력이 미치지 못하는 작은 영역들에서 보완적인 역할만 하는 것이 아니라, 각 나라와 국제사회의 질서와 작동 방식 자체를 변화시키는 중대한 행위자 집단으로 부상했다.[17] 오늘날 시민사회는 국가와 시장

16 개인으로서 시민적 덕성civic virtue이 아무리 뛰어나도 서로 고립되어 있다면 공동체에 미치는 효과는 미미하다. 사회적 자본의 핵심은 상호 신뢰, 사회적 연계망, 호혜성의 규범, 협력적 네트워크이다. 바로 이것이 '단순한' 시민적 품성과 사회적 자본의 차이점이다. 다시 말해, 자기 공동체에 보다 잘 참여하는 사람은 집에서 나오지 않는 이웃들보다 일반적으로 더 관대하다. 사회적 연결 관계를 맺는 사회적 자본으로서 사회적 네트워크는 우리의 모든 삶에서 중요하다. 직장을 구하는 데도 요긴한 경우가 종종 있지만, 도움을 받고 우정을 나누며 때로는 슬픔과 고민을 털어놓을 수 있는 누군가를 찾는 데 훨씬 자주 요긴하다. 하지만 사적인 사회적 자본은 공적인 것에 비해 생산성이 높지 못하다. 때로는 악의 카르텔을 방조할 수 있기 때문이다. 사적인 사회적 자본 역시 다른 모든 형태의 자본과 마찬가지로 악의적이고 반사회적인 의도를 지향할 수 있다는 경고다.

17 시민결사체는 긍정적 잠재력을 가지고 있지만, 어려움에 처한 약자들을 구출해내는 슈

을 매개하는 '편중되지 않는 감시자(impartial spectator)' 역할을 해야 한다는 생각으로 발전되고 있다(Mitter, 2001: 145).

2. 시티즌십의 확장과 국가의 경계선 이동

시티즌십은 본질적으로 '지위status'로서의 시티즌십과 '감정feeling'으로서의 시티즌십, 그리고 '실천practice'으로서의 시티즌십을 포함하면서 국가의 성격에 따라 다양한 변화를 한다. 물론 지위, 감정 그리고 실천으로서의 시티즌십은 상호 결합되어 있다.

첫째, 세계는 (민족)국가에 토대를 두고 조직되며 세계의 거의 모든 거주자들은 법적으로 한 국가의 시민이다. 이러하기에 지위로서의 시티즌십은 배타적이다. 예를 들어 한 개인은 한국의 시민이면서 미국의 시민일 수 있다. 국가는 지위와 함께 의무를 져야 한다. 시티즌십은 시민으로서의 지위와 의무를 동시에 갖게 하는 것이다. 독재국가일수록 권리(정치적·사회적 권리 등)보다는 의무(국방의 의무 등)를 더 부가하려고 한다. 시민의 지위 확대는 억압적 정치 통제와의 투쟁의 결과에 의해 달성된다.

퍼맨도 아니며, 사회의 온갖 문제들을 해결하는 만병통치약도 될 수 없음을 인식해야 한다. 시민결사체가 어떤 사람들로 구성되어 있고 이들이 어떤 가치관과 세계관을 갖고 있는지, 또 그 단체의 목표와 지향이 무엇인지에 따라 그것의 사회적 의미는 완전히 달라질 수 있다. 시민결사체는 사회의 약자들을 보호하고 전쟁과 환경 파괴를 예방하며, 정부의 권력 남용을 감시하고 억제하는 역할을 할 수도 있지만, 반대로 자신들만의 결속을 강화하고 다른 이념, 다른 가치, 다른 종교를 가진 사람들을 억압하고 배제하는 데 기여할 수 있다. 또한 시민결사체의 경제적 역할을 과도하게 강조하면 국가 기능의 축소와 공공 부문의 민영화를 정당화하고 기업의 사회적 책임 면제해주기 아니냐는 의혹을 받기도 한다. 시민결사체 가운데 시민들의 자발성을 가장하여 돈과 권력을 추구하는 단체들도 있다.

둘째, 시티즌십은 또한 시민의 공동체에 대한 느낌, 즉 '소속감'을 갖는 것이다. 한 개인이 시민의 지위를 가졌을 때 어느 정도는 특정 국가와 동일시될 수 있다. 소속감은 기념식, 공휴일, 행진 등 국가적 정체성을 갖도록 함으로써 형성된다. 그런데 차별을 경험하게 되면 소속감은 약화된다. 정당성을 갖지 못한 권력이 국가적 정체성을 강요하는 애국심을 가르치려고 할 때 불가피하게 저항이 일어난다.

셋째, 시티즌십은 민주주의와 인권과 결합된 '실천'과 관련이 있다(Osler & Starkey, 1995: 10-16). 시민은 사회에 자유롭게 참여하고, 정치적·사회적·문화적·경제적 인권을 위해 타인과 결합하면서 그와 관련된 개인적 삶으로서 스스로를 자각하는 것과 관련된다. 소극적 시티즌십과 달리 적극적 시티즌십은 인권을 자각하고 그것에 접근함으로써 촉진되는 것이다. 이것은 민족국가의 성원에 의해 촉진되고 제한되기도 하지만, 특정 국가에 대한 소속에 달려 있는 것이 아니다. 개인은 시티즌십을 아마도 개인적으로, 그러나 타인과 함께 사태가 이루어지는 방식을 변화시키면서 항상 인권의 담지자로서 실천할 수 있다. 이렇게 이것은 때때로 행위 주체자의 의식으로 호명할 수 있는, 스스로를 타인을 위해 행사하는, 세계에 대한 영향을 미치는 능력을 자각하는 것이다.

지위, 감정 그리고 실천으로서의 시티즌십은 상호 결합되어 있다. 지위로서의 시티즌십은 개인에게 안정감을 줄 수 있고, 그들에게 소속감을 느끼게 할 수 있고, 공동체의 일에 대한 참여를 증진할 수 있다(Osler, 2010: 216-217). 그럼에도 불구하고 세 가지 요소는 또한 따로 구별된다. 예를 들어 사회의 구성원으로서 적극적으로 헌신하고 실천에 참여하기 위해 시민으로서의 지위를 가질 필요는 없다. 또한 시민으로서의 권리는 시티즌십을 위한 본질적인 출발점이기도 하다. 권리는 시티즌십을 실천하고 소속감을 느끼게 하는 가능성을 제공한다. 아동들은 권리를 누릴 자격과 시티즌십을 실천할 수 있는 능력에 의해 만들어지는 시민이다. 그러나 그들은 공적 정책 논의에 거의 참여할 수 없다. 이것은 성숙한 민주주의라고 할 수 없다. 지위로서의 시티즌십과 실천으로서의 시티즌십 간에는 역동적 관계가 있다. 시민들은 행위 주체자이고, 스스로 차이를 만든다고 느낀다. 그들은 행동을 함으로써 자신의 권리를 행사하고, 타인의 권리를 지키기 위해 행동을 한다. 그들은 포용성에 대한 것이고, 그리고 다양성과 평등에 토대를 두고 있기 때문에 시티즌십을 지각한다. 시티즌십의 실천은 타인과의 연대를 포함한다. 적극적 시민은 지위, 감정, 실천 등 삼중의 개념을 갖는 것이다. 적극적 시민은 인권과 환경을 보호하거나 촉진하기 위해 다른 사람들과 활동하는 것을 포함한다.

시티즌십을 '자기 이익'의 관점으로 볼 때 약한/방어적 민주주의weak/protectionist democracy'로 해석되고, '공동선'의 관점으로 볼 때는 '강한/참여적 민주주의strong/participatory democracy'로 해석된다(Lisman, 1998).[18] 미국 정치이론가 바버B. Barber(2006)는 서로가 공유할 수 있는 공통의 열망이 무엇인지를 토론하고 논쟁하며, 공동선을 실현하기 위해 활동하는 시민을 '공적 시민public citizen'이라고 하고, 그런 공적 시민의 층이 두터운 시민사회를 이루어 지탱하고 움직이는 민주주의를 '강한/강건한 민주주의'라고 명명했다. 시민들은 공공 사안에 대한 지식과 정보의 사실 관계에 대해, 정부와 의회의 행위 정당성에 대해, 법 적용의 타당성에 대해 학습하고 토론하며 여론을 형성해갈 수 있게 된다. 시민들 자신이 민주공화국의 정신을 실천하고 적극적으로 참여하지 않는다면 그 나라의 국가 질서는 피가 돌지 않고 살이 붙지 않는 앙상한 뼈다귀만 남을 뿐이다. 국민들이 행하는 정치는 오직 몇 년에 한 번 투표소에서 도장 찍는 일뿐인 그런 국가를 진정한 민주공화국이라고

18 강한 또는 참여적 민주주의는 대의민주주의와는 반대로 공적 참여에 관심을 두고 있다.

할 수 없고, 그런 국민을 시민이라고 할 수 없다. 그래서 "나는 시민이다!"라고 말하는 것은 곧 "나는 민주공화국의 주권자로서 권리와 책임을 갖는다!"라는 말하는 것과 같다(신진욱, 2008: 137-138).

반면 약한/방어적 민주주의는 민주주의의 역할을 정부와 독립되어 개인에게 자기충족을 발견할 수 있는 최대의 기회를 보장하는 것으로 본다. 약한 민주주의는 개인의 선호를 최대한도로 집합한다는 면에서 공리주의를 지지하며 자율적 개인을 사회의 기본적 단위로 본다는 면에서 존재론적으로 개인주의를 지향한다. 지나친 국가 개입은 사회의 제 기능을 붕괴시키고, 공동선이나 사회적 응집력을 높이기 위한 이상을 강화하기 위해 중앙집권적 독재체제를 낳았다(Quicke, 1994). 이런 획일성을 극복하기 위해서는 '자율적 시티즌십'을 중시해야 한다. 그렇지만 신자유주의자들은 시장의 기제가 일상의 무수한 개인의 선택과 요구들을 반영하기에 민주주의를 구현하기에 유리한 도구라고 생각한다. 그런데 이러한 입장은 신우익의 전략이기도 하다. 주로 이러한 입장을 취하는 약한 민주주의는 흔히 신보수주의자, 도구주의자, 전통주의자, 신자유주의자 등과 동일한 노선을 취한다. 특히 신자유주의들이 보여주는 시장주의 이데올로기는 교육의 사회적 실천을 대체할 정도로 민주적 시티즌십 형성에 중대한 위협으로 작용하고 있다.

오늘날 시티즌십citizenship은 국민국가와 밀접하게 연결된다. 우리 중 거의 대부분은 어떤 나라의 시민이다. 우리의 권리와 책임은 이 나라 안에 있다. 그런데 근대 초기 자유주의자들이 주로 권리 개념(시민권)에 초점을 맞추어서 정의하고 사용해왔지만, 역사적 흐름에 따라 점차 가치나 시민권 원리들이 추가되면서 그 의미가 확장된 개념(시민성)으로 사용되었다. 시티즌십은 시민으로서 신분이나 조건, 시민의 신분에서 오는 의무, 특권, 그리고 한 사람의 시민으로서 행위를 모두 포괄하는 개념이다. 초기 자유주의 시티즌십/시민권은 국가공동체 구성원들이 평등하게 누려야 할 법적·형식적 권리에 제한되어 있었고, 재산 소유자의 권리가 중요시되었다. 그러나 이러한 법적·형식적 권리에 기초한 시민권 개념은 이후 평등권의 실현이나 공동체의 삶에 참여할 기회, 시민적 도덕이나 가치 등을 포함하는 개념으로 변화된다. 기존의 시민권 개념이 국가의 형식적 구성원 측면에 대해서는 많은 것을 말해주지만, 사회적 시민에 대해서는 아무것도 말하지 있지 않기에 형식적·법적 권리(시민권)인 동시에 윤리적·실제적 개념(시민성)임을 인식할 필요가 있다.

고대 그리스이든 로마 공화국이든 대한민국이든 모든 정치공동체들은 영토를 표시하고 공동체의 내부인과 외부인을 가르는 선, 즉 '경계선borderline'을 갖고 있었다. 현대사회에서 가장 대표적인 법적·정치적 울타리는 '국적'을 기준으로 그어진다. 이 경우 시민권은 국가에 의하여 개인에게 수여된 것이며, 시민이란 합법적으로 인정된 국가의 구성원이다. 엄밀히 말하면 시민권은 개인과 국가 사이에 존재하는 일련의 관계들이다(Engle & Ochoa, 1989: 31). 민주사회에서 기본적인 권리는 참정권, 법 앞의 평등권, 그리고 종교·언론·출판과 같은 기본적인 자유권을 말하며, 법에 대한 존경과 투표를 함으로써 그리고 정당과 압력단체 등에 가입함으로써 국가 통치에 참여하는 시민의 책무를 말한다. 국가는 이러한 권리와 책무가 있음을 국민들에게 알려야 할(공지할, 고지할) 책임이 있다. 이 경우 국가의 경계선(국경) 내부에 속하는 사람은 시민의 권리를 행사할 수 있고, 외부에 있는 사람은 그 권리를 행사할 수 없다.

여기에서 문제는 경계선이 법적·정치적 권리에만 작용하지 않는다는 점이다. 이것은 제도와 정체성의 '울타리'와 관련된 문제이다. 시민의 문화와 제도가 보편적이고 포용적인지는 단지 그 문화와 제도의 내용만을 갖고 평가할 수 없다. 왜냐하면 시민권/시민성은 국가의 문제들을 넘어서기 때문이다. 엄밀히 말하면 개인들은 국가의 범위를 초월하는 수많은 집단들의 구성원들이다. 이런 견지에서 보면 개인들은 가족, 종교단체, 직장, 학교 그리고 세계의 시민들이다. 이렇게 '우리'와 '그들'을 나누는 경계선이 가로놓여 있다.

즉, '누가 우리인가'를 정의하는 집단 '정체성'의 문제, 즉 정체성으로서의 시민권 문제이다. 이렇게 정체성으로서의 시민권은 범주(공유된 특권적 지위/특정 국가에 의해 구분되는 행위자들, 즉 시민을 의미함), 유대(행위자와 국가행위자 사이의 상호적 관계를 의미함), 역할(특정 국가에 대한 행위자의 관계에 의존하는 다른 사람들에 대한 행위자의 관계를 포함하는 개념) 등에 대한 경험과 공적 재현을 언급하는 개념이다(Tilly, 1996). 시민권은 법적 지위가 아니라 정치적 정체성의 한 형태로서 경험적으로 주어진 것이라기보다는 '구성되는' 것이라고 할 수 있다(Mouffe, 1992: 228-231). 시민권은 지위나 태도라기보다는, 구성원 의식과 민족공동체 내에서의 보편적 권리, 의무를 강조하는 관계 연결망과 정치적 언명에 의하여 계속되는 제도적으로 각인된 사회적 실천이라는 것이다(Mische, 1996: 131-140). 이와 관련하여 시민의 경계선(울타리) 문제와 연관된 서로 다른 관점을 좀 더 자세하게 살펴보기로 하자.

자유주의적liberal 시티즌십에서는 시민사회란 사적 시장 영역과 동의어이며, 자유로운 개인들이 활동하는 장이다. 개인은 다양한 경제적·사회적 집단을 자발적으로 결성하며, 그러한 집단의 근간은 '계약'이다. 사적 부문과 국가 사이의 사회관계가 일종의 계약관계의 성격을 갖는 것으로 상정한다. 자유로운 개인이나 결사체가 자신들의 이익과 목적을 위해, 그리고 자유를 보장받기 위해 체결하는 일련의 거래관계를 상정한다. 이 모델은 사회적 지위의 범위, 전통적 역할과 고정된 귀속적 정체성을 피함으로써 개인의 잠재력 계발을 돕는 데 권리와 자유의 중요성을 강조한다. 다른 말로 하면 그것은 가능성으로서의 시티즌십을 강조한다. 시민들은 잠재적으로 자신의 정체성과 충성을 선택하는 데 자유롭다. 그들은 가족이나 문화적 압력과는 상관없이 자신의 운명을 선택하는 데 있어 완전성을 발견할 수 있다. 그것은 학생들이 개인의 완전성을 발견할 의도를 가지고 학습할 자격을 마련한다. 학습자는 적극적이고 책임 있는 시민으로서 자기완성과 발전에 필요한 지식을 계발하고, 기술과 태도를 이해해야 한다. 자유주의적 시민은 일정한 권리의 소유자로서 시민의 권리를 강조한다. 여기에는 세 가지 유형의 권리가 있다. 마셜이 강조한 공민적 권리(영장 없이 구금되지 않을 권리 등)와 정치적 권리(투표하고 출마할 권리 등), 그리고 사회적 권리(건강할 권리 등)가 있다. 권리는 자격이고, 어떤 인간이라도 그것을 요청할 수 있다는 면에서 보편적 인권이란 보편적 자격이다. 이런 관점에서 시민은 국가의 보호와 도움을 받을 자격이 있으며, 이와 동시에 법과 타인의 권리를 존중해야 한다. 시민은 원할 경우 정치, 공직 생활에 참여할 권리를 갖는다. 자유주의 전통에서 시민사회는 정치적·도덕적으로 자유롭고 독립적인 개인들의 사회를 의미하거나 시장경제 안에서 사적 이익을 추구하는 시장 행위자들의 집합체를 뜻한다. 권리를 보장하기 위해 그것을 제고하기 위한 법적 틀과 사법 체제를 필요로 한다. 헌법제도는 국가의 법과 제도에 바탕을 이루는 국제적 인권제도를 분명하게 표현하고 있다.

그러나 법에 보장된 제도는 시민들에게 도움을 줄 수는 있으나 권리와 시티즌십의 장애물을 확실하게 제거하여 사회 정의를 구현하는 데는 충분하지 않다. 또한 시민사회로부터의 정치적 압력은 교육처럼 중요하다. 법과 인권은 공적 이해를 촉진하는 데 도움을 주는데 이는 교육자에 의해 보완이 될 수 있다. 이렇게 시티즌십의 자유주의적 관점은 개개인의 인권을 강조하지만 한계도 가지고 있다. 개인의 성취뿐 아니라 평등의 적절한 고려를 반드시 보장할 수 없다. 사회가 단지 '개인의 합'이라고 생각하는 사회계약 모델은 인간적 유대가 극단적으로 위축되며, 자유로운 사회관계는 냉정한 성향을 보여줄 가능성이 있다. 참여, 협동, 사회성 등과는 무관해진다. 즉 공동체가 실현할 수 있는 연대감, 공동체, 또는 공공복지의 추구 등과는 거리가 한참 먼 것이다(Barber, 2006: 32-38).

이런 문제의식을 가지고 출발한 '공동체주의적communitarian' 시티즌십은 시민사회를 공동체와 동의어로 생각한다. 시민이 됨은 참여민주주의자처럼 집단적 의사결정에 능동적으로 참여함을 의미한다. 지역 수준이건 국가 수준이건 마찬가지다. 공동체주의자들은 사람들이 공동체를 통해 결속되어 있으며, 개인보다 우선이고 개인의 조건을 좌우하는 공동체적 유대를 통해 서로 단단히 결합되어 있다고 주장한다. 그들은 시민사회를 인간이 피해 갈 수 없는 사회관계의 복잡한 조건으로서 인식하고 있다. 자유주의자들이 시민사회를 사적 개인과의 계약을 통해 선택된 자발적·계약적 결사체를 위한 활동의 장으로 인식하고, 고립 상태와 별반 다를 것이 없는 것으로 다루었다면, 공동체주의자들은 시민사회를 공동체 안에서의 상호작용을 통한 깊은 연관이 맺어지는 영역으로, 또 모든 사회적 유대를 형성하기 위한 조건으로 다루고 있다. 공동체주의적 시티즌십은 개인주의보다 집단의 연대를 강조하고, 문화적 혹은 종족적 집단이 부여하는 정체성 의식의 장점을 강조한다. 공동체주의적 시티즌십은 민족주의 운동과 투쟁에서 지배적이다. 민족적 정체성을 강조하는 시민교육 프로그램이 갖는 이런 측면은 좋은 시민의 의무와 명예를 강조하는 '시민적 공화주의적civic republicanism' 관점과 유사하다(Oldfield, 1990; Heather, 1992).

공동체주의적 시티즌십의 가장 큰 장점은 '사회적 결속력'이다. 만약 그것이 없다면 점점 더 무정부적으로 되어가는 사회적·경제적 세계에서 개인과 집단은 전혀 공통점을 찾아낼 수 없을 것이다. 그렇지만 공동체적 시티즌십의 한계는 공동체가 '민주주의'를 훼손하는 이념적 속성을 가지고 있다. 공동체주의적 편향성은 은둔적이고 답답한 것이라고 느껴질 수 있고, 작은 마을의 함정은 지역적 위계질서, 엄격한 규율, 그리고 지나친 친밀성으로 인해 인습과 소문으로 얽매인 경직된 문화를 만들어낼 수 있고, 일종의 전체주의나 적대적 민족주의를 초래할 수 있다(Barber, 2006: 38-54). 공동체적 시티즌십은 반드시 쉽게 느낄 수 없는 이미 결정된 종족이나 문화적 정체성 안에서 개인에게 제한을 가할 수 있다는 점이다. 세계에서 자신의 길을 결정하고 다중의 정체성과 충성심을 가진 세계시민이 되도록 하는 것은 시민의 자유를 부인하는 것일 수 있다. 시민은 대중매체에 사로잡혀 집단적 기억이나 공동체에의 소속감으로부터 멀어짐으로써 공공의 관심이나 사회정치적 행위를 발붙이지 못하게 하고 있다는 것이다. 서로 분리된 계급 사이를 이어줄 공통된 이상의 가교조차 만들어질 가능성이 없게 되었다. 그러기에 공동체주의는 이기심 없는 애국심을 강조하는 '시민적 공화주의civic republicanism'[19]처럼 복고주의적 향수에 빠지지 않도록 주의할 필요가 있다(Barber, 2006: 55-60). 이런 문제가 발생하자 '민주적 공동체주의/공화주의'가 제창되고 있다.

그 대안으로 제시된 참여/강한 민주주의participatory democracy 시민권 관점은 토크빌이나 바버의 강조처럼 "시민이 되려면 참여해야 한다(Oldfield, 1990: 160)." 현재의 공공 정책 문제를 논쟁으로 이끌고 지역과 국가의 정책에 참여하는 능력 그리고 동기를 포함하여 개인적 이기심을 넘어서는 능력과 자신이 속한 더 큰 집단의 복지에 대한 헌신에 중심을 두는 '참여적 시민권(성)participatory citizenship'을 보다 명시적인 목적을 위해 우리는 정부의 역할

---

19 공동체주의의 한 예로서 공동체의식을 강조하는 시민적 공화주의 관점은 인간사회에서 일어나는 불가피한 갈등을 평화롭게 해결할 수 있는 제도적 틀로서 정치적 공동체를 강조한다. 시민사회는 국가에 의해 조정된 공적 영역으로서 공동체에 대한 책임을 강조하고 계급, 종족, 종교나 문화의 정체성을 소위 사적 영역을 제한하려는 시도를 한다. 공화주의 전통에서 시민사회는 민주적 덕목을 보유하고, 민주적 삶의 관습과 관행을 장려하며 공공성과 자유, 평등주의와 자발주의에 의해 규정된다. 공화적 시민사회는 개인과 결사체의 차원을 넘어 정치공동체의 주권자인 시민들이 사회 전체의 공공 과제를 함께 토론하고 해결하는 공간으로 이해된다. 이 같은 시민적 공화주의 관점의 약점은 공적 영역과 사적 영역의 구별이 실제에 있어 유지될 수 없다는 것이다. 실제 인권을 증진하고 약자를 보호할 책임을 지기 위하여 국가로 하여금 종종 가정과 종교적·문화적 집단의 사태에 개입하기를 기대한다. 예를 들면 정부가 가정 폭력을 처벌하고, 아동을 보호하고, 방송을 규제하기를 기대한다. 그래서 오늘날 시민적 공화주의 관점을 보완하는 '민주적 공화주의'나 '헌법적 공화주의'가 대두하고 있다.

을 어떻게 이해할 것인지와 관련된 시민적 능력이라는 용어를 사용한다. 그리고 행동의 습득은 시민들에게 정부에 참여하는 것, 그리고 민주적 정치 원리의 틀 내에서 그들의 관심을 촉진시키기 위해 회의, 토의, 협력하는 것을 허용한다. 이러한 개념은 듀이의 관점과 일치한다. 듀이의 민주주의는 소양 있는 투표자를 요구하는 정부 형태이며, 또한 함께 더불어 시민들에게 사려 깊은 방식으로 상호 심의를 통해 차이점을 해결하도록 하며 공통 관심사에 대해 책임을 지며 살아가는 방식이다. 이렇게 민주주의는 교양 있는 시민을 통해 만들어질 것이다. 민주주의는 사적 이익보다는 공동선을 위해 민주적으로 숙고하고 결정하는 공동의 삶의 양식으로서 공동선을 향해 함께 활동하도록 하면서 대안적 삶의 양식을 추구하는 적극적 시민의 양성을 격려한다 (Jaddaoui, 1996: 74-77).

강한 민주주의자들은 시민사회를 국가/정부와 시장 사이에 존재하는 영역으로 본다. 공적 부문과 사적 부문을 정반대의 것으로 보지 않으며, 실제로 우리의 사회 개입을 의미하는 제3의 매개적 영역을 상정한다. 즉, 활기 넘치는 시민적 활동을 원하는 시민을 위한 규범적 이상을 의미한다. 시민사회에 대한 참여민주적 관점은 공적 영역과 사적 영역을 구분한다. 말하자면 정부와 그 주권을 행사하는 제도로 이루어지는 국가 영역과, 개인 및 시장에서의 계약에 의한 결사체가 존재하는 사적 영역을 가리킨다. 그리고 양자의 가치를 공유하면서 그 둘을 매개해주는 제3의 영역을 상정한다. 이러한 제3의 독립적 영역은 다원적·시민적 공동체로서 규정된다. 이것은 자발적 참여를 장려하는 개방적이고 평등주의적인 회원들의 결사체이다. 민주적 시민은 집단이나 공동체의 적극적이고 책임감 넘치는 구성원이다. 상충하는 가치와 이익 갈등이 발생하게 되면 공동의 토대를 찾아내고, 공공의 업무를 수행하고, 공동의 관계를 추구함으로써 그러한 차이를 조정하기 위해 노력을 기울이는 존재이다. 참여민주주의적 시민권 모델은 공화주의적 시민사회에 관한 토크빌의 전통적인 이상을 담고 있을 뿐 아니라, 강력한 규범적 이상을 보여주기도 한다.

	(근대적) 자유주의	(전통적) 공동체주의	(확장적) 참여민주주의
시민의 개념	·수동적으로 의심 많은 자율적인 개인 ·적극적으로 관리하는 국가	·결속력이 강한 형제 ·지시가 있을 때 행동하는 존경과 복무의 회원 조직	·협동하고 참여하는 이웃과 공동의 노동자
시민성/권의 역할	·개인적 책임과 시장에 터한 분별 있는 시민의 덕성	·박애적 책임에 의해 지지되는 사회적 강압을 받는 시민의 덕성	·상호적 집단 책임에 터한 어느 정도 사회적 압력을 받는 참여적 시민의 덕성
사회적 교환의 유형	·제한적 교환	·일반화된 집단적 교환	·일반화된 집단 교환 및 개별 교환
사회적 상호작용과 연대	·상호계약의 망을 통한 개별적으로 맺는 협상	·위계적 연대 (공동의 신념과 가치에 동의하는 가족, 종교집단)	·시민사회에서 공동의 공적 담론을 통한 민주적 참여 ·공동의 이익
정치권력	·시민이 스스로 조직하는 수평적 정치권력	·권위를 따르는 수직적 정치권력	·수직적 수평적 협상의 모형
정치경제 체제	·대의민주주의에 의한 자유적 체제	·때때로 엘리트주의와 부권주의에 의한 전통 체제	·상당히 조합주의적인 사회민주적 체제
사적 생활세계	·공적 영역이 작기 때문에 사적 생활이 큼	·중도적	·공적 영역이 너무 크기 때문에 사적 생활이 중도보다는 작음
권리와 책임의 관계	·권리 〉 책임: '개인주의'에 터해 있다. 자유권은 가장 본질적 책임에만 계약(제한된 교환)을 관련시킨다.	·책임 〉 권리: '강한 공동체 위계'에 터해 있다; 공동체 책임은 권리를 장기간의 관계(일반화된 교환)에 관련시켜 공동체 복지를 보호하는 데 우선시한다.	·권리 = 책임: 집단과 개인에 의한 '평등주의적 참여'에 터해 있다. 권리와 책임의 전 영역은 일반화된 제한된 교환에 의해 균형을 이룬다.

〈시민성(권)의 모델〉(Janoski, 1998: 19, 226-227)

오늘날 세계화와 함께 지구촌 사회가 도래하면서 시민의 경계선(울타리)이 변화되고 있다. 지구화로 인하여 시민의 공동체는 도시와 국가(국경)를 넘어 세계로 확장되면서 국민국가는 도전받게 되었고, 국경을 뛰어넘는 연대와 정치행동도 필요하게 되었다. 그리하여 그리스 시민, 남아공 시민, 리비아 시민, 미국 시민, 한국 시민 등 모두 동등한 권리와 가치를 갖는 세계시민의 구성원으로서 지구적 시민성을 요구하고 있다. 전자적 공론장은 지구적 시민사회의 형성에도 중요한 계기를 제공한다. 지구적 시민사회란 시민사회를 이루는 개인, 자발적 결사체, 네트워크, 그리고 사회운동 조직의 세계화를 말하는데, 이들은 개별 국민국가의 국경을 넘어서 개인들을 새롭게 조직화하고 있으며, 특히 사회운동의 세계화의 경우 전 세계적 인터넷 네트워크를 통해 빠르게 성장하고 있다.[20] 이들은 지구적 수준에서 '약한 대의민주주의'를 보완하고 대체하는 '강한/참여민주주의'를 실천하고 있다고 볼 수 있다(김호기, 2001). 세계적/지구적 시민global/cosmopolitan citizen은 한 '국가', 한 '국민'의 행복만을 추구하는 것이 아니라 모든 '인간'의 행복을 열망하고 촉진하려는 자아이다. 세계시민주의자들은 이러한 보편 규범과 가치가 애국(심)보다 우선해야 한다고 믿는다(신진욱, 2008: 98). 단지 이방인을 이해하는 것이 아니라, 그들을 이방인으로 여기지 않는 공동체의식, 그리고 세계의 모든 인간이 동등한 존엄성과 권리를 갖는다는 '만민평등주의'가 필요하다는 것이다. 정부는 주체적 합리성과 도덕성을 제외한 그 밖의 모든 특성을 벗겨버린, 추상적 시민 개념에 호소함으로써 젠더, 인종, 섹슈얼리티, 장애에 따라 사회적 분할을 유지·존속시킬 수 있었다. 그렇지만 20세기에 이르러 형식적인 의미에서는 완전한 시민이었던 특정 집단에게 행해지는 부정의에 항거하여 여러 가지 운동이 나타났다. 오늘날 모성보호권, 장애인, 성적 소수자 등

20 1909년에서 1989년 사이에 국제적 비정부 조직은 176개에서 4,624개로 크게 증가한 것으로 알려지고 있다.

이 관심 대상으로 등장한 것도 이런 운동의 영향 때문이었다.

국경을 뛰어넘는 시민권의 발전은 외국인과 시민의 차별이 약화됨을 의미한다. '세계시민주주의cosmopolitanism'의 두 가지 기둥은 '의무'와 '인정'이다. 즉, 우리는 다른 나라에 살고 있거나 다른 나라에서 온 이방인들이 자신과 동등한 존엄성을 인정받아야 한다는 도덕적 의무를 가지는 한편, 가치와 문화의 차이를 인정하고 대화를 통해 서로를 이해하려는 노력을 계속해나가야 한다는 것이다. 그렇지만 지구적 국가라는 것이 없으므로 '지구적 시민'은 법적이라기보다는 '도덕적' 의미를 갖는다고 할 수 있다(McCmwan, 2011: 173). 동시에 지구적 차원으로 넓어지는 경향과 더불어 지역적으로 되돌아가자는 움직임도 있다. 즉, 지구 차원에서 생각하고, 지역 차원에서 행동하자는 새로운 방식이 제창되고 있다.

제3장

시티즌십의 변화와 학생의 인권

1. 인권 담론의 확장과 시민권의 변화

시민은 전통적으로 백인, 남자, 재산을 가진 사람 등 독점적 권리를 향유한 사람들의 결합체였다. 그러기에 흑인, 여자, 무산자 등은 시민이 아니었다. 여기에서 시민권 담론은 '권리right'[21]를 갖지 않는 사람에 대한 관심으로부터 출발한다. 인권에 대한 자각이 커짐에 따라 재산이 없는 사람, 소수자, 여성 등 시민권의 법적 지위는 확대되었다. 시민권은 모든 시민이 인간답게 살기 위해 서로에게 또는 공동체와 정부에 요구할 수 있는 서비스와 지위라고 규정할 수 있으며, 그것은 국가라는 정치 기구 및 제도 속에서 구체적으로 실현된 인권이라고 할 수 있다(최현, 2009: 15-16).

21 권리의 사전적 의미는 "인간이 인간답게 살기 위해 요구할 수 있는 자유와 서비스"이다. 권리라는 단어는 원래 'right'를 번역한 것으로 "도덕적으로 올바른 것, 합리적인 것, 합법적인 것, 정당한 것"이라는 의미가 있다.

계몽주의자들은 보편적인 의미에서 인권을 제시했지만, 근대국가는 자국 시민들의 인권만을 보장했을 뿐 아니라, 빈민층과 여성들은 배제해버렸다. 오늘 대부분 국가에서는 여성과 빈민층에게도 시민권을 보장하지만 외국인은 여전히 시민권을 받기 어렵다. 인권이 도덕적 당위적·추상적 차원에서 논의된 인간의 권리라면, 시민권은 제도적·법적·현실적으로 보장된 것이었고, 시민권이 발전하면서 다시 인권에 대한 이해와 논의도 발전했다. 인권을 추상적으로 논의할 때는 예상하지 못했던 인간 권리의 문제들이 시민권이 구체적인 제도로 발전하면서 드러났기 때문이다. 시민권을 둘러싼 갈등과 논쟁은 인간에게 필요한 권리에 대한 이해의 폭을 넓혔다. 그리고 인권에 대한 이해와 논의가 점차 발전하면서 국가가 시민에게 보장하는 권리의 내용도 발전해왔다.

시민혁명을 통해 근대 시민사회가 성립되는 17~18세기에는 사람들이 자기 자신을 '백성'에서 '인간'으로 인식하는 변화가 나타나기 시작하였다. 모든 인간은 자유와 평등을 누릴 수 있다는 것이었다. 선언적·상징적인 수준에서의 천부적 권리를 누릴 수 있는 '인간'이기는 하되, 실질적으로 권리의 행사가 인정되는 '시민'과는 달랐다. 19세기에 이르러 모든 인간이 정치적으로 뿐만 아니라, 경제적·사회적으로 평등해야 한다는 의식이 확산되면서 시민의 개념이 확대되었다. 결국 인권의 신장은 곧 시민의 범주를 확대하는 것과 관계가 깊다. 시민의 범주에서 제외되었던 사람들이 시민의 지위를 얻기 위해 노력해온 이유 또한 시민의 '지위' 획득에 그치지 않고 실질적인 '활동'을 보장받기 위해 싸워온 이유는 인간다운 대우를 받기 위해서였다(설규주, 2005). 시민의 범주에 들어가기 위한 역사는 곧 인간다운 삶을 위한 투쟁의 역사였다. 인간과 시민이 동일한 범주는 아니지만, 시민의 범주와 권리가 늘어나면서 실질적으로 인간을 대체해가고 있는 것으로 보인다. 막연하게 인간이라고 하기보다는 권리와 의무의 주체인 시민의 범주를 설정해놓고 그것의 범주를 인간 전체로 확대해가는 것이다.

그러나 시민권이 인권에 대한 국제적 논의에 영향을 받기는 했지만, 국가가 시민에게 보장하는 것이므로 나라마다 민주 발전 정도나 경제 능력에 따라 불균등하게 발전했다. 그래서 최근에는 국적에 관계없이 모든 사람들에게 인권을 보장하려는 '지구적 시민권'이라는 형태로 인권이 실현된다면 시민권의 역사가 인권의 역사와 동일하다는 것을 다시 보여주게 된다.[22] 인권과 시민권은 여러 측면에서 발전해왔고, 시민권은 현실에서 정치공동체에 의해 보장되었다. 따라서 시민권은 그 권리를 보장할 수 있는 현실적 정치공동체나 국가를 필요로 한다. 또한 국가는 이를 위해 자원이 필요하다. 시민의 신체와 재산을 보호하려면 경찰과 군대가 필요하고, 교육을 제공하려면 학교와 교사를 필요로 한다. 그리고 필요한 자원들은 모두 시민에게서 나오기 때문에 시민권은 항상 '의무'를 전제로 한다고 할 수 있다.

최근에는 동물권과 생물권 등이 논의되기도 하지만, 권리는 처음부터 인간과 관련된 것이었으므로 특별한 수식어가 붙지 않는 한 인간의 것을 의미한다. 근대시민사회가 발전하면서 계몽사상가들은 신이 내려준 고정불변의 질서 대신에 인간 스스로 만들어가는 세속적인 사회·정치 질서를 형성하려고 했다. 이들은 인간이 태어날 때부터 다른 사람에게 양보하거나 포기할 수 없는 권리를 지니며 이것이 세속적인 질서의 전제이자 토대가 된다고 생각했다. 계몽사상가들은 천부인권설(또는 자연권설)에서 이러한 권리의 주체가 되는 근대적 인간의 기초를 마련했다. 이러한 인권 사상의 발전은 근대사회의 철학적·도덕적 기초를 제공했다. 하지만 자연, 하늘, 신 가운데 어느 것도 실

---

22 인간이 누리고 있거나 누려야 할 권리의 중요성과 그 내용을 올바로 이해하려면 인간의 권리에 대한 일반적인 논의뿐 아니라, 그것이 역사에서 문제들을 해결하기 위해 어떻게 제도적으로 발전해왔는지를 추적해야만 한다. 전자가 주로 인권의 발전 과정에 대한 것이라면, 후자는 주로 시민권의 발전 과정에 대한 것이다.

제로 인간의 권리를 보장하지는 못했다. 현실적으로 인간의 권리를 보장하기 시작한 것은 미국의 독립전쟁과 프랑스 혁명으로 근대국가가 탄생하면서부터였다. 시민혁명은 절대주의 왕국을 무너뜨리고 그 위에 계몽주의자들의 인권 사상을 수용해 새로운 헌법, 정부, 국가를 만들었고, 이렇게 만들어진 입헌 근대국가가 인권을 보장했다. 하지만 근대국가는 특정한 지역에 사는 특정한 '시민들의 권리'만을 보장했을 뿐 보편적인 '인간의 권리'까지는 보장하지 못했다. 따라서 현실의 역사에서 인권은 '시민권civil rights'의 형태로 실현되었다(최현, 2008: 10-19). 시민권은 자연권에 덧붙여 사회라는 울타리가 제공하는 안전 및 보호와 관련된 권리를 말하는 것이다. 인간이 자연 상태를 벗어나 사회공동체를 이루어 살면서 형성되는 개명된 생활조건으로서 인정되는 권리가 시민권이다. '사회공동체 내의 권리'인 시민권은 사회의 구성원으로서 인간에게 속한 권리이다. 사회공동체 내의 권리는 개인에게 원래 존재했던 자연권에 어느 정도 그 기초를 두고 있지만, 그 권리 전체를 제대로 누리려면 개인의 힘만으로는 부족하다고 할 수 있다.

이런 문제 인식은 인권과 시민권이라는 용어가 동시에 탄생했다는 점에서도 확인된다. 인권 개념이 좀더 '자연인'과 관련된 개념인 데 반해, 시민권 개념은 인위적인 조직이나 체계와 더 관련되어 있다. 근대 시민권 개념의 시발점이 된 1789년 프랑스의 헌법 서문으로 채택한 「인간 및 시민의 권리선언」에는 '인간'과 '시민' 개념을 구분하고 있다. 이 권리선언에서 인간은 "사회 범주 밖의, 사회에 앞서 있는 존재"로서 가정되며, 시민은 "국가의 권위에 복종하는 존재"로 전제되어 있다. 나아가 인간의 권리, 즉 인권은 타인에게 양도할 수 없는 '자연적 권리'인 반면 시민의 권리, 즉 시민권은 실정적인 권리, 곧 '실정법'에 의해 인정된 권리를 의미하고 있다. 인권은 국가에 앞선다는 점에서 기본적인 권리인 반면, 시민권은 국가와 관련된 권리라는 것이다(오장미경, 2003: 24). 마르크스도 「유대인 문제에 대하여」에서 두 개념을 서로 다른 것으로 보았다. 국가와의 관계에 있어서 추상적 주체인 인간은 추상적 자연권의 성격을 지닌 인권을 갖고 있는 반면, 시민은 생득의 권리가 아니라 정치적 사회의 구성원으로서의 권리를 갖고 있다고 보았다. 즉 시민권은 천부적 권리가 아니라 가치를 한정당한 권리이며, 절대적이거나 무조건이지도 않은 권리로서 어느 곳 아무 때나 주어지는 인권과는 다른 개념이라는 것이다.[23] 그러므로 인권과 시민권 개념은 단일국가 내에서 구성원들의 권리 개념을 포현할 때 혼용할 수는 있지만, 자연인으로서의 인권과 가공된 사회 속의 권리를 의미하는 근본적인 의미에 있어서 차이가 있다고 할 수 있다.

---

23 '인권'이 행복을 추구하는 인간 모두에게 보장되어야 할 권리들의 가치를 정당화한다면, '시민권'은 그러한 가치를 실현하는 제도이다. 따라서 우리는 인권이라는 당위적·도덕적·추상적 차원(가치)만이 아니라, 법적·제도적 현실 속에서 시민권을 통해 인간의 삶을 개선할 방법을 모색할 수 있다. 인권이란 현재 우리가 누리지는 못하지만 누구나 누릴 수 있는 아주 현실적인 것이라는 인식을 심어준다. 그리고 이러한 인식은 시민권 제도를 개선하여 인권을 확대·심화하려는 계기가 될 수 있다. 현실 역사에서 인권은 시민권의 형태로 실현되었다. 이것은 인권과 시민권이라는 용어가 동시에 탄생했다는 점에서도 확인된다. 인권이라는 용어는 프랑스 혁명 이후 프랑스 국회가 1789년 헌법 서문으로 채택한 「인간과 시민의 권리선언」에서 처음으로 등장하는데, 여기서 인권은 시민권과 동일하게 쓰인다. 근대국가는 자국 시민들의 인권만을 보장했을 뿐 아니라, 빈민층과 여성들은 배제해버렸다. 오늘날 대부분의 국가에서는 여성과 빈민층에게도 시민권을 보장하지만 외국인은 여전히 시민권을 받기 어려운 실정이다.

	인권	기본권	시민권/시민성
정의	·인간에게 부여된 초실정적 권리	·헌법에 의해 보장된 국민의 기본적 권리[24]	·민주적 정치공동체의 성원(시민)으로서의 지위를 얻기 위한 자격 및 요건[25] ·또는 그에 따른 권리와 의무 및 그것을 뒷받침하는 제도
내용	·시민·정치적 권리[26] ·경제·사회·문화적 권리 ·제3세대 권리: 연대권, 발전권, 환경권	·인간으로서의 존엄권, 행복추구권, ·자유권, 참정권[27] ·평등권, ·사회적 기본권(노동권, 교육권 등) ·새로운 유형의 기본권(환경권 등)	·국적 ·정치적 공동체(국가)와 시민의 관계를 규정하는 제도: 사회가 시민에게 부여한 권리와 의무에 기반을 둔 사회적 멤버십 ·시민이 갖는 권리와 의무 ·시민이 가져야 할 자질과 의무 ·시민의 의식과 실천(정체성, 덕성, 능력 및 참여)
성질	·천부적 권리	·헌법에 보장되는 국민의 기본적인 권리, 헌법소원의 근거	·정치공동체 성원으로서의 자격을 가진 자에게 부여되는 권리
특징	·초역사성, 초실정성, 초국가성, 보편성, 절대성, 불가분성, 무조건성, 이념성, 불명확성	·국가 단위의 헌정질서에 의해 정리된 권리	·국가가 아니라 정치공동체를 사정 ·시민으로서의 자격: 권리–의무의 관계, 시민의 자질–능력을 내포[28] ·시민성을 온전히 확보하지 못한 사회적 소수자의 문제 발생 ·탈국가적 시민권, 다문화적 시민권, 지구적 시민권의 문제 발생

〈인권, 기본권, 시민권의 비교〉(홍성수, 2010)

24 인권의 일부가 기본권화되는 것이기 때문에 논리상 인권이 기본권보다 그 범위가 넓다. 대체로 기본권과 인권을 구분 없이 사용하기도 한다.

25 근대사회에서 정치공동체는 근대국가이므로 기본권과 시민권의 내용은 사실상 일치한다. 하지만 시민권에서 정치공동체의 개념은 일국을 넘어선 초국가적 공동체로 발전될 가능성이 있기 때문에 초국적, 시민권, 세계시민권 등의 개념이 발전될 수 있다.

26 사회권이 자연권적 성질을 갖는지에 대한 논란이 있다.

27 기본권 중 참정권(공무담임권, 선거권, 국민투표권), 청구권(청원권, 재판청구권, 형사보상청구권, 범죄피해자구조청구권) 등은 인권에서 도출된다고 보기 어렵다는 견해도 있다.

시민이 누려야 할 권리 중심의 시민권 담론을 가장 잘 정리한 사람은 마셜Marshall이다. 그는 시민권을 공민적 권리, 정치적 권리, 사회적 권리 등 3대 권리로 구분하였다. 18세기에 대두된 '공민적 권리civil right'는 표현(언론, 출판, 사상 등)의 자유, 정당한 절차의 법적 권리, 재산권의 보호 등이다. 이 권리는 시민에게 개인의 자유와 법의 보호를 받도록 하여 자신이 속한 사회에 소속감을 부여하는 것이다. 19세기와 20세기에 대두되기 시작한 두 번째 범주인 '정치적 권리political right'는 선거권(투표할 권리), 피선거권(정치적 자리에 출마할 권리) 등이다. 이 권리는 시민에게 정치적 참여를 할 수 있도록 하여 법과 공공정책을 형성하는 데 투입하게 함으로써 그가 속한 사회에 더 많은 소속감을 부여하는 것이다. 세 번째 범주인 '사회적 권리social right'는 20세기 사회복지국가의 발전과 결합되어 있는 '사회적 시민권social citizenship'을 부여하는 것이다. 사회적 권리는 교육권(공교육을 받을 권리 등), 복지권(연금을 받을 권리, 건강을 누릴 권리 등)을 포함한다. 이 권리는 시민이 자신의 기본적 필요를 국가로부터 제공받음으로써 그가 속한 사회에 소속의식을 더 많이 갖게 되는 것이다. 이러한 시민권은 오늘날 문화적 권리, 집단적 권리(연대권, 평화권) 등으로 확장되고 있다. 민주주의와 인권의 가치를 포용하는 시민권은 오늘날 국가의 건설에 중요한 지표가 되고 있다.

---

28 기본권 논의에서는 국민의 권리는 반드시 의무와 대칭되지 않으나, 시민권 논의에서는 권리-의무 상관관계에 초점이 맞추어진다. 기본권 논의와 달리 시민권 논의에서 시민성에는 시민의 의식과 실천, 시민의 덕성, 시민의 능력, 시민 참여, 바람직한 행동 기준, 연대와 정체성 등이 포함된다.

시민권의 종류	공민적 시민권	정치적 시민권	사회적 시민권
발생시기	18세기	19세기	20세기
내용	·개인 자유에 필요한 권리 ·신체의 자유: 표현·사상·신앙의 자유, 소유권, 계약의 자유, 정의권	·정치권력 행사에 참여할 수 있는 권리 ·정치참여권	·사회경제적 부의 배분에 참여 ·복지권: 경제 복지와 안정, 공평한 사회 혜택, 인간다운 삶을 누릴 권리
논의 장소	재판소	의회	교육체제: 사회보장 서비스

〈마셜의 권리 개념〉(서규환, 1993)

권리의 범주	권리의 예	권리가 자격을 부여한 행위 영역
공민적 권리	언론·사상·신념의 자유	토론·통신 그리고 비판의 추구
정치적 권리	보통·비밀 선거	선거 정치에 대한 참여
사회적 권리	보통·무상 교육	능력과 자질의 향상
경제적 권리	최소 수입 보장: 생산적 자원에 접근하는 수당의 할당	당면한 경제적 취약성 없이 행동할 능력
재생산적 권리	부모가 되거나 되지 않을 자유: 임신을 방지, 중절하거나 돕는 자원들	출산력 조절

〈헬드의 권리 분류들〉(Held, 1991)

그런데 마셜의 권리에 기반한 시민권citizenship 담론은 최근에 이르러 시민권의 '사회문화적 차이'를 인정하지 않고 있고 '전 지구적 시민권global citizenship'을 소홀히 함으로써 시민의 책임의 중요성을 소중하게 여기지 않았다는 비판을 받고 있다(Howe & Covell, 2007: 46). 따라서 시민권 개념을 국민국가 내로 한정하는 것은 근시안적 관점이기에 전 지구화 현상과 더불어 '세계시민'의 일원이 될 것을 주창하고 있다. 그렇지만 지구적 국가라는 것은 현실 속에서는 존재하지 않기에 지구적 시민은 법적이기보다는 '도덕적' 의미를 갖는다고 주장되기도 한다.

시민권은 민주주의 사회에서 국가의 구성원으로서 앞서의 세 가지 권리를 갖게 됨으로써 단순히 소속되어 있는 것을 넘어선다. 최근 이에 대한 세 가지 대안적 개념이 모색되었다.

첫째, 시민권/시민성citizenship은 '책임responsibility'을 위한 장소를 인식하는 것이다. 책임은 시민권을 실천하는 데 있어 중요하다. 시민권의 실천에는 책임, 의무, 시민적 덕성을 필요로 한다. 이 경우 'citizenship'을 시민권보다 '시민성'으로 번역하는 것이 더 적절할 수 있다. 시민으로서 더 넓은 사회적 책임을 고려하지 않는다면 시민권은 소비자로서, 가족 구성원으로서, 직업인으로서, 일꾼으로서 사적 권리로 협소화될 수 있다. 그러므로 시민으로서 공공 의식과 사회 구성원으로서 참여하고 헌신하는 일을 해야 한다. 투표할 때만 일시적으로 시민이지 공동체의 공적 삶에 적극적 참여를 하지 않으면 개인은 타락할 수 있다. 그렇게 되면 권력은 타락하기 쉽다. 그래서 수동적 시민이 되지 않도록 '적극적 시민positive citizen'이 되게 하는 교육을 요청하고, 사회적 책임으로서 시민 참여를 필요로 한다. 그렇게 되려면 민주적 시민으로서 자질과 덕성(의식, 품성, 교양, 예절 등)을 가져야 한다.

시티즌십은 권리와 책임의 적절한 균형이 항상 필요하다. 예를 들어 아동이 보호와 양육과 훈육의 대상인 경우에는 무엇이 아이들에게 필요한지를 결정하는 사람도, 그 필요를 충족시켜 주는 사람도, 충족의 방식을 결정하는 사람도 '자비로운' 어른이다(유은숙, 2003: 259). 인권을 침해받았다면 당연히 그 회복과 존중을 요구할 권리가 있지만, 어른에게 전적으로 의존하고 복종해야 하는 존재에게는 그 책임을 물을 권리가 없기에 나쁜 운을 탓해야 할 것이다. 그렇지만 아동을 인권의 주체로 인정할 때는 아이들 자신이 무엇이 자신에게 필요하고 가장 유익한지를 표현하고 결정과정에 참여할 권리를 가진다고 보아야 한다. 또한 그 권리가 침해되었을 때 국가에 대해 그 책임을 물을 수 있다. 왜냐하면 권리의 주체는 항상 의무와 책임의 주체를 반드시 동반하기 때문이다.

둘째, 시민권/시민성은 '차이difference'를 인정할 필요가 있다. 차이란 다원주의를 인정하는 것이고. 집단 간의 차이를 긍정하는 것이다. 집단 간의 차이를 부인하는 단일하고 보편적인 시민권이 아니라, 집단 간의 차이를 인정하는 다원적 시민권/시민성을 수용할 필요가 있다. 왜냐하면 국가적 일치의 원천으로서 공유된 정체성과 사회적 통합(일치)을 요구하는 국가 정책, 즉 '동화' 전략은 한 사회 내의 다른 집단의 정체성을 배제하기 마련이기 때문이다. 역사적으로 노동자 집단은 오랜 기간 동안 사회경제적 자원과 교육의 결핍 때문에 '공통 문화'로부터 배제되어 왔다는 점은 주지의 사실이다.[29] 노동자는 자신이 속한 사회의 지배적 가치와 제도로부터 배제됨으로써 문화적으로 소외를 느끼고 있다. 이것은 노동자 집단에 머물지 않고 여러 소수자(성적 소수자, 양심적 병역 거부자, 탈북자, 이주민 등)의 정체성으로 확대할 수 있다. 그러기에 소수자 집단을 차별하지 않고 차이 나는 현실에 대한 인정, 즉 돌봄과 배려가 요구되는 것이다. 좌와 우의 가치관 차이, 영남과 호남의 정서 차이, 남북의 가치 차이, 젊은이와 어른의 가치관 차이 등을 인정해야 한

29 프랑스에 살고 있는 이슬람계 여자 어린이가 학교에 히잡(hijab)을 쓰고 갈 권리가 있는가라는 문제는 정교 분리, 남녀 평등과 종교의 자유 및 다문화적 권리라는 민주사회의 주요 원칙들이 충돌하는 인권 또는 시민권과 관련된 현대사회가 결정해야 할 매우 중요한 문제이다.

다. 이 문제는 서로 다른 다중적 정체성을 인정하는 '다문화 교육multicutural education'에서 집중적으로 관심을 갖는 주제이다.

셋째, 시민권은 시민의 '지구적/세계적global/cosmopolitan citizenship' 차원을 인식할 필요가 있다. 시민권은 한 국가 내에 머물 수 없다. 그래서 최근에는 국적에 관계없이 모든 사람들에게 인권을 보장하려는 '지구적 시민권'에 대한 논의가 활발하게 벌어지고 있다.[30] 지구적 시민권이 현실화되려면 근대 시민권의 존립 근거였던 국민(민족)의 정체성을 뛰어넘어 지구적 시민의 정체성을 상정해야 한다. 사실 오늘날은 인터넷의 발달 등 세계화(경제적·재정적·기술적·환경적 상호 의존)의 결과로 일국의 시민이 아닌 지구적 공동체의 시민이 되어 가는 시대를 맞이하고 있다. 정보사회를 맞이하여 한 국가의 시민권뿐만 아니라 지구적 시민권/시민성을 동시에 요구하고 있다. 이러한 흐름은 민족국가의 패러다임을 넘어서는 것이다. 이제 지구적 시민권(성)을 위한 교육프로그램을 제공하기 위해 이들 시민권(성)의 모든 요소를 종합할 필요가 있다는 것은 분명하다. 국가적·종족적·문화적 울타리가 흐려지면서 그것의 혼합적 가치가 점점 규범으로 되는 지구적 공동체의 비전은 공통의 기준을 요청하는 동시에 잠재적으로 인권에 대한 공통의 이해를 요청하는 것이다. 따라서 지구적 시민권은 다문화 시민권의 한계를 넘어 민족 분쟁을 해소하고 더욱 강력한 연대를 이루어야 한다. 그리고 지구적 시민은 인권과 민주주의의 가치를 더욱 적극적으로 수용할 필요가 있다. 민주적 시민권(성)을 위한 교육은 국가교육과정의 요소가 되기에 국가의 특징이 고정된 것이 아니라, 역동적이라는 점을 인식하지 않으면 안 된다. 형식교육은 젊은 시민이 국가 공동체를 상상하도록 도움을 주는 데 핵심적 역할을 하고, 그것은 또한 지

30 시민권은 국가가 시민에게 보장하는 것이므로 나라마다 민주 발전 정도나 경제 능력에 따라 불균등하게 발전했다. 지구적 시민권이 실현된다면 이상으로 여겨온 보편적 인권이 제도로도 현실화된다. 하지만 이러한 논의는 이제 겨우 걸음마 단계에 들어섰을 뿐이다.

구적 공동체를 상상하도록 도움을 줄 것이다.

1990대 이후 한국사회와 국가는 민주적으로 상당한 변화를 경험하였다. 자유권적 기본권, 참정권, 사회권이 확대되었으며, 국가의 정책이나 인사 결정 과정에 시민의 의사가 이전보다 많이 반영되고 있다. 하지만 시민들은 국가가 자신들의 권리를 충분히 보장하는지에 대해서는 여전히 회의적이다. 왜냐하면 대한민국 시민들이 민주화 과정에서 오히려 희망을 잃고 공동체적 결속이 약화되었는데, 이는 국가가 시민권의 발전 방향을 분명히 인식하지 못했기 때문이다. 구체적으로 말하면, 첫째, 대한민국은 사회 발전을 위해 긴요한 사상의 자유 같은 시민의 자유권적 기본권을 아직까지도 제한하고 있으며, 국가 지도자들은 시민의 기본권 제한이 가져오는 파급효과를 제대로 인식하지 못했다는 점이다. 둘째, 참정권이 다양한 사회적 요구를 정치 형태로 수렴할 수 있는 방향으로 발전하지 못했다는 점이다. 특히 정당과 국회가 행정부를 견제하고 시민들의 정치 의사를 반영하는 역할을 제대로 수행하지 못했다. 셋째, 신자유주의와 시장 개방이 확대되면서 비정규직 노동과 실업이 시민들의 삶을 위태롭게 하고 가족 동반 자살, 이민, 탈세, 출산율 저하 등 여러 가지 사회문제가 발생했다는 점은 이런 사실을 잘 보여주고 있다(최현, 2008: 123).

	억압권력	대항권력	미해결 과제	지향점
시민적·정치적 권리 (1세대인권)	권위주의 시대 (정치적 권리 억압)	정치해방운동 (민주화 운동)	회복적 정의 (과거사 정리, 진실과 화해)	청색 권리 (인권민주주의, 개인·집단의 자율성)
경제적·사회적 권리 (2세대 인권)	산업화 시대 (저발전, 빈곤)	노동해방운동 (빈곤해방 의지)	분배적 정의 (불균등 성장, 경제 양극화, 사회 안전망 미비)	적색 권리 (복지국가, 노동자 권리, 지속 가능 발전권)
집단적·연대적 권리 (3세대 인권)	(신)식민지 시대 (민족자결권 박탈)	민족해방운동 (일제강점기 독립 투쟁)	자기결정적 정의 (분단체제 지속, 전쟁 위협, 평화체제 수립 과제)	녹색 권리 (평화권, 한반도 자기결정권, 북한에 대한 인도적 지원, 북한 인권 개선, 생태권, 젠더 등 차이의 정치)
				갈색 권리 (이주 노동자 권리, 제3세계 지원)

〈한국 근현대사와 인권운동〉(조효제, 2007: 339)

2. 시민으로서의 아동의 권리

아동의 이익, 부모의 이익, 그리고 국가의 이익 간의 긴장 관계는 아동의 권리를 더욱 복잡하게 만들고 있다. 그렇지만 대체로 아동은 다음과 같은 세 가지 이익을 갖는다고 말할 수 있다. ① 취약하고 의존적인 존재인 아동 자신의 취약함, ② 의존성을 극복하는 길은 현재와 미래의 잘 삶을 위해 아동기에 특수한 선을 성취하는 것, ③ 어른들과 비슷한 복지, 어른들과 아주 다른 행위 주체 이익을 가져야 한다. 보다 구체적으로 말하면 아동의 이익과 관련하여 아동은 어떤 권리를 가지는가?

첫째, '아동기 특유의' 선과 관련된 이익을 보호받을 권리가 있다(Brighouse, 2011: 160). 이는 놀이를 즐기고 상상력을 발휘하고, 또래 아이들을 친구로 사귈 수 있는 환경을 가질 권리들이다. 또한 아동은 '들볶이지 않을 권리', 즉 바로 현재 시점에서 불필요한 괴롭힘을 당하지 않을 권리를 가져야 한다. 아동은 자신의 미래 이익을 심각하게 손상시키지 않는 방식으로 '교육받을 권리'를 갖는다.

둘째, 아동에게는 어른들과 마찬가지로 '복지 이익welfare interests'을 보호받을 권리가 있다(Brighouse, 2011: 160). 이는 가정, 숙소, 가족, 음식, 편안한 잠을 누릴 권리, 자애로운 배려와 관심, 우정, 친교관계, 성인과의 접촉, 공동체 의식 등이다. 그리고 첫 번째와 연관된 '교육받을 권리'는 부분적으로 아동의 미래 복지 이익에 의거하여 정당화되어야 한다. 즉, 아동은 성인으로서 경제활동에 효과적으로 참여하는 데 적합한 교육받을 권리를 가져야 비로소 성인 시기에 생계 수단을 확보할 수 있다.

셋째, 아동은 '미래의 주체 능력'을 보호받을 권리가 있다(Brighouse, 2011: 160-161). 아동이 장래 성인이 되어서 독립적으로 물리적·사회적 세계를 헤쳐 갈 수 있어야 하는데 이에 도움이 될 기능·인성 특성·지식 기반을 발전시키는 일은 아동에게 아주 큰 이익이 된다. 그런데 아동은 스스로 그런 행위 주체 능력을 갖고 있지 않다. 따라서 아동이나 다른 사람들이 그것을 원하건 원하지 않건 간에 그런 것을 모두 실질적으로 누릴 수 있도록 정부가 제도적으로 확고하게 보장해주는 것이 옳다. 이 범주에 첫째와 둘째의 권리와도 연관이 있지만 '교육받을 권리'를 대개 포함시키고 있다. 이런 교육의 내용은 주로 미래의 행위 주체 이익에 따라 구체화된다. 예를 들어 아동은 그의 인격적 자율성을 촉진·증진시켜 주는 교육, 혹은 그가 유능한 민주시민이 됨을 촉진시켜 주는 교육을 받을 권리를 갖는다. 이는 미래의 행위 주체인 아동의 최선 이익이 되는 관점에 따라 교육 내용을 주장한 것이다. 그리고 어린이는 미래의 행위 주체가 될 수 있는 '사랑받을 권리'를 가져야 한다. 왜냐하면 사랑받을 권리는 아동 시기에 좋을 뿐만 아니라 사랑을 받지 못한 아동이 성인이 되어서도 유능한 주체가 되지 못할 위험도 크기 때문이다.

또한 유엔의 아동권리위원회는 우리나라 정부에 「아동권리협약」의 기준에 비추어 과도한 입시경쟁, 야간 자율학습, 학생 참여의 저조 등을 수정할 것을 권고하고 있다. 이러한 권고에도 불구하고 수정이 잘 되지 않는 것은 기준의 실행 의지가 약한 정부의 철학에도 문제가 있지만, 지구적 시민권의 힘을 발휘할 수 있는 유엔이나 미국의 의지가 부족한 것도 한 원인이다. FTA 등 경제적 세계화만 적극적으로 추진할 뿐 국가 간의 정보 격차나 인권 약화에 대해서는 별다른 노력을 보이지 않는 것도 문제이다. 이것은 지구적 시민권을 강조하는 '세계시민주의cosmopolitanism' 흐름과도 역행한다. 또한 세계화·지구화는 선진 국가와 후진 국가의 양극화 문제를 해결하지 못한 채 강대국에 종속되는 신식민주의의 문제를 야기하고 있다. 즉, 문화의 제국주의 침략으로 후발 국가의 문화적 정체성이 손상되는 민족적 위기를 맞이하고 있다. 세계화될수록 지역(민족) 문화는 더욱 복원되어야 함에도 지역(민족) 문화의 보존을 통한 세계 문화와의 접목 시도는 취약한 구조를 갖고 있는 것이다.

시민권/시민성의 권리와 책임의 균형은 아동의 시민권을 인정해야 한다는 담론으로 진전되었다. 그동안 청소년을 포함한 아동의 인권을 보장하는 시민권 논의는 그렇게 활발하게 거론되지 못했다. 미래의 시민으로서 아동의 권리가 논의될 뿐 현재 아동의 지위에 대해서는 전혀 거론이 되지 않았다. 그동안 아동의 시민으로서 권리를 인정하지 않은 것은 그들이 시민으로서 권리와 책임을 행사할 능력과 자질을 갖추고 있지 못하다는 이유 때문이었다. 어른과 달리 아동은 부모에게 경제적으로 의존하고 있을 뿐만 아니라, 투표를 하거나 공직에 출마할 수 없고 배심원이 될 수 없다. 사회의 가장 최선의 이익이나 장기적 이익에 대해 충분한 추리 능력이나 결정 능력을 갖고 있지도 못하다. 오직 시민으로서 권리를 누리려면 어른이 될 때까지 기다려야 한다. 이렇게 되면 아동기와 청소년기는 시민으로서 권리, 책임, 참여 활동을 행사하는 것이 아니라, 어른과 교사의 보호를 받으며 준비하는 시기여야 한다. 시민이 되는 데 필요한 지식 습득과 인지 발달 능력을 길러야 한다. 이러한 논리에 대해 다음과 같은 논란이 제기되고 있다.

첫째, 경제적 의존 논리는 가정주부, 노인, 늦게까지 대학에 다녀야 하는 늙은 청년들을 배제할 위험이 있다. 경제적 독립을 하지 못했다고 시민으로서의 권리를 행사하지 못하고, 사회에 참여할 책임을 지지 못한다는 것은 시민권의 '포용inclusion' 논리에 어긋난다. 학교에서 학생의 인권이 포괄적으로 제한되고 있는 것은 군사부일체라는 유교 윤리의 영향도 있을 것이다. 이를테면 아이들은 권리 행사 능력이 없는 불완전하고 미성숙한 존재이기에 어른이 있는 것이며, 어른들이 알아서 해줄 텐데 무슨 권리를 운운하느냐는 것이다. 국가 또는 이런 입장에서 정책을 만들고 아이들을 통제하려 한다. 그 정책이란 것은 우선 가족에게 책임을 지우고 거기서 튕겨 나오는 문제들에만 적당히 개입하겠다고 팔짱을 끼는 형태로 나타난다. 물론 누구나 아이들을 '사랑'하고 '아낀다'고 말한다. 실제로 아이들 문제라면 어떤 희생을 무릅쓰고라도 가장 좋은 것을 해주려는 부모나 교사는 많다. 그러나 그것은 어디까지나 아이를 위한다는 어른의 자기 방식에 따른 판단과 책임감 그리고 애정에서 나오는 것이지, 아동의 인권을 존중해서는 아니다. 아끼고 사랑한다는 것과 인권을 존중한다는 것 사이에 차이가 있음은 분명하다.

둘째, 발달심리학과 신경과학의 관점에서 볼 때 아동과 어른을 지나치게 단순화하여 아동기와 성인기의 날카로운 구별로 유도할 수 있다. 중요한 점은 신경학적으로나 경험과 성숙의 차원에서 볼 때 아동과 어른 사이의 중요한 차이를 인식하는 것이 의미가 있다. 아동이 갑자기 성인이 되는 신비적 순간은 없다. 발달은 아동기나 일생을 건너뛰어 일어난다. 아동기를 책임 있는 결정을 내리기에는 한정된 능력을 갖고 있다고 특징짓기보다는 「유엔아동권리협약」에서 주장하듯 '발달하는 능력evolving capacity'을 갖고 있다고 특징을 짓는 것이 적절하다(Howe & Covell, 2007: 59). 이런 발달하는 능력은 지적 발달뿐만 아니라, 사회적 상호작용, 정서적 발달, 그리고 공감 발달과 관련이 있다. 어른 역시 나이가 많아지고 새로운 경험을 함에 따라 발달하는 능력을 갖고 있다고 생각하는 것이 의미 있다. 어른은 나이가 많아지면서 노년에 이르면 발달하는 능력이 쇠퇴한다. 일반적으로 좀 성숙한 아이들은 어른보다 추리력과 공감력 그리고 합리적 결정 능력이 더 많을 수 있다. 그러기에 능력 없는 아동 또는 능력 있는 어른으로 지나치게 예민한 구별을 하는 것은 바람직하지 않다.

아동이 인권의 주체라고 할 경우에 아동의 '미성숙'이 항상 문제시된다. 즉, 권리 행사 능력을 따지는 것이다. 그러나 이 주장은 인권이란 어떤 자격이나 능력을 요구하는 권리가 아니라는 기본적 명제를 무시하고 있다. 인권이란 말 그대로 인간이라는 단 한 가지 이유만으로 누구나 차별 없이 누려야 할 필수적인 권리이다. 인권은 인간이라는 존재 그 자체로부터 나오는 권리, 인간이면 누구나 존엄한 삶의 조건을 누림으로써 인간답게 살 수 있어야 하므로 마땅히 보장받아야 할 권리이다. 때문에 인권은 '자격'을 논하지 않는다. 이러한 인권의 보편성은 인권의 대원칙으로서 현실에서 이러한 보편성의 예외에 속하여 고통받는 사회적 약자들에게 인권 주장의 근거를 제시하고 있다고 할 수 있다.

셋째, 아동기와 청년기가 보호와 준비를 위한 시기이고, 성인의 생활로 성공적으로 이행할 수 있는 나이에 맞는 학습과 활동을 하는 시기라는 논리는 어떤 권리와 책임을 행사할 수 있는 기회와 성인의 시민권적 삶으로 성공적으로 입문하는 것을 부인하는 비책이다. 성인의 시민 참여를 성공적으로 이끄는 실천은 '엷은' 공기로부터 일어나지 않는다. 이것은 아동기와 청년기의 충분한 공기를 마시며 학습이 되는 것이다. 그러므로 시민으로서의 태도 함양은 '실천'을 통해야 가능하다고 할 수 있다. 시민은 '앎'으로서 달성되는 것이 아니라 '행동·실천'을 통해 가능한 것이다. 아리스토텔레스가 강조하듯 용기 있는 시민이 되려면 용기 있는 행동을 해야 하는 것이다. 시민이 되어가는 참여의 경험은 현대적 의미의 참여민주주의를 실천하는 것이라고 할 수 있다. 시민권/시민성에 '대한' 이론적 학습이 아니라, 시민권/시민성을 '위한' 실천적 학습이 이루어져야 한다. 시민권(성)을 '위한'이 가능하려면 시민권(성)에 '대한' 비판적 학습이 가능해야 한다. 시민권(성)에 대한 비판적 학습이 이루어지지 않으면 수동적이고 맹목적 시민으로 전락될 수 있다. 적극적인 참여적 시민이 되려면 비판적 시민이 되어야 한다.[31] 민주적 시민권/시민성을 위한 기대는 가정과 학교의 일차적 기관으로부터 민주주의를 실천할 때 그리고 아동기와 청년기에 나이에 맞는 참여를 하고, 권리와 책임을 행사할 기회를 가질 때 고양되는 것이다(Howe & Covell, 2007: 60). 그러기에 「유엔 아동권리협약」에서 강조하듯 아동과 청소년들에게 표현의 자유, 집회의 자유 등을 표현할 충분한 기회를 가져야 한다. 그리고 민주적 사회 환경 속에서 민주적 시민권이 고양될 수 있는 권리와 책임을 행사할 기회를 경험하도록 해야 한다.

넷째, 아동을 시민권으로부터 배제하는 것은 시민권의 현대적 의미와 모순을 야기한다. 아동은 현재의 시민이 아닌 미래의 시민이고 불완전한 시민이고 진짜 시민이 아니라는 논리는 아동을 얕잡아 보는 것이다. 아동을 여전히 경제적으로 의존적이고 능력이 없는 존재라고 묘사하고, 정치공동체의 가치 있는 구성원이라고 인정하지 않는 것은 경멸적이다. 시민을 투표권을 가

31 비판적이고 참여적인 시민을 양성하고자 하는 것이 지역사회에 대한 '봉사학습service learning'이다(제13장).

진 사람으로, 시민권을 정치적 권리를 충분히 가진 것과 동일시하는 것은 시민권을 너무 협소하고 어른 중심적으로 해석한 것이다. 시민권의 핵심은 투표에 대한 것이 아니라, '참여'에 대한 것으로서 아동들에게 더 많은 참여 기회를 제공해야 한다. 아동들이 사회와 관계되어 있고, 그 제도에 참여할 수 있다면, 자신의 진화 능력에 따라 사회의 많은 구성원들처럼 소속을 필요로 한다. 아동들을 시민권에 포함시키는 것은 합리성을 충분히 가진 통행증을 요구하는 것이 아니라, 아동들을 가치 있고 정당한 목소리와 전망을 지닌 사회의 구성원으로 볼 것을 요구하는 것이다(Howe & Covell, 2007: 60-61).

「유엔 아동권리협약」(1989)은 18세 미만 모든 어린이·청소년의 인권을 차별 없이 보장하고, 침해가 없도록 만전을 기해야 하며, 인권 실현에 필요한 자원을 제공하는 한편, 이 모든 과정이 어린이·청소년 자신의 의사를 존중하고 참여를 보장하는 가운데 이루어져야 한다고 선언하고 있다.[32] 한마디로 아동이 권리를 가진 사람일 뿐만 아니라, 권리를 가진 시민임을 긍정하고 있는 것이다. 아동이 단순히 수동적으로 지배되는 것이 아니라, 연령과 성숙에 따라 표현의 자유를 부여하고 참여를 행사하도록 하여 지배구조에 어떤 역할을 행사하도록 해야 능동적 시민으로 자라게 하는 것이다. 아동에게 참여의 기회를 제공하고 경청할 기회를 갖도록 하는 것은 아동을 위한 '최선의 이

32 1991년 우리나라도 가입한 「유엔 아동권리협약」의 이행 여부를 감독하는 유엔아동권리위원회는 한국정부가 제출한1(1996), 2차(2003) 이행 보고서를 검토하면서 한국정부에게 몇 가지 주요 권고를 하였다. "결론적으로 위원회는 매우 경쟁적이고 교육 시스템이 아동 잠재성의 최대한의 발전을 저해할 위험이 있기에 경쟁을 감소시키고, 교육정책을 교육의 목적에 맞게 재고하라, 그리고 학생회에 대한 엄격한 행정적 통제와 초중등학교에서 교외 정치활동을 제한하거나 금지하는 학교 교칙으로 인해 학생의 표현과 결사의 자유가 제한되고 있기에 의사결정 과정과 학교 내외의 정치활동에서 아동의 능동적인 참여를 촉진하기 위하여 법률이나 교육부가 만든 지침 그리고 학교 교칙을 개정하고 모든 아동이 결사와 표현의 자유에 대한 권리를 충분히 향유할 수 있도록 보장할 것을 권고하였다.

익'을 크게 고려하여 제공되는 중요한 요소라고 할 수 있다. 참여는 어린이 개인 수준과 전체 정치공동체 수준에서 최선의 이익을 고려하는 것이 중요하다. 민주주의와 권리 존중에 기반한 정치공동체 속에서 정책 결정자들은 아동의 목소리를 들어야 하며, 아동들은 그들로부터 들을 기회를 가져야 한다. 「유엔 아동권리협약」은 아동들을 존중할 민주적 과정을 옹호하고 있다.[33]

아동의 권리	협약 조문[34]
생존권	충분한 영양을 섭취하고 기본적인 의료 서비스를 받을 수 있는 권리, 사회보장에 관한 권리, 생활수준에 관한 권리, 적절한 생활수준을 누릴 권리, 안전한 주거지에서 살아갈 권리.
보호권	부모에 의한 학대·방임·착취로부터 보호, 자유를 빼앗긴 아동에 대한 적절한 보호, 경제적 착취·유해 노동으로부터의 보호, 마약·향정신성 약물로부터 보호, 소년사법에 관한 권리, 사생활·통신·명예의 보호, 각종 학대와 방임, 차별과 폭력, 고문, 징집, 처벌, 과도한 노동과 학습 등으로부터 보호받을 권리.
발달권	가정적 환경에 관한 권리(부모의 알 권리, 자아정체성의 확보, 부모로부터 분리 금지, 가족 재회 출입국의 자유, 국외 불법 이송 방지, 부모의 제일차적 교육 책임, 대안 양육, 양자 입양) 교육에 관한 권리, 휴식·여가·문화적 예술적 생활에 관한 권리, 공식적·비공식적 교육, 놀이와 여가, 문화생활을 하고 정보를 누릴 권리.
참여권	자신의 삶에 영향을 주는 일에 대해 자신의 의사를 표현할 수 있는 발언권(의사표현권), 자기결정 및 자립, 시민적 참여(표현·정보의 자유, 사상·양심·종교의 자유, 결사·집회의 자유, 매체 접근권 등), 책임감 있는 어른이 되기 위해 아동 자신의 능력에 부응하여 단체에 가입하거나 평화적인 집회 등 적절한 사회활동에 참여할 기회를 가질 권리.

「유엔 아동권리협약」(1989)

33 우리나라가 1991년에 유엔에 가입한 「유엔 어린이·청소년권리조약」(약칭 아동권리조약)에서도 어린이와 청소년이 인권의 주체임을 명백히 하고 있다. 여기에는 18세 미만의 어린이·청소년이 누려야 할 40여개 조항에 걸쳐 규정하고 있다. 아동이 누려야 할 권리는 수동적 권리와 능동적으로 권리로 구성된다. '수동적 권리'로는 '생존권(아동이 생명을 유지하고 기본적인 삶을 누리는 데 필요한 권리)'과 '보호권(아동에게 유해한 것으로부터 보호를 받고 위기 상황에서 특별한 보호를 받을 권리)'이 있다. 아동의 '능동적 권리'로는 '발달권(아동이 잠재력을 최대한 발휘하는 데 필요한 권리)'과 '참여권(아동이 자신의 나라와 지역사회 활동에 적극적으로 참여할 수 있는 권리)'이 있다.

34 「유엔 아동권리협약」을 4p, 즉 보호(protection), 예방(prevention), 제공(provision), 참

우리나라의 아동·청소년은 그동안 전쟁 기계(1950년대), 노동 기계(1960년대 이후), 투쟁 기계(1980년대), 문화소비 기계(1990년 이후), 입시 기계(해방 후 지금까지) 등으로 사물화되고 기계화되며, 노예화되고 주술화되어 왔다. 한마디로 비인간화의 과정을 걸어왔다. 이러한 현실에서 1998년 11월 3일 학생의 날에 「학생인권선언문」을 발표하였다. 우리도 당당한 한 인간으로서 바람직한 환경 속에서 권리와 의무를 다하며 살아갈 것을 알리는 「학생인권선언문」은 권위주의적 교육문화 속에서 공개적으로 회자되지는 못했지만 중요한 의미를 갖는다. 「학생인권선언문」에는 「세계인권선언」과 「유엔 아동권리협약」의 정신에 따라 다음과 같은 내용을 담고 있다(강순원, 2000: 223-226).

첫째, '학생도 인간이다'라는 보편적 인권정신에 근거하여 학교 내외에서 이루어지고 있는 부당한 인권 침해로부터 학생 자신을 '보호protection'해야 한다는 내용을 담고 있다. 실제로 우리나라 학생들은 학교나 일반 사회에서 단지 미성년자라는 이유로 부당한 대우를 받고 있다. 학교에서 교사로부터 당하는 물리적·언어적·심리적 폭력은 이미 사랑의 매 수준을 넘어서서 학생들이 올곧게 성장하는 데 심각한 장애 요인으로 작용하고 있다. 또한 사적 영역의 보장이 이루어지지 않는 학교생활 분위기 속에서 자행되는 부당한 소지품 검사 및 각종 규제로부터 학생도 존엄한 인격을 갖춘 하나의 인간으로서 이런 규제나 권리 침해로부터 자신을 보호받을 권리를 가져야 한다.

둘째, 학생도 민주시민의 자질을 갖춘 자유권적 주체로서 자신과 관련된 정책결정 과정에 민주적으로 '참여participation'할 기본적인 권리를 가져야 한다는 내용을 담고 있다. 다양한 사상 논쟁과 문화활동 및 적절한 노동에 참여할 자유와 권리가 있다는 참여적 인권의 측면이다. 동시에 학교 및 교과

여(participation)로 표현하기도 한다.

선택의 권리를 보장하여 다양하게 소질을 계발하도록 하여 자신의 선택에 책임지는 성숙한 민주시민으로 교육받을 수 있는 권리를 전제하며 기존 교육의 획일적 운영을 개선할 것을 요구하고 있다.

셋째, 학교에서 모든 학생은 자신의 인권이 침해받지 않을 제도적인 장치와 '예방prevention'을 위해 어떠한 형태의 차별로부터 자유로울 수 있는 평등권과 교육복지권 등을 요구하고 있다. 학교교육은 국가가 모든 국민을 위해 국민기초교육과정을 동등하게 보장하는 누구에게나 열려 있는 기본적 권리이다. 따라서 학교에서는 어떤 학생도 사회적 편견이나 차이로 인한 차별을 받아서는 안 된다. 사실 모든 인간은 평등하게 태어나서 평등하게 시민적 삶을 누릴 권리가 있음을 알고 온갖 종류의 인권 침해로부터 자신을 예방할 수 있어야 한다.

민주적 시민권의 관점에서 학교에 다니는 아동인 '시민으로서의 학생'은 교육을 받는 피교육자이지만, 인권의 주체로 볼 필요가 있다. 우리나라에서는 학생을 피교육자로만 보는 시각이 일반적이지만, 학생이 인권의 주체라는 것은 헌법과 국제조약에서 명백하게 규정하고 있다. 우리나라 헌법 제10조에는 '인간으로서의 존엄과 가치'는 인간의 본질로서의 존귀한 인격주체성을 가지고 있음을 의미한다. 이러한 인격주체성은 양도하거나 포기할 수 없는 것이며, 때와 장소를 초월하여 인간에게 고유한 것이다. 개인의 현실적 능력의 문제가 아니라, 인간 존재 그 자체로서 유래하는 것이다. 우리나라의 교육기본법에는 "학생을 포함한 학습자의 기본적 인권은 학교교육 또는 사회교육의 과정에서 존중되고 보호된다"라고 하여 학생이 인권의 주체임을 명확히 하고 있다. '교복을 입은 시민'으로서 학생은 '신민'이 아니라 '민주시민'이어야 한다(오동석, 2010). 학교와 학생의 관계는 인격주체 상호 간의 관계여야 하고, 학생은 일방적으로 훈육되고 관리되는 대상이 아니다. 학생도 당연하고 엄연한 기본적 인권의 주체이다. 그렇다면 왜 학생의 인권이 먼저인가? 그것은 학생이 학교의 관리자, 교사 그리고 학생의 보호자들보다 약자이기 때문이다. 시민의 한 사람인 학생은 학교에서 자유, 자율, 참여, 평등, 비차별, 안전, 복지 등의 모든 인권을 누릴 수 있도록 그 내용을 구체적으로 확인하는 것이어야 한다.

아동의 인권은 가정과 사회에서도 보장되어야 하지만, 그들이 활동시간의 대부분을 보내는 학교에서의 인권 보장이 매우 중요할 수밖에 없다. 그러나 우리의 현실을 보면 학생들이 인권의 주체라는 것은 이론에 그칠 뿐, 실생활에서는 그들의 인권이 실종되는 사례가 적지 않다. 특히 일제강점기와 군사정권을 거치면서 학교는 군대식 문화가 가장 깊숙이 침투한 공간이 되었다. 어쩌면 '인권'이라는 단어가 실종된 우리의 사회적 상황에서 학교에서 교육받는 '학생'의 인권을 고민할 겨를이 없었는지도 모른다. 그만큼 '아동의 인권' 자체를 입에 올리기가 힘든 상황이었다. 아동의 인권이 "교문 앞에서 멈춘다"는 말이 빈말은 아니다. 그렇게 된 근본적 원인은 아직 아동의 인권을 부모의 '친권'이나 교사의 '교권'을 거스르는 것으로 치부하고 반감을 가지는 경향이 짙기 때문이다. 또한 우리의 십대들에게 있어 학생이 된다는 것은 선발의 압력 속에서 선택의 자유를 제한당한 비주체적 존재, 즉 개성을 누르고 집단적 기준에 순응해야 하는 소극적 존재, 미래를 위해 현재를 희생당하는 자기부정형 존재가 된다는 것을 의미한다.

아동이 미래의 어른 시민이 되는 것은 틀림이 없지만, 또한 태어날 때부터 자신의 권리를 가진 현재의 시민이기도 하다. 아동은 '되어가는 사람becoming person'일 뿐 아니라 '존재하는 사람being person'이기도 하다. 발달의 과정에 있는 '되어가는 사람'으로서 아동은 자신의 발달 능력과 관련하여 부모와 어른의 지도를 받을 권리를 가지고 있다. 부모와 교사는 아동의 발달(성숙) 과정과 관련하여 권리를 행사하는 데 있어 아동을 지도할 책임이 있다. '존재하는 사람'으로서 아동은 어른의 지도와 관계없이 '여기'와 '지금' 자신의 권리를 가지고 있다. 모든 아동은 먹고 자는 것 등 적절한 삶의 수준을 누릴 권리를 가지고 있다. 동시에 아동은 미래를 위해 '되어가는 시민becoming citizen'이면서 동시에 현재를 위해 '존재하는 시민being citizen'인 것이다(Howe & Covell, 2007: 62). 아동이 미래를 위한 시민으로 '되어간다'는 것은 성장하면서 지도를 받을 수밖에 없는 참여의 권리와 발달 능력을 갖고 있다는 말이다. 아동은 자신의 목소리를 들어줄 권리를 갖고 있으며, 연령과 성숙 정도에 따라 자신의 견해를 강화할 권리를 가지고 있다. 아동들은 민주사회에서 책임 있는 삶을 준비할 수 있는 교육권을 갖고 있다. 그리고 아동이 현재를 위한 시민으로 '존재한다'는 것은 '지금과 여기에서' 시민권을 갖는 것이다. 자신의 견해를 형성할 성인-시민과 같이 비슷한 능력을 가진 아동-시민은 자신에게 영향을 미치는 모든 문제에 대해 견해를 자유롭게 표명할 권리를 갖고 있다. 아동의 견해는 중요한 결정자가 아닐 수 있으나, 아동은 시민으로서 자신의 견해를 표명할 권리를 가지고 있다. 시민권을 포괄적으로 이해하고 소속감을 불러일으키기 위한 참여를 의미한다면, 아동들은 미래는 물론이고 현재도 시민이어야 한다. 아동은 미래의 '되어가는 시민'인 동시에 현재의 '존재하는 시민'이어야 한다. 권리와 책임을 가진 아동은 한 공간에 국한된 닫힌 시민이 아니라, 다중적 정체성을 가진 열린 세계적 시민으로 발전해야 한다.

그런데 학생의 시민적 지위를 구현하려면 교사의 시민적 지위도 동시에 구현시켜야 한다. 학교에서 교사가 시민으로서의 지위를 확보하지 못하여 자신의 목소리를 내지 못한다면 학생을 시민으로서 대우할 수가 없다. 학생이 시민의 경험을 축적함으로써 자신의 목소리를 내게 한다는 것은 동시에 교사의 목소리도 낼 수 있음을 말한다(오동석, 2010).[35] 민주적인 제도 속에서 민주시민으로서 권리와 역할을 일상적으로 경험하는 삶을 살아가지 못하고 있는 교사들은 학생들에게 민주시민으로서 필요한 자질을 갖추게 하는 교육을 할 수 없을 것이다(김영삼, 2010). 교사의 민주적 시민권을 보장하려면 교육의 자주성, 전문성, 정치적 중립성뿐만 아니라 정치적 권리가 보장되어야 한다. 민주적 시민사회의 건설을 위해 민주적 시민권을 가진 교사와 학생이 연대하여 학생의 수준에 맞게 민주주의의 정치적 공간으로서 학교가 변화되어야 한다. 학교 정치에서 소외되었던 교사와 학생이 정치적 기본권의 주체로서 복권이 될 때 학교 민주주의의 첫 단추가 열리게 되는 것이다.

3. 체벌과 학생의 인권

각국의 민주주의의 발달 정도를 측정하는 중요한 기준 중의 하나는 바로 아동과 청소년의 인권 문제이다. 즉, 일반 성인의 인권이나 기본권은 최대한 보장되어야 한다는 헌법상의 원칙은 매우 당연한 것으로 받아들이면서도 인권의 수준을 측정하는 데 있어 아동과 청소년의 인권 문제를 핵심 과제로 다루고 있다는 것은, 그만큼 아동과 청소년의 인권이 매우 중요하다는 측면 이외에 이들의 인권이 세계 각국에서 또한 역사적으로 제대로 보장되지 않고 있다는 측면을 반영하고 있다. 우리의 경우에도 아동과 청소년의 인권, 특히 학생의 인권 문제가 점점 심각하다는 논란이 가중되고 있는데, 무엇보다도 국민들의 인권의식 향상과 민주주의의 발전에서 그 이유를 찾을 수 있고, 학생의 인권과 관련되어 가장 첨예하게 논의되고 있는 사항은 표현의 자

35 우리나라의 학생의 인권조례 제정운동은 학생만의 인권을 보장하는 것이 아니라 교사의 인권 보장을 동시에 필요로 한다.

유, 사생활 보호, 체벌 등을 들 수 있다. 이와 같은 사회의 인권의식이 점차 향상됨에 따라 학생과 관련된 교육기본법, 초중등교육법 등에서 학생 인권 보호에 관한 여러 규정들을 명시적으로 하고 있고, 2010년에는 체벌과 관련된 사회문제가 확대되면서 체벌 금지를 전면적으로 하기에 이르렀다. 이런 인권의식의 성장은 학교사회가 민주적 시민사회로 발돋움하기 위한 징후라고 할 수 있다.

인권이란 흔히 인간이 인간이기 때문에 존중받아야 할 권리로서 천부적인 권리 또는 전 국가적 권리를 의미한다. 이와 같은 정의에 의하면 인권은 국내법상 권리에 한정되는 것이 아니라 자연법상의 권리를 말한다. 그럼에도 불구하고 우리 헌법은 헌법 제10조와 제37조 제1항에 따라 인권과 기본권을 동일하게 파악하고 있다. 그런데 특히 학생의 인권이라고 함은 일반 국민의 인권이나 청소년의 인권과 뭔가 다른 학생이란 사회적 신분에 기인한 인권을 말한다. 이와 같은 학생의 인권으로 대표적인 것은 바로 '학습권'이다. 학생의 인권은 모든 교육활동에서 존중받아야 한다. 학생이 학교에서 등교하는 시간부터 하교하는 시간까지 학생의 인권은 학교활동에서 최대한 보장받아야 하고, 기본적으로 학생이란 사회적 신분으로 특별히 제한되어서는 안 된다는 말이다(정순원, 2010: 13). 물론 학생의 인권이 무조건 또는 절대적으로 보장되는 것은 아니다. 학생의 인권도 일정 부분 제한될 수 있는데, 학내질서나 학급의 수업질서 등을 방해하지 않아야 하고, 다른 학생이나 교사의 인권도 존중되는 범위 내에서 보장되는 것이다.

아동/학생이 '인간으로서의 보편성'을 갖기에 모든 인간에게 보장되는 인권과 헌법이 규정하고 있는 국민의 침해할 수 없는 기본적 인권을, 어른과 다름없이 누릴 자격이 있는 보편적인 인권의 주체로 인정받는 것은 무엇을 의미하는가? 대표적인 예로 '체벌'을 들 수 있다. 바람직한 행동을 하지 않는다고 해서 우리는 어른을 매로 때리지는 않는다. 현실에서 그런 일이 벌어질 경우 그것은 범죄 행위가 된다. 그러나 아이들에 대해서만은 매가 용납되고 정당화된다. 역사적으로 본다면 아동은 체벌로부터 법적 보호를 받지 못하는 최후의 집단일 것이다. 아내, 하인, 죄수, 군인, 노예 등에 대한 체벌이 법적으로나 사회적으로나 용납되던 시대가 있었다. 현대에 와서는 그런 일이 여전히 벌어지고 있다 할지라도 전적으로 '불법적인' 것이 되었다. 그러나 오직 아동에 대한 처벌만은 용인된다. 아동은 같은 인간 존재가 아니라고 보는 것이다. 흔히 어른들은 체벌을 '사랑의 매'라고 부른다. 아동의 행동을 바로잡기 위해 취하는 교사의 '경미한/간접적 체벌'은 비난받아야 할 '심각한 폭력'과 구분되어 용인되고 있다. 체벌을 행하는 어른들에게는 "성인은 아동을 신체적으로 해쳐서라도 바로잡을 권리가 있으며, 그런 행위가 사회적으로 용인된다"는 믿음이 있는 것이다. 이 믿음을 버리지 않는 한 가벼운 체벌과 심각한 폭력을 구분하는 것은 별 의미가 없을 것이다. 아동을 바로잡기 위한 폭력과 아동을 해치기 위한 폭력을 구분하는 일, 이성적으로 행하는 훈육과 이성을 잃고 무차별적으로 행하는 폭력을 구분하는 일이 어른에게는 합리적일지 모르나 '매'를 통한 교정의 대상이 되는 아동에게는 인간 대접을 받지 못하는 비참함일 뿐이다. 매가 없으면 통제가 안 된다고 하지만, 사실 우리 사회에는 통제가 안 되는 것들이 너무나 많다. 그렇다고 그런 문제들을 해결하기 위해 시민을 '몽둥이'로 바로잡으라고 하지는 않는다. 그런데 아동만은 유독 몽둥이로 다스려야 한다고 생각하는가?

아동을 어른과 다름없는 존엄한 인간 존재로 바라본다면 '체벌 유용론', '체벌 불가피론'이 있을 수 없다. 어른들이 모든 형태의 폭력으로부터 보호받을 권리가 있듯이 아동에게도 그런 보호를 받을 기본적 인권이 있다. 폭력으로부터 보호받을 보편적 인권에서 아동이 예외가 될 이유가 없는 것이다. 아동의 인권에서나 어른의 인권에서나 인권의 보편성은 중요하다. 어른들이 인권문제에 대해 '아이들만이라도' 예외로 또는 '특별하게' 대하자는 주장을 자주 듣게 된다. 예를 들어 아동에 대한 착취나 성 착취, 아동의 전쟁 동원 등의 문제에 대해 사회적 비난의 목소리가 아주 크다. 그런데 여기서 우리가 취해야 할 접근은 "아이들만이라도 예외로 하자, 아이들은 빼주자"가 아니라, 아이와 어른을 포함하는 모든 인간에 대한 노동 착취, 성 착취, 전쟁에 대한 반대를 해야 한다는 점이다. 왜냐하면 아이든 어른이든 그런 일을 당해서는 안 되기 때문이다. 또한 어른들'조차' 당하는 일을 아동이 피해 갈 수는 없을 것이기에, 그리고 같은 일을 겪더라도 허약한 아동이 더 큰 피해자가 될 수 있기에 특별히 보호되어야 하는 것이다.

물론 어른과 마찬가지로 보편적 인권을 가졌다 하더라도 아동에게는 '특수성'이 있다. 계속 성장하는 과정에 놓여 있다는 것, 권리 행사에 있어 어른에 비해 상대적으로 어려움이 더 크다. 그래서 아동은 '인간'으로서 모든 사람에게 보장되고 인권과 헌법이 규정하고 있는 침해할 수 없는 기본적 인권을 누릴 자격이 있는 보편적인 인권의 주체인 동시에, 어른과 구분되는 '아동'으로서의 고유한 권리, 예를 들면 양육받고 보호받을 권리 등을 인정받아야 할 주체인 것이다. 어떤 연령대에 선을 그어놓고 "이 선 아래로는 불완전하고 미성숙하니까 권리 행사 능력이 없다. 그래서 아이들의 권리는 제한되어야 한다"고 해버릴 것이 아니라, 아동의 특수성에서 기인하는 권리 행사의 어려움을 더욱 특별히 고려하고 배려해야 하는 책임이 우리 사회와 국가에 있다고 보아야 한다. 즉, 아동의 '특수성'을 강조하여 권리 주체의 '예외'로 만드는 데 그 목적이 있는 것이 아니라, 인권의 보편적 보장에 그 목적이 있고 그 방법에 있어 세심한 접근을 할 필요가 있다는 사실이다.

그런데 아동의 '특수성'은 흔히 인권의 보편성을 쟁취하기 위한 노력보다는 아동을 사회와는 동떨어진 존재로 만드는 데 악용된다. "너희가 뭐하러 지금부터 그런 사회문제에 관심을 가지니, 지금은 공부만 해라, 나중에 커서 해라, 순진한 아이들을 물들이려 한다거나 끌어들이려고 한다니 하며 타락으로부터 아이들을 보호하자!"는 식이다(유은숙, 2003). 그래서 아이들은 어른들이 고르고 거른 내용만을 지식으로 습득해야 하고, 어른들이 조장한 교육 상품, 보육 상품, 오락 상품을 소비하는 대상이 될 뿐이다. 이렇게 어린이를 사회와는 다른 무균질이라도 되는 양 가둬놓고 있는 대표적 공간인 학교와 가정이 바로 사회 현실을 가장 첨예하게 드러내는 곳이라는 것을 애써 외면하려는 것이 문제인 것이다. 때로는 빈부 격차와 출신에 따른 차별, 신체조건과 선별된 능력에 따른 차별, 지도라는 이름하의 폭력과 학교와 가정 내에서 자주 발생하는 약자에 대한 억압과 폭력 등은 곧잘 '반인권 구조'의 문제로서가 아니라, 개개인의 인격이나 도덕성의 문제로 치부되곤 하는 것이다.

아동에게 '최선의 이익'이 되는 방법이 무엇이고, 아동의 관점에서 보면 어떤 대안이 있을까? 이것은 「유엔 아동권리협약」에 따라 설치된 유엔아동권리위원회가 2003년 한국의 아동 인권 상황을 다루면서 제기된 기본 질문이었다. 이 질문에서 나타나듯 아동 인권의 기본 원칙은 아동에 관한 모든 활동에 있어서 '아동의 최선의 이익'이 최우선적으로 고려되어야 한다는 점이고, 권리의 주체로서 아동은 자신에게 영향을 미치는 모든 문제에 대해 의견을 표명할 수 있고, 그 의견은 경청·존중돼야 한다는 것이다. 이 원칙에 의거하여 아동이 누려야 할 권리는 '자신의 의사를 표명하고 존중받을 권리', '사상·양심·종교의 자유', '집회·결사의 자유', '사생활과 명예를 존중받을 권리', '정보에 대한 접근권' 등이다. 이들 권리는 부당하고 자의적인 간섭이나 억압을 받지 않고 사회적·정치적 과정에 참여할 수 있는 권리로서 타인의 권리를 침해하거나 국가 안보, 공공 질서와 도덕 등을 침해하지 않는 한 제한되어서는 안 되는 것들이다.

그렇다면 학생의 인권과 관련하여 '학생의 인권'과 '교사의 교육권'(교권)을 지나치게 대립적으로 보는 시각은 문제라고 할 수 있다. 이런 시각은 문제 해결에 아무런 도움이 되지 않는다. 오히려 문제를 정확히 이끌어내어 해결책을 모색하는 것이 필요하다. 왜냐하면 학생의 인권은 단지 교사를 압박함으로써 보장될 수 있는 것이 아니기 때문이다. 실제로 교사에 의한 학생 인권의 침해는 크게 두 유형으로 나눌 수 있다.

첫째, 교사들이 관례적·무의식적으로 행하는 인권 침해 행위다. 이것은 교사들의 책임이라기보다는 우리나라의 열악한 교육환경과 인권교육의 부재로 인한 것이다. 한 명의 교사가 많은 학생들을 '통제'해야 하는 상황에서 학생의 인권을 제대로 보장하기는 어렵다. 뿐만 아니라 지금 우리나라에서는 교사 양성과정이나 연수과정에서 인권교육이 제대로 이루어지지 않고 있다. 그러한 상황에서 교사들은 교육 현장의 관행에 쉽게 젖어들 수밖에 없다. 결국 이러한 유형의 인권 침해 행위에 대해 책임질 사람은 인권에 무감각하고 열악한 교육환경을 방치하고 있는 국가와 교육 관료라고 볼 수밖에 없다(하승수·김진, 1999: 152-153).

둘째, 일부 교사들에 의해 행해지는 감정적이거나 비합리적인 인권 침해 행위이다. 물론 교사도 감정을 가진 사람인 이상 항상 이성적이고 합리적일 수는 없다. 그러나 최소한 교사라는 직업을 택한 이상, 다른 직종을 가진 사람들보다는 더 이성적이고 합리적일 것이 요구된다. 직업에는 각각의 직업마다 요구되는 자질이 있는데, 교육을 담당하는 교사가 이성적이고 합리적이어야 하는 것은 당연하다. 그럼에도 불구하고 실제 현실에서는 일부 교사들이 자신의 감정을 억제하지 못하거나 편의주의에 사로잡힌 나머지 학생들에 대한 인권 침해 행위를 하고 있는 것이 사실이다(하승수·김진, 1999: 153).

체벌이 없어지지 않는 이유의 하나는 많은 교사들이 억압적인 교육환경에서 학생 시절을 보냈기 때문에 스스로 체벌에 대한 문제의식을 느끼지 못할 수 있는 것도 문제이다. 우리나라도 '스승의 그림자도 밟지 않는다'거나 '군사부일체'와 같은 사고방식을 가진 사회이기에 교사에 대한 폭력을 학교 폭력으로 보는 것은 많은 사람들이 부인하지 않으려고 한다. 그런데 문제가 되는 것은 교사가 학생에게 행하는 체벌을 어떻게 볼 것인가에 있다. 그동안 체벌에 대해 교육을 위한 정당한 수단이냐 아니냐, 법적으로 금지해야 하느냐 마느냐 등의 쟁점으로 사회적 논쟁이 끊이지 않았다.

대부분의 교사들은 합당한 절차와 수단에 따라 적절하게 행해지는 체벌의 경우 교육적으로 정당하다면, 이런 체벌에 대해서까지 학교 폭력으로 보는 데에는 거부감을 보일 것이다. 그리고 교사에 대한 학생의 폭력과 학생에 대한 교사의 체벌을 학교 폭력에 포함시킬 것인가의 문제는 사회적 합의가 필요한 과제이기도 하다. 특히 학생에 대한 교사의 체벌은 교사에 대한 학생의 폭력에 비해 더 민감하고 판단하기 어려운 사안이기도 하다. 그런데 대개 교사에 대한 학생의 폭력에 대해서는 명백한 폭력이고 '교권'이 침해되었다고 여기면서도, 교사의 체벌에 대해서는 학생의 '인권'을 침해하는 행위라고 여기지 않는 것은 문제가 아닐 수 없다. 그렇다면 학교 폭력의 정의는 고정된 개념이라기보다는 사회적 합의에 따라 결정되어야 하는 사안이라고 보아야 할 것이다. 절차와 수단이 아무리 합당한 체벌이라고 하더라도 인권 침해의 소지가 있고 교육적 행위가 될 수 없다고 보인다면, 체벌 또한 학교 폭력으로 보아야 할 것이다. 그러기에 체벌이 남용되는 것을 막기 위해 교사 스스로 학생의 인권을 존중하는 의식을 먼저 가져야 할 것이다.

또한 체벌에 길들여진 학생들은 체벌이 없는 '자율'을 감당하지 못하고, 그로 인해 또다시 체벌이 되풀이되는 악순환이 반복되고 있는 것도 문제가 아닐 수 없다. 그렇다면 이 문제의 해결은 문제의식의 교육을 통해 자율 능력을 키우는 길밖에 없다. 처음부터 교육의 기회가 없는 학생들을 향하여 현재 자율을 감당할 능력이 없다고 하여 체벌을 행사한다면 체벌의 악순환은 계속 반복되고 말 것이다. 따라서 먼저 학생들에게 자율 능력을 연마할 수 있는 충분한 기회가 주어져야 한다. 사실 중·고등학교 학생들 가운데 상당수가 비행과 탈선으로 흐르게 되는 이유는 '억압의 부재'에 있는 것이 아니라, '억압의 과잉'에 있기에 먼저 억압의 장치를 풀어주어 자율과 자치의 힘을 신장시킬 준비를 갖추어야 한다. 우리는 규칙을 어겼을 때 어떻게 해야 하고, 어떤 결과조치를 취해야 하는지를 학생들과 토의하여 결정하는 과정을 통해 학생들의 자치 능력을 키워주어야 한다. 우선 가능한 대안의 하나로서 문제행동의 대안·해결책을 찾기 위해 학생들의 자치활동인 학급회의를 활용하여 체벌에 대한 해결책을 모색할 수 있을 것이다. 교사는 학급회의 등 참여적 학급 경영으로 학생들의 협의를 통해 규칙을 제정하고 실천하는 자치활동을 고무하여 민주시민 역량을 길러주도록 해야 한다. 학생들을 학교의 각종 활동에 적극적으로 참여시킴으로써 반대와 저항을 완화시키는 중재 활동을 많이 해야 한다(10장). 그렇게 해야 문제를 폭력적으로 해결하지 않고 평화적으로 해결하는 능력을 갖게 된다. 학생을 각종 위원회에 참여시킴으로써 학생 불만을 진정시키고 학급공동체에 동참을 유도하는 참여민주주의를 실천해야 한다.

여기에서 교사의 역할이 중요해진다. 교사의 학생 지도권은 학생 인권을 존중하는 범위 내에서 행사되어야 할 책무가 있다. 만약 교사의 지도 내용과 방식이 정당성을 갖지 못한다면 이는 정당한 교권 행사라고 보기 어렵다. 물론 교사가 정당한 지도권을 행사하는 과정에서 학생의 공격적(문제적) 반응이 나타날 수 있다. 학생의 공격적 행동 이면에는 다양한 맥락과 역사가 숨어 있을 수 있다. 이때는 교사의 권위를 내세워 학생을 진압하고 문제가 해결되는 것이 아니라, 그 학생의 변화를 기다려주고 상처를 어루만져줄 수 있는 시스템을 마련해야 한다(배경내, 2010). 교사의 권위는 법적으로 주어지는 지위상의 권위나 자기 스스로 부여하는 것이 아니라, 학생의 경험에서 비롯되어 자연스럽게 따를 수밖에 없는 자발적 권위를 가져야 한다. 그러한 권위는 오랫동안 도야된 교사의 전문적 권위(지성적 탁월성)와 도덕적 권위(실천적 탁월성)에서 나올 것이다. 그것은 방어적인 수준의 교사의 교권이 아니라 교사의 적극적인 교육권에서 나와야 한다. 그러한 교사의 교육권은 아동의 최선의 이익을 고려하는 인권으로서 자리를 잡아야 하며, 동시에 학생의 인권보장을 통한 것이어야 한다. 그리고 그동안 문제행동에 대한 대처로서 시스템이 마련되지 않았던 이유는 그것을 '교사의 학생 지도력' 문제로만 한정하여 접근해왔기 때문이며, 그에 따라 교사들이 체벌이나 강압적 교육 수단으로 순간적 행동 통제에만 매달리도록 요구받았기 때문이다.

그런 측면에서 진보교육감이 실시하려고 하는 「학생인권조례」의 제정은 교사의 권위이나 교권의 남용에 맞서는 것이지 다른 사람의 인권과 맞서는 것이 아니라고 보아야 한다. 학생의 인권이 바로 서야 교사의 인권도 바로 서는 것이고, 학생의 인권이 존중될 때 교사의 권위도 살아나는 것이다. 교사의 '교권'은 결국 학생의 인권을 보호하기 위한 일종의 법률상의 권리이다. 즉 학생이 존재하지 않는다면 교사의 '교권'은 아무런 의미가 없는 것이다. 교사는 학생의 인권을 최종적으로 보호하거나 보호해주어야 할 의무와 역할을 가지고 있고, 학생 또한 교사의 교권을 존중할 때 상호 인권이 존중되는 관계에 서 있다고 보아야 한다(정순원, 2010: 17).

그렇지만 전반적인 학생 인권 보호에 대한 노력과 분위기들이 혹 교사의 교육권을 위태롭게 하는 것은 아닌지에 대해 우려하는 목소리에 귀를 기울여야 한다. 학생과 교사의 목소리 등 학교 현장의 목소리를 경청하고 학부모와 시민의 의견도 충분히 수렴해야 한다. 「학생인권조례」는 학교가 더 황폐화해지는 것을 막는 제어 장치로 가능할 수 있다. 과도한 경쟁, 그 경쟁이 낳는 불필요한 통제, 교육 관료들과 학교 관리자들이 갖고 있는 전근대적 인 교육관으로 인해 고통받는 것은 학생과 교사 둘 다 마찬가지이다. 「학생인권조례」는 인권의 관점에서 이런 잘못된 정책과 관행에 대한 견제 장치로 가능할 수 있을 것이다. 물론 우리는 '인권조례 제정'을 위해 뚜벅뚜벅 걸어가되 우려와 반대의 목소리를 경청해야 한다. 학생들의 올바른 인권의식이나 인권교육 없이 단지 권리 보호에만 중점을 둔다거나, 학교 질서 유지나 교사의 교권을 위해 학생의 인권을 제한한다거나, 학생 자신의 인권 보호를 위해 먼저 전제되어야 하는 것이 다른 학생의 인권 보호임을 인식하지 못할 경우 학교 질서를 붕괴시킬 위험이 있고, 교사의 교권에 대한 도전으로까지 확대될 가능성도 있기에 학생 인권을 보장하기 위해서나 교권을 바로 세우기 위해 학생의 인권을 올바로 이해할 필요가 있다.

학생의 인권이 바로 서야 교사의 인권도 바로 서는 것이고, 학생의 인권이 존중될 때 교사의 권위도 살아나는 것은 말할 나위도 없다. 교사의 '교권'은 결국 학생의 인권을 보호하기 위한 일종의 법률상의 권리이다. 즉 학생이 존재하지 않는다면 교사의 '교권'은 아무런 의미가 없다. 교사는 학생의 인권을 최종적으로 보호하거나 보호해주어야 할 의무와 역할을 가지고 있고, 학생 또한 교사의 교권을 존중할 때 상호 인권이 존중되는 관계에 서 있다고 할 수 있다. 교권과 학생 인권은 충돌 개념이거나 대체재가 아니라 상보재 또는 보완재로 자리해야 한다.

체벌 없는 학교의 건설은 학생들이 보살핌과 책임감을 갖는 공동체의 구성원이 되도록 도울 때 가능하다. 체벌 없는 학교는 상호 존중과 격려의 분위기, 학생의 적극적 참여와 협력 그리고 책임감, 교사와 학생의 친밀한 인간관계 형성 등을 통한 공동체 건설로 가능할 것이다. 교사들이 벌의 위험성에 대해 이해하고 아동의 생활지도를 좀 더 효과적으로 할 수 있는 방법을 배울 때 세상은 좀 더 나아질 것이다. 사회에 폭력이 존재하는 것에 대해 분노

하는 사람들, 자기 스스로 무가치하다고 믿는 사람들도 줄어들 것이고, 폭력을 피하기 위해 에너지를 덜 쓰게 될 것이고, 부정직한 사람들도 줄어들 것이다. 개인의 내적 통제와 다른 사람들에 대한 관심이 도덕적 자율성을 가진 사람들의 행동 규준이 될 것이다. 학생의 인권을 기본적으로 존중하되 그것을 존중할 준비가 되어 있지 않은 교사의 의식 등을 감안하여 문제 해결을 위한 학교 지배구조의 주체 세력을 바로 세우고 학교 풍토의 민주적 분위기를 조성하면서 이런 문제를 함께 해결하고 논의하는 등 민주적 공론의 장을 마련하여 동의와 합의를 도출해내는 참여민주적 접근을 할 필요가 있다. 이러한 접근은 모두 학교의 시민사회화와 민주적 거버넌스를 구축하기 위한 과정이다. 민주적 시민권을 가진 교사와 학생이 연대하여 학교를 민주주의의 정치적 공간으로 변화시켜야 한다. 학교 정치에서 소외되었던 교사와 학생이 기본권의 주체로서 복권이 될 때 학생 체벌 문제가 자연스럽게 해결될 것이다.

시민교육의 탄생

프랑스의 시민교육

영국의 시민교육

미국의 시민교육

독일의 시민교육

한국 시민사회의 변화

한국 시민교육의 역사

시민교육의 여러 입장

'민주적' 시민교육을 어떻게 설정할 것인가?

민주시민교육의 내용

한국 민주시민교육의 과제

제2부

시민교육의 역사와 '민주적' 시민교육

제4장

서구 시민교육의 역사

1. 시민교육의 탄생

시민교육은 상고 시대(기원전 776-479년) 그리스에서 등장했다. 기원전 8세기가 되자 그리스의 사회와 정치는 더 이상 왕국이나 부족이 아니었으며, 이제 '폴리스polis'였다. 폴리스를 오늘날의 기준으로 보면 '소국'이었다. 폴리스는 상대적으로 소수이면서 종족적으로 결속력 있는 집단에 의해 지배되며 외부자들(외국인과 노예 등)이 생업을 떠맡는 계약 공동체였다. 그리하여 지배집단은 어느 정도의 부 그리고 폴리스의 정부에 참여할 수 있는 '여유'라는 특권, 간단히 말해 시민이라는 특권을 누렸다. 그렇지만 이처럼 시민이 되는 기회에는 두 가지 결정 요인이 있다. 하나는 폴리스의 복리에 대한 헌신으로 이는 공적인 사안에 참여하려는 자발성과 욕구를 포함하는데, 여기에는 소극적 요소와 적극적 요소가 모두 들어 있다. 소극적 요소는 법을 무시하는 독재에 대한 거부이고, 적극적 요소는 공동체의 일을 논의하기 위해 모이는 습관으로서 마음 깊은 곳에서 우러나는 시민적 관심, 즉 그리스인들의 추상적 사고 능력의 산물을 가리킨다. 시민의 정치적 충성 대상은 더 이상 족장이나 주인, 그리고 왕이 아니라 개념적 실체인 '국가'였다. 시민은 사실 정치체제에 지분을 가질 수 있는 '개인'이었다. 물론 정치체제에 대한 지분의 정확한 범위는 국가의 구성 방식, 이를테면 과두정인가 민주정인가에 달려 있었다. 폴리스는 다수의 총합이며, 그리하여 교육은 다수의 총합이 공동체가 되게 하고, 또 그 공동체에 통일성을 부여하는 수단이었다. 폴리스가 지향하는 시민교육의 목표는 다음과 같다.

> 첫째, 국가의 결속과 안정에 기여하는 것이 시민의 책임이며, 따라서 시민은 이러한 기여 방법을 배우는 것이다.
>
> 둘째, 시민의 의무를 구체적이고 실천적으로 배우는 것이다. 시민으로서의 덕성이 고전적 시민권 개념의 핵심에 놓였는데, 덕성이란 자신의 의무를 수행하는 것을 의미했다.
>
> 셋째, 예비 시민에게 그들의 사회적·법적·정치적 권리를 가르치는 것이다. 그리스 시민의 주요 기능 중 하나가 자신의 폴리스를 위해 싸우는 것이었기에, 시민교육은 특히 전기 그리스에서 일차적으로 중장 보병에게 요구되는 기능을 연마하고 용맹하게 싸우려는 의지(아레테: 라틴어의 virtus로서 좋음, 탁월함, 시민적 덕성을 의미함)를 함양하는 것을 의미했다. 필연적으로 국가와 그 전통에 대한 자부심이 이 요소의 일부를 이루었다. (Heather, 2007: 17-18)

하지만 시민으로서의 자질을 함양하는 일은 군사적 목적뿐만 아니라 시민적 목적도 지녔다. 참된 교육은 어린 시절부터 학교에서 좋음(아레테)에 대해 배우는 것, 즉 올바른 규칙을 어떻게 행사하며, 또 어떻게 복종하는지를 아는 완전한 시민이 되려는 정열적이고도 열렬한 욕구를 학생에게 불러일으키는 교육을 받는 것이다. 시민은 끊임없는 실천 그리고 그것이 수반하는 폭넓은 공부를 통해 공공의 사회 질서를 보존하고 향유하는 과정에서 자신을 키워나갈 소명을 지니고 있다. 그러나 자유로운 시간이 없으면 전면적이고도 광범위한 국가 주도의 시민교육은 가능하지 않을 것이다.

2. 프랑스의 시민교육

혁명의 시대는 시민권의 개념을 혁명적으로 바꾸어놓았으며, 그 결과 새로운 교육적 문제가 제기되었다. 기존의 시민권 개념은 소수의 엘리트가 시민적 행동의 미덕을 갖추고 있다는 가정에 기초해 있었다. 새로운 시민권 개념은 민주적 권리를 부여받은 한편, 국민국가에 대한 충성의 의무를 지는 대중에 대한 가정에 기초해 있다. 이러한 새로운 양식의 시민권은 '제2의 시민권'이라고 할 수 있다. 프랑스 학교에 시민교육을 도입하는 데 결정적으로 작용한 전제조건이 있다. 즉, 프랑스인의 성격이 유약하며 교육도 취약하다는 추정은 개혁을 불가피하게 만든 두 가지의 정부 결정을 수반했다. 하나는 새로 들어선 제3공화국(1871년 수립) 지도자들이 남성 유권자의 보통선거를 실시한 일이다. 1877년 선거에서 놀라운 결과가 나타났는데, 이 선거에서 농민계층은 상위 사회계층에 맞서 공화파가 실질적으로 의회의 다수로 복귀하는 것을 도왔다. 다른 하나의 결정은 1879~83년 동안 페리를 교육부장관으로 임명한 것이었다. 1870~71년의 엄혹한 시절에 시장으로 재임한 바 있는 페리는 근대 프랑스 시민교육의 선구자였다. 그의 지도 원리는 1789년 프랑스 혁명의 목표였던 사회적·정치적 쇄신을 추구하는 세속국가의 성취였다. 그가 시도한 전반적인 목적은 이러한 쇄신을 공고히 하는 수단으로 학교를 활용하는 것이었다. 그는 "사회개혁의 도구인 교육정책은 국가에도 똑같이 굳건한 뿌리를 제공해야 한다. 새로운 세대가 지역적 다양성과 상이한 여건을 뛰어넘어 '국민통합'과 '조국예찬'의 감정을 가질 수 있도록 하는 것이 바로 새로운 학교이다"라고 말했다.

페리의 교육 대혁명에 대한 믿음에 영감을 불어넣은 것은 콩도르세의 보고서이다. 페리의 야심인 세속교육 체제의 수립은 '중립성'을 확보하는 것이었다. 공화주의 의식이 고양된 분위기 속에서 공립학교는 어느 정도 객관적인 시민교육을 할 수 있었다. 모든 프랑스 국민에게 공통의 정신을 불어넣을 곳은 학교라고 본 것이다. 페리는 단호하게 말한다.

> 좋은 행위 규칙과 가치 있는 감정이 다음 세대의 마음속에 깊이 파고들어가도록 실제로 가르치는 일에 선생님들의 자존감과 명예가 있다는 것을 이해해주시기 바랍니다.

페리의 새로운 교육계획에서 9~11세용 및 11~13세용으로 마련된 매우 구체적인 교수요목으로 이루어진 교재는 도덕교육 영역을 뒷받침하기 위해 고안된 것들이었다. 조국 프랑스의 위대함과 역경, 조국과 사회에 대한 의무, 빚지지 않기, 도박의 사악한 영향, 일을 해야 하는 모두의 책무, 육체노동의 숭고함, 모든 사회의 조건인 정의, 성실, 형평, 충성, 신중, 의무, 타인의 의견과 믿음에 대한 존중, 선행, 감사, 관용, 자비 등 도덕적 시민교육을 위한 교재가 많았다.

제3공화국의 교육정책은 국민교원대학인 고등사범학교를 통해 성직자를 배척하고, 훈련된 교사들을 배출했다. 그 결과 급진주의와 사회주의에 동조하는 세속주의 전도사들이 대거 양성되어 프랑스 전역에 걸쳐 강력한 전략적 지위로 퍼져 나갔다. 이 기간 동안 사람들이 '농부에서 프랑스인'으로 바뀌어간 것이다. 『초등교육 종합입문』(1898)에는 다음과 같은 주요 사안을 제시하고 있다.

첫째, 교육이라는 과업의 배후에 놓여 있는 정치적 의제로서 모든 신사들이 프랑스 혁명을 완수하도록 도와야 하기에 도덕·시민 교육에 특별한 관심을 기울여야 한다.

둘째, 사람들이 배우는 역사는 무엇보다도 수세기 동안 사람들이 살아온 역사, 정의와 자유 그리고 권리를 향한 지대한 노력의 역사가 되어야 하며, 프랑스 역사가 프랑스 시민을 만든 것처럼 프랑스 시민의 권리와 의무를 다루는 시민교육의 계기가 될 것이다.

제1차 세계대전이 안겨준 시련이 프랑스 시민교육의 기조에 큰 영향을 끼쳤다. 프랑스는 스스로를 '애국자의 나라'로 인식했는데, 이러한 의식의 형성에 학교가 크게 기여하였다. 학습과정에서 '국가주의'라는 동일한 주제가 되풀이되는 것은 사람들의 머릿속에 읽기, 쓰기, 셈하기, 그리고 '나라사랑' 등의 기초 내용이 반복적으로 주입되도록 할 의도에서 비롯되었다. 언어수업이 애국주의적 목적을 위해 활용되었다면, 도덕·시민 과목은 훨씬 더 노골적으로 이런 목적을 위해 활용되었다. 성인들도 라디오, 신문, 영화 그리고 의례와 의식, 기념식 등 끊임없이 애국심을 상기시키는 환경 속에서 살았다.

그런데 제2차 세계대전 이후에 이루어진 발전은 프랑스 시민교육이 지닌 이러한 결점을 백일하에 드러냈다. 사실상 애국심과 동의어로 간주되는 시민권은 청소년들에게 공동체의 일에 실제로 참여하려는 의무감을 불어넣을 여지를 거의 남기지 않았던 것이다. 이에 대한 불만은 중등학교 체제가 지나치게 엘리트주의적이라는 비판과 함께 1968년 학생 소요에서 파리 고등학생들의 시위로 나타났다. 6·8운동의 여파 속에서 기존의 학교생활 방식, 즉 엄격한 수업시간 제도, 훈육, 감시, 제재 방식을 병영, 기도원, 감옥생활과 비교하여 학교가 개인의 자유, 창조성, 자발성을 억압한다는 주장도 제기되면서 상당한 반향을 일으켰다(김태수, 2007: 138). 이 운동의 결과로 공립 고등학교(리세)의 엄격한 형식주의는 '6·8사건' 이후 상당히 완화되었다.

프랑스 민주시민교육의 출발점은 올바른 '시민citoyen'의 개념을 학습시키려는 데 있다. 시민권의 본질과 실체를 학습시킨다는 것은 궁극적으로 사회 공동체 구성원이며 국가의 주권자인 시민의 권리와 의무를 학습시키는 것과 마찬가지이기 때문이다. 따라서 프랑스의 민주시민교육은 '시민교육'이나 '시민권에 대한 교육'으로 정의할 수 있다. 1977년 '시민수업civic instruction'이라는 용어가 '시민교육civic education'으로 바뀌면서 학교에서의 시민교육 방식은 달라지기 시작했다. 1985년에는 교육부장관령으로 시민교육 관련 교과목을 필수과목으로 지정했으며 이후 구체적인 지침도 마련되었다. 1~10학년의 초중등학교 전 학년에 걸쳐 주당 1시간이 편성되었으며, 역사·지리·프랑스어 교사들이 수업을 담당했다. 시민교육 수업은 일상적 사건과 행동을 교육적 사례로 활용하며, 협동을 강조하고, 아동들이 평등한 권리를 실천하고, 국내·국제적 자선 행사와 인도주의 기구 활동에 참여하도록 권장되었다. 15세 학생용 교수요목에서는 시민교육이 공식적으로 배우는 내용만큼 경험도 수반되어야 하기 때문에 견학, 조사, 다른 교과목과의 연계 과제 등이 가능하도록 시간표가 유연하게 편성되어야 한다고 밝히고 있다.

프랑스 시민교육 프로그램의 필요성과 중요성에 대한 인식은 1990년대 중반에 와서야 제도화되기 시작했다. 1995년 프랑스는 시민교육 프로그램 전반에 대한 개혁을 단행한 후 중등학교 교육과정에 시민교육을 보다 집중적으로 학습시키는 조치를 단행하였고, 1999년부터 고등학교 교육과정에 시민교육 프로그램을 별도로 설치하여 본격적인 교육에 들어갔다. 프랑스 민주시민 교육과정을 학교급별로 보면, 초등학교 수준의 시민교육은 통합교과 영역에 포함되어 있다. 프랑스 초등학교는 기초학습 과정과 심화학습

과정으로 구분되는데 시민교육은 초급 2, 중급 1-2의 심화학습 과정에서 통합교과 영역에 포함되어 있다. 중학교의 경우 시민교육은 역사·지리 과목에 통합되어 역사·지리·시민교육이라는 통합 교과목으로 1학년에서 4학년까지 3~4시간씩 의무적으로 배우는 필수교과이며, 4학년에서는 2002년부터 시행된 주 35시간 제도를 적용하고 있다. 고등학교의 경우 일반계열 고등학교에서는 3년간 의무공통 교과의 하나로 『시민·법률·사회교육』을 가르치며, 경제사회를 전공하는 학생들에게는 전공필수 교과로 『경제사회학』을 가르친다. 그리고 고등학교 졸업반에 『철학』이 공통필수 과목으로 추가되어 있다.

프랑스 시민교육의 목표는 첫째, 개인의 권리와 의무를 정확하게 분석한다. 둘째, 이해하는 능력은 물론 사회공동체의 규범을 학습시킨다. 셋째, 개인의 권리와 의무를 학습하도록 한다. 넷째, 과거와 현재의 환경에서 개인의 정체성을 확립시킨다.

구체적으로 프랑스 시민교육의 내용은 ① 현재 발생하는 사회문제에 대한 인식을 공유한다. ② 현재의 사회문제가 과거에 발생했다면 어떻게 해결할 것인가에 대한 구체적 사실을 인지한다. ③ 교육문제에 대한 토론에 참여하여 주장을 펼칠 수 있는 지식을 습득한다. ④ 민의의 대표자를 올바르게 선출할 수 있는 시민의식을 함양한다. ⑤ 사회생활의 규범, 인권문제를 해결하는 데 있어 지켜야 할 준법정신을 배양한다. ⑥ 참다운 민주정치가 실현될 수 있는 정치제도의 기능 문제, 특히 정치권력을 올바르게 이해한다.

프랑스 교육부는 1970년대 초반부터 실험적 교육방법을 도입하기 시작하였다. 그 내용은 쓰기와 읽기의 균형, 이론과 활동의 균형, 즉흥적 표현과 수식의 균형, 지적 훈련과 감정 표현 사이의 균형, 전통과 혁신적인 교수법의 균형 등이다. 이러한 교수법은 프랑스 초등학교에서 이루어지는 시민교육 관련 교육과정에서 그대로 적용되고 있다. 내용으로는 진실 및 엄격성 추구, 자신과 타인에 대한 존경, 연대감 및 협동심, 이문화 세계의 이해, 자유·평등·박애 정신의 추구 등이다. 고등학교의 경우는 새로운 지식의 전달보다는 중학교에서 배운 시민교육 교과 내용을 기초로 해서 그 내용을 심화하는 한편, 시민성이라는 핵심 개념을 중심으로 다른 교과목에서 배우는 지식을 상호 교차하고 연계·응용하는 방식을 채택하고 있다. 특히 시민성 함양을 위해 단순한 지식의 전수보다는 체계적인 토론수업을 통해 시민성을 몸소 체득하도록 하는 데 중점을 두고 있다. 또한 시민교육에서는 역사, 철학, 문학, 지리, 경제, 물리, 생물 등의 교과목에서 배우는 지식이 과제 작성 및 토론 과정에 동원되도록 해서 이를 바탕으로 과학적인 논증력을 키우는 데 집중한다(박재창·젤리거, 2007: 146-147).

프랑스 시민교육의 역사와 경험은 미국이나 독일에 비해 상대적으로 일천하지만, 프랑스 민주주의의 독특한 역사적·이념적 성격과 보편적 인권교육이 조화를 이루고 있다. 그리고 지식과 체험, 이론과 실천이라는 두 가지 대립 요소를 시민권(성) 함양이라는 목표 아래 적절하게 통합하였다. 마지막으로 토론 방식의 도입과 함께 교육방법론적인 측면에서도 상당한 수준의 완성도를 보여주었다는 평가를 받고 있다.

3. 영국의 시민교육

프랑스와 달리 영국에는 격렬한 종교적인 도전도 없었고, 페리의 개혁과 같이 시민교육계획을 시행하도록 밀어붙인 혁명적 자극도 없었다. 프랑스의 교육부장관이 자신의 의지를 밀고 나갈 수 있었던 중앙집권적인 교육 통제력도 영국 정부에는 없었다. 영국은 오랜 민주주의 역사를 자랑하고 있음에도 불구하고, 시민교육의 역사는 그리 오래되지 않다. 1980년대 이후에야 비로소 실질적으로 운영되기 시작한 것이다. 이렇게 시민교육의 짧은 역사는 영국이 대제국으로서 많은 식민지를 거느리기는 했지만, 무혈 혁명과 같은 역사적 배경과 전쟁에서의 승리감이 크지 않아 민주주의를 위해 투쟁하거나 시민교육의 필요성을 그다지 강하게 갖지 않은 데서 그 원인을 찾을 수 있다.

19~20세기 영국의 시민교육은 이웃 나라 프랑스에 비해 사실 혼란스럽고 모호했다. 그럼에도 불구하고 다음과 같은 다섯 가지 요인으로 이루어진 모종의 유형을 찾을 수 있다.

> 첫째, 중앙정부의 지침이 결여되었으며, 그 결과 교사들은 민간 주도에 의존했다.
>
> 둘째, 참정권 확대, 그리고 청소년들이 정치문제를 이해할 정도로 성숙한가와 적절한 시민교육은 어떤 것인가를 놓고 논쟁이 벌어졌다.
>
> 셋째, 학생의 사회적 수준에 따라 상이한 학교교육을 받고, 또 상이한 시험을 치르며, 이러한 차이가 기존의 시민교육 방식을 어떻게 결정지어 왔는가 하는 문제들이 있었다.
>
> 넷째, 일부 교사는 전쟁과 평화의 문제에 대해 가르치는 데 관심을 가졌다.
>
> 다섯째, 영국의 제국주의적 팽창은 자연스레 영국 청소년들에게 제국의 자부심이 주입되어야 한다는 믿음으로 나아갔고, 나중에는 예전 식민지 지역에서 수많은 이민이 유입되면서 시민교육이 다양한 문화적 배경을 가진 사람들에 맞게 재조정될 필요가 있었다. (Heather, 2007: 170)

제2차 세계대전 직후에 발표된 교육부의 권고는 1947년 간행된 『새로운 중등교육』 그리고 그로부터 2년 후에 간행된 『성장하는 시민들』이라는 책자에 영연방 나아가 국제연합까지 다루는 '시민권' 혹은 '시민론' 수업을 하도록 하고 있다.

어느 분야에나 겸손, 봉사, 자제 그리고 인격 존중과 같이 전통적인 소박한 덕성을 기꺼이 재해석하고자 하는 진취적인 인물들이 존재한다. 학교가 학생들에게 이런 자질을 고취할 수 있다면 우리는 건강한 민주사회의 조건을 충족시킬 수 있을 것이다.

1930~1950년대 영국에서 시민교육이라는 주제를 둘러싸고 있었던 난점들, 즉 교과목의 성격이 분명치 않다는 점이 시민교육협회(AEC)의 역사에 고스란히 남아 있다. 이런 난점의 해결책으로 시티즌십을 교육과정상의 주요 교과목 중 하나인 것처럼 그리고 진보적 교수법으로 가르칠 수 있기를 원했다. 또한 자유민주주의를 위협하는 공산주의와 파시즘, 나치즘이 등장하면서 교화를 통한 그들 나름의 효율적인 시민교육을 시도하였다.

1962~72년은 1930~1940년대와 비교할 때 많은 차이점을 드러낸다.

첫째, 각 시기마다 정치적 정당화 작업이 존재했다. 1930년대와 1940년대에는 전체주의의 확산에 대응하기 위해 그러한 주제에 대한 논의와 학교에서의 활동이 특히 열성적이었다. 위기의 순간에 파시즘과 사회주의의 발생에 대응하여 1935년 세계시민권교육협회(AEWC)가 출범하면서 그것을 증진시키려는 노력이 생겨났다. 전체주의에 대항하는 보호 장치로서 민주주의를 교육시키는 개념과 유사하게 전후 몇 년간은 영국에서 시민권 교육에 대한 열정이 고무된 중요한 시기였다. 즉, 지역사회 봉사와 참여, 정치의식과 민주주의 교육, 인권이 포함되었다.

1960년대 중반부터 대안학교의 성장은 일반적 연구의 성장뿐만 아니라 정치학, 사회학, 인종 차별을 하지 않는 인문학의 대안으로서 교과과정의 확장에 자극을 주었다. 1970년에 가서 선거 연령을 21세에서 18세로 극적으로 낮추는 일은 엄청난 전환점이 되었다. 왜냐하면 아이들이 새로운 권리를 행사하기 위한 준비가 되지 않은 것이 학교의 책임만은 아니기 때문이다.

이러한 상황의 변화를 맞이하여 분별 있는 정치교육을 할 필요성이 제기되었다.

둘째, 시민교육을 둘러싼 논쟁은 국가 주도 교육에서의 기대 혹은 계획된 변화를 배경으로 이루어졌다. 1972~73에 의무교육 연한이 16세로 연장되면서 학생들이 너무 미성숙해서 시민교육을 받기에 부적합하다는 주장은 사라졌고, 더욱 적극적으로 시민교육을 해야 한다는 주장이 강해졌다. 능동적 시민교육의 제창자들은 문명사회의 구성원이라면 법의 지배, 소수 견해 존중, 표현의 자유, 신뢰와 책임, 국민의 동의에 의한 정부 등의 이념을 이해해야 하며, 또 배워야 한다고 주장하였다.

셋째, 1980년대에 들어서면서 영국을 '다문화 사회'로 볼 것인가라는 특별한 쟁점이 부각되면서, 정치교육의 문제가 전면에 대두되었다. 특히 1981년 도심에서 발생한 폭동 사건은 영국이 탈제국주의 시대에 걸맞은 결속력 있는 시민의식을 아직 확보하지 못했음을 보여주었다. 일부 비판자들은 편견에 맞서 싸울 적극적인 반인종주의 수업을 요청하였다. 1980년 초기에 사회 정의에 근거한 평화교육, 세계 연구, 지구적 교육, 환경교육, 반反인종차별 교육, 반反성차별 교육 그리고 기타 접근의 시도가 나타났다.

1980년대 후반 들어 시민교육에 대한 관심은 더욱 증폭되었다. 정치적 측면에서 볼 때 좌파에 비해 우파가 시민교육을 학교에 맡기기가 더욱 어려웠다. 이에 1988년 보수당이 당의 색채를 새롭게 하기 위해 '능동적 시민성 active citizenship' 개념을 채택한 것은 아주 획기적인 사건이었다. 이때부터 사회 참여와 통합의 관점에서 청소년을 대상으로 하는 시민교육의 중요성이 강조되기 시작하였다. 보수당은 능동적 시민성을 장려하고 계발하고 인식할 최상의 방도를 모색하기 위한 '시민성위원회'를 발족시켰다. 시민성위원회의 권고 사항은 국가교육과정위원회에 보내져 1989년에는 교육과정의 윤곽이 잡혔다. 비록 부차적인 형태이긴 하지만 시민성 관련 내용이 필수과목이 되어 '시민교육협회'의 목표가 달성되기까지는 또다시 13년의 세월이 소요되어야 했다. 1990년 시민성에 관련해 공포된 지침은 다원주의, 시민의 권리와 책임, 가족에 대한 전문적 탐구, 실천적 민주주의, 시민과 법, 일과 고용, 여가, 공공 봉사라는 여덟 가지 요소를 포함하고 있다. 비록 이 지침은 비효율적이기도 했지만, 이 지침이 무시되었던 주된 이유는 새로 정의된 핵심적이고 근본적인 국가적 교육과정의 주제들을 전달하는 데에 있어 교사에게 너무 많은 짐을 지우게 한 점이다.

이후 1997년 야당이었던 노동당이 집권하면서 영국의 근대화와 민주화 그리고 사회 통합을 주요 정책 과제로 내세우면서 보다 적극적인 개념인 '시민성 교육citizenship education'을 제창하면서 이를 주요 교육개혁의 과제로 포함시켰다. 교육노동부장관이 된 블런킷David Blunkett은 시민성 교육을 학교의 주요 교과목으로 편성하기로 결정했다. 이를 위해 만들어진 〈시민성 자문단〉은 다음 사항을 관장하기로 했다.

> 학교에서의 효과적인 시민교육에 대한 권고를 제공한다. 즉, 민주주의의 본질과 참여의 실제, 시민으로서 개개인이 지니는 의무와 책임, 그리고 권리, 공동체 활동이 개인과 사회에 대해 갖는 가치 등이 시민교육의 내용에 포함되도록 한다.

블런킷은 정치교육의 오랜 주창자인 쉐필드 대학에서 정치학 교수이자 열정적 신념까지 지닌 크릭Bernard Crick 교수를 자문단 의장으로 지명했다. 자문단은 세 가지 요소(사회적이고 도덕적인 책임, 지역사회에의 참여, 정치적 문해력)를 포함하는 효율적인 시민성 교육을 명확히 정의했다. 이들 요소 각각은 지식, 기술, 가치를 포함한 것이다. 또 시민성 교육의 효율적인 교수를 위한 유연한 틀을 세웠는데 법률에 근거해야 한다고 충고했다. 자문단은 대담함과 실용성을 융합한 보고서를 냈다.

> 우리는 이 나라의 정치문화를 전국적 차원과 지역적 차원 모두에서 바꾸고자 한다. 우리는 사람들이 스스로를 능동적 시민으로 생각하며 그럴 의지를 지니게 만들고자 한다. 또한 공공 생활에서 영향력을 행사할 수 있도록 하며, 말하고 행동하기에 앞서 증거를 가늠할 비판적 능력을 갖추도록 만들고자 한다. 지역사회와 공공 서비스의 전통 중 최상의 것을 발판으로 삼으며 이런 전통이 젊은이들에게 확대되게 하고자 한다. 그리고 젊은이들 개개인이 참여와 행동의 새로운 형태를 찾는 일에 자신감을 갖도록 한다. (Advisory Group on Citizenship, 1998)

11~16세를 대상으로 하는 교수요목의 기본 구조는 도덕적·사회적 책임, 공동체 참여, 그리고 정치적 판단력의 세 부분으로 이루어져 있다. 좀 더 구체적으로 표현하면 현명한 시민이 되는 데 관한 지식과 분별력, 탐구와 의사소통을 하는 기능의 개발, 참여하고 책임 있게 행동하는 기능의 학습이라고 할 수 있다. 영국의 헌정체제에 대한 판에 박은 듯한 학습에서 한참 더 나아간 것이다. 이는 공동체 활동과 민주주의 참여를 포함시켜 이들 개념이 정치교육, 더 나아가 시민교육으로 확대되게 만들었다. 시민성은 국가교과과정 교과목의 핵심 3, 4단계와 '개인교육/사회교육/건강교육(PSHE)'의 틀 설립의 기초가 되었다. 이러한 변화는 시민교육에서의 괄목할 만한 도전이었다.

그동안 시민성 교육이 국정교육과정에서 교육과목으로 포함되지 않은 마지막 나라였던 영국은 2002년 8월부터 본격적으로 의무적인 시민교육을 단행하기 시작하였다. 영국의 시민성 교육은 이때서야 법정 필수과목(국가교육과정에 전체 수업 시수의 5% 할당)으로 다른 유럽 나라들과 같은 반열에 오르게 되었다. 초등학교에서 시민성 교육은 2000년 8월 이후 '개인교육/사회교육

(PSE)'을 위한 법의 일부가 되었고, 중등학교에서는 2002년 9월부터 11~16세 학생을 위한 법에 근거한 새로운 기초 교과목이 되었다. 초등 수준에서의 지침은 개인/사회/건강/시민성이라는 네 가지 요소를 강조하고 그중 하나는 시민으로서 적극적 역할 수행을 준비하는 것이다. 시민성 과제를 추진하기 위한 많은 사례와 제안들이 제시되었고, 학교 전체 차원의 접근이 권장되었다. 중등 수준에서는 정식 국가기본교육과정 필수교과로 채택되었고, 핵심적인 단계인 3, 4수준을 위한 학습과 성취 목표를 시민성의 세 가지 측면에 근거하여 강조하고 있다. 즉, 소양 있는/식견 있는informed 시민이 되는 것, 탐구와 의사소통의 기술을 개발하는 것, 참여와 책임감 있는 행동의 기술을 개발하는 것 등이다. 4수준(즉, 16세)의 마지막 즈음에서 대부분의 학생들에게 기대되는 성취 수준은 다음과 같다.

첫째, 학생들은 그들이 공부한 주제 사건에 대해 포괄적인 지식과 이해를 한다(시민의 권리, 책임과 의무, 자발적 영역의 역할, 정부의 형태, 공공 봉사의 제공, 범법과 합법의 체계 등).

둘째, 그들은 대중매체를 포함한 다른 종류의 정보를 사용하여 자신의 의견을 형성하고 표현한다.

셋째, 그들은 사회의 다른 층에서 변화를 일으키는 여러 가지 방법의 유효성을 평가한다.

넷째, 학생들은 학교와 지역사회에 근거한 활동에 효율적으로 참여하고 그런 활동들을 비판적으로 평가하려는 의지와 참여를 보여준다.

다섯째, 그들은 자신과 타인에 대한 그들의 행동에 있어서 개인적·공동체적 책임을 드러낸다.

시민성을 위한 자세한 교육과정 모델은 규정되지 않았다. 시민성의 가르침에 관한 많은 결론은 학교의 전문적인 판단으로 남겨졌다. 그러나 법에 근거하지 않은 지침은 다른 과목과의 연계를 강조한다. 학교교육과정의 다른 곳에서 찾을 수 없는 주제(정치적 문해력과 같은)의 범위를 확실히 하기 위해 전 학교 또는 시간표에 한정된 활동들이 필요하다는 것도 인식해야 한다. 시민성은 공식적인 교육과정과 잠재적 교육과정에서의 경험 둘 다를 포함한다는 것을 확실히 인식해야 하고, 학생들이 학교와 지역사회의 삶에 적극적으로 참여하는 것이 강조되어야 한다.

그런데 자문단의 시민성 교육에 대한 보고서와 그 후의 국가교육과정의 도입에 대한 피할 수 없는 많은 비판이 있었다. 몇몇 사람들은 그 기초에 있는 자유주의적 가치에 공감하지만 인권, 관용과 존중 같은 가치의 복잡성 요구, 사회적 변화의 도전에 대한 충족 또는 시민성 교육을 지지하는 다양한 집단의 관심과 이해 충돌이라는 도전에 대처할 필요성에 대한 적절한 인식을 하고 있는지에 대해 의문이 제기되었다. 또 다른 비판들은 보수적인 것과 진보적인 것으로 나눌 수 있을 것 같다. 보수적 측면의 비판을 하는 툴리 James Tooley는 자문단이 '윤리적 타협', '평화 구축', '지속 가능한 개발'과 같은 용어의 사용을 문제 삼는 데 실패함으로써 정치적으로 좌파적 의제로 편향되어 있다고 주장했다(Tooley, 2000: 145). 그리고 학교 밖에서 시민성을 개발할 수 있는 많은 자원들이 있기 때문에 주요 과목으로부터 소중한 시간을 빼앗는 것에 정당성이 없다고 지적하였다. 그는 정부의 명령을 통한 교육과정에 고차적 가치를 도입하는 어떠한 시도에도 반대한다(Tooley, 2000: 147). 그리고 급진적 측면의 비판은 다른 서구 국가들처럼 현재 영국의 시민성 교육에의 접근의 근간이 되는 자유주의적 가치의 다양한 관점에 반대하는 비판자들에 의해 제기되었다. 몇몇 페미니스트들은 시민성이 남성 우월주의를 강화한다고 비판한다. 포스트모더니스트들은 지금 사회가 분화되고 개인의 정체성이 두루 널리 미치고 있고, 시민성이 의존하고 있는 개인과 사회의 계약적 관계는 더 이상 존재하지 않는다고 주장한다.

1980년대 후반 들어 소수민족의 인구가 증가하면서 꾸준히 제기되기 시작한 영국인의 정체성 문제가 소수민족의 정체성 문제와 연계되면서 사회적으로 매우 혼란한 상황에 이르게 되었다. 사회의 범죄율이나 비행, 마약, 10대 미혼모, 학습 성취도 저하 등의 문제도 끊임없이 증가하고 있어 제반 사회문제를 해결하기 위한 대안이 절실하였다. 그러자 영국 시민으로서 가져야 하는 정체성을 심어주고 다원화된 영국사회를 통합하기 위한 방편으로 시민교육의 중요성이 새롭게 강조되었다(박선영, 2006). 이런 현실 인식의 연장선상에서 1997년 노동당 집권 이래 교육부의 중요 정책으로 시민교육이 소개되었다.

영국 시민교육의 목표는 다음과 같이 요약할 수 있다.

첫째, 개인의 권리와 책임을 인식하여 자신의 의무와 권리를 알고 있는 유능하고 사려 깊고 책임감 있는 민주시민이 되게 한다.

둘째, 중요한 사회문제를 분석·토론하고, 쟁점에 대해 생각해보고 토론할 수 있는 능력을 기른다.

셋째, 지역사회, 국가사회, 세계사회 속에서의 역할을 이해하고 이에 대한 지식과 기술을 연마한다.

넷째, 사회의 작동 원리를 이해하고, 정신적·도덕적·사회적·문화적 발달을 통해 학교나 사회에서 보다 자신감 있고 책임감 있는 시민이 된다.

다섯째, 학교 생활, 이웃 생활, 공동체 생활, 보다 넓은 사회생활 속에서 유익하고 도움이 되도록 사회에서 적극적인 역할을 수행하는 시민을 기르는 것이다.

여섯째, 경제 및 민주주의의 제도와 가치를 배우고, 다양한 국가적·종교적·인종적 정체성을 존중할 수 있도록 한다.

영국에서 국가 수준에서 제작된 시민성 교과서는 없다. 다만 교육기술부DFES가 '시민교육의 학습 틀'을 개발하여 시민교육에 필요한 내용을 제공하고 있다. 이 학습 틀은 시민교육의 내용이 핵심 단계별로 시민에게 요구되는 지식과 기능을 학습할 수 있도록 구성되어 있다. 시민교육에서 학생이 반드시 학습해야 할 내용은 '합리적인 시민이 되기 위한 지식과 이해력', '탐구와 의사소통 기능', '참여와 책임 있는 행위를 위한 기능' 등 세 가지 영역으로 구성된다.

2002년 8월부터 시행된 핵심 3단계와 4단계에서 이루어지고 있는 시민교육의 내용에는 법적·인권적 권리와 책임, 다문화·다인종 사회에서의 상호 이해 및 존중, 중앙정부와 지방정부, 선거의 체계와 투표의 종류, 언론의 사회적 역할, 글로벌 공동체로서의 사회, 유럽연합· 영국연방·국제연합 등이 포함되어 있다. 이러한 주제를 바탕으로 협상 및 토론 기술을 부가적으로 개발하고, 다른 사람의 경험과 견해를 고려하는 능력을 기를 수 있다. 영국 시민교육의 대표적인 방법은 '활동학습active learning' 방법이다. 활동학습 방법은 '행위를 통한 학습'으로서 다른 사람의 강의나 해답에 의한 것이 아닌 스스로 문제를 해결하고 상황을 경험하면서 배우는 학습방법이다. 활동학습 방법은 지역, 국가, 국제 수준에서 공동체의 생활에 적극적으로 참여할 수 있는 시민적 자질인 '능동적 시민성'을 함양하는 수단으로서 매우 유효하다. 시민교육에서 학생들은 활동학습 방법을 통해 직접적으로 실제 쟁점이나 사안에 참여하거나 간접적으로 상상 또는 가설적 상황에 기초한 활동을 통해서 학습하게 된다. 그 외 활동학습 방법으로 집단 토의 및 토론, 프로젝트 학습, 정규 수업을 일시 중단하고 하루 또는 반일제로 활동하는 아동 권리의 날, 모의선거, 견학 등이 있다. 영국의 시민교육은 학교 이외 사회단체를 통해서도 다양하게 이루어진다. 이들 중 시민단체인 '지역사회자원봉사Community Service Volunteers', 내무부의 '시민혁신Civil Renewal', '청소년의회British Youth Council'[36] 등이 대표적이라고 할 수 있다.

그런데 오늘날 영국의 학교 현실은 그리 민주적이지 않다. 영국의 학교운영위원회는 민주주의와 거리가 멀고 입시 위주, 지식 위주, 학교 관리 위주로 운영되고 있어 학교의 구조와 교과과정에 학생들의 의사를 반영한다거나 인권을 존중할 수 있는 시스템을 갖추고 있지 않다는 비판을 받고 있다(박선영, 2007: 239). 우리가 잘 알고 있는 대안학교인 서머힐은 영국에서 가장 민주적으로 운영되는 것으로 알려져 있으나, 1999년 교육기준국OFSTED에 의해 폐교 조치되는 위기에 놓였었다. 아무리 민주적으로 학교를 운영해도 국가에서 원하는 학업 성취 수준 등의 기준과 맞지 않을 경우, 폐교를 당하게 되기 때문에 학교가 민주적으로 학교를 운영하는 활동보다는 교육 감사를 통과하기 위해 학업 성취도를 높이고 좋은 입시 결과를 내는 쪽으로 몰리고 있다. 이것이 신자유주의 교육으로 경도된 영국 교육이 안고 있는 심각한 위기이다. 그리하여 오늘날 국가권력과 시민사회의 민주화를 위한 민주적 시민교육이 다시 요청되고 있다.

36 '지역사회자원봉사'는 1962년 설립된 시민단체로 모든 사람은 지역사회를 위해 기여할 수 있는 중요한 역할을 가지고 있으며, 교육 및 평생 학습에 대한 접근이 개인의 발달과 지역사회 강화에 필수적이라는 신념을 바탕으로 성인과 청소년을 위한 자원봉사와 평생 학습의 기회를 지속적으로 제공하고 있다. '시민혁신'은 시민들이 정부, 시민단체, 지역사회와 파트너십을 가지고 스스로 자신의 지역사회에 영향을 줄 수 있는 문제를 확인하고 해결책을 찾아 실천함으로써 삶의 질을 향상시키고 지속적인 변화와 발전을 꾀하기 위해서 고안된 것이다. '청소년의회'는 26세 이하의 청소년을 대변하고 청소년의 평등성을 증진하며 청소년에게 영향을 미치는 결정에 좀 더 관여하도록 함과 동시에 사회와 공공적 삶에 청소년의 참여를 촉진하는 것을 목적으로 한다.

4. 미국의 시민교육

미국 민주시민교육의 역사는 1783년 건국 초기로 거슬러 올라갈 수 있다. 미국을 건국한 인사들, 즉 제헌의원들이 유산으로 남긴 시민교육의 바람직한 유형은 본질적으로 매우 단순하였다. 즉, 아이들은 국가적 목표인 선량한 공화주의자로서 시민도덕을 지니도록 양육되어야 하며, 이를 지역 및 주차원에서 관리되는 학교에서 가르쳐야 한다. 19세기에 복잡한 사회 변동의 영향으로 말미암아 이런 단순한 모형에 이런저런 요구사항이 더해졌으며, 압력이 점차 가중되었다. 그 결과 시민교육을 수행할 학교의 과업도 제헌의원들이 생각할 수 있었던 것보다 더 어려워졌다.

초기 미국에서는 세계 도처로부터 이주해 온 사람들 간의 이질성을 극복하고 국민적인 통합을 유지·형성하는 것이 국가의 존립을 위한 중요한 과제였다. 이러한 국가적 과제를 수행하기 위하여 미국은 19세기에 이미 '정치교육'을 도입하였고, 1880년도에는 '공민과civics'라는 용어를 사용하기 시작했다. 19세기 젊은이들이 시민으로서의 자격을 갖추도록 준비시키는 시민교육의 수단으로 동원된 과목 영역은 도덕·종교, 역사 그리고 공민과이다. 19세기 상당 기간 동안 역사는 시민의 자질 함양을 위한 중요 과목이었다. 이 과목은 영웅적인 행위들, 이를테면 초기 이민자, 독립전쟁, 공화국 수립, 서부 진출 및 국토 확장에 얽힌 일화들을 설명이 아니라 서사 방식으로 가르쳤다. 즉, 분석이 아니라 이야기로서, 그리고 객관적 이해 능력을 기르기 위해서가 아니라 애국심을 고취하기 위해서 가르쳤다. 시민의 자질에 애국심이 포함되는 한 이런 교육은 시민교육이었다. 시민교육은 결코 교과서로만 학습되는 것은 아니다. 미국의 경우 19세기 말 이래로 의식 거행이 강력한 영향을 미쳤다. 1880년대 후반에는 학교에서 학생들에게 시민적 정체성을 고취하기 위해 국기 게양이 통상적인 방법으로 사용되었지만, 얼마 지나지 않아 충성심을 말로 표현하는 것이 좀 더 효과적이라고 인식되었다. 1892년 전미교육협회(NEA) 의장 벨러미Francis Bellamy는 「국기에 대한 맹세」를 지었다.

> 나는 나의 국기와 그 국기가 표상하는 공화국 그리고 분리될 수 없는 하나의 국민 앞에서 모든 이를 위한 자유와 정의를 지킬 것을 맹세합니다.

이 기간 동안에는 국가에 대한 충성심을 고취하는 것이 학교의 일차적인 과업이 되었다. 그러나 19세기 전체에 걸쳐 시민교육의 한 방법으로서 도덕 수업은 세 가지 심각한 딜레마에 직면했다.

첫째, 공화주의적 시민이라는 교의는 충직한 신념과 참여에 의한 기대를 나타내는 것이었다. 둘째, 학생들을 이러한 시민으로 기르는 교육에 강력한 도덕적 요소가 필요하다는 것이었다. 셋째, 확고한 종교적 기초 없이 도덕 교육을 생각할 수 없다는 믿음이다. 19세기의 교과서들은 중립적인 척도 하지 않았다. 교과서들은 당시 심각한 논쟁의 대상이 되던 쟁점들을 피하면서도 기본적인 신념의 문제에 대해서는 확고하고도 일치된 입장, 즉 '인격교육character education'의 입장을 취했다. 1830년대 반세기 동안 100만 부나 팔린 『맥거피 독본』은 확신에 찬 국가주의적 논조가 만연해 있었음을 보여준다. 시민 자질이 비판적 판단력을 세련되게 구사하는 것을 내포한다면, 이런 교육은 시민교육이 아니라고 여겼다. 이러한 역사의 위상이 약화되는 시민교육에 대해 역사학자들은 우려를 표명했다. 역사학자들은 1차 자료를 활용하고 증거를 비판적으로 평가하며, 역사학습 경험으로부터 진정한 역사적 이해에 이르게 할 것을 권고하는 등 학교에서의 역사수업을 개선하기 시작했다. 통합적인 애국심을 고취하기 위해서도 아니고 의식적으로 시민교육을 위해 역사를 활용하기 위해서도 아닌, 역사 그 자체를 위한 역사를 추구한 것이다. 이렇게 두 목적 사이에는 특이한 불일치나 긴장이 존재했다.

헌법수업의 경우도 19세기 중엽까지 교리문답 공부처럼 헌법 조문을 기계적으로 암기하는 학습 방식만 행해졌지, 연방정부와 주정부의 역학 관계나 적절한 균형에 대해 알려주거나 그런 내용을 잘 보여주는 사례에 대해 토의하는 일은 거의 없었다. 미국 보통교육의 기초를 놓은 호레이스 만Horace Mann은 이념적 편향이 배제된 헌법 공부를 강력하게 지지하는 입장이었으며, 종교교육과 마찬가지로 헌법교육에서도 '중도주의' 전술을 지지했다. 19세기 후반에서 20세기 초 사이에 학문적 성격을 좀 더 강화하는 쪽으로 진행된 역사교육 개혁은 헌법교육에도 영향을 주었고, 그리하여 헌법교육 분야에서도 역사교육 분야와 유사한 변화가 나타났다. 이런 상황에서 역사교육을 통한 시민 양성의 기능이 일시적으로 밀려나면서 정치학 등 사회과학이 채우기 시작했다. 1903년 창립된 '미국정치학회APSA'는 즉각 학교교육에 관심을 가졌다. 이 학회는 '중등학교 미국정부론 수업을 위한 5인 위원회'를 출범하면서 1908년 진보의 시대에 걸맞은 '새로운 시민성'을 권고했다. 그들은 이 과목이 8학년과 12학년 두 차례에 걸쳐 미국 정부에 대해 배우는 필수과목으로 설치되어 20세기에 적합한 체계적인 시민교육을 구축하는 데 기여하기를 기대했다.

미국의 시민교육은 1915년 이후 점차 더 강조되었고, 가정, 이웃, 지역사회, 미국화, 건강, 교통과 통신, 사회복지 등의 문제에 관심을 기울이기 시작했다. 1916년은 미국 시민교육의 역사에서 커다란 전환점이었다. 전미교육협회 보고서는 '사회과'라는 용어를 채택하면서 이것이 시민교육을 전승하는 수단으로서 다학문적 분야라고 규정했다. 「중등교육에서의 사회교과」 보고서에는 다음과 같이 진술하고 있다.

> 좋은 시민으로서 자질을 기르는 것이 고등학교 사회교과의 목적이 되어야 한다. 거의 정부기구에 대해서만 공부하는 기존의 공민과는 인류의 삶을 개선하

기 위한 사회적 노력의 방식들을 공부하는 새로운 시민성 논의에 길을 내주어야 한다. 학생들이 대통령이 어떻게 선출되는지를 아는 것은 그들이 살고 있는 지역의 보건 담당자의 의무가 무엇인가를 이해하는 것만큼 중요하지는 않다.

학생들이 이해하는 현실과 밀접하게 관련된 지역의 일에 집중을 한다. 즉, 인권 대 재산권, 폭도들의 충동적 행위, 전통의 이기적 보수주의 등과 같이 광범위한 주제들이 거론되었다.

두 차례에 걸친 세계대전 기간 동안에는 민주주의 관련 교과로서 '사회과Social Studies'가 하나의 교과목으로 형성되기 시작하여 사회문제와 사회적 행동이 주요 관심사로 등장하였다. 이후 사회과의 영향력은 점차 커졌고, 1960년대 후반 구소련의 스푸트닉 위공위성이 발사됨에 따라 ① 사회과학의 구조와 주요 개념 ② 발견, 탐구, 귀납적 교수학습 방법[37] ③ 학생의 능동적 참여를 골자로 하는 '신사회과New Social Studies'가 출현하게 된다(손경애 외, 2010: 37-38). 비판적 사고와 문제 해결 전략 등을 중시하는 신사회과의 출현은 학교의 모든 교과에 영향을 미치게 되어 사회과가 역사학과 지리학, 그리고 제 사회과학을 기초로 새로이 구성되었다. 지리, 역사, 공민과, 경제로 구성된 사회교과는 시민 양성의 우선적 목적이 되었다.

그리고 전미교육협회의 시민교육에 대한 권고 사항은 교내 및 교외의 민주적 참여이다. 교내의 민주적 참여는 학생과 교사, 학생과 학생 그리고 교사와 교사 간의 협력 관계뿐만 아니라 학교 그 자체의 민주적 구성과 운영도 필수 불가결한 요소이다. 교외의 민주적 참여란 교실에서의 학습이 지역사회에서의 사회적 행위에 적용되어 이를테면 학생들이 가령 공원이나 철도 혹은 우체국이 더 많이 만들어지고, 순수 식품 관련 법률이 더 많이 제정되는

---

37 미국 시민교육의 방법으로는 주로 교과서 읽기, 교과서 내용 분석 및 토론 참여, 시사에 대한 토론, 그룹 프로젝트 참여, 보고서 작성 등이 이용되고 있다.

것을 지지하는 것을 가리킨다.

미국 시민교육의 역사에서 듀이는 매우 중요한 인물이다. 그는 전통적인 학교교육은 알맹이가 없다고 신랄한 비판을 가했다. 지루하게 교훈을 늘어놓는 방식의 기존 교육체제에서 아이들 그리고 교사들을 해방시키는 초등학교의 학습을 혁명적으로 바꾸어야 한다고 주장하였다. 그는 1916년 출간된『민주주의와 교육』에서 민주주의, 공동체, 의사소통, 책임과 진보 등을 중심으로 삼는 학교의 모델을 제시하였다. 민주주의는 결코 제도의 문제가 아니라, 생각할 능력을 요구한다. 1927년 출간된『대중과 그 문제들』에서는 "민주주의는 집에서 시작되어야 하며, 민주주의의 집은 바로 이웃 공동체"[38]라고 역설했다. 교사들이 젊은이에게 서로 주고받는 민주적 협력의 경험을 제공한다는 듀이의 원칙을 따른다면, 학교도 중요한 역할을 해야 한다. 이것은 진보주의 교육과 사회적 재건주의 교육 사조의 산물이다.

듀이는 교육과정에는 미래의 노동자가 당대의 문제들과 다양한 개선책을 접할 수 있도록 경제와 시민론 그리고 정치론 공부가 포함되어야 한다고 주장하였다. 그는 단지 정보를 제공하는 식의 권위주의적 도덕수업을 확실하게 거부하고, 무언가를 위해 좋은 사람이 되려고 하는 삶을 통해 학습되는 도덕성을 기대한다.

> 사람이 좋은 사람이 되려고 하게 만드는 그 무엇은 바로 사회 구성원으로서 살아갈 수 있는 능력이다. 그 덕분에 사람이 타인들과 함께 사는 데서 얻는

---

38 공동체란 단지 학교나 지역에 속해 있다는 감정이 아니라, 수많은 문화와 전통을 포괄하는 거대한 공동체의 구성원이라는 개방적인 의식을 의미하며, 이러한 의식은 교육에 의해서만 계발될 수 있는 것이다. 학생들의 마음가짐을 미래에 맞추지 않는다면, 즉 과거의 잘못을 돌이켜 보고 다가오는 세대들을 위한 위대한 공동체를 재건하기 위해 젊은이들의 활력을 이용할 필요성을 배우지 못한다면 교육을 통한 문화의 혁명적인 변화는 성취될 수 없다.

것과 자신이 기여하는 것의 균형을 이룬다. 그리고 교육은 단지 그런 삶을 위한 수단이 아니다. 교육은 바로 그런 삶이다.

듀이는 학생들을 '꼬마 공화주의자'로 만들고자 하였다. 미국 시민교육의 성격 변화에는 반드시 정치적 사건이 수반된다. 제1차 세계대전과 그 이후의 몇 년 동안 거세게 불었던 '애국주의'는 1920년대 후반이 되면서 열기가 가라앉았다. 이후 대공황과 뉴딜 시대에는 경제적·사회적 문제로 관심이 쏠렸다. 제2차 세계대전이 발발하면서 애국주의의 분위기가 다시 등장했는데, 이는 매카시주의자들의 반공주의 광풍으로 빛이 바랬다. 1960년대와 1970년대는 정치적 측면과 교육과정 측면에서 극적인 시기였다. 베트남전이 종료되기 1년 전에 워터게이트 사건이라는 엄청난 일이 터졌고, 이는 1974년 닉슨 대통령의 수치스런 사임으로 이어졌는데, 결과적으로 정치체제에 대한 냉소주의와 환멸을 불러왔다. 이와 동시에 시민교육도 혼란에 빠졌다. 학교의 시민교육은 지적으로 황폐해졌고, 관심 밖으로 밀려났다. 마약, 성, 사회 병리 같은 주제가 우선적으로 다루어졌다. 한마디로 시민교육은 위기에 봉착하였다.

1980년대 들어 시민교육은 미국의 경제 침체와 이민자 급증으로 인한 사회 불안에 대처하기 위하여 국제경쟁력 강화와 전통적 문화 기반의 강화, 즉 '기본으로 돌아가기Back to Basics' 교육과정에 중점을 두기 시작하였다(Field, 2004: 145). 1983년 연방교육부는 교육개혁을 제안한 「위기에 처한 국가」에서 미국의 사회경제적 위기의 원인을 교육문제로 돌리면서 미국 경제의 국제경쟁력을 회복하기 위하여 교육의 생산성과 수월성을 향상시켜야 한다고 역설하였다. 그에 따라 학교에서는 기술 발전 및 경제 성장과 관련된 수학, 과학, 컴퓨터 등이 주요 과목으로 강조되었다. 그리고 이 보고서에는 시민교육과 관련된 두 가지가 포함되어 있다. 하나는 "미국의 모든 학교는 모든 학생이 자신들의 마음을 다스리는 법을 배움으로써 책임 있는 시민이 되고, 더 깊이 공부하며, 현대 경제에 적합한 유능한 인재가 될 준비를 할 수 있도록 뒷받침해야 한다"는 내용이다. 또 하나는 "모든 성인 미국인은 읽고 쓸 줄 알며, 세계화 시대의 경제 현실에 대처하는 데 필요한 지식과 기능을 갖추며, 시민으로서의 권리를 행사하고 책임을 질 줄 알아야 한다"라고 되어 있다.

미국 시민교육의 목표는, 첫째 시민들로 하여금 미국의 입헌 민주주의를 지속적으로 유지·발전시키게 하고, 둘째 민주적 시민성을 육성시키게 하며, 셋째 시민들로 하여금 시민적 지식, 가치, 시민적·사회적 참여 기술을 습득하게 하는 데 있다. 1990년대 들어 미국의 시민교육은 '다문화 교육multicultural education'으로 관심을 돌리기 시작한다. 다문화 교육의 주요 관심사는 1960대와 1970년대의 민권 문제로부터 2000년대 들어 성별, 인종, 민족, 연령 등 다양성의 문제로 전환되고 있다. 그리고 '시민교육센터Center for Civic Education'가 설립되었고, 시민교육 분야의 체계적인 교수학습을 장려하기 위한 '전국시민교육진흥운동National Campaign to Promote Civic Education'이 발족했으며, 이를 뒷받침할 교육과정 모형으로 '시민공동체: 시민교육의 기본 구조CIVITAS: A Framework for Civic Education'가 만들어진 것이 그런 발전을 보여주는 사례들이다.

그렇지만 더 나은 시민교육을 지지하는 이들은 그것에 의구심을 지니거나 적대적인 세력에 맞서 분투를 계속해야 했다. 시민으로서의 마음가짐이라는 것에 의문을 제기하는 비판적 애국주의, 그리고 협소한 노동시장 관점을 가지고 공교육의 시민 양성 기능을 제거하고자 하는 시도가 일어났다. 다문화주의를 강조할 것인가 혹은 국민의 결속력을 강조할 것인가, 국민으로서의 시민인가 아니면 지구적 세계시민인가, 학문의 구조를 다룰 것인가 아니면 민주주의에 대한 접근 방식이 지닌 문제들을 다룰 것인가, 제도에 대해 배우는 것이 중요한가 아니면 학문 중심의 공부를 강조할 것인가 혹은 공동체에 대한 봉사를 강조할 것인가를 놓고 논쟁이 계속되었다. 미국만큼 정치인과 교육자들로부터 오랫동안 시민교육에 대한 지지를 받아온 나라는 거의 없지만, 또한 이런 진전을 이루는 데에 미국만큼 많은 난관에 부딪혔던 나라도 거의 없다는 엇갈린 평가를 받고 있다.

5. 독일의 시민교육

독일은 제2차 세계대전 패전 이후 히틀러의 나치즘을 극복하기 위해 새로운 자유민주주의 국가 건설을 지향하는 과정에서 다양한 역사적 과제에 직면하게 된다. 이 과제의 해결을 위해 독일은 1950년대까지 나치주의 청산, 민주주의 제도와 의식 배양, 독일연방의 건설과 운영에 심혈을 기울였다. 이것은 독일이 전쟁의 과오를 되풀이하지 않으려면, 개개인의 다양성을 존중해 주는 자유민주주의 사회의 건설과 성숙된 시민의식의 고양에 의해서만 가능하다는 전제에서 출발하였다. 바이마르공화국 시대 자유분방했던 자유주의와 나치의 전체주의에 대한 시민들의 비판의식이 결합하여 민주시민교육에 박차를 가할 수 있었다.

독일 학교에서 정치교육이 하나의 고유한 교과로 관철된 것은 1960년대 정치교육을 위한 교과교수학이 본격적으로 자리를 잡게 되면서부터이다. 민주시민교육이라고 할 수 있는 독일 '정치교육Politische Bildung'은 학교에서 가장 오래된 과제였고, 동시에 학교 교과목 중 가장 최근에 편성된 교과의 하나로 자리 잡아가고 있다. 1970년대에 이르러 독일은 경제문제, 동방 정책, 테러리즘, 정치교육의 교과목 및 교수법을 개발하기 시작하였다. 1970년 독일은 보이텔스바흐 합의Beutesbacher Konsens[39]를 통해 정치교육의 중요한 세 가지 원칙을 천명하였다.

첫째, 교화의 금지: 가르치는 사람은 자신이 원하는 생각에 따라 학생들을 조정함으로써 이들이 자주적인 판단을 내리는 것을 방해해서는 안 된다.

둘째, 정치적 논쟁과 학문적 논쟁 격려: 학문과 정치에서 논쟁적인 것은 수업에서도 역시 논쟁적으로 이루어져야 한다.

셋째, 정치 관심사의 관철과 해결 능력 배양: 학생들은 어떤 정치적 상황과 자신의 이익이나 이해관계 상황을 고려할 수 있고, 그것에 따라 당연히 정치적 상황에 영향을 미치도록 해야 한다.

보이텔스바흐 합의는 민주시민교육에서의 정치적 갈등과 논쟁의 접근 방식과 민주시민교육을 위한 근본적인 공통의 토대를 마련할 필요가 있다는 인식에서 나온 '최소 합의'라고 할 수 있다(신두철·허영식, 2010: 94). 이 합의는 궁극적으로 독일 민주시민교육의 방향을 제시하는 것이며, 오늘날 민주적 정치교육의 기본 원리로서 받아들여지고 있다. 그 이유는 정치교육을 담당하는 교사가 교육적 과제를 자신의 개인적·정치적 신념과는 별개로 규정할 수 있어야 한다는 점을 명료하게 밝히고 있기 때문이다.

독일의 정치교육은 개개인이 자주적으로 결정할 수 있고 또한 그 결정에 대해 스스로 책임질 수 있도록 민주적인 정치체제에 대한 지식을 전달해주는 데 있다.[40] 이러한 개념은 2001년 개정된 '독일연방정치교육원'의 설립 규

39 정치적으로 입장을 달리하는 민주시민 교육학자들이 남부독일의 보이텔스바흐라는 도시에 모여 개최한 합의를 말한다.

40 대체로 독일의 정치교육은 협의와 광의의 정치교육이 동시에 이루어지고 있다. '협의의 정치교육'은 독일연방공화국의 국가와 사회 질서에 기본적으로 필요로 하는 원칙에 관한 확실한 정보를 체계적으로 전달하려는 것이다. 특히 협의의 정치교육은 학교 내에서 특

정에도 잘 나타나 있다. 독일 정치교육의 핵심은 대체로 다음과 같이 정리할 수 있다(신두철·허영식, 2010: 89-90).

첫째, 민주주의 국가와 자유주의 사회의 성찰된 수용과 실천을 위해 민주주의 규칙의 본질과 절차 그리고 비판력과 합의 자세 등을 교육한다.

둘째, 역사적 결정과 발전의 인과 관계를 일깨워주며, 나아가서 역사의 연속과 중단에 대해서도 설명한다.

셋째, 시사 문제뿐만 아니라, 과학기술 발전의 부정적 결과와 같은 미래 문제에 대해서도 많은 관심을 갖는다.

넷째, 이웃이나 다른 민족 집단 혹은 사회에 대한 그릇된 선입견을 타파하도록 한다.

다섯째, 국제관계 및 세계경제관계 등에 관한 교육을 통해 이들 외부 변수와 국내 문제의 상호작용에 대해 밝혀준다.

여섯째, 대중매체의 사회적 역할에 대해 논의하고, 대중매체의 한계점과 전달 내용에 대한 비판적 대응력을 배양한다.

일곱째, 통일 이후 새로운 체제에 대한 동독 주민의 올바른 적응을 위해 과거 사회주의 체제에 대한 비판적 정리와 함께 민주주의적 사고 및 행태를 지니도록 한다.

여덟째, 통일의 완성을 위해 독일인 전체가 개방적으로 대화하는 전진 기지

정한 교과의 수업을 통해서 또는 여러 교과에 두루 걸치는 수업 원리로서 행해지거나 학교 외의 제도를 통해 행해진다. 반면 '광의의 정치교육'은 사회적·정치적 질서의 구성원인 모든 사람들에게 여러 다른 집단·조직·제도 및 매체를 통해 정치적으로 영향을 주는 모든 과정을 포괄하는 집합 개념이다. 즉, 정치교육은 정치적으로 활동하는 시민이 일정한 자격을 갖추도록 돌보아주는 임무를 갖고 있다. 여기에서 중요한 점은 개인들의 생각을 통하여 현실적인 정치·사회 문제들을 판단할 수 있도록 개인의 능력을 길러주고 공공생활을 영위해나가는 데 있어 사회와 정치에서 책임을 질 수 있게 하는 능력을 개발해주는 것이다.

의 역할을 담당하는 데 역점을 둔다.

이와 같이 독일에서는 전후 나치의 전체주의에 대한 역사적 비판의식을 고취하고, 새로운 자유민주주의 체제에 능동적으로 적응하기 위해 정치교육을 실시해왔다. 독일의 정치교육은 '계몽적인 측면'과 국민들을 체제에 순응시키는 국민교육이라는 '체제 유지적 측면'의 두 개의 흐름에서 강조되어 왔다. 이와 같은 역사적 경로 속에서 독일의 정치교육은 바이마르 시기와 나치 정권의 시기를 거쳐 독일 내에 제도적 착근에 성공하게 되고, 이후 독일의 민주주의 확립에 중추적인 역할을 수행하게 된다. 1990년 이후 동서독 통일 이후 독일의 정치교육은 동독 주민의 체제 적응과 동서독 주민 간의 사회·심리적인 간극을 극복하는 데 초점을 두고 더욱 활발하게 전개되어 왔다. 독일인의 대부분은 통일 이후에도 독일 정치교육을 민주적 정치문화의 불가결한 기본 요소로 보고 있으며, 그 방법은 소위 '다원성 속에서의 통합'을 대원칙으로 하고 있다(신두철·허영식, 2010: 88). 1992년 12월에 독일의 여·야 의원들이 초당적으로 민주시민교육을 지속할 것을 재확인한 것은 민주시민교육이 독일인들의 내적 단합과 화합에 절대적으로 필요하다는 것을 입증하였다.

독일의 정치교육은 기본적으로 학교의 정치교육을 토대로 이루어지고 있다. 학생은 학교수업을 통해 정치교육에 대한 지식을 습득하고, 민주적 행동을 연습하고, 정치 참여에 대한 능력과 자세를 배양한다. 독일 정치교육의 내용을 학교급별로 보면 초등학교 과정에서는 1960년대 말까지는 자연 및 사회 환경과 관련된 『향토과목』을 내용으로 하였으나, 1970년에는 '사실 수업'으로 대체되었다. 사실 수업은 사회과목을 다루는 수업으로 정치교육에 대한 당시 서독의 관심을 반영하고 있다. 1970년대 중반부터 초등학교 수준에서 정치교육이라는 개념이 약화됨에 따라 사회과 교육은 더 이상

정치교육을 위해 필요한 구성 요소로 간주되지 않았다. 그 대신 대중매체가 초등학교의 교육 내용으로 들어오기 시작했으며, 제3세계, 평화교육, 환경교육 등에 대한 주제도 강하게 부각되었다. 중등학교 교육과정에서는 독일의 기본 가치와 이념, 국제관계 등의 내용이 포함되어 있다. 이 과정을 통하여 학생들은 기본법 제1조의 인간 존엄성과 개인적 자유, 제20조의 자유민주주의 질서의 기본 원칙과 구체적 실현 문제들을 중심으로 학습하며, 나아가 산업사회에서의 이행 능력과 정치 참여 능력을 기른다. 이와 같이 학생들은 학교과정을 통해 민주주의 전반에 대해 학습하며, 이러한 학습과정은 학교 밖에서 이루어지는 평생교육 과정으로까지 연장된다(이규영, 2005).

오늘날 독일학교에서는 민주시민교육을 위하여 대화를 통한 학습, 디지털 매체를 활용한 학습, 놀이학습, 연구 여행 및 연수 여행을 수반한 학습 등의 방법이 활용되고 있다.

제5장

한국 시민교육의 역사

1. 한국 시민사회의 변화

우리나라는 불교, 유교 등의 종교 세력과 국가 세력이 일치했었기 때문에 과거에는 시민사회의 요소가 미미했고, 오히려 본격적인 의미에서의 시민사회가 시작된 것은 국가권력과 유교사상이 붕괴되기 시작한 일제강점기부터이다. 일제 식민지를 겪으면서 '왕'은 국민의 의식 속에서 사라지기 시작했고, 식민지의 원인을 왕가의 잘못으로 여기거나 유교의 폐해로 인식하게 되었으며, 새로운 국가권력으로서의 일제를 타도의 대상으로 여기기 시작하면서 국가권력에 대한 적대의식이 생겨나게 되었다. 특히 기독교 세력이 등장하면서 이들이 반식민지 세력과 손잡고 국가권력에 강력히 대항함으로써 시민사회의 중요한 시초를 열었다.

시민사회는 국가의 대비어로 사용된다. 즉, 시민사회는 하나의 국민국가 내에서 행정부를 중심으로 하는 국가기구를 제외한 잔여 범주로서의 개인이나 집단을 의미한다. 서구의 경우 시민혁명이 성공했을 때, 국가의 기능은 이러한 시민사회에 대한 최소한의 간섭에 한정되었다. 시민사회는 '보이지 않는 손'에 의해 저절로 조화롭게 운영되며, 국가는 이러한 조화를 파괴하는 자들을 처벌하는 역할만 담당했던 것이다. 그러나 보이지 않는 손이 제대로 작동하지 않아 시민사회의 위기가 도래하자 국가의 기능은 급속도로 확대되기 시작하였다. 이를 '복지국가'라고 한다. 복지국가는 복지의 이름하에 시민사회 구석구석에 국가의 역할을 확대하였다.

그런데 우리나라를 포함한 제3세계의 경우 해방된 조국은 시민혁명 당시의 서구하고는 달랐다. 식민지 구석구석을 통치하기 위해 비대해진 식민지 국가기구를 미군정이 인수하였으며, 그 권력은 제2공화국으로 그대로 이어졌던 것이다. 이를 '과대 성장 국가'라고 부른다. 과대 성장 국가란 말 그대로 시민사회에 비해 국가기구가 너무 비대한, 가분수의 '국가–시민사회' 구조를 뜻한다. 따라서 과대 성장된 국가에서는 마땅히 시민사회 영역에 포함되어야 할 경제·문화·교육 등이 국가의 영역에 편입되어 있었다. 그래서 서구의 공식대로 하자면 경제·문화·교육 등 시민사회 영역에서 위임한 영역을 처리해야 할 국가가 우리나라의 경우에는 오히려 이들을 통제하고 육성하는 역할을 담당해왔던 것이다.

시민사회의 씨앗은 해방 후 과대 성장 국가를 거치면서 국가에 대한 저항으로 강화되었으며, 1987년 6월 항쟁을 계기로 한국의 시민사회가 확립되었다. 시민사회의 성장은 국가의 수족이나 정당성 창출의 수단이 될 수 없음을 뜻한다. 각종의 노동조합이 합법화되고, 시민단체가 국가권력을 견제하는 중요한 세력으로 등장하였다. 한국 시민사회 단체의 발전과 변화에 있어 결정적인 상황은 독재에 대한 저항과 민주화의 요구였다. 이것이 시민사회 단체에 요구하는 시대적 요청이었다. 정부와 제도정치의 대의성(代議性) 왜곡, 권위주의 체제하에서 고착된 국가·시장·시민사회의 불균형, 언론 등 공공 영역을 통한 여론 반영 기제의 왜곡, 한국 민주주의의 불완전성이 향후 시민운동의 급속한 확대 현상을 지속시켰다. 한편 시민운동이 직면하고 있는 과제는 시민 참여의 확대, 영세성의 극복, 사이버 공간을 통한 쌍방향적 의사소통이 가능한 운동으로의 확대, 그리고 세계화와의 만남을 더욱 촉구하고 있다.

한국 시민사회에서 중요한 위치로 부상된 시민단체는 과거 노동운동이 정치권에 대한 저항이었던 것과는 달리 1990년대 이후 등장한 신사회 운동의 부상과 무관하지 않다. 즉 여성운동, 환경운동, 소비자운동, 통일운동 등 여러 가지 방향에서 시민사회의 영역을 형성하고 있다. 이는 현대 한국의 시민사회가 국가권력을 견제할 뿐만 아니라 공공 영역에 대한 자본주의의 침투도 동시에 문제 삼고 있음을 보여준다. 한국의 시민사회란 국가 주도의 공권력과 파괴적 경제 영역을 제한하기 위한 '민주적 공공 영역'이라고 할 수 있다. 이는 1980년대 말부터 서서히 진행되고 있는 한국의 현실을 드러내는 동시에, 규범적인 시민사회의 상을 제시하는 것이라고도 할 수 있다. 또한 이것은 전 세계적 추세인 현대 시민사회 개념인 제3의 영역으로서의 시민사회와 유사하다고 할 수 있다.

우리가 이상적으로 설정하는 시민사회는 민주주의 하에서의 시민사회이다. 권위주의 독재에서 민주주의로 전환하는 과정에서 시민사회는 '동원적 시민사회'의 모습이다. 동구의 민주화 경험에서 보듯 민주화 과정에서 시민사회는 '방어적defensive' 시민사회에서 출발하여 '출현적emergent' 시민사회로 발전하며, 이를 바탕으로 민주화를 위한 대중적 압력을 조직하고 동원하는 '동원적'mobilizational' 시민사회로 도약한다. 제도적 정치 공간이 폐쇄되거나 극히 제한된 조건하에서 소위, '동원적 시민사회'가 민주화 운동의 주체가 되는 것이다. 많은 나라에서 민주화의 계기는 죽었던 시민사회가 부활하여 방어적 시민사회에서 동원적 시민사회로 변신하여 독재에 대한 저항을 동원하는 주체로 성장함으로써 마련되었다. 80년대 중반 한국은 동원적 시민사회가 부활하였고 민주화 과정에서 핵심적인 역할을 수행하였다. 전두환 군부정권 초기에 한국의 시민사회는 정권에 의해 허용되는 극히 제한적인 활동 공간에 만족하는 방어적 시민사회에 머물거나, 지하조직적, 비밀결사적 시민사회로 잠복할 수밖에 없었다. 방어적 시민사회와 지하 시민사회는 전두환 정권의 제한적 개방 조치로 유화 국면이 조성됨으로써 출현적 시민사회로 부활하였다. 방어적 시민사회는 조직을 정비·확장하였고, 지하 시민사회는 공개적 정치 공간으로 모습을 드러내었다. 시민사회의 출현은 학생과 노동자들에 한정되지 않았다. 농민, 빈민, 교사, 교수, 언론인, 종교인, 예술가들도 자율적인 결사체의 조직에 나섰다. 한국에서 권위주의를 퇴장시키고 시민사회를 출현시키는 세력은 학생, 노동자, 언론인, 예술가, 종교인들의 영웅적인 시민 저항운동이었다고 해도 과언이 아니다.

1987년 6월의 한국에는 '최대 다수 민주화 연합'이 형성되었다. 학생운동, 노동운동과 같은 변혁운동적 시민사회는 물론이고 교수, 교사, 문인, 미술가, 의사, 변호사 등을 망라하는 중간층 지식인 시민사회, 그리고 종교인으로 구성된 도덕적 시민사회와 제도권 야당이 '개헌추진 국민운동본부'라는 전국적 규모의 민주화 연합조직을 결성하였다. 민주화 이후 국가의 시민사회에 대한 통제가 완화되자 시민사회의 조직 공간은 넓어졌다. 시민결사체 조직을 막아왔던 법적 제약이 철폐되자, 자연히 시민사회 결사체들이 우후죽순처럼 솟아났다. 사회의 모든 부문에서 자신들의 계급적·직업적·종교적·지역적 이익을 방어하고 실현하기 위해 자율적 이익 결사체들을 조직하였던 것이다.

민주화 이후 나타난 한국 시민사회의 특징적 양상은 다음 몇 가지로 정리될 수 있다.

첫째, 시민사회의 자율성이 증가하였다는 점이다. 권위주의 시대에 한국의 국가는 시민사회를 탈동원화, 탈조직화하려는 시장권위주의적 통제 방식을 채택하였다. 이는 시민사회를 위로부터 조직·동원·포섭하여 통제했던 남미의 국가조합주의적 통제 방식과는 대조적이었다. 국가는 시민사회를 최대한 개별화·원자화하여 국가와 조직 간의 관계를 국가와 개인 간의 관계로 대체시켰고, 그리고 기존의 조직은 법적·재정적·행정적 유인과 제재를 통하여 국가의 통제하에 두려 했던 것이다. 민주화 이후 국가의 통제하에 있던 '어용' 결사체 조직들이 자율성을 회복하고 있었다. 국가에 의해 공식적으로 인가된 조직 노동자들의 전국 조직인 한국노총과 산별노조연맹, 국가조합주의적 농민과 어민 조직인 농협과 수협의 민주화가 진행되었다. 이들 조직의 대표들이 민주적 방식에 의해 선출되었으며 그들의 활동은 더 이상 정부의 간섭에 의해 좌지우지되지 않게 되었다. 오히려 새로이 등장한 '민주' 노동운동 조직과 농민운동 조직과 경쟁적으로 자신들의 회원의 이익을 대표하려는 '대표성의 경쟁'을 통해 자율성을 높여나갔다.

둘째, 시민사회의 활동범위가 넓어졌다는 점이다. 구권위주의 시대의 시민사회는 독재에 대한 저항을 동원하는 '동원적 시민사회'와 국가에 의해 통제되는 '어용 시민사회'로 한정되어 있었다. 민주화 이후 나타난 새로운 경향은 공공 영역에서 시민들의 공직 이익을 국가에 중재·매개하려는 시민적 결사체들로 구성되는 '제도적 시민사회'가 등장하고 있다는 것이다. 경제 정의 실현, 시민 참여를 위한 연대, 환경 보호, 여성의 권리 신장, 사회복지 증진, 교통문제 해결, 바른 언론을 위한 시민 감시, 소비자 보호, 공정한 선거를 위한 시민 감시, 외국인 노동자 보호 등 공적 이익을 추구하는 시민적 결사체들이 광범위한 영역에서 조직되었다.[41]

---

41 한국의 제도적 시민사회를 구성하고 있는 시민결사체들의 특징적 양상은 다음과 같다. 첫째, 점진주의적 세계관에 입각한 사회운동을 전개한다. 성장과 사회적 형평을 동시에 추구한다.

셋째, 제도적 시민사회는 급성장을 하고 있는 반면, 동원적 시민사회는 급격하게 퇴조하였다는 점이다. 동원적 시민사회는 한국 민주화 혁명의 영웅이었다. 돌멩이와 최루탄이 날아다니는 민주주의로의 전환기에 동원적 시민사회 운동조직은 위험 부담을 감수하면서, 결정적인 순간에 신속히 단안을 내리며, 질풍노도와 같이 대중을 거리로 동원할 수 있는 '기동전war of movement'에 돌입하였고, 그들의 영웅적인 활동은 권위주의 체제를 퇴장시키는 데 결정적인 기여를 하였다. 그러나 일단 민주주의로의 전환이 이루어지고 선거를 통한 민주적 경쟁이 제도화되면서, '거리의 의회'는 사라지고 '제도'가 그 자리를 대신하게 되었다. 민주주의 공고화기에 필요한 전략은 기동전이 아니라 진지전war of position의 전략이었다. 권위주의로의 역전을 걱정할 수밖에 없는 위험한 시기가 지나간 뒤, 변혁적 시민사회 운동조직은 '운동'에서 '제도'로 탈바꿈해야 했다.

넷째, 민주화 이후 나타난 한국 시민사회의 부정적인 양상으로는 시민적 덕성을 갖추지 못한 '이윤 추구적'인 시민결사체들이 번성하고 있다는 점이다. 지역이기주의, 직업이기주의 등과 같이 공동체 전체 이익의 희생 위에 특정 집단의 이기적 이익을 추구하는 경향이 시민사회 결사체 내에 빠르게 그리고 광범위하게 확산되고 있다. 이와 같은 시민적 덕성을 갖추지 못한 이기적 시민결사체의 번성은 좋은 사회적 자본과 사회적 신뢰를 증대시키기보다는 나쁜 사회적 자본을 증대시킴으로써 민주주의의 공고화를 저해하고 있는 것이다.

둘째, 대결보다는 협력 지향적인 사회운동을 전개한다. 셋째, 사회 제 계층 간의 광범위한 연대를 모색하는 방향으로 운동을 전개한다. 운동 주체의 탈계급화를 도모한다. 넷째, 절차적 정당성에 기초한 합법·평화 운동을 전개한다. 다섯째, 지역 분산적, 분권적이며, 자생적이다. 여섯째, 사회적 공동선을 추구하는 운동을 한다. 이상 정리된 한국의 제도적 시민사회는 토크빌, 슈미터, 다이아몬드가 이야기하는 시민결사체와 별로 다를 바 없다. 한국의 시민사회는 동원적 시민사회에서 제도적 시민사회로 성공적인 전환을 이룩하고 있다고 보아야 할 것이다.

그러나 이렇게 부활한 시민결사체들이 당면한 문제는 보다 근본적으로 정치사회에 있다. 민주화와 지속적인 경제적·사회적 발전과 분화에 의해 시민사회는 팽창했고 정치적·사회적 요구는 증가했는데 이를 정치 영역으로 전달하고 그 영역에서 문제를 해결해주어야 하는 우리의 대표는 도덕성의 상실과 무기력, 정쟁과 무능력으로 맡은 소임을 다하지 못하고 있다. 결국 시민결사체들이 내린 결론은 정치사회를 개혁하지 않고서는 그들이 의도하고 있는 사회 제 영역에서의 개혁을 완수할 수 없다. 시민결사체가 주권자인 시민의 권력이 작동하는 선거 공간을 이용하여 정치사회의 개혁에 나서는 길밖에 없다.

그렇다고 민주화가 공고화기에 들어섰다고 하여 시민사회의 역할이 종결되는 것이 아니다. 오히려 공고화기에 시민사회의 역할은 더욱 중요해진다. 왜냐하면, 복잡하게 얽혀 있고 상충된 이해관계를 가진 정치사회, 경제사회, 국가를 매개·중재할 수 있는 것은 시민사회뿐이기 때문이다. 그러나 공고화기를 주도하는 시민사회는 더 이상 동원적 시민사회가 아니다. 공고화기에 독재정권을 퇴장시키기 위해 대중을 동원하는 데 주역을 했던 동원적 시민사회는 민주화 이후의 신생 민주주의(절차와 규범)를 제도화·공고화하고 내면화하는 제도적 시민사회로 탈바꿈해야 한다. 제도적 시민사회는 다양한 방식으로 신생 민주주의의 공고화에 기여한다. 시민사회는 민주적 정치문화의 전파자이며 '민주주의 학교'의 교사이다. 시민결사체들은 소극적이고 수동적인 시민들을 공공의 문제에 적극적으로 참여하는 '적극적 참여시민'으로 거듭나게 도와주고, 시민들로 하여금 민주적 제도·과정·절차를 준수하게 하는 교육을 하며, 시민의 선택 능력과 판단 능력을 제고시켜 주고, 다원적 민주주의가 요구하는 관용·화해·절제하고 타협을 선호하며, 반대 의견을 존중하는 정치적 가치와 규범을 길러주는 역할을 수행한다.

그런데 지금 한국사회는 민주주의 역주행의 현상이 벌어지고 있다. 표현과 집회의 자유 등을 침해하는 등 유사 파시즘 현상도 나타나고 있다. 시장화와 함께 진행되는 권위주의 보수주의 정치체제로 회귀하는 현상은 민주정권 시절 민주주의를 공고화하지 못한 데도 그 원인이 있기에 우리는 참여적이고 비판적인 시민사회의 출현을 위한 노력을 기울여야 한다. 다시금 권위주의 체제로 복귀함에 따라 시민사회에 새로운 동원 명령이 내려지고 있는 것이다. 그러나 이전과 같은 반대를 위한 저항자로서가 아니라 미래를 책임지는 대안 세력으로서의 시민사회의 역할을 동시에 요청하고 있는 점이 이전과 다르다.

2. 한국 시민교육의 역사

한국의 공교육 이념과 내용은 국가의 정치적 목표에 크게 좌우되어 왔다. 그리고 국가의 반공 이념을 전파하기 위한 일방적인 주입식 교육으로 진행되었으므로 국민들이 비판적인 현실 인식이나 자유로운 창의적 사고를 할 수 있는 기회가 차단되었다. 그리고 국어나 국사, 윤리 과목에서 교육 내용의 국가 독점을 가져오는 국정 교과서 체제가 고수되었기 때문에 학생들이 국가의 공식 이념과 다른 역사나 현실 해석을 할 수 있는 여지를 허용하지 않았다. 최근 MB정부는 국정 교과서 체제를 검인정 교과서로 전환하거나 애국심을 중심으로 한 민주시민교육 방침을 밝힘으로써 국가의 이데올로기 통제를 노골적으로 시도한다. 학생들은 자신이 거주하는 지역사회에 대해 배우고 느낄 수 있는 기회로부터 점점 멀어지고 있다. 이러한 조건에서 민주적인 가치관과 공동체에 대한 책임의식을 갖는 시민의 양성은 지난한 과제일 수밖에 없다. 이러한 문제 인식 아래 비판적(민주적) 시민사회론의 관점에서 해방 후 시민교육의 역사를 살펴볼 필요가 있다.

(1) 민족주의적 시민교육(해방 이후 1960년까지의 기간)

1945년 광복 이전 우리나라에는 근대적 의미의 민주시민교육은 존재하지 않았다. 전통사회는 가정, 지역사회, 국가의 사회적 관계에서 요구되는 예절과 덕목을 주로 가르쳤다. 젊은 사람들에게 유교에서 요구하는 예절과 덕목을 가르침으로써 가부장적 사회 질서를 계속 유지할 수 있었다. 전통사회의 교육은 유교적 덕목을 가르침으로써 유교적 사회 질서를 지속시키려는 의도가 깔려 있었다. 그래서 주로 국가에 충성하고 사회생활에 잘 적응하는 사람을 기르기 위한 교육이 이루어졌다.

그러다가 19세기 후반 우리나라가 외국에 문호를 개방하면서 근대적인 학교가 설립되기 시작하면서 근대적 시민 양성의 물꼬가 트이기 시작하였으나, 1910년 한일합방 이후 우리나라는 일제의 식민지 교육을 받게 되었기에 민주시민교육이란 존재할 수 없었다. 오랜 기간 일제강점기를 거치면서 민주주의적 기반이 취약하였고 국민의 민주시민의식 또한 형성되지 않았다. 1946년 9월 미군정은 「초등학교 교과 편재 및 시간 배당」을 발표하였는데, 여기서 지리, 역사, 공민을 모두 통합한 『사회생활과』를 신설하였다. 이는 사회과학적 지식들로 구성되기보다는 사회적 삶을 사는 데 필요한 실제적 지식이나 규범들로 조직되었다. 시민교육과 관련한 교과목으로는 『공민』 과목이 초등학교 각 학년에서 주당 2시간씩 배당되었고, 중학교에서도 설치되었다. 후에 『공민』, 『역사』, 『지리』를 『사회생활』로 통합하여 실시하였다. 해방과 건국의 공간(미군정 시기, 1945~1948) 그리고 제1공화국 시기의 초기 시민교육에는 형식적으로 민주시민교육이라는 용어가 사용되었다.

그러나 한국전쟁(1950~1953) 이후 한반도에서 공산주의를 막는다는 미국의 봉쇄 정책으로 민주시민교육 대신에 '반공교육'이 그 자리를 대신하였다. 이런 정치 상황에서 더욱 강화된 반공교육과 국민 동원과 그것을 위해 필요한 의식개혁의 형태로만 이루어진 『도덕』, 『국민윤리』, 『사회』 과목 교육은 오로지 정권의 논리를 주입시키고, 국가에 대한 충성심 함양만을 목적으로 하였다. 1956년 초등학교에서 고등학교에 이르기까지 『수신』 과목을 『도덕』으로 전환시켜 문교 정책에 있어 '반공사상'을 철저하게 심어주고, 민주주의 생활을 확립하여 통일 독립을 달성해야 한다고 표방함으로써 반공이 곧 민주주의라고 주입시키기 시작하였다. 이 시기의 시민교육은 학교와 사회가 단지 민주주의의 원리를 설명하고 소개하는 정도의 이론적인 이해 수준에 머물렀다.

당시 한국 교육이 추구해야 할 교육 목표는 "홍익인간의 건국 이상에 의거하여 인격이 완전하고 애국정신이 투철한 민주국가의 공민을 양성함을 교육의 근본이념"이었다.[42] 초대 문교부장관이었던 안호상은 우리 교육을 개인주의적 민주교육과 소련의 계급공산주의적 민주교육으로 구별하고 '민족적 민주교육' 혹은 '일민주의 교육'을 제창하였다. 이는 미국식 민주주의와 민족주의 교육이념을 접목하려는 시도라고 할 수 있다.

종합적으로 해방과 건국 초기 시민교육의 특징은 ① 시민교육이 국가 주도로 이루어졌으며, ② 당시의 엘리트들은 자유민주주의 이상과 민족주의의 조화를 꾀하고자 했으며, ③ 민주주의를 새로운 국가의 모든 판단 기준과 행동의 실천 원리로 받아들이려고 했으며, ④ 문교부의 정책 실행 과정에서 민주시민교육을 바라보는 담당 실무자 간의 해석 편차가 컸다(한국교육개발원, 1994: 49-51).

42 당시 한국 교육이 추구해야 할 교육 목표로 제창된 '홍익인간'의 건국 이상은 효력을 보지 못하게 되었다. 널리 인간을 이롭게 한다는 홍익인간의 이념이 민주주의와 결합할 수 있는 기회가 권력의 정당성 상실로 인해 국민의 동의를 끌어내지 못했다.

(2) 국민 동원적 민주시민교육(1960년대부터 1980년대 중반)

이승만 대통령의 장기 집권 기도가 본격화되면서 민주주의의 싹이 근본적으로 자랄 수 없었다. 이후 근대화와 산업화 시기에 속하는 근 20년 동안의 시민교육은 '잠복기'에 들어갔다고 할 수 있다. 이승만의 장기 집권 기도에 대한 저항으로 발발한 4·19혁명(1960)을 좌절시킨 5·16 군사 쿠데타(1961)가 일어난 이후부터 민주주의 교육은 실종되고 말았다. 다만 이 시기에 주목할 만한 것은 60년대 초반에서 중반까지 중앙교육연구소를 중심으로 잠시 일련의 '민주시민교육세미나'와 '민주시민교육연구협의회'를 통해 민주시민교육을 살려내려는 시도가 있었으나, 꽃을 피울 수 없었다. 국가의 통치철학이 주입되는 국민윤리 교육이 강행되었고, 정부나 정치 질서에 대해 비판적 안목을 가질 수도 있는 민주시민교육은 애당초 불가능하였다. 군사 쿠데타를 당한 정치적 상황에서 민주주의를 살려내려는 조그만 교육적 노력이라고 할 수 있지만 학교 현장의 실천으로 연결되지는 못했다.

박정희 정권은 교육과정의 개정(제2차 교육과정, 1963~1973)을 시도하여 사회생활과를 '사회과'로 개칭하는 등 멸공교육, 반공교육, 새마을교육, 국민정신교육, 국민윤리교육, 통일안보교육, 이데올로기 비판교육 등을 더욱 강조하였다. 그러하였기에 민주시민교육은 이러한 교육의 한 부분으로 그쳤고 그것의 들러리에 지나지 않았다. 당시의 집권권력은 우리 사회가 일제의 잔재를 청산하며 민주정치를 정착시키고, 낙후된 경제를 성장시키며 사회생활을 안정화시켜야 한다고 여겼다. 그랬기에 민주주의 원리와 시민교육을 강조하는 것은 정치권력에 대한 도전으로 간주되었다.

1960년대 '재건국민운동'이라는 정부 주도의 정치교육과 국가주의적 정치교육의 상징인 국민교육헌장 선포 및 새마을운동이 시작되었다. "나라의 발전이 나의 발전의 근본임을 깨닫게 하는"「국민교육헌장」(1968년)이 선포되는 등 '주체성 함양'을 위한 교육과 국민정신교육 강화, 그리고 안보교육 강화 방침의 그늘에 가려 민주시민교육에 대한 관심은 뒷전으로 밀리고 말았다. 이어서 유신체제(1972)가 선포되자 '한국적 민주주의'가 주창되면서 국적 있는 교육과 국민윤리교육은 더욱 강조되었다. 박정희 정권은 1972년 장기 집권을 위한 유신헌법을 제정하면서 유신체제를 정당화하는 교육을 강화하였다. 그것은 반공교육, 안보교육, 국민정신교육의 이름으로 주로 사회과와 도덕과에 반영되었다. 제3차 교육과정(1973~-1981)은 국민교육헌장의 이념 실현을 기반으로 하였고, 민족의 주체성 확립, 전통과 개혁의 조화, 개인과 국가의 조화로운 발전을 강조하였다. 제3차 교육과정은 국사교육을 강화하고, 사회과와 도덕과를 분리시켜 '국민윤리' 과목을 신설하였다. 정치에 대한 깊은 불신과 부정적 인식으로 인해 '정치교육'이란 용어가 거의 사용되지 않았으며, '국민윤리'라는 개념이 도입되면서 국민 계몽 차원의 정치교육과 유사한 교육을 실시하였다.

성인에 대한 민주시민교육으로는 '재건국민운동'이라는 정부 주도의 광범위한 운동을 들 수 있다. 재건국민운동은 생활 개선, 문맹 퇴치, 질서 지키기 등 다양한 내용이었으며 남북 대결 상황에서 남북한 체제의 대결에서 이겨야 하는 '승공'이 핵심 이념으로 다루어졌다. 유신 이념을 보급하기 위하여 모든 성인교육 기관에서는 일정 시간 이상의 유신교육 내용을 반드시 포함하도록 하였다. 당시 한국인들에게 가장 중요한 시민교육은 군대, 예비군, 민방위대 등에서 이루어졌던 국가관 함양 교육이었다고 할 수 있다. 그리고 과거의 반공연맹, 새마을운동본부 등 관변 단체가 정부의 위탁을 받아서 주도하는 각종 반공교육, 새마을교육, 주민교육도 여기에 포함된다. 이것은 거의가 구태의연한 내용과 판에 박힌 강사진이 동원되어 일방적 주입식으로 진행되었다. 이러한 교육이 국민들의 반공의식 제고에 기여했을 수는 있으나, 공공적 사안에 대한 시민의 관심과 참여를 유도할 수 있는 시민교육과는 거리가 멀었다. 당시의 기본적 시민교육은 주로 국가 주도의 정치교육(국민윤리교육, 새마을운동 등)이 대부분이었다. 학교 영역이든 학교 밖 영역이든, 국가가 필요로 하는 인간을 길러내기 위해 국가가 목표를 세우고 교육과정을 수립하였으며, 교사들도 모두 국가에서 정한 것을 가르칠 수밖에 없었다. 이를 벗어나는 교육을 하는 경우 '의식화 교사'로 낙인찍혀 해직되거나 불이익을 당하였다. 권위주의 정권 하에서 민주주의를 주장하는 것을 사회 혼란 조장 행위나 이적 행위로까지 여겼기에 민주시민교육이란 원천적으로 존재하기 어려웠다. 정권에 대한 비판은 반국가적인 사범으로 범법시하였고, 심지어 친북적인 것으로 몰아갔다.

이러한 상황이었기에 정부 주도의 시민교육은 정당성을 상실하고 오히려 재야 중심의 운동단체에서 이루어진 '의식화 교육'이 국민으로부터 설득력과 정당성을 더 확보하였다. 당시 한국의 권위주의 권력은 시민사회를 강력하게 억압하고 있었기에 방대한 금서목록이 존재하였으며, 국가에 비판적인 교육활동에 대한 탄압은 일상적으로 존재하였다. 민주시민교육이란 학교 안팎의 사회운동 속에서 이루어진 숨겨진 교육과정이나 비형식적 실천 활동이 학생들의 의식에 영향을 미쳤다.

이러한 저항 운동 과정에서 박정희 대통령이 시해되고 이후 민주화의 봇물이 터졌으나, 이를 억압하며 12·12 구데타로 등장한 전두환 신군부 정권은 박정희 정권이 종말을 고했음에도 이전의 군사정권 패러다임을 벗어나지 못했다. 신군부는 취약한 정권의 정당성을 확보하고 국민들의 민심을 얻기 위해 정의사회 구현, 복지사회 건설, 민족문화 창달이라는 통치 이념을 제시하였다. 이런 이념에 따라 개정된 제4차 교육과정에서 국민정신교육의 체계적 반영, 체계적인 국사교육의 강화, 전인교육에 기여할 수 있는 내용의 선정 등을 강조하였다. 경제 성장과 반공 안보를 내세운 국가주의적 국민교육과 의식화를 위하여 '사회정화운동'을 적극 추진하였다. 그리고 1982년에는 사회교육법을 개정하여 '국민교양'에 필요한 내용이 총 학습시간의 1할 이상 포함되도록 조치하였다. 국민교양에 필요한 교과목은 국사교육, 국민윤리교육, 환경교육, 경제교육, 통일안보교육, 새마을교육 등이었다. 한마디로 국민=국가라는 등식으로 이어지는 국민교양교육은 국가주의적, 친정권적 교육에 지나지 않았다. 정부 주도의 민주시민교육은 정권 안보적 정치교육의 성격이 강했다. 과거 군사정권 시절에는 시민교육 자체를 체제를 부정하는 의식화 교육으로 간주하여 탄압하였고, 제도교육을 제외한 사회적 차원에서의 민주적 정치교양교육은 거의 실시되지 않았다. 한마디로 우민화 정책의 국민교육이 대세를 이루었다고 할 수 있다.

(3) 자유주의적 시민교육(1980년대 6월 항쟁 이후)

1980년대의 억압적 상황에서 억눌린 국민들의 저항은 전국적으로 불타올랐다. 수많은 희생을 통해 얻어진 정의를 위한 민주주의의 싹은 움트기 시작하였고, 그로 인해 축적된 민주적 역량은 민주시민교육의 싹을 틔우는 기반을 제공하였다. 비록 소수이기는 했지만, 민간 시민단체들과 정권 비판적 운동단체들, 그리고 학생운동은 1987년 6월 민주항쟁으로 발화되었으며, 그것의 불길은 대통령직선제 실현으로 이어져 민주화의 봄을 맞이하게 되었다. 양김의 분열로 어부지리를 얻어 출범한 노태우 정부는 우리 사회가 민주주의의 암흑기에서 벗어나 계몽기에 접어드는 계기가 되었다. 노태우 정부는 새로운 민주사회의 요구와 국제사회의 변화에 대응하기 위해 새로운 교육과정을 제시했다. 제5차 교육과정(1987~1992)은 정치적 목표를 교육과정에 직접 접목시키지 않고 민주주의의 보편적 가치를 중시하였다. 그로 인해 교육 분야에서도 교육 민주화에 대한 논의가 더욱 활발하게 전개되었다. 이렇게 민주화의 봇물이 터지자 과거의 국민정신교육 관련 조직들은 '민주시민교육'으로 그 명칭을 바꾸는 등 재빠른 변신을 하기 시작한다.

이러한 변화는 제6차 교육과정(1992~1997)에 반영되어 실생활 속의 민주주의 교육을 부분적으로 실시할 수 있는 보다 민주적인 내용과 방법으로 개편하기에 이른다. 20세기 후반 민주화, 세계화와 지방화, 정보화, 평화통일의 요구를 반영하여 교육과정이 개정되었다. 21세기를 주도할 자주적·창조적·도덕적 한국인의 육성을 기본 방향으로 하여 민주시민, 공동체의식, 도덕성을 함양하는 국민 기본 교육을 강화하도록 하고 있다. 특히 유사 민간정권이라고 할 수 있는 김영삼 문민정부의 출범(1993년)은 민주시민의 양성이 교육개혁의 핵심적 과제임을 천명한다. 민주시민교육이 다시 한 번 제대로 그 가치를 인정받고 요청되기 시작한 것은 사회 전반의 민주화를 거역할 수 없게 된 김영삼 정부 출범부터이다. 정부 차원의 민주시민교육에 대한 논의는 5·31 교육개혁(1995년)을 국정 지표로 삼게 되고, 민주시민교육과 생활교육을 강화하는 한편, 동시에 통일 및 국제화에 대비한 교육을 강화하기 위한 교육개혁위원회를 대통령 직속 자문기구로 설치하면서 본격화된다. 교육부와 한국교육개발원이 중심이 되어 민주시민교육을 추상적 수준이 아닌 구체적 교육계획으로 드러내고 실천할 수 있는 대안을 개발·보급하는 활동이 이루어졌다. 한국교육개발원이 설정한 민주적 시민상은 '현명하고 책임 있는 시민'이며, 그러한 시민의 자질을 구성하는 요소로서 인간의 존엄성, 기본질서, 자유민주사회의 절차, 그리고 합리적 의사결정 능력이라는 네 가지를 들었다(한국교육개발원, 1994: 56-61).

이러한 성과의 결과로 학교교육에서 홍익인간의 교육이념을 기본 바탕으로 하면서 민주시민의식을 기초로 공동체의 발전에 공헌하는 사람을 교육목표로 한 제7차 교육과정(2000~2007)이 적용되기에 이른다. 제7차 교육과정은 세계화와 정보화를 주도할 자율적이고 창조적인 한국인의 육성을 목표로 하여 민주시민의 자질을 함양하고, 학습자(수요자) 중심의 교육, 자기주도적 학습과 개별 학습이 가능하도록 하였다. 제7차 교육과정에서 강조하는 민주시민 자질의 구성 요소로는 타인을 존중하고 대화하는 시민성, 개인의 책임, 자율, 시민다운 마음, 개방적인 마음, 원칙 존중과 타협, 다양성에 대한 관용, 인내와 지구력, 정열, 관대함, 국가와 그 원칙에 대한 충성 등이다. 민주주의는 주어지는 것이 아니라, 사람들이 만들어가는 것이며, 존엄한 인간 삶의 조건을 부단히 재형성해 가는 과정이라고 기술하고 있다. 따라서 민주주의 사회에서의 시민은 그들 자신과 그가 속한 공동체가 무엇을 목적으로 하며, 이를 달성하기 위해서 어떻게 행동해야 할 것인가에 관하여 그들 스스로가 결정하고, 그 결과에 책임을 지는 것이다. 그리고 제7차 교육과정에서 중시하는 '창의적 재량활동'에는 실생활에서 개선을 요구하는 사회 참여 교육의 소개, 민주주의와 관련된 사회 체험, 시민단체 소개와 가입 필요성 등이 반영되었다. 그리고 민주시민교육 현장에서도 한정적이지만 국가기관과 시민단체를 중심으로 기존의 일방적인 강연 중심 교육을 보완하여 학습자들을 능동적으로 교육에 참여시키려는 집단적 학습 형태인 '참여식 교수법'이 부각되었다. 그러나 그 성과는 크지 않았다. 그 이유는 근본적으로 한국 사회의 고질적인 입시 위주의 교육 현실에 있고, 게다가 문민정부가 군사정권의 연장선에 있던 보수적 정권이었기 때문에 민주시민교육을 실천할 토대 자체가 취약했다고 할 수 있다. 그리고 학교운영위원회가 설치되어 학교의 민주적 운영을 가시화할 수 있는 기본 틀을 갖추었음에도 학부모의 의식이 여전히 기존의 육성회의 한계를 벗어나지 못했고, 학교 당국 또한 기존의 공급자 위주의 관행을 극복하지 못한 데에도 그 원인이 있다.

1998년 출범한 김대중 국민의 정부는 한국의 정치 민주주의를 위한 조치에서 보다 진전을 보이기 시작한다. '새교육공동체' 형성을 표방하며 학교문화의 혁신을 유도하였고, 노무현 참여정부에서 참여와 자치에 기반한 학교공동체를 건설하려는 교육개혁의 목표를 구상하였으나, 학생을 시민으로 변화시키는 데는 큰 걸음을 내딛지 못했다. 1999년에 시동되어 2002년부터 본격적으로 도입되기 시작한 대학입시제도에서 수시 모집을 하고, 학교생활기록부와 면접, 자기소개서, 추천서 등 수치화된 성적만이 아니라 활동을 서술한 정성적 평가도 입시에 반영됨으로써 '활동 중심' 교육의 성과가 반영될 여지가 많아졌다. 그러나 실제 대학입시에서 논술을 강화하는 경향을 보임으로써 학교교육에서도 활동을 소홀히 하는 경향을 보였다. 이렇게 전통적인 지식 위주의 교육과 입시 위주의 고질적 현상 때문에 실제 학교 현장에서는 의미 있는 변화가 일어나지 않았다. 교육자들이 정치에 무관심하고, 시민사회 혹은 공공의 문제보다는 사적 이익을 추구하는 시민들의 의식 상황이 국가, 혹은 정치권력의 유지·운영 과정에서도 걸림돌로 작용하고 있기 때문에 사실상 정부 차원에서도 민주시민교육에 관심을 보이는 것으로 판단된다.

그런데 국민의 정부(1998년 출범)와 참여정부(2003년 출범)의 출현으로 전교조 합법화 등 학교 권력의 민주화는 획득되었으나, 민주적 실천활동은 그다지 활성화되지 못하고 학생들의 자치활동 또한 지지부진하였다. 정치 민주화는 어느 정도 진전되었으나 학교교육의 민주화는 큰 진전을 보지 못했다. 정치적으로는 진보적이지만 교육관은 보수적인 권력에도 그 원인이 있고, 주체들의 민주적 실천 의지가 약화된 것도 원인이다. 학교의 전체 활동에 있어 민주적 활동은 별로 이루어지지 않고 민주주의는 교과서의 지식으로 암기될 뿐 실천화되지 못해 죽은 지식으로 머물게 한 것도 원인이다. 문민정부와 국민의 정부가 들어서면서 활성화된 민주시민교육이 이전의 권위주의 방식과 다른 민주적 성격이 훨씬 강한 정책적 전환을 보여주었음은 틀림없으나, 학교의 시민사회화 전략은 없었다고 해도 과언이 아니다.

민주시민교육에 관한 법·제도 도입 논의는 시민사회와 학계를 중심으로 이루어져 왔다. 1996년 10월 교육개혁위원회 내에 획일적인 주입식 이념교육에서 벗어나 자유민주주의 이념교육의 새로운 틀을 마련하기 위한 각계 인사 19명으로 구성된 '민주시민교육연구위원회'를 한시 기구로 발족, 전문가 간담회, 공청회 등을 통해 11월 말 「민주시민교육개혁안」을 마련했다. 이 개혁안에 따르면, 교사의 민주적 의식과 태도의 수준이 학교교육을 좌우한다는 판단에서 교사들의 민주시민교육 역량 강화를 위해 교사 양성 및 연수과정에 민주시민교육 과정을 설치하여 교육을 강화하고, 교사들의 해외 연수와 국내 산업 시찰 등 체험 기회를 확대하며 사회봉사활동을 늘리는 방안을 제시하고 있다. 하지만 이 개혁안은 학교 내 문제를 다루었을 뿐 일반 사회인을 대상으로 한 민주시민교육 차원에까지 이르지는 못했다. 2004년에는 여야 정당 대표가 민주시민교육의 제도화를 약속하였다. 이 법안은 국무총리실 산하에 시민단체 위주의 초당적이고 중립적인 인사들로 구성된 '민주시민교육발전위원회'를 설립, 시민·사회 단체의 상호 지원과 협력을 통해 민주시민교육의 체계적 발전을 도모하고, 이를 위해 정부와 민간 출연 교육발전기금을 설치, 시민단체의 교육활동을 지원토록 했다. 11개 시민단체로 구성된 한국시민단체협의회가 중심이 된 '민주시민교육포럼(1997년 발족)'[43]을 결성한 것도 민주시민교육의 활성화를 위한 제도적 논의의 주체가 되었다. 민주시민교육포럼은 독일의 콘라드 아데나워 재단의 후원을 받아 독일 연수를 실시하고, 시민·사회 단체 영역별 교육을 위한 「민주시민교육 지원에 관한 법률안」(2007년)을 국회에 의안으로 상정하기도 하였으나 법제도화는 무산되었다. 그리하여 국가기관, 공공단체 및 시민단체는 제각기 민주시민교육에 관한 법률적 근거 없이 정치, 여성, 환경, 인권 등에 관한 교육을 실시하는 정도에 그쳐야 했다.

---

43 학회로는 한국교육학회, 한국사회과교육학회, 한국미래연구회, 한국민주시민교육학회이며, 시민단체로는 한국YMCA, 경실련, 흥사단, 여성단체연합, 공동체의식개혁시민운동협의회, 기독교윤리실천운동, 여성사회교육원, 참여연대, 한국여성유권자연맹, 학부모연대, 환경운동연합, 함께하는시민행동 등이다.

결국 민주화의 성과로 평화적 정권 교체로 이룬 민주정권이라고 할 수 있는 국민의 정부와 참여정부에서 정치의 민주주의 진전에 비해 학교의 민주주의는 별다른 진전을 보이지 못했다. 민주주의가 정치적 구호나 공문서로만 외쳐졌지 구체적 학교 현장으로 착근되지 못했다. 한마디로 학교의 시민사회화가 굳건하게 뿌리내리지 못한 결과 권위주의 정부가 들어서면서 민주적 실천활동이 맥을 못 추고 말았다. 한국사회에서 민주시민교육에 대한 논의가 최근 들어 높아지고는 있지만, 아직은 초보적인 단계이다. 이와 더불어 평생교육적 차원에서 민주시민교육 역시 사회적 인식 부족과 전달 체제의 미비로 인하여 초보적 단계에 머무르는 결과를 가져왔다.

(4) 현재의 상황

우리나라의 시민교육은 '정치교육적' 시민교육의 성격이 강했다. 해방 직후와 1960년 4·19혁명 후 잠시 민주시민교육이 강조되었을 뿐이고, 나머지 기간에는 정부 주도의 국가주의적 또는 정권 안보적 정치교육으로 일관하였다. 과거에는 시민교육이 정치권력의 탄압에 의해서 주먹구구식으로 근근이 유지되어 왔다면, 요즈음은 정치적 무관심의 확산, 소비주의와 경쟁주의 문화 속에서 그 존립을 위협받고 있는 실정이다. 지역의 각종 문화센터, 백화점, 여성회관, 대학의 평생교육원 등을 중심으로 다양하게 이루어지고 있는 사회교육 차원의 시민교육은 기술 습득과 교양 증진, 취미나 여가 선용 등 기능성을 중심으로 이루어지고 있어 비판성, 시민성, 사회성을 높이는 고차원의 정치의식을 함양하는 요소를 찾아보기란 쉽지 않다. 무엇보다 입시 위주의 교육 현실과 경쟁적 사회 분위기, 정치사회적 갈등이 상존하는 상태에서 학교교육에서 민주시민교육을 활성화하기란 쉽지 않을 것이다. 그동안 반공·안보 교육을 주로 하였던, 과거 관변 단체로 불리던 '자유총연맹'이 민주정권이 들어서면서 '민주시민교육센터(1998년)'를 설립하고 민주시민교육 프로그램을 운영하는 등 시대 변화에 따른 조직의 변신을 시도하였다(그러나 최근 권위주의 정부 출범 후 다시 '공민교육'으로 돌아가고 있다).

제도적 차원에서 통일교육(통일교육지원법, 1999년), 문화예술교육(문화예술교육진흥법, 2005년), 환경교육(환경교육진흥법, 2008년), 법교육(법교육진흥법, 2008년), 경제교육(경제교육진흥법, 2009년) 등은 각각 관련 독립 법령이 제정됐고, 양성평등교육(양성평등교육진흥원)과 인권교육(국가인권위원회)은 각 교육의 정책적 업무를 담당하는 정부기관이 설립되어 활동 중이있지만, 민주시민교육을 위한 체계화된 법률이나 제도를 갖추고 있지 못하며 민주시민교육 프로그램을 전담하는 정부기관이 없는 실정이다. 이에 대한 문제의식을 가지고 민주시민교육을 통한 민주주의 심화를 목표로 2008년 보수와 진보, 공공기관 및 학계의 대표적인 민주시민교육 단체들이 결합하여 2010년 6월에는 '민주시민교육거버넌스'[44] 를 결성하였다. 이 모임의 주요한 설립 목표는 민주시민교육을 통해 사회적 갈등으로 인한 지출과 비용을 줄이고 상생을 추구하고, 건전한 시민사회 형성과 사회자본 축적을 위해 민주시민교육에 대한 사회적 관심과 지원을 유도하고, 민주시민교육을 통한 시민적 덕성을 함양시키기 위해 필요한 선진 사례 및 기법을 연구·개발하며, 시민단체, 학계, 공공기관, 정부기관 간의 거버넌스를 통해 민주시민교육 활성화를 위한 법·제도를 개선하고, 학문적·실천적 의제를 발전시키고, 이를 통해 시민의 민주 역량 강화를 도모하고 우리 사회의 민주주의를 더욱 심화시켜 나가고자 한다.

비록 어려운 상황이기는 하지만 제도교육의 어려움 속에서도 대안교육적 실천을 하는 보이지 않는 실천적 무명 교사들도 많이 있기에 한국 교육의

---

44 '민주시민교육거버넌스'에는 한국민주시민교육학회, 선거연수원, 민주화운동기념사업회, 부산민주공원, 대전충남민주화운동계승사업회, 한국YMCA, 흥사단, 경실련, 바른사회시민회의, 바른선거시민모임, 볼런티어21, 열린사회시민연합이 참여하고 있다.

미래는 아직 희망을 가질 만하다. 그리고 협소한 정치적 공간 속에서도 권력에 대해 비판적이고 감시적인 시민정신을 끊임없이 일깨워주는 민간 시민단체들과 운동단체들이 활동하고 있다. 이런 활동이 있었기에 오늘날 비판적 시민을 양성할 수 있는 토양을 제공하였으나 주민의 일상적 욕구를 동시에 수렴해야 하는 새로운 과제도 안게 되었다. 민주화와 함께 시민사회가 활성화되면서 시민단체를 통한 주민 참여와 시민교육을 위한 여러 프로그램이 진행되고 있다. 최근 한국 시민단체들에 의해 수행된 민주시민교육에는 몇 가지 성향들이 나타나고 있다. 즉, 풀뿌리 지역사회에서의 시민교육, 자기주도학습, 참여학습, 체험학습, 학습 동아리 결성과 실천으로서의 연결, 참여자 중심의 교수방법 등이 그것이다. 민중교육으로부터 시작된 민주시민교육은 민주화 이후 잠시 활성화되는 모습을 보였으나, 보수정권의 출현으로 정부 지원금이 중단되는 등 약간 위축된 모습을 보이다가 현재 시민단체들의 시민교육운동은 대오를 정비하면서 새로운 진로를 모색하고 있다.

제6장

'민주적' 시민교육의 설정

1. 시민교육의 여러 입장

시민교육은 시민이 개체가 아니라 공동체의 구성원이라는 원리를 자각하도록 한다. 시민교육의 목표는 우리가 어떤 사회를 구상하고, 가치 있는 삶의 개념과 자율적 삶을 사는 데 중심을 이루는 시민으로서의 각성과 참여 촉진에 있다. 그런데 자율성의 위상을 어떻게 보느냐에 대한 따라 시민교육의 목표는 달라진다. 그것은 크게 보수적 시민교육, 자유적 시민교육, 반완전주의적 시민교육, 비판적 시민교육, 시민사회적 시민교육으로 나뉠 수 있다.

① 보수적 시민교육

보수적 시민교육에는 오랜 역사와 특별한 전통이 있다. 보수적 시민교육은 대부분의 시민들에게 자신들의 정부를 위해 봉사하도록 하는 규범과 그 규범에 의해 지도되는 행동을 따르도록 하고 있다. 이와 같은 관점의 시민교육을 홉스는 본질적으로 시민이나 신민에게 한 나라의 법을 알고 준수하는 자질을 갖추도록 하는 데 있다고 주장한다. 플라톤은 시민이나 신민을 다스리는 내적 능력과 특별한 훈련을 갖춘 사람은 이미 선택되어 있다고 주장한다. 아리스토텔레스는 한 나라를 지배하는 귀족정치를 하는 데 필요한 적극적 시민을 양성하여 지배자의 통치와 군복무 등 자기방어에 필요한 시민적 헌신을 요구한다. 이 모두 시민교육의 목표를 공동체의 존속에 두고 있다. 그에 의하면 인간은 정치적 동물이다. 이는 인간은 정치공동체에 참여하는 생활을 하지 않고서는 '자기완성'을 할 수 없다는 의미이다. '좋은 인간good man'이 되기 위해서는 반드시 '좋은 시민good citizen'이 되어야만 한다. 좋은 시민, 즉 정치적 시민이 되지 않고서는 인간은 동물과 구별되는 윤리적 생활을 할 수 없다. 좋은 시민은 정치에 참여하는 적극적 시민이다. 정치에 관심을 갖지 않고 자신의 일-사적 업무에만 몰두하는 사람은 아테네에서는 아무 일도 하지 않는 사람이다. 고대 그리스의 도시국가는 공동선의 형성과 실현에 참여하는 공적 시민의 공동체였다. 따라서 그러한 공적 시민이 직접 지배하는 국가의 경우 국가는 바로 시민사회가 되는 것이며, 국가와 시민사회는 서로 바꾸어 부르는 동의어 개념으로서 '완전주의perfectionism' 국가관을 지향한다. 그런데 플라톤이나 아리스토텔레스는 모두 대중의 정치 참여와 다중에 의한 민주주의를 좋게 보지 않는다.

② 자유적 시민교육

아담 스미스는 공정한 감시자로서 시민사회의 역할을 소중하게 여겼다. 그가 공정한 감시자로서 시민사회의 역할을 강조한 것은 대중의 전면적인 지성적 감시가 부재하고, 상업적 사회를 견제할 수 없는 권력의 불균형 현상을 크게 우려하였기 때문이다. 그의 우려는 노동 분화의 전일적 지배, 즉 더 정확하게는 노동과정의 파편화에 뒤따르는 결과에서 비롯된다. 즉, 노동자들이 우둔하고 무지한 채 자율성은 고사하고 독립적 판단을 행사할 수 없게 되는 데서 오는 우려이다. 그렇게 되면 개인으로 구성된 사회가 사회 전체보다는 자신들의 상업적 이익에 복무하는 권력을 견제할 수 없다는 것이다. 그는 노동과정의 파편화가 가져온 지성적 결과가 불가피하게 산업혁명의 유익한 부산물이지만, 그것이 노동현장 내에서 고쳐지지 않고, 그것의 바깥에서만 고쳐지는 체제를 우려하였다. 그렇게 되면 대중 역시 높은 비판적 능력이나 각성을 갖지 못할 수 있으며, 보편교육을 받는 사람조차 더 나은 노동자가 되지 못할 수 있다. 그래서 스미스의 제안은 먼저 법을 준수하고 순종하는 노동자가 되는 자질을 개발하는 '보수적 시민교육'이고, 동시에 적절한 수준의 '비판적 시민교육'을 마련하는 것이다(Winch, 2006: 133). 이러한 양면적 교육을 통해 파당과 선동가의 이익 불만들을 검토하고 관찰하도록 하여 정부의 조치에 대해 이유 없이 불필요하게 반대하는 것에 잘못 이끌리지 않도록 해야 한다는 것이다.

그러나 스미스의 비판은 한정된 관점을 보여주고 있다. 상업사회의 발전을 옹호하는 스미스의 입장은 분명 민주주의자가 아니다. 스미스의 입장이 덜 보수적이기는 하지만, 기본 교육에서 받은 적당한 수준의 비판적 능력은 보통사람들을 보수적이 되도록 하는 경향이 있다. 다만 그는 경제적 효율성이 확보된다고 하더라도 시장의 무조건적 조종을 받는 상업사회의 지속적 번영을 경계한다. 그는 시장의 가장 큰 위협이 되는 것 중 하나가 공급과 가격을 조정하는 강력한 기업적 이해의 출현이라고 보았다. 이런 이유로 특히 길드와 도제 제도에 대해 적대적 입장을 보였다. 이 점은 똑같은 힘을 가지고 시장을 왜곡하는 대기업의 능력에 적용할 수 있을 것이다. 그러기에 시민이 기본적 시민교육을 받는다면 자기 이익을 추구하는 불만이 덜하면서 감시자 역할을 더할 수 있을 것이다.

물론 스미스는 보통의 시민에 대해 관심을 보였지만, 사회의 목표를 결정하는 근원적인 것에는 별 관심을 두고 있지 않았다. 그렇다고 스미스의 기본 교육 개념이 그 시대의 보수적 관점에 비해 어떤 진보도 보이지 않았다고 말하는 것은 아니다. 일부는 국가에 의해, 또 일부는 부모의 재정 지원으로 모든 사람에게 문해력과 셈하기를 제공함으로써 보통 사람들이 자기 일을 관리하거나 강력한 기업적 이해를 경계하는 데 어느 정도의 독립성이 개발되기를 희망했다. 그러나 그는 문해력과 셈하기 능력이 종국적으로 자율성과 민주주의를 발전시킨다는 점과 산업사회의 발전이 진정 대중을 위해 자율성의 가능성을 알려주는 점에 대해 침묵하고 있다. 또한 민주적 과정에 대한 대중 참여를 소중하게 여기지 않았다. 어느 정도의 경제적 민주주의나 집단적 단체교섭 방식은 시민사회의 발전을 위해 필요한데도 말이다. 『자유론』의 저자로 잘 알려진 공리주의자 밀은 시민적 자유를 위협하는 국정교육과정의 이념에 대해 강하게 반대하는 입장에 서 있다. 그는 시민을 교화시키는 시민교육을 관리하는 국가에 너무 많은 권한을 부여하는 국정교육과정을 염려하고 있다. 그러나 그는 자기보다 나이 많은 사람들이 아이들에게 신앙을 갖도록 교육하는 비신자의 권리에 대해 반론을 제기하지 않았다. 다만 논쟁적 자료를 비교조적 방식으로 가르치도록 권장하였다. 밀은 스미스와 같이 모든 아이들이 어느 정도의 교육에 도달하는지를 측정하는 평가의 중요성을 신뢰하였나. 그는 교과의 검토할 자료 읽기를 상세화하여 어느 정도 최소한 총체적 지식으로 확장되는 데 있어 스미스보다 약간 야심 찬 생각을 갖고 있었다(Winch,2006: 135). 밀은 시민이 최소한의 교육을 받도록 하여 국가가 너무 압도적인 역할을 하지 않도록 하는 견제 기능을 가져야 한다는 신념이 있었다.

③ 반완전주의적 시민교육

반완전주의antiperfectionism 시민교육은 정치적 차원에서 목표를 가치 있는 것의 특정 개념을 촉진하는 데 두지 않고, 사회의 정치적 제도에 개인이 절차적으로 참여하는 데 둔다. 이것은 정치체제를 정치적으로 중립적으로 관리하면서 권한을 위해 경쟁하는 규칙의 지식, 절차와 기법에 관심을 갖는 '엷은' 개념을 목표로 하고 있다. 엷은 시민교육의 개념은 정치체제의 성원을 시민으로 간주한다. 앞서의 첫 번째 시민교육과 같이 동일한 공동선을 추구하는 '두터운' 완전주의perfectionism 시민성과는 다른 노선을 지향한다.

그렇다면 반완전주의 시민교육에서는 자유민주주의 사회와 정치적 삶의 현실을 잘 상응시키고 있는가? 일반적으로 자유민주사회는 정당들을 둘러싸고 정치적 삶이 조직된다. 정당은 거의 보편적으로 특정의 가치와 선의 개념을 촉진하기 위해 존재한다. 어떤 반완전주의 정치이론을 지지하든 자유정치의 실천은 입헌적 자유정치체제와 같은 어떤 실제적 자유민주사회의 현실과도 크게 상응하지 않을 것이다. 실제 자율성을 촉진하는 자유민주주의는 정치적 다양성에 대한 생활방식의 접근을 채택한다. 정치적 수준에서 생활방식의 접근은 가치 있는 것들의 개념 사이에 존재하는 직접적 경쟁을 포함하고 있다.

④ 비판적 시민교육

비판적 합리성은 민주국가의 정당정치를 위한 총체적 전제조건이 아니다. 사람들은 정치적 논의를 활발하게 하는 의견 교환에 개입하는 비판적 합리성을 필요로 한다. 그러나 그것은 더 기본적 수준에서 정치적 사고를 하는 데 필요하다. 사람들은 철학적으로 어떤 가치를 수행하는 것보다 그 가치의 옹호에 대해 협상한다는 것이 잘못된 생각이었음을 보아왔다.

그러나 개인은 결코 시간을 넘어 사회를 별개로 하면서 가치의 설득이나 변화의 가능성에 개방적일 수 없다. 그리고 개인이 자신이 옹호하는 가치의 기본적인 변화를 감수하는 것도 아니다. 민주사회를 포함하여 어떤 사회도 시민이 갖는 가치와 관련하여 부동의 상태로 남아 있기를 기대할 수는 없다. 사회가 옹호한 가치를 검토할 수 있는 능력을 시민에게 허용할 수 없는 민주사회라면 그 사회가 허용한 결정의 영역과 관련해서는 그 사회는 극단적으로 제한된 사회일 것이다. 게다가 그런 사회는 가치를 논의할 능력을 갖지 못할 것이다. 어떤 가치는 정치적 과정을 통해 어느 정도 수행할 가능성을 허용해야 한다. 자유적 반완전주의에 터한 절차적 민주주의는 합당한 행동을 지배하는 가치를 제외하고 가치에 관련하여 정치체제의 '중립성'에 헌신하기 때문에 이를 받아들일 수 없다. 사람이 어떤 쪽으로건 편향되지 않게 만드는 일은 무기력하게 침묵하도록 만들고 말 것이다.

교사들은 정의와 평등에 관한 정치적 비전을 언제나 신봉함으로써 자본가 지배 세력의 억압에도 도전할 수 있어야 한다. 비판적 시민교육은 시민의 비판적 의식화 및 조직화 과정이 풀뿌리에서부터 일어날 수 있도록 적극적으로 돕는 지원 행위라고 할 수 있다. 물론 다른 집단, 관심, 아이디어의 성격을 그릇되게 지각하도록 유도하는 '강한 편향성'에 대해서 만은 비판적 입장을 취해야 할 것이다. 분별력 있는 교육자들은 구체적으로 특정의 정치적 견해를 제시하는 견해의 표명을 피해야 하고 공정성, 추론(이성적 사고), 관용과 같은 절차적 원리에 충실해야 한다. 비판적 시민교육이 소중하게 삼아야 할 관점은 '공평성'이다. 만일 그 목표가 민주적 시민의 양성에 있다면 특정 신념의 교화나 주입을 피해야 한다. 만일 좋은 시민이 순종적이지 않고 비판적이고 자율적이어야 한다면, 어느 한 가지 견해에만 젖어 있을 것이 아니라 논란이 되고 있는 주제들을 가지고 '해매는' 경험도 겪어보아야 할 것이다.

⑤ 시민사회적 시민교육

민주적 시민교육은 국가와 시장의 성장에 비해 덜 발달된 시민사회 영역을 발전시키기 위한 교육을 목표로 한다. 이 같은 목표의 구현은 국가와 시장을 견제할 수 있는 시민 세력의 양성에 있다. 정치체제는 왜 시민사회에 관심을 가져야 하는가? 정치철학은 그동안 상대적으로 개별 주체와 국가 간의 관계에 관한 이슈를 둘러싸고 시민사회의 발전에 별 관심을 보이지 않았다. 그런데 마르크스와 그람시를 가로지르는 헤겔적 전통은 이와 다른 경향을 보인다. 이 전통은 시민사회가 국가를 떠받치는 이데올로기를 지지하는 조망을 창조하거나 지원하는 역할을 강조한다. 그러한 조망은 시민사회의 제도 자체가 고지하는 도덕, 종교, 경제와 사회제도의 신념과 실천에 관심을 갖는다.

시민교육이 일반적으로 추구하는 목표는 '상업적 시민bourgeoisie'이 아니라, '공적 덕성을 가진 시민citoyen'의 양성에 둔다. 그러기에 공적 재화를 사적 재화로 전취하는 욕망과 경쟁을 부추기는 신자유주의는 그런 면에서 '공적 시민'의 자질을 기피한다. 헤겔은 '시민사회'가 '시민적civil'이 되기 위해 항상 최고의 공적 권위를 가진 국가에 의해서 감독을 받아야 한다고 주장하였다. 안정된 사회는 홉스의 개념에서 보듯 물리력에 의해 유지되는 사회도 아니고, 흄이 제시한 관습에 의해 유지되는 사회도 아니며, 그람시가 제시한 '능동적 동의'에 의해 유지되는 사회라고 할 수 있다(Winch, 2006: 142). 이러한 개념에 따르면 국가의 권위는 물리력에 의해 유지되는 것이 아니고, 시민사회 그 자체를 통해 세워진 변호를 통해, 그리고 국가의 특별한 규범적 구조와 가치 있는 삶을 위한 조건으로서 인식되도록 스스로 지탱하는 물리적 방식을 만드는 이념을 통해 유지되어야 한다. 국가와 시민사회는 서로를 지지하는 양자의 균형을 추구하는 것이다.

인류의 파괴적 충동을 막기 위해서는 다양한 힘을 가진 국가를 필요로 한다. 그런데 현실적으로 그런 국가의 출현을 기대하기란 불가능하다. 그러기에 시민들이 서로 결합할 자유를 가지고 그들이 그렇게 할 수 있는 확고부동한 자질을 가질 수 있는 사회를 어느 정도 자발적 방식으로 구성할 수 있는 '시민사회'가 요구된다. 시민사회는 국가와 동일시되지도 않는 새로운 영역이다. 물론 시민사회를 자발적으로 구성한다는 말이 결사체를 쉽게 만들 수 있는 조건을 촉진하는 데 국가가 아무 역할을 할 수 없다는 것을 의미하는 것이 아니다. 시민사회와 같은 제도는 지역의 클럽이나 결사체와 같이 가까운 영역으로부터 시작하여 기업, 교회, 노동조합 등의 영역을 망라하고 있으며, 정당과도 어느 정도 친밀한 관계를 가지고 있다. 어떤 정치체제에서는 국가가 시민사회의 제도를 지원하는 데 '적극적인' 역할을 할 수 있다. 민주적으로 건전하고 정치적 논의를 계속할 수 있는 필수적 조건이라는 관점을 취한 사회에서는 건강한 시민사회의 제도를 확실하게 할 수 있는 조치를 계속 취해야 할 것이다.

마르크스의 개념에 따르면 이념은 사람들의 마음속에 존재하는 단순한 상징이 아니고 사회적 실천, 즉 교회, 기업, 클럽, 노동조합, 정당, 그리고 작은 영역은 아니지만 최종적으로 가정 속의 실천에서 구체화된다. 이와 같이 정치적 안정은 이 같은 관점을 통해 어느 정도 장기적 결합을 통해 일어난다. 즉, 우리가 살고 있는 주요한 매개체인 시민사회의 제도 속에서 구체화되는 실천에 의해 유지되는 정치적 질서에 익숙하게 하고, 그것을 우리가 받아들이도록 한다. 이것은 시민사회 속에서 현상 유지 존속을 이상으로 하는 능동적 동의와 같은 정치적 권위를 보일 때 사람들의 삶에서 자신의 강점을 갖는 원리에 좌우될 것이다. 또한 그것은 그람시가 분명하게 지적한 대로 능동적 동의를 위한 조건과 같이 정치체제가 구성되어야 하는 방식과 관련하여 시민사회가 대안적인 규범적 원리를 발전시킬 경우 정치적 권위는 자동적으로 허물어질 것이다.

국가가 젊은 세대들을 지도하고 교육하는 것을 그만두어서는 안 되지만, 국가의 개입은 어떤 경우라도 시민의 공민적·정치적 자유, 법치국가, 소수 집단의 권리 등과 같은 민주주의와 인권의 기본 가치들을 위태롭게 만들어서는 안 된다. 시민사회야말로 시민들을 육성하며, 민주국가 건설을 위해 흔들리지 않는 토대가 될 수 있다. 마찬가지로 법치국가를 발전시켜야 한다. 법치국가의 민주적인 법칙과 제도들은 인권 존중, 정치적이고 시민적인 자유의 존중, 소수 집단의 권리들과 모든 시민이 지닌 권리상의 평등을 시민 각자에게 보장해줄 것이다. 시민교육은 시민사회를 건설하기 위한 '협치協治·공치共治'에 대한 관심을 갖는다(Ooi, 1999, 33-40). 국가와 시민사회를 잘 연계시키는 교량의 역할을 하는 것이 거버넌스이다. 이것은 권력과 시민이 함께 중앙정부나 지방자치단체의 일에 동반자로서 함께 운영을 하는 것이다. 물론 주도권은 국가권력 측에서 쥐고 있지만 시민사회의 동의와 협력이 필요하기에 비정부 기구의 역할이 중요하다. 시민사회의 성장을 위해서는 시민교육이 활성화되어야 한다.

시민이 시민사회의 주체가 되도록 하기 위해 개인은 '시민적 덕성'을 갖추어야 한다. 시민적 덕성이란 개인이 국가와 맺는 관계를 통해서보다는, 개인이 능동적이고 활동적인 일부로서 동참하게 되는 시민사회와 자신 사이에 세울 관계들을 통해서 획득하게 되는 자질이다. 민주주의의 근본 가치들을 지키면서 점차 사회적 공간의 주요 영역들 속에 합류하고 성공적으로 동화되어 갈 때, 개인은 시민적 덕성을 갖추게 된다. 개인은 이런 맥락에서 시민사회의 대표인 것처럼 보이며, 또 그 자체로 국가의 동반자이면서 동시에 국가의 반대자가 된다(Jelev, 2009: 342). 받아들일 수 있는 인권을 행사하는 정치적 자유와 능력을 지탱하는 것은 한 나라의 모든 시민이 공동으로 받아들일 수 있는 사회적·시민적 자유를 행사하는 것이다(Print, 1999: 13). 게다가 이런 자유는 그 사회 안에서 깊게 토대를 두고 있는 가치인 자유와 민주적 과정에 의해 유지된다. 이러한 조건이 없다면 시민사회는 유지하고 함양하기 어렵고 민주주의 전체를 불가능하게 한다.

자유적·비판적·반완전주의적 시민교육을 종합하면 대부분의 시민교육의 관점을 아우르고 있다고 할 수 있다. 이들 시민교육은 보수적 시민교육을 회피하면서 자율적 시민의 양성을 추구한다. 반면 보수적 시민교육은 입헌민주적 공화주의를 제외한 대부분의 공화주의적 입장에 터해 공적 삶의 핵심적 덕목과 가치와 공동선의 구현을 통한 국가에 충성하는 공동체적 시민의 양성에 목표를 두는 경향이 있다. 오늘날 통일과 충성도 필요하고, 비판적 시민도 필요해서 둘은 서로 긴장하고 있다. 비판정신을 반대하는 시민교육론자가 있고, 그중에는 시민교육이 아이들에게 자신의 처지를 의문시하도록 해서는 안 된다고 하는 사람이 있다. 결국 양자의 입장을 동시에 공존하고자 하는 통합적 입장은 자유주의와 공화주의의 통합하여 자유적·민주적 인격과 공민적·공동체적 인격의 함양을 동시에 목표로 한다.

시민교육은 넓게 또는 좁게 생각할 수 있다. 협소한 의미에서, 시민교육은 '민주적인 토론에 의해 제기된 정치적 논의를 투표할 수 있는 능력을 가진 시민'을 양성하는 것이다. 반면에 넓은 의미의 시민교육의 목적은 '공통의 사회적 노력을 공유하는 시민'을 양성하는 것이다. 협소한 개념은 교양을 갖춘 정치적 소양이 있는 시민을 만드는 시티즌십에 대한 교육이다. 넓은 개념은 어떤 공적 가치와 실천에 헌신하도록 하는 능동적 시민을 양성하기 위해 의도된 시티즌십을 위한 교육이다. 이러한 입장의 시민교육은 정치적 소양뿐만 아니라 도덕적·사회적 책임과 공동체 참여를 포함한다. 이 경우 시민교육은 환경교육, 다문화교육, 평화교육, 인권교육 등을 포함한다.

2. '민주적' 시민교육을 어떻게 설정할 것인가?

그동안 '시민교육civic education'은 그 관점과 입장에 따라 다양하게 이해되었다. 한 사회를 형성하고 있는 구성원들의 정치문화는 통상 정치사회화

political socialization, 특히 광의적 의미로서 정치교육(political education/Politische Bildung)의 산물로 이해된다. 독일을 위시한 구라파 및 공산주의 국가들에서는 이를 통상 '정치교육' 또는 '정치교양교육'이라고 부르지만, 영국과 미국에서는 '시민교육citizenship education or civic education' 혹은 '민주시민교육democratic citizenship education/democratic civic education'이라고 부른다. 시민교육은 공민교육이나 국민교육이 아니라, 민주교육의 기능을 가지려면 '민주적 시민권(성)democratic citizenship'을 확립해야 한다. 시민권(성)은 민주주의와 결합되어야 굴절되지 않는다. 민주시민교육은 시민교육에 '민주성'을 더욱 강조하는 의미를 담고 있다. 우리나라도 정치교육 또는 국민교육(국민윤리교육)이나 공민교육이라는 말보다는 '민주시민교육'이라는 말을 선호하고 있다. 그 이유는 장기간에 걸친 권위주의 정치권력의 해악으로 인해 '정치교육'이라는 말이 통치 집단의 이념이나 정당성에 대한 순응과 옹호에 중점을 두는 것으로 이해되고 있고 또한, '국민교육'이라는 말에는 국가에 순종하는 국민의 충성심과 정치적 안정성을 과도하게 요구하는 충성스런 신민을 양성하는 이념교육의 잔재가 강력하여 이를 벗어나고자 하기 때문이다. 국민교육의 기피는 황국신민의 잔재인 '국민학교'라는 말이 없어진 것과도 무관하지 않다. 과거 산업사회가 요구하는 국민을 양성하기 위하여 구축되었던 국민교육의 패러다임은 이제 21세기 지식기반 사회를 주도할 시민을 양성하기에는 부적합하다. 시민이란 인간사회 안에서 원천적으로 '민주시민'을 의미하므로 '시민교육'이란 과제란 곧 '민주시민교육'을 말하는 것이 될 것이다. '국민國民' 하면 그 나라의 국적을 가진 모든 사람을 가리키나 피동적인 어감을 갖는다. '시민市民' 하면 국가 수호와 체제 옹호에 대하여 적극 참여하고 주도하는 능동적인 어감을 풍기지만, 또 다른 한편으로 국민과 동일한 느낌을 주기도 한다. 그래서 시민의 수동적·순응적 의미를 제거하기 위해 '민주시민'이란 대안적 개념이 등장하였다. 따라서 '민주시민교육民主市民

敎育'이라고 하면 권위주의 체제를 배제한 민주 체제를 지키며 운영하는 시민들을 양성하는 민주주의 교육의 지향을 더욱 강하게 함축한다.

시민교육에 '민주'라는 접두어를 붙인 민주시민교육은 한국사회가 그만큼 수동적인 국민교육이나 공민교육을 해왔던 것에 대한 반성에서 나왔다. 시민교육 앞에 '자유적'이라는 접두사로 사용할 수 있음에도 그렇게 하지 않은 것은 '자유적'이라는 말이 종종 '가진 자의 자유'와 동의어가 협소하게 사용되어 '없는 자의 자유'를 배제하는 불평등이나 부정의를 의미하기도 하기 때문이다. 그리고 우리 사회에서는 곧잘 자유주의가 민주주의와 다소 거리를 갖는 반공·친미의 함의까지 포함하고 있기 때문이다. 때로는 한국사회에서 자유주의와 보수주의와 등치되기도 하여 불의에 저항하는 '민주화'의 의미를 포괄하지 못하고 있기 때문이기도 하다.

대체로 독재국가는 소극적으로 복종하는 시민을 필요로 하는 반면(보수적 시민교육), 민주국가는 공공의 광장에서 발언하고 행동하는 적극적이고 비판적인 시민을 필요로 한다(자유적·비판적 시민교육). 적극적이고 능동적인 민주적 시민은 자율성과 사회적 각성을 중시하면서 상대적으로 훈육을 중시하지 않는다.[45] 통합적·포괄적 민주시민교육은 보수와 개혁을 동시에 달성하는 데 두어야 한다. 이 말은 시민교육이 사회화·보수화(기존의 전통과 관행을 지속시키는 방식으로 아동들을 그 사회의 관습, 가치, 행동들로 유도하는 것)와 반사회화(독립적인 사고와 정치적 자유에 핵심이 되는 책임 있는 사회 비판을 할 수 있도록 의도된 반성적 학습과정)를 동시에 달성한다는 전략을 지향한다고 할 수 있다(Engle & Oshoa, 1989: 30, 48-55, 85-86). 반사회화는 초기 사회화 과정을 완전히 거부하는 것이 아니라, 사회화 과정에서 학습한 것을 재평가하는 과정을 포함한다. 반사회화 과정은 학습자의 능력과 성숙도에 따라 적절한 내용과 방법을 조정해가

45 시민은 크게 훈육을 중시하는 '적응하는 시민', 자율성을 중시하는 '개체적 시민' 그리고 자율성과 사회적 각성을 중시하는 '비판적·민주적 시민'으로 나뉠 수 있다.

는 대화적 과정으로 이해해야 한다. 아동들은 사회화 과정에서 벗어날 수 없기 때문에 교사들은 가능한 한 학습 내용과 방법이 민주적 가치들과 일치하도록 주의를 기울여야 한다. 사회화로 이루어지는 시민교육은 전체주의 국가의 주입식 교육이 될 가능성이 있고, 반사회화로만 시민교육이 이루어진다면 혁명을 하기 위한 의식화 교육으로만 이루어질 것이다. 결국 국가와 시민사회가 적대적일 때는 후자로 진행될 가능성이 높지만, 국가와 시민사회가 대화적일 때는 사회화와 반사회화가 적절히 균형을 이루게 될 것이다.

그리고 시민사회의 시민권을 강조할 경우 공민교육이나 국민교육과 달리 시티즌십의 민주적 기능에 초점을 두는 경향이 있다. 인간이 누려야 할 권리, 즉 인권을 더욱 소중하게 여긴다. 소수자의 권리, 아동의 권리 등 인간으로서 반드시 누려야 할 권리, 한 공동체 속에서 누려야 할 시민의 권리 등을 찾아주기 위해 그에 대한 비판의식을 갖게 하는 것이다. 시민교육의 민주적 기능은 부조리한 현실에 대한 문제의식을 함양하는 데 둔다. 이 입장은 현실의 구조적·절차적·법적 측면에 대한 문제의식을 갖도록 하는 데 방점을 둔다. 학습자로 하여금 불의와 독재를 인식할 수 있는 능력, 즉 정치적 문해 능력을 갖도록 할 뿐 아니라, 학습자의 자력화 등 자치 능력을 신장시키려고 한다. 민주시민교육은 시민교육을 좁게 접근하지 않고 급진적 관점에서 접근한다. 이 입장은 일상생활의 정치적 차원을 드러냄으로써 참여의 수준을 고양시켜 사람들의 자력화empowerment를 통해 학생과 시민을 국가권력으로부터 보호하고자 하는 비판적 관점을 취한다. 나아가 여러 사회적 제약으로부터의 해방을 기도하고, 자주적 판단과 반대의 의견을 표현하고, 권위에 도전하는 시민적 용기를 권장하고 찬양한다. 민주주의의 주체는 인권을 소지한 시민이며, 시민 없는 민주주의는 존재할 수 없다. 민주시민교육은 민주적 발전 과정에 시민의 참여를 촉진하기 위해 사람들의 역량을 강화해주는 중요하고 효과적인 수단이다.

민주시민교육이 중심적 가치로 삼는 민주적 시민권(성)은 주체의 발언(권리주장)을 중시함과 동시에 책임을 동시에 갖게 하는 것이다. 민주적 시민권(성)은 학생들에게 학생의 상호 의존, 책임, 그리고 적극적 참여를 강조한다. 민주적 시민권(성)은 교사의 권한과 책임, 학생의 권한과 책임을 동시에 지게 하는 이중 과제를 안고 있다. 시민사회는 정당하지 못한 자의적이고 독재적인 국가권력에 대한 저항을 조직하는 최후의 보루이며, 정의롭지 못한 법의 지배를 거부하는 주체이다. 그러나 동시에 정당한 권력에 대해서 법의 지배에 기초한 국가권력을 정당화해주는 민주주의의 핵심적 지원 세력도 또한 시민사회이다. 민주적 시민권(성)은 정치적으로 무색무취하게 중립적 환경 속에서 형성되지 않는다. 민주적 시민권(성)은 교실에서의 교육과정과 교수학습과정 그리고 학교 전체의 민주적 구조와 문화 속에서 발현될 수 있다. 학생들 사이에 벌어지는 갈등 해결 기술은 학교 안에서의 관용, 우정, 상호 존중, 관계성, 참여 등을 통해서 풀어야 한다.

	시티즌십의 구조적·정치적 지위	시티즌십의 문화적·개인적 감정
최소	시민으로서의 권리 시민에 대한 이해와 경험: 인권, 민주주의, 다양성, 포용 시민사회(NGO 등)	시민으로서의 정체성 소속의 감정: 이것이냐 저것이냐의 긴장 둘 혹은 혼합
	시민적 권리의 함의: 인권교육	시민적 정체성의 함의: 감정과 선택
최대	권리의 포괄성inclusion ·안보: 물리적 안보, 사회적 안보, 심리적 안보, 재정적 안보, 생태적 안보 ·능동적 참여 ·민주적 시민권에 대한 헌신	시민적 능력competence ·정치적 소양 ·세계시민적 세계관 ·변화에 영향을 미치는 기술 (언어, 권리 옹호, 계층 이동 등)
	포괄적 권리의 함의: 더욱 포용적인 민주주의의 건설	시민적 능력의 함의: 민주적 참여를 위한 기술

〈시민교육의 구성 요소〉(Osler & Starkey, 2005: 86)

민주화와 결합된 '민주시민교육'은 비판적 의식화와 조직화를 지원하는 행위이자 과정으로 이해된다. 이렇게 이해되는 비판적 시민의 양성은 상당히 저항적이고 운동적인 특징을 드러내고 있음을 보여주는 동시에 이를 제약하는 조건이 되기도 한다. 많은 시민운동단체들은 특정한 문제를 정치적·사회적 의제로 제기하고, 이의 정당성을 알리며, 이에 대한 지지와 공감을 획득하기 위한 수단으로 민주시민교육을 이해하고 있다. 이러한 민주시민교육은 사회의 모순을 인식하는 과정에서 비판적인 시각을 갖고 하는 중요한 경로이며 감시자로서의 시민을 염두에 두는 것이다. 이렇게 이해하게 된 배경에는 그동안 우리의 학교교육에서 가르치는 시민성이 수동적이고 순응적인 시민을 양성하는 경향을 보였기 때문이다. 권위주의적 정권의 학교교육은 특정 사회의 권력을 쥔 사람의 이해를 대변하였고, 교육이라고 말하기가 어려운 이념적 헤게모니를 확립하려는 교화적 성격을 띠는 경우가 강했다.

이러한 문제의식에서 출발한 민주시민교육은 최근 대두된 민주적 시민성/시민권democratic citizenship을 핵심적 개념으로 한다. 그동안 공민교육의 의미를 함축하고 있는 시민교육civic education보다는 민주주의를 강조하는 '민주시민교육'이 관심을 끌고 있다. 민주적 시티즌십의 의미를 강조하는 민주시민교육은 민주주의의 위기와 민주교육의 상실 때문이다. 권위주의적 공민교육은 한 사회의 정치적 공동체 속에서 젊은이들이 예절 바르고 교양 있는 사람이 되기를 바란다. 그런 공민교육은 미래의 공민으로서 학생들이 헌법의 지식과 정부체제의 지식, 그리고 입법부·사법부·행정부 간의 분화에 대한 지식과 그것의 역할 그리고 소속감을 숙지하는 교육을 지향한다. 권리보다 책임을 강조하는 이러한 순종적 공민의 양성은 법질서의 준수, 세금 납부, 군복무의 이행 등 권위주의적 체제에 복무하게 하기에 이에 대한 문제의식과 비판의식을 강조하는 '인권'을 강조하기에 이른다. 정치적 권리(자유로운 표현의 자유, 결사의 자유 등), 사회적 권리(빈곤 탈피, 인종주의 폐지와 차별의 철폐, 다양성

등), 평화적 권리(집단적 연대의 권리, 환경의 보호 등)를 강조하는 인권을 중심 가치로 두는 '민주적 시민권/시민성 교육democratic citizenship education'은 사회 정의와 사회적 참여를 소중하게 여긴다(Yvonne, 1997). 특히 오늘날 신자유주의나 신보수주의의 광풍 속에서 사회적 권리와 평화적 권리가 점점 위축되고 있는 시대에는 더욱 필요로 한다. 여기에서 민주주의를 위한 시민권/시민성 교육에서는 사회문제를 해결하는 기초로서 비판적으로 사고하는 합리성의 함양뿐 아니라, 민주주의의 본질과 기능에 대한 반성이 더욱 옹호된다.

전통적 시민교육과 민주적 시민교육을 조화시키고자 하는 포괄적·통합적 민주시민교육은 시민성·인격·교양과 시민권·인권을 모두 필요로 한다. 인간들이 살고 있는 시민사회가 권리로서의 '시민권'과 책임으로서의 '시민성'을 동시에 요청하기에 '시티즌십citizenship'의 이중적 과제를 해결해야 하는 것이다. 새는 좌우의 날개를 동시에 필요로 하듯 시민교육도 양자의 관점을 동시에 필요로 하는 것이다. 우리의 교육은 이 양자가 극단적으로 나뉘어 있어 이념적 갈등이 너무 심한 것이 문제이기에 동시적 해결이 요구된다. 인권교육, 평화교육, 다문화교육, 양성평등교육 등과 같은 주제별 분류는 교육의 '공급자'에게는 유용할지 몰라도 교육의 '수요자'인 시민들에게 더 중요한 것은 시민으로서 갖추어야 할 민주적인 자치와 그것을 위한 역량을 학습하고, 환경, 양성평등, 인권, 평화 등 삶의 지침과 만나게 하는 것이다.

	협소한 관점	포괄적 관점
시민교육	민주주의에 대한 내용의 가르침	민주주의 원리의 실행 (권리의 행사와 그에 상응하는 책임)
	착한 시민	적극적 시민
	지역적·국가적 전망	지역적·국가적·지구적 전망

〈시민교육의 넓은 관점과 좁은 관점〉(Deucher, 2007: xii)

이를테면 지역사회를 가꾸기 위해 나서고자 마음먹은 시민들에게는 지역에서 겪는 환경, 지방자치, 공동체, 생활문화의 문제 지점들이 중첩적으로 나타나고, 여기서 시민적 가치와 역량 그리고 사회적 주제들 간의 다양한 접합이 일어나는 것이다.

오늘날 관심을 끌고 있는 포괄적 민주시민교육의 공통적 목적은 협동적·인간적 실천을 통해 서로 주체성과 상호작용을 달성하고자 하는 것이다. 포괄적 민주시민교육은 학생들을 정의와 도덕의 문제에 대해 공적 대화에 참여하도록 준비하고, 타인과 협동하고 그들의 조망과 경험을 소중하게 여기고 타인의 견해에 관용하는 능력을 기름과 함께 문자나 구두로 학생들에게 합당한 논변을 하도록 한다(Waghid, 2005). 포괄적 민주시민교육은 젊은이로 하여금 시민의 권리의식과 역할(책임)을 동시에 갖도록 하는 교육을 지향한다. 예를 들어 일할 권리는 동시에 과업과 책임을 성공적으로 완수하는 것을 의미한다. 자유로운 의사표현의 자유는 동시에 타인의 말을 경청하는 것을 의미한다. 건강할 권리는 동시에 약물로부터 자유롭게 되는 삶을 의미한다. 다양성에 대한 권리는 편견과 인종주의를 소멸하기 위해 활동하는 것을 의미한다. 깨끗한 환경을 누릴 권리는 동시에 정화 캠페인을 참여하는 것을 의미한다. 균형 있는 경제를 할 권리는 재정적 현실 내에서 동시에 활동하는 것을 말한다. 평화의 권리는 동시에 반칙과 폭력이 없이 공부하고 사는 삶을 말한다. 이렇게 민주시민교육은 갈등 해결 전략에 있어 권리(인권)와 책임(의무)의 균형을 잡고자 한다. 협동적 인간 활동을 유발하는 사회적 과정인 민주시민교육은 권리의 집합과 그에 상응하는 책임을 수반하는 시민성을 이해하도록 한다.

민주시민교육은 정치사회화, 인격교육, 도덕교육, 시민·공민 교육, 비판적 사고 교육, 봉사학습 등 전통적 관점과 접목을 시도하고, 인권교육, 환경교육, 다문화교육, 지구촌교육, 평화교육, 정치교육 등으로 그 영역을 넓혀 구체적 실행을 시도한다(Ichilov, 1998: 267-273; Howe & Covell, 2007: 83-117).[46] 민주시민교육은 시민의 권리만을 중시하는 것도 아니고, 시민의 교양(시민성)만을 중시하는 것도 아닌, 양자를 동시에 소중하게 여기는 제3의 민주적 시민성/시민권을 추구한다. 구체적으로 말하면 제3의 민주적 시민성/시민권은 자유, 평등, 공정성, 인권, 합리성, 관용, 존중, 불편부당성, 개인과 사회의 권리, 배려와 책임, 정의, 권위, 참여, 프라이버시, 공정한 절차와 권리, 애국심, 신뢰, 희망, 정직, 용기, 겸손, 자기 존중, 자율성, 참여, 공정성, 영향력의 의미, 환경보호 등 민주주의 가치를 중시한다.

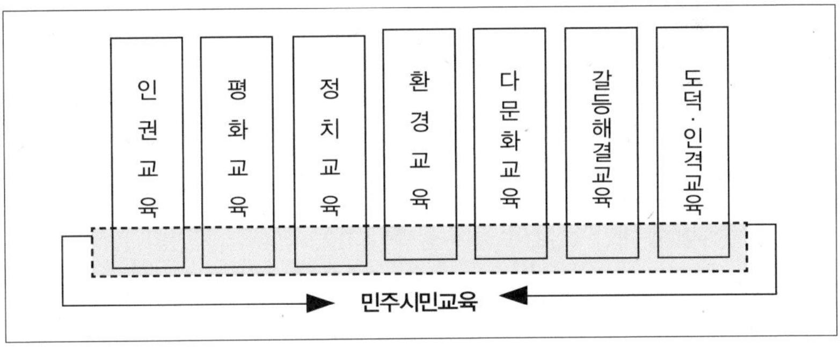

민주시민교육은 시민들이 함께 형성하고 향유할 민주주의의 가치와 이에 따라 시민들이 민주적으로 자신의 삶과 시민사회를 가꾸어가는 시민적 역량이다. 포괄적·통합적 민주시민교육은 올바른 시민성을 함양하는 것이다. 올바른 시민성 없이는 민주적 정치문화의 핵심인 차이를 인정하고 관용과 타협을 선호하는 관행의 정착이나 사회적 자본의 축적은 요원할 것이다. 시

46 민주시민교육을 '다양한 시민교육의 토대가 되는 교육'으로 포괄적으로 해석하는 '민주화운동기념사업회'는 민주시민교육의 활성화를 위해 인권교육, 평화교육, 정치교육 등을 포용하여 '촉진자'의 자기 역할을 자임해야 한다는 주장을 편다(조철민, 2010: 198).

민이 주어진 교육과정에 수동적으로 참여하는 것이 교육의 장이 아니다. 교육의 장은 시민의 만남의 공간이자 동시에 의사소통의 영역, 그리고 적극적 참여의 출발점으로서 적극적인 사회적 주체로 스스로 변신할 시민을 육성해야 한다. 학교의 문화를 교양 있는 시민들의 사회 질서로 전환하고자 하는 것이다. 통합적 민주시민교육은 동원의 대상으로서 백성, 혹은 신민적 존재에서 벗어난, 자신의 삶의 주역이자 주인인 '시민적 주체'로서의 '민주적 시민' 육성을 지향한다.

언제 어떤 방식으로 이루어지든 간에 통합적 민주시민교육은 나라의 국민, 특히 젊은이들에게 시민의 역량을 갖추도록 준비시킬 필요가 있다. 그리고 통합적 민주시민교육이 활성화되어야 청소년들은 성숙된 정치의식을 지닌 민주시민으로 성장할 것이다. 학생들의 경험을 중시하며 그들을 시민으로 성장시키는 교육이 통합적 민주시민교육이다. 민주주의는 사적 이익보다는 민주적으로 숙고하고 결정하는 공동의 삶의 양식으로서 공동선을 향해 함께 활동하면서 대안적 삶의 양식을 추구하는 적극적 시민의 양성을 격려한다. 통합적 민주시민교육은 순응적 덕목을 강조하는 공민이 아닌 비판적 민주의식을 가진 시민을 양성하는 데 더욱 초점을 두고자 한다.

〈지구적 시민교육의 목표〉

(Lynch, 1993: 22-23)

1. 교사와 학생, 그리고 학생들 간의 신뢰감을 주는 민주적 교실 분위기를 촉진한다.
2. 유기적인 사회적 관계를 발전시키는 데 도움을 주고, 상호성과 도덕적 호혜성을 촉진시키는 협동적 협력적 접근을 한다.
3. 시뮬레이션, 역할 놀이, 사회적 참여 등 다양한 집단 구성의 적극적 참여를 권장한다.
4. 갈등 해결의 기술을 포함한 인격발달을 중시한다.
5. 학습자의 판단에 호소하는 방법을 사용하여 지식과 학습에 대한 합리적·총체적 접근을 중시한다.
6. 학생들에게 가치 딜레마를 포함한 상황을 사용하여 자신의 가치체계를 발전시키고 명료화하는 데 도움을 준다.
7. 폐쇄적 과제와 질문보다는 열린 질문과 과제를 강조한다.
8. 다양한 미디어, 전략과 촬영을 포함한 다양한 접근을 시도한다.
9. 사회적 책임과 행동을 포함한 교수법을 이용한다.
10. 인지적이고 정서적 영역에서 높은 지성적 기대를 한다.
11. 교실에서의 모든 상호작용을 위한 기초로서 지구적 인권에 대한 명시적 헌신을 한다.
12. 학생의 학업 성취에 지지적인 평가방법을 연결시킨다.

제7장

민주시민교육의 내용과 우리의 과제

1. 민주시민교육의 내용

민주시민교육은 시민이 민주사회의 구성원으로서 자신의 권리와 책임을 수행하고, 사회 운영의 주체로서 참여하는 데 필요한 지식과 역량, 가치관과 태도 등 민주적인 자질을 함양하기 위한 의도적이고 체계적인 교육적·학습적 노력이라고 할 수 있다. 민주시민교육은 민주주의 가치와 제도를 체득하여 반민주적 퇴행에 감연히 맞서고 문제 사태를 이성적으로 인식하고 결정하여 민주적 제도와 질서에 능동적으로 참여하고 책임지는 시민적 활기를 창출하는 시민 능력을 발휘하도록 각 시민이 평생 수행하는 '자기교육'이라고 할 수 있다. 민주시민교육은 생애의 전 기간에 걸쳐 이루어지는 평생학습의 과정이며, 사회의 변화 발전과 함께 그 내용과 방법을 끊임없이 개선해간다. 민주시민교육은 사회를 이루고 있는 시민들이 ① 사회의 주인으로서의 공적 책임을 자각하고, ② 인간의 삶의 전반적인 현실에 대해 정확히 이해하여 제반 문제들에 대한 자주적 판단력을 가지며, ③ 다른 사람들과의 사회적 협조성을 발전시킬 수 있게 하는 것을 목적으로 한다고 볼 수 있다(박홍순, 2010: 166).

민주시민교육은 학습자로 하여금 민주적 가치와 태도를 함양하도록 학교가 실천적 노력을 하고, 타인과 함께하는 상호 의존의 경험을 갖도록 하고, 평등과 사회 정의에 대해 공부하도록 고무하고, 공공의 문제에 대해 토의하고 논의하고 행동하도록 고무하고, 학생들이 살고 있는 사회적 현실을 비판적으로 검토하고 평가하도록 격려한다(Sehr, 1997: 83-105). 민주시민교육은 시민들한테 민주주의의 기본 개념을 소개하고, 민주적 권리와 관행을 알려주는 데 그 뜻을 둔다. 높은 수준의 사고 과정 그리고 생각과 행동, 더 나아가 참여와 연결하는 과정은 민주시민교육의 기본 목표이다. 민주시민교육은 구체적으로 토의와 공개 강연, 대화를 통해 공적인 문제들에 대한 이해력과 판단력을 길러주고, 그리고 적절하고 현명한 결정을 내리고 행동하도록 영향을 미친다. 민주시민교육은 지역과 국가의 민주적 발전 과정에 효과적이고 의미 있게 참여하기 위한 학습인 동시에 효과적인 시민 참여를 할 수 있도록 사람들의 역량을 강화해줌으로써 결국 사회의 역량을 키워주는 중요한 수단이다. 나아가 민주시민교육은 사회정치적 문제들을 관리하는 사회의 능력을 강화하는 데 꼭 필요한 요소이며, 개인과 기관의 역량을 개발하는 데도 도움을 준다.

구체적으로 민주시민교육의 내용은 공동의 선이 무엇인가, 개인의 이해와 자기 발전은 어떻게 실현될 수 있는가, 개인과 인류의 미래를 위해 어떤 준비와 전망을 가져야 하는가 등등을 포함해야 한다. 인류의 미래를 위해 그리고 개인의 미래를 위해 목적 지향적이고 자발적인 준비를 하도록 사회 성원들을 교육할 필요가 있다. 그러기 위해서 시민사회의 바탕이 되는 윤리를 촘촘하게 되짚어보아야 한다. 민주시민교육은 시민의 권리와 책임, 정부(나라의 일을 관리하는 정치권력의 행사)와 제도, 역사와 헌법, 민족의 정체성, 입법체제와 법률, 인간적·정치적·경제적·사회적 권리, 민주적 원리와 과정, 공익적 이슈에 적극적 시민 참여, 국제적 관점, 민주적 시민의 가치 등에 관심을 갖는다. 구체적으로 민주시민교육의 내용은 시민적 지식과 시민적 기술, 그리고 시민적 태도를 구성 요소로 한다.

첫째, '시민적 지식/이해'의 교육에는 정체성의 체득, 권리와 자격의 충족, 책임과 의무에 대한 헌신, 정치적 과정과 시사 문제에 관한 지식, 공공 문제에 대한 적극적 관심, 다양한 사회적 가치의 수용 등이 중심적으로 구성된다. 민주시민교육은 자신들을 둘러싼 정치적·시민적 상황을 알게 하고, 자신들의 사회적·경제적 권리는 물론이고 정치적·시민적 권리도 알게 하고, 시민의 역할과 권리 그리고 책임을 알게 한다. 시민적 지식에는 인간적 존엄성, 상호 인정과 존중, 사생활의 가치, 자유, 평등, 정의, 인권과 시민으로서의 권리, 민주주의, 평화, 그리고 좋은 삶의 추구 등이 있다. 민주주의에 대한 전국민적 관심에서 출발하며, 일차적으로 무엇보다 민주주의 국체 교육이다. 민주주의는 분명히 인류 보편적인 타당성을 가진다. 민주주의는 다른 어떤 통치 형태와 달리 결코 외부로부터 강요한다고 하여 그대로 어떤 정치공동체 안에 수용되어 정착될 수 있는 것은 아니다. 나라가 반민주적일 경우 자기 나라 고유의 사정에 따라 '저항' 민주주의 성향을 띨 수 있다. 시민적 지식교육은 독서와 토론을 통해서 개발될 수 있다. 전통적 형태의 『공민 과목 civics』은 정부의 기관이나 같은 지식 요소를 크게 강조하므로 지식을 파악하거나 피상적 이해에서 탈피하기 위해서는 보다 복잡한 과정의 교수법이 요구된다. 시민으로서 정체성[47]을 확립하려면 존재에 대한 질문을 제기하는

47 정체성(identity)은 자신이 누구이며 어떤 공동체의 일원으로 인식하는지와 관련된 개념이다. 한 사람의 시민적 정체성은 항상 그의 계급, 국가, 세계시민적 정체성과 함께 복잡

것이 중요하다. 즉 '나는 누구인가?' '누가 어디에서 이러한 일을 결정하는가?' 등. 그것은 '시민으로서', '나 자신의 삶과 어떻게 관련되어 있는가?'라는 질문에서 출발해야 한다. 그리고 스스로에 대한 믿음을 키우기 위해서는 불확실한 상황에 대처하기 위한 방법을 배우고, 모두가 스스로를 변화시키고 상황을 바꿀 수 있는 잠재력을 갖고 있음을 분명하게 해야 한다. 그리고 학습자의 삶의 현장에서 나온 '실제적인 욕구'를 파악해야 하며, 그 출발점은 학습자의 선행 경험 및 교육 수준을 고려해야 한다. 학습자의 실제 경험과 관련된 교육이어야 한다. 교육이 현실과 지나치게 유리될 경우 참가자의 흥미를 유발할 수 없고, 그러한 교육은 실패할 수밖에 없다. 시민교육이 공교육에 대한 효과적인 대안이 되기 위해서는 일상 현실을 맥락화하고 공동으로 해석하고 의사소통을 해야 한다.

둘째, '시민적 가치/태도/마음의 습관/성향/자질'의 교육은 책임지는 능력, 양보하는 능력, 결정에 참여하는 능력, 책임 통감, 인간관계 그리고 나아가 사회에서의 관용, 존중, 책임, 연대, 차이의 인정과 수용 등의 태도(자질) 함양, 공동선에 대한 관심, 인간의 존엄성과 평등에 대한 믿음, 갈등 해결에 대한 관심, 상호 존중, 타인과 함께 해결하는 공감적 이해, 관용의 실천, 이타적 마음 태도를 가지는 노력, 도덕적 규범에 의한 실천, 관점을 변호할 용기, 공정하게 행동할 자세, 근거와 증거 그리고 논의를 통해 자신의 견해를 수정할 용기, 적극적이고 비억압적인 인간관계를 확립할 수 있는 능력, 예의와 법의 준수, 사회문제와 환경문제에 대한 관심을 보임, 자발적 봉사활동, 정치

한 관계에 놓여 있다. 시민의 정체성은 무엇보다도 스스로를 정치적·도덕적 자유와 권리를 가진 주체로 인식하고, 그에 상응하게 행동하는 것을 뜻한다. 이 정체성은 노동자로서의 정체성, 어떤 국가의 국민적 주권자로서의 정체성, 나아가 보편적 인류 공동체 일원으로서의 정체성 등과 공존하고 연계될 수 있다. 우리는 '다중적 정체성' 속에서 자신의 세계관과 삶의 방식을 만들어간다고 할 수 있다.

현안의 능동적 참여, 무임승차 의식 극복, 내 가족 중심적 태도 극복, 공공적 사안에 대한 관심 등으로 구성된다.

민주시민교육은 시민들에게 정치적 환경과 과정을 친숙하게 느끼게 해주고, 더 나아가 직접 그 과정에 참여할 수 있도록 그들에게 지적인 도구를 소개하는 데 있다. 왜냐하면 민주주의란 정치적으로 교육받고, 그리고 무엇보다 능동적으로 이에 참여할 줄 아는 시민들을 통해서만이 완성될 수 있기 때문이다. 민주시민교육은 개인의 참여를 적극적으로 실현하는 것이어야 하며, 나아가 공동의 선에 대한 개인의 갈등을 최소화할 수 있도록 열린 의사소통 구조를 가져야 한다. 열린 의사소통구조는 '차이difference'를 인정하고, 그것을 어떻게 조절할 것인가에 대한 새로운 가치 실현의 윤리를 체험하도록 한다. 민주시민교육은 시민들의 생활세계 속에 깊이 들어가 그들의 삶과 앎이 유기적으로 묶여 돌아갈 때만이 비로소 현실성이나 실천성을 갖게 된다.

민주시민교육은 자유와 평등, 타인 존중과 상호 차이에 대한 관용, 다양한 세계관과 사조에 대한 이해, 개인의 인권과 인간의 존엄성에 대한 인식, 사회와 국가공동체에 대한 올바른 정치적 태도의 결정, 사회 구성원과 인류에 대한 인식 등 민주시민으로서 갖추어야 할 의식을 배양하는 데 주안점을 두는 교육을 목표로 삼는다. 시민적 태도의 함양은 시민적 지식과 의식, 시민적 가치와 시민적 기능들을 바탕으로 각종 공적 쟁점에 자기 의사를 표현하고, 사회적으로 교류하며, 경제적으로 합리적인 이익을 극대화하고, 정치적으로 연대하여 공적 활동에 참여하며, 국가와 시장에서 공동책임을 질 수 있는 '투신(앙가주망)'의 형태를 능동적으로 실천하여 시민적 활기를 창출할 수 있도록 훈련하는 과정이다(홍윤기, 2010: 333-334). 시민적 태도의 교육은 지역사회와 국가에 대한 관심과 배려를 보이는 것으로서 시민생활에 적극적으로 참여할 수 있다는 자신감을 기르게 하고, 의미 있는 방법으로 시민생활에 참여하게 하고, 일반적으로 민주 체제의 시민들에게 수반되는 역할과 권리를 누리며 책임을 지도록 하고, 권리를 행사하고 책임을 완수할 때 개방적이고 관용적이며 신뢰할 수 있다고 본다. 시민적 실천의 구체적 방식으로는 각종 선거의 참여, 공공 정책의 집행에 참여하기, 공공 정책 모리터링, 공공정책의 수립에 영향 미치기, 병역의 의무에 충실하기, 시민단체 활동, 사회 참여 활동 및 자원봉사 활동, 참여적 글쓰기, 시민적 실천의 훈련 등이 있다.

민주시민교육의 교육방식에 있어 지성(비판력, 논리력 등)과 감성(타인의 고통에 대한 연민과 공감, 함께하는 심리적 분위기, 마음 다스리기 등)이 적절하게 균형을 이루어야 한다. 학습과정 자체가 마음과 몸이 함께하는 공동체적 과정이 되도록 해야 한다. 교사는 '훈계exhortation'를 통해서 가치의 발달을 시도할 수 있다. 이는 어떤 가치나 성향을 학생들이 받아들이도록 달래거나 강요하는 일이다. 그렇지만 그 효과는 불확실하다. 왜냐하면 현대사회의 젊은이들은 학교 자체를 거부하거나 저항하기도 하기 때문이다. 그 대안으로 '모범을 보이기examplification'가 있다. 교사가 어떤 가치를 실천하거나 학교 제도에 어떤 가치가 구현되어 있음을 알게 되면 학생들은 그런 가치를 받아들이게 된다. 이런 접근은 조금 더 낫다. 그렇지만 학생들의 반응을 정확하게 예측할 길이 없다. 가치는 비판적 성찰과 이해를 통해서 받아들여질 수도 있다. 하지만 그런 성찰의 성과도 예측하기는 어렵다. 교육적 가치의 함양이라는 목적 자체가 복잡하다는 점이 여기서 드러난다. 학생들에게 가치를 주입시키거나 자율적 수용이 아닌 방식으로 받아들이게 하는 것은 분명히 바람직하지 못한 것이다. 그럼에도 불구하고 학습자의 자율성을 존중하는 일은 교육의 과정을 더욱더 불확실하게 만든다. 가치의 전수가 이렇게 어렵다는 점은 교육을 통한 시민성 증진의 핵심적 난점에 속한다.

따라서 용감한 시민적 삶의 방식은 호전적 영웅주의가 아니라 시민적 용기에서 나와야 한다. 지배적 편견에 '아니오'를 말할 수 있고, 지배적 여론을 거역할 수 있는 시민적 용기의 덕이 필요하다. 또 시민적 자질은 사람들 사이의 관계를 원만하게 하는 관계의 자질과 신뢰의 미덕, 그리고 자기 존중감을 겸비해야 한다.

3대 주요 가치	내용
민주적 절차	개인의 자유, 권리, 책무, 법적 기관 및 절차의 존중, 다양한 선택, 관점, 생활양식의 존중, 의사결정에 있어서의 윤리적 행동과 평등한 참여
사회 정의	모든 시민의 풍요와 존엄성 존중, 문화적·사회적 배경이 다른 사람들에 대한 공감, 형평성, 차별적·폭력적 행위의 엄단 및 이에 따른 불이익 제공
생태 보존	환경 보존, 생물적 다양성 보호, 자연환경의 근원적 가치 인정 등

〈민주시민교육이 중시하는 3대 가치〉(Print, 2004, 신봉섭, 2007)

민주주의를 민주주의답게 하는 데는 민주공화국의 바람직한 시민으로서 지녀야 할 가치와 감정 그리고 덕목이 필요하다. 선거할 때 한 번의 투표 행위를 행사했다고 민주시민의 권리와 책무를 다했다고 할 수 없다. 민주시민이란 일상생활 속에서 민주적 삶을 실천해야 한다. 민주적 삶을 실천하기 위해서는 민주시민으로서 가치·덕목을 갖추어야 한다. 그렇다면 우리는 학교에서 어떤 가치·덕목을 가르칠 것인가? 각 나라가 처한 상황에 따라 주요 가치·덕목의 우선순위가 달라질 수 있지만, 보편적인 가치가 존재한다. 오늘날 인간존중/존엄성, 정의/공정성, 자유, 평등, 인권, 평화, 민주주의, 진실, 똘레랑스(관용, 용인), 직접행동(참여), 공동체의식, 행복, 리더십, 시티즌십, 생명 및 생태, 정보 접근, 적법 절차, 사생활 보호, 재산권, 다양성, 권위 등은 우리가 소홀히 할 수 없는 주요한 가치·덕목들이다.

셋째, '시민적 기술/능력/기능'의 교육은 분석하고 소통하는 기능으로서 지적 기술[48], 의사소통 기술[49], 문제 해결력(문제 해결 개발 능력), 사회적 기술[50], 정보매체 사용 능력과 비판적으로 자료를 수집할 수 있는 능력[51], 정치적·사회적·도덕적 도전과 상황을 명료화하고 대응할 수 있는 능력, 민주사회에서 비판적 탐구를 하고, 숙지된 결정을 내리는 능력 등이다. 시민의 발달 능력 수행을 위한 기술의 증진은 정치와 공공 영역에서 각종 쟁점을 비판적으로 인식하고 평가하고 의사소통하고 판단하고 결정하면서 자기 행위를 기획하는 데 요구되는 각종 시민적 기능들을 체계적으로 습득하는 과정이다. 이런 기능들의 교육은 어떤 입장을 설명하고 분석하고 교감하고 평가하고 지지하는 능력, 그리고 과정과 결과를 감시하는 능력을 습득하게 하고, 시민의 뜻을 표시하는 과정과 정치과정에 현명하게 참여하기 위해 지식을 이용한다. 민주시민교육은 시민들의 시민활동 참여와 정치 참여를 증대시키는 데 주안점을 두어야 하며, 교육을 통해 어떠한 정치적·경제적 이득을 획득하도록 해주는 것이 아니므로 무엇보다도 학습자 자신의 변화에 가장 중점을 두어야 할 것이다. 이것은 민주시민교육이 단순한 지식의 주입이 아니라, 문제의 발견과 해결이라는 독특한 교육의 방법을 채택해야 한다. 즉, 민주시민교육은 시민이 자신이 살아가고 있는 현실에 대한 통찰력을 얻으며, 스스로에 대한 믿음을 키우고, 그것에 기초하여 실천 활동을 시작하는 것을 목

48 논리력과 연구 능력, 말이나 글을 통한 근거에 터한 논박 능력, 판단하는 능력, 편견과 차별을 인식하는 능력, 문자와 말을 통한 표현 능력, 정보 기술 능력, 자기평가 능력, 증거 수집과 분석 능력, 왜곡·편견·차별을 명료화하고 규명하는 능력.

49 대화 능력, 타인의 관점을 소중히 여기고 배려하는 능력, 타인의 관심을 용인하는 능력, 조정을 하고 설득할 수 있는 능력, 적절한 방식으로 의견 표출, 타인과 공동 작업, 사회적 능력과 관계 형성, 비억압적 인간관계의 확립, 비폭력적 방법의 문제 해결과 갈등 해결 능력, 수량적 사고 능력.

50 타인과 효과적으로 작업할 수 있는 능력, 차이를 인정하고 수용하는 능력, 갈등을 비폭력적 평화적으로 해결할 수 있는 능력, 다른 관점을 가진 타인과 교류하며 의사소통, 조직화 능력.

51 신선한 자료를 찾기에 앞서 비판적으로 증거를 분석할 수 있는 능력.

표로 해야 할 것이다. 그리고 민주시민교육 방법론은 기존의 다양한 방법을 활용하되 가능하면 튼실한 이론적 토대 위에서 경험과 실천 위주로 구성하는 것이 바람직하다.

시민이 구사할 주권자로서의 정책 능력은 정책 인지 능력, 정책 평가 및 비판 능력, 정책 창출 능력, 정책 관철 능력 등으로 구성된다. 민주시민교육의 유익한 기술에는 분명한 자기표현과 지지, 창의적인 비판적 사고, 답을 의심하고 따지는 용기, 팀워크, 의사소통 등이 있다. 민주시민교육의 교수-학습법으로는 기본적으로 학생들로 하여금 프로제트에 적극적으로 참여하도록 하고(적극적 참여), 가치의 이해를 자극하고(가치 정당화), 그리고 입장을 취하고 변호하는 능력을 갖도록 할 뿐 아니라, 성찰적 비판적 사고를 격려한다(Print, 1999: 84-85). 이것은 '적극적-참여적 학습법'이라고 할 수 있으며 학급 차원과 학교 차원에서 이루어질 수 있다. 민주시민교육은 시민교육의 성과(지식이나 기술, 성향으로 정의되는 시민성)와 시민교육의 방법(직접적 교수, 정치의 직접 경험, 공공 업무에 대한 간접적 경험 등) 사이에 공통적으로 존재하는 복잡한 상호작용이 있다는 점을 유념해야 한다. 교육자(진행자, 교사 등)와 학습자(참가자, 학생 등)의 관계를 기존의 수직적이 아닌 수평적인 관계로 형성하여 민주시민교육에 적절한 방법을 공동으로 개발하도록 노력한다. 기존의 교육방법(강의식·설명식·주입식 등)도 필요하지만 대화, 토론, 심의, 탐구학습, 구성주의 방법, 서사적 대화, 협동 학습, 조별 활동, 모의재판, 역할 놀이, 사회심리 드라마, 시뮬레이션, 공식적 토론 진행의 연습, 지역 봉사활동 프로젝트 강좌, 강좌 개설, 매체를 통한 교육, 직접적 실천, 체험학습, 봉사학습 등 다른 교육방법을 통해 배워 이해하고 소화하여 실습하는 과정을 거치도록 해야 한다. 민주시민으로 자라게 하는 훈련 기법으로는 참여하기, 위험을 남에게 알리기, 대화하기, 자기 통제, 관용하기, 자기 의견을 당당하게 밝히기, 선택과 책임, 지켜야 하는 것(김은경, 2009) 등이 있다.

〈민주시민 훈련기법〉

(김은경, 2009)

① 참여하기

어린이 여러분! 민주주의는 참여를 통해서 이루어집니다. 이러한 참여의 과정을 통해서 서로 다른 의견이나 생각을 민주적인 절차에 따라 하나로 모으는 것이 선거이고 국민투표입니다. 어린이들은 학교나 집에서, 가족 간이나 친구들 간에 스스로 자기 의견을 말해서 어떤 결정에 참여해야 하는 경우가 있습니다. 이때 자기 생각 말하기를 회피하는 것은 옳은 행동이 아닙니다. 자기 생각을 분명하게 밝혀야 합니다. 자기 생각이 중요하지 않을 것으로 생각해선 안 됩니다. 자기 생각 밝히기를 피하거나 토론에 참여하지 않으려고 한다면 민주시민의 자격이 없는 것입니다. 참여는 민주시민이 되는 첫걸음입니다.

② 위험을 남에게 알리기

어린이 여러분! 우리는 못 본 척 외면하고 싶은 일을 당할 때가 종종 있습니다. 어떤 때일까요? 사고가 날 위험한 상황을 우연히 보게 되었다든가. 아니면 다른 사람이 위험에 처한 것을 보게 되었을 때, 또 나쁜 사람들에게 괴롭힘을 당하는 친구를 우연히 보게 되었을 때 등등이 그런 경우가 아닐까요? 이럴 때 우리는 어떻게 해야 할까요? 우리가 해결하기 어려운 경우라면 주변에 위험을 알려서 사고를 미리 대비할 수 있도록 하는 것이 중요하답니다. 주변의 경찰서나 부모님이나 선생님께 이를 알려서 희생자가 발생하지 않도록 하는 것이 중요하답니다. 왜냐고요? 우리는 더불어 살기 때문입니다. 위험을 남에게 알리는 일은 민주사회를 만드는 중요한 일이랍니다.

③ 대화하기

어린이 여러분! 민주주의는 힘으로 윽박지르는 것이 아니라, 서로 대화를 통해 이루어집니다. 다른 사람의 생각을 들어보고 옳은 것은 받아들임으로써 자신의 잘못된 생각을 고칠 수 있는 것입니다. 이렇게 함으로써 우리는 좀 더 나은 결정을 할 수 있으며, 이러한 과정을 통하여 서로 간에 믿음을 쌓을 수 있습니다. 다른 사람의 말을 듣지 않고 혼자 말하는 것은 귀머거리와의 대화입니다. 남의 이야기에 귀 기울이지 않고 혼자 떠드는 것은 공동의 결정을 내리는 것을 거부하는 것이나 다름없기 때문입니다. 남이 하는 말이 잘못된 것인지, 일리가 있는 것인지, 남의 말에 동의를 하고 있는지 아닌지를 스스로 물어보아야 자기성찰이 가능합니다. 남의 말을 잘 듣고 여기에 응답을 하는 것이 곧 대화입니다.

④ 자기 통제

어린이 여러분! 다른 사람과 의견이 다를 때 어떻게 하나요? 목소리를 높이고 고함을 치며 화를 내지 않나요? 자기와 의견이 다르다고 다른 사람에게 욕을 하거나 자기 통제력을 잃어 곧바로 후회하게 될 말과 행동을 하지 않나요? 남이 나를 존경하게 하고 싶다면 먼저 남을 존중하지 않으면 안 됩니다. 다른 사람의 말이 나를 화나게 할지라도 먼저 자기 자신을 통제하는 방법을 배워야 합니다. 또 자신의 의견이 옳다면 다른 사람을 설득하는 것이 매우 중요합니다. 그러기 위해서는 자신의 생각이 분명해야 하겠지요. 자기 통제는 폭발보다 훨씬 더 큰 힘을 갖기 때문입니다.

⑤ 관용하기

어린이 여러분! 다른 사람의 선택을 마음속으로 받아들이기가 어려울 때가 있습니다. 어떤 사람들은 우리와 다른 생각을 갖고 있고, 우리와 다른 신을 믿는 사람들도 있습니다. 그리고 어떤 사람들은 어린이들도 무엇을 스스로 판단하고 결정할 수 있는 능력이 있다고 생각하는 반면, 또 어떤 사람들은 그렇지 않다고 생각합니다. 관용한다는 것은 다른 사람의 생각이나 삶의 방식이 나와 다르다고 하더라도 이를 받아들이는 것을 말합니다. 다만 그런 관용에는 반드시 한계가 있습니다. 무엇이 같고 무엇이 다른지를 분별하고 토론을 통해 이를 설득할 수 있는 있어야만 관용의 정신을 가질 수 있습니다. 토론 자체를 거부한다거나 폭력에 의한 방법으로 문제를 해결하려는 태도는 바람직하지 않습니다. 이는 관용과는 다른 태도입니다.

⑥ 자기 의견을 당당하게 밝히기

어린이 여러분! 가끔 우리는 남 앞에 나서는 것을 수줍어하거나 과감하게 자기 의견을 밝히지 못할 때가 있습니다. 또 내 말이 어느 누구의 관심을 끌지 못할 것이라고 짐작하기도 합니다. 그러나 우리가 남의 말을 잘 들어보면 남의 관심을 끄는 방법이 어떠한 것인지를 쉽게 알 수가 있습니다. 남과 다른 내 생각을 분명하게 밝히면 되는 것입니다. 내 의견을 분명하게 밝힌다는 것은 아무 것도 말하지 않기 위해 말을 하는 것이 아닙니다. 말하고자 하는 것이 머릿속에서 분명하다면 말도 분명해지고 남에게도 분명한 목소리로 들립니다. 자기 의견을 드러내 놓고 분명하게 밝히는 것은 민주시민의 중요한 자질이며 우리 모두를 위해서도 아주 중요한 것이라는 것을 잊지 말아야 합니다.

⑦ 선택과 책임

어린이 여러분! 산다는 것은 선택의 연속입니다. 말할 때와 침묵할 때, 거절할 때와 수락할 때, 떠나야 할 때와 머무를 때를 선택해야 합니다. 이것이냐 저것이냐야말로 두 개의 사물을 항상 서로 분리시킵니다. 선택이 너무 어렵거나 선택이 망설여질 때, 문제에 대한 해답이 서로 충돌할 때 그리고 무엇이 최선의 것인지를 알지 못하거나 선택, 그 자체에 관심이 없을 때 우리는 흔히 선택하지 않는 것을 선택합니다. 말하자면 기권을 하는 것입니다. 기권은 선택의 권리를 다음 순간을 위해서 유보하는 것입니다. 또 부모를 비롯한 다른 사람에게 선택의 권리를 넘겨주는 때도 가끔 있는데 나의 선택이 아닌 그들의 선택은 거의 예외 없이 나에게는 최악의 선택이 되는 경우가 많습니다. 선택의 즐거움과 괴로움을 남에게 넘겨주는 것은 어리석은 일입니다.

⑧ 지켜야 하는 것

어린이 여러분! 법은 우리가 선택할 수 있는 것이 아니라 지켜야 하는 것입니다. 우리의 의회 대표들이 투표로 제정한 법률을 지키는 것은 사회의 약속입니다. 또 이런 법들을 사람들이 지키고 있는가 아닌가를 감시하기 위해 경찰이 있습니다. 그리고 법관들은 경찰이 고발한 법을 어긴 사람들의 유죄와 무죄를 법에 따라 판단합니다. 예를 들어 우리에게는 도둑질할 권리와 폭력을 행사할 권리가 없다는 것입니다. 만약 법이 없다면 우리는 우리 자신에게 가장 좋다고 여겨지는 것을 선택할 수 있을 것입니다. 그리고 이 경우 누구든 이 같은 선택을 둘러싸고 무엇이 옳고 그른가의 토론은 할 수 있을지 몰라도 선택 자체를 비난할 권리를 갖고 있지 않습니다.

민주시민교육은 사회적 제도와 구조 속에서 규정된 개인으로서의 접근이 아니라, 자유로운 개인과 그들 상호 간의 관계와 그를 통해 만들어지고 운영되는 사회에 대한 이해와 훈련의 측면에서 접근해야 한다. 그러한 교육은 개개인의 사적 관계를 공공 영역의 공적 관계로 승화시키면서 그 안에서 이기적 공동체가 공동선을 지향하는 공동체로 전환할 수 있는 계기를 만드는 것이며, 성숙한 시민사회를 이뤄가는 과정이 될 것이다. 민주시민교육이 국가주의를 옹호하려는 유혹에 빠지지 않고, 민주시민교육의 본령이라고 할 수 있는 논쟁적 학습, 비판적 사고, 협동의 원리, 초당파적 성격을 견지하는 가운데 상대에 대한 존중, 타인 중심 사고, 다른 의견에 대한 수용력, 다른 입장에 대한 관용력, 권리에 상응하는 책임의식, 법의 지배에 대한 순응, 인권의식 같은 민주적 가치를 연마하도록 하려면 다양한 의견 수렴을 통한 균형적 시각의 정립이 우선적으로 요청된다. 민주시민교육은 인권 보호를 습관화하여 실천하도록 하는 것이 좋을 것이다. 학습자가 스스로 학습 환경에 적극 참여하여 문제를 자주적으로 해결하는 경험을 갖게 해야 한다. 소극적 학습 방식에서 적극적 학습 방식으로 전환시킨다. 그러나 이 모든 과정은 교사의 철저한 준비와 지도가 선행되어야 한다. 여기서 제시한 민주시민교육의 방법은 한 가지만을 사용할 수도 있고 여러 가지를 조합하여 효과적으로 사용할 수도 있을 것이다. 연령이 낮을수록 학생들이 아직 어려서 이성적 판단을 자주적이고 독립적으로 하기 어려운 상황이므로 민주시민교육에서 경험적이고 실천적인 교수학습 방법을 사용하는 것이 바람직하다.

민주시민교육의 방법은 교사 중심의 지식 전달[52]에서부터 공동체 활동까지 다양하다. 교육이 교과서와 관련된 것에 한정되지 않고 학생들의 공동체 삶에 영향을 주는 최근의 이슈에 관한 논의들을 포함하는 것일 때 사회적 학습과 시민교육의 범위와 학생들이 습득하는 시민적 지식의 깊이와 정도 사이에는 분명한 상관관계가 존재한다. 시민적 지식과 기술과 태도에 기

52 지배적인 교수 전략은 지식의 전달 방식이다. 보통의 교실학습은 교사 중심임을 보여주고 있다. 모의재판에 참여하고, 토론에 참여하거나 신문에 의견을 제안하는 등의 활동은 드물었다. 학교에서의 민주시민교육은 너무 무미건조하고, 민주주의를 연습하기보다 그것에 대해 가르치는 데 초점이 주어져 있다. 만약 이런 결론이 적절하다면 그것이 함축하는 의미는 위험하다. 이런 가르침은 학생들로 하여금 학교와 교실 밖 실제의 사회생활과 관련된 흥미를 가지지 못하게 하고 단절된 지식만을 제공할 뿐이다.

여하는 것은 활동적인 학습이다. 그리고 활동적 학습은 최근의 주제와 역사적 주제의 담론 그리고 교실의 민주주의적 풍토를 허용케 하는 개방적 교실 풍토에 의해 지지된다. 따라서 새로운 다양한 민주시민교육 방법이 모색되어야 한다.

공공의 문제에 대한 참여는 단순히 명령에 의해 이루어지는 것이 아니라, 숙고(심의)와 토의를 통해 이루어지는 것이다. 시민사회의 필수적 요소는 심의민주주주의 구현이다. 갈등하는 이익들이 자신의 선호에서 사회적 선호로 발전되기 위해서는 토론과 심의를 통하여 공동체가 추구해야 할 공동선을 형성하려는 '토론 광장'의 공간을 마련해야 한다. 기본적으로 남이 나와 다를 수 있다는 차이를 인정하고 수용하려는 다원주의적 가치가 형성되어야 한다. 에티켓 사회, 관용의 문화, 차이를 인정하고 수용하는 정치가 정착되어 있지 않은 사회에서 대화, 토론, 심의를 통해 공적 문제에 관한 합의를 이루어내려는 심의민주주의의 토양은 척박할 수밖에 없다.

시민적 기술·능력은 실천을 통해 발달시킬 수 있다. 이는 바람직한 활동 혹은 시뮬레이션을 통해서 가능하다. 민주시민교육에서는 모의재판이나 학생의회와 같은 것이 시민 능력을 개발하는 데 자주 사용된다. 그리고 교육 효과와 집중력을 높이는 '재미있는 교육', 교육자와 참여자가 서로 가르치고 배우는 '공동체 교육', 참여자가 교육의 중심에서 이끌어 가는 '참여형 교육', 참여자의 욕구와 필요를 우선적으로 고려하는 '맞춤형 교육' 등이 시민사회를 위한 교육방법론으로 새로운 관심을 끌고 있다. 민주시민교육의 원리는 크게 네 가지 공통 요소(4C), 즉 공동체community, 협동collaboration, 의사소통communication, 의식 각성consciousness으로 구성된다(Yvonne, 1997).

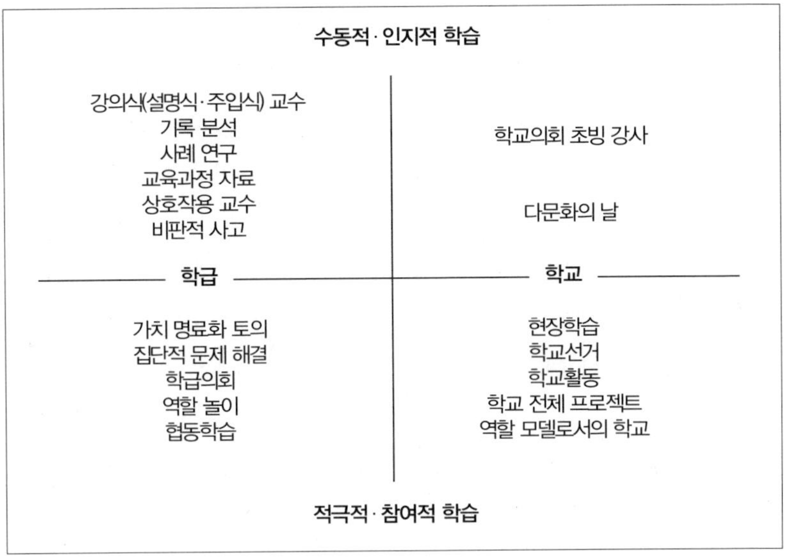

〈수동적 학습과 참여적 학습〉

2. 한국 민주시민교육의 과제

(1) 한국의 시민사회는 국가 주도의 공권력과 파괴적 경제 영역을 제한하기 위한 '민주적인 공공 영역'을 이상으로 하고 있음에도 불구하고, 그동안 한국의 민주시민교육은 '국가주도의 교육'으로 점철되어 온 것을 감안할 때, 진정한 시민교육을 위해 국가가 아닌 시민사회 속에서 이루어지는 민주적 시티즌십의 확장을 통한 민주시민교육이 되어야 한다. 과잉 발달된 교육권력 집단과 동등한 힘을 발휘하기 위해서는 저발달된 교육시민사회의 세력화를 위한 배전의 노력을 기울여야 한다. 한국의 민주시민교육은 국가 주도의 공권력과 파괴적 경제 영역을 넘어 제3의 '민주적인 공공 영역'으로서의 민주시민교육으로 거듭나야 한다. 교육권력 진영과 교육시민사회의 관계 및

역할은 21세기를 맞이하여 동반자적 민관 거버넌스를 창출해야 한다. 국가 권력에 의해 주도되던 교육 영역에서 벗어나 시민사회가 주도하는 민주시민 교육으로 전환되어야 한다. 학교에서의 시민사회 주도 교육은 국가/시민사회 구도의 중간점을 잘 찾아야 한다. 교육과정의 개편 논의에서도 국가와 시민사회의 적절한 권한을 찾아야 한다. 국가와 시민사회는 상호 견제 및 보완의 관계임을 생각할 때, 국가에 의해 소멸되고 시민사회가 교육을 지배하는 정도까지는 바람직하지 않다. 따라서 국가 주도 교육의 문제점을 제시하고 시민사회 영역의 자율성을 확보할 수 있는 정도의 긴장을 유지하는 '중도적' 시민교육이 요구된다. 물론 현재 교육시민사회 세력은 국가권력의 힘에 비해 미약하기에 교육 NGO의 권한 확대를 위한 제도적 노력과 함께 스스로의 세력 확대를 위한 배전의 노력을 해야 한다.

(2) 아직 시민사회 주도의 민주시민교육의 실체가 명확하지는 않지만, 국가가 주도하는 획일화된 학교제도와 교육과정에 대항하여 학생과 교사, 학부모, 지역사회 인사 등이 연합한 시민사회 진영은 21세기를 향한 새로운 교육 이념과 정책적 대안을 제시해야 한다. 학교 안에서 민주시민교육을 범교과 차원에서 접근하는 내용을 개발해야 한다. 학교와 지역사회가 밀착된 내용을 개발하여 학교가 열린 학교나 민주적 공동체 학교가 되도록 해야 한다. 이를 위해 학생을 대상으로 한 민주시민교육 프로그램과 학부모를 대상으로 한 시민교육 강좌, 교양 강좌를 마련해야 한다. 방과 후 중고등학교에서의 강당이나 교실을 잘 활용해야 한다. 공교육이 입시 위주의 단순한 수단이 아니라, 시민사회의 기본 교육 기능을 발휘해야 한다. 민주시민교육은 시민사회의 기본 가치에 헌신하고, 민주주의의 제반 과정과 절차에 익숙한 시민을 양성하는 것이 매우 시급하다. 국가교육 당국이 주로 담당하는 공민교육, 시민교육도 마찬가지다. 시민사회가 민주시민교육에 참여해야 국

민의 시민교육은 타락하지 않을 수 있고 정당성을 확보할 수 있다.

(3) 시민의 자격을 갖추기 위해 가장 필요한 것은 '토론'과 '심의'의 능력을 갖추는 것이다. 그런데 우리는 아직 의사소통과 토론 문화가 정착되고 있지 않다. 여전히 한국에서 토론은 목소리 큰 사람이 이기는 방향으로 진행되고 있으며 공적인 문제에 대한 이성적인 심의는 이루어지고 있지 않다. 토론 문화가 정착되기 위해서는 상대방을 존중하고 모든 문제가 적대적 수단이 아니라 평화적인 대화와 토론을 통해서 해결되어야 한다.

(4) 학교의 시민사회화를 위해 통제 시도를 막고 학생의 보다 나은 삶의 질을 확보하기 위한 절차적·제도적 권리(시민권: 의사결정의 민주화, 학생자치활동의 활성화, 학부모의 민주적 참여)의 확보도 중요하다. 동시에 교육 주체의 시민적 덕목(신뢰하고 협력하고 부조하고 연대하는 시민윤리: 학교장 윤리, 학부모 윤리)과 시민문화(놀이와 문화, 삶의 태도의 고양: 교직문화와 학생문화, 학부모문화)를 스스로 함양하고 형성해야 한다. 그렇지 않으면 자율적 시민문화의 형성을 어렵게 하여 민주적 시민사회의 건설은 더욱 멀어지게 할 것이다.

(5) 자본주의의 구조적 불평등이 일상적인 삶의 세계를 구성하고 있기에 오늘날 전 세계를 석권하고 있는 시장 세력의 발호에 대항하는 교육시민운동이 활발해야 한다. 시민사회를 위축, 분쇄시키려는 기획을 갖고 있는 시장 세력의 신자유주의적 교육정책에 대해 민주시민교육을 담당하고 있는 교사와 활동가, 시민들은 공동으로 대응해야 한다. 그렇게 해야 공교육을 민주시민교육을 할 수 있는 영역의 공간으로 지켜낼 수 있다.

(6) 민주주의의 완성을 하도록 하는 교양 있는 시민의 양성을 위해서는

인권교육과 평화교육 등 '민주적' 시민교육이 활성화되어야 한다. 민주적 시민교육은 아동을 단순히 미성숙자이기에 교화의 대상으로 보는 것이 아니라, 준성인으로서 시민으로서의 자격과 자질을 갖추도록 준비시키는 교육으로의 위상을 가져야 한다. 그리고 민주적 시민교육이 활성화되어야 교양 있고 성숙된 정치 감각을 지닌 민주시민으로 성장할 수 있다. 특히 사회적 불평등 문제, 환경의 파괴 문제, 학교 폭력 문제 등을 깊이 있게 다루어야 한다. 이러한 이슈에 관심을 갖는 민주시민교육은 인권교육, 평화교육, 교양교육, 환경교육 등을 모두 포괄해야 한다.

(7) 지금까지의 공적 영역, 공적 담론, 즉 '거대 체제'에 의해 획일화된 가치를 해체시키는 과정이 필요하다. 공동의 이익에 개인의 이익을 무조건적으로 복종시키는 원칙을 강요당한 개인들은 전체와 스스로에게서 자신의 가치를 소외시키고 무력화하는 데에 익숙해져 있다. 개인이 자신의 의견을 존중할 수 있는 힘이 없을 때 타인에 대한 책임을 필요로 하는 시민사회의 윤리를 실천할 수 있으리라고 기대하기는 힘들다. 따라서 공동선을 지향하는 민주시민교육은 공동의 선과 개인들의 개별적인 선을 조화시킬 수 있는 힘을 기를 수 있도록 해야 하며, 공동체 구성원으로서 개인이 갖추어야 할 책임과 자율을 훈련하는 과정을 포함해야 한다.

(8) 시민사회는 자치를 기초로 한다. 그런데 다스리는 자의 지배를 받지 않고 주민이 자신과 관련된 사안에 적극적으로 참여하기 위해서는 이성적이고 합리적인 판단과 선택을 할 수 있는 능력이 있어야 하고, 참여를 기피하지 말아야 한다. 형식적인 민주주의 제도는 비민주적이고 훈련되지 않은 주민이 존재하는 상황에서는 아무런 의미가 없다. 성숙한 토론 문화를 정착시키고, 시민들로 하여금 문제를 스스로 해결하려는 자치 문화가 내면화·습

관화되도록 교육과 훈련을 시켜야 한다. 시민사회는 시민들이 시장주의의 세계화 시대에 자신들의 문제에만 관심을 가지는 '경제적 동물' 또는 '시장적 인간'으로 떨어지지 않게 하고, 오히려 그 반대로 공적인 문제에 관심을 갖고 부단히 사회적 문제를 해결하기 위해 적극적으로 참여하는 '정치적 인간'으로 변화시키는 운동을 해야 한다. 시민의 무관심과 수동적 태도보다 더 민주주의를 위협하는 것은 없다.

(9) 시민교육의 활성화는 시민운동을 활성화시킬 것이고, 역으로 시민운동의 활성화와 시민 참여 기회의 확대야말로 무엇보다도 가장 중요한 교육적 역할을 하게 할 것이다. 시민운동을 통한 제도의 개혁과 참여의 기회의 확대가 수반되지 않는다면 시민들에게 교육의 필요성을 주지시키기가 어렵고, 또 시민들을 교육의 장에 이끌어내기도 어려울 것이다. 그러기에 공교육은 시민 형성의 강력한 견인차가 되어야 한다.

(10) 세계화로 집약되는 새로운 경제 질서 하에서 국가, 정치 질서, 지역공동체의 삶이 크게 변화될 가능성이 있고, 향후 통일 시대에는 남북한 시민들 간의 통합을 향한 긴장이 발생할 수도 있다. 따라서 가치관의 차이, 인간관계 방식의 차이, 이데올로기 차이 등을 인정하고 관용하는 민주시민교육 프로그램이 개발되어야 한다. 민주시민교육은 시민 참여의 기반 확충, 시민 각성 제도, 즉 시민들의 사적 이해 관심을 공적인 차원에서 재해석할 수 있는 능력을 배양할 필요가 있다. 민주시민교육은 시민들한테 정치적 관용, 민주적 과정에 대한 신뢰, 법치주의의 존중과 같은 구체적인 민주적 가치를 전달하고 이를 마음속에 심어주는 데 그 뜻을 둔다. 결국 시민들한테 지방 정부든 중앙 정부든 모든 수준의 정부에 책임 있고 민주적인 정치 참여를 하도록 촉진해야 한다.

DEMOCRACY
..IS WHERE FREEDOM OF SPEECH BUT

제3부

민주시민교육의 확장

인간과 시민이 왜 따로 노는가?
도덕성과 시민성
도덕교육과 시민교육의 목표 갈등
시민교육과 도덕교육의 융합
인격교육은 민주주의의 발전을 어떻게 가로막는가?
인권 담론의 변화와 시민사회의 위상
인권교육의 역사
인권교육의 방향과 내용
인권교육과 인격교육의 융합
인권교육의 강화를 통한 민주시민교육
학교가 왜 갈등의 장이 되고 있는가?
평화 담론의 변화
평화교육의 역사
평화교육의 목표와 유형
학교 폭력의 양상과 평화적 학급 만들기
평화적 교실 공동체 건설을 위한 민주시민교육
왜 민주적 교양교육인가?
시민사회의 교양화
휴마니타스 칼리지의 교양교육 실험
교양교육의 민주적 기능 회복
민주적 애국심이 왜 요청되는가?
애국심의 개념과 논쟁사
한국사회의 애국주의 논쟁
사려 깊은 애국심의 요청
애국주의와 민주주의의 융합을 통한 민주적 시민교육
자원봉사는 어떤 한계를 보이는가?
시민성의 변화와 봉사활동
봉사활동과 교과지식을 접목시키는 봉사학습
봉사학습과 시민교육의 이념적 결합
봉사학습을 통한 학교의 혁명적 잠재력
학생들은 왜 시민으로 자라지 못하는가?
능동적 시민 참여의 구성 요소
핀란드 학생의 능동적 시민 참여 사례
학생의 시민화를 위한 민주시민교육
학생은 왜 불행한가?
어떤 인간이 행복한 시민인가?
학생은 행복한가?
행복교육의 조건
서머힐학교와 간디학교의 행복한 시민 양성
행복한 시민의 양성을 위한 민주시민교육
학교의 민주주의가 왜 뒷걸음치고 있는가?
민주적 학교의 구성 요소
21세기 학교혁신의 방향
민주적 학교로서 '혁신학교'의 과제

제8장

도덕교육과 시민교육의 갈등과 융합

1. 인간과 시민이 왜 따로 노는가?

우리 사회에서 흔히 인간과 시민의 분리 현상을 자주 목격하게 된다. 인간은 되었는데 시민이 안 된 경우도 있고, 시민의 자격은 갖추었는데 인간이 안 된 경우가 있다. 전자의 경우는 성실한 삶의 태도를 보이며, 사람은 좋다. 그런데 공동체 구성원으로서의 책임을 다하지 못하는 경우를 자주 목격하게 된다. 이들은 흔히 국가의 문제나 민주주의 현실에 대해서는 전혀 관심을 갖지 않는다. 후자는 정반대로 정부의 정책이나 사회 현실에 대해 비판적 입장을 보인다. 그렇지만 생활태도나 말하는 태도나 술버릇 등에 대해서는 대수롭지 않게 여기는 경우를 많이 보게 된다. 여기에서 우리는 '사람됨'과 '시민됨'의 통합을 필요로 한다. '인간성'이 상실되어서도 안 되고, '정의감'이 없어서도 안 된다. 무골호인과 우국지사가 동시에 요구되는 것이다.

2. 도덕성과 시민성

도덕성morality이란 인간이 어떻게 살아야 하고, 무엇을 하고 하지 말지 말아야 하는지 그리고 어떤 종류의 사람이 되어야 하고 어떤 사람이 되지 말아야 하는지와 관련된 신념을 뜻하는 말이다. 도덕성이란 규범적 가치로서 인간 활동의 전 영역에 걸쳐 적용되는 가치이다. 도덕성은 가족 구성원, 고용주, 국가, 이방인, 심지어 동물 등에 이르기까지 바람직한 관계를 안내해주는 가치 안내의 역할을 한다. 이런 역할을 하는 도덕성은 사회나 특정한 집단의 사람들에게 받아들여진 행동과 관련된 원칙이나 가치체계로서 인간에게만 주어지는 독특한 성질이다. 동물들은 주로 본능에 의해 행동하며, 도덕적 판단 능력이 없기 때문에 동물들은 자신의 행동에 대해 도덕적인지 비도덕적인지를 판단할 수가 없다. 마찬가지로 우리는 기계를 작동하는 사람의 범죄행위에 대해 책임을 묻지 그 기계에 책임을 묻지 않는다. 인간만이 도덕적 판단을 하며, 부도덕함을 표현하기도 하고, 또 선하거나 악한 행동을 하고 그것을 용서하기도 하는 것이다.

그렇다면 이런 문제를 판별하는 기준이 필요하다. 그것은 인간에게만 존재하는 '도덕성morality'의 기준이다. 동물성과 대비되는 도덕성은 인간성의 도덕적 성향과 성질, 그리고 태도를 보여줄 때 잘 사용하는 말이다. 도덕성을 생각하는 방법에는 두 가지가 있다. 첫 번째는 "나는 어떤 사람이 되어야 하는가"이고, 두 번째는 "나는 어떻게 행동해야 하는가"이다. 물론 이 두 가지는 연관되어 있다. 그러나 첫 번째 도덕성에 관한 관점은 개인적인 덕성이나 자질을 거론하는 것이고, 두 번째 도덕성에 관한 견해는 개인적이고 사회적인 행동의 방법이나 원칙을 지칭한다. "어떤 종류의 사람이 되어야 하는가?"라는 질문은 본질적으로 인간의 선함에 관한 덕의 질문인 반면, "나는 어떻게 행동해야 하는가?"라는 질문은 옳음과 틀림을 아는 정의의 질문이다. 전자가 다른 사람과 관계를 맺는 '사람'의 '덕'이나 '인격'을 겨냥하는 경향이 있고, 후자는 '사람의 행동'을 초점을 둔 '판단'에 맞추어져 있는 경향이 있다. 전자가 아리스토텔레스와 매킨타이어의 관심이라면 후자는 칸트와 콜버그의 관심이라고 할 수 있다. 흔히 이를 두고 전자의 덕 윤리를 '최대 윤리maximal ethic'나 '두터운 윤리thick ethic 윤리'로, 후자의 정의 윤리를 '최소 윤리minimum'나 '얇은 윤리thin ethic'로 부르기도 한다. 전자의 도덕교육은 이유와 근거에 터한 편향되지 않는 합리적 이성을 통한 '판단력의 발달'에, 후자의 도덕교육은 연속적 실천과 습관의 형성을 중시하는 '덕의 함양'에 초점을 둔다.

행위보다는 이성에 의해 결정되는 판단력/인지구조의 발달을 우선하는 관점은, 도덕교육이란 합리적 활동으로서 여기서 도덕적인 것은 저런 방향의 행위보다는 이런 방향의 행위를 선택한, 합리적이고 정당한 논거에 바탕을 둔 것이라야 한다. "여기에서 거짓말하지 말아야 한다면 저기에서도 거짓말하지 말아야 한다"는 보편적 법칙을 중시한다. 똑같은 상황에 처한다면 어느 누구나 똑같은 일을 하게 될 것이다. 이 법칙은 사회 속의 특정 가치가 그보다 선행하는 더 큰 도덕 원리에 따르는 정의로운 사회(롤스는 이를 '무지의 장막'이라고 불렀다)이다. 사회의 규칙이 그 자체로서 정의롭지 못하면 그것에 복종하는 것을 거부할 수 있는 불복종 정신을 허용한다. 사회의 인습에 대해서도 조망할 수 있는 정의의 관점이 중시된다. 이런 입장은 칸트의 합리주의와 피아제의 발달론을 결합시킨 로렌스 콜버그의 관점이다.

반면 덕의 함양을 우선하는 관점은 "만일 내가 지속적으로 덕 있는 행동을 한다면 나는 덕 있는 사람이 될 것이다"라는 것이다. 덕에 관해서 이야기함으로써 덕 있는 사람이 되는 것이 아니라 덕을 실천함으로써 덕 있는 사람이 되는 것이다. 이것은 아리스토텔레스와 매킨타이어의 영향을 받은 데이비드 카의 입장이다. 아리스토텔레스에 따르면 도덕교육의 목적은 '덕의 함양'에 있다. 덕/미덕을 함양하는 유일한 길은 덕 있는 행위를 하는 것이다. 다시 말해서 이런 저런 행위에 초점을 두지 않고, 특정한 방식으로 행위하는 사람의 '성향'에 초점을 두어야 한다는 뜻이다. 이 말은 학생들이 지나친 행동을 피하고, 극단이 아닌 중용의 길을 찾도록 가르쳐야 한다는 뜻이다. 따라서 맹목적인 사람이나 겁쟁이가 되지 말고 용기 있는 사람이 되어야 하고, 방탕한 사람이나 비굴한 사람이 되지 말고 관대한 사람이 되라는 말이다. 인색하지도 않고 사치하지도 않는 중용의 길을 가는 사람은 여러 가지 상황에 직면하면서 터득한 실천적 지혜를 갖춘 덕 있는 사람이다. 행위의 기준이나 원칙을 따르는 판단력의 발달을 중시하느냐 아니면 도덕적 행위를 하도록 하는 덕의 함양을 중시하느냐의 강조점의 차이는 있으나, 전자 없는 후자나 후자 없는 전자는 불완전한 도덕일 것이다. 상황과 조건에 따라 중요도나 우선순위가 결정될 것이며, 때로는 적절한 배합이 필요할 경우도 있을 것이다.

다른 한편 시민성/시민됨citizenship은 첫째로 한 사회의 공동체 구성원으로서 법적 범주, 사람의 법적인 상태를 확인하는 것이다. 둘째로 시민됨은 공동체에 소속된 사람으로서 시민에게 주어진 권리와 함께 책임을 지는 것을 말한다(McCown, 2011: 168-169). 시민됨은 흔히 권리와 의무/책임으로 기술된다. 권리와 의무 중에서 어느 것을 우선시하는가에 따라서 시민됨은 달라진다. 자유주의liberalism 입장에서는 '권리'를 강조하고, 시민공화적civic republican 또는 공동체주의적communitarian 관점에서는 '책임'을 강조하는 경향이 있다. 그런데 권리와 책임간의 균형성 문제뿐 아니라 어떤 권리나 의무를 가리키는가 하는 문제도 있다. 19세기 영국에서 완전한 시민권을 가졌던 일부 사람들에게는 실질적으로 정치적·공민적 권리가 있었으나, 사회복지가 거의 없는 자유시장 체제가 작동하였다. 이와 대조적으로 20세기 소련은 실질적인 사회적 권리를 제공한 반면 공민적·정치적 권리는 거의 허용하지 않았다. 대체로 오늘날 민주사회에서는 공정한 절차(법의 규칙)와 합법적인 권리가 부분적으로는 민주적 의사결정에 참여함으로써, 시민들 사이의 평등을 유지하고 사회에 헌신하는 시민의 적극적인 역할을 확실히 하도록 하고 있다.

그런데 시민성/시민됨을 넓은 의미로 사용할 경우는 '시민권'[53]의 의미를 포함하지만, 그러지 않을 경우 시민의 권리 측면을 배제하는 뉘앙스를 갖기에 '시티즌십'을 그대로 사용하기도 한다. 시민성의 개념은 법적 상태라는 좁은 의미의 시민권과 정치적 상황에서의 참여적 기술과 참여적 지식으로서의 중간적 의미의 시민성, 그리고 사회에 대한 지식의 결합, 사회참여의 기술, 공동의 이익을 위한 공적 노력에서 구성적으로 참여하려는 성향으로서 넓은 의미의 시민성으로 확장하여 생각해볼 수 있다.

엷은 시티즌십	두터운 시티즌십
권리의 특권적 우선성	상호 보완적인 권리와 책임
수동적	능동적
필요악으로서의 국가	좋은 삶의 토대로서 정치공동체 (반드시 국가일 필요성은 없음)
순수하게 공적인 지위	공적인 지위와 사적인 지위 모두에 해당
독립성	상호 의존성
선택을 통한 자유	시민적 덕성을 통한 자유
법적	도덕적

〈시티즌십의 엷은 개념과 두터운 개념의 이념형〉(Faulks, 2000: 20)

53 시민권은 타인의 침해로부터 개인의 자유와 안전을 수호하는 '방어적 권리', 사회에서 문제된 사안의 결정에 참여할 '정치적 권리', 공동체의 성원으로서 재화와 서비스를 제공할 '복지적 권리'로 구성된다.

넓은 의미와 좁은 의미를 포괄하는 시티즌십은 권리적 요소와 행위적 요소로 구성된다. 시티즌십의 구성 요소에는 시민으로서의 권리(시민권; 국가적 귀속 등)와 시민성/시민됨이라는 윤리적 성질을 융합한 의미를 갖고 있다. 시민으로서의 권리(시민권, civil right)를 갖는 것과 시민으로서의 덕성(예의와 교양, civility)과 의식(신념)과 행동 등을 모두 포함한다. 권리적 요소는 자신을 보호하는 것과 타인을 보호하는 두 요소가 포함되고, 윤리적 요소는 예절범절과 품위 등 도덕적 요소가 더 강하다. 이 두 가지는 권리와 책임이라는 상반된 입장으로까지 발전할 수 있다. 인권에 더 주목해야 한다고 투쟁하는 사람들도 있는 반면, 권리에 대한 지나친 강조는 같은 사회에 살고 있는 타인에 대한 의무를 망각하게 만들었다고 불평하는 사람들도 있다. 결국 전자가 인권·시민권을 강조하는 경향이 있고, 후자는 도덕성·인격을 강조하는 경향이 있기에 도덕성과 시민성은 대체재가 아니라 상호 보완적 가치임을 인식할 필요가 있다.

이렇게 두 가지 의미를 갖는 시티즌십은 분명 교육이 개인으로 하여금 시민의 자격으로서 시민권이나 시민성을 생각하게 하는 가장 중요한 매개체가 된다. '시민권'은 사적 권리를 보호하기도 하지만 인간의 존엄성, 평등, 정의, 연대 등 공적 권리가 중심을 차지한다. 이러한 공적 시티즌십은 공적 권리를 개인의 책임으로 환원시키고자 하는 시장화된 권리를 위험스럽게 본다. 이런 확대된 넓은 시민교육, 즉 정치교육의 입장은 환경문제, 성 평등, 다문화주의, 지구적 문제로 그 지평을 넓힐 수 있다. 반면 '시민성'은 공동선을 발전시키는 데 헌신하는 집단의 성원으로서 참여하는 좋은 시민으로서 '시민적 덕성/인성civil virtue/personality'을 갖추고 있지 않으면 안 된다(Miller, 1992: 93-9). 시민적 덕으로서의 시민적 인성은 시민사회와의 연관 속에서 국가의 동반자가 될 수도 있고, 반대자가 될 수도 있기에 양자를 모두 지향한다(Jelev, 2009: 341). 이런 입장의 시민적 덕성·인성은 도덕성과 가장 중첩되는 덕이다.

3. 도덕교육과 시민교육의 목표 갈등

1) 도덕교육의 목표

'도덕적 성찰'은 도덕교육에 대한 도덕적 딜레마에 대한 논의를 통해 도덕적 이성의 발달에 강조점을 두는 콜버그의 도덕성 발달 연구의 중핵에 놓여 있다. 성찰의 중요한 부분인 '도덕적 상상력'은 다른 사람의 세계관으로 들어가서 행동과 결정이 어떻게 영향을 미칠 것인가를 보고, 자기의 현재 경험의 범위 이상으로 가능성을 파악할 수 있도록 도와준다.

첫째, 도덕교육의 목표는 '도덕적 소양을 가진 행위자'를 양성하는 데 있다. 도덕적 소양을 가진 사람의 구성 요소는 생각하고 도덕적으로 행동하는 것, 이에 필연적으로 암시되는 것에 대한 고려에서 파생된다. 도덕적 소양을 갖춘 행위자의 양성은 세 가지 단계로 달성될 수 있다.

그것의 첫 번째 단계는 명확한 '도덕적 전통'을 학생에게 전수하는 것이다. 이것은 형식적이고, 때로 종교적이며, 전통적이거나 비형식적인 가족 단위의 전통일 수 있다. 그것은 의식적이든 아니든 성인들에 의해 계획되고 행해진다는 것을 암시한다. 아이들이 자율성이 존중되고 전통을 받아들이거나 거부할 수 있게 자유롭게 자랄 수 있다면, 부모의 양육은 아이들을 명확한 도덕적 신념과 실제에 입문시키는 효과적인 방법일지도 모른다. 도덕적 학습이 진공 속에서 발전할 수 없기 때문에 전통을 내면화하는 것은 중요하다.

두 번째 단계는 도덕교육에 있어 궁극적으로 중요한 것으로서, 도덕적인 질문에 정답의 형태로 학생에게 명확한 내용을 전해주는 방식이 아니라 바로 '원리'와 '절차'를 이해하도록 하여, 적절하게만 행해진다면 내용은 스스로를 책임지도록 하는 것이다. 이 단계는 도덕적 원칙 및 절차에 대한 학생의 이해를 돕는 것으로 이루어져 있다. 이것은 좋은 또는 합리적인 도덕적 결정을 내리는 데 필요한 준비이다. 이 준비는 대략 덕의 본성이나 도덕적 문제와 같은 적절한 개념을 이해하고, 개인이 행동할 때 따라야만 한다고 믿는 규칙이나 원리를 확인하는 것이며, 또한 타인(또는 자신)의 감정을 인지하고, 타인을 동정하고 타인에 대한 염려를 표시하는 능력, 주변 환경의 지식과 주어진 도덕적 상황과 관련된 사실적 지식, 사람을 다루고 도덕적 의사를 결정하는 실제적 지혜를 갖도록 하는 것이다.

세 번째 단계는 최대 다수의 최대 행복을 추구하는 '공리주의'와 보편적으로 적용 가능한 정언 명령과 양심을 따르는 자기 입법적인 '칸트 윤리'[54], 실제적인 도덕적인 문제점 및 딜레마에 이들을 적용하는 기술과 같은 윤리적인 이론을 포함한 도덕에 대한 좀 더 학문적인 연구이다. 다른 학문적 연구의 영역은 도덕적인 발달의 심리학적 이론, 종교에 대한 도덕, 법률에 대한 도덕의 관계, 영성과 감정과의 결합을 포함한다.

둘째, 도덕교육의 목표는 '도덕적으로 헌신적인 행위자'를 양성하는 데 있다. 대부분의 사람들은 도덕적인 이해를 발전시키기 위한 목표 그 자체만으로는 부족하다는 것에 동의할 것이다. 그 목표가 도덕적인 행동에 도달하지 않는 한, 그 목적을 달성하지 않은 것이다. 그 예로써 도덕적 이해의 다양한 요소가 실제 상황에서 실행하는 방식으로 발휘되어야 한다. 실제로, 도덕적인 행동은 도덕교육의 수단이자 그 결과이다. 가족, 학교 및 지역사회는 타인과의 정상적인 상호작용이 많은 도덕적 학습의 기회를 제공한다. 실제

54 칸트는 도덕적 선택을 가능하게 하는 것은 인간의 이성이라고 주장한다. 어떤 행위가 선인 것은 경전이 그렇게 쓰여 있어서도 아니고, 다른 사람이 그렇게 말해서도 아니다. 어떤 행위가 선인 것은 우리가 우리의 이웃 사람들에게 그것이 이유와 근거를 대며 합리적으로 정당화할 수 있기 때문이다.

로, 스포츠, 자선행사 주관, 사업경영을 포함한 어떤 협력적 사회활동은 특히 구체적으로 발생한 도덕적 이슈들이 토의와 성찰에 초점을 맞추어져 있다면 도덕적으로 교육적일 수 있다. 그러나 도덕적 이해와 도덕적 행동이 항상 상응되는 것은 아니다. 많은 사람들이 일련의 규칙이나 도덕적 원칙을 약속한다고 하여 항상 그 원칙에 따라 실행에 옮길 것이라는 보장은 없다. 원리를 실천하며 사는 것은 '의지의 강화'와 '동기부여'와 관련이 있다. 도덕성이라고 부르는 생각이나 삶의 전반적인 형태를 진지하게 여기도록 고무시키는 것, 그것을 소중히 여기고 그 일부가 되기를 원하게 하는 것이 '도덕적 동기부여'이다. 그것은 어떤 종류의 도덕적 행동이 득이 되기 때문에 올바른 답에 따라 행동하는 것과는 무관하다. 도덕교육의 목표 중 한 가지는 학생들의 삶 속에서 도덕성의 중요함을 확실히 이해하고, 그렇게 해서 그들이 옳다고 알고 느끼는 것을 따라 행동하는 도덕적 용기를 갖도록 하는 것이다.

셋째, 도덕교육의 목표는 '자율적이고 비판적인 성찰을 하는 도덕적 행위자'를 양성하는 데 있다. 단순히 학생들을 양자택일적인 도덕적 관점으로 나누어 그들이 환상을 갖고 무엇이든 선택하도록 내버려두는 것은 명백한 과오가 될 것이다. 교사는 한편으로는 도덕의 문제에서는 정답이 없고, 취향의 문제일 뿐이라는 것을 함축하며, 다른 한편으로는 학생들에게 정답을 부과하는 방향을 조율해야 한다. '정답'의 가능성을 부정하는 것은 도덕적 상대주의 입장이 겪을 상당한 어려움을 간과하게 될 것이다. 자율적인 적절한 절차를 통해 자신의 이성 작용에 의해 정답에 도달하기를 원하기 때문에 학생들에게 정답을 일방적으로 제시하는 것은 용납하기 어려울 것이다. 도덕교육의 궁극적인 목표는 독립적이고 비판적 성찰, 도덕적인 이성을 만들어내는 것이다. 이것은 언어의 적절한 사용을 학습하여 학생들이 도덕적인 문제점을 명확하고 이성적으로 생각하고, 토론할 수 있게 하고 편견이나 비합리적 감정 없이 어떤 도덕적인 쟁점에 접근하는 것을 가능하게 한다. 비판적 성찰의 기술은 실제와 도덕적인 행동의 성찰을 통해 먼저 개발될지도 모른다. 구체적인 도덕적 이슈의 초점이 토의와 성찰에 있는 한, 어떠한 협력적 사회 활동이라도 도덕적으로 볼 때 교육적이다. 예를 들어 도덕적 성찰은 내가 이것을 했어야만 했는지, 그 밖에 내가 할 수 있었던 것이 무엇인지, 왜 그것이 더 나은지, 나의 행동에 대한 다른 사람의 생각을 묻도록 한다. 이런 세 번째 도덕교육의 목표는 시민교육과의 결합력이 가장 높다고 볼 수 있다.

도덕교육의 목표는 '아동들이 옳고 그름을 알게 도와주고, 올바르게 행동하도록 가르치고, 도덕적으로 행동하도록 하는 것'으로 간단히 정의된다. 그러나 조금만 생각해보면 이 단순한 목표가 많은 복잡성을 내포하고 있음을 알 수 있다. 옳고 그름이 절대적이거나 상대적인 용어인가? '선함'의 의미는 무엇인가? 도덕적인 규칙을 준수하도록 아이들이 훈련되면 비록 그들이 이유를 이해하지 못하더라도 '도덕적으로 행동하기'의 필요조건이 만족되는가? 아니면 그들은 올바른 이유를 위해 옳은 일을 해야 하는가? 도덕은 외부적으로 부과된 규칙을 따르는 문제인가? 자율적 의사결정과 도덕적 원칙을 특정 상황에 어떻게 적용할지 배우는 것인가, 아니면 특정 종류의 인간이 되는 문제인가? 어느 요소를 더 중시해야 하는가?

이렇게 복합적 문제가 얽힌 관점에서 볼 때, 우리가 단지 최종 생산물인 '도덕적으로 교육받은 사람'을 명백하게 함으로써 도덕교육에 관련된 것에 대해 적절한 이해를 얻을 수 있는가에 대해 수많은 도덕 교육자들이 논쟁을 벌였다. 이를테면 도덕적으로 교육받은 사람으로 간주되기 위해 어떤 종류의 자질, 속성, 특성, 능력, 지식 및 이해가 사람에게 필요한가? 사람들이 처음에 도덕교육(또는 인격교육)을 배울 때 전형적으로 나오는 첫 번째 질문은 '이것은 무엇인가?'이고, 두 번째 질문은 '이것은 새로운 방식인가?'이다. 아리스토텔레스와 공자 같은 고전적 사상가는 이 분야의 중심에 있는 질문을 깊게 성찰하고 있다. 즉, 우리 아이들이 어떤 종류의 사람들이 되기를 원하는가와 우리는 어떻게 그들을 키우고 교육할 것인가이다. 물론, 이 질문에 대한 대답은 매우 다양하지만, 각각의 중심에는 적어도 사회적 차원에서 도덕성이 자리하고 있다. 사회는 도덕적 인간을 필요로 하고, 아이를 도덕적 인간으로 발달시킬 필요가 있다. 부도덕한 행위를 금지하고 도덕적 행위를 규정하는 강력하고 투명한 법적 시스템을 가지는 것으로는 충분하지 않다. 우리는 모두로부터 의견을 듣지만 도덕을 입법화할 수는 없다. 어떠한 법도 인간 자체를 증거로 하지는 않는다. 악의가 있는 사람은 법의 테두리 내에서도 방법을 찾을 것이다. 진정으로 발전하는 사회를 위해 본질적이고 활동적인 친사회적인 시민이 필요하다. 인간 사회는 친사회성 발달, 또는 우리가 일반적으로 부르는 적극적 아동 발달을 위한 교육을 필요로 한다.

2) 시민교육의 목표

시민교육은 다음과 같은 세 종류의 시민을 양성하는 것에 구체적 목표를 둔다.

첫째, 정치적 소양·식견을 갖춘 시민'의 양성이다. 정치적 소양을 갖춘 시민의 양성은 깨어있고 사려 깊은 시민을 양성하는 것이다. 민주주의의 기본 과정과 역사를 이해하고 평가할 줄 알며, 공공의 이슈와 공동체 이슈에 대해 잘 알고 있고, 정보 수집 능력과 비판적 사고 능력을 가지고 있으며, 자신과 다른 관점을 가진 사람과 대화를 할 줄 아는 시민이다. 이 입장은 능동적이고 헌신적인 시민을 양성하는 목적과는 거리를 두는 '가치 중립적' 활동이고, 단순히 시티즌십(시민권/시민성)에 대한 정보를 제공하는 데 목적을 둔다. 시민교육의 중심적 과업은 정치적 이념, 제도 그리고 이슈의 지식과 이해를 확장하는 인지적 기능에 두어져 있다. 따라서 시티즌십은 지식, 이해, 기술의 집합체로서 과목이 된다. 예를 들어, 학생들은 정부기관으로부터 어떤 자격이 있는지에 대하여, 정부가 시민들에게 보장한 권리에 대하여, 그리고 요구에 상응하는 책임에 대하여 배운다.

둘째, 시민교육은 '정치적으로 행동하는 참여적·능동적 시민'의 양성에 목표를 둔다. 시민교육은 단순히 시민 '개인'의 변화를 목표로 하지 않고, 시민이 가족 개인에서 '공적 개인'으로, 무정형의 개인에서 의식적이고 적극적인 집합체로 변신하는 '참여적 시티즌십participatory citizenship'을 형성하는 것을 목표로 한다. 참여적인 시민은 민주적 식견(소양)을 갖춘 사람, 민주주의적 가치에 헌신하는 사람, 민주사회에서 요구하는 제반 과정과 절차에 숙달된 사람, 사회문제에 적극적으로 참여해야 할 책무를 느끼고 실제로 참여하는 사람이다. 정치 발전을 위한 민주시민의 양성에 중점을 두는 시민교육은 민주주의에 대한 이해 습득 및 그 실천을 위한 구체적인 방법과 절차를 주지시키며, 동시에 '민주주의를 실천하고자being democratic' 한다. 예컨대, 교실이 민주적 자치와 학습공동체로 육성 등으로 구성될 수 있다. 민주적 시민성/시민권 교육은 교화로 전락하지 않고 이성의 발달과 가치와 문화의 다수성을 받아들이고, 시민의 참여를 목적으로 '시민'을 교육의 대상으로 하여 교육의 내용을 구성하는 교육이라고 할 수 있다.[55] 참여적 시민교육의 목적이

---

55 시민권으로 번역할 경우 한편으로 '시민의 권리(civil rights)', 다른 한편으로 특성공동체에의 정치적 귀속성, 즉 '시민 자격(civil entitlement)'을 의미한다. '시민권'은 포용을, '시민 자격'은 구별(배제)을 내포하고 있다. 시민의 권리, 즉 시민권은 '모든 시민이 인간답게 살기 위해 서로에게 또는 공동체와 정부에 요구할 수 있는 서비스와 지위'라고 규정할 수 있다. 그런데 시민권을 주로 '시민 자격'의 의미로 사용하면 할수록 그 정치공동체에 속한 사람만 인정하게 되고 그와 구분되는 집단에 대한 배려는 부차적인 것이 될 수밖에 없다. 또한 시민권은 국가라는 정치 기구 및 제도 속에서 구체적으로 실현된 인권이라고 할 수 있다. 즉, 시민(인간)으로서의 시민권(인권)과, 정치공동체에 속한 시민 자격으로서의 시민권은 서로 배타적 개념으로 작동할 가능성이 높다. 근대국가는 특정한 지역에 사는 특정한 '시민들의 권리'만을 보장했을 뿐 보편적인 '인간의 권리'까지는 보장하

정치적 소양을 계발할 뿐 아니라 도덕적·사회적 책임과 공동체 참여를 고무하는 데 있다면 지식과 개념뿐만 아니라 가치, 성향, 기술, 태도, 헌신의 개발을 포함해야 한다. 집단의 문제 해결, 합의 도출, 연설, 탄원, 농성, 투표처럼 공적인 목표를 달성하는 데 헌신하고 필요한 지식과 기술을 연마한다.

셋째, 시민교육은 '자율적이고 비판적인 성찰적 시민'의 양성에 목표를 둔다. 시민교육은 사회의 공적 가치에 대한 헌신과 이러한 가치들에 근거한 실천적 활동을 필요로 한다. 그러나 법을 지키고, 질서를 인정하고, 부여된 의무와 책임을 받아들이고, 애국심이 강하지만, 권위의 중요성을 받아들이는 수동적인 시민을 양성할 위험이 있다. 수동적 시민은 불의한 법에 의문을 갖거나 도전을 해본다든지 어떤 정치적 캠페인에 참여할 엄두를 내지 않는다. 수동적 시민이 소홀히 하는 것은 시민교육의 비판적 요소이다. 비판적 시민교육은 민주적 규범을 주입하는 것이 아니고, 더욱 본질적으로 성찰적이고 창조적인 행위 주체를 개발하고 적극적으로 참여하고 의문을 표시하는 능력을 강화하려고 한다. 사회의 공적 가치에 대한 헌신이 비판적인 성찰과 권위에 도전하는 의향과 결합되었을 때 개개의 시민들과 사회 둘 다를 위해 가장 효과적이다. 시민교육은 정치적 토론과 토의 그리고 캠페인에 적극적으로 참여하는 자율적이고 비판적인 성찰적 시민을 양성하는 것이다.

학생들로 하여금 사회의 공적 가치와 적극적 시민성의 본질을 탐구하고 토의하고 비판적으로 성찰하도록 고무한다면, 적어도 세 가지 성찰을 필요로 한다.

지 못했다. 따라서 현실의 역사에서 인권은 '시민권(civil rights)'의 형태로 실현되었다. '사회공동체 내의 권리'인 시민권은 사회 구성원으로서 인간에게 속한 권리이다. 사회공동체 내의 권리는 개인에게 원래 존재했던 자연권에 어느 정도 그 기초를 두고 있지만, 그 권리 전체를 제대로 누리려면 개인의 힘만으로는 부족하다고 할 수 있다. 이런 문제 인식에서 인권과 시민권이라는 용어가 동시에 탄생했다는 점에서도 확인된다. 가장 기본적인 수준에서 시티즌십은 주나 나라 또는 그와 비슷한 정착된 정치적 공동체의 구성원을 일컫는다. 그러나 이 분명하고 간단한 정의 속에도 몇 가지 복잡한 측면이 있다.

첫째, 시티즌십의 본질과 책임에 대한 그리고 개인의 개발과 밀접한 연관에 대한 성찰이 필요하다.

둘째, 사회의 다양성 증대(인종과 종교적 편견에 대한 도전), 권력의 남용(인권 유린과 불의한 법), 동등한 권리(성차별과 동성애 혐오에 대한 도전)와 같은 기본적인 원리의 중요성에 대한 커져가는 인식에서 생기는 사회의 요구에 대한 성찰이 필요하다.

셋째, 시티즌십에 관한 딜레마와 논쟁에 대한 성찰이 필요하다. 가끔 학교의 규정(비판적 성찰과 정치적 참여, 로비, 항의에 대한 이해의 필요를 강조하는)과 현실(순응을 학습하고 권위를 수용해야 하는) 사이에 차이가 있는 것처럼 보인다. 학생들은 시민들에게 통제받는 민주적 정부를 수립하는 데 어떤 권리와 자유가 필요한지를 배우게 된다.

정치적이고, 경제적이며, 사회적·문화적으로 완전한 참여를 위해 필요한 유능하고 열성적이고 효과적인 시티즌십은 다음과 같은 일련의 능력들을 필요로 한다.

① 공민적이고 정치적인 지식, 즉 민주주의의 개념, 정치적인 의사결정과 입법의 메커니즘과 구조, 시민의 권리와 의무, 최근의 정치적 문제들에 대한 이해.

② 지적인 기술, 즉 정부와 공공정책 과제들에 대한 정보의 신뢰성을 분석하고 검토하여 이해할 수 있는 능력.

③ 사회적이고 참여적 기술, 즉 정치적 담론에서 자신의 견해를 추론하고 주장하며 표현할 수 있는 능력, 갈등 해결 기술, 청원과 로비, 즉 동료 조직과 협조하거나 연대를 통하여 정책과 의사결정에 영향을 줄 수 있는 방법 알기.

④ 특정한 가치와 태도, 동기부여의 힘이 될 수 있는 성향, 즉 사회적이고 정치적인 문제에 관한 관심, 책임감, 관용과 자신의 편견에 대한 인식, 민주주의나 사회 정의, 인권과 같은 민주주의가 토대를 두고 있는 가치들에 대한 인식들이다.

시민교육의 기본적인 목적은 그들이 적합하다고 생각하는 부분의 혁신을 위한 정치적 토론과 토의 그리고 캠페인에 능동적으로 참여하는 자율적이고 비판적인 성찰적 시민의 양성에 있다. 이러한 시민은 개인적으로 책임지는 시민, 참여하는 시민, 정의를 지향하는 시민, 지식을 가진 시민의 특징을 지닌다.

① '개인으로서 책임감 있는 시민'은 지역사회 수준에서 기꺼이 봉사하려고 하며, 도움이 필요한 사람들에게 도움을 주고자 한다.
② '참여형의 시민'은 공공의 문제에 관심이 있으며 공적인 문제에 기꺼이 참여한다.
③ '정의 지향적인 시민'은 불의의 원인들에 민감하며, 사회적·정치적·경제적인 구조에 비판적으로 접근하여 문제의 해결과 변화를 위한 집단적인 전략을 탐색할 수 있다. (Westeimmer & Kahne, 2004a; 2004b)

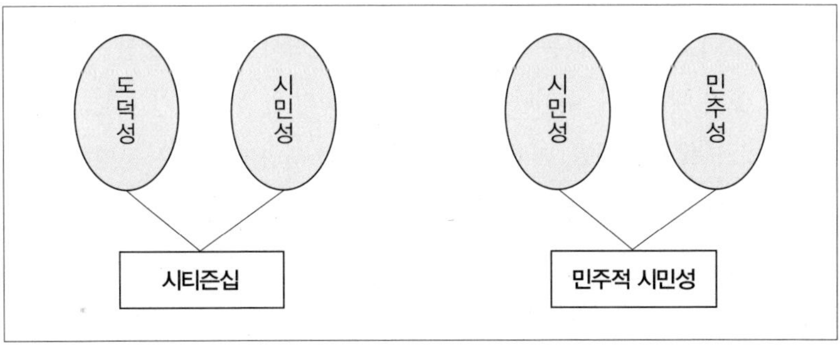

4. 시민교육과 도덕교육의 융합

일반적으로 도덕 교육자들은 학습자로 하여금 정답을 받아들일 것을 고집한다. 특히 그중에서도 일부의 인격 교육자들은 일종의 시민교육의 발달에 부적절하다고 충고하기도 한다. 일부 사람들은 인격이 오로지 도덕적이어야 한다고 주장하고, 또 다른 사람들은 인격이 도덕적인 것에 선행해야 한다고 주장하며, 또 어떤 사람들은 인격이 도덕적인 면과 도덕성과 관련 없는 측면을 모두 포괄하고 있다고 주장한다. 때로 도덕교육은 너무 교화적(독단적)이고 정치적으로 보수적이기에, 그리고 도덕성의 합의가 부재하기에 시민교육과 결합하는 데 어려움을 보인다. 그래서 도덕교육은 정치적 설득을 거부하고, 정치적 메시지의 비판적 분석에는 별 관심을 두지 않는 경향을 보인다는 비판을 받는다.

그런데 시민교육에서는 도덕교육의 도덕적 요소와 함께 그것에 잘 포함되지 않는 정치적 요소를 포괄하고 있다. 시티즌십이 시민권(권리적 요소)을 강조할 경우는 시민교육의 정치적 성향을 보이고, 시티즌십이 시민성(윤리적 요소)을 강조할 경우 시민교육의 도덕적 성향을 보인다. 후자의 시민성은 도덕교육과 결합할 가능성이 가장 높다. 시민교육이 도덕교육보다 훨씬 많은 것들을 수반해야 함은 분명하다. 어떤 시민성은 도덕성의 어떤 측면에 의존할 수 있으나, 도덕성의 중심 덕목과는 그렇게 가깝지 않다. 왜냐하면 시민교육은 도덕교육에는 없는 정부 형태와 정치적 역사, 정치적 소양[56] 등을 포함하고 있기 때문이다. 이러한 것들이 도덕교육의 한 부분인가 하는 문제는 논쟁거리가 될 법하지만, 이러한 것들이 도덕적 개념이 아님은 분명하다. 이러한 것들이 도덕적 함축들을 가지기는 하지만, 도덕성 문제의 중심에 있는

56 정치적 소양은 정부와 사회적 문제에 관한 것을 읽고 이해할 수 있는 능력을 포함하는, 특히 신중한 투표를 할 수 있도록 하는 교양이다.

것은 아니다. 시민교육은 정치학적 중심 주제이지 윤리학적 중심 주제는 아닐 것이다. 도덕교육과 시민교육 간에는 공유하는 부분과 공유하지 못하는 영역이 있다고 보면 된다. 우리나라의 예를 들면 도덕과moral studies와 사회과social studies의 경우에 해당될 것이다.

시민교육과 도덕교육 사이에는 가능성뿐만 아니라 필수적인 관계가 있음은 분명하다. 진정한 도전적 과제는 양자의 관계에서 전개되는 복잡성에 있다. 이는 시민교육 분야에 팽배해져 있는 도덕교육에 관한 그릇된 개념들에 의해 약화되는 측면이 있다. 만약 우리가 시민성을 정치체제의 친사회적 참여(개별적 시민의 심리적 특성에 넓은 부분으로 의존하는)로서 이해하였다면, 그것은 사회화의 기능주의적 접근을 하는 것이다. 만약 전체주의 정치체제에 복종하는 인물이 되도록 시민들을 세뇌시키는 데 관심이 있다면, 이런 논쟁 자체는 소용이 없게 된다. 시민교육은 사실상 도덕교육의 기초가 될 필요가 있을 것이다. 그 기초는 시민교육자들에 의해 계속적으로 언급되는 공공 윤리와 성향의 발달을 촉진하는 데 필수적인 것이다. 분명히 이는 몇몇 시민교육자들이 가정한 고정관념을 형성하는 행동주의적 접근이라고 할 수 있는 교화가 아니라, 시민적 덕목에 어울리는 도덕적 성찰을 요구하는 도덕교육의 접근을 가정하고 있다고 볼 수 있다.

시민교육과 도덕교육의 대화적 접근은 다음과 같은 특징한 핵심적 원리에 의존한다. 그 핵심적 원리는 자력화, 열린 논의, 교실과 학교에서 비판적 사고와 도덕적 공동체의 발달을 촉진하는 것이다. 듀이 교육철학과 구성주의 발달심리학에 강한 뿌리를 두고 있는 '아동 발달 프로젝트The Child Development Project'는 학생들이 협력적으로 생활하고 학습하도록 허용되는 민주적·자치적 학습공동체로 교실을 변형시키는 데 강하게 의존하고 있다. 이 교육철학과 수단은 경험주의적으로 지원되는 인격교육 프로그램과 함께 열린 동아리(www.open-circle.org), 정의로운 공동체 학교, 반응적 교실(www.

respectiveclassroom.org) 같은 것들이 있다.

많은 연구에서 도덕교육과 시민교육을 분리시키고 있지만, 실제의 교육 실천에서는 이 둘을 결합시키거나 심지어는 통합시키는 경향이 강하다. 사실상 학교의 사명은 종종 책임감 있는 미래의 시민을 양성한다는 목적을 거론하고, 이러한 측면의 인격적 특성을 목록화하고 있다. 도덕교육에 대한 대부분의 주요 관점은 사실상 혼합된 도덕적 추론을 하는 것과 시민성의 적용과 도덕적 반성을 포함하는 것이다. 물론 도덕교육의 구조는 '시민성'을 전제로 하고 있음에도 불구하고, 특히 교화적이고 정치적으로 보수적이라는 도덕교육에 대한 광범위한 고정관념이 존재하고 있다. 도덕 교육자가 시민교육의 기초적 역할을 한다 하더라도 도덕교육과 시민교육이 동일하다는 것과는 거리가 멀다. 왜냐하면 시민교육은 정부 정책, 공민과, 사회과, 역사과와 같은 영역에 강한 학문적 배경을 요구하고 있기 때문이다. 시민교육은 의사소통, 시민적·정치적 교양, 지역사회 봉사와 봉사학습, 그리고 비판적 사고를 더 강조하는 경향이 있다. 도덕교육의 지적 토대가 사람 사이의 예의범절에 좀 더 치우치는 반면, 시민교육의 지적 토대는 정치나 정부와 사회생활의 상호 의존에 더 초점을 두고 있다.

이러한 것들은 정도의 문제이지 절대적인 차이가 아니다. 두 분야의 지식 토대는 최소한으로 중복되고 있다. 목표하는 성향이 매우 중복되어 있고, 기술도 부분적으로는 중복된다. 도덕교육과 시민교육의 성질들(특징, 가치와 동기 등)은 많은 예를 공유하고 있다. 그 예로는 사회 정의, 정직함, 개인적·사회적 책임감, 평등 등이 있다. 물론 몇몇 시민성을 부차적이거나 중심으로 보는 성질들이 있지만, 전반적인 특징들은 많은 부분이 중복된다. 도덕교육의 많은 기술들 또한 효율적인 사회생활에 필요한 자기관리와 사회적 능력의 기본적인 사회적·정서적 기술로서 시민교육에 적용할 수 있다. 그러나 시민교육 또한 도덕교육의 주 관심사인 많은 기술들을 요구한다. 예를 들어 정치적 설득에 대한 저항, 정치적 메시지에 대한 비판적 분석이 있다. 시민교육은 개인적 도덕성에는 덜 관심을 가지고 지역사회 봉사, 봉사학습, 비판적 사고 등 공적 도덕성에 관심을 더 둔다. 시민교육은 충성심과 애국심 등 사회의 공적 가치에 관심을 두는 반면, 도덕교육은 정직 등 개인의 덕목이나 성격의 특질들이다. 그러기에 '사적 도덕(도덕적 개념, 태도, 예절 등)'을 중시하는 인격교육론은 시민교육이 중시하는 '공적 도덕(사회적 기술, 소통, 정치적 소양 등)'으로 보완을 해야 한다.

결국 도덕교육과 시민교육 사이의 긴장과 거리는 범주적 차이라기보다는 정도의 문제로 보아야 한다. 도덕적 책임에 대한 지나친 강조는 장차 도덕교육의 형태를 매우 취약하게 만들 여지가 있다. 동시에 도덕성이 만약 시민교육을 통해서만 가르쳐진다면 그것은 왜곡되기 쉬운 광범위한 개념이 될 가능성이 있다. 학생들은 사랑, 정의, 공정성과 같은 개념뿐 아니라 공감, 도덕적 상상, 도덕적 판단을 배워야 한다. 그리고 도덕교육은 필요한 경우에 학생들이 시민성의 토대가 되는 정치적 가치들에 비판적으로 반응할 수 있는 중요한 원칙과 기술을 제공할 수 있다. 만약 도덕적인 사람이 되는 데에 필수적인 부분이라면 교육과정의 한 작은 부분에 한정시켜서는 안 되며, 전체 교육의 중심이 되어야 한다. 물론 이것은 우리가 범교과 차원에서 시민성을 강조하는 하나의 이유가 된다. 동시에 시민교육은 인격교육을 포함한 도덕교육을 포용할 수 있을 것이다. 시민교육은 도덕교육의 한 영역일 수 있기에 공적 도덕, 즉 시민의 관계와 서로에 대한 책임을 지배하는 원칙에 대한 합의를 지지하고 촉진한다는 면에서도 도덕성과 시민성의 상호 관련성을 명료하게 진술해야 한다. 자아, 도덕성 그리고 사회성을 통합하는 완전한 시민은 공동선의 최대 이익을 위해 동기화되지 않으면 안 된다. 시민교육은 여러 가지 도덕교육의 반영물 위에 집을 지을 수 있고 확장시킬 수도 있다. 시민성은 어떤 인격의 특질, 즉 공민적 인격을 필요로 하기에 시민교육은 도덕성의 적절한 개념과 도덕교육의 실천들을 통합할 수 있다.

만약 시민교육과 도덕교육의 공동의 목표가 친사회적이고 민주주의 사회에 참여하는 활동이 효율적인 시민을 만드는 것을 촉진하는 것이라면, 목표와 방법에 있어 공동의 협력과 중첩이 불가피하다. 도덕교육과 시민교육은 때로는 대립되고 분리되기도 하지만, 중복되기도 하기에 대화가 가능한 개념을 찾을 수 있다. 사실 자유, 평등, 합리성, 인내심, 존중, 공정성, 개인과 사회의 권리, 배려, 책임감, 정의, 권위, 참여, 애국심, 다양성, 사생활 보호, 정당한 절차, 용기, 자아 존중, 신뢰, 정직, 예의 등 가치·덕목은 도덕교육과 시민교육의 개념적 경계선을 명확하게 구분 짓기가 어렵다.

그러기에 도덕성과 시민성의 융합은 양자의 접점에서 찾아야 할 것이다. 최근 도덕교육 진영에서도 도덕적 성찰을 '민주적 시민성democratic citizenship'에 적용하는 흐름이 나타나는 것은 시민교육과의 접목을 가능하게 하는 신호이다. 결국 시민성의 중요한 영역으로서 도덕교육은 시민교육과 중첩할 수 있기에 민주적 시민성은 반드시 도덕성 발달을 포함해야 하고, 이를 위해 도덕교육을 필요로 할 것이다. 도덕성과 시민성이 상호 관련 있음은 분명하다. 시민교육은 공공의 도덕성을 장려하고 지지한다는 면에서, 다시 말하면 시민의 관계와 서로에 대한 의무를 관리하는 원리에 대한 합의라는 측면에서 분명히 도덕교육의 일종이라고 볼 수 있다. 이렇게 본다면 시민교육의 구성에 있어 인격교육의 내용을 좁게 한정하지 않고, 성찰적인 인지적 도덕교육을 도입하고자 하는 리코나 등이 모색하는 새로운 '통합적 인격교육integrated character education'의 관점에서 이해한다면 크게 갈등을 일으키지 않을 수 있다. 어떤 일을 하게 하는 힘으로서 무엇이 옳고 그른지를 판단하는 합리적 판단력·추리력의 증진과 함께 판단을 지속적으로 하게 하는 마음의 성향과 태도로서 덕의 내면화나 인격의 함양 등 '도덕적 힘'이 매우 중요하다. 이런 '도덕적 능력'을 바탕으로 하여 학교의 중요한 문제에 대해 발언을 할 수 있고 의사결정에 참여하는 권한을 부여하는 '정치적 능력'을 갖도록 해야 한다. 양자를 아우르는 시민교육으로서 도덕교육과 정치교육의 융합이 그래서 중요한 의미를 갖는다.

제9장

인권교육을 통한 민주시민교육

1. 인격교육은 민주주의의 발전을 어떻게 가로막는가?

전통적 인격 교육자들은 인간 본성에 대해서 어둡고 비관적인 관점을 갖는다. 그들은 좋은 인격이 선을 알고 사랑하고 행동하는 것을 강조한다는 점에서 통합적 방식을 주장하는 것처럼 보이지만, 여전히 인간에 대해 부정적인 관점을 갖고 있다. 이러한 인격교육의 관점에 대해 콘Kohn은 아이들을 채워져야 하는 매우 수동적인 용기, 주조되어야 할 진흙덩어리, 훈련받아야 할 애완동물이나 프로그램화되어야 할 컴퓨터로 본다고 비판한다(Kohn, 1999, 고미숙, 2008: 209, 재인용). 그래서 할스테드Halstead와 파이크Pike(2006)는 인격교육의 진부한 고정관념을 비판적으로 보는 인권교육을 통해 민주주의적 관점을 견지하려고 한다. 왜냐하면 그들은 인격교육을 어떤 형태의 도덕적 이유에 기반하지 않고 있는 것으로, 민주적 덕목을 받쳐주는 것과 관련 없이 어떤 행동에 관한 합리적 추론이 결여되어 있는 것으로 보기 때문이다.

인권교육의 진영에서는 인격교육이 독단적·교화적·비반성적인 태도를 보이는 것으로 해석하면서 정치적으로 보수적이라고 비판한다.

인권 교육자들은 인격교육에서 강조하는 현존의 질서에 적절하게 순응하도록 하는 훈육의 개념을 매우 비판적으로 본다. 인권 교육자들은 훈육을 아동을 길들이는 감시와 처벌을 통한 억압적 기제로 본다. 이런 억압적 기제를 비판적으로 보는 데서 인권교육은 시작된다. 인권교육은 인간의 악함보다는 선함, 사회의 안정보다는 변화 그리고 강압적 방식이 아닌 민주적이고 자유로운 방식을 더욱 선호하는 진보주의적 입장을 취한다. 그래서 인권교육은 인간의 권리 중, 특히 아동의 권리가 가장 심각한 침해를 받는 상황에 놓였을 때 선호되는 개념으로 자리잡아가고 있다.[57]

특히 전통적 인격교육의 대부분은 비판적 관점에서 보면 부적절한 틀에 박힌 것이라고 지적받을 수 있고, 가장 좋게 말하면 그릇된 설명뿐이라고 말할 수 있다. 대체로 보수적 인격 교육자들은 학습자로 하여금 정답을 받아들일 것을 고집한다는 것이다. 이런 인격교육은 타인에 대한 배려나 전통적 규범의 수용을 중요하게 다루는데 이는 인권교육이 강조하는 인권 기준과 종종 배치된다. '나라에서 시키는 대로 따라야 한다'는 '충'忠의 규범은 양심에 따른 병역 거부나 저항권과 양립하기 힘들며, '결혼이 남녀의 성스러운 결합'이라는 전통적 규범은 동성애자의 결혼 선택권과 양립하기 힘들다. 이런 규범은 특정 문화가 지닌 폭력성, 즉 여성 할례, 아동 체벌 등 여성이나 아동에 대한 학대를 관습으로 정당화하는 문화에 맞서야 할 인권교육의 과제와의 양립이 어렵다. 그렇다면 학교의 인권교육은 이런 문제를

57 권리와 인권은 때로는 구별되는 개념으로 사용되는데, 인권은 인간에게 본질적으로 가장 중요한 것으로서 여타 권리들이 인권에서 파생된 협소한 개념으로 볼 수 있다. 또 인권은 권리와 의무의 대응 관계를 중시하는 법적 권리 이론만으로 설명될 수 없을 것이다. 인권은 언어로 표현된 개념적 도구로서 다른 모든 가치보다 인간이 존재하기 위해 꼭 필요하다고 간주되는 인간적·사회적 속성들에 우선권을 부여한다.

어떻게 다루어야 하는가?

2. 인권 담론의 변화와 시민사회의 위상

서구의 경우 근대적 시민의 등장과 보편적 가치로서의 인권 개념 등장은 근대사회의 도래와 더불어 이루어졌다. 그런 점에서 서구에서 그 역사는 짧지 않다. 서구에서 시작된 시민혁명은 기본적 인권을 자각한 결과였고, 혁명 정신의 확산과 함께 점차 권리의 범주도 확대되었으며, 이는 곧 시민사회의 발전으로 이어졌다. 시민사회와 인권의 역사가 짧은 우리나라에서도 그 둘은 서로의 발전에 기여하는 관계를 맺어왔다.

그런데 양자의 관계가 더욱 긍정적인 효과를 낳을 수 있도록 견인하기 위해서는 교육의 역할이 매우 중요하다. 근대 진입이 뒤늦게 이루어졌고, 그 전환도 일제의 식민 지배를 통해 이루어졌던 우리의 경우 시민과 인권이란 말이 본격적으로 거론되기 시작한 것은 20세기 후반에 들어서였다. 그동안 우리나라에서는 오랜 봉건왕조 체제하에서의 유교적 전통, 식민지 하의 군국주의적 지배 문화, 남북 분단으로 인한 이데올로기적 통제, 군부독재하의 개발절대주의 등으로 인해 학교문화가 왜곡되고 있었다. 그래서 민주화 정권이 출범하기 전까지는 인권이라는 용어는 합법화되지 못했다. 그러던 것이 1987년 권위주의 체제의 민주화 이후 민주화 정권이 출범하면서 시민권이 확장되면서 인권이 제도적으로 보장되기 시작하였다.

1990년대 후반부터는 시민사회의 발전과 함께 인권에 관한 담론 및 제도화가 더욱 활발해졌다. 이렇게 시민사회와 인권이 병행 발전하고 있는 현상은 양자의 운동이 서로 무관하지 않기 때문이다. 즉, 시민사회의 성장은 곧 인권의 신장과 그 역사를 같이 한다고 볼 수 있다. 시민사회의 요구들 중 많은 부분은 결국 인권의 확대로 수렴될 수 있었고, 선언적·상징적 수준의 인권이 제도화되었다. 그렇게 된 것은 시민사회의 노력과 투쟁의 산물이다.

인권이란 말 그대로 인간이 가지고 있는 기본적 권리로서 '인간의 권리'를 말한다. 단순히 사람이라는 이유 하나만으로 누리는 권리가 인권이다. 인권은 양도할 수 없고 분리할 수도 없으며, 인간으로서 누구나 가질 수 있고, 또 가져야 하는 자명한 권리, 자연적 권리이다. 인권은 인간의 본성에 내재된 권리로서 그것 없이 우리는 인간으로서 살아갈 수 없다. 인간은 기본적인 자유와 권리를 가지고 있기 때문에 자신의 성격과 지능, 그리고 재능과 양심을 발전시키고 이용할 수 있으며, 정신적 욕구 및 기타의 욕구를 충족시킬 수 있는 것이다. 또한 인권은 인간이 사회생활을 영위하면서 마땅히 누려야 할 권리를 의미한다. 인간이 세상에 태어나 성장해가면서 바라는 것, 희망하는 것, 요구하는 것들을 권리의 개념으로 승화시킨 것이 바로 인권이다. 한 마디로 인권은 '모든 사람들이 가지고 있다고 추정되는 권리'로서 양도할 수 없는 권리이며 그 어떤 경우에도 침해될 수 없는 인간의 존엄성을 지켜주는 기본적 권리이다. 누군가가 무엇이 덜 중요하거나 비본질적이라고 결정한다고 하여 권리를 부인할 수가 없다. 인권은 상호 의존적이며, 모든 인권은 서로 보충하는 틀의 일부분이다. 인권은 사람들이 자신의 내적 존엄성을 실현하려면 기본적으로 기본적 규준을 구헌한다. 그러기에 인권은 아무런 조건 없이 오로지 인간이라는 이유로 모든 인간에게 적용할 수 있어야 한다. 즉 국적, 종교, 시민권, 배우자의 유무, 직업, 수입, 성별, 나이에 관계없이, 그리고 빈부, 귀천의 구별 없이 인간이기 때문에 모든 인간에게 빠짐없이 부여되어 있는 선천적 권리이자 인간이 인간다울 수 있는 고유한 권리이다. 인권은 가족의 구성원이 되는 순간 태어날 때부터 보편적이다.

인류사회의 모든 구성원은 타고난 인간의 존엄성과 남에게 넘겨줄 수 없는 권리를 가지고 있다. 이는 「세계인권선언문」 전문의 내용으로 인권은 사람의 권리right of man가 아니라 사람답게 살 권리human right이다. 인권은 '인간이 인간이기 때문에 가지는 권리', '인간이 인간으로서 가져야 할 권리', 사람이 사람다움을 실현하는 권리로서 인종, 성, 연령, 종교, 정치적 신조에 불구하고 모든 인간이 가지는 보편적·기본적 권리이다. 한 사회의 인권 수준은 그 사회의 기득권층으로부터 동등한 인간으로 인정받지 못하는 소수자들의 인권 상황을 보면 알 수 있다. 한 사회에서 인권의 개념에 포괄되지 않는 전체 생명의 소중함이 강조되고 존중받고 있다면 그 사회에서 인간의 권리는 이미 보장받고 있을 것이다. 유엔은 존엄한 존재인 인간의 기본권으로서 정치적·경제적·사회적·경제적·문화적·환경적·발달적 권리를 가지고 있다는 것을 유엔의 역사를 통해 보여주고 있다.

인권은 추상적이면서도 실천적이다. 인권은 자유롭고 정의롭고 평화로운 세계를 고무하는 비전을 지지하고, 개인과 제도가 사람을 어떻게 다루어야 하는지를 위한 최소의 규준을 설정한다. 인권은 또한 사람들에게 자신의 권리와 타인의 권리를 요구하고 방어하는 행동을 하는 힘을 준다. 인권은 인간으로서 지켜야 할 권리를 자각하고, 동시에 자신이 한 행동에 책임을 지도록 하는 데 도움을 준다. 그러나 인권의 개념과 범주는 고정적인 것이 아니고 시대적 공간적 사회적 조건 속에서 역동적으로 변화되고 확장된다. 즉, 인권은 지극히 인간적인 동시에 역사적·사회적인 관점에서 이해되어야 한다.

서양에서 인권의 개념은 원래 자연법에 따라 자연스럽게 정의로운 상황에서 정당하게 가지는 어떤 것이라는 '저항 담론'으로부터 출발하였다. 그리스 철학자들은 천부인권과 관련하여 절대자로서 자연이 법을 규정한다고 이해했지만, 근대초기 서유럽의 철학자들은 절대자를 '하늘'과 동일시했다. 따라서 하늘의 이치(신권)를 따르는 '모든 인간에게 당연하고 자연스런 권리(자연권, natural rights)'가 생기게 되었다. 자연권은 자연 상태에서 가질 수 있는 자기 지성과 마음과 행복에 관련된 '자기 본연', 즉 자연의 권리이다. 그러나 자연권은 현대 인권이론 속에 자연스레 녹아들어 있으므로 요즘에는 자연권이라는 말을 잘 쓰지 않고, '인간의 권리rights of man', 나아가 '인권human rights'이라는 말로 정착되었다. 오늘날 인권은 인간의 권리 중에서 가장 심각한 침해를 받는 상황에 놓였을 때 선호되는 개념이다. 그러기에 인권에 대한 지배적인 인식은 '천부인권설',[58] 즉 인간이라면 누구나 타고난 신성한 권리를 '인권'으로 보는 것이 일반적인 관점이다.

그러나 이러한 선험적 규정은 인권이 역사적인 개념이고, 지금도 계속 변화 중이라는 점을 놓칠 수 있다. 왜냐하면 인권의 역사란 저항의 역사이면서 인권이 확장되어 가는 역사였기 때문이다. 그에 따라 인권의 개념 또한 역사적으로 확대되며 변화되어 왔다. 초기에는 인권이 정치권력의 남용과 오용으로부터 개인들을 보호하기 위한 방패막이 역할을 하면서, '자유권' 혹은 '시민적·정치적 권리'로부터 제기되었으며, 그것은 차츰 참다운 자유를 위해 물질적 토대가 보장되어야 한다는 '사회권' 혹은 '경제·사회·문화적 권리'로 발전해왔다.

그렇지만 인권이 국가권력과 개인 간의 관계로만 규정될 때 그 안에 포괄할 수 없는 많은 문제들이 여전히 남게 되면서 인권 개념은 점차 '집단권'의 개념으로 확대되었다. 인권이 보장되지 않는 집단이 함께 연대하여 자신들의 자결권과 주권을 자신의 복지를 위해 사용할 수 있는 권리, 그리고 지구, 과학, 기술 등의 인류의 유산에 대하여 공동으로 혜택을 받을 수 있는 권리 등을 주창하기 시작하였다. 즉, 인권의 3세대 발전 과정을 통해 더 많은 사람을 위한 권리를 보장하도록 요구하였다.

저명한 국제법학자인 카렐 바삭Karel Vasak은 세대 개념을 통해 인권의 확

58 계몽주의자들은 인간의 권리를 자연권이라고 불렀는데, 우리나라에서는 흔히 자연권보다 '천부인권'이라는 말을 선호한다.

장 과정을 첫째 자유권을 '제1세대 인권', 둘째 사회권을 '제2세대 인권', 셋째 집단적 권리를 '제3세대 인권'으로 구분하였다(Vasak, 1997: 29). 1세대의 자유와 2세대의 평등, 3세대의 박애 중에 박애권은 제3세대 권리로서 '연대의 권리'로 바꾸어 표현하였다. 이렇게 볼 때 인권은 태초에 존재한 무엇이 아니라, 역사적 과정 속에서 끊임없이 변화하고 확장되어 가는 개념임을 알 수 있다. 1세대가 인권인 '자유권', 즉 집회 및 시위의 자유, 표현과 결사의 자유, 고문받지 않을 자유 등 공민적·정치적 권리는 18세기 전후로 전제정치와 같은 국가권력이 개인의 자유를 침해하는 것을 막기 위한 투쟁의 산물이었고, 미국의 독립과 프랑스 혁명을 통해 구현되었다. 2세대 인권인 '사회권', 즉 적절한 삶을 누릴 권리, 노동자와 취약층의 기본권, 일할 권리, 교육받을 권리 등 경제적 사회권은 19세기 후반 이후 자본주의가 만들어내는 착취와 사회적 불평등에 대한 저항의 맥락에서 구현되었다. 지금은 상식처럼 여겨지지만, 당시 그것이 등장했던 시기에는 급진적이며 불온한 주장에서 출발했던 개념이 바로 인권이었다고 할 수 있다(조효제, 2007: 50).

그렇다면 바삭이 '3세대 인권'이라고 분류했던 평화권, 발전권, 환경권, 민족자결권 등은 어떤 사회적 문제에 대한 저항의 의미를 가지고 있을까? 그것은 20세기 후반 세계화의 흐름 속에서 새롭게 등장한 평화유지, 식민지 민족들의 자유 보장, 1세계 국가들과 3세계 국가들의 경제적 격차 해소, 환경보존 등과 같은 전 지구적인 문제를 해결하기 위해 등장한 개념이었다.

권리	1세대 인권	2세대 인권	3세대 인권
1. 핵심 개념	자유권: 자유	사회권: 평등	지구적 권리(평화권, 발전권, 환경권 등): 박애, 지구적 연대, 상호 연계, 상호 의존
2.구호	개인의 자유, 즉 표현과 집회의 자유, 사적 재산의 권리와 관련된 주요한 정치적 권리	경제적·사회적 문화적 권리, 즉 배고픔으로부터의 자유, 배분적 정의, 새로운 국제적 경제적 질서	세대 간의 평등, 지구적 상호 의존을 강조하고 민주주의 개념을 확장시키는 21세기에 부응하는 새로운 권리와 책임의 출현과 통합
3. 주요한 역사적 전례	영국, 미국, 프랑스 혁명; 자유적 개인주의	19세기 사회주의, 노동조합운동, 여성의 참정권, 20세기의 탈식민화운동	국제적 정부기관(IGOs)과 국제적 비정부기관(INGOs)의 출현, 평화운동, 페미니즘, 사회 정의운동, 환경운동; 인권교육, 평화교육, 환경교육, 미래교육
4. 법적 절차, 국제적 규범	시민적·정치적 권리에 대한 UN 규약	경제적·사회적 문화적 권리에 대한 UN 규약	UNESCO 세계문화유산협약, 아동의 권리에 대한 국제협약
5. 민족국가와 지배구조와 관련된 주요한 서술	국가의 불개입	국가의 개입	지구정상회담, 지구촌헌장, 지구적 시민, 국가주권의 축소와 국제법의 인정, 일터와 학교에서의 참여적 풀뿌리 결정과 협동적 실천

〈세대별 인권 분류〉

그러나 이러한 문제 해결의 필요가 곧바로 권리의 출현으로 이어지지는 않는다. '평화를 누릴 권리'를 법적인 보호를 수반하는 '권리'로서 말하는 것은 정치적 이유나 다른 명분에 의해 그 누구로부터도 침해를 받을 수 없는 권리를 주창하는 것이다. 그러나 인류 역사에서 인간의 평화가 국가 '안보'라는 이름으로 빈번하게 침해되어 왔음은 주지의 사실이다. 국가의 안보와 개인의 평화는 늘 갈등하며 대립적 양상을 보였다. 평화라고 하는 '가치'란 정치적 계산 속에서 언제든 제한될 수 있는 '취약한vulnerable' 것이었다.

최근 다양한 영역에서 논의되고 있는 '인간 안보human security' 개념 역시 국가 안보로서 유보되었던 개인들의 권리를 옹호하기 위한 맥락에서 등장했다고 볼 수 있다. 「아시아 인권헌장」에서도 외부의 위협을 상정하며 국가 안보만이 최우선시 되었던 아시아의 역사를 문제 삼으면서 '평화권'을 유보할 수 없는 권리로 새롭게 규정하기 시작하였다. 여기에서는 외세의 강점 위협에 대항하여 주권을 보전하고 보호해야 할 필요 때문에 개인의 안정과 평화로운 생활의 권리를 박탈하여서는 안 된다고 단언하고 있다. 그렇지만 평화권은 아직까지도 국제사회에서 확립된 권리가 아니며, 권리로서의 효력 역시 불명확하다는 의견이 제기되고 있다.

오늘날 한국의 인권 전망은 권위주의 정부의 등장으로 결코 밝지 못하다. 동시에 정치·경제적으로는 진보적이면서도 젠더, 성적 성향, 정체성, 생활방식의 자기결정권 등 '사적 영역'의 사회적 의제 앞에서는 보수적인 모습을 보임으로써 인권의식의 한계를 보여준다. 이러한 정황에서 인권의 확대의 과정에 기여한 시민사회의 동향을 주목할 필요가 있다. 시민사회의 어떤 속성이 인권을 보장하는 데 기여하였는가?

첫째, 시민사회는 국가 권력의 논리와 시장 자본의 논리로부터 자신을 능동적으로 방어하고 그에 대응하고자 하는 시민사회의 자율적 성격에서 비롯되었다고 할 수 있다. 이러한 속성은 곧 국가와 시장의 부당한 인권 침해에 대해 시민사회가 적극적으로 '감시하고 저항하는' 모습으로 나타난다.

둘째, '시민사회의 다원성'도 인권 신장에 기여했다고 할 수 있다. 시민사회에서는 여성, 성적 소수자, 장애인 등의 다양한 목소리가 반영되어 있다. 인권 개념의 발전에는 그에 해당하는 사회운동이 있었는데 노동, 여성, 장애인, 외국인 노동자, 어린이, 소수민족, 원주민 등등의 시민사회 속의 다양한 방면의 인권운동을 통해 인권이 발전되어 왔다.

셋째, '시민사회의 공동성'이다. 시민사회는 감추어져 있던 것을 드러내어 공적인 장에서 활동한다. 이와 관련하여 NGO는 '수치심 자극'을 강력한 무기로 활동한다.

넷째, '시민사회의 연대성'이다. 연대는 국내적 수준에서 성적 소수자나 장애인 등에게도 많이 나타나지만, 국제 NGO들 사이에서도 볼 수 있다. 특히 극심한 인권탄압이나 경제적 측면에서 세계화가 낳은 부작용, 즉 소외계층을 보호하기 위해 세계적 수준에서 시민단체와 시민들이 연대하는 사례가 많이 나타나고 있다. 전범처리, 인종차별, 양심수, 고문, 테러, 일본군 종군위안부 등의 인권 침해 사례들을 국내적 특수성을 넘어 전지구적 인권문제로 인식하고 이를 해결하고자 하는 세계시민들의 연대가 확산되고 있다.

3. 인권교육의 역사

1995년 이래 유엔은 인권교육을 인권과 일치하고 개인과 집단에 억압과 부정의를 다루는 지식, 기술, 태도를 구성 요소로 한다고 정리하였다. 인권교육은 규범적 차원과 법적 차원에서 다루어진다. 법적 차원은 국제적 인권기준에 대한 내용을 공유하고 있다. 인권 기준은 정치적·사회적·경제적·문화적 권리를 포괄한다. 최근에는 시대의 변화에 따라 환경적 권리와 집단적 권리까지 추가하였다. 법 중심적 접근은 정부가 인권의 책임을 제고하도록 책무성을 촉구하고 그것을 제대로 수행하는지를 모니터링하는데 있다.

우리나라에서는 역사적으로 권위주의 정부 아래서 인권 침해의 주된 주체는 '국가'였다. 군, 검찰, 정보기관은 물론 심지어는 사법부까지지도 직간접적인 인권 침해에 가담하였다. 그동안 인권 침해에 대해 끊임없이 제동을 건 것은 바로 민주화를 위한 시민사회 진영이었다. 시민사회의 성장은 곧 인권 침해의 주체에 대한 대항이었고 변혁의 과정이라고 할 수 있다. 시민사회 영역에서의 민주적 활동은 민주정권의 출현을 가능하게 하였고, 그것은 곧 국가 제도와 법으로 이어지게 하였다.

해방 이후 4·19 민주혁명까지의 시기는 인권이나 인권교육의 개념조차 형성되지 않았다고 할 수 있다. 1945~60년까지의 시기는 일제 식민지로부터 해방을 맞이하면서 민족분단과 한국전쟁을 경험한 역사적 시기로서 냉전구도 하에서 형성된 반공 이데올로기로 온 국민을 무장시켰기 때문에 사상의 자유라든가 개인의 인권 등과 같은 말은 국가의 안정을 위협하는 정치적 이념으로 내비치기에 충분했다. 따라서 이 시기는 분명 신생 독립국가 건설을 위한 이데올로기적 통제를 가했던 단계로서 인권교육이라는 대안적 화두가 교육 전면에 올라오지 못했다.

4·19 민주혁명에 의해 인권의식이 싹트면서 박정희정권이 몰락할 때까지 정치적·경제적 민주화를 위한 인권운동이 발아되기 시작하였다. 그러나 4·19 민주혁명을 군부 쿠데타로 진압하고 1961년 집권에 성공한 박정희 군사독재정부는 정치적 통제와 함께 경제개발5개년계획을 수립함으로써 위로부터의 국민동원적 발전론을 내세운다. 이것이 밑으로부터의 민주화 운동에 부딪히면서 인권운동이 정치적·시민적 수준의 개념에서 발아되어 확산되었다. 군부독재 권력에 의한 유신헌법의 제정과 긴급조치권 발동, 반공 이데올로기의 체제내화를 위한 전국민적 수준의 슬로건화, 전시 위기 조장으로 국민기본권 제한 등과 같은 각종 민중 탄압 조치로 인해 국민들의 정치적 시민권은 국가 안보라는 미명하에 억압되었고, 교육과 언론은 이데올로기적 국가기구로서 철저히 국가의 집단논리만을 선전하고 홍보했다.

그럼에도 불구하고 1960년 4·19 민주혁명 이후 아래로부터 성장해온 민주화 운동이 발아되어 다수의 학생, 노동자, 그리고 시민들이 독재정부의 국민탄압에 저항했다. 민주주의를 지향하는 학생운동, 노동자의 정치적 권리를 보장받기 위한 노동운동, 생존권 확보를 위한 농민운동 등이 당시 군부

독재에 항의하여 민주화를 성취하기 위한 인권운동으로 연대했다. 따라서 당시의 인권은 개인의 정치적·시민적 자유와 권리를 찾기 위한 것으로서 정치적 탄압의 대명사였던 정치범들의 문제가 중요한 인권탄압의 화두로 오르곤 했다. 당시 초중등 교육은 국가 이념의 단순 전달 기능만을 위해 철저히 통제되고 있었기 때문에 이에 저항하는 교사들의 소규모 문화 활동은 탄압을 받지 않을 수 없었다. 그럼에도 정치적 민주화를 위한 인권운동이 벌어지고 학교 현장에서도 탄압받는 교사들이 늘어나면서 인권의식에 대한 초보적 수준의 교육이 싹트고 있었다고 볼 수 있다.

그런데 군부독재가 청산되던 10·26을 겪으면서 민주정권의 출현이 예견되었지만 또다시 군부독재의 재집권으로 광주민주화운동이 진압되면서 민주화 열기는 좌절되고 말았다. 10·26과 5·17이라는 승리감과 패배감이 교차하던 역사적 격변기를 겪으면서 민족 문제 해결 없이는 민주화가 불가능하다는 판단에서 분단 이데올로기 극복을 위한 통일 논의가 무척 활발해지기 시작하였다. 그리하여 민족 문제와 계급 문제를 둘러싼 민주화 운동 진영 내부의 사상 투쟁이 격화되었다. 인권 문제는 여전히 국가권력과의 정의로운 투쟁의 결과로서만 해결될 수 있었다.

이러한 극단적 대립 상황 속에서도 직접적인 대결을 피해서 시민들의 힘으로 할 수 있는 다양한 형태의 시민불복종운동(KBS 시청료 거부운동 등)이 전개되었다. 이러한 운동의 흐름은 그대로 교육에도 반영되어 민족·민주·인간화 교육 실현을 위한 교사들의 정치세력화로서 교원노조 설립운동 및 학부모 운동이 태동하였다. 1980년대 한국의 교육은 입시를 향해 모두가 서열 짓는 살인적인 경쟁 교육이었기에 학생들이 가열된 입시부담에 눌려 정신적 질환을 앓고 때로는 못 견뎌 자살하는 수가 늘어나자 우리의 아이들을 살리자는 「학생인권선언」이 교사들을 중심으로 이루어졌다. 처음으로 교사, 학생, 학부모가 교육의 책임 있는 주체가 되어야 한다는 의미에서 '교육의 3

주체'라는 말이 생겨나게 되었다.

1990년대 이후 민주화 운동이 일정 부문 정치적으로 성과를 거두게 되고 시민운동이 확산되는 과정에서 일상생활 및 학교에서의 인권과 인권교육에 대한 인식이 확산되었다. 무엇보다 1992년 문민정부의 수립으로 군부독재 정권 청산이라는 민주화 운동의 과제가 어느 정도 해결되면서 이전의 사회운동과는 성격이 다른 시민운동이 활성화되었다. 새로운 시민운동은 구조적 변혁 못지않게 그 안에 살고 있는 일상생활에서 보여주는 개인의 인권 신장에 많은 관심을 갖고 주로 비정치 부문의 과제를 제기하였다. 학교에서 교사 혹은 동료 학생에 의해 폭력적으로 고통받는 학생 인권문제는 사회운동 부문에서 중요한 비중을 차지하였다. 1991년 한국정부는 유엔의 「아동의 권리에 관한 국제협약」를 비준하기에 이른다. 이것은 정부가 민간단체와 협력하여 빠른 시일 안에 국내 안을 만들어 구체적으로 이해할 것을 국제적으로 공약한 것을 의미한다.

시기	인권·인권 운동 상황	인권교육의 특징
박정희 정부	·총체적 인권 탄압과 지속적 저항	·공식적 비인권 교육, 순응적 이데올로기 교육
전두환 정부 노태우 정부 김영삼 정부	·총체적 인권 탄압과 다각적 투쟁 ·시민적·정치적 권리 부각	·민족·민주·인간화 교육 시도 ·교육의 3주체 개념 대두 ·교육권, 학습권 부각
김대중 정부 노무현 정부	·인권의 다양화(경제적·사회적·문화적 권리 부각) ·국가인권위원회 설립	·각 교과 교사모임 결성 ·시민단체, 학부모 단체의 인권교육 압력 가중
이명박 정부	·시장주의적(경쟁적) 신자유주의 정책 본격화 ·인권의 역주행	·인권교육의 위축 ·애국심 교육 부각

〈한국의 인권 상황과 인권교육의 변화〉

「유엔 아동권리협약」에 대한 이해가 널리 확산되면서 인권교육 실행 전략이 소개되었다. 그리고 학교 차원에서는 교사와 학생의 새로운 관계를 모색하고 확립하기 위해 인권교육을 모색하기 시작하였다. 우리나라는 앞서 살펴보았듯 일찍이 민주화 운동으로서 인권교육이 제창되었고, 유엔의 영향을 받는 유네스코를 중심으로 인권교육이 활발하게 논의되기 시작하였다. 이후 민주화 정권이 출현하면서 국가인권위원회를 중심으로 인권교육이 활발하게 진행되었다. 그렇지만 권위주의 정부의 출현으로 지금의 인권교육은 다시 퇴행의 길에 접어들고 있다.

4. 인권교육의 방향과 내용

인권교육의 기본 철학은 모든 아이들이 하나의 동등한 인격체로 존중될 권리를 가지고 있고, 모든 아이들은 스스로 자신의 문제를 해결할 수 있는 능력을 가지고 있다고 생각한다. 인권교육은 인간의 권리와 기본적 자유를 존중하는 힘을 갖도록 하고, 인간으로서의 인성과 그 존엄성을 충분하게 개발하도록 한다. 인권교육은 자신의 삶을 인권의 눈으로 읽고 쓰는 능력이며, 말로 글로 자기 의견을 표현하는 기술이며, 다른 사람의 의견을 잘 듣고 토론하는 기술이며, 긍정적인 인간관계를 형성하는 기술이다. 인권교육은 인간의 기본적 권리로서 인권에 대한 보편적인 열망을 학생들에게 인식시키고, 인권을 보호하는 방책에 대한 기본적 지식을 갖게 한다. 인권은 자신의 권리를 깨달아야만 누릴 수 있으므로 인권의식을 일깨우는 인권교육은 인간의 기본적이고 보편적인 권리에 대한 이해, 인권을 존중·보호하기 위한 행동 양식과 기술, 인권을 존중하는 태도의 형성을 추구하는 일체의 교육활동이라고 할 수 있다. 인권교육은 '자신의 인권'에서 '타인의 인권'으로 확산되는 형식으로 제시될 수 있다. 스스로 다른 사람의 입장에서 인권 침해를 당하고 있는 사태를 보고 동정과 공감을 갖고 고통을 함께 할 뿐 아니라 그것의 해결을 위해 함께 노력하는 것이다.

인권교육에서 가장 중시하는 과제는 인권의 원칙에 입각한 일상생활의 영위이다. 인권교육은 항상 자신의 행동에 대해 동기를 비판적으로 깨닫도록 돕는 도덕적 중재의 새로운 힘을 형성하도록 시도한다. 도덕적 중재의 새로운 형태는 인간 집단들 사이에 존재하는 잠재적인 갈등, 즉 사회적·정치적·개인적 갈등 등을 깨닫는 데 도움을 줄 것이다. 인권교육은 모든 국가와 토착민 그리고 종족적·민족적·종교적·언어적 집단 사이의 이해, 관용, 성의 평등, 우정을 촉진하고, 민주사회에서 모든 사람들이 효과적으로 참여하도록 하고, 평화의 유지를 위해 유엔의 활동을 촉진한다(「유엔 인권교육실천강령」, 1995-2004).

인권교육은 아이들의 자아 존중감과 독립심을 키우는 방향으로 인권적 대화가 이루어지도록 해야 하며, 교사와 아이들 사이의 협력과 이해를 바탕으로 한 유대감을 형성하도록 해야 한다. 인권교육은 우리 자신들의 맥락 속에서 그리고 각각의 학생들에게 더욱 정의로운 사회구조와 더욱 배려하는 공동체를 만드는 데 있다. 인권교육은 인간적 법률과 법의 규칙뿐 아니라 평화, 민주주의, 발전, 사회 정의를 포함한다. 인권교육은 권리와 책임, 인간의 존엄성, 타인 존중, 민주적 참여, 인권 문해력, 정치적 문해력을 함양한다. 일상적으로 반인권적인 사례들이 보고되고 있는 현실 속에서 그 책임으로부터 자유로울 수 없는 교사들에게 정말 필요한 것은 '인권 문해 능력' human right literacy을 고양하는 것이다. 인권에 대한 현학적인 지식의 암기와 나열이 아니라 구체적 현실 속에서 인권적 자각을 하고, 실천을 할 수 있는 '인권소양을 갖춘 식자'가 되도록 해야 한다.

인간은 태어날 때부터 평등하며 존엄한 가치를 갖는다는 주체적 인권의식에 근거하여 자신의 개인적 존엄을 억압하는 조건을 밝혀내고 이를 극복하게 만드는 인권교육은 특히 사회적으로 힘이 없고 주변화된 약자뿐만 아니라, 이를 보호하고 함께 지켜야 하는 힘 있는 자에게도 필요한 과정이다. 이런 각도에서 토니는 인권교육human rights education의 목적을 다음과 같이 서술하고 있다.

> 인권교육은, 첫째 인간의 기본적 권리로서 인권에 대한 보편적인 열망을 학생들에게 인식시키고, 둘째 인권을 보호하는 국제기구에 대한 기본적 지식을 부여하며, 셋째 인권이 부정되는 곳에서 이와 관련된 쟁점 혹은 그 쟁점이 적용되는 사례에 대해 비판적으로 사고할 수 있도록 하며, 넷째 권리가 짓밟혀진 경험이 있는 사람들에 대한 관심을 갖고 그들의 입장을 내 입장에서 되돌아 생각해보게 하기 위한 것이다. (Torney, 1980; 강순원, 재인용, 2000: 193)

토니에 따르면 인권교육이란 인권에 대한 보편적 열망에 입각하여 세계 보편적 인권 규약을 가르치며 주변의 인권 탄압적 현실을 비판적으로 인식함으로써 그들과 우리의 미래를 긍정적으로 전망할 수 있도록 변화를 모색하는 총체적 과정이라고 할 수 있다. 이렇게 볼 때 학교에서의 인권교육 범주는, 첫째 인지적 범주로서 국제기구에 대해 이해와 인권에 관한 지식, 둘째 우리의 문제로 함께 볼 수 있는 인권에 대한 보편적 열망으로서의 바람직한 가치나 태도의 범주, 셋째 인권이 탄압되고 문제되는 사례를 비판적으로 사고하고 공유할 수 있는 인권교육의 기법의 범주로 나누어볼 수 있다. 한마디로 인권교육은 인권의 지식, 기술 그리고 가치를 개발하는 모든 학습으로서 보편적인 인권의 문화를 건설하는 것을 목표로 한다. 인권교육은 학습자의 인권이 존중되는 과정을 통해 인권에 대한 지식을 획득하고, 인권을 존중하는 태도를 형성하며 인권을 옹호하고 방어할 수 있는 행동 능력을 길러냄으로써 인간의 잠재된 능력을 계발하고 현실에 존재하는 다양한 억압으로부터 스스로를 해방시킬 수 있는 힘을 길러내기 위해 설계된 교수-학습의 과정이라고 할 수 있다.

그렇다면 인권교육의 내용은 다음과 같은 다섯 가지에 초점을 두어야 한다.(Brabeck & Rogers, 2000: 177-180)

① 인권교육은 학생들에게 맥락적 요소를 이해하도록 한다

맥락이 아동과 청소년에게 어떻게 영향을 미치며, 그들이 의미를 어떻게 만드는지를 이해하도록 한다. 지속적인 폭력은 결국 폭력을 증대시킨다. 지역사회에서 발생하는 폭력은 거대한 인종주의, 차별, 빈곤 등의 한 부분이다. 그런데도 많은 학생들은 공동체에 영향을 미치는 사회의 불의와 아이들이 부딪히는 폭력과 범죄 간의 관계를 잘 파악하지 못한다. 전형적으로 학생들은 폭력적 사건을 한두 사람의 사이의 논란으로 보지만, 지역사회에서 폭력을 일으키는 사회적 맥락을 잘 검토하지 못한다. 이렇게 된 이유는 좀 더 거대한 정치적 요소를 검토하도록 고무하지 않기 때문이다. 폭력과 사회적 불의와의 관계에 대한 침묵은 숙고를 방해할 수 있다. 그러기에 인간의 존엄성에 대한 학생들의 권리, 그들의 시민적·정치적, 사회적·문화적 권리 그리고 연대적 권리에 대한 정보 제공과 역할 채택을 통해 숙고적 능력을 함양해야 한다. 이것은 가난한 사람, 흑인, 이주민, 그리고 주변인의 목소리를 경청함으로써 개인과 집단의 다양한 현실을 넘어서도록 학생들을 도울 수 있다.

② 인권교육은 학생들에게 그들의 삶 그리고 자신의 인권과 책임에 영향을 미치는 사회적·정치적 요소를 가르친다

젊은이들은 사회문제의 정치적·맥락적·역사적 분석을 하는 데 실패할 수 있다. 인종주의와 빈곤의 사회적·정치적 현실을 무시하는 도덕을 가르치는

시도는 억압과 고통 속에 사는 학생들에게는 진정성이 없고 적용할 수 없을 것 같다. 학생들이 직면한 문제를 효과적으로 변화시키고자 한다면 사회적 악의 정치적 분석을 마련해야 한다. 이러한 과정은 한 나라의 역사를 비판적으로 분석하는 것을 포함한다. 학생들은 법적 체제, 교육제도, 정치제체 그리고 다른 문화구조를 창조하고 유지하는 사회적·경제적 힘에 의문을 제기하도록 허용한다. 사회에 존재하는 폭력과 제도적 인종주의의 원인을 학생들이 탐구하도록 도와준다. 제도적 폭력과 빈곤의 영향을 이해한다는 것은 자기 비난을 줄일 수 있고, 힘을 행사하는 환경을 알 수 있게 한다.

③ 인권교육은 체제와 구조를 변화시키는 관여에 초점을 둔다

교사와 학생은 인권 침해를 예방할 수 있는 체제와 구조의 변화를 기술하고 발전시킬 수 있는 활동을 해야 한다. 체제와 구조의 정의는 교사와 학생 자신의 교실 내에서 이루어져야 한다. 권리와 복지를 촉진할 수 있는 어떤 체제가 인권을 침해하고 박탈된 사람을 비인간화로 유도한다는 것을 학생들은 배워야 한다. 억제되고 있는 인권을 너무 크게 받아들일 때 인권 침해는 발생한다. 사회적 악에 눈을 감게 하는 것은 인권 침해를 관용하는 데서 발생한다. 차별은 정부체제와 경제정책으로부터 탈출하는 것이기 때문에 체제적(구조적) 노력이 있어야 한다. 이런 기본적 변화를 달성하기 위해서는 사회가 그것을 요구해야 한다. 이것은 학생들이 개인의 행위와 사회적 행위 사이의 관계를 인식하도록 가르칠 때 일어난다. 그러기에 학생들은 비판적으로 자신뿐 아니라 타인의 삶에 영향을 미치는 체제에 대해 알고 배울 필요가 있다.

④ 인권교육은 완전한 공동체의 복지에 초점을 둔다

사회구조를 검토하는 과정에서 인권교육의 목적은 동정이나 적대감보다 상호 이해와 관심을 둔다는 것을 분명히 해야 한다. 교육의 과정이 우리들에

게 적대적인 정신구조를 갖도록 유도하는 것이라면 그 과정은 실패할 것이다. 희생자라는 딱지는 해결책이 아니며, 사람들을 동력화하지도 못하며, 공동선을 위한 행동을 오히려 억제한다. 이것은 개인적 서사와 열린 대화를 아주 중요하게 만드는 이유이다. 서로 다른 관점을 가진 학생은 서로 경청하고, 서로 다른 상황과 여론으로 유도하는 정치적 분위기를 고려하도록 격려되어야 한다. 이런 식으로 학생들을 좀 더 거시적인 정치적 맥락과 집단적 공동체의 일부분으로 자각하도록 한다. 타인의 관점을 가로지름으로써 한 사람의 특권이 다른 사람의 배고픔과 연관됨을 보도록 배워야 한다.

⑤ 인권교육은 집단적 선을 위한 개인적 책임의식에 초점을 둔다

학생들에게 사회적 악을 분석하도록 체계적으로 가르치는 것은 가난한 학생들뿐 아니라, 특권적 편리를 누리는 학생들에게도 일어난다. 다수자의 지위를 누리며 성장한 아동들은 특권과 빈곤, 개인의 복지와 집단의 복지 간의 연관을 알기 위해 사회적 불의를 비판하는 데 참여해야 한다. 이것은 어려운 과정이나 공동선을 포함한 도덕교육에도 필요하다. 즉, 그것은 학생 개개인으로 하여금 인권을 통해 알게 된 도덕적 성격을 형성하도록 한다. 학생들을 역사에 직면하게 하는 것은 학생들이 진리를 다스릴 수 있도록 하고, 인간의 가증스런 잘못, 즉 대량 학살, 유태인 대학살로부터 윤리적 교훈을 배우도록 한다. 이런 과정을 통해 학생들은 악이 번창할 수 있는 역사적 정치적 맥락에 대해 학습하면서 개인의 경험과 여론이 상호 존중에서 공유되는 열린 대화에 참여하게 된다. 학생들이 다양한 관점을 갖고 개인의 편견과 왜곡을 숙고하도록 격려된다. 이러한 과정의 목표는 학생들의 자아 통제, 지식과 도덕적 사고를 강화하도록 한다.

인권교육의 내용은 인권에 대한 지식뿐만 아니라 인권을 지지하는 가치

와 태도, 신념 그리고 궁극적으로는 행동의 영역을 포괄하는 교육[59]으로서 크게 인권에 '대한about', 인권을 '위한for' 학습에 목표를 둔다. '인권에 대한 학습'과 '인권을 위한 학습'은 인권교육의 두 가지 본질적인 목표이다. '인권에 대한 학습learning about human rights'은 주로 인권의 역사, 기록, 실행의 메커니즘을 포함한 인지적 학습을 한다. 사회의 분절은「유엔인권선언」의 규정과 이 국제적 규준이 정부와 개인에게 어떤 영향을 미치는지를 이해할 필요가 있다. 이 규준들은 또한 공민적·정치적·사회적·경제적·문화적 권리의 상호 의존을 이해할 필요가 있다. 인권교육은 모든 사람에게 필수적인 교육의 기본인 '4R', 즉 읽기reading, 쓰기writing, 셈하기(a)rithmetic 이외에 '인권human rights'을 포함한다.[60]

특히 일부 사람들은 형식교육에 있어 인권교육을 위한 인지적·태도적 목표를 강조한다. 예를 들면 유럽위원회의「학교에서의 인권의 가르침과 배움(1985)」 추천에서 역사적·법적학습이 우선적으로 중요함을 제시하고 있고, 부가적으로 행동 기술을 추가하고 있다. ① 인권의 역사적 발전에 있어 주요 지표가 되는 지식, ② 인권에 대한 선언, 협약, 약속, ③ 인권 침해에 대한 지식, ④ 인권의 기존 개념에 대한 이해(차별, 평등 등), ⑤ 개인, 집단, 국가의 권리 사이의 관계에 대한 이해, ⑥ 편견과 관용의 발전, ⑦ 타인의 권리 중시, ⑧ 권리를 부인하는 사람에 대한 동정, ⑨ 정보를 축적하고 분석하기 위한 지적 기술, ⑩ 행동 기술 등(Flowers, etal., 2000).

'행동 기술'에는 차이를 인정하고 수용하고, 적극적이고 비억압적인 인간관계를 확립하고, 비폭력적인 방식으로 갈등을 해결하는 인간 상호 간의 기

59 가치와 태도의 변화를 개발하라, 행동의 변화를 개발하라, 사회 정의를 위한 힘을 부여하라. 이슈·공동체, 그리고 국가를 넘어 연대의 태도를 개발하라, 지식과 분석적 기술을 개발하라, 참여적 교육을 하라.

60 도덕교육에서는 4R에 '관계relationship'나 '존중respect'을 포함하고 있다.

술이다. 사회 변화에 더욱 적절한 추천된 기술에는 참여, 기획, 의사결정을 포함한 책임을 감수하고 결정에 참여하는 기술이다. 사회적 기술에는 지역과 풀뿌리에서 인권을 보호하기 위한 기제의 사용을 이해하는 것이다.

이와 같은 규준은 민주공화국이 필요로 하는 인권에 대한 학습을 특별하게 추천할 수 있는 시민권(성)의 이념, 원리 그리고 실천에 많은 참고가 될 것이다. 영토, 경제적 발전, 핵, 기타 무기, 자연자원과 인권의 관심과 같은 국가의 주권과 지구적 관심 간의 관계와 상호 의존 및 이를 둘러싼 긴장을 분석한다. 학교는 일반적으로 기본 교육을 하는 원천이고 아동을 사회화하는 보수적 기관으로서 항상 아동이 살고 있는 공동체의 가치를 구현하려고 할 것이다. 게다가 그들은 애국심, 종교, 가족계획, 알코올, 약물 이용, 소수자 등 정치적 목적을 위해 학교를 이용하려는 정부의 노력을 반영한다. 이러할 때 민주적인 정부는 반드시 자신의 이익과는 달리 인권을 가르치는 데 관심을 두어야 한다.

'인권을 위한 학습learning for human rights'은 인간의 평등과 존엄성의 원리, 모든 사람의 권리를 존경하고 보호할 책임을 이해하고 수용하는 것을 의미한다. 이것은 알고 있는 인지적 학습과는 달리, 어떻게 행동할 것인가에 관심을 둔다. 인권을 위한 학습은 ① 자신의 삶의 상황을 비판적으로 분석하고, ② 가치를 명료화하고, ③ 태도를 변화시키고, ④ 연대를 개발하고, ⑤ 인권이라는 용어로 분석하고, ⑥ 부정의에 대해 적절한 반응을 하도록 전략화하는 등 권리의 옹호와 행동을 위한 기술을 포함한다(Flowers, etal., 2000). 일부 사람만이 완전한 인권 행동가가 될 수 있지만, 모든 사람은 인권이 개인, 집단, 제도 차원에서 촉진되고 옹호할 수 있고, 일상생활에서의 인권의 원리를 실천하도록 가르친다는 것을 알 필요가 있다. 그리고 모든 사람은 인권이 책임과 관련되어 있음을 이해할 필요가 있다. 즉, 인권은 자신의 삶에 있어 인권의 원리를 관찰하고 타인의 권리를 옹호하고 존경하는 것이다.

그리고 인권교육은 행동으로 이어져야 한다. 앎은 행을 통해 완성이 된다. 행동에 대한 반성을 통해 앎은 재구성된다. 학습은 인권의 실천에 본질적이다. 인권을 이해하는 사람만이 자신과 타인을 위해 인권을 확보하고 옹호하는 데 효과가 있을 것이다. 인권교육은 인지적 학습과 정서적 학습을 통합해야 한다. 이를 위해 ① 현실에서 출발하라: 모든 학습은 참여자의 필요, 이익, 경험, 문제에 기반해야 한다. ② 활동을 하라: 학습은 개인 및 집단 활동에 적극적이어야 한다. ③ 지평적 소통을 하라: 학습은 사람이 상호 존중의 분위기 속에서 자신의 사고, 감정, 그리고 정서를 공유하는 대화를 통해 일어난다. ④ 비판적 능력을 개발하라: 사람은 비판적인 능력과 아이디어, 사람, 행위를 심중하게 평가하는 능력을 개발해야 한다. ⑤ 감정의 발달과 표현을 촉진하라: 훈련 방법론이 참여자의 감정을 고려한다면 가치를 학습한다는 것은 가능하다. ⑥ 참여를 촉진하라: 학습의 가장 좋은 길은 참여함으로써, 자문함으로써, 결정에 참여하는 것이다. ⑦ 통합을 하라: 학습은 학습과정에서 머리, 몸, 마음이 통합될 때 가장 효과적이다.

	내용
인권에 '대한' 학습 (지식, 이해, 가치)	·인권 활동의 발생, 역사에 대한 지식, 그리고 연관성 ·국제적 논의에서 인권의 쟁점과 갈등 ·여러 가지 인권의 선언과 협정 ·인권의 구현과 실천(국내 및 국제적 인권 실천자) ·비판적 인권 자료에 대한 강한 초점을 둔 정책과 행동 ·갈등에 핵심적인 조지과 사람에 초점
인권을 '위한' 학습 (존중, 책임, 연대)	·자력화 ·지역사회의 삶과 사회의 변혁에 참여 ·연대/타인의 권리 ·인권을 기존 규범에 적용하는 것과 기본적 권리를 위한 저항과 투쟁 사이의 긴장

〈인권의 목표와 연계된 인권교육〉(Jones, 2006: 199)

인권교육은 현학적인 인권 지식의 암기와 나열이 아니라 구체적 현실 속에서 인권적 자각을 하고 실천할 수 있도록 해야 한다. 인간으로서 살 수 있는 법, 인간의 존엄성을 존중하는 법을 체험적·실천적으로 배워야 할 것이다. 인권교육은 학습자의 가까운 일상생활 속에서 사회문제의 해결을 위해 실천하는 '참여'라는 '형식'에, '인권'이란 '내용'을 담아내고자 한다. 이는 자신을 삶의 주체로 세워나가기 위한 것으로 사람들의 삶과 경험을 이해하고 변화시키는 것이 중요하다는 것을 의미한다. 따라서 적극적인 참여가 필요하며 결과적으로 공정하고 인간적인 민주사회를 구성하도록 해야 한다. 경험을 통한 학습을 소중하게 여기는 인권교육은 발견과 질문에 의해 학습을 격려한다. 그것은 유연한 시간표를 필요로 하며, 활동적인 학생들이 학교만이 아니라, 집이나 다른 공동사회에서 연구하는 것을 포함한다. 아동들이 자아존중을 통한 교육에 동의한다면, 다른 사람에 대한 존중과 개인적 성장의 가능성을 신뢰하는 것은 기본이다.

인권교육을 위한 궁극적 목표는 사람들에게 자신의 삶을 통제하고, 그것에 영향을 미치는 결정을 부여하는 힘을 갖는 것, 즉 '자력화empowerment'이다(Mcintjes, 1997). '인권을 위한 학습'은 자력화된 적극적 개인을 양성하는 것에 중점을 둔다. 자력화는 학생들로 하여금 자신의 필요와 그것을 가로막는 정치적·사회적 구조를 이해하도록 돕는다. 인권을 위한 학습의 중요성은 자력화된 개인만이 인권에 토대를 둔 사회의 변혁에 참여할 수 있다는 것에 있다. 인권을 위한 학습에 초점을 둔 인권교육은 공동체의 기본적 필요를 충족시키기 위해 연대, 집단적 행동을 포함한 사회적 능력을 강조하고 있다. 여기에서 협상과 갈등해결 기술 그리고 주창 기술은 본질적 구성 요소이다.[61] 일부 교육자들은 인권을 '위한' 교육의 '자력화' 목표를 학교에 적용할

61 인권을 '위한' 학습의 기술에는 토론하고 경청하는 기술, 편견과 왜곡을 억제하는 판단의 기술, 적극적이고 비억압적 관계를 맺을 수 있는 사회적 기술, 그리고 지역·국가·세계 수준에서

경우 지나치게 정치적이라고 간주하고, 비형식 교육에만 적절하다고 주장하기도 하지만, 학생의 자력화 전략은 책임 있는 참여적 시민이 되게 하여 시민사회를 건설하는 데 필수 불가결한 요소라고 할 수 있다. 그러기에 인권교육은 시민사회의 발전을 '반영'한 것임과 동시에 시민사회의 발전도 '견인'할 수 있어야 한다. 시민사회의 발전의 견인차로서의 인권교육은 사회의 전 영역에 걸쳐서 이루어져야 한다. 특히 학교의 인권교육은 시민사회의 참여 및 성장의 경험을 충분히 담아내야 한다. 학교를 주된 무대로 하는 인권교육은 실천, 체험, 참여 지향의 인권교육을 적극 활동하여 민주적 시민사회의 건설을 위해 견제, 비판, 저항, 대안 제시 등의 경험을 학습에 반영해보는 노력이 필요하다. 즉 우리 가까이의 일상 속에서 끊임없이 일어나고 있는 크고 작은 인권 침해의 현장에 뛰어들어 그것의 해결을 위해 노력해보는 '작은 시민운동'에 참여하는 경험을 가질 필요가 있다.

인권교육은 규범적 사업인 동시에 문화적 사업이다. 인권교육의 과정은 학생들로 하여금 더욱 인권 규범과 가치에 일치하는 기술, 지식, 동기를 제공하여 자신의 삶과 현실을 혁신하도록 하는 것이다. 이런 이유로 상호작용적, 학습자 중심적 모형이 광범위하게 활용되고 있다. 다음의 인권교육 학습방식은 인권교육 옹호자들이 선호하는 모형이다(Tibbitts, 2008: 103-104).

① 체험·활동 중심 모형: 지식 이전의 학습자의 요청을 포함, 학습자의 경험과 지식을 이끌어내는 활동을 제공하기

② 문제의 제기 모형: 학습자의 이전 지식에 도전하기.

③ 참여 모형: 개념을 명료화하고, 주제를 분석하고, 활동을 실천하는 집단적 노력을 격려[62].

존재하는 인권을 보호하기 위해 비폭력적 방식으로 갈등을 해결하는 행동적 기술이 있다

62 참여 지향적 인권교육을 활용함으로써 시민사회 단체와 연계, 시민사회의 활동 방식 등

④ 변증 모형: 학생들에게 자기의 지식과 타인의 지식을 비교하도록 함.

⑤ 분석 모형: 학습자에게 왜 일이 그렇게 되었고, 어떻게 그것이 그렇게 되었는지를 생각하도록 함.

⑥ 치유 모형: 학습자에게 개인 내 그리고 인간 상호 간의 인권을 촉진하기.

⑦ 전략적 사고 모형: 학습자에게 자신의 목표를 설정하도록 하고, 그것을 달성하기 위한 전략적 방안을 생각하기.

⑧ 목표·행동 지향 모형: 학습자에게 그들의 목표와 관련하여 행동을 계획하고 조직하도록 함.

학교에서의 인권교육은 학습자의 연령과 국가/지역의 교육정책의 상황에 따라 다양하게 적용될 수 있다. 인권교육에서 다루어지는 인권은 갈등해결교육, 법관련교육, 발전교육, 이슈관련교육, 평화교육, 반편견교육, 다문화교육, 세계교육 등에서의 최근 추세와 공통적인 특징을 많이 가지고 있다. 학교에서의 인권교육은 역사과, 사회과, 도덕과, 인문학, 교양교육, 시민교육 등에서 쉽게 이용할 수 있다. 인권교육의 발달적 개념적 틀은 유엔과 NGO에서 개발한 것이다. 여기에 사회 정의, 관용 등과 같은 다른 중요한 가치가 추가될 수 있다.

을 직접 경험할 수 있도록 하는 것은 학교와 사회를 시민사회화하는 데에도 기여할 수 있다. 시민사회에 적합한 시민성을 함양하고자 하는 참여 지향적 인권교육 모형은 ① 구체적 사례 속에서 인권 '문제 인식하기', ② 인권 관련 '문제 분석하기', ③ 인권 관련 '대책 수립하기', ④ 인권 신장을 위해 '실천에 옮기기', ⑤ 관련 활동을 '평가하기'의 단계를 따른다.

인권의 역사와 기록에 '대한' 학습을 위한 내용	인권의 이슈에 '대한' 학습을 위한 내용	인권을 '위한' 태도와 기술을 학습하기 위한 내용
• 인권의 역사적 발전: 윤리적·철학적·종교적 전통에 나타난 인권의 뿌리, 국가 및 국제의 역사 속에 나타난 인권의 획기적 사건 • 세계인권선언: 선언의 초안, 영향, 중요성 • 서약: 세계인권선언과의 관계, 사회적·경제적 권리의 정의, 공민적·정치적 권리, 하나가 아닌 두 가지 기록을 위한 역사적 근거 • 인권의 국제 법안 • 국제인권법을 만드는 과정 • 비준의 과정과 책임: 비준하는 정부의 책임 • 기타 중요한 국제적 인권 조약(아동인권협약, 모든 여성의 차별 폐지 협약) • 국제인권조약이 어떻게 집행되는가: 유엔 견인 체제, 민원 절차, 모니터 절차 • 지역의 인권 조약과 체제 • 미국이 비준한 국제 인권조약: 왜 미국이 그렇게 비준 비율이 적은가?(아동권리조약 등) • 국제적 · 지역적 인권법과 미국 헌법과 권리헌장 • 국가주권 대(對) 국제인권 규약 • 인권에 대한 신화 • 인권에 대한 용어	• 이슈와 논제의 역사적 · 정치적 · 경제적 · 사회적 배경: 이슈와 논제의 의미 있는 변화, 증거 사례 • 이슈와 화제에 관련된 특정의 인권 • 주제와 논제의 분석: 가해, 가해자, 어떻게 가해자가 책임을 지는가, 행동이냐 무활동이냐, 희생과 논제에 대한 기타 관련된 사실, 다른 인권과 관련된 갈등 • 이슈와 논제를 처리하는 전략: 성공적 예, 성공하지 못한 예, 현재의 노력, 새로운 전략 • 이슈와 논제에 대한 활동의 진전과 미래: 요구 평가, 이용할 수 있는 자원, 새로운 접근	• 개인의 태도, 가치, 기술: 사람과 경험의 비판, 자신의 편견을 인식, 차이의 수용, 타인의 권리의 존중, 타인의 권리 보호를 위한 책임을 지기, 적극적 경청, 동의 만들기, 중재와 갈등 해결 • 행동 기술: 권리를 존중하고 보호하기 위한 국가의 책임을 요구, 권리를 존중하고 보호하기 위한 개인의 책임에 도전하기, 인권 이슈를 처리하기 위한 행동 전략을 만들기, 권리 옹호 기금 모으기, 인권 이슈에 대해 타인을 교육하기, 인권 이슈를 둘러싸고 제휴하고 공동체를 조직하기, 인권 이슈에 대해 관료와 로비하기, 인권 이슈에 대해 미디어에 영향 미치기, 권리 옹호 노력 평가하기, 공동체 조직하기 • 기록과 분석 기술: 인권의 용어로 역사적 현재 상황 분석, 자료의 탐색, 기록, 축적, 어떤 국가적·지역적·국제적 기록이 특수한 인권 침해의 경우에 응용되는지를 결정하기, 어떤 견제 기제가 특수한 경우에 응용하는지를 결정하기, 정보의 비판과 분석

〈인권교육의 내용〉(Flowers, etal., 2000)

수준	목표	핵심 개념	특수한 인권 문제	교육 수준과 수업
초등학생 저학년까지 (3~7세)	자신 존중 부모와 교사 존경 타인 존중	자아 공동체 책임	인종주의 성차별주의] 불공정 상처주기(정서적·물리적)	교실 규칙 가정생활 아동권리협약
초등학생 고학년(8~11세)	사회적 책임 시민권(성) 원하는 것과 필요한 것 그리고 권리를 구별하기	개인의 권리 집단의 권리 자유 평등 정의 법의 규칙 정부 안보 민주주의	차별·편견 빈곤·배고픔 부정의 종족중심주의 수동성	인권의 역사 인권 용어에서 지역·국가의 법체계 유엔난민기구 유네스코 유니세프
중학생 (12~14세)	특정의 인권 지식	국제법 세계 평화 세계 발전 세계의 정치경제 지구의 생태 법적 권리 도덕적 권리	무지 무감동 냉소주의 정치적 억압 식민주의 제국주의 경제적 세계화 환경적 쇠퇴	유엔헌장 종족주의의 철폐 성차별주의 소멸 지역의 인권 관습 유엔난민기구 NGO
고등학생 (15세 이상)	인권 규준에 대한 지식 인권을 개인의 각성과 행동에 통합하기	도덕적 포용·배제 도덕적 책임·소양	집단 학살 고문	제네바 헌장 특수한 관행 인권 규준의 발전

〈방법론: 인권교육을 위한 발달적·개념적 틀〉(Tibbits, 2008: 105)

5. 인권교육과 인격교육의 융합

그동안 인격교육을 중시하는 진영과 인권교육을 중시하는 진영은 서로 대립을 보이며 갈등을 보여 왔다. 흔히 전자는 우파로 분류되고 후자는 좌파로 분류되어 소모적 논쟁을 벌여 왔다. 그런데 인권 없는 인격교육이나 인격 없는 인권교육은 모두 불완전한 개념이다. 왜냐하면 인권 없는 인격교육은 양보와 인정에 치우친 수양운동에 편향되어 불의에 대한 대처를 방관하기 쉽고, 인격 없는 인권교육은 자기주장과 권리 쟁취에 치우치는 사회운동에 편향되어 사람됨의 형성을 소홀히 하기 쉽다. 인간성이 좋지 않거나 인간이 안 되어 있으면서 인권운동을 함으로써 자기모순에 빠져 정당성을 상실하게 만든다거나, 다른 한편으로 사회 부조리를 회피하며 안전한 길을 찾는 인격 수양 방식의 두 편향성은 모두 문제가 있다. 인격의 완성은 불의에 직면하여 자신의 지조를 지키는 삶이어야지 인품만 그럴듯하게 포장하는 무골호인은 부정의한 사회를 방치할 뿐이다. 동시에 우리는 주변에서 비민주적인 제도에 대해서는 비판을 잘하면서도 일상생활에서는 폭력적인 말과 행동을 너무나 쉽게 하는 비대화적 모습을 많이 보게 된다.

이렇게 인격과 인권의 편향성을 보이며 조화롭게 공존하지 못하는 생활은 사회의 정의와 민주주의를 성취하는 데 걸림돌로 작용한다. 인간으로서 또한 시민으로서 성장하도록 준비시키는 학교교육의 역할을 요구하기에 인격교육과 인권교육을 둘러싼 서로 다른 입장을 대해 서로 적대적 입장을 맥락과 상황에 따라 각자의 관점과 입장을 조금 완화하여 논의를 하면 대화를 통해 포용적이고 포괄적인 민주시민교육이 어느 정도 가능할 것이다.

구체적으로 학교교육 영역에 들어가 말한다면 인격교육이 인권교육의 토대가 되어야 한다고 하더라도 양자가 동일하다는 것으로 비약해서는 안 된다. 왜냐하면 많은 경우 인권교육은 개인적 도덕성보다는 공적 도덕성에 더 관심을 두는 경향이 있고, 비판적 사고와 정치적 교양을 더욱 강조하고 있기 때문이다. 예를 들어 인권교육은 세계시장과 글로벌 경쟁의 존재를 무시할 수 없다. 특히 가난한 나라에서 그렇다. 왜냐하면 큰 사회적 대립을 자주 일으키는 현실 세계의 요인들 때문이다. 가난한 나라는 중대한 인권 폭력이 발생할 가능성을 가지고 있다. 따라서 인간 생활에서의 무조건적 존경과 관련된 보편적인 도덕적 견해를 사회에 적용하는 것과 난폭한 경제적 경쟁의 현실을 단순하게 받아들이는 것은 무리일 수 있다. 이런 문제를 주로 다루는 사회과, 역사과 등의 영역에서는 강한 비판적 관점을 취하지 않을 수 없다. 이런 상황에서 학생들에게 비판의식을 고무하는 것은 불가피하다. 학생들로 하여금 가치의 갈등과 다른 권리들 사이에 있을 수 있는 정치적 긴장을 사회 정의의 관점에서 각성하도록 가르치는 것이 인권교육의 기본이다.

이러하기에 근본적으로 사회적 깨달음을 중시하는 인권교육은 단순히 내면적 각성을 중시하는 인격교육과는 기본적인 철학적 가정을 달리한다고 할 수 있다. 인격교육의 철학적 가정은 도덕성, 예절, 예의바름에 좀 더 치우치는 반면, 인권교육의 철학적 가정은 정치, 사회생활의 상호 의존성에 더 초점을 두는 특징을 보이고 있다.

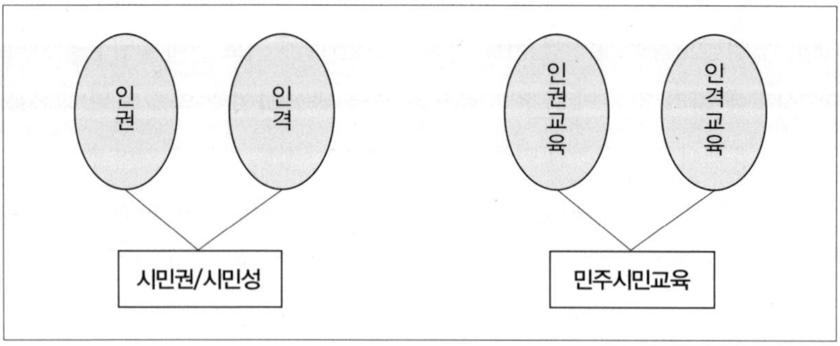

유엔 총회가 1948년에 선포한 「세계인권선언」 제26조(교육을 받을 권리)의 제2항에도 "교육은 인격을 충분히 발전시키고, 또 인권과 기본적 자유에 대한 존경을 강화하는 데에 목적을 두어야 한다"고 명시하듯, 인권교육의 영역은 넓게 보면 포용성과 포괄성을 띠는 '통합적' 인격교육의 영역에 포함될 수 있다. 인격이 취약한 사람이 권리만을 주장할 때 이기심 많고 인정머리 없는 졸부가 되는 경향성을 제어할 수 있을 것이다. 물론 인격만을 강조할 때 인격자는 될 수 있으나 정의감 없는 비겁한 사람이거나 권력의 충실한 충복으로 전락할 위험이 있기에 이런 양 극단을 피해야 한다.

그렇다면 인격과 인권은 시민으로서의 권리, 자격, 의무 등 포괄적 의미를 갖는 영어의 '시티즌십citizenship'에서 대화가 가능할 것이다. 시티즌십을 '시민권'이나 '시민성'이라고 동시에 번역되는 데서 보듯 인격과 인권의 의미 공존이 가능할 것이다. 시티즌십은 어떤 정치공동체 안에서 당당한 일원으로 인정을 받을 수 있는 구성원의 자격, 정치적 귀속성으로서 '시민 자격'을 가진 국가성원으로서 '시민권civil rights'을 누릴 권리, 즉 공민권, 자유권, 사회권 및 복지권으로 이해할 수 있고, 동시에 시민으로서 가져야 할 덕성으로서 '시민성civil virtue', 즉 교양, 인격, 태도, 공동체의식 등을 모두 지니고 있다고 할 수 있다. 인격은 시민성과 친화성을 보이고, 인권은 시민권과 친화를 보이지만, 시민권(성)교육education for citizenship을 통해 인격과 인권의 대화를 모색할 수 있을 것이다. 인간이 누리고 있거나 누려야 할 권리의 중요성, 그리고 그 내용을 올바로 이해하려면 인간의 권리에 대한 일반적인 논의뿐 아니라, 그것이 역사에서 문제들을 해결하기 위해 어떻게 제도적으로 발전해 왔는지를 추적해야만 한다. 전자가 주로 인권의 발전 과정에 대한 것이라면, 후자는 주로 시민권의 발전 과정에 대한 것이다.

그리고 인격을 안정적인 심리적 마음뿐 아니라, 비판적 문화 특성을 동시에 갖는 개념으로 확장할 필요가 있다. 때로는 학생의 일탈을 인격의 부조화로 볼 때는 정신병리 현상으로 볼 수 있으나 새로운 변화를 위한 이유 있는 저항으로 볼 수도 있다. 인권의 관점에서 볼 때는 일탈을 변화를 위한 저항으로 다르게 볼 수도 있다. 인격을 공동체의 보수적 문화체제로 볼 때는 부적응으로 볼 수 있으나, 개인의 자율적 인격을 강제하는 억압기제로 볼 때는 학생 개인이 문제가 아니라, 그렇게 만든 제도로 인해 발생하는 부조화로 해석할 수 있는 것이다. 아동들의 일탈 문제에 있어 차별만이 능사가 아니라, 그들을 포용할 수 있는 공존의 입장을 가질 수도 있다는 말이다. 때로는 제도가 불합리할 경우 인권의 이름으로 압제와 강제에 반대하며 개인의 자유를 옹호했듯이, 동시에 그 이름으로 공동체의 파괴를 폭로하며 건강하고 민주적인 공동체를 꾸려갈 권리를 요청할 수 있는 것이다.

도덕적 자격을 갖추는 인간으로서의 '인격'이나 인간으로서 침해받지 않을 기본적 권리로서의 '인권'은 서로 대척점에 있을 개념이 아니다. 이렇게 대립되는 경향을 보이는 것은 인격의 핵심 개념 속에 '정의'의 요소가 들어가 있지 않기 때문이다. 한마디로 정의의 내포가 없는 정직의 개념만을 더욱 강조하기 때문이다. 그렇다면 덕을 중시하는 인격과 정의를 중시하는 인권은 양립 가능한 개념으로서 공존할 수 있으며 두 가치를 동시에 성취할 수 있다. 도덕철학자 윌리엄스는 덕 이론과 정의 이론 사이의 그릇된 대립관계의 설정에 대해 비판적 입장을 취하면서 덕과 공정성 사이에 양립하지 못할 아무런 이유가 없다며 충실한 도덕적 삶은 덕(인격)과 공정성(정의) 모두의 성취를 열망한다고 단언한 바 있다(Williams, 1986). 자신과 주로 관련시키는 인격의 개념은 타인과 주로 관련시키는 인권의 개념으로 확장하는 동시에 타인과 주로 관련시키는 인권의 개념은 자신과 주로 관련시키는 인격의 개념을 포용하는 개념 융합을 취할 때 공존이 가능할 것이다. 인권교육이 타인의 권리에 대한 존중을 포함하고 있다면 인격교육과의 공존은 가능할 것이다. 인격의 개념은 개인의 덕목과 품성인 정직, 성실, 겸손, 양보 등으로 구체화되고, 인권의 개념은 사람으로서 인간의 존엄성과 아동의 침해받지 않을 기본적 권리 등으로 구체화될 될 수 있기에 인간의 통합적 역량으로서 양자의 동시적 공존이 가능하도록 각자의 내포를 확장하여 개념의 한계를 넘어서야 한다. 포괄적 민주시민교육의 관점에서 볼 때 인간의 존엄성, 휴머니즘, 더불어 사는 삶 등의 가치는 인격교육의 영역인지, 아니면 인권교육의 영역인지를 구분하기가 쉽지 않다.

많은 경우 인권 없는 인격교육은 항상 양보, 겸손 등의 미덕을 주로 강조하는 내면적 수양의 과목으로만 협소하게 기능할 경우 불의를 간과하는 불공정한 인격교육이 될 위험이 도사려 있으며, 정반대로 인격 없는 인권교육의 주창은 제도 개혁이나 법 개혁에 치우친 나머지 인간으로서 지켜야 할 도리나 책임을 간과하는 비인간화의 오류를 범할 수 있다. 많은 경우 인격을 가진 사람이 많은 불의에 직면에서는 회피하는 경향을 보이는 것을 많이 볼 수 있다. 성실하고 정직한 '무골호인'은 좋은 인품을 가진 인격자이면서 불의의 문제를 해결하는 데는 소극적인 경향을 보인다. 그러기에 인격교육과 인권교육의 성질들(각각의 특징, 가치와 동기 등)은 많은 예를 공유시켜야 한다. 그 예로는 사회 정의, 정직, 개인적·사회적 책임감, 평등 등이 있다. 인격교육의 많은 기술들 또한 효율적인 사회생활에 필요한 자기관리와 사회적 능력의 기본직인 사회적·징시적 기술로써 인권교육에 적용할 수 있다. 예를 들어 정치적 설득에 대한 저항, 정치적 메시지에 대한 비판적 분석 등이다. 만약 인격교육과 인권교육의 공동의 목표가 친사회적이고 민주주의 사회에의 참여가 효율적인 시민을 만드는 것을 촉진하는 것이라면, 목표와 방법의 협력과 중복이 있어야 한다. 각자의 편향된 이념을 고수하기보다는 공동의 논의와 이슈를 찾아보는 것이 바람직하다. 다른 사람의 권리존중을 중시하면서도 인간의 존엄성, 그리고 양보와 인정의 덕을 소홀히 하지 말아야 한다. 아동의 자아개념과 자기 존중감을 갖게 하고, 서로가 서로를 알고 존중하고 보살피며 소속감을 느끼고 집단에 대해 책임을 지게 하는 것은 인격교육과 인권교육의 공동목표라고 할 수 있다. 인격교육이 주로 내면의 문제를 다루기는 하지만, 그 내면성이 외적(제도적) 현상(인간의 현실적 문제, 즉 인권 문제나 시민권의 문제 등)과 무관할 수 없기에 항상 소통하며 공유할 수 있는 가능성을 찾아야 한다.

인격교육과 인권교육의 대화를 통한 민주시민교육은 '개인적 깨달음(인격적 각성)'과 '사회적 깨달음(인권적 각성)'을 동시에 요청하는 것이다. 각성은 개별적 깨달음이 아니라 '사회적 깨달음'으로 발전될 때, 개인의 내면적 각성이나 도덕적 개념이 아니라 사회에 대한 비판적 각성이나 사회적 개념으로 확장될 때 인권의 개념과 접목될 수 있다. 물론 인격의 개념이 사회적 개념으로 확장되어 인권의 개념과 접목되려면 사회문화의 내용이 진보적 사회화의 가치를 지향할 때 가능하다. 문화가 보수적 사회화에 머물 때는 양자의 접목은 어렵게 된다. 인격의 개념이 진보적 사회화로 발전할 때만이 사회 정의를 향한 사회의식을 갖게 되고 변화를 위한 분노와 저항의식을 갖게 된다.

역사적으로 인격의 위대함은 불의에 절대 굴복한 것이 아니라, 불의에서 벗어나 가치 있는 활동을 지향하는 데 두었다. 그들은 집단적인 불안, 확신, 법과 방법들에 매달리는 무리로부터 튀어나와 자기 자신의 길道을 선택하였다. 그 길을 선택한 사람이 의로운 '군자'이고 '선비'의 삶이다. 잘 알려진 목표를 가진 평탄한 길을 놓아두고 어디가 나올지 모르는 가파르고 외진 길을 택하는 것은 평범한 인간들에게는 보이지 않는 세계이고 생소하게 여겨질지 모르지만, 숭고한 길임에는 틀림없다. 이 숭고한 길은 다수가 따르는 인습이 아니라, 목숨을 건 자율적인 양심적 결단과 도덕적 용기에서 솟아나오는 것이다. 이런 고난의 삶은 확고한 신념을 가진 대쪽 같은 인격자나 군자의 이상으로서 그 이상을 가진 인격의 초월적 역량을 통해 공동체의 공동선을 구현하는 것이라고 할 수 있다.

결국 인권교육은 또 다른 편향을 낳을 우려가 있기에 '인격'의 가치를 포용하는 것이어야 한다. 개개인의 '인격'의 자질을 '작게' 해석하지 않고 크게 해석하여 '사회적 인격'이나 '공동체적 인격'으로 확장시키면 인권의 가치와 결합할 수 있을 것이다. 체벌과 훈육을 배제하고 상담과 대화를 통해 '인격적으로' 학생을 대하는 정도의 변화를 추구하는 종전의 생활지도 방식을 개인의 결단 문제나 교사의 자질 문제로만 지나치게 협소하게 이해하지 않고 상호 관계성 증진과 협력적 관계 형성에 중심을 둔 방향으로 자리를 잡아야 한다. 인격과 인권은 인간생활의 양면을 보여주는 개념이다. 인격 없는 인권을 지나치게 주장하는 사람이나 인권 없는 인격을 지나치게 주장하는 사람은 전인적(온전한) 인간상이 아니기에 그렇게 아름답게 보이지 않는다. 편향된 인격교육이나 인권교육은 모두가 반쪽의 모습에 지나지 않는다. 그리고 인권교육이 연착륙하기 학교 현장 안으로 위해서도 인격교육(인성교육)과의 접목이 매우 긴요하다.

인격의 가치와 인권의 가치가 화해를 할 때 새는 좌우의 날개를 통해 날듯 보수와 진보는 공생할 수 있을 것이다. 교육이란 모름지기 전통과 혁신의 공존 속에서 성장하는 것이다. '편향된 인격교육'이나 '편향된 인권교육'에 중심을 두지 말고 양자의 특징 및 장점이 조화되어야 한다. 편향된 교육이 아닌 경우에도 개인적 측면을 강조하는 인격교육과 사회적 측면을 강조하는 인권교육의 성격 자체가 양자의 상호 보완을 통해 민주시민 교육의 대화 가능성을 모색해야 한다. 일찍이 정의의 목소리에 의해 소외된 배려의 목소리를 복원시키자 하였던 대화의 교육학자인 나딩스는 인격교육이 단순히 전통적인 도덕적 인격(덕)이 아니라, 사회적·지성적·정서적 인격(덕)의 고무를 포함하지 않으면 안 된다고 주장하였다(Noddings, 2003: 351). 인격이 억압적 공동체에 헌신하는 것을 방지하고자 '인격의 비판성'을 주창한 것이다. 이런 입장은 사회적·경제적·정치적 요소를 개인의 태도와 행동에 연관시켜 이들 요소가 제기한 문제를 보지 못하게 하는 인격을 넘어서는 데 있다. 이것은 인격의 사회적 비판적 작업을 시도하는 것을 뜻한다. 사회의 기본적 가치에 잠재되어 있는 순종, 길들이기, 교화, 복종, 위계, 권위, 질서 등 현실 유지의 덕목(도덕교육의 내용)에 대한 비판적·정치적 분석을 시도하는 것이다. 이러한 시도는 전통적인 기본 가치의 전수를 '덕목의 보따리'로 비판하면서도 자율성과 자유주의적(합리적) 시민성을 중시하는 인지발달론과 가치명료화론의 입장을 어느 정도 수용하는 방식이라고 할 수 있다.

이렇게 할 때 포용적·포괄적 접근을 시도하는 민주시민교육은 인격교육과 인격교육이 갈등 없이 공존할 수 있다. 인권 없는 인격교육이나 인격 없는 인권교육은 지나친 이분법적 접근으로서 양자가 조화를 이루지 못할 때 인격의 인권화나 인권의 인격화 모두를 어렵게 할 것이다. 이런 차원에서 '인권적 인격'이나 '인격적 인권'의 관점을 동시에 가질 때 융합은 가능할 것이다. 그러기에 인격교육과 인권교육의 관계를 상황과 맥락에 따라 부분적으로 중첩될 수 있는 교집합 개념으로 이해되어야 한다. 어느 한쪽의 강조가 정도의 문제이어야지 절대적인 차이로 비약되어서는 안 된다. 때로는 두 분야의 학문적 토대와 지식의 근거를 최소한 중복시킬 수 있을 것이다. 목표하는 성향이 매우 중복되어 있고, 기술도 부분적으로는 중복시킬 수 있을 것이다. 인격교육은 정치적으로 보수적 측면으로 해석될 수도 있으나, 진보적 측면으로 해석될 수 있는 요소도 상당히 포함하고 있다. 인격교육을 사회를 지속시키기 위해 필요한 능력을 위한 '보수적인 사회화'로 분류될 수도 있고, 책임 있는 시민권(성)을 함양하기 위한 사회의 정의와 변화를 지향하는 '진보적 사회화'로 분류될 수도 있다. 이 말은 인격의 관점으로 해석될 수 있거나, 아니면 인권의 관점에서 해석될 수도 있다. 그러기에 어느 한 요소만 편향적으로 선택하여 분류하는 것은 바람직하지 않다. 이런 지혜로운 식별 능력이 아리스토텔레스가 강조한 '실천적 지혜'이다. 이제 인격교육과 인권교육의 포용적· 포괄적 융합은 인격과 인권의 균형을 통해 사회의 보존과 새로운 변화의 요구를 동시에 진행해나가야 한다.

우리는 밖에 있는 제도적 폭력에 대해서 비판을 하면서도 자신의 마음 깊숙한 곳에 오래 축적된 내면적(심리적) 폭력의 잔재를 치유하는 의식 변화를 요구한다. 내부의 적과 외부의 적을 동시에 물리쳐야 한다. 그렇지 않으면 억압은 사라졌어도 그 빈자리를 새로운 의식과 가치로 채우지 않으면 의식의 빈 공간에 여전히 낡은 권위와 내면적 폭력이 그대로 남아 있게 되어 새로운 가치를 창출할 수가 없다. 그렇게 되면 공동체의 폭력에 대한 완전한 극복을 어렵게 하고 평화적 인간관계를 맺지 못하게 할 수 있다. 민주화 이후 새로운 위기에 봉착하고 있는 우리 사회가 억압에 의해 내면화한 오래된 내적 폭력을 치유하지 않는다면 억압을 용인하는 내면적 폭력의 싹을 다시 자라게 할 가능성이 있다. 물리적 억압은 어느 정도 사라졌는지 모르지만 오랜 억압으로 인한 피억압자의 내부에 내면화되어 있는 폭력적 잠재의식의 상흔(트라우마)은 그대로 남아 있기에 그것을 해독하는 해방적 심리 치유가 요구된다. 내부의 적과 외부의 적을 동시에 물리쳐야 하는 것이다. 그러기에 지금 우리 사회에는 친인권적 교육(운동, 주장)과 친인격적 교육(수양, 상담)을 융합한 민주시민 교육운동을 필요로 한다. 이제 교육 내용이나 방법에 있어 인격 친화적 교육과 인권 친화적 교육의 소통을 통해 곧잘 대립적 관점에 서 있는 전인교육과 시민교육, 도덕(과) 교육과 사회(과) 교육의 융합을 모색해야 한다.

6. 인권교육의 강화를 통한 민주시민교육

인권교육은 인권의식의 발달을 억제하고 학생을 민주시민으로 성장하게 하는 가능성을 차단하는 중대한 장애물은 제거하는 일부터 시작한다. 그래서 시민사회를 민주화하는 민주시민교육의 매개물로서 인권교육의 위상은 더욱 중요해진다. 인권교육은 민주시민교육과 별개의 것이 아니라, 서로 상당히 얽혀 있다. 그러기에 민주시민교육의 주요한 한 영역으로서 민주시민교육의 하위 영역으로 포용될 수 있을 것이다. 한편으로는 인권의 신장을 가져왔고, 다른 한편으로는 인권의 신장에 의해 서로 끊임없이 자극받고 있는 시민사회가 곧 주체가 되어 내용이 되는 민주시민교육에 있어서 인권교육은 핵심적인 위치를 차지한다고 볼 수 있다. 민주시민교육에서 인권이라는 가치덕목을 강조하기는 하지만, 궁극적으로 민주시민교육은 합리적인 절차와 여기에서 도출된 결과를 강조한다는 측면에서 시민교육과 인권교육을 연결할 경우 인권교육에 대한 오해를 야기할 수 있다. 시민교육은 다수의 의사소통과 절차의 합리성을 강조하기에 인권교육이 갖는 접근과는 상이한 입장을 관찰할 수 있다. 다수의 동의를 얻은 결과는 민주적일 수는 있어도 반드시 인권적이라고 볼 수는 없을 수 있다.

특히 한국의 민주시민교육은 합리적 토론을 통한 갈등의 중재와 다수결 원칙을 강조하는 경향이 있는데, 이 경우 소수자들이 주장하는 인권은 다수의 지지를 얻기까지 오랜 나날을 인내해야 하기에 소외될 수 있다. 이 경우 합리적 의사소통 과정을 중시하고 서로 간의 차이를 인정하고 관용의 가치를 용인한다면 인권의 가치는 존중받을 수 있을 것이다. 시민교육과 인권교육이 어떤 행위자의 이익을 존중하고 보호해야 하지만 이에 대한 상대방의 손실이 치명적이라면 그 이익은 취소되어야 한다(이재호, 2008: 352-353). 개인의 인권적 가치를 강조하는 현대사회의 맥락을 감안한다면 특정한 인간관계와 삶의 형태를 염두에 둔 시민권을 일방적으로 주장하는 것은 현실성이 없다. 왜냐하면 사회 전체적인 인권의식이 약하거나 분명하지 못한 사회에서 합리적인 의사소통이 일어난다고 해도 인권을 왜곡하는 경우가 생길 수 있기 때문이다.

어느 사회에서든 공동체의 일원으로서 한 개인은 그 사회가 요구하는 규범을 지키고 질서에 순응할 책임을 지닌다. 동시에 한 인간으로서 본래적으로 갖춘 인권과 기본적 자유에 대한 권리는 그 누구도 부정할 수 없다. 모든 인권 기준과 협정 정신의 주요한 근거는 다른 사람에 대한 존경심이다. 그런 면에서 인권교육은 책임과 권리에 대한 균형 잡힌 태도를 형성하게 하는 '민주시민교육'의 성격을 지니지 않을 수 없다. 그러나 인권교육과 시민교육을 지나치게 동일시할 경우 인권교육의 고유성이 상실될 수도 있다. 그렇지만 인권교육은 민주주의와 사회 정의의 가치를 중시하면서 공동체에 책임을 갖는 공적 시민을 양성하는 민주시민교육democratic citizenship education으로 포괄되어야 한다. 인권교육은 민주적 시민성의 가치와 지식을 중요하게 다루어야 한다(Howe & Covell, 2007: 104-107). 새롭게 제창되는 '민주적 시민권/시민성democratic citizenship'은 폭력, 불관용, 외국인혐오, 인종주의, 공격적 민족주의 등을 중요한 가치로 여기는 인권교육을 매우 중시한다(Tibbitts, 2008: 101-102). 민주적이고 다원적인 시민사회에서 인권교육은 '적극적 시민권/시민성active citizenship'의 형성에 본질적이다(Flowers, etal., 2000). 시민은 비판적으로 생각하고, 도덕적 선택을 하고, 이슈에 원칙적 입장을 취하고, 민주적 행동 과정을 구안할 필요가 있다. 민주적 과정의 참여는 다른 일 속에서 인권과 평등과 공정과 같은 민주주의의 기본적 가치와 종족주의, 성차별주의, 이들 가치의 침해로서 기타 부정의에 대한 이해와 의식적 헌신을 의미한다. 적극적 시민권/시민성은 또한 모든 사람의 권리를 촉진하고 보호하기 위한 개인의 책임의식에 의해 동기가 부여된 민주적 과정의 참여를 의미한다. 이런 방식으로 참여하려면 시민은 먼저 알아야 하고, 올바른 행동을 위해서도 알아야 한다. 민주시민교육의 목표로서의 인권의 가치는 동시대는 물론이고 과거와 미래의 타인 및 사회에 대한 책임까지도 수반하고 있는 권리, 사회적으로 불리한 위치에 있는 약자의 처지를 개선하고자 하는 권리, 개인은 물론이고 종족, 지역 등의 집단을 포괄하는 권리로서의 의미를 모두 가진다(송현정, 2004: 66-72).

오늘날 인권교육은 인간의 잠재력을 일깨우고, 인간의 역량을 자력화하고, 인간을 활짝 피게 만드는 규범적 포부의 개념으로 자리 잡아가고 있다. 인권교육은 공동선에 헌신하고, 타인의 안전과 복지에 미치는 행동의 영향을 고려하고, 성 평등을 포함한 평등을 촉진하고, 지속 가능한 발전을 추구하고 지구적 공통성을 보호하기 위해 미래 세대의 이익을 보호하고, 인류의 문화적 지적 유산을 보존하고, 지배구조에 적극적으로 참여하고, 부패를 줄이는 데 효과적이다(Osler & Starkey, 1995: 158-159). 인권교육은 폭력, 부정의, 억압 등 권위주의적 위계적 불평등한 체제에 대한 철저한 인식을 통해 권위주의 재출현을 방지하기 위한 민주화의 초석을 놓을 수 있다. 이를 위해 인권교육은 학생들에게 임무, 의무 및 책임의 주요 범주들에 대해 학습하면서 동시에 정의, 평등, 자유, 평화, 권리, 민주주의 등의 개념들을 학습하도록 한다. 인권교육은 기존사회의 핵심적 덕목과 시민생활의 가치에 관한 권한부여, 토론과 비판적 반성을 포함하는 민주주의적 관점을 필요로 한다. 그래서 인권교육은 시민교육citizenship education, 공민교육civic education 등의 학과목을 통해 실시되어 왔다.

인권교육이 민주시민교육에서 중요하게 다루어져야 하는 것은, 그것이 기본적 자유를 실현하고, 평등성을 제고시키는 데 중요한 기여를 하며, 갈등과 인권 침해를 방지하고 참여와 민주적 과정을 증진시키는 데 필수적이기 때문이다. 인권교육은 인간의 존엄성에 기초한 자유와 평등을 중시한다. 왜냐하면 인간의 존엄성, 자유, 평등에 관한 교육은 민주시민 육성에 필수적이기 때문이다. 민주주의를 위한 인권교육이 활성화되어야 민주주의의 토대가 견고해진다(Shiman & Fernekes, 1999). 인권에 대한 통합적 교육을 지향하는 인권교육은 의사결정 능력, 사회 참여와 행동 기능 신장을 통하여 민주시민교육의 목표 달성에 기여할 수 있다. 인권교육은 건강한 시민사회를 구성하는 데에 가장 핵심적 요소로서 긍정적으로 기여할 수 있다. 인권교육은 사회 정의, 민주주의, 휴머니즘 등과 결합할 때 순기능을 발휘할 수 있다. 오늘날 인권교육의 영역은 확장되어 포괄성과 통합성을 띠는 시민교육과 친화성을 보일 수 있다. 그러기에 인권교육은 공감적이고 정의로운 민주사회의 구성원이 되도록 하는 교육을 한다. 인권교육은 민주주의로 이행하는 데 중요한 부분으로서 사회 및 인간 변혁의 수단이 되어야 한다. 인권교육이 중시하는 가치인 자유, 정의를 달성하기 위해서는 빈곤과 차별과 같은 사회적·경제적 필요, 그리고 전쟁과 정치적 억압과 같은 정치적 위기에 잘 대처하지 않으면 안 된다. 인권교육은 정치적 억압, 고통, 불행, 내전, 편견 등이 초래하는 불의의 문제를 다룬다. 인권교육은 사회 정의, 관용, 연대, 참여, 평등, 인간의 존엄성, 공정성, 인권, 관용 등 민주주의적 가치를 중시한다. 인권 문해력, 정치적 문해력 등을 강조하는 학습자 개개인이 인권을 존중하고 신장할 수 있는 '인권 문해 능력human right literacy'을 고양해야 한다. 인권을 존중하고 보호하고 개선하는 일은 직접적으로 법과 제도의 문제이지만, 보다 근본적으로는 교육의 문제이다. 인권의 가치를 사회 전체에 그리고 다음 세대에까지 확산시키는 목표는 교육, 즉 '인권교육'을 통해 가장 효과적으로 달성할 수 있기 때문이다. 민주시민교육으로서 인권교육은 학생들이 평화와 우애 속에서 살도록 하는 것, 이를 위해 비판적 사고, 의사소통 능력, 정치적 문해력, 민주시민의식과 시민적 덕목(신뢰와 협동, 타인 존중)의 함양, 참여적 능력 등을 실시해야 한다. 인권교육은 더불어 함께 사는 사회를 형성하고, 그 안에서 존엄한 인간으로서 어떤 사회적 가치와 태도를 갖추어야 할 것인가를 논의하고, 실천하는 행동을 위한 학습의 범주를 구성하고 있다.

결국 인권교육이 효과적으로 되기 위해서는 학교와 학급을 '민주적 공동체'로 형성하는 일이다. 인권교육을 하기에 앞서 학교에서 폭력이 발생할 수 있는 원인과 조건을 없애는 것이 우선적으로 필요하다. 권위주의 학교와 교사는 변화를 모색해야 하고, 학생의 목소리를 학교와 학습 운영에 반영하여야 하고, 빈약한 의사소통을 활성화해야 하고, 경쟁과 성장 지상주의를 극복해야 하고, 주입식 교육을 벗어나 창의성을 중시해야 하고, 무원칙한 통제를 벗어나야 하고, 차별적 구조를 해소해야 하고, 사회정치체제와 교육문제의 연관성을 밝혀야 하고, 교육과정의 지나친 통제를 줄여야 하고, 교육과정의 유연성과 선택폭을 넓혀야 한다. 학교 폭력의 척결은 학급과 학교를 민주적으로 운영하는 과정에서 인권 확대의 분위기가 형성될 때 줄어들 것이다. 인권이 보장되는 학급을 건설하려면 아동의 자기 존중감을 갖게 하고, 서로가 서로를 알고 존중하고 보살피며 소속감을 느끼고 집단에 대해 책임을 지며, 타인과 더불어 알고 배우는 협동적 학습이 이루어지고, 인권 문제가 발생했을 때 도덕적 성찰을 자유롭게 하고, 문제를 학교 구성원들의 참여적 결정을 통해 공동으로 해결하고자 하는 공동체적 생활을 일상화해야 한다. 민주주의가 발달한 학급과 학교는 인권의 보호가 잘되고 인성 형성이 잘 이루어질 것이며, 인권이 보장되는 학습을 받고 자란 학생이 건강한 시민으로 성장할 수 있을 것이다.

제10장

평화교육을 통한 민주시민교육

1. 학교가 왜 갈등의 장이 되고 있는가?

지금 우리 사회는 여러 가지 형태의 갈등을 노정하고 있다. 경쟁, 왕따, 학교 폭력, 체벌 등은 사회의 투영이고 반영물이다. 또한 외부의 갈등 구조가 내면화됨으로써 청소년들을 더불어 살아가는 공동체의식보다 일찍이 무한 경쟁으로 치닫도록 한다. 더욱이 교육을 상품화하는 신자유주의적인 삶의 방식은 청소년들을 더욱 폭력적이고 공격적으로 살아가도록 몰아가고 그들의 내면세계는 더욱 비인간화되고 황폐해져 간다. 이렇게 황폐화된 내면세계는 그들을 더욱 더욱 반평화적인 인간이 되도록 만든다. 이렇게 내·외부가 함께 얽힘으로써 청소년들을 둘러싼 세상이 반평화적 분위기에 휩싸이도록 한다. 이러한 분위기 속에 살아가는 청소년들은 자제력을 잃은 내·외부의 무한정한 욕망 구조의 함정에 빠지면서 갈등을 처리하는 평화적 능력을 갖지 못하게 된다. 그것은 청소년들의 전인적 인격 형성을 어렵게 할 뿐 아니라 건전한 시민의 양성에도 걸림돌로 작용하고 있다.

더욱이 세계의 분쟁 지역은 끝날 줄을 모르고, 우리나라는 특히 남북 간의 대치 국면이 다시 조성되면서 평화적 정서의 함양을 더욱 어렵게 하고 있다. 분단의 고착화 과정 속에서 벌어진 끊임없는 전쟁의 위협과 전체주의의 악순환은 전쟁의 방지와 평화의 정착을 어렵게 하고 있다. 냉전은 해체되었지만 여전히 안보 담론은 국가의 안보를 위해 개인의 평화를 양보할 것을 요구한다. 분단과 남북한 상호 대결이 초래한 수많은 문제들, 즉 해방 공간에서의 좌우 대립, 한국전쟁에서의 참혹한 희생, 전쟁이 결정적으로 강화시킨 서로에 대한 적개심, 휴전선을 사이에 두고 지속되어 온 군사적 대치, 서해에서 발생한 수차례의 군사적 충돌, 남북 당국 간 대화마저 정치적으로 이용하는 적대 의식, 국제적 탈냉전 상황에서도 여전히 발견되는 냉전적 사고방식이나 반공주의 및 색깔 논쟁, 협소한 이념적 공간이 초래하는 민주주의 왜곡 등과 같은 문제들은 평화문화 형성의 중대한 장애물이다.

이러한 반평화적 긴장과 불안의 조성은 청소년들로 하여금 점점 더 물리적이고 폭력적인 해결 방법에 의존하도록 만든다. 이러한 현실을 극복하기 위해 제창된 평화교육의 담론은 갈등과 폭력 등 반평화적 요소를 평화적으로 해결하는 데 매우 중요한 매개자가 될 것이다. 평화교육은 남북의 통일교육(차이의 인정, 관용 등)에도 도움을 주고 있다. 통일을 평화교육적 접근으로 시도할 경우 보다 근본적으로 동족에 대한 존중과 타인의 다름에 대한 긍정적인 인정과 수용이 가능하게 되어 북한과 함께 더불어 살아가는 공존적 접근이 가능할 것이다. 그리고 갈등과 폭력의 평화적 해결 능력의 습득은 청소년들의 민주적 시민의 형성에도 매우 중요한 요소가 될 것이다.

2. 평화 담론의 변화

기독교에서는 평화의 어원을 'salaam', 'shalom' 'shalem'에 두고 있다. 그것은 '완전하다', '완전하게 하다', '끝내다'의 뜻을 갖는 것으로 마음의 완전, 전체성, 통일, 충만함, 적극적 복지의 상태로서 최적·최상의 존재 상태를 일컫는다. 『이사야서』에서는 "늑대가 새끼 양과 어울리고 표범이 숫염소와 함께 뒹굴며 노는 세상"을 그리고 있다. 라틴어의 'pax'는 군사력을 동원한 무력 평정과 갈등적인 이해관계 당사들 사이의 다소 '깨지기 쉬운 합의'를, 그리스어 'eirene'는 휴전협정을 뜻한다. 유교에서의 평화는 '和(米+口)'와 '平(고르게 하다)'의 합성어로서 먹을 쌀을 고르게 한다는 의미를 갖는 것으로 전쟁이 없는 상태, 사람들이 서로 화목하게 지내는 것, 개인과 사회, 자연의 모든 사물, 사건들이 평형과 조화를 이루는 것을 뜻한다. 힌두교에서는 'santi', 'shanty'에 어원을 두고 있는데 재난 속의 고요, 폭풍우 속의 고요, 인간의 내면생활의 심오한 통합, 몸과 마음과 정신의 일부가 다른 부분에 폭력을 행하지 않는 내면적인 평화의 의미를 갖는다. 'chaina', 'avirodha'은 영적·내적 평화, 정신적 평화, 평온으로서 내면적인 평화를 지닌 사람만이 외면적인 평화를 누릴 수 있다는 의미를 갖는다. 그리고 평화는 '평등'과 조화를 이루는 것이다. 평화는 인류가 지향해야 할 가치이다(칸트). 평화는 미덕이자 마음의 상태로서 호의와 신뢰 그리고 정의에 대한 의지이다(스피노자). 평화는 우리가 살아가면서 맺는 모든 관계, 곧 가족, 친구, 낯선 문화, 더 넓게는 자연과 우주에 사랑을 베풀고 배려할 줄 아는 따뜻한 마음이다.

서구 민주주의 관점에서는 '질서order'로서의 평화를 말하며 아시아권에서는 '조화harmony'로서의 평화를 말하며[63], 평화운동가들의 입장에서는 '정의

63 달라이 라마를 비롯한 아시아 정신세계에서는 평화에서 제일 중요한 것으로 자비심과 조화로운 삶을 강조한다. 그에게 있어 자비심이란 다른 생명체에게 폭력을 쓰지 않고 해

justice'로서의 평화를 말한다. 명상적·초월적 세계에서 조화로서의 평화를 제외하고는 질서와 정의로서의 평화관은 '전쟁의 부재'를 모든 평화연구자들이 지향하는 평화의 일차적 목표에 둔다(강순원, 2007: 13-15). 일단 갈등이 폭력적 대치나 파괴의 상태로 치닫는 전쟁이 일어나면, 모든 평화운동가들은 전쟁의 종식을 일차적으로 주장하게 된다. 왜냐하면 전쟁은 엄청난 살상을 수반하며, 결국 모든 생태계를 가장 최악의 비인간화의 상태로 몰고 가기 때문이다. 단지 어떤 절차와 과정을 거쳐 전쟁이나 갈등이 해소되는 평화를 이룰 것이냐에 따라 힘에 의한 평화냐, 아니면 정의에 의한 평화의 실현을 말하느냐가 결정된다. 평화의 길은 두 가지 주요한 가정에 기초하는 것으로 보인다. 하나는 갈등과 폭력이 우리 주변에 만연한다는 것이며, 다른 하나는 이것을 다루고 전환시킬 방법이 있다는 것이다. 평화는 갈등이 편재한다는 것을 전제한다. 그것은 회피할 일이 아니고 이해와 전환을 증진시키는 방식으로 대응해야 한다. 이 경우 평화란 갈등의 부재라기보다는 건설적 방식으로 갈등과 더불어 살아가는 법을 배우는 것을 의미한다.

이렇게 보면 평화는 단지 전쟁이 없는 상태를 말하는 것이 아니라, 훨씬 많은 것을 의미하는 적극적 개념이라고 할 수 있다. 무기를 들고 싸우는 전쟁은 벌어지지 않는다고 하더라도 날마다 많은 사람이 굶어 죽고 있다면 평화의 상태라고 말할 수 없다. 평화는 인간이 온갖 차별과 정의롭지 못한 일들을 극복해나가는 과정에 존재하는 것이다. 다른 종교를 존중하고 인정하는 것, 나와 다른 것을 이해하고 존중하며, 사회적 약자와 소수자를 배려하고 존중하는 것도 평화의 개념에 포함된다. 그리고 평화는 사람과 사람들 사이뿐 아니라, 사람과 동식물, 자연환경과의 관계 등에서도 이루어지는 것이다. 평화는 사람들만의 것이 아니고, 작은 생명 하나도 소중히 여기는 것

를 끼치지 않는 마음이다.

이다. 적게 가지고 적게 쓰는 것도 평화의 첫 출발이라고 할 수 있다.

평화란 폭력을 줄이고 그것 대신 정의와 자유를 증대하는 과정이라고 볼 때 인권과 밀접한 관계를 맺고 있다. 평화 없이 인권 없고, 인권 없이 평화도 없는 것이다. 그러기에 평화를 원한다면 인권을 촉진할 수밖에 없다. '평화롭다' 고 하는 것은 기본적 인권과 생명권이 보호되는 상황을 가리킨다. 말콤 엑스Malcom X는 자유가 없는 곳에 아무도 평화로울 수 없다고 역설하였다. 인권은 인간이 인간다운 삶을 살기 위한 '조건'의 개념이며, 인권이 보장되는 것은 평화를 위한 필수적인 전제가 된다. 그러나 인권이 평화의 필수조건이라고 해서 인권이 모두 보장되어야만 평화가 가능해지는 것은 아니다. 평화와 인권은 동시에 추구해야 할 가치라고 보아야 한다(박보영, 2005: 180). 평화는 모든 생명이 서로를 살리는 관계를 형성하는 것으로서 평화는 기본적으로 모든 사람이 인간으로서의 존엄을 보장받고, 동시에 타인의 존엄성을 존중하는 인권의 보장, 즉 인간이기 때문에 지녀야 하는 보편적인 권리로서 '인권'을 그 필요조건으로 하는 것이다.

그리고 인권과 평화의 구현에는 반드시 도덕적 책임이 따른다. 인권이 인간의 권리를 넘어 궁극적으로 지향해야 할 가치는 바로 평화여야 한다. 왜냐하면 인권이 인간을 중심으로 한 개념이라면, 평화는 인간의 권리를 넘어서는 생명 전체의 권리를 포괄하는 개념이기 때문이다. 모든 생명이 서로를 살리는 관계인 평화는 바로 인간이 누릴 수 있는 최고의 권리이다. 동시에 평화는 인류가 스스로 짊어져야 할 가장 절체절명의 과제이기도 하다. 평화를 위해 싸운다는 것은 전쟁이 나지 않게 하는 것만이 아니라, 인간을 괴롭히는 모든 폭력과 고통에 저항하는 일이다. 무기를 사용한 폭력에 맞서 싸우는 것은 물론이고, 다른 폭력에도 맞서야 하는 것이다. 물이나 석유 같은 천연자연의 불균형에도, 자연 파괴나 인권을 무시하는 것에도 맞서 싸워야 하고, 민주주의의 부재, 인종과 여성 차별, 폭력과 빈곤, 기아에도 맞서 싸워야 한다. 오늘날 평화의 문제는 여전히 인간으로서 동등한 권리를 존중받지 못하고 있는 여성과 어린이들, 유색인종, 장애인, 토착인과 저개발 국가의 국민들이 누려야 할 보편적 인권을 보장해야 한다.

〈노벨 평화상 수상자들이 말하는 평화학교의 약속 10〉

1. 먹는 물과 자원을 공평하게 나누자.
2. 인종 차별과 증오를 끝내자.
3. 질병이 퍼지지 않도록 하자.
4. 극심한 빈곤을 없애자.
5. 사회 정의와 인권을 바로 세우자.
6. 여성과 아이의 권리를 보호하고 교육하자.
7. 지구 환경을 되살리자.
8. 군사비용을 줄이자.
9. 인류의 안전망을 만들자.
10. 폭력의 악순환을 끊자.

– 수반체프·엥글, 이순미 역(2010), 『노벨 평화상 수상자와 함께하는 평화학교』, 다른.

지난 200년 동안 기술이 발전하면서 인류는 자신을 파괴하기가 훨씬 더 쉬워졌다. 평화를 위협하는 것이 더 많아진 셈이다. 우리가 사는 지구가 위험해질 정도에 이르렀다. 평화로 가는 길은 험하고, 그 길에는 성공보다 실패가 더 많았으며, 제자리걸음을 한 적도 많았다. 인간 생존을 위한 필요조건으로서 평화는 인간이 무력을 사용하지 않고 갈등을 해결하는 것을 의미하며, 인간이 오랜 기간 달성하고자 노력해온 이상을 대표한다. 하지만 세계 곳곳에서 수많은 개인, 단체, 그리고 국가가 평화를 위해 분투하고 있다. 인권 존중, 민주주의, 빈곤 퇴치, 환경 보호, 교육의 보편화, 무기 통제 같은 것들이 이런 노력에 속한다. 오늘날 평화는 존엄하고 가치 있는 삶을 위한 필연적 전제라는 법의식이 국제적 영역에서 더욱 강화되고 있다. 유엔은 종족 간의 증오, 인종 차별과 폭력, 전쟁 등의 경험을 토대로 창립 때부터 국제적 평화 보장을 위해 노력해왔다. 유엔의 영역에서 평화와 인권의 상호 관련성만이 아니라, 이를 '평화권'이라는 새로운 인권 목록으로 제시하려는 오랜 노력이 있었다.[64]

제2차 세계대전이 종전되고 동서 진영의 냉전체제가 붕괴되기 전까지 평화는 전쟁의 반대 개념이었다. 전쟁이 없는 상태가 곧 평화였다. 그러나 핵무기를 핵심으로 한 냉전체제의 종식 이후 전쟁은 그 개념을 달리했다. 은밀한 대리전과 한 국가 또는 좁은 지역 내의 인종. 민족. 종교 분쟁이 대규모 교전을 대체했다. 게다가 오늘날의 평화는 더 이상 전쟁이 없는 상태만을 의미하지 않는다. 물이나 석유 같은 자연 자원의 불균형, 환경 파괴나 인권 침해, 민주주의의 부재, 인종과 성 차별, 빈곤과 기아 같은 문제들이 평화를 위협한지 오래되었기 때문이다. 우리 집 안마당에서 벌이시는 일이 아니라고 나 몰라라 할 수도 없게 되었다. 평화는 우리가 숨 쉬는 공기와 같아서, 한 개인이 무심코 내뱉는 나쁜 숨결이 쌓이고 쌓이면 지구 전체의 평화를 깨뜨리는 결과를 낳는다. 그러니, 우리가 전쟁 없는 세상을 꿈꾸는 게 당연하다면, 자라나는 세대들이 평화를 배워야 하는 까닭 또한 당연하다.

64 '평화적 생존권'은 주로 일본에서 사용되는 용어로서 우리나라는 보통 '평화권'으로 압축하여 표현하기도 한다. 평화권은 국제사회에서 'right to peace', 'human right to peace', 'the right of people to peace' 등 다양하게 사용되고 있다.

이미 평화권이 제도적 권리로서 작동하는 국제적 사례는 서유럽에서 시작된 '양심적 병역거부권'과 일본의 '평화적 생존권'이 대표적이다. 이 사례들을 살펴보면 국가 안보를 이유로 개인의 평화가 유보될 수 없다는 평화권의 의미를 보다 명확하게 하고 있다. 먼저 '양심적 병역 거부권'은 제1차 세계대전 시기 영국을 시작으로 서유럽에서 본격적으로 인정되기 시작했는데, 스스로의 양심에 반하는 국가의 군사 행위에 참가하는 것을 거부할 수 있는 권리라고 할 수 있다. 현재까지 양심적 병역 거부권은 자유권의 맥락에서 종교와 양심의 자유 중 하나로 이해되는 측면이 컸다. 양심적 병역 거부는 종교적 행위에 기원을 두고 있으며, 평화권이 부재했던 기존의 권리 체계에서는 자유권과 친화력을 크게 보였기 때문이다.

동시에 병역 거부권은 전쟁과 폭력에 대한 저항의 의미를 가지고 있으며, '국가 안보 우선성'에 대항하는 개인의 권리로서 본질적으로 평화권의 맥락에서 접근하는 것이 적합할 것이다(임재성, 2009: 26). 그동안 제2차 세계대전 이후 병역 거부는 반전운동의 대표적인 실천 방식으로 존재해왔으며, 개인의 고유한 양심의 문제를 넘어 평화운동의 측면으로 확대되어가고 있다. 제2차 세계대전 이후 제정된 서독 기본법 제4조 3항에 "누구든지 양심에 반하여 군복무를 강요당하지 않는다"고 명시된 병역 거부권은 전범국으로의 반성을 담은 평화권의 맥락에서 병역거부를 명문화한 것이라고 볼 수 있다(문수현, 2009: 106-133).

병역 거부권이 국가폭력에 동원되는 것을 거부하는 소극적 성격을 띤다면, '평화적 생존권'은 안보 영역에 대한 민주적 통제와 저항이라는 '적극적' 성격을 가진다고 볼 수 있다. 일본 시민사회는 1960년대 초반부터 비무장과 전쟁포기를 선언한 헌법 9조와 평화적 생존권을 담고 있는 헌법 전문을 근거로 '평화적 생존권'을 주장했다(이경주, 2006: 87-112). 서방 강대국의 평화권에 대한 부정적 입장에도 불구하고, 평화권을 국제적 인권으로서 제도화하기 위한 노력은 제3세계 국가들을 중심으로 이어지고 있다. 2003년도 유엔 총회는 「평화권을 증진하기 위한 결의」를 채택했으며, 2004년도부터는 「모든 사람들이 모든 인권을 온전하게 향유하기 위한 핵심적 요구로서 평화」라는 이름의 결의안을 통해서 평화권에 대한 국제사회의 관심을 이끌어내고 있다. 그 결과 2009년 유엔 인권이사회 자문위원회는 평화권에 관한 실무작업을 2010년까지 준비하기로 결정했다.

유엔을 통한 평화권 형성 과정이 보이는 지지부진함과는 대조적으로 아프리카 대륙의 국가들은 유엔에서 공식적으로 평화권을 선언하기도 전인 1981년 「아프리카 인간과 인민의 권리에 관한 헌장」에서 "모든 인류는 국가적 및 국제적 평화와 안보에 대한 권리를 가진다"고 규정하고 있다. 지역적 수준이지만 독자적으로 평화권을 개념화한 것은 이 헌장이 최초이다. 이후 아프리카 국가들은 국제사회에서 진행되는 평화권 형성을 위해 관련 결의안들의 초안을 보충하는 등의 노력을 이어가고 있다.

최근 평화의 위협을 실제 감지한 한국사회의 평화권 논의에 주목할 필요가 있다. 국제사회에서 평화권 논의가 자체되는 모습과는 대조적으로 2000년 이후 한국 인권운동에는 '평화권'이라는 낯선 권리가 주요한 인권의 화두로 등장했다. 평화권을 통해서 이전까지는 인권이 포괄하지 못했던 영역들이 인권의 언어로 표현되기 시작했고, 해당 사인에 인권운동가들이 적극적으로 연대하면서 2000년대에 들어 한국 인권운동에 '평화권' 또는 '평화적 생존권'이라는 개념이 등장하기 시작하였다. 인권운동가들은 이라크 파병, 평택 미군기지 확장과 한미 연합군 훈련 등이 보장되어야 할 평화적 인권을 침해하는 것이라는 주장을 폈다. 동시에 북한의 인권 상황에 국제사회의 압력도 한반도의 평화권을 침해한다는 주장이 제기되었다.

한국사회의 평화권 담론은 크게 두 흐름을 가지고 진행되었다(임재성, 2009). 첫째, 북한 인권 문제에 있어서 인권을 명분으로 한 물리적 개입을 반대하면서 등장한 평화권이다. 이는 1995년 이후 북한의 대기근과 연이은 탈북자 증가를 계기로 북한 인권 상황의 개선을 위해 국제사회의 압력이 필요하다는 '인도적 개입humanitarian intervention' 담론에 대한 대항 담론으로서의 성격을 가진다. 2003년부터 유엔을 통해 세 차례에 걸쳐 북한 인권 상황에 대한 비판과 권고를 담은 결의안을 채택하였고, 결국 2005년에는 유엔총회에서 북한 인권 결의안이 통과되었다. 이에 대해 북한은 국제사회가 인권을 명분으로 체제 전복이라는 정치적 목적을 추구한다며 강하게 반발했다. 이 문제와 관련해서 남한의 시민사회 내부에서는 사회적으로 팽팽한 대립 구도가 형성되었다. 당시 한국 인권대사직을 맡고 있었던 박경서는 2006년에 이루어진 한 강연에서 "북한 인권을 논할 때는 우선순위를 한반도 평화권에 두고…… 그 다음에 시민적·정치적 자유권과 사회권을 함께 풀어나가야 한다(연합통신, 2006년 1월 19일)"는 입장을 보였다. 인권대사로서 2005년 4월 유엔인권위원회에 대표단으로 참여했던 그는 북한 인권결의안이 정치적 수단이 되고 있다고 판단했으며, 이를 비판하기 위해 '한반도 평화권 우선론'을 제기한 것이다.

진보적 시민사회도 북한 인권의 열악함을 이유로 진행되는 압박이 한반도의 평화를 저해할 수 있다는 문제의식을 가지고 있었지만, 북한 정권의 인권 탄압에 무조건 침묵할 수도 없는 현실적 문제가 제기되었다. 이러한 평화와 인권의 딜레마 속에서 새로운 출구를 모색한 진보적 시민사회는 북한 인권 문제에 대한 침묵을 깨고 자신들의 입장을 본격적으로 표명을 해나가는 과정에서 북한 인권에 대한 대항 담론인 새로운 제3세대 권리로서 '평화권' 담론을 제창하였다. 평화적 생존권 문제는 모든 인권의 전제조건이라며 평화권을 인권운동 담론 속에서 등장시켰고, 평화권을 저해하는 방식으로 북한 인권문제를 해결하겠다는 것은 인권의 전제를 무너뜨리는 모순임을 지적했다. 진보적 시민사회는 북한 인권에 대한 비판과 인도적 개입이 평화권이라는 또 다른 인권을 침해하는 방식으로 진행되어서는 안 된다고 제동을 걸었다. 즉 새롭게 제창된 '평화권'은 '자유권'으로 한정되어 있었던 대북 인권 압박에 대한 대항 담론의 역할을 수행하였다. 즉, 북한에게 가장 절실한 인도적 지원에 대한 권고에 인권과 불가분의 관계에 있는 한반도의 평화권과 북한 지역의 개발권에 대한 언급을 찾아볼 수 없다며 유엔의 북한 인권결의안이 자유권에만 초점을 주고 있다는 지적을 하였다.

북한 인권 압박의 대항 담론으로 등장한 평화권 담론은 인권 내부에도 다양한 권리가 존재한다는 다양성의 주장에서 한 걸음 더 발전된 '평화권 우선론'으로 나아갔다. '평화권 우선론'의 중심에는 전쟁과 폭력으로부터의 자유가 모든 인권의 존재조건이기에 평화권이 우선시되어야 한다는 관점이 자리하고 있다. 또 원칙적으로 각각의 인권은 평등하지만 정부의 정책이나 접근방식에 있어 '단계'를 설정해야 한다는 관점도 제기되었다. 이런 흐름은 일견 상이한 입장을 취하고 있다고 볼 수도 있지만, 인권에 대한 개입 역시 반드시 '평화적 수단'에 의해야 한다는 '평화주의' 원칙이 모두 관통되고 있다고 할 수 있다. 목표로서의 평화뿐만 아니라, 수단으로서의 평화도 매우 중요하다는 관점이다. 누구든지 목표로서의 평화는 중시하면서도 수단 또는 과정으로서의 평화에는 소홀히 하기 쉬운데, 평화는 어떠한 경우라도 평화적 수단으로 성취해야 한다는 것이다. 목적이 수단 없이 존재할 수 없듯이 평화를 위해 전쟁을 일으키는 모순을 용인할 수 없다. 이런 차원에서 비폭력적 평화운동은 중요한 의미를 갖는다.

'평화권 우선론'을 적극적으로 평가하자면 기존의 인권 담론이 가진 '보편성 원칙'에 '평화주의'를 포함시켰다는 중요한 의미를 갖는다. 인권은 본질적으로 보편성을 그 요체로 하지만, 다양한 인권이 등장하고 있는 상황에서 권리 간의 경합이 발생하고 하나의 권리가 다른 권리를 억압하기도 한다. 이러한 사실은 '인권의 보편성' 자체에 대한 비판적 성찰을 요구한다. 사실상 인권의 역사에서 살펴본다면 보편성이란 그 시대적 상황을 벗어나지 못한 '제한적' 인권을 나타낼 뿐이다. 모든 인간의 이름을 걸었지만, 제1세대 인권을 향유할 수 있는 대상은 사실상 중산층 백인 남성들뿐이다. 그렇기에 보편성의 진정한 의미는 개념 자체의 의미에서 찾기보다는 해당 시기의 저항에 맞서기 위한 '형식논리'로서 이해할 수 있다. 따라서 '인권의 보편성'이 갖는 현재적 의미 역시 인권을 억압하는 권력에 대항하기 위한 의미로서 재구성되어야 한다. 재구성의 작업은 필연적으로 가치판단의 원칙을 요구한다. 자유권을 중심으로 한 기존의 인권관에 도전하면서 인권 내부의 다양성이 주장되고, 인권 문제가 '평화적 수단'을 통해서만 이루어져야 하는 것이다. 평화권을 대항담론으로 내세웠던 평화운동가들은 미국을 중심으로 한 대북 인권 압박의 이면에 존재하는 '인도적 개입'의 폭력성을 예감하고, 이에 저항하는 가치로서 '평화주의'를 제창한 것이다. 또한 평화권은 모든 인권의 전제이며, 인권의 개입 역시 '평화적 수단'을 통해서만 가능하다고 주장했다. 이렇게 한국의 인권 담론은 평화주의에 근거한 저항의 논리를 보이고 있으며, 북핵 실험 등의 문제가 발발했을 때도 평화권 담론을 일관되게 견지하였다.

평화권 담론이 형성된 또 다른 갈래로는 2003년 이라크 전쟁 반대 운동을 전후로 해서 등장한, 대중적인 '반전 평화운동'의 흐름 속에서 구성된 평화권이다. 이런 맥락 속에서 제창된 평화권 담론은 이후 평택 미군기지 확장 반대 투쟁에서 본격화되었고, 평택 문제가 봉합된 이후에도 한·미 합동군사훈련이 이어졌다. 이러한 상황 속에서 당시 인권운동가들은 새롭게 등장하고 있었던 평화운동의 문제의식에 대해 인권운동의 측면에서 새로운 접근을 시도하였다. 이들은 정부가 미국과 맺은 전략적 합의는 한국 국민들이 전쟁의 위협에서 벗어나 살 수 있는 '주민의 평화권'을 침해하는 것이며, 이를 위한 평택 미군기지 확장 역시 주민들의 생존권과 함께 한반도의 평화권을 침해하는 것이라고 비판했다.

이렇게 주민들이 누려야 할 평화의 '권리'는 폐쇄적 안보의 영역에 개입할 수 있는 탈출의 '열쇠'가 되었다. 그동안 전통적으로 국방이나 안보 관련 사안들은 법적 통제나 인권 담론의 개입으로부터 봉쇄되어 있었던 불가침의 '성역'이었다. 미군기지 관련 문제들은 이전에도 중요한 사회적 이슈였으나, 불평등한 한·미 군사협정, 주한미군 자체의 정당성에 문제 제기를 하는 방식으로만, 또는 관련된 피해자를 중심으로만 이루어졌고, 결국 이러한 방식은 해당 지역에 한정되거나 구호를 넘어서는 구체적 힘을 갖기 어려웠다. 그런데 이제 '평화권'이라는 권리적 담론 장치를 통해서 민주적 통제의 '예외' 영역으로 존재했던 안보 영역을 법과 담론의 영역으로 끌어들였다는 측면에서 한국사회의 인권 담론 역사에 중요한 의미를 갖는다. 평화권 담론 형성 과정에서 인권운동 진영이 국가의 안보 정책 때문에 시민이나 주민의 평화권이 침해당했다는 주장의 헌법소원을 제기하고, 기존 인권운동이 포괄하지 못했던 국방·안보 영역의 사안에 대한 입장을 인권 담론을 통해서 제시하기 시작한 것은 평화와 인권이 따로 굴러가던 구조에서 나란히 함께 가는 전기를 마련하였다고 할 수 있다. 이전까지 등장하지 않았던 평화권 담론이 적극적으로 사용되면서 아래로부터 형성되는 저항의 언어가 '인권 담론'으로 재구성된 것이다. 국가 안보를 명분으로 한 정부의 결정이라고 하더라도 그것이 시민들의 권리를 침해할 수 없으며, 침해된 권리에 대해서는 구체적인 조치가 취해져야 한다는 인권 담론이 '평화권'을 통해서 등장할 수 있었다. 평화권 담론은 '민주적 개입'이 불가능했던 국방·안보 영역에 대해 '시민(주민)의 통제'를 가능하게 하면서 인권운동을 확장했고, 인권 담론에서 포괄하지 못했던 사안을 '인권의 언어'로 이야기하는 것을 가능하게 만들었다.

이제 시민들이 가진 평화의 '권리'는 폐쇄된 안보의 문제로 보지 못했던 전쟁, 군사기지, 군사훈련에 관한 문제들에 대해 인권의 언어로 접근할 수 있게 되었고, 인권운동의 범위 역시 확장되었다. 지금까지 전쟁과 평화, 안보의 문제는 폐쇄적인 권력정치 내부에서 결정되고, 그 결정은 공포의 언어로서 시민들에게 강요되었다. 그 앞에서 시민들은 저항의 언어를 가지지 못해왔고, 인권 담론 역시 안보의 영역에서 발화될 수 있는 정치적 자격을 갖지 못했다. 그러나 이라크 파병 결정이 평화권을 침해한다며 등장했던 평화권 담론은 평택 사태를 거치면서 '안보 영역에 대한 민주적 통제'가 인권의 문제라는 인식이 인권 담론 내부에서 명확해졌고, 이후 군사 안보 영역의 비가시성을 넘어 '누구'의 '어떤 권리'가 침해되는지를 살펴야 한다는 논리로 확장되어갔다. 이 흐름 속에서 평화권 담론은 지금까지 주목하지 못했던 안보 영역을 인권 담론의 확장을 통해 자신의 영역으로 만들어갔다.

다른 한편으로 한국사회에 평화권이 등장하고, 권리의 보장을 요구하는 과정은 저항과 확장의 역사였다. 1948년 「세계인권선언」은 전쟁의 위협에서 벗어나는 것이 인권의 보장을 위한 필수조건임을 선언했다. 분단 이후 한국사회 역시 마찬가지이다. 국가 안보의 이름으로 수많은 인권 유린이 자행되어왔다. 수많은 이들의 노력으로 인권의 언어와 힘이 확대되고 있지만, 여전히 안보 문제에 직면하면 인권의 목소리는 힘을 내지 못하고 위축된다. 이것이 한국사회의 평화권이 놓여있는 현주소이다. 선언은 했지만 이후 우리가 직면했던 것은 핵전쟁의 긴장 속에서 이루어진 '공포의 평화'였다. 역사 속에서 개인의 '평화'는 '국가 안보'의 이름으로 빈번하게 침해되어 왔다. 두 차례의 걸친 세계대전의 폐허 위에서 다시는 이런 비극을 반복하지 말아야 한다고 다짐한 인류였지만, 그들이 곧장 맞이했던 것은 핵전쟁의 공포였다. 실제 전쟁과 평화, 안보의 문제는 폐쇄적인 권력정치 내부에서 일방적으로 결정될 뿐이었다. 국제사회에서 평화권의 고민은 이러한 배경에서 등장했다. '평화를 원하거든 전쟁을 준비하라'는 지배적인 안보 담론에 맞서 '인류는 평화롭게 살아갈 수 있는 신성한 권리를 가지고 있음'을 외쳤다. 2000년 이후 한국사회에서 평화권을 통해 나타난 인권의 확장 과정은 전쟁과 폭력에 대한 저항 과정이었다.

우리는 분단과 전쟁을 겪고 냉전시대를 거치면서 '국가 안보national security'만을 강조하는 소극적 평화에만 집착해왔지만, 이제는 탈냉전 시대를 맞아 안으로는 복지사회를 지향하면서 '인간 안보human security'를 중시하는 적극적 평화에도 관심을 기울이는 가운데 밖으로는 무력통일이나 흡수통일이 아닌 평화적 수단에 이한 통일을 추구해야 한다. 인간 안보로서 인간의 권리, 즉 '인권'으로서의 평화를 이야기하는 것은 평화가 더 이상 정치적 계산 속에서 유보될 수 있는 것이 아니라, 불가침적인 인권이기 때문이다. 평화는 온갖 차별과 정의롭지 못한 일들을 극복해나가는 과정에 존재하는 것, 그리고 사람과 사람들 사이 뿐 아니라 사람과 동식물, 자연환경과의 관계 속에서도 이루어지는 것임을 깨닫게 해야 한다. 그래서 최근에는 '생태 안보ecological security'라는 말이 등장하고 있다. 지속 가능한 환경의 건강 등 생태적 평화를 깨닫도록 하는 평화교육이 새로운 관심을 끌고 있다(Harris, 2010: 17).

3. 평화교육의 역사

20세기 동안 환경 파괴, 대량 학살, 기술 전쟁, 인종 증오, 인종 차별, 성범죄, 가정 폭력과 같은 소름끼치는 형태의 폭력에 관한 관심이 증대되었고, 그에 맞추어 평화교육의 범위도 확대되었다. 그러기에 전 세계를 통하여 평화교육의 실천은 다양한 모습을 취한다. 평화교육의 이름으로 행해지는 평화교육의 내용은 상이한 안보와 평화 개념, 서로 다른 종교 전통, 문화적 가치 및 언어에 따라 달라진다. 평화교육은 전쟁의 원인, 환경 파괴, 국가 안보 상태, 국제관계, 인권, 지구적 문화 등을 망라한다. 그래서 평화 교육자는 평화 부재 상황, 즉 권력과 자원을 위한 투쟁, 지역공동체의 인종 갈등, 아동 학대, 전쟁과 같은 상황에 관심을 가져야 한다. 평화교육은 평화롭고 비폭력적이며, 정의로운 세계를 만들어가기 위해 필수적으로 따라야 할 제도교육의 혁신, 즉 대안교육의 차원에서 평화교육운동이 요구된다.

제1차 세계대전 직후 유럽에서 평화에 대한 대중적 인식 확산을 위해 대중계몽적인 집회, 토론회, 출판물을 통해 평화를 교육하려는 운동이 일어난 것은 평화교육의 효시라고 할 수 있다. 평화교육이라는 생소한 이름의 교육운동은 20세기 초 전쟁의 완전한 종식을 꿈꾸던 서구 평화주의자들의 작은 소모임에서 그 시작을 찾을 수 있다. 늘 그렇듯이 새로운 시도는 체제 전복적인 것으로 비추어졌다. 미국의 경우 20세기 중반까지 평화교육은 '도덕적인 전쟁'에 대한 도전으로서 비애국적이고 반미국적인 것으로 간주되었다.

그런데 파시즘과 나치즘이 대두하고, 제국주의 열강들이 총력전을 전개하여 대량 학살의 비극을 초래하게 되자 제2차 세계대전 이후 평화교육운동이 본격적으로 대두되었다. 당시에는 폭행, 고문, 테러, 혹은 전쟁과 같은 신체에 대한 직접적 폭력이 없는 소극적 평화를 요구하였다. 소극적 평화교육에 해당하는 것들로는 제1차 세계대전 이후 나타나서 현재까지 존재하고 있는 유네스코의 '국제이해교육'이 있다.

이후 1960년대 말과 1970년대 초기에 직접적 폭력에서 간접적(구조적) 폭력으로 관심이 옮겨 갔다. 인종 차별, 성 차별, 인권 유린, 막대한 군비 지출과 같은 구조적 폭력은 직접적으로 인명을 살상하는 것은 아니지만, 간접적으로 죽음이나 인격손상을 초래하거나 인권복지의 가능성을 감소시킬 가능성이 커졌다. 평화교육이 공교육으로까지 확산되기 시작한 것은 1960~70

년대 핵전쟁의 공포감으로 군축교육, 반핵교육이 이루어지면서부터이다. 이 시기에 대중적인 반핵평화운동에 영향으로 아동이나 청소년들을 위한 다양한 평화적 교과과정과 교재가 개발되고, 평화교육의 인식 지평이 확대되어 교사들의 관심이 높아졌다. 전쟁과 일상적 폭력문화, 개인과 사회 수준의 차별과 배타성이 폭력적 분쟁과 불가분의 관계에 있다는 점이 교육의 중심을 차지하기 시작하였다. 동시에 평화 교육자들의 국제적인 교류가 활성화되고 평화학과 평화교육학이 발전하고 체계화되었다.

1993년 제27차 유네스코 총회에서는 각국의 교육부장관들이 모여 채택하고 바로 이를 구체화하기 위한 통합 실천요강을 발표하였다. 세계의 대다수 교육부장관들이 유네스코 총회에서 발표한 「평화, 인권, 민주주의 교육에 관한 선언Declaration on Education for Peace, Human Rights and Democracy」은 평화교육을 모든 사람들을 위한 기본적인 교육의 하나로 또 민주주의의 필수 불가결한 구성 요소로 선포하였다. 평화, 인권, 민주주의 교육의 궁극적인 목표는 평화의 문화가 나타날 수 있도록 보편적인 가치 의식과 행동 양식을 모든 개인에게 개발시키는 것이다. 보편적으로 인식할 만한 가치는 심지어 서로 다른 사회. 문화 상황에서도 확인할 수 있다. 사람은 공통된 의견을 찾기 위해 서로를 이해하고 존중하며, 동등한 자격으로 협상해야 한다. 교육은 개인의 정체성을 확실하게 해주고, 개인과 민족 사이에 평화, 우정, 연대를 강화하는 생각과 대안을 한데 모으도록 장려하고 있다. 개인적 책임감에 대한 인식은 시민 참여에 대한 가치 인식과 문제 해결을 위해, 또 공정하고 평화로우며 민주적인 사회를 위해 다른 사람과 함께 일하는 것에 대한 인식과 연계해야 한다. 교육은 비폭력적으로 분쟁을 해결할 능력을 개발해야 하고, 그래서 학생들 마음에 내적 평화의 발전을 촉진해 관용, 동정심, 공유, 배려의 자질을 더 확고히 형성할 수 있도록 해야 한다고 선언한다.

2000년 들어 국제사회에서는 비폭력과 평화문화 확산을 위한 평화교육이 각종 선언으로 구체화되었다. 1999년 헤이그 만국평화회담 100년을 기념하는 헤이그 어필Hague appeal에서는 50개의 평화 관련 의제 중 우선적으로 각국이 평화교육을 의무적으로 시행할 것을 권고하였고 이를 위한 전 세계적 네트워크를 제안하였다. 헤이그 세계평화회의에서는 청소년 대표들이 가정과 학교, 지역사회에서 정의, 관용, 평화가 기초교육에 반드시 포함되어야 한다고 강조해 눈길을 끌었다. 유네스코도 '평화와 비폭력 문화 건설을 위한 10년' 제안에 따라 평화교육은 각 회원국이 따라야 할 주요 과제로 제기되었다. 유엔총회에서는 2000년을 '세계 평화문화의 해'로 선포하고, 그 이듬해인 2001년부터 2010년까지의 10년을 '평화의 문화와 세계 어린이들을 위한 비폭력 10년'으로 지정하였다. 그리고 유엔과 유네스코는 새 천년을 평화문화로 세우기 위해 「평화문화와 비폭력을 위한 선언 2000」을 발표하고 전 세계 1억 인의 서명을 받아냈다. 이 선언은 평화 문제에 대한 비전을 다음과 같이 가치, 태도, 전통, 사고와 행동양식에 반영하고자 하였다.

▷ 차별이나 편견 없이 모든 사람의 존엄성, 인권, 생명을 존중한다.

: 모든 형태의 폭력 거부, 대화와 협상을 통해 폭력적 갈등의 뿌리를 근절하고 방지하는 데 헌신한다.

: 현재와 미래 세대가 추구하는 개발과 환경적 요구를 공평하게 하는 과정에 통전적holistic으로 참여한다.

▷ 여성과 남성의 평등한 권리와 기회를 증진한다.

▷ 모든 사람의 표현, 의사, 정보의 자유를 인정한다.—국가와 인종, 종교, 집단 그리고 개인 간의 자유, 민주주의, 관용, 연대, 협동, 다원주의, 문화적 다양성, 대화와 이해의 원칙에 헌신한다.

국가와 시장의 폭력에 대한 비판적 감시자인 시민사회는 평화의 새로운 동반자이다. 시민사회란 당신, 나, 단체, 비정부 기구처럼 참여와 활동으로 세계 정치에 영향을 미치려는 이들이다. 어린이의 수호자인 유니세프(유엔 아동기금)는 어린이들의 성장에 무관심하고 어린이들을 잘 돌보지 않는다면 인류는 진보할 수 없으리라는 신념을 표명하였다. 유니세프는 가난, 폭력, 질병, 차별 등 어린이들의 앞길에 놓여 있는 장애물들을 힘을 합쳐 극복하기 위해 전 세계의 거의 모든 나라에서 일하고 있다.

그러나 한국은 국제사회의 변화를 따르지 못하였을 뿐만 아니라 회원국으로서의 교육적 의무를 다하지 못했다. 기존의 입시 위주의 교육을 변혁할 노력을 하지 못했기 때문에 그리고 우리 사회가 안고 있던 권위주의적 통치문화로 인해 학교교육을 통해 평화교육을 시도하기가 어려웠다. 다행히 지난 10여 년간 다양한 형태의 교육적 대안이 모색되면서 일부 교사들과 유네스코가 평화교육에 관심을 보이면서 새로운 평화교육운동이 전개되어 갔다. 한국은 그동안 평화교육은 남미의 민족해방 교육과 같이 저항적 차원의 '의식화 교육'이 중심을 차지하였으나 억압이 일정 정도 사라진 민주화 이후의 시기에는 인권교육과 함께 민주주의 교육의 구체적 방법을 도입되기 시작하였다. 1994년 크리스찬아카데미 사회교육원 중심으로 평화교육이 구호나 이념이 아닌 '교실 속의 공존' '평화적 교실 만들기' 등 생활공간에서의 변화를 가져올 수 있는 실천적 교육을 강조하고, 그런 취지로 '평화교육연구회'가 만들어졌다. 이후 이 모임은 유네스코 한국위원회와 교류하면서 한반도적 특수성이 많이 반영된 '통일교육적 평화교육론'이 시도되었고, 이 과정에서 갈등의 비폭력적 해결이라는 보편적 평화교육론으로 발전하여갔다(강순원, 2000: 5-6). 지금은 국제이해교육학회와 평화여성회에서 큰 관심을 보이고 있다.

4. 평화교육의 목표와 유형

(1) 평화교육의 목표

평화교육은 갈등을 비폭력적으로 관리할 기술을 가르치고 갈등에 직면하여 평화를 택하도록 함으로써 학생들로 하여금 폭력의 부정적 효과에 대해 저항하도록 이끌고자 한다. 평화교육은 폭력의 위협에 대해 사람들에게 가르치는 과정이고, 공격성을 종식시키는 평화를 위한 전략이다. 평화교육의 목표는 평화의 개념을 탐구하고, 평화의 장애물과 부재의 원인을 탐색하여 폭력과 갈등을 해소하고 더 나은 미래를 건설하는 데 있다. 평화교육은 구체적으로 학습자로 하여금 평화의 기회를 제공하고, 반평화의 문제와 원인을 비판적으로 인식하고, 평화문화 만들기를 위한 행동을 하며, 그것을 위한 기술을 익히는 등 평화능력의 함양을 위해 노력한다. 평화 교육자들은 자신들의 전문 지식을 이용하여 동료시민에게 긴급한 위험에 대해 경고하고 평화에 이르는 길을 제시할 수 있다.

상호 대립과 반목이 극심한 상황에서 젊은 세대에 대한 희망을 잃지 않고 상대방에 귀를 기울이고 서로 만나고 서로 이해하여 상호 불신의 벽을 허물어 사회의 공동선을 향해 궁극적으로 자기도 변하고 사회도 변화시키자는 것이 평화교육이다. 사회의 변화란 인간의 변화와 함께 가야 한다. 사회의 변화를 위해서 인간을 수단화하거나 사회의 구조적 변화를 수반하지 않는 인간만의 변화는 다시 변화 이전의 상태로 현상을 돌려버리는 잘못을 저지르게 만든다. 이런 까닭에 우리의 평화교육운동은 작은 데서 시작하되 동시에 큰 것도 함께 보는 변화를 위한 동시성을 견지해야만 한다. 평화를 저해하는 구조적 문제에 대한 직접적인 사회악 타파 운동을 우회시켜 평화가 지켜져야 하는 작은 공간인 학교에서부터, 어릴 적부터 평화적 심성을 길러주자는 것이 평화교육운동의 시작이다.

평화 교육자의 역할은 갈등의 위험뿐 아니라, 갈등의 가치까지 지적하는 데 있다. 평화교육은 사회구조와 지배적 사고양식을 변화시킴으로써 현재의 인간조건을 전환시키고자 한다. 평화교육은 교사와 학생들을 보다 정의롭고 평화적인 세계질서를 위해 헌신하도록 이끈다. 평화교육은 사람들에게 다른 사람들과 합심하여 세계에서의 폭력을 줄임으로써 자신들의 삶에 대한 통제권을 행사하는 능력을 부여하고자 한다(Harris & Morrison, 2011: 319). 평화교육은 폭력의 원인을 가르치고 대안적 지식을 제공함으로써 사회를 지배하는 여러 형태의 폭력에 대해 간접적으로 대항한다. 평화교육의 목표는 인권을 포괄하는 개념으로서 평화문제와 관련된 내용을 다루면서 학습자들의 평화 능력을 함양하는 교육을 지향한다. 평화교육은 갈등의 평화로운 해결을 위한 교육, 지속 가능한 개발(빈곤의 해소, 불평등의 축소, 환경적 지속 가능성), 인권, 성 평등, 민주적 참여, 국가 내 및 국가 간의 취약 집단과 이주민에 대한 이해·관용·연대, 참여적 소통과 정보의 자유로운 흐름, 국제적 평화와 안보에 관심을 갖는다(Rivera, 2010: 188).

전 세계에서 실시되고 있는 평화교육은 다양한 명칭을 달고 있는데, 인권교육과 가장 밀접한 관련을 맺고 있다.[65] 인권이 궁극적으로 지향해야 할 가치는 평화이고, 인간이 누릴 수 있는 최고의 권리는 평화권이기에 평화의 관점에서 본 인권교육이 요구된다. 평화교육이 해결해야 할 핵심적 개념은 '폭력violence'과 그것의 통제, 축소, 소멸에 있다. 인권교육의 핵심적 개념은 '인간의 존엄성human dignity'과 그것의 인정, 완성 그리고 보편성에 있다. 그렇다면 인권은 기본적으로 '적극적 평화'에 가장 잘 적용할 수 있다. 왜냐하면

65 평화교육은 인권교육, 민주교육, 환경교육, 다문화교육, 국제이해교육, 갈등해결교육, 폭력예방교육, 비폭력교육, 반핵교육, 군비축소교육, 발달교육, 협동학습, 생명교육, 도덕교육·인격교육 등과 밀접한 관련을 맺고 있다.

사회적·정치적·경제적 조건은 사회적 일치와 비폭력적 갈등 해결을 위한 환경과 과정을 가장 잘 제공하기 때문이다. 평화를 위한 사회적·정치적·경제적 조건은 가장 적극적인 처방책을 요구하기에 평화교육의 여러 가지 접근 중에서 문제의 처방을 위한 가장 적절한 방안을 제공할 것이다(Rearden, 1997: 22).

평화교육 연구자들은 오늘날 전쟁의 한계, 그것의 회피와 부재를 넘어 정의, 빈곤, 자유의 이슈를 포함한 적극적 평화의 개념으로 확장시키고 있다. 이것은 곧 유엔의 보편적 인권선언이기도 하다. 이 선언에는 인권과 평화의 뒤얽힌 관계가 그대로 농축되어 있다. 평화 교육자들은 「세계인권선언」을 중시하는데, 이 선언은 경제적·사회적· 정치적 정의를 달성하기 위해 추구해야 하는 가치들을 언급하고 있다. 평화교육은 정의와 인권, 그리고 민주주의를 최대화하고, 갈등과 폭력을 최소화하는 문제에 관심을 크게 갖는 인권교육의 과제를 공유하고 있다. 모든 형태의 폭력은 인간의 존엄성을 침해할 것이다. 인권교육은 갈등과 폭력을 평화적으로 해결하고 평화를 확장하는 기술이라고 할 수 있다. 이렇게 보면 평화교육과 인권교육은 늘 병행될 수 밖에 없다.

그런데 평화교육은 '인간 중심적' 인권교육을 넘어서려고 한다. 왜냐하면 평화교육은 '생태 중심적' 세계관을 지향하고 있기 때문이다. 평화교육은 인간과 비인간이 함께 조화된 더욱 평화로운 세계에 살기를 기원한다. 평화교육은 인간 중심주의가 생태 중심주의로 전환될 때 '생태적 지속 가능성 ecological sustainability'은 인권과 공명할 수 있다고 본다. 이렇게 '총체적/전일적 평화holistic peace'를 지향하고 있다. 인간이 자연의 주인이 아니라 일부라고 생각할 때 인간과 자연의 관계는 새롭게 출발할 수 있다. 인간은 자연이 없이는 생존할 수 없다. 자연이 파괴된다면 인권은 정말 보호될 수 없고 촉진될 수 없다. 그러므로 인권보호는 자연의 보존, 즉 생태적 지속 가능성을 함의한다. 이 말은 '생태적 인권교육ecological human rights education'의 가능성을 말해주는 것이다(Hung, 2007). 산업 발전과 환경 보호의 대립적 관계는 환경교육·생태교육의 문제이면서 인권교육의 문제이기도 하다. 그러기에 생태적 인권교육은 인권의 딜레마와 생태적 지속 가능성이 맞붙을 때 인간 중심적 이데올로기를 재검토하고, 비인간의 내재적(본질적) 가치를 인식하고, 자연을 존중하면서 우주 안의 모든 존재의 가치를 인정하고, 인간 자신의 불완전성을 인정하는 충만한 겸손함을 가져야 하는 것이다. 인간의 의무란 인간이 자연을 이용할 때 정복하는 것보다 생태체계의 통합성을 유지하려고 노력하며, 배움과 가르침의 삶 속에서 '생태적 지혜ecological wisdom'를 실천하는 것이라는 목표를 둔다. 하루가 다르게 세계의 다양한 문화를 접하는 요즘의 환경 속에서 평화를 추구하는 품성은 낯선 문화를 배려할 줄 알고, 자연과 우주에 겸손할 줄 알며, 그 속에서 차분하게 자신의 정체성을 키워나가도록 도와준다. 따라서 평화의 능력은 어린이들이 21세기 세계시민으로서 의젓하게 살아가도록 도와주는 참된 자질이다. 우리가 만들고 지켜나가야 할 평화로운 세상은 전쟁과 폭력이 없는 세상, 모든 사람들이 공평하게 먹을 것을 나누는 세상, 사람과 온 세상의 살아 있는 동식물이 조화롭게 사는 세상일 것이다.

생태적 인권교육은 레어딘Rearden이 강조하는 '포괄적 평화교육comprehensive peace education'과 유사하다. 포괄적 평화교육은 양적 성장, 살인적 경쟁, 폭력적 관계 등 죽임의 교육을 '서로를 살리는 관계相生'로 바꾸는 생명교육을 중시한다. 생명을 살리는 평화의 패러다임, 즉 자기 자신과의 관계, 타인과의 관계, 공동체와의 관계, 자연과의 관계를 다시 정립하고자 한다. 평화교육은 전쟁, 폭력, 빈곤, 억압 및 차별 등으로 인해 인간의 삶과 사회적 생활에 부과되는 위험에 관한 지식을 전수하고 일깨움으로써 비폭력적 방법에 의해 사회적 변화와 개인적 태도와 가치의 변화를 낳게 하는 교육이다. 그런 점에서 평화교육은 평화문화의 증진을 위해 평화교육적 방식으로 평화적 지식을 가르치는 '대안적 교육'이라고 할 수 있다. 평화교육은 비폭력, 사랑, 연민, 공정함, 협력 그리고 인간과 모든 생명체에 대한 존중을 가르치는 철학에 기초한 교육을 통해 인간을 평화로운 삶으로 이끄는 것이다. 평화교육은 자유, 평등, 정의, 민주주의 등과 같은 가치 실현과 더불어 다양한 삶을 공존시키는 노력을 소중하게 여긴다. 평화교육은 폭력을 유도하는 행동이나 태도, 지식을 연마하지 않도록 하기 위한 평화로운 마음가짐, 태도 그리고 지식을 길러주는 통합적(총체적) 교육이라고 할 수 있다.

평화교육의 목표는 나라마다 상황과 조건에 따라 강조점이 다를 수 있다. 제1세계적 평화교육의 목표가 다분히 국제이해에 입각한 공존적 성격이 강하다면, 제3세계적 평화교육의 목표는 남북관계로 인한 구조적 폭력의 개선과 올바른 역사의식을 위한 '정의 교육적' 성격이 강하다(김성재, 1992). 따라서 가해자의 제1세계적 국가와 피해자인 제3세계적 국가가 함께 이웃하는 한국의 평화교육은 무엇보다도 과거의 청산, 이에 따른 용서와 화해, 새로운 비전을 가진 공동체로 거듭나는 교육, 모두가 더불어 함께 살아가는 정의로운 비폭력문화 조성에 기여할 수 있는 것이어야 한다. 한국사회는 폭력 문제를 해결하고 폭력을 조장하는 사회적 분위기를 걷어내기 위해 친평화적으로 전환하는 평화교육을 절실히 요청하고 있다. 이것은 기존의 폭력적 학교문화를 평화적 공존 문화로 바꾸어놓을 수 있는 단초를 제공해 줄 것이다.

(2) 평화교육의 유형

평화에는 적극적 의미와 소극적 의미가 모두 들어 있다. 소극적으로 평화는 어떤 형태의 폭력을 중지하는 것을 의미하지만, 적극적으로는 정의의 기준을 따르는 것, 자연과의 균형 속에서 사는 것, 시민들에게 의미 있는 참여를 제공하는 것 등을 의미한다(Harris & Morrison, 2011: 31). 그것은 인간이 갈등을 해결하고 정의의 기준을 존중하며 기본적 필요를 만족시키고 인권을 존중하는 것을 의미한다. 소극적 평화negative peace는 직접적 또는 물리적 폭력이 없는 상태이다. 폭행, 구타, 고문, 테러, 혹은 전쟁 등 어떤 사람이 다른 사람에게 가해지는 '직접적인 폭력'이 없는 상태이다. 언어적인 폭력도 몸에 위해를 가하는 것과 마찬가지의 직접적인 폭력이다. 직접적 폭력은 신체와 정신과 영혼에 상처를 주는 것이다. 이러한 폭력이 한 곳으로 모아지고 시간의 흐름에 따라 결합되어 다시 폭력이 재현되고 결국에는 마음의 상처까지 남게 된다.

소극적 평화란 다른 적극적 평화positive peace는 간접적 또는 구조적 폭력 및 문화적 폭력 그리고 생태적 폭력이 없는 상태를 말한다. 적극적 평화는 평화를 위해 전쟁을 일으키는 구조적 모순을 용인하지 않는다. 그러기에 단지 다양한 형태의 물리적 폭력을 제거하는 소극적 평화가 아니라, 근본적으로 현상적 폭력을 만들어내는 갈등의 근원적 원인을 제거하는 '적극적 평화'를 지향한다. 직접적 폭력뿐만 아니라 가난, 기근, 인종 차별 등 '구조적 폭력'이 없는 상태인 적극적 평화는 단순히 전쟁, 사형제도나 직접적인 폭력의 부재가 아니라, 권력과 자원의 불평등한 분배로 드러나는 구조적 혹은 간접적 폭력이 극복된 상태이고, 구조적 폭력의 부재는 억압과 착취가 없고 인권과 정의가 보장되는 상태이다. 근원적으로 비착취적 관계를 만들거나 사회적 불평등이나 억압이나 차별과 착취, 정치와 경제체제의 결과로서의 폭력(빈곤) 등 정치적·억압적·경제적·착취적 폭력으로 나타나는 구조적 폭력이 없는 상태이다. 이러한 폭력들은 구조적 침투, 분열, 붕괴 및 때로는 감금과 추방 등 사회적 소외에 의해 조장된다. 구조적 폭력은 우리 삶에 구조적으로 침투되어 인간과 공동체를 분열시키고 분리시키며, 특히 여성, 아동, 소수자,

소득이 낮은 나라, 소수민족 등을 약탈하는 제도적 폭력을 구조화한다. 이런 구조적 폭력을 제어해야만 사회 정의를 위한 사회적 조건을 창출하는 적극적 평화를 이룰 수 있다. 21세기가 되어서는 전쟁과 평화와 같은 전통적(소극적) 개념을 넘어 등 사회 정의를 위한 평화문화의 형성 등 적극적 평화 개념이 증대되어 평화교육의 척도가 확대되었다.

	소극적 평화	적극적 평화	
	개인적·신체적·직접적 폭력의 부재	수명을 단축시키는 간접적 폭력의 부재	삶의 질을 떨어뜨리는 간접적 폭력의 부재
비조직적	가정 폭력, 강간, 아동 학대, 무차별적 살인의 부재	불평등한 삶의 기회로 이끄는 작은 집단 내에서의 불공평의 부재	집단 내에서의 선택의 자유와 만족감을 억압하는 요소의 부재
조직적	전쟁의 부재	나라 내 또는 나라 간의 경제적 구조의 설립으로 나타난 삶의 기회 감소의 부재. 오염, 방사능 등으로 인한 환경 훼손으로부터 온 영향의 부재	국가적 차원에서의 자유 토론, 집회의 권리 등의 억압의 부재

〈소극적 평화와 적극적 평화〉

적극적 평화는 '문화적 평화cultural peace'를 포함한다. 문화적 평화를 가로막는 문화적 폭력은 직접적 폭력과 구조적 폭력을 정당화하거나 합법화하는 기능을 한다. 이렇게 문화적 폭력은 폭력적 미래를 식민화하는 이미지, 가치, 가정, 이데올로기 등 '상징적 폭력symbolic violence'으로 나타난다. 상징적 폭력에는 암묵적인 상징 폭력이 있는가 하면, 보다 노골적이면서도 쉽사리 인식하지 못하는 제도화된 상징적 폭력이 대부분이다(Bourdieu, 정일준 역, 1997). 상징적 폭력은 대중이 파악할 수 없는 이데올로기로 대중들을 미혹시키는 정치적 슬로건이다. 문화 간 평화는 상이한 종교 집단과 인종 집단이 조화롭게 살 때 존재하게 된다. 평화롭게 산다는 것은 표현의 자유와 문화적 다양성을 지키는 것을 포함하며, 공감적 공동체의 창조를 통해 나타나는 연대감을 가져오기 위해 민주적 원칙을 사용하는 것을 포함한다. 이런 유형의 평화는 대중매체에서 흔히 발견되는 폭력적 이미지에 대한 대안을 제공한다. 문화적 평화는 종교와 사상, 언어와 예술, 과학과 학문, 실증과 형식, 우주론, 심오한 문화, 학파, 대중매체, 교육 등을 통해 폭력이 합법화되거나 일반적으로 용인되는 것을 가리키는 인간 존재의 상징적 영역의 평화이다.

환경 파괴는 생존을 위해 자연계에 의존할 수밖에 없는 인간에게 심각한 도전을 제기한다. 이런 생태적 위기는 일반적으로 전쟁처럼 자연에 반하는 직접적인 폭력으로 '생태적 폭력'으로 나타난다.[66] 생태적 폭력은 주요한 종의 파괴, 생태학적 환경에 위해를 가하여 지속가능한 미래의 전망을 위협한다. 오늘날 인간에 대한 폭력과 반명제로서의 평화는 인간 생활뿐만 아니라 모든 종류의 생물체에 존재하는 총체성을 갖고 있다. '생태적 평화ecological peace'는 인간이 지구와 관련을 맺는 방식과 관계되는 것으로서 인간이 지구에서 지속 가능하게 살 때 가능하다. 가장 넓은 의미에서 평화 건설은 인간 세계와 자연계 모두와의 관계에서 비폭력에 대한 헌신에 기초하고 있다. 환경 교육자들은 모든 생명체의 상호 연관성을 강조하는 전체론holism이면서 생명 중심적인 생태학적 세계관을 발전시키고자 한다.

마지막으로 정신활동을 통해 확보되는 '심리적 평화psychological peace', 즉 마음의 평화가 있다. 시기, 질투, 공격성 등 마음의 폭력을 극복하지 못하면 외적 폭력도 제대로 극복하지 못할 것이다. 폭력을 극복하는 데는 정신적 안정과 평온을 필요로 한다. 내적 평화와 외적 평화는 상호관계 속에 있

---

66 생태적 폭력은 토양 쇠약, 지구 온난화, 인종 근절, 환경 파괴를 초래하는 산업과 농업의 직접적·구조적 폭력이기도 하지만 독립적으로 분류된다.

다. 오늘날 심리적 불안정, 적대감, 증오 등 소극적(개인적·심리적·미시적·물리적 수준) 평화의 부재와 구조적·문화적 폭력에 의한 적극적 평화의 부재는 상호 결합되어 총체적으로 반평화의 구조와 문화를 만들어내고 있다. 인간 내면의 폭력, 즉 감정의 억압과 같은 정신 내부의 폭력뿐 아니라 인간과 자연의 부적절한 생태적 폭력이 자행되고 그것의 결과는 결국 인간에게 부메랑이 되어 상해를 입히게 된다. 갈등, 전쟁, 물리적 폭력이 없는 '소극적 평화'와 사회의 구조적 폭력 혹은 잠재적 폭력을 동시에 제거하지 않으면 진정한 의미의 완전한 평화가 이루어지지 않는다. 진정으로 '완전한 평화'란 단순히 전쟁이 없는 상태를 넘어 모든 종류의 폭력이 없는 상태, 즉 직접적·물리적 폭력뿐만 아니라 간접적·구조적·문화적·생태적 폭력까지 극복된 상태이다. 완전한 평화는 개체적 차원에서 인간의 의식적 선택과 지속적인 노력을 요구하는 동시에 사회적 변혁의 과정을 동시에 필요로 한다.

오늘날 학교교육은 평화의 문화를 요청하고 있고, 이를 위해 '적극적' 평화교육을 준비해야 한다. 평화에 '대한about' 교육이 아니라, 평화를 '위한 education for peace' 교육은 물리적 심리적 폭력을 종식시키는 '소극적negative' 평화와 동시에 평화를 위한 교육과 구조적 문화적 폭력을 근절하는 '적극적positive' 평화를 위한 교육을 동시에 요청한다. '소극적' 평화교육은 무엇인가에 '대해about' 정보를 '알려주어' 갈등이나 폭력 등의 문제를 막아보자는 것으로 분명한 학습목표를 가지고 있다. 즉, 소극적 평화교육은 흔히 평화적 사고[67], 평화적 태도, 평화적 양식, 관용과 인내를 포함하는 화해의 능력을 길러주는 것을 목표로 한다. 반면 '적극적' 평화교육은 소극적 평화교육이 평화를 사랑하게 하고 존중하게 하는 교육을 하면서 폭력적 갈등구조를

67 평화적 사고란 관계 중심의 사고(공동체적 사고)를 하는 것, 서로를 살리는 삶의 방식(생명, 협동, 호혜성)을 고려하는 것, 변혁을 추구하는 과정(정의, 공정, 비폭력), 전체성(지·정·의의 통섭, 전인, 우주)에 대해 고려하는 것 등을 포괄한다.

견뎌내게 만드는 교육을 하는 데 머문다. 적극적 평화교육은 법과 질서의 이데올로기가 사회화하는 기제에 지나지 않기에 반평화적 사태에 대한 '문제의식' 혹은 '비판적 안목'을 갖게 하는 것을 주된 목표로 삼는다. 즉, 적극적 평화교육은 폭력적인 사회구조를 인식하게 만들고, 평화 부재의 사회를 평화체제로 변혁시켜 나가는 '~를 위한' 교육을 목표로 삼는다. 적극적 평화교육은 자연히 폭력과 평화 부재의 원인을 사회경제적·문화적·이데올로기적으로, 그리고 과학기술의 면에서 찾아내며, 이를 피교육자들의 경험세계와 연관시키며 학습한다.

평화운동은 '물리적 폭력-구조적 폭력-생태적 폭력-문화적 폭력'의 4차원의 동시적 폭력을 함께 지양하는 방향으로 진행된다. 이런 모든 평화운동은 정치적 자유를 중심으로 한 제1세대 평화 개념과 경제적 평등과 분배를 중심으로 한 제2세대의 평화 개념, 나아가 약자, 여성, 유색인종, 소수자 등으로 확장된 민주주의를 중심으로 한 제3세대의 평화 개념, 그리고 상호 연계, 상호 의존 등 생태민주주의 개념을 중심으로 한 제4세대 평화 개념으로 발전해 간다(Hutchinson, 1996: 183). 평화교육peace education은 폭력(구조적 폭력, 심리적 폭력, 문화적 폭력, 생태적 폭력)을 극복하는 학교의 평화문화의 창조, 갈등과 폭력의 평화적 해결, 그리고 생태적 폭력 극복 등 다차원적 평화문화(구조적 평화, 심리적 평화, 문화적 평화, 생태적 평화)의 창조에 있다. 학교의 구조적·문화적·심리적·생태적 폭력을 평화적 구조와 문화로 전환하여야 한다.

물리적 폭력-구조적 폭력-문화적 폭력-생태적 폭력의 동시적 폭력을 함께 지양하는 '포괄적 평화교육comprehensive peace education'은 폭력 없는 평화교육을 지향하기에 인권교육과 중첩된다. 적극적 평화교육은 인권교육뿐 아니라 다문화교육, 환경교육 등으로 영역을 넓혀 간다(Reardon, 1988a: 16-22, 26-29). 포괄적 평화교육은 정의와 인권이 없는 애국심교육을 지양하고, 과욕과 탐욕의 경쟁과 집단따돌림 등 학교 폭력문화의 척결을 위해 구조적(제도) 평화교육, 심리적(내면) 평화교육, 문화적(가치) 평화교육, 생태적(환경) 평화교육을 동시에 필요로 한다. 한마디로 포괄적 평화교육은 마음의 심리적 평화(영성, 수양, 인격도야)와 현실의 구조적 평화(개혁, 혁신, 혁명)를 동시에 필요로 한다고 할 수 있다. 포괄적 평화교육의 궁극적 목표는 좀 더 정의롭고, 지속가능하며, 덜 폭력적인 세계를 만들기 위해 갈등을 평화적으로 해결하는 데 필요한 지식, 태도, 기술 등을 개발하는 데 있다고 할 수 있다(Hicks, 1990: 90-91). 갈등을 폭력적으로 해결하는 것이 아니라 평화적으로 해결하는 평화교육의 방식은 아동의 심성을 정화시켜 인간관계를 원만하게 하는 동시에 평화적 학급문화를 형성하는 데 도움을 둔다.

평화 능력을 함양하는 평화교육의 내용은 평화에 관한 지식/이해, 기술/능력, 가치/태도를 포함한다. 구체적으로 평화교육의 내용은 평화 개념의 풍부함을 파악하기, 공포를 다루기, 안보에 관한 정보를 제공하기, 전쟁 행위를 이해하기, 문화 간 이해를 증진시키기, 미래 지향성을 갖도록 하기, 과정으로서의 평화를 가르치기, 사회 정의를 수반하는 평화 개념 정립하기, 생명 존중을 고무하기, 갈등을 비폭력적으로 관리하기 등이다. 그리고 평화교육은 평화적 방식으로 행동할 수 있도록 비판적으로 사고하고, 관심을 갖도록 하고, 헌신하도록 하는 것이다. 평화교육은 경청, 성찰, 문제 해결, 협력과 갈등 해결을 포함하는 기술을 익히는 과정으로 이해되고 있다. 평화교육은 힘과 폭력, 법과 규율에 의존하는 갈등 문화를 넘어 대화와 협력, 상호 존중 그리고 갈등 당사자들 스스로 문제를 해결한다는 대안적 방법과 문화를 구축하려고 한다. 평화교육은, 특히 가치관과 행동 양식이 형성되는 청소년기에 갈등을 평화적으로 해결하는 문화를 경험하는 것은 큰 의미가 있을 것이다.

평화교육은 교과목이라기보다는 하나의 지향이고 철학이며, 도그마를 강요하는 교조가 아닌 열린 마음을 갖고 대안을 모색하는 것이며, 구체적 인간의 살아있는 사실적 문제를 다루는 것이며, 전통적인 강의식 교수방법이 아니라 성찰과 내면화를 소중히 여기는 실험적· 활동적 학습을 하는 것이다 (Jones, 2006: 189).[68] 평화교육은 일방적 강의 방식을 탈피하여 여러 활동과 더불어 진행자와 참가자 간의 쌍방향식으로 진행한다. 학생들의 참여 의지를 높일 뿐 아니라 프로그램 진행 방식 자체가 상호 존중의 문화와 열린 관계를 이해하는 데 도움이 된다. 평화교육을 한다고 하여 평화로운 왕국이 금방 도래하는 것은 아니다. 오히려 평화의 과정은 민주적 전통에 큰 가치를 부여하는 시민들이 가정, 직장, 지역공동체, 국가, 세계 등에서 민주적 전통이 유지되도록 하는 점진적인 진화를 의미한다. 이 과정은 사람들에게 안전한 세계를 창조하고 지속 가능한 환경을 건설할 기술, 태도, 지식을 제공하게 된다.

---

68 피스잼(PEACEJAM)의 평화운동 5단계: 1단계-해결해야 할 문제 고르기→2단계-사실 확인하기→3단계-깊이 있게 조사하기→4단계-행동 계획서 쓰기→5단계-실천하기 (www.globalcalltoaction.org; www.peacejam.org; www.yes21.org)

지식의 영역: 개인적·국가적 지구적 차원	·갈등, 계급, 인종, 인권, 정의, 환경, 민주주의, 성, 관용, 전쟁, 군축, 핵, 식민주의, 제국주의, 분단, 통일
기술의 영역	·협동/놀이/노작 ·분석·추리 능력(편견과 왜곡의 명료화) ·비판적 사고/창의적 활동 ·대화·토론/주의 깊은 관찰을 통한 소통/공격적인 아닌 창의적(능동적) 표현하기 ·경청(정성을 기울여 듣는 능력) ·자기성찰(정직, 반성) ·갈등(문제) 해결 능력과 전략 마련(비폭력적 중재, 타협, 협력) ·결정의 공유 ·명상(내공) ·사회적 각성(깨달음)/현재를 넘어 삶을 전망을 가지고 조망하는 능력 ·개인적·사회적(지역적·지구적) 차원의 문제 연결과 해결 능력 ·이상에 따라 행동하는 능력
자세, 가치, 태도의 영역	·자기 존중(자신의 내재적 가치 수용, 자신을 소중히 여기는 마음) ·호기심 ·열린 마음(폐쇄적 닫힌 마음을 열기) ·공감(타인의 관점에서 타인을 바라보는 능력, 역지사지) ·연민(타인의 고통을 가슴 아파하는 마음) ·타인 존중(성별, 인종, 민족, 연령, 계층, 외모, 정치적·종교적 신념, 육체적·정신적 능력 등을 넘어선) ·상호 이해, 양보 ·차이에 대한 관용, 다양성 존중 ·공정과 평등에 대한 공헌, 사회 정의에 대한 헌신 ·자율(자치, 협동) ·비폭력 정신 ·공동체의식 ·환경적 관심(우리의 위치를 생태계 속에서 파악하기) ·미래에 대한 전망 ·이성과 진리에 대한 헌신 ·상생相生

〈평화교육의 내용〉

수학	· 국방예산을 포함한 세계 문제와 그 영향에 대해 알아보기 · 이 지역에 10메가톤의 폭탄이 투하되면 얼마나 많은 인명이 살상될 것인가? · 20킬로톤의 폭탄의 경우는?
작문	· 추상적 문장을 쓰기보다는 평화와 관련된 글을 쓰기 · 지역의 선출된 대표에게 지역의 폭력에 대해 우려를 표명하는 편지를 보내기
미술	· 학교에서 평화와 폭력을 주제로 한 포스터와 벽보 전시회를 열기 · 인간사회에 평화가 필요한 이유를 보여주는 프로젝트를 개최하기
드라마	· 전쟁과 평화를 주제로 한 연극을 해보기 · 학생들의 생활 속의 폭력에 관한 영화를 만들어보기 · 폭력 영화 비판하기
가정	· 타국의 음식을 준비하고 논의해보기 · 다양한 문화의 의복을 비교하기 · 세계적인 자원의 불평등한 배분을 보여주는 음식을 만들어보기
음악	· 현재 유행하는 음악과 비디오가 평화와 폭력을 어떻게 나타내는지 분석하기 · 평화 주제에 관한 곡을 작곡한 음악가들의 작품을 연구해보기
생물	· 지구를 하나의 우주선으로 연구해보기 · 방사능이 생태계에 미치는 영향과 생명체들이 방사능에 어떤 영향을 받는가?
화학	· 핵분열과 핵융합을 연구하기 · 유기체의 생화학은 방사능에 어떤 영향을 받는가?
물리	· 상대성과 핵무기의 물리학을 강조할 것 · 전기의 발생과 대안적 에너지의 원천 및 오염에 대해 알아보기
영어	· 텔레비전 쇼나 광고에 나타나는 폭력을 연구하기 · 전쟁과 평화에 관한 소설이나 수필을 읽기 · 일상생활에서 폭력이 수행하는 역할에 관하여 글을 쓰기
역사	· 평화 건설자들과 평화운동의 역할을 연구하기 · 비폭력 운동이 전개된 과거와 현재의 장소를 찾아보기 · 사회 변동을 가져오기 위해 보통 사람들은 무엇을 해왔는지 알아보기
정치경제	· 국방 예산이 각 분야에 미치는 영향 · 전 세계의 자원 배분 · 국제기구, 평화단체의 활동이 정치에 미치는 영향을 분석하기
체육	· 경쟁을 강조하지 않는 새로운 게임을 해보고 협력적 운동을 시도해보기

〈기존 교육과정에서 평화의 문제를 다루기〉(Harris & Morrison, 2011: 163)

5. 학교 폭력의 양상과 평화적 학급 만들기

(1) 학교 폭력의 양상

19세기 유럽의 산업혁명 당시 노예들과 다름없는 상태의 생활을 하고 있던 학생들은 제2차 대전 이후 자유화 물결이 불면서 전통적으로 엄격하게 이루어졌던 교육 방식이 무너지면서 교사들이 직접적으로 아동들에게 신체에 가하는 폭력은 눈에 띄게 줄어들었다고 한다(Defrance, 전주화 역, 2000: 28). 그런데 제3세계의 후발 국가의 경우는 학생들에게 가해진 신체적 폭력은 사회적 통제의 일환으로 여전히 계속되었다. 우리는 봉건사회와 일제시대, 그리고 군사 시대를 거친 오랜 타율적 문화에 젖어 있다. 봉건적 순응, 집단안보와 경제 성장 이데올로기를 빌미로 자행된 국가권력에 의한 폭력의 일상화는 근대화의 과잉 욕구에서 비롯된 순종형 인간을 양성하는 국민 통제술의 하나이기도 하였다. 인권과 정의에 기초한 폭력 없는 삶을 추구하는 평화의 가치와는 매우 멀게 만들었다. 이러한 성장을 향한 장밋빛 기획은 근대의 그늘로서 어두운 폭력문화를 잉태하고 말았다.

많은 경우 폭력문화 속에서 자란 아이는 자기 존중감을 가질 수 없고 문제를 평화적 방법이 아니라 폭력적 방법으로 해결하려는 태도를 보인다. 규칙이 아이들을 위한 것이 아니라, 사회적 통제를 위한 치안적 기능이 지배적이라면 규칙에 대한 동의와 합의를 이끌어내지 못한다면 학교 폭력은 근원적으로 해소되지 않을 것이다. 폭력을 제어할 수 있는 주체가 확고하게 학교현장에 뿌리내리지 못하고 있다면 언제든지 평화를 깨는 폭력이 다시 엄습해 올 가능성이 다분할 것이다. 외관상 폭력의 일종인 '벌punishment'[69]을

69 벌은 바람직하지 못한 행동을 한 사람을 다치게 하거나 창피를 주는 경향이 있고, 그 목표는 그 사람을 벌 받게 만드는 것이다. 벌은 학생이 하기 싫어하는 것을 하도록 시키거

가하면 바람직하지 못한 행동이 일시적으로 멈춘다. 이런 빠른 중단은 많은 교사들에게 벌이 효과적임을 확신시킨다. 하지만 많은 연구들은 벌이 행동을 바로잡는 방법으로 효과적이지 않다는 것을 증명하고 있다(Fields &Fields, 2006).

벌은 일시적인 순응을 얻는 데는 매우 효과적인지 모르지만, 장기적으로는 그것으로 인해 다양한 위해를 초래한다. 특히 직접 체벌이든 간접 체벌이든 체벌은 굴종을 강요하는 폭력과 같은 메커니즘으로 평생에 걸친 트라우마(內傷, 傷痕)를 남길 수 있다. 정서적인 고통은 육체적인 상처보다 더 심하고 오래간다. 사람의 정신을 파괴하는 것은 자신이 맞는다는 사실 자체가 아니라, 자신의 양심이나 자유의지에 반해 굴복한다는 느낌 그 자체이다. 심하게 때린 것도 아니지만, 그리고 간접 체벌이지만 피해자에게는 엄청난 상처를 유발할 가능성이 있다. 특히 학령 시기의 아동은 가장 상처받기 싫고 감수성이 예민한 매우 연약한 시기이기에 더욱 그럴 가능성이 높다. 간접 체벌도 직접 처벌보다 덜 고통스럽다고 볼 수도 없다. 즉 벌은 기본적으로 분노와 공격성, 손상된 관계, 자존감의 손상, 두려움, 비판적 사고의 결여, 내적 통제의 결여, 기만과 미움 등의 감정을 유발한다. 벌을 받은 학생들은 고통, 분노, 적대감 같은 감정을 경험하고, 교사와 협동하고 싶은 의욕을 감소시키고, 벌을 회피하기 위하여 거짓말을 하거나 속이는 행동을 보일 가능성이 커지며, 학생들로 하여금 힘을 가진 자가 최고라는 잘못된 개념을 갖도록 할 가능성이 있다. 또한 경미한 간접 체벌도 언제든지 직접 체벌로 발전할 수 있는 가능성이 있다. 그러기에 질식시키고 억압하는 '부정적인 훈육 negative discipline' 방식의 벌보다는 해방시키고 충족시키는 '긍정적인 훈육

나 그가 하고자 하는 것을 못하게 하는 것처럼 불쾌한 것이 선택되도록 해야 한다. 그리고 벌은 학생의 미래 행동을 변화시키기 위한 의도여야 한다는 것이다. 벌은 훈계를 가르치기 위해 누군가에게 고통을 주는 것이다.

positive discipline'이 효과적이라는 연구 결과가 많이 나오고 있다. 교정 훈련의 수단으로서 소극적 훈육은 학생을 복종하고 길들여진 몸, 즉 '양순한 몸'으로 만드는 방법이다(Ball, 2007: 60-61, 178-180). 학생의 몸을 끊임없이 감시하고 이를 통해 학생을 평가·판단하는 방식이다. 반면 긍정적인 훈육은 학생들을 자신들의 행동에 책임감을 갖게 하며, 자신과 타인들을 존중하게 하고, 학교규칙과 이에 따른 결과를 설정하는 데 참여할 책임을 갖게 한다. 그러기에 아동의 신체에 대한 고결함과 존엄성에 대한 대우를 매우 소중하게 여겨야 한다. 그런 대우를 받고 자란 아동은 자기 존중감도 강하고 사회성도 좋다.

학교 폭력을 정의하는 것이 쉽지 않다. 학교 폭력은 학교와 폭력의 합성어로 '학교'와 '폭력'을 어떻게 정의하느냐에 따라 정의는 달라질 수밖에 없다. 먼저 '학교'를 어떻게 볼 것인가에 대해 생각해보자. '학교'를 단지 공간 개념으로 보아 학교 안에서 일어나는 폭력만을 학교 폭력으로 볼 것인지, 아니면 학교를 오가기 위해 다니는 도중에 일어나는 폭력까지 학교 폭력으로 볼 것인지 하는 문제가 생긴다. '학교'를 단지 공간 개념으로 보아 그 공간 안에서 발생한 폭력만을 문제 삼는다면, 교사의 눈을 피해 등하교길 등 학교 주변에서 은밀하게 일어나는 폭력은 제외될 수밖에 없다.

또 '공간으로서의 학교'라는 측면에서뿐만 아니라 그 안에서 생활하고 있는 '구성원'의 측면에서도 학교 폭력의 개념 정의는 달라질 수 있다. 학교의 구성원에는 크게 학생과 교사, 학부모가 있다. 그리고 이들 사이에서는 학생과 학생 사이의 폭력, 교사가 학생에게 가하는 체벌, 학생이 교사에게 가하는 폭력, 교사와 학부모 사이의 폭력이 일어날 수 있다. 그렇다면 이 모두를 학교 폭력으로 보아야 하는가? 이에 대한 대답은 간단한 문제가 아니다. 학생과 학생 사이의 폭력이 학교 폭력이라고 하는 데에는 이견이 없을 것이다. 그러나 학생이 교사를 폭행하는 일도 심심찮게 일어나는 게 현실이다. 또 교사의 학생지도나 수업방식 등에 불만을 품고 학부모가 학교로 찾아가 교사를 폭행하는 일도 있다. 이를 경우 교사에 대한 학생과 학부모의 폭력을 학교 폭력이라고 볼 수 있는가?

학교 폭력의 선구적인 연구자인 노르웨이의 올베우스는 학교 폭력을 '볼링bullying'이라고 표현하였다. '볼링'은 우리말로 번역하면 '괴롭힘'으로 세 가지 특징을 보인다.[70] 그것은 '공격적 행동' 또는 '의도적인 피해를 주는 행동', '반복적이고 지속적인 행동', '힘의 불균형'이다(이상희, 2009: 390 재인용). 결국 한두 번에 그치지 않고 반복적이고 지속적으로 다른 사람에게 피해를 주는 공격적이고 의도적인 행동을 강조한다. 또 힘이 불균형한 사람 사이에 일어나는 것이 학교 폭력임을 강조한다. 이것은 피해 학생은 폭력 가해 학생(또는 집단)에 대해 자신을 방어하기가 어렵고 도저히 맥을 못 춘다는 것을 의미한다. '마음에 들지 않아서' 또는 '그냥 싫어서'와 같은 이유로 비록 눈에 보이는 외상은 없더라도 힘의 비대칭적인 관계 속에서 의도적이고 지속적으로 따돌리는 것과 같은 행위는 폭력이라는 것이 명백해진다.

다시 정리하면 '의도성', '반복성', '힘의 불균형'은 어떤 상황을 학교 폭력으로 볼 것인지 아닌지를 판단하는 중요한 준거가 된다. 학급의 급우를 놀리는 행위가 그저 한두 번의 장난에 지나지 않는 것인지, 아니면 학교 폭력에 해당되는지 민감하게 들여다볼 필요가 있다. 이런 민감성을 가지지 않으면 '호미로 막을 것을 가래로도 못 막는' 상황으로까지 치달을 수도 있다. 또 교사가 폭력을 판단하는 올바른 기준을 가지고 있어야만 현장에서 아이들에게 폭력과 비폭력의 구분을 명확하게 가르쳐줄 수 있다.

결국 학교 폭력이란 "학교와 학교 주변에서 학생과 학생 사이에서 힘이

---

70 '괴롭힘'이라고 표현한 학교 폭력 속에 물리적 폭력, 욕설, 인상 쓰기와 거친 몸짓, 소문 퍼트리기나 집단에서 따돌리기가 모두 포함될 수 있다.

불균형한 상태로 의도적이고 반복적으로 일어나는 공격적 행위"라고 정의할 수 있다(김준호, 2006: 30-36; 이상희, 2009: 392). 학교 폭력이란 '자기보다 약한 위치에 있는 상대에게 불특정 다수의 학생이 남이 보이지 않는 곳에서 신체적·심리적인 폭력을 반복하여 행하거나 심각한 공격을 가하는 문제 행동'이라고 할 수 있다(권이종, 1997: 83). 학교 폭력은 어떤 학생이 한 학생 또는 여러 다른 학생의 부정적 행위에 반복적으로 그리고 지속적으로 노출되어 폭행을 당하거나 희생자가 될 가능성이 있을 때 나타난다(Olweus, 1996: 16).

학교 폭력은 겉으로 분명히 드러나기까지 몇 가지 요인들이 복합적으로 얽혀 있다. 흔히 갑갑한 마음, 견잡을 수 없는 분위기, 수동적인 태도 등의 상황이 뒤섞인 가운데 나타날 수 있다. 이런 경우에 폭력은 평범한 학생들의 단조로운 일상생활의 일들 속에서 서서히 진행되다가 이상야릇한 사건이 터질 때 비로소 동요가 생긴다. 그것은 위협, 조롱, 때림, 발로 참, 들볶음, 꼬집음, 따돌림 등의 물리적 또는 비물리적 행위 등을 폭력적 모습을 보인다. 특히 집단이 한 개인에게 언어적·심리적·물리적 폭력을 가하고, 피해 학생은 두려움, 수치감, 모욕감, 소외감 등의 심한 정서적·심리적 스트레스를 받는다면 그 스트레스의 정도와 본인의 기질에 따라 분노, 공격성, 우울증, 대인공포증, 학교기피증, 가출, 그리고 심지어 자살을 기도하는 극단적인 선택으로 도피처를 찾게 된다. 학교 폭력은 꼭 비행에 속하는 행위에만 제한되지 않는다. 심한 경우에는 '규범의 탈'을 쓰고 행사되는 폭력들도 있고, 교육적 선의를 가지고 학생들에게 체벌을 가하는 일상적으로 행해지는 '관행적 폭력'도 있다. 학교에서 확연히 드러나는 '노골적 폭력', 눈에 띄지 않게 자행되는 은밀한 형태의 '은폐된 폭력', 피해 본 것을 다시 상대에게 되돌리는 '보복적 폭력', 피해를 보지 않기 위해 사전에 방어할 목적으로 행사되는 '예방적 폭력' 등 여러 가지 형태로 나타난다.

학교에서 학생들의 폭력이 일어나는 주요한 원인을 세 가지로 나누어 생각할 수 있다(Defrance, 전주화 역, 2000: 96-98).

첫째, 대규모의 학교와 과밀 학급 속에서 폭력이 발생할 소지가 크다. 대규모의 학교와 다인수 과밀 학습은 학생들 한 사람 한 사람이 익명으로 행동하기가 쉽고, 교사와 학생들이 친숙한 관계를 갖기가 매우 어려운 반면, 소규모의 학교와 학급은 전교생이 서로 잘 알고 있는 터라 감시를 피할 수 있는 장소가 적고, 학생들을 확인하기가 훨씬 용이하기에 폭력이 크게 발생할 가능성이 적다. 인간관계의 밀도가 적어지는 데서 폭력이 발생할 소지가 큰 것이다.

둘째, 학교교육의 실패가 폭력을 발생시킬 소지가 크다. 학교교육의 질이 낮을수록 폭력 행위들이 증가한다. 학교교육의 낮은 성취도와 실패, 즉 부적절한 지식교육과 훈육 및 처벌 속에서 갑갑한 마음, 무기력이 교차할 경우 반항을 일으키고, 폭력이 나타날 가능성이 높아진다는 것이다. 공부에 대한 지나친 강압과 압력은 학생들이 스트레스를 받도록 하고 좌절에 빠지게 하여 폭력을 유발할 수도 있다.

셋째, 주위 환경의 열악성이 폭력을 발생할 소지가 크다. 공부할 분위기가 되어 있지 않은 교육환경, 교사의 잘못된 교칙의 적용이나 교장의 원칙이 없는 비교육적 학교 운영 방식이 폭력을 더욱 불러올 수 있다. 학교 내의 조직과 운영방식, 교사와 교사 간의 관계, 교사와 학생간의 관계가 악화될 때 폭력을 유발할 수 있다. 학교는 학생들의 기본권을 박탈하면서까지 통제자의 역할을 수행하는 권한을 교사에게 주며, 그 통제와 경쟁을 통해 학생들의 관계를 파괴하며 계층과 작업과정에서 탈락하여 배제된 학생들에게는 폭력의 문화를 쉽게 이끌리게 한다. 학교 폭력, 더 넓게는 청소년폭력의 가장 중요한 근원은 다름 아닌 학교이다. 학교의 폭력화를 근본적으로 만들어내는 구조는 억압적 사회가 특정한 학교 형태를 강제하고 있기 때문이다.

이렇게 중첩된 폭력화의 양상은 오랜 세월에 걸쳐 축적된 내면화된 구조적 폭력으로서 개인 간 또는 개인의 내재적 갈등 수준(가정과 학교 유대 약화, 학업 실패, 소외, 좌절) ⇄ 사회체제 및 구조적 갈등 요인(폭력 문화, 유해 환경, 폭력 불감증의 사회적 풍토, 적자생존, 입시 위주의 교육, 징벌 위주의 처벌 및 도태 체제, 복지 서비스 체제의 부재) ⇄ 가정 폭력(잘못된 양육 태도, 과잉보호, 부모에 의한 자녀 학대) 및 학교 폭력의 사회화 ⇄ 인성 및 행위 양식으로서의 폭력의 내면화(잘못된 삶의 방식, 미숙한 상황 판단력, 개인의 성격적 성향, 주변의 친구관계) ⇄ 폭력을 정당화하는 하위 문화의 규범 ⇄ 비행적 생활 양식(비행 친구에 대한 노골적 노출 및 비행 가담) ⇄ 사회의 폭력정도 등이 상호 얽히고설키면서 '폭력의 학습', 곧 '폭력의 사회화'를 통해 학교 폭력이 일상화된다(김은경, 1997; 김미현, 2007).

학교 내부의 복합적 요인이 학교 폭력을 유발할 뿐 아니라, 학교 바깥에서 발생하는 외부 요인이 덧붙여지고, 여기에 개인의 인성 등이 엎친 데 덮친 격으로 쌓이면 결손과 불만이 증폭되거나 자극이 되어 다른 사람에게 피해를 입히거나 이익을 챙기기 위해 순간적으로 공격적인 폭력적 행동을 하게 될 가능성이 커진다. 이런 학교 안팎에서 벌어지는 청소년들의 폭력 요인은 충동과 본능에 의한 우발적 요인에 의한 폭력, 공포와 불안 또한 실망의 표출에서 보이는 폭력, 이러한 공포나 협박을 통제하여 이로부터 벗어나려는 시도함으로써 사태 이전으로 돌아가 심리적 보충과 평정을 유지하려는 회귀적 폭력, 배워서 일어나는 모방적 폭력, 사회환경적 폭력 등 여러 가지 요인에 의해 발생한다. 학교 폭력은 인과 연쇄망을 이루며 다양한 형태를 보인다. 그것을 다음과 같이 도표화할 수 있을 것이다.

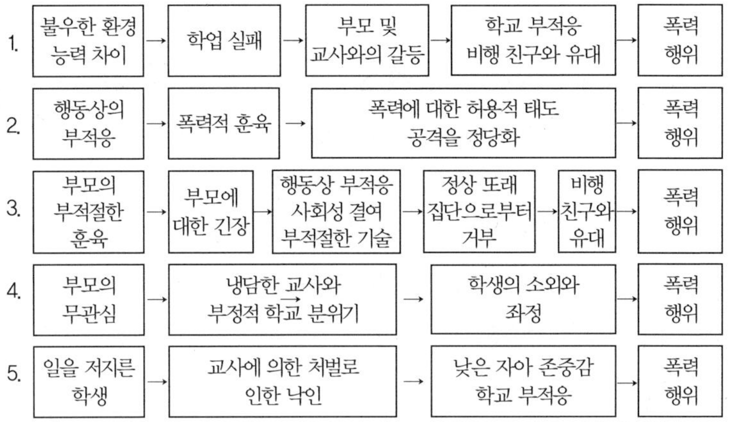

〈학교 폭력 행동을 야기하는 인과 연쇄망〉(백승한, 1999)

(2) 학교 폭력의 해소를 위한 평화적 학급 만들기

학교 폭력을 극복하는 대안적 개념인 평화는 긴장, 위협, 갈등 상황 속에서 절실히 요구되고 있다. 평화 교육자들은 직접적 폭력과 구조적 폭력이 초래하는 문제를 다루기 위해 평화적 공동체를 만들려고 노력한다. 평화 교육자들은 더불어 살아가기 위해 상호 존중과 공유에 기초한 평화적 공동체를 만들려고 애쓴다. 교사와 학생은 평화적 공동체를 건설하기 위해 민주적 의사결정 기술을 학습해야 한다. 민주적 행위를 배우는 모델 실험실로서 평화적 교실공동체를 만들고자 한다.

① 평화문화의 조성

평화교육은 공동체 지향적이고, 분리된 교과가 아니라 교육적 지향이고, 어린 시기에 실시되어야 하고, 열린 마음을 가져야 하고, 사회적 맥락에 부합되는 적절성을 가져야 하고, 체험학습을 필요로 한다. 평화 교육자들은 학생들로 하여금 자신들이 당한 폭력 경험을 나누도록 격려해야 하며 그렇게 함으로써 교실 구성원들은 감정이입을 훈련할 수 있고 자신들의 무서운 경험이 유독 하게 특출한 것이 아니라는 사실을 자각해야 한다. 또한 학생들은 서로로부터 폭력적 세계로부터 두려움과 공포를 이겨낼 방법을 배워야 한다. 서로 의견이 맞지 않는 상이한 관점을 가진 학생들은 갈등과 폭력에 대한 방안에 대해 각자의 의견을 나누며 다른 사람의 견해를 경청함으로써 평화적 학습 환경을 조성할 수 있다.

폭력 문화를 넘어선 '평화문화culture of peace'의 조성은 폭력과 갈등을 예방하기 위한 통합적 접근이고, 지속 가능한 경제와 사회적 발전을 촉진하고, 남성과 여성의 평등 등 인권 그리고 민주적 참여와 관용·협동·연대를 존중하고, 정보의 자유로운 흐름과 군비를 축소하는 등 폭력과 전쟁 문화에 대한 대안적 접근으로서 평화를 '위한' 교육을 하려는 것이다(Salomon & Carins, 2010: 2).[71] 평화는 외부 개입에 의한 수동적 과정이 아닌 주체들의 능동적(자발적, 참여적, 협동적) 과정이다. 평화는 개인적 차원과 집단적 차원을 동시적으로 구현해야 한다. 폭력(경쟁, 군사) 문화를 평화(행복, 배움, 돌봄, 협동, 공동체) 문화로 대체해야 한다.[72] 평화는 타고난 자질이 아닌 관계 능력의 변인에 의

71 평화문화는 크게 ① 자유의 발달(언론의 자유, 국내 총생산, 평균수명, 문해, 민주주의, 인권, 행정부에서의 여성 비율 등에 의한 척도), ② 평등(경제적 불평등 계수, 낮은 자살률, 어느 정도의 인권), ③ 비폭력적 수단(감옥에 갇힌 비율과 상관이 있는 군사적 지출, 군사적 위협의 반비례), ④ 양육(교육비 지출, 피난자를 위한 관용, 행정부에서의 어느 정도의 여성 비율) 등으로 구성된다(Rivera, 2010: 188-193).

72 갈퉁은 일반적이고 경쟁적인 학교교육 체계에서의 평화교육을 믿지 않는 교사들의 생각이 학생들에게 전달된다고 보았다(Galtung, 1983). 아이들이 서로 경쟁하도록 교육받는 구조에서 평화를 가르치는 것은 매우 어려운 것이 현실이다. 많은 나라에서 아이들은 상대적인 비교에 따른 성적을 받는다. 이것은 특정한 비율의 아이들은 늘 나쁜 성적을 받아야 한다는 것을 의미한다. 의도된 것은 아니더라도 상대비교 평가제도는 실질적으로는 학급의 수준을 낮추는 데에 기여하였다. 학교에서 가장 낮은 성적을 받은 학생과 학교

해 좌우된다. 평화는 정적인 과정이 아닌 역동적(상호작용, 상호 의존) 과정이라고 할 수 있다. 평화의 문화는 비폭력, 대화와 타협, 화해를 통해 갈등을 해결하는 규범을 가진 평화로운 사람이 되도록 교육하는 것이다. 평화를 위한 교육이 민주사회 건설에 기여하자면 위계적 절차를 버려야 하고 평등, 참여, 상호 존중, 협력을 증진시키는 민주적 학교와 학급을 만들어야 한다. 평화적 교실은 각 학생이 평등한 기회를 가지며 각 학생의 복지가 극대화되는 개방된 환경이다. 교사와 학생은 건설적 방식으로 상호작용하는 법을 배우도록 한다.

수단	목적	
	전쟁	평화
정치와 권력	직접적 폭력 물리적 힘 가부장주의 전쟁 경쟁 억압 승리/패배	안전 정신적 힘 참여 협상 협력 정의 윈/윈
교육	이기적 행위 권위주의적 방법 전통적 가르침 행동에 대한 도덕주의적 설명 강압 구조적 폭력	책임 열린 교실 혁신적 가르침 행동에 대한 사회과학적 설명 자발적 동기 이익을 추구할 자유

〈전쟁과 평화의 유형학〉(Harris & Morrison, 2011: 308)

를 싫어하고 그만두고 싶어 하는 학생들의 비율이 같다는 것이 놀랄 일은 아닐 것이다. 학교에서 가장 낮은 점수를 받은 학생은 종종 정신적인 상처를 입게 되며 자신감을 잃게 된다. 또, 친구들과 선생님 그리고 부모님의 기대나 인정을 잃게 된다. 그들의 몇몇은 일탈 행동 등을 통해 학교와 맞서 싸우려고 노력하지만 나머지 아이들은 단지 그러한 상황으로부터 한걸음 물러나거나 다양한 종류의 정신적인 병을 얻게 된다.

② 협동을 가르치기

학급 운영 목표 설정에 평화, 즉 더불어 살아가는 공생관계의 개념을 도입하여야 한다. 사회는 인간을 다른 인간과 접촉하도록 하는 곳으로서 근본적으로 그리고 본질적으로 협동이 필수적인 곳이라는 사실을 잊어서는 안 된다. 구성원들의 협력 없이는 사회는 생존할 수 없으며, 사회가 생존해 온 것은 구성원들의 협력이 발휘되었기 때문이다. 생존을 가능케 한 것은 여기저기 흩어진 개인들이 아니라, 협력의 집단이다. 학생들이 민주적 학습공동체에서 존재한다는 것은 타인과 어떻게 협동할 것인가를 배우는 과정이다. 협동적 학습 상황에서 교사는 프로젝트를 수행할 소모임을 조직한다. 평화교육 교사들은 학생들이 집단 활동에 익숙해지도록 적절한 기술을 가르칠 수 있다.[73] 그들은 학생들이 어떤 기술을 필요로 하는지 결정하고, 학생들이 특정 그룹 기슬을 이해하도록 도우며, 연습 상황을 만들어주고, 피드백과 지원을 제공한다. 교사들은 이 기술 분류를 학생들의 나이에 따라 교실 학습에 도움이 되는 방식으로 사용할 수 있다.

협동의 기술을 배우는 것은 일생에 걸친 과제이다. 이 가운데 한두 가지 기술에 익숙할 수는 있겠지만, 모든 기술을 갖는 것은 일생에 걸쳐 배워야 한다. 다른 사람들과 협동하며 일할 수 있는 핵심 요소는 갈등을 어떻게 관리할 수 있느냐 하는 것이다. 보다 창조적으로 갈등을 해결하기 위해서 사람들은 집단 내에서 의사소통 기술을 개선하는 것이 필요하다. 교실은 갈등해결과 관련된 기술을 테스트하는 이상적 환경을 제공한다. 학생들은 협동적 교실을 통해 중요한 감정적 이익을 얻을 수 있다. 그들은 또래끼리 더 잘 알 수 있게 되고, 함께 활동함으로써 얻게 되는 각자에 대한 애착은 배우고자 하는 동기를 증대시킨다. 집단 구성원들 간 상호 의존에 기초한 협동적

73 협동 학습 기술에는 구성 기술, 기능 기술, 심화 기술, 확장 기술 등이 있다.

학습 상황은 학생들로 하여금 다른 구성원을 배려하도록 가르치고, 일생을 통해 유지할 수 있는 인간관계를 형성할 생존 기술을 준비한다.

③ 갈등 해결의 기술

갈등 해결 기술은 갈등 상황의 맥락에서 문제를 타협, 중재, 협력을 통해 해결하는 능력을 말한다.[74] 이 능력은 본질적으로 복잡하게 얽혀 있는 갈등을 평화적으로 해결하는 능력을 제시한다. 갈등 해결 기술은 평화교육의 가장 중심적인 요소로 볼 수 있다. 갈등 해결 교육conflict resolution education의 주요한 개념은 갈등을 이해하는 것을 촉진하고, 갈등을 비폭력적 구성적 방식으로 해결하도록 개인을 지원하는 것이다. 갈등 해결 교육의 핵심적 개념은 협력적 해결을 효과적으로 하는 데 기여하는 태도, 지식, 기술을 가르치는 것이고, 이기고 지는 싸움을 일으키는 태도와 습관적 반응을 단념시키는 것이다. 이기고 지는 싸움을 하는 서로 다른 갈등을 가진 당사자 입장에서 서로의 문제를 협력적으로 해결하는 '관점의 변화'는 평화교육의 중요한 요소이다(Harris, 2010: 31). 그것은 타협을 통해 갈등을 평화적으로 해결하고, 갈등의 평화적 해결을 위한 성찰적 비판적 사고, 반대자를 보는 새로운 방식을 열고, 사회를 보는 새로운 관점을 개방적으로 표현하도록 고무하는 지식과 기술 그리고 태도(신념, 성향 등)를 개발한다.

갈등 해결 교육의 초점은 분쟁 당사자가 의사소통 기술을 가지고 차이를 해결하는 데 도움을 주는 인간 상호 간의 관계와 체제이다. 학생들로 하여금 갈등의 역동성에 대해 이해하도록 하고, 의사소통 능력을 발휘하여 평화적 관계를 만들고 관리할 수 있도록 해야 한다. 갈등을 해결하는 방법의

74 갈등 해결 교육은 21세기를 맞이하여 학교교육의 혁신을 위해 가장 빠르게 확산되고 있다. 갈등 해결 교육자들은 탈근대 세계에 생존하기 위한 필요한 기본적인 의사소통 기술을 제공한다.

중심은 평화를 만들어갈 능력과 과정에 두어진다. 또한 갈등 당사자들이 자신들의 불일치를 해결하는 데 도움이 되는 과정이 강조된다. '또래 중재 과정'[75]을 통해 분노 관리, 충동 통제, 감정 자각, 감정이입 개발, 자기주장 제대로 하기, 문제 해결 능력과 같은 기본적 능력을 아이들에게 가르치는 것이다(Harris, 2010: 16). 갈등 해결 기법을 통해 학생들 사이에 공격성, 폭력, 낙제, 정학, 왕따 등의 비율은 크게 줄어들 것이다. 이를 통해 학업 성적이 향상되고, 학생들 사이에 협력 분위기가 조성되며, 학교에 대한 긍정적 태도가 형성될 것이다. 갈등 해결 교육의 주요 목표는 폭력과 중도 탈락자를 감소시키는 등 안전한 학습 환경을 만들고, 적극적 학습 환경과 서로 존중하며 돌봄의 분위기를 만드는 등 구성적 학습 환경을 만들고, 공격적이고 적대적인 태도를 줄이는 관점을 채택하고, 문제의 해결 능력 등 학생의 사회적·정서적 발달[76]을 향상시키고, 사회악을 척결하고 사회 정의의 감각을 갖게 하는 등 정의로운 공동체를 만들고자 하는 것이다(Jones, 2006). 갈등 해결 교육은 전쟁의 중지와 같은 평화의 소극적 개념보다는 평화 문화의 건설과 같은 평화의 적극적 개념을 갖는 사회 정의에 관심을 갖는다.

갈등 해결 교육자들은 학생들로 하여금 자신들 사이의 갈등을 비폭

---

75 갈등 해결 방식의 하나로 '또래 중재peer mediation'는 분쟁 당사자로부터 중재 규칙에 대한 동의를 받음(문제 상황·사실을 규명하고자 노력함, 상대방을 무시하지 않음, 상대방이 자신의 생각을 끝까지 말하도록 함, 진상을 밝힐 것, 비밀을 지킬 것 등)→청취(어떤 일이 일어났는지 사실을 확인하고, 그 일에 대해서 어떻게 느꼈는지 등)→문제 해결 방안/대안 모색(문제의 본질이 무엇이라고 생각하는가?, 어떻게 문제를 풀 수 있겠는가?, 다양한 대안들에 대한 브레인스토밍)→대안 선택(합의서 작성과 실행의 확인)의 과정을 거친다.

76 사회적·정서적 능력은 비폭력, 공감, 공정, 정의, 진리, 관용, 자기 존중, 타인 존중, 쟁점 중심 등 가치· 신념· 태도를 개발하는 능력, 자신과 타인이 다르다는 것을 이해하는 파지 능력, 분노· 공포· 좌절 등을 포함한 정서 등을 효과적으로 관리하고 소통하는 정서적 능력, 이해하고 잘 듣는 적극적으로 경청하는 소통 능력, 인지적 모델을 구성하고 새로운 방식으로 문제를 파지하고 해결하는 창조적 사고 능력, 자료를 대조하고 비교하며 상황을 분석하고 예견하며 가정을 구성하고 검토하는 비판적 사고 능력 등이다.

력적으로 해결하는 데 도움을 줄 능력을 개발하기 위해 대안적 분쟁 해결 기술을 가르친다. 평화교육에 대한 최근 추세는 '폭력 예방 교육violence prevention education'이다(Harris & Morrison, 2011: 114-116). 폭력 예방에 관심을 가진 평화 교육자들은 학생들이 분노가 긍정적으로 다루어질 수 있는 정상적 감정임을 이해하도록 하는 것을 목표로 한다. 평화 교육자들은 보다 넓은 문화에서 배운 적대적 행위를 진정시키기 위해 분노 관리 기법을 가르치며, 이를 통해 학생들이 학교에서 싸움을 피하고 일상생활에서 분쟁을 회피하도록 도움을 준다. 폭력 예방 교육은 학생들에게 평화 건설 능력을 제공함으로써 학생들이 자기들 사이의 갈등을 관리할 수 있도록 하며, 특히 학생들의 폭력적 행위에 초점을 둔다.

폭력 예방 교육은 갈등을 인간의 상호작용에서 비정상적인 것으로 간주하지 않는다. 오히려 평화 교육자들은 학생들에게 가해자와 피해자가 되지 않으면서도 자신의 주장을 적극적으로 표현하는 방법에 대해 가르치는 것이다. 학생들은 먼저 갈등에 대해 비폭력적으로 반응하는 법을 배운다. 학생들을 평화 교육자가 되도록 가르치는 것은 갈등 상황에 처한 당사자들로 하여금 상호 수락이 가능한 타협에 이르고 서로를 지배하지 않도록 장려하는 협력적 분위기를 조성하는 것을 포함한다. 아동은 분노 관리, 의사결정, 사회문제 해결, 또래 간 협상, 갈등 관리, 다양성 인정, 타인의 말 들어주기, 효과적인 의사소통과 관련하여 공식적인 훈련이 필요하다.

오늘날 갈등 해결 교육은 탈근대 세계에서 생존에 필요한 기본적 의사소통 능력을 제공한다. 갈등 해결 교육은 편견인식과 다문화교육의 요소를 포함한다. 교육자들은 또한 학생들이 보다 협력적인 태도를 취하도록 호의적 능력을 배양하는 데 주의를 기울인다. 최근 갈등 해결 교육은 갈등을 제거하는 것이 아니라 그것이 개인뿐 아니라 공동체를 위해서도 성장과 전환을 위한 잠재력을 지닌다는 점을 강조한다. 즉, 갈등 상황에 처한 당사자들이 피상적인 분노의 표출을 넘어 치유와 화해의 단계까지 나가도록 하는 '회복적 정의restorative justice'를 추구하려고 한다.[77]

구체적으로 갈등을 해결하는 평화의 길은 평화 유지하기, 평화 만들기, 평화 건설하기의 세 가지 방안이 가능하다.

첫째, '평화 유지peace-keeping'를 위한 길은 갈등이 단계적으로 확대되는 것을 막는 데 있다. 갈등이 미시적 차원에서는 학교가 학생들의 싸움을 막기 위해 안전요원을 고용하는 것을 의미한다. 거시적 차원에서는 전 세계적인 폭력을 막기 위해 군사력을 사용하는 것을 의미한다. 전쟁이 진행되는 동안은 평화 전략이 군사주의적일 수도 있다. 일종의 응급조치, 불끄기, 소방수 역할을 하는 평화유지는 폭력 중지 선언(겁주기), 징계, 벌, 규칙 적용 등이 이용될 수 있다. 힘을 통한 평화는 인간을 폭력적이라고 보며, 세상은 경쟁적이라고 본다. 힘을 통한 평화는 주로 군비와 무력의 사용을 통한 세력의 균형을 이루며 그리고 억지 전략을 구사한다. 평화 유지의 수준에서는 학교에서의 질서 잡힌 학습 분위기 조성을 위해 학교 폭력 예방 활동을 이용한다. 이런 학교에서의 강경 정책은 '힘을 통한' 평화 정책을 반영하는바, 바로 이 '힘을 통한 평화' 정책이 시민의 안전을 위해 수십억 불을 국방과 감옥 시설에 소비하는 미국에서 널리 받아들여지고 있는 정책이다. 싸우고 있는 당사자를 중지시키기 위해 '힘을 통한 평화'를 추구할 수밖에 없다.

둘째, '평화 만들기peace-making'를 위한 길은 일단 싸움이 중지되면 분쟁 당사자들을 불러 모아 그들 사이의 불일치를 조정하도록 하는 데 있다. 평화 만들기는 폭력의 사용 없이 갈등을 해결할 기술을 가르치는 것이다. 일

77 남아프리카 공화국에서 20여 년의 감옥생활을 한 이후 만델라가 아파르트헤이트(흑인 차별정책) 이후 첫 흑인 대통령으로 선출된 직후 구성된 '진실과 화해 위원회'가 등장하면서 관심을 끌기 시작했다.

종의 리모델링, 수선과 같은 '평화 만들기'는 갈등 당사자 간의 중재나 또래 중재자를 통해 진정시키기가 이용될 수 있다. 평화 만들기 수준에서는 갈등 해결이 학교혁신의 가장 중요한 과제 중 하나가 되고 있다는 사실을 예로 들 수 있다.[78] 학교 관련 인사들은 학생들이 자신들의 갈등을 건설적으로 관리하는 것을 배우도록 갈등 해결 기법을 가르치고 있다. 평화의 전략은 절망적 폭력상황에 대처하며 대안을 모색하는 과정이라고 할 수 있다. 모든 형태의 폭력 거부와 대화와 협상을 통해 폭력적 갈등의 뿌리를 근절하고 예방하는 데 헌신하는 것이다. 이런 평화의 전략은 세계의 문제에 대하여 어떤 정해진 대답을 제시하는 것이 아니라, 확언, 타협, 대화, 경청 등 협동 그리고 이에 연관된 행동을 통해 평화의 만들기를 지향하는 하나의 과정이다. 과정process으로서의 평화의 전략은 사회의 중요한 문제와 경향에 초점을 맞추고, 학교와 대학을 통해 적극적 평화를 향상시키는 장기적이고도 광범위한 기반을 갖춘 프로그램이다.

셋째, '평화 건설하기peace-building'의 길은 갈등을 예방하기 위해서는 폭력을 찬미하지 않고 전쟁의 공포를 회피하기 위한 방법으로 비폭력을 장려하는 평화문화를 창조하는 데 둔다. 재건축과 같은 '평화 건설하기'는 돌봄, 친절, 민주적 해결, 협동, 공동체성 등 분위기와 문화 조성, 사회 정의 구현, 법·제도의 정비가 요구된다. '예방prevention'의 성격을 갖는 평화문화를 건설하고자 한다. 갈등과 폭력이 일어난 후 이를 해결하고 치유하는 것보다 갈등과 폭력을 미리 예방하고 피하는 것을 목적으로 하는 보다 집중적 활

78 우리 생활에서 갈등은 피할 수 없는 삶의 일부이다. 어린이와 청소년들의 학교와 가정생활에서도 마찬가지이다. 문제는 갈등에 어떻게 반응하고 해결하느냐 하는 것이다. 갈등이 발생했을 때 힘과 규율에 의존한 해결 방법은 갈등을 근본적으로 해소하기보다는 오히려 확대 재생산할 뿐이며 갈등으로 생긴 감정의 상처를 치유하기도 어렵다. 이제 갈등 과정에서 생긴 상처도 치유하며 갈등을 근본적으로 해소하고, 더 나아가 우리의 삶과 사회에 평화의 문화를 깃들일 수 있는 새로운 갈등 해결의 문화가 필요하다.

동으로서의 평화교육을 지향한다. 평화교육의 목적은 단지 폭력을 중지시키는 데 있는 것이 아니라, 아이들의 마음에 어떻게 비폭력이 정의롭고 지속가능한 미래를 위한 기초를 제공할 수 있는지 배우고자 하는 욕구를 불러일으키는 데 있다. 이러한 예방으로서 평화교육은 폭력이 발생한 이후에 치료·치유하는 평화교육보다 훨씬 효과적이고 바람직하다고 할 수 있다. 예방으로서의 평화교육의 내용에는 분노감, 좌절, 공격성, 판에 박은 방식 등을 줄이기 훈련이 사용된다. 그런데 학교에서의 폭력 예방과 갈등 해결에 대한 광범위한 관심에도 불구하고, 학교에서의 평화 건설에 대한 논의는 교육저널이나 전문 교육단체의 토론에서 거의 이루어지지 않는 실정이다. 비폭력에 대해 배우는 아이들은 적극적 평화를 증진시킬 수 있는데, 이 과정은 단지 폭력을 중지시키고자 하는 평화 유지나 평화 만들기와는 달리 폭력과 갈등을 예방하고 회피하고자 한다. 이렇게 평화로 가는 길에는 갈등과 폭력을 약화시키고 근절시키는 평화의 목표를 구현하는 방법으로 '힘을 통한' 평화를 넘어서 '과정'으로서의 평화와 '예방'으로서의 평화 방안으로 나아가고 있다.

④ 도덕적 민감성을 발달시키기

도덕의 기초는 타자에 대한 민감성과 배려이다. 민주적 교실은 학생들이 서로를 알게 되고 자신의 임무를 완수하기 위해 서로에게 의존하기 때문에 도덕적 성향을 개발하는 훌륭한 훈련장을 제공한다. 협동적 학습 상황에서는 집단의 과제를 성공적으로 수행하기 위해 각자에게 의존해야 하므로 한 학생이 다른 학생을 무시하기가 어렵다. 동질적이지 않은 집단에 소속될 경우에는 학생들이 다양성을 경험하게 되고, 이는 자신들과 다른 관점을 인정하게 되는 계기가 된다. 이런 분위기에서 인종적·문화적 차이를 인정하게 되는 것이다. 실제 사회생활에서 좋은 시민이 되려면 정책을 수립하고 의사결정을 내리는 데 있어 다른 사람들과 함께해야 한다.

평화교육은 인간의 공동체에서 폭력을 유발하고 영속화시키는 실제 삶의 상황에 직면하여 학생들에게 사회문제와 그것에 수반되는 가치문제에 대해 깊이 있는 연구를 하도록 한다. 평화 교육자들은 전쟁과 평화 문제를 도덕 문제로 제기함으로써 학생들로 하여금 군비경쟁과 같은 정치적 결정에 대해 조사하도록 한다. 이런 문제의 성격은 대단히 복잡하여 쉽고 적절한 해결책을 찾기 어렵기 때문에 학생들이 이러한 딜레마를 조사하는 과정에서 도덕적 능력을 기르게 된다.

⑤ 비판적 사고를 격려하기

평화 교육자들은 학생들에게 공공 문제에서 영향력을 행사하도록 가르칠 수 있는데, 이것은 그들이 유능한 시민이 되어 언어나 글로 효과적으로 의사 표현을 하고, 공적 관심사에 관한 정보를 수집하고 해석하며, 정치적·법적 의사결정 과정을 이해하고, 공공 문제와 행동 전략에 관한 자신의 결정을 정의와 민주주의 원칙에 따라 정당화할 때 가능해진다. 평화교육을 통해 시민들은 현 정책에 대한 정보를 얻게 되고, 시사 문제를 분석할 능력을 기를 수 있으며, 개인의 다양한 관심사(정치, 공적 업무, 사회문화 생활, 노조활동 등)에 대해 더욱 몰두할 수 있게 된다.

평화 교육자들은 교실에서 비판적 사고 능력을 키우는 것을 지지해왔다. 비판적 사고는 다르게는 성찰적 사고, 다양한 사고, 추론과 추리 능력, 분석적 사고 등으로 불리기도 하는데, 평화 교육자들은 이런 사고를 통해 다루어야 할 문제가 학생들에게 주어져야 한다고 강조해왔다. 비판적 사고의 중요한 가정은 한 개인이 언어와 논리 사이의 관계를 이해하지 못하는 한, 그 개인은 아이디어를 분석하고 비판하고 주창할 능력을 발전시킬 수가 없다는 것이다. 수학, 과학, 공학에서 다루는 기술적 문제와 인문·사회적 문제

사이에는 차이가 있다. 실제 현실 생활의 문제는 서로 상반되는 관점, 모순된 추론 과정, 권력 관계의 현실, 가치와 결부된 가정 등으로 인해 합리적 방식으로 잘 해결되지 않는다. 그래서 사회와 문화 세계에 존재하는 애매모호함이 있기 때문에 평화교육 수업에서는 학생들이 다른 사람들의 얘기를 경청하고 상이한 관점들 사이에 존재하는 신념체계를 따져보는 변증접적 사고를 할 필요가 있다.

비판적 능력을 함양하는 교육은 좋은 시민을 만드는 유일한 교육이다. 평화교육 수업 참여자들은 정부의 정책을 평가하고 자신들의 신념체계를 따져 보며 정의와 관련된 자신들의 행동을 평가하도록 격려되어야 한다. 이런 능력의 함양은 ① 난제를 제시하고 명료화하며, ② 그 문제를 탐구할 가설을 제기하고, ③ 가설을 규정하며, ④ 가설의 가정과 함의, 논리적 타당성을 탐색하고, ⑤ 가설을 지지할 사실과 증거를 수집하며, ⑥ 해결책을 제시하는 것 등을 통해 가능할 것이다.

비판적 사고 능력을 배우기 위해 학생들이 이슈에 대한 자신들의 잠정적 입장을 수립하고, 다른 사람들 앞에서 그것을 옹호하는 것이 도움이 될 수 있다. 평화교육 수업을 듣는 학생들은 인간이 직면하는 가장 어려운 문제 가운데 하나인 갈등 해결을 위해 사용하는 문제를 다루게 된다. 교사들은 이 문제가 순전히 인식상의 문제가 아님을 학생들이 이해하도록 해야 한다. 성공적 문제 해결은 느낌, 직관, 육감을 포함한다. 문제 해결자가 되기 위해 학생은 자신의 느낌을 확인하고, 직관을 확인하며, 육감을 따를 필요도 있다. 또한 문제 해결은 혼자만의 고독한 활동이 되어서는 안 된다. 대부분의 효과적인 문제 해결은 집단에 의해 이루어진다. 문제 해결은 본래 개인들이 공공 목표를 달성하기 위해 함께하는 협력적 과정이다. 따라서 민주적 교실을 만들려는 교사의 시도는 효과적인 문제 해결을 위한 기초를 제공할 수 있다.

⑥ 자기 존중감을 제고하기

사람들은 일상생활에서 무력감을 느끼도록 하는 공포감을 경험한다. 각 개인은 가족과 환경 내에서 자신의 자아 개념, 정신건강, 리더십, 인간관계 유지 기술을 결정하게 되는 일련의 사건을 경험하게 된다. 평화교육 수업에서 공포감의 경험을 공유하면 이 문제에 대한 인식에 도움이 되고, 이런 문제가 자신들에게만 국한된 것이 아니라는 사실로부터 힘을 얻게 된다. 다른 사람들도 비슷하게 느끼는 것이다. 이로부터 개인의 행동과 집단의 행동이 필요하다는 인식을 하게 된다. 평화교육은 학생들로 하여금 갈등이 초래하는 문제를 성공적으로 다루도록 하기 위하여 무력감을 극복하는 것을 목표로 한다. 민주적 교실에서는 모두의 의견이 존중된다. 학생의 평화 경험을 중심으로 수업을 운영하면 학생의 참여를 높일 수 있고, 자신의 경험에 의미를 부여하도록 만들 수 있다. 사람들이 살아가는 사회 현실을 고찰함으로써 학생들은 평화 메시지를 절대적으로 필요로 하는 세계를 이해할 수 있다.

이렇게 일상의 경험을 다루는 것은 학생들로 하여금 윤리적 자세를 견지하는 것을 도울 수 있다. 인간은 작업하고자 하는 근본적 욕구를 가지고 있으며, 따라서 인간이 사물, 아이디어, 지식을 생산하고 생산적 활동으로부터 만족감을 느끼는 것은 본능적인 것이다. 학생들도 마찬가지로 성과를 올리면 자존감이 증대된다. 자존감은 중요한 타자(주로 부모, 교사 등)로부터, 그리고 어떤 종류의 성과로부터 도출된다. 긍정적 자존감은 행동으로부터 나온다. 봉사 프로그램에 종사해온 학생들은 자신들의 봉사 경험이 자존감을 키우는 데 큰 도움이 될 것이다. 궁극적으로 건강한 자존감은 자기를 둘러싼 세계에 대한 봉사에 기초한 자기 자신의 성취감에서 우러나온다. 그러기에 교사들은 학생들로 하여금 자신이 사랑받고 있고 존중받고 있다는 느낌을 받도록 긍정적 평가를 자주 활용해야 한다. 교실에서 자존감을 증대시키도록 교사가 할 수 있는 다른 일로는 동료 지도, 동료 충고, 동료 조언을

들 수 있다. 자존감을 존중하는 기술로는 자기 자신과 타인에 대한 존중, 다름의 인정과 다양성 존중, 다른 사람의 말 잘 들어주기와 나의 말 잘 전달하기, 분노(화)의 관리와 감정의 평화적 표현, 모든 생명과 자연의 존중, 평화의 문화 익히기와 평화의 심성 키우기 등이 있다. 다른 환경과 조건의 차이를 차별의 근거로 삼는 것이 아니라 다름 그 자체를 있는 그대로 인정할 줄 아는 청소년이 되기를 바란다. 남성과 여성의 역할을 구분하지는 않는지, 장애 여부에 따라, 돈이 많고 적음에 따라, 외모에 따라, 살고 있는 지역에 따라 친구들을 다른 눈으로 바라보고 있지는 않는지 함께 돌아보게 한다. 한 사람 한 사람 모두는 존재 그 자체로 다른 사람들과 동등한 인간이며 소중하다는 것을 발견하고 찾아간다.

민주적 환경 속에 있는 학생들은 다른 경우보다 더 큰 위험을 감수하는데, 이것이 학생들을 평화 건설자로 준비시키는 데 있어서 도움이 될 수 있다. 학생들이 세계를 보다 평화적인 것으로 만들기 위해 일하는 경험을 쌓게 되는 봉사 학습의 기회, 현장 실습, 그리고 인턴십이 필요하다. 평화에 대한 자신의 생각을 행동으로 옮기면서 학생들은 갈등의 성격에 대해 그리고 그것에 관해 무엇을 할 수 있는지에 대해 보다 현실적 이해를 하게 된다.

⑦ 평화의 심성을 함양하기

비합리적인 의사소통으로 인해 감정적인 대립이 커지고 갈등의 본래 문제가 가려지거나 다른 사안으로 갈등이 비화되기도 한다. 갈등을 예방하고 평화적으로 해결하기 위해 무엇보다 자기와 상대방이 원하는 것이 무엇인지 서로 정확히 이해하는 것이 필요하다. 평화적 교실은 수업에 임하는 모든 구성원들의 대화를 요구한다. 친평화적 교사는 문제를 제기하고 갈등과 평화 추구에 대한 자신의 경험을 학생들과 공유한다. 평화적 공동체를 만들기 위해 평화 교육자는 참여자들에게 따뜻한 관심을 보여주고 그들의 기회를 인정해주어야 한다.

평화의 심성을 함양하기 위해서는 분노(화)를 다스릴 수 있어야 하며, 감정을 평화적으로 표현할 수 있어야 한다. 우리는 하루에도 수없이 화나는 일을 경험한다. 그런데 우리는 화를 어떻게 표출할까? 어떻게 행동하고 어떤 말을 할까? 화가 날 때 우리의 감정과 기분은 어떨까? 그리고 그것이 우리 생활에 어떠한 영향을 미칠까? 너무나 일상적으로 생겨나는 화이기에 이렇게 하나하나 물어보지 않고 그냥 지나가기가 일쑤이다. 그렇지만 그것이 우리의 생활, 행동과 정신, 주변 사람들과의 관계에 미치는 영향은 결코 작다고 할 수 없다. 우리는 청소년들이 화를 잘 관리하고 표출할 수 있도록 도움을 주고자 한다. 화가 나는 것을 막을 수는 없다. 그것은 자연스런 우리의 감정이기 때문이다. 하지만 화를 잘 관리하여 그것이 폭력적으로 표출되는 것을 예방할 수는 있다. 그렇게 하기 위해서는 화를 관리하는 방법을 습득해야 하고 훈련이 필요하다.

평화의 토양을 마련하려면 대화와 협력에 의한 갈등 해결의 방법을 익혀야 한다. 그것은 단순히 하나의 대화 기술을 습득하는 차원에 머물지 않도록 하기 위해 그 과정에 평화의 가치와 문화가 함께 있어야 한다. 다름을 이유로 차별하지 않으며 그것을 있는 그대로 용인할 수 있는 문화, 편견과 고정관념에서 벗어나 다양성을 인정할 수 있는 문화, 바로 이러한 평화의 문화를 가슴으로 받아들일 수 있는 시간을 함께 가져야 한다.

⑧ 권한을 나누어 갖기

학급의 일 결정에 있어 담임교사나 일부 학생들에게 권력이 지나치게 집중되면 다수의 학생들은 소외되기 마련이다. 소수에게 권력이 집중되는 체제는 그것이 아무리 효율적이라고 하더라도 언제든지 그 권력은 남용되어 평화가 유지되기 어렵다. 그러기에 권력이 집중된 교사의 학급의 지도성을 학생들에게 분산시키는 권한(영향력)을 나누어 가져야 한다. 학급의 수평적인 문화 속에서 학급의 평화가 싹틀 것이다. 평화로운 학급을 건설하기 위해서는 교사의 주체적 능력이 신장되어야 한다. 물론 이를 위해 교사를 주체로 세우는 정책적 조치가 있어야 한다. 그리고 학생들의 자발적 목소리가 학급 운영에 반영되지 않는다면 그들의 민주적 참여 능력이 신장되지 않을 것이다. 학생들의 목소리를 잘 반영하려면 교사의 주체적 능력이 있어야 한다. 학생들 스스로 학급 일(공동의 관심사)을 자주적으로 결정하고 만들어가도록 해야 한다. 그렇게 하여 학습 구성원들의 이야기를 공동으로 만들어가야 한다.

6. 평화적 교실 공동체 건설을 위한 민주시민교육

평화교육은 시민권(권리, 주장)과 시민성(의무, 덕목, 교양)을 공존시키는 '민주시민교육'이어야 한다. 민주시민교육으로서의 평화교육은 평화를 실현할 수 있는 인간의 능력과 자질을 길러주는 여러 형태의 교육을 총칭한다. 이것은 또한 한 사회와 국가에 머물지 않는다. 세계화 또는 전자 시대를 맞이하여 갈등과 평화가 국가의 울타리에 갇히지 않고, 다중의 정체성과 새로운 문화를 경험하면서 지구적 시민global citizen이 새롭게 등장하고, 그에 상응한 세계시민교육cosmopolitan education이 필요하게 된다(Davies, 2008: 112-114). 이와 연동된 다문화교육multi-cultural education의 갑작스런 등장도 이와 깊은 관련이 있다. 나아가 평화의 관점에서 통일교육을 재조명을 할 필요가 있으며, 평화는 통일의 출발점이자 지향점이고, 과정으로서의 통일이라는 인식을 가져야 한다. 남북 간의 통일은 서로의 관계맺음이고, 서로의 다름(차이)을 인정하는 데서 시작되어야 한다. 현대국가를 특징짓는 군사주의를 변화시킬 수 있는 시민은 권력의 역동성을 이해할 필요가 있다.

민주주의 사회에서 '평화적 시민'이나 '녹색 시민green citizen'이 되는 것은 민주적 원칙에 대해 추상적으로 이해하는 것 이상을 요구하기 때문에 민주적으로 그리고 생태적으로 행위를 한다는 것은 하나의 삶의 양식이라고 할 수 있다(Harris & Morrison, 2011: 314). 그것은 곧 가치와 의식, 관행 등 문화를 변화시키는 것이다. 교실공동체가 학생들이 자신들의 개인적 목표를 추구하면서도 다른 학생들의 목표를 존중하고, 자신들의 행동이 미칠 결과를 고려하며 행동을 순화시키는 그런 공동체가 되도록 함으로써 학생들이 이런 삶의 방식을 살도록 준비시킨다. 우리는 파괴적 폭력에 호소하지 않고 다른 사람들과 함께 살아가는 법을 배워야 한다. 세계는 더욱 긴밀해지고 있으며 상호 의존적인 공동체를 향하여 나아가고 있다. 모두 이러한 공동체 속에서 사람들은 유사한 목표를 가지고, 그 목표를 달성하기 위해 서로 협력해야 한다는 것을 배운다. 지구 공동체에서 인간은 서로에게 의존하고 있다. 인간은 안전을 위해 의존하고 있으며, 자신의 필요를 충족시키기 위하여 상호 의존적인 공동체를 형성한다.

지구촌 시대의 민주적 시민은 마음의 평화와 세상의 평화를 동시에 구현한 사람이고, 민주시민교육은 양자의 균형을 이루는 교육을 지향한다. 평화적 시민은 공동선과 공동체의 민주적 과정으로서 평화롭고 안전하게 살 권리를 서로 인정하고, 갈등이 발생할 경우 이를 폭력이 아닌 평화의 수단을 통해 해결하려고 한다. 평화 교육자는 전통적 시민교육을 넘어 학생들에게 정부의 전쟁 정책을 지지하는 재정이나 사회적 연고, 정치적 부채와 같은 비공식 채널에 대한 비판 능력을 가져야 한다(Harris & Morrison, 2011: 143). 만일 아동이 갈등을 비폭력적으로 해결하는 법을 제대로 배우지 못하거나 살아있는 생명체를 평화적 방식으로 대하는 법을 제대로 배우지 못한 채 시민이 된다면, 그들은 오히려 역기능적인 사회 행위를 조장하면서 폭력적 성향을 지닌 성인으로 성장할 것이다. 따라서 갈등의 평화적 해결 능력을 갖게 하는 민주시민교육은 민주적 의사결정 능력을 가져야 한다. 합의를 통한 민주적 의사소통을 훈련하여 집단의 갈등을 합리적으로 해결해야 한다. 특히 학급 내의 민주적 의사소통 구조가 있고 그것을 활용하는 것은 크고 작은 학교 폭력의 문제를 해결하는 데 중요할 것이며 평화로운 공동체 건설에 도움을 줄 것이다.

제11장

교양교육을 통한 민주시민교육

1. 왜 민주적 교양교육인가?

사회는 국가와 시장, 그리고 시민사회의 적절한 균형이 이루어져야 평화롭게 운영될 수 있다. 그런데 오늘날 국가와 시장의 힘은 신자유주의의 파고와 함께 더욱 더 막강해져 시민사회가 크게 위축되고 있다. 시민들이 공동선보다 자신의 권익이나 욕망에 지나치게 사로잡힐 경우 국가와 시장에 대한 시민사회의 견제력은 취약하게 된다. 국가와 시장에 대한 견제와 감시를 본연으로 하는 시민사회 영역이 위축되면 국가와 시장의 힘이 더욱 커져 3자간의 소통을 가로막을 것이다. 이런 불통을 해소하기 위해 국가와 시장의 민주화를 필요로 한다. 즉, 민주화 이후의 민주주의, 다시 말하면 제도적 민주주의를 넘어서는 '제2의 민주화'가 필요하다. 제2의 민주화를 위해 우선 시민사회의 민주적 교양 능력을 배양해야 한다. 시민사회의 민주적 교양 능력이 높지 않으면 국가와 시장의 타락과 폭력을 견제하지 못할 뿐 아니라 시민사회의 주체라고 할 수 있는 시민 자신의 삶조차 황폐해지기 쉽다.

개인적 차원에서 교양 능력을 높이는 활동뿐 아니라 집단적으로 교양 능력을 높여야 한다. 그런데 그동안 개인의 교양을 함양하는 교양교육론은 많이 있었으나, 집단적으로 공동체적으로 '시민사회civil society' 차원에서 교양교육에 대한 본격적인 논의를 시작하지 않아 국가와 시장과의 관계 속에서 교양교육의 위상을 제대로 정립하지 못했다. 그래서 교양교육[79]이 소아적·원자론적·소승적 인격 수양에 머물고 말았다. 이러한 현실에서 보다 본질적으로 시민사회의 민주화를 위한 '민주적 교양교육'이 요구된다. 교양교육의 민주화를 위해 시민사회의 민주화가 필요하고, 나아가 시민사회의 민주화를 위한 민주적인 교양을 가진 시민을 양성해야 한다. 그리고 민주적 교양을 가진 시민의 양성을 위해서는 민주적 교양교육이 필요하다. 이렇게 본다면 민주적 교양교육은 시민사회의 민주성을 확보하는 학습활동이라고 할 수 있다.

2. 시민사회의 교양화

시민사회는 중세 라틴어 'societate civili' 또는 'societas civilis', 즉 'civil society'에서 그 어원을 찾을 수 있다. 'societate'나 'societas'는 법적으로 공인된 개인들의 집단을 지칭하는 'universitas'(조합공동체)[80]와 대조되는 개인

79 교양교육은 교육학적 이론으로 출발했다기보다 인간 자신을 스스로 주인이 되게 하는 자유 사상에 바탕을 둔 이천오백여 년의 서양 문명의 실천적 전통 속에서 물려 내려온 것이다. 이러한 능력을 충분하게 계발하는 '자유를 위한 교육'으로서 교양교육이란 자유주의 정치철학과는 관계가 없고 직업기술교육도 아니다.

80 세상 각자에서 모여든 학생들이 앎의 의지를 하나로 뭉쳐 자신들의 권익을 지키려고 만든 자치조합 또는 조합공동체를 의미했던 'universitas'는 오늘날 대학을 가리키는 말이

들 간의 자발적인 동의나 계약에 의해 형성된 집단 또는 결사체를 지칭한다. 그리고 'civilis'는 고대 도시국가를 뜻하는 'civitas'[81]의 형용사이며, 이것은 희랍어 'polis'에 상응하는 말이다. 인간을 형성하는 파이데이아paideia의 과업은 정치공동체Koinonia politike인 '폴리스polis'[82]에서 구현된다. 그곳에 거주하는 시민, 즉 '폴리타politai,' 즉 폴리스의 재판과 통치에 참가하는 '자유민'의 의해 통치되었다. 파이데이아, 즉 그리스적 교양은 이상적 개인을 공동체의 이미지(모델)로 만들고자 했으며, 그 교양이란 공동체의 생활 속에서 뿌리를 내리고 있던 데서 '탁월성arete'을 드러낸다. 교양이 추구한 이상적 인간상은 결코 관념적·추상적인 진공 속의 인간이 아니라 그리스의 풍토, 특히 폴리스의 정치체제 속에서 싹트고 성장한 살아 있는 이상이었다. 이렇게 볼 때 자유인의 양성을 위한 교양교육이 지향하는 'liberalis/liberles/liberal'의 이념은 '시민사회societas civilis/civil society'의 'civilis/civil'가 갖는 가치 지향과 동일하다. 그리이스의 파이데이아를 후마니타스Humanitas로 번역하였던 로마의 키케로Cicero는 아리스토텔레스의 정치공동체Koinonia politike를 '시민사회societas civilis'나 '시민공동체communitas civilis'로 번역하였다.

시민사회의 '시민civil'의 개념은 예의와 교양을 지닌 시민의 개념을 함의하고 있다(Lisman, 1998: 13; Reichenbach, 2010). 'societas civilis'는 'civilis'를 최대화하여 'societas'를 'civilis'가 '보호해야' 한다는 의미를 갖고 있다(Gomes,

---

되었다.

81 중세 도시의 칭호 'citi'나 'cite'는 로마의 도시 'civitas'에서 유래한다. 'civitas'는 'res publica'(공공의 일을 하는 국가)와 동의어로서 시민이 있는 곳이며, 시민이 있으므로 존재하는 곳이 도시이며 국가였다. '시민'을 뜻하는 라틴어인 'civis'와 '가정'이라는 뜻을 가진 프랑스어 'cite'가 결합해 'city'라는 영어 단어가 생겨났다. 그러므로 '도시'는 곧 '집'을 의미한다.

82 영어의 politics, politician, metropolis는 모두 'polis'의 파생어이듯이 유럽 문명에서 '정치적인 것'의 기원은 '폴리스'였다. 폴리스마다 '사람이 모이는 장소'를 뜻하는 '아고라(Agora)'가 있었다.

et al, 2007: 6).[83] 이 말은 'societas'를 'civilis'가 보호하고 그것을 최대화하는 데 있어 인간다운 인간을 기르는 교양교육인 후마니타스가 중요한 역할을 하고 있음을 보여준다. '문명civilization'과 동일한 어원이 되기도 하는 형용사 'civilis', 즉 'civil(시민의, 교양 있는, 예의 바른)'은 13세기부터 사용된 동사 'civiser(교화하다, 개화하다)'의 형용사로서 16세기부터 사용되었으며, 특히 과거분사 'civilise(세련된, 개화한)'는 17세기부터 사용되었다(나가오, 2010: 63). 이들 모두 예의를 갖춘, 분별력 있는 교양 있는 사람들을 가리키는 말이다.

시민사회는 '문명화civilization'의 과정으로서 '교양·예의civility'가 존중되고, 에티켓과 매너가 지켜지는 사회이다. 시민사회의 '시민적civil'이라는 말은 교양 있는, 예의 있는, 세련된, 개화된 등의 의미를 가지고 있다. 그런데 교양·예의란 단순히 개인의 사적인 감수성이나 예절 등 개인적인 좋은 생활 태도라기보다는 시민으로서 필수적으로 갖추어야 할 덕성으로 보아야 한다(Enrenberg, 2002: 15, 47-73). 시민사회의 중심적 덕성인 예의와 교양은 민주적 대화를 통하여 상호 공감과 상호 존중을 촉진하는 시민적 덕성이며, 시민이 민주주의에 본질적인 정치적 갈등에 직면하여 대처하도록 돕는 관용의 형식이라고 할 수 있다(White, 2006: 457).

로마의 키케로와 세네카가 후마니타스를 중시한 것은 인간의 야생성에서 탈피하여 참으로 인간다운 인간성을 회복하고자 하는 데 있다. 그들은 고상한 시민성 이전에 인간의 탈을 쓰고 인간의 노릇을 할 수 있는 최소한의 교양을 요청한 것이다(신승남, 2011: 354). 그것은 소극적으로 단순히 개인 간의 관계에서 예의 바른 것을 말하는 데 있는 것이 아니라, 적극적으로 공적 차원의 책임을 말하는 것으로서 다양성과 관용의 가치를 두는 것이며 공동의

83 '사회'는 가족으로 시작해 시장에서 이루어지는 경제활동과 이를 뒷받침하는 경제제도, 사회활동이 전개되는 각종 사적 영역과 이들이 어우러진 사회구조, 나아가 국가를 포함하는 공적 영역까지를 아우르는 한 공동체의 공간적 영역 전체를 표현하는 말이다.

이익 추구, 부동의와 불복종의 가치 등까지 나아갈 수 있음을 말한다고 할 수 있다(Dekker, 2009).

자율성과 참여의식을 가지는 사회 성원, 즉 시민권을 가진 '시민citizen'으로서 동등한 권리(시민권)를 가지고 구성된 사회가 '시민사회civil society'이다. 시민들은 국가에 압력을 행사하고자 타인들과 연대하였고, 바로 여기서 독립적이고 자유로운 시민집단인 '시민계급'과 이들의 연합체들로 구성된 근대적 시민사회가 출현하게 된 것이다. 이렇게 교양인과 시민사회는 동시에 존재한다. '시민적civil'이라는 개념은 '무례하고 문명화되지 못한' 것과 대비하여 '정중하고 세련된' 사람과 행동을 의미한다. 그런 의미에서 '시민적/비시민적'의 개념 구분은 '문명화된civilized/문명화되지 않은uncivilized' 것의 구분과 무관하지 않다. 그리고 '시민사회'는 인간들의 관계가 법에 의해 규제되며 개인들이 공적 생활에 적극적으로 참여하는 개화된enlightened 또는 문명화된civilized, 교양 있는civil 시민들의 공동체라는 개념이라고 할 수 있다. 특히 문화적 측면에서 보면 '시민적'이란 단어는 개인이나 공동체의 과제를 권위나 전통에 의존하지 않고, 독립적으로 수행할 수 있고, 그리고 타인들과 자발적으로 결사체를 결성하여 공동의 목표를 달성한다는 의미를 담고 있다. 특히 신분이나 종교처럼 귀속적으로 주어지는 것이 아니라, 교육을 통해 개인의 독립적이고 이성적인 인성과 가치관을 형성한다는 점은 시민계급이 자신 자신과 사회에 대해 가진 이상의 핵심이었다. 이런 'civil'의 이상은 liberal education의 'liberalis'의 개념이 지향하는 가치와 동일하다.

그리스와 로마의 시민사회 개념을 계승한 최초의 시민사회 이론을 정립한 사람은 자유주의자들이었다. 18세기 스코틀랜드 계몽주의자인 퍼거슨Adam Ferguson이 보는 시민사회는 당시 국가와 확연히 구별되는 생활 영역이 아니었다. 당시 시민사회는 상업적 활동을 보호하고 세련화할 뿐 아니라, 문화적인 공공 정신을 함양하는 '세련되고 문명화된 정치사회'였다. 말하자면 그는 로마 공화정의 유산을 이어받아 시민사회를 '공적 덕성을 가진 시민들의 공동체'로 규정하였다. 시민사회의 개념은 정중하고 세련된 '문명된/교양 있는 사회civilized society'의 개념과 관련이 깊으며 야만적이고 원시적인 사회와 상반된 근대적 의미를 갖고 있다. 이런 시민사회는 원시적인 '무례/미숙'으로부터 다양한 정도의 '품위/세련'에 이르기까지 진보한 사회이다(Ehrenberg, 1999: 195-204). 시민사회란 부패, 타락, 억압하는 전제정과 대비되는 공공 정신의 의미를 뜻하였다.

'교양 있음kultiviert'은 분명 '문명화됨/시민됨Zivilisiertsein'의 가장 수준 높은 형태를 표현한다(Elias, 2009: 107). 인간 역사에서 야만주의로부터 문명으로의 과정을 통해 산업, 농업, 항해술, 과학, 도덕성, 문화가 나타나기 시작하였다. 시민사회는 도시라는 생태계의 사회문화적 조직화 현상과 더불어 나타났고, 도시는 시장과 국가를 갖게 됨으로써 문명을 생성시켰다. 따라서 시민사회는 '문명화/시민화'civilization를 가능하게 하는 조직이며, 거기에는 도시, 시장, 국가라는 범주의 생성이 수반된다. 시민사회는 공간적인 성격을 띠기는 하지만, 시민적인 것을 규정하는 특정 가치체계나 규범이 그보다 더 중요한 의미를 갖는다.

퍼트넘은 신뢰 등 시민의 사회적 자본이 충만한 시민사회를 강조하였다(Putnam, 2000). 그는 시민사회의 민주화는 '시민적 덕목', 즉 교양의 축적과 발전에 기초해야 한다며, 이 시민적 덕목은 사람들 사이에 공동의 이익을 위한 다양한 형태의 협력을 창출하는 수많은 자발적 연결망과 결사체들을 통해 배양된다고 하였다. 퍼트넘 교수는 『혼자 볼링하기』에서 원자화되고 개인주의화되는 미국사회의 경향을 경고했다. 시민사회를 이루는 구성원들 간의 미시적 협력을 기초로 형성되는 자발적이고 협력적이며 수평적인 연결망, 규범, 신뢰 등 '사회적 자본social capital'이 충만한 자발적 결사체들이 공동의 이익을 위한 협력과 참여를 창출함으로써 민주주의를 성숙시킬 수 있다고 보았다(Putnam, 2000). 사회적 자본은 개인들 사이의 연계, 그리고 이로부터 발생하는 사회적 네트워크, 호혜성과 신뢰의 규범을 가리키는 말이다. 사회적 자본은 시민의 사회적 참여를 북돋우는 요소일 뿐 아니라 삶의 모든 영역에서 우리를 더 건강하고 행복하게 만드는 핵심이다. 사회적 자본은 개인적 측면(사적)과 집단적 측면(공적)을 동시에 갖고 있는 '두 얼굴'이다. 이를 극복하기 위해서는 더불어 함께 모여 볼링을 치는 작은 방식으로, 그리고 대규모로 미국인들이 서로서로 다시 사회적 연계를 맺어야 미국사회의 공동체가 소생할 수 있다는 것이다. (Putnam, 2009)

개인으로서 시민적 덕성civic virtue이 아무리 뛰어나도 서로 고립되어 있다면 공동체에 미치는 효과는 미미하다. 사회적 자본의 핵심은 상호 신뢰, 사회적 연계망, 호혜성의 규범, 협력적 네트워크이다. 바로 이것이 '단순한' 시민적 품성과 사회적 자본의 차이점이다. 다시 말해, 자기 공동체에 잘 참여하는 사람은 집에서 나오지 않는 이웃들보다 일반적으로 더 관대하다. 사회적 연결 관계를 맺는 사회적 자본으로서 사회적 네트워크는 우리의 모든 삶에서 중요하다. 직장을 구하는 데도 요긴한 경우가 종종 있지만, 도움을 받고 우정을 나누며 때로는 슬픔과 고민을 털어놓을 수 있는 누군가를 찾는 데 훨씬 자주 요긴하다. 하지만 사적인 사회적 자본은 공적인 것에 비해 생산성이 높지 못하다. 때로는 악의 카르텔을 방조할 수 있기 때문이다. 사적인 사회적 자본 역시 다른 모든 형태의 자본과 마찬가지로 아이저이고 반사회적인 의도를 지향할 수 있다는 경고다.

시민사회는 공적 권위뿐 아니라 사적 단위에 대해 자신의 자율성을 확보하고, 공동체적 행동을 하며, 시민사회의 권력화를 꾀하지 않아야 한다. 시민사회는 비정부적 단체와 활동으로 구성되는 하나의 사회형태로서 시민의 교양, 즉 시민적 예의civility를 보여주면서 잠재적 갈등을 조정한다(Keane,

2003). 동시에 시민의 교양 능력이 충만할 때 국가와 시장으로부터 독립적인 제3의 영역에 속하는 시민사회는 감시와 견제를 하는 자율적인 영역으로서 국가와 시장을 매개하는 '편중되지 않은 감시자impartial spectator' 역할을 한다(Mitter, 2001: 145). 민주적 시민사회는 효과적인 시민들을 훈련시키고, 존중과 협력의 미덕을 구축하고, 이기심을 대체하는 도덕적인 대안을 제공하며, 과도한 관료제를 제한하고, 공공 영역에 새로운 활력을 불어넣는 것이다(Ehrenberg, 2002: 415-416). 민주적 시민사회는 효과적인 시민들을 훈련시키고, 존중과 협력 그리고 연대의 미덕을 구축하고, 지나친 관료제를 제한하고, 공공 영역에 활력을 불어넣은 공덕 덕성을 갖추게 하는 시민사회를 위한 교양교육을 절실히 필요로 할 것이다. 시민사회는 교양이 살아 숨 쉬는 터전으로서 교양이나 예의로 가득 찬 사회와 시민들의 공동체로 구성되어야 한다.

시민사회를 위한 교양교육은 효과적인 의사소통과 같은 지성적·실천적 기술, 그리고 정보를 해석하고 평가할 수 있는 '능력을 가진 학습자'가 되게 하는 것, 인간의 문화와 물리적 세계 그리고 자연세계에 대한 지식을 가진 '숙지된 학습자'가 되는 것, 사회적 책임과 윤리적 판단의식을 개발한 '책임 있는 학습자'가 되게 하는 것이다(Demies & Sutton, 2009: 138). 그것은 타인의 복지는 물론이고 개인의 자유를 보호하도록 하고, 전통적인 지식과 행동의 이해를 넘어서려고 하며, 권리를 가진 시민으로서 정치적으로 자유롭고, 경제적으로는 독립적인 시민생활을 하는 것이며, 시민으로서 관계적 삶을 사는 것이다. 시민사회를 위한 교양교육의 목적은 교양과 전문지식을 겸비한 인간과 시민을 동시에 육성하는 데 있다. 그리고 자유롭고 민주적인 사회를 유지하기 위한 지식과 기술을 학습한다. 즉, 비판적 사고, 문제 해결 기술, 윤리적 추리, 문자적 언어적 의사소통, 사회적 책임을 갖게 하는 것이다(Demeis & Suttun, 2009: 140). 교양교육을 받은 사람은 현실의 문제를 처리할 수 있어야 하며, 사람들은 사회 속에서 교양의 환경에 살 수 있도록 해야 한다. 이 목표는 서로 잘 지내도록 하여 개인의 삶의 질을 증진시키는 데 있다. 사고력의 과정이고 아름다움과 인간적 감정에 민감한 감수성인 교양Paideia, Humanitas, Bildung, liberal arts, civility은 단순한 지식 습득이나 박식함과는 차원을 달리한다.

시민사회를 위한 교양교육은 시민의 핵심적 덕목인 교양을 습득하여 사람을 예의 바르고 세련되게 만드는 문명화의 과정이라고 할 수 있다. 교양은 결코 자명한 규범 혹은 이상, 영구불변의 보편적 원리가 아니며, 시공과 역사적 상황에 따라 마음을 갈고 닦는 자기 변모를 거듭한다. 시민사회를 형성하려면 예의와 교양을 필요로 한다. 교양교육은 학문을 탐구하고 공부하면 할수록 인격을 닦아 자아를 풍성하게 구현할 수 있는 사고방식과 태도를 갖게 하는 교육을 필요로 한다. 인간과 시민을 형성하는 교양교육의 과업은 시민사회에서 구현된다. 국가와 시장은 그곳에 거주하는 시민에 의해 통치되어야 한다. 교양은 마음과 몸, 삶 전체의 반듯하고 조화로운 구현을 이상적인 인간상으로 여긴다. 교양교육이 추구한 이상적 인간상은 결코 관념적·추상적인 진공 속의 인간이 아니라, 시민사회 속에서 싹트고 자란 살아 있는 이상으로서 공동체 생활 속에 뿌리를 내리는 데서 탁월성이 나타난다.

3. 후마니타스 칼리지의 교양교육 실험

요즘 우리나라는 인문학에 대한 관심이 높다. 최근 우리 사회에 인문학이 새롭게 부흥하는 것은 국가와 시장에 대한 견제의 요구이기도 하고, 보다 행복하게 살고자 하는 민주시민의 요구이기도 하다. 이렇게 우리에게는 경제적 성장에 부합하는 정신적·내면적 성장을 요구하고 있다. 오랜 억압

속에서 내면화된 폭력을 치유하기 위해서는 평화적으로 해결하는 교양 능력을 길러야 한다. 사회의 갈등을 폭력적으로 해결하는 것이 아니라 대화로 해결하고, 성급하게 해결하는 것이 아니라 보다 합리적 해결책이 나올 때까지 기다리는 자제력을 갖는 교양 능력을 함양해야 한다. 타협하고 협상하는 능력은 보다 높은 교양, 즉 인간과 세상에 대한 종합적 이해력이 많아질 때 지혜로운 교양인이 탄생할 것이다.

우리는 최근 권위주의와 시장주의를 넘어 민주주의와 인문주의를 구현하고자 교양교육과 시민교육의 접목을 시도하고 있는 경희대의 '후마니타스 칼리지'를 눈여겨볼 필요가 있다. 교양교육과 함께 시민교육을 동시에 시행하고 있는 경희대학교의 실험은 특히 경쟁과 효율을 중시하며 '회계학과 교양'이라는 과목을 필수로 하는 중앙대학교와는 철학과 차원을 달리한다. 경희대학교 후마니타스 칼리지 대학장인 도정일 교수는 인간에 대한 책임, 사회에 대한 책임, 역사에 대한 책임, 문명에 대한 책임을 인문학이 가르쳐야 할 삶의 예술이자 공동체에 대한 시민적 덕목이라 여기고 있다.

후마니타스 칼리지는 대학에서 자기가 누구이고 타인은 누구이며 그가 사는 세계는 어떤 세계인지, 자신의 삶을 이끌 가치·이상·목적은 어떤 것일 수 있는지를 탐색하도록 한다. 삶이 대면하는 온갖 어려움과 영욕의 순간에도 한 인간의 삶을 지탱해주고 의미와 가치를 공급해주는 것이 내적 견고성의 바탕이 되는 '교양culture'이다. 대학교육이 지향해야 할 궁극적 가치, 교육의 최종 효과가 교양이다. 그 교양은 단순한 지식이 아니다. 대학에서 배운 지식들이 다 잊히고 다른 지식들로 대체되어도 여전히 내게 남아 나를 지탱하는 강한 힘, 대학에서 들은 강의 내용이 기억에서 사라지고 성공과 영광의 순간이 다 지나갔을 때에도 여전히 내 몸에 남아 나를 지키는 무형의 자산이 교양이라는 것이다. 세월이 바뀌고 삶의 외적 조건들이 바뀌어도 이 자산은 줄어들지 않고 없어지지 않을 것이다. 더 성숙한 인간, 더 나은 인간, 더 유용한 인간을 최종적으로 정의해주는 것은 이런 의미의 교양이다. 대학의 도전에 잘 대응하고 즐겁게 응전하면서 자신을 변모시켜 나갈 수 있도록 이끌고 지원하는 것, 그리고 탁월한 개인, 책임 있는 시민, 성숙한 공동체 성원의 양성이라는 대학 교육의 본질 목적을 교양의 차원에서 실현해나가는 것이 교양교육의 기본 목표이다.

후마니타스 칼리지는 경쟁이 강요되는 시대의 학생들이 공동체 구성원으로서 책임감과 시민의식을 갖게 하는 협동을 매우 강조한다. 후마니타스 칼리지는 문명을 만들고 문명을 성찰하면서 문화세계를 추구하는 지구적 실천인을 양성하고자 한다. 협소성의 포로가 되기를 거부하는 교육이 교양교육임을 강조한다. 대학은 기계를 길러내지 않고 인간을 길러내는 곳이다. 영혼이 없는 탁월성은 탁월성이 아니다. 후마니타스 칼리지는 교육 목표를 좋은 삶을 자기 스스로 만들고 꾸려갈 수 있는 능력을 키워주는 데 두고 있다. 좋은 시민이 좋은 사회를 만든다는 교육철학을 갖고 있다. 좋은 시민이란 탁월한 시민, 책임 있는 시민, 따뜻한 시민이며, 그런 시민을 길러내는 것이 대학교육의 목표여야 한다. 시민들은 고립된 개인이 아니라 공동체 구성원으로서 자각하고, 나눔을 실천하고, 세계시민으로 나아간다는 것이다.

그리하여 폭넓게 좌우를 살피면서 나 자신을 어떻게 세우고 사회에 어떤 책임이 있는지를 고민하는 학생을 길러내고자 한다. 취업이 중요해질수록 기본적인 가치교육이 더 중요하다는 것이다. 내면을 채운 인재를 길러내는 것은 조금 돌아가는 것처럼 보여도 결국에는 그것이 가장 빠른 길이다. 급변하는 사회에서 실용적 기술만으로는 세상 살기가 어렵다고 보고, 인문적 소양이야말로 사회 적응력을 키우는데 더 적합하며 그것이 현대사회가 요구하는 인재의 조건임을 강조한다. 실용 학문은 기초 학문의 토대 위에서 가능한 응용이자 기교라는 교육철학에 기반하고 있다. 더구나 급변하는 사회에서 시장의 변덕에 휼려 기본 교육을 소홀히 하는 것은 대학의 본분을 망각하는 일이다. 사회적·도덕적 판단을 못하면 스스로 의사결정을 내릴 수도 없기에 대학은 차원 높은 숙고 능력, 즉 '숙고민주주의'를 가르치고 실천하도록 한다.

후마니타스 칼리지는 실용교육보다 교양교육에 더 초점을 맞추고 있다.[84] 물론 대학교육이라는 수레에는 전공교육과 교양교육의 두 바퀴가 모두 필요하다는 전제를 깔고 있다. 교양교육을 통해 기본과 인성을 갖춘 학생을 길러내는 것이다. 특히 교양교육을 통해 민주사회의 시민으로서 타인과 공감하고 소통하는 사람을 양성하고자 한다. 인문학적 소양/교양을 갖춘 시민의 태도를 배우는 일은 교수의 강의보다 현장에 나가 체험하고 느끼는 게 중요하다. 그러기에 사회에 직접 경험하지 못한 학생들에게 시민이 된다는 게 어떤 것인지를 알게 한다. 도정일 대학장은 학생들이 스스로를 만들어가는 능력을 갖게 하기 위해서는 그들에게 '상상력을 발휘할 시간IT, imagination time'을 주어야 한다고 강조한다.

그는 교양교육이야말로 실질적인 의미에서 실용교육이고 취업교육이며, 취업교육이자 유능한 사회인 양성교육이라고 역설한다. 교육은 훈련의 요소를 가지고 있지만, 훈련은 교육의 요소를 가질 수 없는데, 현재의 대학은 취업이 제1의 목표가 되어 다른 것들을 모두 잠식해버렸다고 주장한다. 대학교에서는 어떤 것이 뜻 깊은 인생인지, 내가 만족할 인생인지를 고민하는 계기를 만들어줘야 한다. 그런데 지금의 대학은 좋은 직장, 높은 돈, 즉 행복한 삶을 위한 수단을 취할 수 있는 방법만을 가르치려고 혈안이 돼 있다

---

84 인문학 과목으로서 「인간의 가치 탐색」, 사회과학 과목으로서 「우리가 사는 세계」는 교양교육의 대표적 중핵 과목이다. "내게 중요한 가치는 무엇인가?" "나는 어떤 가치의 안내를 받아 내 인생을 꾸리고 삶을 기획할 것인가?" "나는 어떻게 고르지 못한 세상에 대응할 것인가?" 등이다. 후마니타스 칼리지의 도정일 대학장은 청소년들이 알아야 할 인문학의 세 가지 '건축 기술'을 제창한다. "나는 나를 어떻게 건축할 것인가?" "나는 너와의 관계를 어떻게 건축할 것인가?" "나는 남과의 관계를 어떻게 건축할 것인가?"

고 질타한다. 이를 위해 사회봉사 계획을 발표하게 한 후 교양 및 전공과목과 연계된 사회 공헌 프로그램을 개발·지원하는 '지구사회봉사단Global Service Corps' 활동에 참여하게 한다. 후마니타스 칼리지는 책임 있는 시민 양성을 위한 시민교육과 사회적 실천 행위인 사회봉사를 긴밀히 연결시키기 위해 시민교육(2학점)과 사회봉사(1학점)를 3학점짜리 하나의 교과목으로 통합 개설하여 지구적 실천인을 체계적이고 책임 있게 양성하려고 한다. 더 나은 세계를 만들고 함께 사는 공동체 세상을 만들고자 하는 실천 행위의 하나이다. 사회에 대한 책임을 망각하지 않는 것이 '교육받은 인간'의 진정한 면모이다. 사회봉사는 종종 봉사자들의 가치관을 바꾸고 세계관을 바꾸어 이전의 '나'와는 전혀 다른 '새로운 나'를 탄생시킨다. 이런 '변화의 효과transformative effect'는 봉사활동이 주는 교육적 효과를 잘 보여준다. 사회공헌을 통해 교육이 이루어지고 한 인간이 새로 '만들어'진다. 다른 사람을 위해 봉사한다는 것은 나와 타인을 연결하는 소중한 사회적 연대를 실현시키는 일이다. 이윤 동기가 개입되지 않는 이런 연대는 나를 나보다 더 큰 것에 연결시키고 내 존재를 높은 곳으로 들어 올리는 윤리적 상승을 경험하게 한다. 봉사활동이 큰 기쁨을 주는 이유는 바로 그런 존재 확장과 상승의 느낌 때문이다.

교양교육의 뒷받침 없는 기술교육이나 기술교육 없는 교양교육도 있을 수 없다. 교양교육은 자신의 의지대로 자율적으로 행하는 것과 공동체의 원리에 따라 협력적으로 행하는 것의 적절한 균형 사이에 존재한다. 교양교육은 이전에 가진 적이 없는 새로운 욕구를 갖게 하는 일이고, 그리고 새로운 요구를 조직하고 욕구들 간에 위계구조를 부여하며 욕구들 사이에 일어나는 갈등의 해결을 돕는 일이다. 개인의 욕망과 공동체의 욕망을 적절히 조화시키는 '교양인'은 우리 사회가 요구하는 '시민'의 이상이다. 성숙한 시민이 되게 하는 교양교육은 개인이 삶의 척도와 기준을 타인과 독립적으로 생각하는 것이 아니라, 다른 사람과 더불어 살아가는 삶 속에서 조율하고 만들어나갈 수 있도록 한다. 시민사회의 덕목으로서 교양(시민의식 등)은 시민사회를 시민답게 하는 윤리적 요소로서 공동선을 우선시한다.

후마니타스 칼리지가 새롭게 제창하는 통합적 교양교육은 현대적 시민성citizenship[85]을 함양하는 교육을 필요로 한다. 통합적 교양교육은 이 시대가 요구하는 새롭고 충실한 내용의 '시민교육'을 기초 교과의 하나로 설치할 필요가 있다고 역설한다. 대학을 나온 사람들이 사회적 삶에서 대면하게 될 온갖 종류의 문제들을 합리적으로 분석하고 이성적 판단과 결정에 도달하는 지적 능력, 지식과 실천을 연결하는 윤리적 능력, 인간의 복잡한 감정과 심리적 현실들을 이해하고 해석하며 세계의 다양한 정치적·사회적·문화적 문제들을 여러 각도에서 볼 줄 아는 능력, 개인/집단 사이의 상충하는 이해관계를 조절하고 소통, 연대, 협력의 가능성을 확장하는 사회적 능력과 덕목들을 갖춘 신뢰할 만한 인간이자 책임 있는 시민을 양성하는 일은 대학에 안겨진 큰 책임이다. 통합적 교양교육은 사실상 이런 능력을 가진 사람을 배출하는 데 역점을 두고 있다. 통합적 교양교육은 오늘날 국내외적으로 '시민'에게 요구되는 사회적·정치적·도덕적·지적 능력과 덕목을 함양시킬 목적으로 시민교육의 필요성을 깊게 인식하지 못한 우리나라 대학교육의 현실을 생각할 때, 통합적 시민교육은 대학의 사회적 책임을 우선 교육 차원에서 수행하려는 특별한 노력이라고 할 수 있다.

85 후마니타스 칼리지의 현대적 시민성은 높은 수준의 글로벌 마인드, 열린 태도와 정신, 타자·타문화에 대한 관용과 존중, 인류를 위한 봉사와 연대, 현대 세계의 난제들을 풀어갈 국제 협력 등이다.

4. 교양교육의 민주적 기능 회복

앞서 논의하였듯이 시민사회는 크게 두 가지 방식으로 정의할 수 있다. 첫째, 시민사회는 사회 내에서 평화와 생산을 유지하는 데 개입하는 정부의 역할을 넘어서는 활동으로 볼 수 있다. 이것은 신뢰와 협동, 다시 말하면 사회적 자본을 만들어내는 개인의 자발적 결사체를 강조하는 것이다. 효과적인 시민사회는 공동체에 터한 자발적 결사체에 참여하고 신뢰와 협동 등 사회적 자본을 지닌 적극적이고 공적인 정신을 가진 시민과 높은 수준의 사회적 자본이 결합된 사회적 얼개를 특징으로 한다(Putnam, 2009). 둘째, 보다 대중적 관점은 시민사회의 교양/예의civility 개념을 강조한다. 이 관점은 사람들이 사회 속에서 교양의 환경에 살 수 있도록 해야 한다. 이 목표는 서로 잘 지내도록 하여 개인의 삶의 질을 증진시키는 데 있다(Print, 1999:13).

그런데 시민사회의 도덕을 강조할 경우 시티즌십의 보수적 기능에 초점을 두는 경향이 있다. 대립되고 쟁점이 되는 입장을 피하고 합의, 조화, 순응을 강조한다. 이러한 입장은 국민이나 공민의 형성에 주안점을 두었기 때문이다. 정직, 성실, 충성, 애국심 등을 중심으로 순응적 덕목의 형성을 중심에 두는 수동적 공민의 양성에 두는 경향이 있다.

다른 한편으로 시민사회는 '공적인 일res publica', 즉 국정이나 공사公事에 참가하는 것을 중요하게 여기며 그것을 교양인의 중요한 의무 또는 권리로 여기는 사회이기도하다. 그러기에 시민사회는 사적 이익이 아닌 공적 이익이나 공동선을 추구하는 시민으로 가득 차야 한다. 시민교육은 교양문화에 의해 활력화한 적극적이고 능동적인 시민을 민주적 삶을 새롭게 탄생시키는 수단이다. 시민사회는 문화적 전승과 동시에 문화적 갈등이 일어나는, 문화적 변혁이 동시에 이루어지는 전쟁터이기도 하다. 이 터전에 절제, 양보, 예의, 관행, 전통 등 교양(시민의식을 강조하는 보수적 시민사회의 가치 지향과 인권, 절차, 공정성, 사회 정의, 평화, 환경 등 권리옹호운동advocacy)을 강조하는 민주적 시민사회의 가치 지향이 서로 갈등하고 대결하는 이념적 갈등과 긴장이 마주하고 있다. 이 갈등과 긴장이 대치하고 있는 문화적 전선에 대화와 합의의 미덕이 요구된다.

특히 이런 갈등을 조절하는 '민주적 시민사회'는 어떤 특정하고 편협한 교리에 따라 가르치는 것을 거부하기에 갈등을 합리적으로 조절할 수 있는 교양의 민주적 조정력을 중시한다. 민주적 시민사회는 민주적 신념을 가진 교양 있는 시민에 의해 구현된다. 민주적 시민을 양성하는 교양교육의 궁극적 목적은 교양교육을 통해 자기 존중감과 정치적 삶을 회복해 비판적 시민으로 거듭나도록 하는 것이다. 그렇게 해야 국가와 시장의 폭력에 대한 도덕적 우위를 확보할 수 있다. 시민사회가 민주적으로 되기 위해서는 편중되지 않은 공정성과 공동선 등 교양과 예의를 갖춘 시민 능력을 기르는 '민주적 교양교육'이 필요하다. 이러한 차원에서 볼 때 'civil'에서 '시민의/시민에 의한' 자발적 주체 또는 주권자라는 의미를 부각시킬 필요가 있다. 이것은 국가와 시장을 견제하는 제3의 영역에 속하는 '편중되지 않은 감시자' 역할을 하는 민주적 시민사회의 가치가 부각되는 이유이기도 하다.[86]

86 전통적으로 교양교육은 직접적 생산활동인 노동으로부터의 자유, 여가를 지닌 자유인에게 적합한 교육, 특정의 직업전문교육이 아닌 일반교육의 의미를 지니고 있다(최선영, 1996: 50). 교양교육의 목적은 지혜(지식을 선용하는 능력), 이해와 판단, 훈련된 지성(지성적 시민), 자유인(지적 독립과 비판적 사고), 인간적 탁월성, 통합된 인격 등에 있다(신득렬, 2003: 396). 아동들에게 자유로운 이성의 이상을 교육하기 위한 교양교육의 구성을 흔히 3C(Canon=Great Books, Curriculum, Character)로 압축한다.

구분	전통적(고대/중세)	민주적(근대/현대)
교양교육	관행 전통 입문 유유자적하는 전통적 자유인 인격적(개체적) 도야	사회문제에 간여하는 사회적 분별력 민주적 자유 참여하는 비판적 시민 사회적 도야 민주적 교양교육
시민사회	예절 바른 교양 있는 태도를 가진 시민 점잖은 신사	국가와 시장을 감시하는 자율적 결사체 민주적 교양을 가진 시민 민주적 시민사회 민주적 시민교육

〈교양교육과 시민사회의 가치 지향〉

흔히 '보수적 교양교육'은 주로 문제의 해결을 개인 내부에서 찾는다면, '민주적 교양교육'은 주로 문제의 해결을 개인 바깥의 사회구조에서 찾으려고 한다. 그러하기에 전자와 후자의 시민사회의 가치 지향 사이에는 긴장과 대립이 존재한다. 민주적 교양교육은 보수와 진보의 철학을 균형 있게 이해할 줄 알아야 한다(조효제, 2009: 114-128). 이러한 긴장과 대립 속에서 중재적 대안을 모색할 수 있는 개념인 '시티즌십citizenship'을 끌어들일 필요가 있다. 교양과 시민의 가치 지향을 동시에 갖고 있는 시티즌십을 '시민성/시민적 덕성civil virtue'으로 번역하면 시민으로서의 자질과 태도 또는 덕성을 의미하고, '시민권civil right'으로 번역하면 시민으로서의 권리와 권한 또는 자격을 의미한다. 그런데 '시민권 없는 시민성'은 공민교육이나 국민교육의 과도함으로 인해 순응적이고 체제 옹호적 인간을 양산할 위험성이 있고, '시민성 없는 시민권'은 권리교육이나 인권교육의 과도함으로 인해 인격과 수양의 과제를 소홀히 할 수 있다. 그러기에 교양교육은 일부의 편향에서 보듯 '국민윤리교육의 변형'으로 오해하거나 '민주투사 양성 과정'이라는 색안경을 쓰지 않도록 해야 한다

그렇다면 우리는 시민성과 시민권 어느 하나만을 선택할 수 없다. 권리를 주창할 뿐 아니라 동시에 책임을 지는 교양 능력을 가져야 한다. 마치 새의 양 날개가 동시에 작동해야 날 수 있듯이 양자는 공존해야 한다. 상황과 조건에 따라 그것의 적용이나 비중이 다를 것이다. 사회가 정의 지향적이고 대화적이고 민주적일 때는 시민성이 더 효력을 발휘할 것이지만, 사회가 부정의하고 비대화적이고 비민주적일 때는 시민권이 더 효력을 발휘할 것이다. 이제 시민사회에서 갈등이 발생하면 모든 문제를 평화적인 방식으로 그리고 폭력적이지 않은 방식으로 규칙을 지키고 대화, 토론, 심의를 통해 문제를 해결해야 한다. 때로는 문제를 해결하는 데 있어 인내, 존중 및 예의 등이 요구되기도 한다. 이러한 해결 능력과 태도의 함양을 위해서는 교양을 필요로 하고, 그것을 구현할 수 있는 민주적 교양교육이 요구된다. 여기에서 교양의 성격이 어떤 성격의 교양이냐가 문제이다. 왜냐하면 교양은 시민성과 결합할 수도 있고, 시민권과 결합할 수 있기 때문이다. 결론은 교양이란 개인의 도야 능력과 사회에 대한 비판의식을 동시에 겸비한다는 점이다. 사회가 완벽하게 정의 지향적이라든가 불의 지향적일 수 없기에, 또한 개인도 완벽하게 정의 지향적이거나 불의 지향적일 수 없기에 교양은 양면성을 모두 갖는 포괄성을 지녀야 한다. 상황과 조건에 따라 교양의 지향과 조합은 다르게 발휘될 것이다.

여기에서 시민사회를 민주화하고 민주적 교양을 가진 시민을 양성하는 '민주적 교양교육'이 필요해진다. 민주적 교양교육은 교양교육liberal arts education의 어원을 이루는 'liberal'의 의미를 비판적으로 이해할 때 해답을 찾을 수 있다.[87] 즉, 출신과 계층과 관계없이 전통과 관행을 넘어 편견과 속

---

87 'liberal'이란 말은 입장에 따라 달라지기는 하지만, 대체로 '합리적 이성의 발달', '정신(지성)의 개발', '마음(인격)의 도야', '끊임없는 진리의 추구', '신사(군자)의 양성', '교양 있는 공민(educated public)' 등을 중요시하는 경향이 있다(이상언, 1992).

박으로부터 얽매이지 않는 '자유로운' 가치를 지향하는 '비판적' 의미를 복구하는 것이다. 다시 말하면 '마음의 도야를 위한 교양교육'이 반드시 '사회 변화를 위한 교양교육'으로 발전하도록 하는 것이다. 내면(심리)의 수양이나 도야의 가치가 자신에게만 머물지 않고 외부(사회, 구조)로 향한 인문학적 문제의식을 가지고 비판의식의 칼날을 대게 하는 것이다.

그렇게 하려면 사회 변화를 위한 교양교육은 반드시 현실 사회에서의 실천적인 활동과 접목을 해야 한다. 그렇게 해야 시민사회 구성원들로 하여금 숙고와 성찰에 참여하는 능력을 개발하는 전인적 목적을 구현하는 '민주적 교양교육'으로 전화될 수 있다. 민주적 교양교육은 전인적인 교양과 개방적·민주적 진보의 겸비에 있을 것이다. 시민사회가 단순히 기본적 기술이나 부가가치를 올리는 곳이 아니라, 시민을 시민으로 성장시키고 나아가 온전한 전인이 되게 하는 '통섭적' 교양교육을 하는 곳이 되어야 한다. 국가와 시장에 대한 시민사회의 감시자로서 역할을 제대로 하려면 권력에 속박되지 않는 교양 있는 비판적 태도를 동시에 가져야 한다. 그리고 그런 태도를 갖기 위한 민주적 시민의 형성을 위한 통섭적 교양교육은 속박되지 않는 자유로운 교양을 지닌 '민주적 도야'의 가치를 소중하게 여기는 '민주적 교양교육'을 필요로 한다. 민주적 교양교육은 도야와 비판이 따로 존재해서는 안 되며 서로 융합해야 한다. 민주적 교양교육은 자기성찰적 활동과 숙고를 할 수 있는 자율성을 개발하는 개체적 훈련인 동시에 민주적 제도와 그것과 일치하는 가치를 내면화하는 시민의 자기활동을 개발하는 '민주적 시민교육'을 하는 것이나 다름없을 것이다(Fotopoulos, 2003).

'민주적' 교양교육은 시민권을 가진 자유인만의 교양교육이 아니라 남자든 여자든, 노예로 태어났든 자유인으로 태어났든, 부자이든 빈자이든 자유를 향유할 권리가 있다는 '평등성'을 함의하고 있다. 즉, 누구나 평등하게 교양교육을 받을 수 있는 민주적 자유를 지향한다(Morrill, 2009: 101). 비판적 지성을 확충하려는 목적에서 '자유교양liberal arts'을 공부하는 행위가 가능한 인간은 이제 과거 고대 그리스와 로마와 같이 '자유인', 즉 노예와 대치하여 계급적 우위를 차지했던 특권층에 속한 남성만이 아니라, 법 앞에 평등한 모든 시민을 위한 것이어야 한다. 민주적 교양교육은 노예적인 또는 기계적인 기술이 아닌 전반적 지성의 확충을 목표로 하는 학문에 대해 애써 'liberal'이라는 단어로 표현했던 것을 매우 적극적으로 해석해야 한다. 요컨대 'liberal arts education'의 'liberal'이 기계적이고 노예적인 상태로부터 자유롭게 해방시키는 '저항적' 의미를 담고 있다고 보는 것이다. 즉, 'liberal'이라는 말의 민주적 의미란 관용적인 것, 정통적 신념에 속박당하지 않는 것이라고 본다(서경석, 2007: 28, 32-33). 즉, "이건 이런 거니까 이렇게 해야만 한다"거나 "옛날부터 그래왔던 거니까 그런 식으로 처리해야 한다"는 식의 보수적인 관습으로부터 자유롭다는 뜻이다.

다시 말하면 'liberal'이라는 말에 '노예적' 혹은 '기계적' 기술과는 반대 개념으로서 보다 해방적이고 비판적인 의미를 부여한다. 즉, 노예적·기계적인 기술에 속박당하지 않아야 자유인이 되는 것이다. '자유적'이란 단순히 타인을 따르는 추종과는 반대되는 '마음의 자유'를 갖는 것이며, 사람들은 더욱 자유로운 존재가 되는 것이다. 나아가 교양이 자기 안에 머물지 않고 사회에 대해 보다 비판적·해방적 입장을 보이는 것이다. 이렇게 민주적 교양교육이란 지성을 전반적으로 확충하고 다듬는 것을 목표로 삼는 것과 함께 기술을 배우거나 전문적·직업적 훈련에 필요한 요건들로만 좁게 한정되지 않는다는 비판적 의미를 동시에 담고 있다. 우리가 지식을 배울 때 그 지식의 용도와 사회적 효용성에 기초한 실용적 교육이나 단순한 직업기술교육과는 구별되는 교육, 다시 말해 취직에 유리한 것, 돈벌이가 될 만한 것, 사회적 신분 상승으로 연결된 일을 하는 것에 머물지 않는다는 태도이다. 이렇게 보면 민주적 교양교육은 자유와 해방의 정신을 구현하는 '비판적 인문학'의 가치를 지향한다고 할 수 있다.

인간의 존엄성뿐 아니라 정의, 인권, 평화, 생태 등의 가치를 잘 구현할 수 있는 비판적 인문학을 지향하는 민주적 교양교육은 인간을 자유롭게 해방시키는 '비판적 지성인'이 되도록 하는 데 목표를 둔다. 민주적 교양교육이 양성하고자 하는 민주적 시민은 비판적 성찰 능력을 가진 교양인을 요구한다. 교육이란 결코 완전한 중립이란 있을 수 없기에 만약 교사가 학생들에게 자신의 의견을 자기 식대로 자신 있게 말하는 법을 가르치고 싶다면, 교사 스스로 저항해야 할 가치가 무엇인지를 가려낼 줄 아는 '사회적 분별력'이 요구된다(Kozol, 2008: 221, 244). 그것은 인간이 본질적으로 가져야 할 비판적 상상력이라고 할 수 있다. 진실을 드러낼 수 있는 비판적 상상력은 세상에서 일어나는 일의 옳고 그름을 따지고, 그 뜻과 관계를 파악하는 능력으로서 정의가 구현될 세상이 어떤 모습인지를 잘 보여준다. 그런데 그 능력은 '인문학적 교양'을 갖출 때 발휘될 수 있다.

인문학적 교양의 고전적 전통을 계승한 교양교육의 핵심인 전통적 파이데이아와 후마니타스를 진보적으로 해석하면 비판적 시민의 양성이 가능할 것이다. 파이데이아와 후마니타스의 핵심을 축적한 '위대한 책Great Books'[88]의 독해를 통해 현실을 비판적으로 읽어낼 수 있을 것이다. 인류의 전통과 문화의 정수가 함축되어 있는 문명화의 산물인, 흔히 고전작품이라고 여겨지는 '위대한 책'을 학생들에게 읽도록 하여(Blum, 이원희 역, 1997: 384; 398), 그 과정에서 스스로 문제의 원인을 찾아내고 사색과 숙고 그리고 대화를 통해 해답을 찾는 '성찰적' 접근이 가능할 것이다. 고전 읽기를 통한 교양교육은 현실세계에서 제기되는 문제에 직면하도록 하여 경험(체험) 중심

88 위대한 책인 고전은 인류가 생산한 무수한 문헌자료 중 인간의 삶을 이해하는 데 요긴한 것으로 역사의 검증을 거쳐 선택, 보전돼온 최고급 문헌이다. 그 속에 역사상 뛰어난 통찰력을 보인 사람들이 찾아낸 인간과 사회, 역사의 비밀이 암호처럼 담겨 있다.

교육(Noddings, 2004)과 상호작용을 하도록 해야 한다.[89] 문학과 역사 그리고 철학의 핵심이 농축되어 있는 고전을 통해 인문학적 상상력을 고양시키는 교양교육과 '타운town'과 '가운gown'의 다리를 놓는 봉사학습service learning(13장)의 상호작용은 시민사회와 교양교육을 더욱 밀접하게 연계시킬 수 있을 것이다.

사회 최하층과의 연결을 시도하는 교양교육의 민주적 역할을 제시한 클레멘트Clemente 코스의 창시자인 쇼리스Earl Shorris는 가난한 이들이나 주변인에게 가장 절실한 것은 '직업훈련'이 아니라 '인문학Humanties'임을 제창하고 있다(Shorris, 2006).[90] 가난한 이들에게 인문학을 교육함으로써 그들이 진정 성찰적 사유 능력의 힘을 갖고 정치적 삶, 즉 공적 삶을 다시 사는, 즉 '다시 참여re-engagement'할 수 있는 '민주시민'이 되는 것을 도울 수 있음을 역설하고 있다. 클레멘트 코스의 가장 핵심적 특징은 노숙인, 약물 중독자, 교도소 수형자, 빈민 등 사회적 경제적 약자에게 인문학을, 그것도 정규 대학에서 가르치는 수준의 인문학을 가르치고자 한다(고병헌 외, 2009: 147). 얼 쇼리스는 복지 정책이 가난한 사람들을 '훈련'시키는 방식에 크게 의존하는 것은 그 사람들이 일반인들하고는 뭔가 다른 존재, 즉 능력이 부족하거나 별 가치가 없는 사람들, 혹은 이 두 가지가 전부 해당되는 존재라는 편견 때문이며, 이러한 편견이 있는 사람들에게 '훈련'이 아닌 교육, 특히 인문학적 교

---

89 이런 교양교육의 방식은 단순히 과거의 문화적 전통을 일방적으로 이해하게 함으로써 현재의 문제나 미래의 과제를 사실적으로 안을 수 없는 한계도 지니고 있기에 주의할 점이 있다. 고전을 자신의 전유물로 생각하거나 그리스어와 라틴어로 된 저서들에 국한시키고 원전으로만 읽도록 강요함으로써 책 속에 담긴 사상보다는 언어적인 데 관심을 가졌다는 비판도 제기되고 있기에 반드시 현실을 해석하고 나아가 실천으로 나아가는 발판으로 삼아야 한다.

90 1995년 미국에서 시작해서 2009년 현재 전 세계적으로 5개 대륙, 9개 나라, 70여 곳에서 '클레멘트 코스(Clement Course)'라고 하는 가난한 이들을 위한 인문학 과정을 꽃피우고 있다.

양교육이 필요하다고 주창한다. 가난한 사람들을 가난으로부터 구할 수 있는 힘은 가난을 바라보는 기존 관점을 완전히 바꾸는 일이다. 이것은 부자들이 독점해온 '인문교육'에 대한 전면적 수정을 요구하는 것이다. 가난이 무엇인지 정말로 아는 사람은 일자리나 돈 문제에 얽매이지 않는다고, 그리고 가난한 당사자들도 가난을 벗어나는 문제에 관한 한 일자리나 돈, 그 자체가 그저 보조적인 의미밖에는 가질 수 없다는 사실을 잘 알고 있다는 것이다. 그러기에 문제 해결의 핵심은 가난한 이들이 '자율적'으로 행동하고, 자기 통제를 할 수 있을 때 비로소 그 사람들은 가난에서 벗어날 수 있다는 것이다. 여기에서 교육 불평등이 사회적 불평등으로 이어지면서 가난이 대물림되는 악순환의 고리를 끊기 위한 핵심 능력 중의 하나가 바로 '인문학적 소양'이다.[91]

가난한 사람들이 인문학을 공부한다는 것은 그 자체가 매우 진보적인 행동이다. 왜냐하면 인문학 학습은 가난한 사람들에게 정치적 삶을 가르치며, 진정한 힘이 존재하고 있는 공적 세계로 그 사람들을 이끌어주기 때문이다. 인권, 정의, 민주주의 등은 언제나 위험한 가치로 간주되어 왔기에 이런 문제에 심각하게 이의를 제기하는 인문학은 가난한 사람들, '위험한 사람들'을 변화시키고, 그 사람들로 하여금 합법적이고 정당한 힘을 갖게 해준다. 이런 인문학 교육을 통해 어떤 상황에도 자기의 삶이 무엇과도 바꿀 수 없는 지고의 가치를 지니고 있음을 인식하는 '자기 존중감'을 바탕으로 다른 사람의 삶도 그런 가치를 지니고 있음을 인정하고, 나와 너 그리고 우리가 공동체적 의식을 갖고 함께 살아가는 인문정신을 체득하게 하는 데 큰 의미가 있다. 노숙자들이 상실한 것은 단지 가족이나 경제력만이 아니며, 무엇보다 자존감과 내면의 힘을 잃어버렸고, 그래서 한 인간으로서 의연하게 살아가

91 이러한 철학에 바탕을 둔 얼 쇼리스의 '가난한 이들을 위한 인문학'을 고병헌은 페스탈로치의 '빈민을 위한 전인적 인간교육'의 현대적 표현이라고 말한다(고병헌 외, 2009: 149).

거나 타인을 존중할 수 없게 되었을 뿐 아니라, 그래도 이 세상이 살 만한 곳이라는 믿음의 상실 또한 큰 상처로 남는다는 사실을 놓치지 않도록 하는 것이다.

얼 쇼리스는 비판적이고 민주적인 인문학적 교양교육을 통해 '인간'이라는 그릇의 크기를 의미 있는 정도로 키울 수 있도록 하고, 그 교양교육의 핵심에 인문학을 자리매김하고 있다. 민주적 교양을 자난 시민으로 성장하게 하는 민주시민교육의 중심에 인문학적 교양교육을 설정하고 있는 것이다. 사실 민주주의를 향유할 수 있는 시민적 역량이 부족한 것은 결국 폭넓은 교양, 특히 인문학적 교양의 부족 때문이라고 할 수 있다. 효율성을 모토로 하는 신자유주의의 무한경쟁은 거스를 수 없는 추세인 것 같지만, 오늘날 민주주의가 지체되고 있는 것은 신자유주의의 문제점을 제대로 인식하지 못하는 민주적 교양교육의 취약에도 그 원인이 있음을 자각하게 한다.

인간성과 사회성을 동시에 갖게 하는 민주적 인문학은 가난한 사람들에게 자신이 사는 세상에 대해 성찰적으로 사고할 수 있는 힘을 길러줄 것이고, 이러한 성찰적 사유 능력은 또다시 그 사람들로 하여금 '무력감의 포위망'에서 벗어나 자신의 세계에 '다시 참여'할 수 있도록 해줄 것이다. 인문학을 통한 배움과 깨달음은 인간 내면의 상처를 근본적으로 치유할 수 있다. 특히 정치사회적 자유와 해방을 위해 교육하는 교사는 '인문학적 소양'을 갖추어야 한다. 인문학적 소양을 갖추고 대화할 수 있는 능력을 갖춘 교육자만이 사회경제적으로 취약한 계층의 아이들에게도 자기 존중감과 타인을 존중하는 마음, 이 세상에 대한 희망, 그리고 의연하게 삶을 살아갈 힘을 길러줄 수 있다. 민주적 교양교육의 지향은 학교교육이 해방적 기능을 발휘하고, 학생들이 스스로 교실과 학교의 사회적 건축을 재건설하는 변혁적 역할을 하는 데 있는 것이다.

앎과 삶이 분리되지 않는 실천적 삶, 공동선의 의지, 정의와 공정의 의식, 관용의 태도, 자제력, 대화와 경청의 능력, 교섭력 등 민주적 교양 능력을 가져야 소극적 시민성을 극복할 수 있다. 소극적 시민성을 극복하기 위해서는 특히 각종의 자발적 공동체, 시민단체 등에 참여하면서 발휘되는 민주적 교양 능력을 갖추어야 한다. 청소년들을 항상 만나는 교사나 시민사회의 활동가들이 이기심, 경쟁, 폭력 등으로 얼룩져 있다면 지도력을 발휘할 수 없을 뿐 아니라, 국가와 시장을 올바로 감시하고 견제할 시민사회의 도덕성이나 정당성의 근거를 허물고 말 것이다. 그런 지도력이라면 국가와 시장의 폭력을 제어할 수 없다. 그러기에 국가와 시장의 민주화를 위해 시민사회의 교양 능력을 함양하는 민주적 교양 능력이 절실하게 필요한 것이다. 국가와 시장을 감시하고 견제하는 감시자로서의 시민사회의 주체적 역량은 시민의 민주적 교양 능력에 달려 있다고 해도 과언이 아닐 것이다.

최근 봉사활동의 대상과 학교의 교과지식을 상호 연결하여 파악하는 '봉사학습service learning(13장)'은 교양교육을 지지하고 참여적 시민을 양성하기 위한 효과적인 교수법으로 관심을 끌고 있다(Demies & Sutton, 2009: 148). 봉사학습을 통해 아동 및 청소년이나 학생을 시민으로 성장하도록 돕는 길목의 교육 역할을 하는 민주적 교양교육은 평화와 우애 속에서 살도록 하고, 이를 위해 공정성, 인권, 평화, 관용, 비판적 사고, 의사소통 능력, 정치적 문해력, 갈등의 평화적 해결 능력, 시민적 덕목(신뢰와 협동, 타인 존중) 함양, 참여적 능력 등을 길러주어야 한다. 민주적 가치를 소중하게 여기는 민주시민교육은 민주적 교양·소양 능력을 길러 주는 민주적 교양교육을 중심에 두어야 할 것이다.

제12장

애국심과 민주주의의 갈등 그리고 민주시민교육

1. 민주적 애국심이 왜 요청되는가?

한국사회에서 보수적 애국주의가 지배적 경향이 된 것은 한국사회의 역사적 흐름을 고려하면 지극히 당연하다. 지금까지 한국사회의 애국심은 그 출발부터 민족주의와 결부되어 있다. 이는 일본으로부터 민족주의와 결합한 '애국심' 또는 '애국주의' 논의를 수용했기 때문이었다.[92] 전통적으로 한국사회는 중앙 권력이 극도로 비대화된 상태였는데, 일제강점기나 한국전쟁을 겪으면서 완화되지 않고 오히려 강화되었다. 이후 "잘살아 보세"라는 구호 아래 북한과 경쟁하며 선진국으로 도약하려는 권위주의적 근대화 과정

92 이전에는 애국주의를 민족주의의 원초적 단계로서 인간의 본능적인 집단적 귀속감의 하나로 가볍게 여겼다. 여기에서의 '애국주의'는 하나의 '주의(ism)'라기보다는 '애국심'이라는 마음의 상태를 나타내는 말로 사용되었다.

은 개인의 자유나 보호라는 담론 없이 국가에 대한 무조건적 충성과 복종을 내면화하는 과정이었다. 1970년대 박정희 정권과 1980년대 전두환 정권 시절 반독재 민주화 투쟁을 벌이던 세력에게 애국은 1980년대까지 권위주의 정권이 체제 유지를 위해 동원한 이데올로기로 간주되었다.

한때 애국가가 흘러나오면 모두가 마치 정지된 화면처럼 발걸음을 멈추고 국기에 대한 맹세를 읊어야 했던 모습은 왜곡된 역사가 만들어낸 웃지 못할 장면이었다. 그리고 컴컴한 영화관에서 기다리던 영화가 시작되기도 전에 꼭 자리에서 일어나 가슴에 손을 얹고 애국가를 듣고, 대한 뉴스를 봐야 했다. 이러한 애국주의 열풍에 반대한 사람들은 모두 반국가적인 성향으로 규정되었던 서슬 퍼런 시기였다. 이러하였기에 좌파는 기득권 보수 진영이 좌파에 대한 폭력적 탄압을 자행한 것에 대해, 그리고 그 이후 통치자의 자의적 지배로 운영해왔다는 인식 때문에 국가에 대한 승인을 전제하는 애국주의라는 지배 권력의 담론에 거부감을 가졌다.

이러한 상황으로 인해 1980년대 한국의 좌파 운동 중 일부는 남한 체제의 정통성에 의문을 가졌고, 북한이나 러시아 또는 유럽식 사회주의에 우호적 태도를 보이기 시작했다. 그렇지만 이런 애국 방식이 다소 낡은 것으로 여겨진 것은 동독이나 소련이 붕괴된 80년대 후반에 들어서이다. 보수 진영 또한 애국이 곧 국가에 대한 맹목적 복종을 의미하는 것은 아니라는 반성이 일어났고, 진보 진영 일각에서도 최근 들어 애국이라는 단어에 대한 거부감을 넘어 무엇이 진정한 애국인가라는 근본적 문제와 함께 애국주의에 대한 생산적 소통의 계기를 제공하였다. 이러한 양 진영의 소통 가능성은 민주화 이후 대한민국이 가진 긍정적 가치들이 더욱 부각되는 지형 변화 속에서 일어나는 새로운 변화들이다. '애국심'이나 '애국주의'에 대한 최근의 관심은 국가에 맹목적인 헌신이나 자기희생을 강조하는 보수적 담론에 대한 대응임과 동시에, 국가나 공동체 자체를 개인을 억압하는 도구로 간주하고 거부하는 진보 진영 내의 냉소적인 태도에 대한 문제의식을 담고 있다는 점에서 새로운 국가 건설을 위한 긍정적인 함의를 갖게 한다.

여기에서 우리는 애국주의 논쟁을 통해 그동안 애국심을 정권 유지의 수단으로 여겨왔던 권위주의 교육에 대한 반성과 함께 군사·영웅 주의, 반공·국가 주의와 같은 맹목적 애국심을 유연하고 사려 깊은 애국심으로 돌리는 전환점을 주목하게 된다. 맹목적 애국심을 부드러운 애국심으로 돌리는 교육은 애국심과 민주주의를 결합한 민주시민교육을 통해서만 가능할 것이다.

2. 애국심의 개념과 논쟁사[93]

'patriot'나 'patriotism'의 어원은 라틴어 'patria'와 그리스어 'patrida'에서 유래한 말로 '아버지의 땅'이나 '조상들의 땅' 또는 '가족'이나 '고향'을 의미하였다. 사람들은 자신이 태어나고, 자라고, 교육받고, 생계를 유지하고, 자손을 낳는 그러한 땅을 자연스럽게 사랑한다. 소크라테스는 "모든 시민은 땅의 자손이며 교육을 받고 태어난다"고 말하였다. 이렇듯 고향에 대한 자연스런 사랑은 '자연적 애국심natural patriotism'의 한 형태라고 볼 수 있는데, 자연적 애국심이 지닌 가장 큰 특징은 땅에 대한 강한 애착이 지배적인 감정으로 자리 잡고 있다는 점이다. 자연적 애국심은 국가가 생겨나기 이전에 존재했던 고대 부족에게도 있던 오래된 애국심의 일종으로 국가의 성립 없이도 존재할 수 있다. 고대의 자연적 애국심은 흔히 '종교적 애국심'과 긴밀히 연관되어 있었는데, 종교적 애국심은 사람들이 자신이 태어난 땅에는 신과 조상들이 살고 있고 숭배에 의해 정화된 신성한 땅이라고 믿게끔 만든다.[94]

---

93 애국주의(patriotism)는 최근의 개념이고, 애국자(patriot)는 더 오래된 개념이다.

94 종교적 애국심에 따르면, 인간은 자신의 종교를 사랑하듯이 자신의 국가를 사랑해야 하

이와 달리 '정치적 애국심political patriotism'은 '파트리아'가 공화국이 자유나 공동선과 동일시될 때 탄생한다. 파트리아를 자유와 법과 연관시킨 최초의 철학자는 키케로Cicero이다. 이렇게 보면 파트리아는 지리적 실체인 동시에 정치적 실체라고 할 수 있다. 자기 땅에 살고 있는 일군의 사람들이 공동의 자유, 공동선, 법치, 정의 등을 보장해주는 파트리아를 사랑할 때 그들은 비로소 애국적 시민으로 변화하는 것이다. 다시 말해, '시민공동체'라는 뜻의 'polis(도시국가)'에 대해 정치적 정체성과 충성심을 지니고서 자기가 태어난 도시, 즉 자기 나라를 향한 사랑과 희생이 곧 애국심이며, 그것은 조국에 대한 깊은 정서적 애착과 자부심으로 발전한다. 덕을 갖춘 시민은 나라를 자기 자신보다 더욱 사랑하는, 다시 말해 나라를 위해 자신의 생명과 행복까지 포기하는 애국심을 강하게 노정한다. 그에게 있어 이런 애국심은 시민으로서 가져야 할 최고의 덕성이다.

아테네의 정치가 페리클레스는 펠로폰네소스 전쟁의 전몰 장병을 추도하는 유명한 연설에서 다음과 같이 약속한다.

> 이 전몰자들과 그 유족에게 나라가 주는 승리의 관으로서 그들의 자식들이 성인이 될 때까지 아테네가 국고를 통해 양육비를 보증합니다. 덕행을 지고의 덕으로 일아주는 나라야말로 가장 훌륭한 시민이 다스리기 때문입니다.
> (투키디데스, 1993: 180; 김상봉 2005: 8에서 재인용)

시민들은 나라가 자신들을 사랑해주어야만 나라를 사랑한다. 만약에 나라가 시민의 안전, 재화, 생명, 자유 등을 보장하지 못한다면, 이러한 국가는 시민이 사랑하는 대상이 될 수 없다. 르네상스 시대에 들어와 이러한 애국주

며 신에 복종하듯이 국가에 복종해야 한다.

의는 시민적 휴머니스트에 의해 더욱 강조되었다. 그들에게 'patria'는 바로 공동의 이익을 추구하는 나라를 의미했다. 그리고 그 안에서 공동의 이익을 추구하는 삶이 가장 가치 있고 고귀한 삶이었다. 나라는 오로지 시민들의 적극적 참여 정신을 통해서만 지켜질 수 있으며, 그것은 시민의 의무가 되었다. 이러한 애국주의를 15세기 피렌체의 시민적 휴머니스트들이 완성하였다. 브루니Leonardo Bruni는 피렌체가 조국인 것은 피렌체가 정의를 추구하는 자유롭고 평등한 시민들의 공화국이기 때문에 영예로운 찬양을 받을 만한 나라라고 주장한다(Virori, 2006: 27-29). 피렌체 시민들이 애국한다는 것은 그들이 그 안에서 자유롭게 살면서 최고의 공적 명예를 추구하게 해주는 나라에 헌신한다는 것을 의미한다.

마키아벨리도 마찬가지 입장을 취했다. 그는 '나라'라는 것은 법과 공동의 자유를 의미하며, 따라서 '애국'을 정직한 인간의 가장 고귀한 도덕적 의무라고 보았다. 그는 민족nazione이란 단순히 지방provincia, 즉 공통된 관습이 존재하는 곳을 의미한다며, 이와 대조시켜 "나는 내 '나라patria'를 내 영혼보다 더 사랑한다"고 하였다. 자신의 영혼보다 나라를 더 사랑한다는 말은 나라를 위해 영혼과 생명을 희생할 각오가 되었음을 뜻한다. 정서적 공감을 갖는 '나라'는 로마의 모든 군인과 시민이 살고 죽는, 모든 가치(도덕, 종교, 정치, 윤리 등)가 담긴 장소이며 상징이다(Arendt, 1958: 120-124). 근대적 애국심의 가장 큰 부분을 차지하는 영광스런 조국을 위한 영웅적 자기희생의 강력한 상징은 로마 역사에 뿌리를 두고 있다. 나라를 이롭게 하는 훌륭한 시민은 죽음을 주저하지 않을 것이며, 나라를 자기 생명보다도 더 귀중하게 여긴다. 자신이 태어나고 자신에게 혜택을 준 조국 자체가 언제나 사랑하고 존경할 대상이라는 생각이 깊게 자리하고 있다. 이렇게 애국심은 도시의 특별한 지역보다 나라에 대한 헌신과 정치적 상징 그리고 종교적 교리에 더 강하게 연관이 되어 있다.

18세기에 들어와 계몽사상가들에 의해 애국주의 담론은 변화되기 시작한다. 이들은 '나라patria' 또는 '조국patrie'이란 말과 '공화국res publica'이라는 말을 동의어로 간주하였다(Viroli, 2006: 167). 왜냐하면 그들은 오직 공화국만이 진정한 조국이 될 수 있다고 믿었기 때문이다. 로마 시대의 정치가이자 철학자인 키케로Marcus Tullius Cicero는 '공화국republic'이란 '공동 또는 공공의 일'이나 '국가의 모든 일', '공중의 소유물'이나 '모든 사람들의 공동 재산'을 일컫는 'res publica'에 어원을 두고 있다고 말한다.[95] 그에게 있어 조국, 즉 공화국은 부모, 자신, 친척, 친구보다도 더 소중한 존재이다. 공적 영역으로서 조국의 이익을 고려하지 않는 사적 이익은 악이나 다름없으며, 이들 목적을 위한 행동은 용기가 아니라 탐욕에 지나지 않으며, 공익을 무시하고 탁월함을 추구하는 행위는 정의롭지 못하기에 결코 참된 영광을 얻을 수 없다. 따라서 조국을 위해 죽음을 두려워하지 않고 일하는 것은 고귀한 의무이자 위대한 정신이다(곽준혁, 2003: 334). 이렇게 공동선에 대한 복무를 사적 이익에 대한 애착보다 우선시하며, 공동선에 대한 복무를 자신이 태어나고 살아온 나라에 대한 사랑, 즉 조국애와 연결시켰다.

돌바크Paul Henri d'Holbach는 진정한 애국주의란 공정한 법에 의해 지배되는 자유로운 시민들의 나라에서만 가능하다고 주장했다(조성래, 2010: 143-144). 나라에 대한 사랑은 우리가 태어난 곳에 대한 사랑이 아니라, 우리가 법에 의해 자유와 행복을 보호받는 나라에 대한 사랑이다. 볼테르Voltaire도 자신의 『철학사전』에서 '나라patrie'를 '폭정'의 반대어로 사용하였다. 인민들이 폭군조차 침해할 수 없는 법의 보호를 받을 때, 그리고 공동의 이익을 위해

---

95 '공화(共和)'라는 말은 중국 주나라의 려왕이 폭정을 일삼자 제후들이 반란을 일으키고 왕을 대신에 집정하던 시기를 가리키면서 처음 쓰였다. 왕 없이 정치가 이루어진다는 의미의 '공화제'라는 말은 여기에서 비롯된 것이다. 이렇게 왕정이 아닌 제후들의 집단 통치를 가리키던 '공화'가 영어 단어 'republic'의 번역어로 쓰이게 된다.

연대할 때, 그리하여 개인이 그러한 공동체의 한 부분이 될 때, 즉 '주권'의 한 부분이 될 때를 '나라'라고 불렀다. 루소도 시민의 애국적 의무란 국가로부터 제공받는 인간적 삶의 혜택에서 발생한다고 보았다. 그는 국가의 진정한 의미가 근대인에게 거의 잊혀가고 있다고 개탄하며 다음과 같이 강조한다.

> 대부분의 근대인들은 도시를 국가로, 부르주아를 시민으로 잘못 착각하고 있다. 이들은 집들이 도시를 만들고, 시민들이 국가를 만든다는 것을 모르고 있다. (김용민, 2003: 99, 재인용)

이 말에 따르면 애국심이란 단지 땅에 대한 사랑이 아니라, 같은 조국에 살고 있는 시민에 대한 사랑이라는 것이다. 전제나 전체주의의 멍에 아래에서는 나라라는 것은 존재할 수 없다. 법 대신 군주의 변덕이 횡행했고, 공포와 폭력이 난무하는 정부의 원리가 지배하는 곳의 통치를 받는 백성에게 나라라는 것이 존재할 수 없고, 그런 조건 속에서 애국심이 태동될 수가 없다. 애국심이란 자유의 향유가 없이는 존재할 수 없으며, 또한 그 자유는 덕 없이 존속할 수 없고, 그 덕 또한 시민 없이 존속할 수가 없다(김용민, 2003: 96). 루소에게 있어 법률에 따라 지배되는 모든 국가는 '공화국'이다. 프랑스 혁명 시기에 정치적 자유의 획득은 바로 애국의 궁극적 목적이 된다. 그에게 애국심은 조국의 법률과 자유에 대한 사랑이고, 시민의 자기애가 확장되면서 형성되는 마음이다. 나라를 사랑한다는 것은 자유를 사랑하고 그것을 보장해주는 '헌법'을 사랑하는 것과 마찬가지이다. 이렇게 애국주의는 자연스럽게 자유, 재산, 그리고 헌법적 권리(민주주의, 인권, 평화 등)에 관심을 두는 것으로 발전하게 된다.

애국심을 헌법적 애국심constitutional patriotism, Verfassungspatriotismus 개념으로 발전시킨 스테른베르거Dolf Sternberger는 헌법과 애국심이 결합된 '제2

의 애국심'을 거론하며 애국심이 소중하게 여겨야 할 조국을 다음과 같이 정의한다.

> 조국의 개념은 자유로운 헌법에서 비로소 실현된다. 즉 한낱 성문헌법에서가 아니라 우리 모두를 이 나라의 시민으로 속하게 하고 우리가 매일 참여해서 형성해가는 살아 있는 헌법에서 채워진다. (원준호: 64, 재인용)

우리는 이 언급에서 자연적 애국심 개념이 헌법에 기초를 둔 '공화주의적 애국심'으로 완전히 전환되어 가는 것을 확인하게 된다. 헌법을 사랑하는 애국심은 민족 및 민족성에 근거한 제1의 애국심, 즉 민족주의에 포섭된 애국심과는 다르다. 그가 민족 대신에 서독이 전후 발전시킨 자유와 민주주의에 기초한 헌법을 애국심의 핵심적 가치로 삼게 된 배경에는 전쟁 유발과 패배로 인해 상처받은 민족, 그리고 분단된 민족은 그 자체로 서독 시민의 사랑의 대상이 될 수 없다는 점이 작용했다고 할 수 있다. 헌법적 애국심은 민족주의를 위한 대용품이나 분단된 민족에서만 유용한 임시방편이 아니라, 시민의 정치적 자기 정체성 형성과 정치 통합을 위해 보편적으로 적용되는 도덕으로 가정하고 있고, 따라서 참다운 애국심은 본래 헌법적 애국심으로 존재해왔다고 할 수 있다. 오늘날 헌법적 애국심은 헌법의 지배 아래 민주정체의 구성원들이 어떻게 정치 규칙을 인식하고, 정당화하며, 유지할 수 있는가에 대답하기 위한 민주주의 이론의 일부가 되었다. 그것은 다문화 사회에서 공존하는 서로 다른 삶의 양식이 갖는 다양성과 통합성을 옹호하는 것으로 발전하였다. 그러하기에 그것은 애초부터 '세계시민주의'와 공존할 수 있게 되고, 그것과 친화력을 보였다(김만권, 2009: 193).

다른 한편 영국에서 '애국자patriot'라는 단어를 처음 사용한 것은 16세기였다. 그런데 그것은 단순히 프랑스어 'patriote'에서 차용한 것으로 '같은 나라에 사는 동료fellow-countryman'를 의미할 뿐이었다. 이것이 애국자라는 의미를 갖게 된 것은 17세기 초였다. 그리고 애국자라는 말이 앞서 논의하였듯 공동의 자유와 공동의 이익이 존재하는 나라를 지키는 사람이라는 의미를 띠게 된 것은 1643년 왕당파와의 전투에서 전사한 햄던John Hampden을 '애국자'라고 추모하면서부터이다. 1660년 『실낙원』으로 유명한 존 밀턴은 잔부의회Rump Parliament 의원들을 자유의 옹호자인 애국자들이라고 부르면서 자유의 수호자인 애국자가 자유공화국의 대의원이 되어야 한다고 주장했다. 이러한 수사는 1680년대 후반과 1890년대 급진적 휘그파들의 정치적 담론에서 본격화되었다. 그들에게 애국자란 1688년 명예혁명 당시 왕당파에 저항한 급진 휘그당의 정치 구호에서 비롯되었다. 그들에게 애국자란 영국인의 자유와 권리를 지키기 위해 폭정에 대항해 싸운 사람들이었고, '순교'까지 감수한 사람들이었다. 1693년부터는 매년 스튜어트 왕가를 규탄하고 순교자 햄던과 시드니를 찬양하는 모임이 열렸고, 이 모임에서 '폭군을 죽인 애국자들'을 위한 축배까지 들었다. 애국자들의 피라는 것은 인민의 자유를 수호하는 사람들의 씨앗임을 각인시켰다.

이러한 역사를 가진 '애국자'라는 언어는 영국사회에서 첫째, 특정의 정치적 원리, 즉 전제에 대항하는 영국인의 자유와 권리를 보호하고, 왕과 궁정에 대항하는 영국인의 법률과 헌법과 연결된 것으로서 보수적인 토리Tory당에 반대하는 '혁명분자revolutionist', 즉 휘그Whig당과 연결되어 있다. 둘째, 애국자는 정치적 순교와 연결되는 휘그의 정치적 수사로서 왕의 전제와 월권에 반대하는 사람을 지칭하였다. 애국자는 전제군주를 죽였던 사람이고, 애국자의 피는 인민의 자유를 주창한 맹아의 이미지를 연상시켰다. 애국한다는 것은 자유를 지키는 행위로서 단순히 자기가 태어나 살고 있는 곳에 대한 소박한 사랑이 아니었다. 휘그파의 지도자 섀프츠베리Shaftesbury 백작은 진정한 애국이란 자기가 태어나 사는 곳에 대한 사랑이 아니라 공동의 자유를 사랑하는 것이라고 여겼다. 이러한 생각은 보수적 토리파들이 주장하고 있던 근왕주의royalism로부터 휘그파들이 애국주의를 지켜내기 위한 조직적인 노력의 일환이라고 할 수 있다.[96]

섀프츠베리 백작은 영어에 'patria'의 의미를 정확히 옮길 단어가 없음을 애석해하면서 'country'로 번역함으로써 개념의 혼란이 생기는 것을 염려했다. 왜냐하면 그것은 단순히 자기가 살고 있는 지역에 한정되기 때문이다. 그가 말한 patria는 자유로운 시민들이 공동의 이익을 위해 함께 사는 공동체였다. 힘에 의해 그리고 군주의 통치 아래 함께 모여 사는 다중은 진실로 연대해 있다고 할 수 없다. 사실 공동의 선과 이익에 기초하여 상호 동의에 의해 사회적으로 유대하고 있을 때 공동체의 일원이 되고 하나의 인민이 되는 것이다. 오히려 절대 권력은 공동의 공공적 일을 파괴하는 존재로서 공동의 공적 사업이나 헌법이 존재하지 않기에 조국이란 존재할 수가 없는 것이다. 그에게 애국이란 자유와 독립을 보장해주는 '헌정憲政' 체제를 사랑하는 것이다. 그리고 애국자들이 동료 시민을 사랑한다는 것은 인종적 동질성을 확인하는 것이 절대로 아니라, 도덕적·사회적 관계를 맺는 것이다. 그러기에 적어도 애국자는 영국의 정치 담론에서 나라, 더 정확하게 표현하면 '헌법'을 사랑하는 것이며, 그것은 절대군주에 대항하는 것이나 다름없다(Dietz, 2002: 205-206). 헌법적 자유를 옹호하고 부패와의 싸움을 벌이고 자유, 헌법적 권리, 재산 등 나라의 토대를 이루는 기본적 원리와 깊이 연루된 patria는 휘그와 토리의 적대적 싸움 속에서 만들어진 정당화를 위한 이념적 도구였으며, 그것은 이후 도덕적 관점과 정치적 관점을 동시에 갖게 되었다. patria는 양정파의 싸움 속에서 더욱 급진적 함의를 띠게 되었고, 더욱 혁명적인 개념으로 발전하였다. 결국 patria, 즉 애국한다는 것은 하나의 도덕적 의무로서 나

96 오늘날 영국의 보수당은 토리당의 후예가 되었고, 노동당은 휘그당의 후예가 되었다.

라에 대한 봉사와 헌신은 좋은 정부를 지지하고 공동의 자유를 지키는 것이며, 이를 외면하는 것은 초연한 삶을 사는 것이 아니라 나태하고 타락한 삶을 사는 것으로 진정 나라를 사랑하는 방식도 아니었다.

영국사회에서 애국주의 담론이 가장 극명하게 표출된 것은 18세기였다. 그 이유는 당시 영국 재야의 급진적 지식인들이 기득권 세력이 장악하고 있던 나라를 조국이 아니라 '폭정'으로 규정하고 이에 저항했기 때문이다. 애국주의 담론을 촉발시킨 것은 '부패'라는 언어로 표현되던 당시 지배 세력의 정치적 형태였다. 당시 월폴Robert Walpole이 집권하면서 굳어진 궁정파 기득권 세력과 금융 세력이 정경유착을 하자, 개혁적이고 급진적인 재야 세력의 눈에는 국가의 공동 이익을 위한 것이 아니라 파당적 이익을 추구하는 정치 행태로 비쳤다. 그러한 행태는 영국인들의 진정한 자유를 구현하는 것이 아니라 오히려 파괴하는 작태나 다름없는 것이었다. 말하자면 18세기를 통해 patria에 함축되어 있는 애국주의와 애국자라는 용어는 월폴 이래 집권 세력의 지배를 '부패한 폭정'이라고 비판하는 개혁적·급진적 재야 세력을 모두 지칭하였다.

이러한 영국의 애국주의 담론은 식민지 미국으로 건너가 재연되었다. 1776년 미국의 독립혁명 주창자들은 '애국자patriot'였고, 그 외의 사람들은 모국을 옹호하는 충성스런 '왕당파loyalist'였다. 애국자나 '애국주의patriotism'는 분명 특정의 이념적·헌법적·정치적 원리, 즉 자유로운 공화국, 자유에 대한 사랑, 재산의 신성함, 제재를 받는 정부, 새로운 정치체제, 공유된 투쟁의 경험으로부터 발전된 공공 정신, 공동의 명분을 위한 자기희생을 포괄하는 의미를 가졌다. 적어도 미국의 애국주의는 혁명적 운동의 활력 있는 사상이었고, 새로운 인민을 창출하는 힘이었다. 이를 두고 프랑스 정치학자 토크빌은 미국이라는 나라의 민주주의 실천을 '성찰하는 애국주의' 또는 '자치의 성찰적 정신(Dietz, 2002: 208-210)'이라고 칭송하였다. 나아가 애국주의자의 명분은 점점 중앙집권화되어 가는 국가와 증대하는 경제적 질서에 대한 대항을 포함하는 것으로 발전하였다. 애국주의자들이 애국심을 요청함으로써 그것은 변혁 또는 혁명을 위한 정치적 수사가 되었다. 그것은 곧 '급진적 애국주의radical patriotism'로 발전되었고, 국가생활에 있어 정치적 평등과 사회적 정의를 옹호하는 것이 되었다(Dietz, 2002: 209). 시민적 덕목으로서 순종과 자유, 충성과 반대, 나라사랑과 시민권과 관련된 복잡한 문제에 대한 관심은 애국주의의 실천이 미래 시민들에게 적합한 새로운 개념으로 재구성되면서 발전되어 갔다.

이러한 가운데 최근 대외강경주의 및 배타주의의 모습을 보이면서 배타적 애국주의와 무비판적 세계화 간의 갈등이 발생하자, 이를 비판적으로 보기 시작한 지성인들이 오늘의 사회를 끌어갈 새로운 가치로서 '세계시민주의cosmopolitanism'의 대안적 사상으로 애국주의가 제시되었다. 미국 하버드 대학교가 발간하는 격월간 논문집 『보스톤리뷰』에 너스바움Martha Nussbaum 교수가 애국주의와 세계주의에 관한 글을 발표하면서 논쟁의 불꽃이 터졌다. 그녀는 '애국적 자부심'을 지나치게 강조하는 것이 도덕적으로 위험하며, 우리에게 가장 고귀한 충성의 대상은 인류 공동체이며, 우리의 실천적 사고의 제1원칙은 인류 공동체의 모든 구성원들의 가치를 동등하게 존중하는 데 있고, 애국주의는 지민족 중심주의적 배타주의와 별로 다르지 않다며, 국가주의 감정을 지나치게 옹립함으로써 정의와 공정이라는 본질적 가치를 겉만 번드르르한 우상으로 대체시키고 말았다고 비판하였다. 그녀는 그것 대신 '세계시민주의'에 호소하며 일국에 한정된 인간 존중의 가치가 전 세계 차원의 가치로 확대되어야 한다고 역설하였다(Nathanson, 2002: 114).

애국심·애국주의에 대한 너스바움의 세계시민주의 옹호는 새로운 찬반 논란을 불러일으켰다.

첫째, 애국주의에 대한 세계시민주의를 제한적으로 지지하는 관점이 나타났다. 세계시민주의가 자칫 문화적 획일화로 이어질 수 있음을 경계하면서도 그것의 대의에는 찬성하는 '비판적 지지파'이다. 이들은 인류의 사회적·문화적 생활방식의 다양성과 그 가치의 동등함을 존중한다는 점에서 세계시민주의의 이상에는 동감하지만, 너스바움이 주장하듯 국가를 임의적인 도덕적 실체로 보기는 어렵고, 세계시민주의가 자칫 문화의 획일적인 세계화로 이어질 수 있다는 이유로 세계시민주의가 잠재적으로 보일 위험성을 경계한다.

둘째, 애국주의를 지지하면서 세계시민주의를 비판하는 관점이다. 물론 이 관점 안에서도 애국주의의 역할에 대한 강조점 차이를 보인다. 애국주의를 적극적으로 역설하는 태도를 취하는 바버B. Barber 등은 세계시민주의가 실체 없는 비현실적 추상이거나 보증할 수 없는 낙관주의를 그저 말로만 그럴싸하게 주장하는 환상에 불과할 수 있지만, 미국의 애국주의가 정의와 공정이라는 보편적 이상을 현실적으로 법제화하는 결정적인 역할을 했다는 긍정적 평가를 내리려고 한다. 그런가 하면 애국주의를 소극적으로 용인하는 입장을 취하는 사람들은 세계시민주의의 이상도 국민국가를 매개로 할 수밖에 없고 지역적 애국주의는 세계시민주의로 확대되어 가는 경로를 밟고 있으므로, 현실적으로 애국주의를 세계시민주의의 이상을 구현하기 위한 출발점으로 보자는 것이다. 결국 두 번째 관점은 퍼트남H. Putnam의 말처럼 너스바움이 예언자일 수는 있지만 세계시민주의의 실현은 시기상조라는 것이다.

셋째, 애국주의 대 세계시민주의의 문제, 둘 중 하나를 지지·반대하는 양자택일의 문제로 보지 않는 입장이다. 예컨대 월러스타인I. Wallerstein은 어느 한쪽의 입장을 옹호한다고 선언하기보다는 세계에 의존하는 불평등을 타파하고 민주적이고 평등한 세계를 창조할 수 있는 세력을 지원하는 것이 실제로 중요하다고 본다. 그리고 교육적으로 필요한 것은 우리가 세계시민이라는 것이 아니라 불평등한 세계에 있다는 것이며, 공평무사하고 세계적으로 되는 것과 자신의 협소한 이익을 옹호하는 것은 대립하지 않고 복잡한 방식으로 결합되어 있다는 점을 배우는 게 중요하다는 것이다. 것만A. Gutman도 우리의 일차적인 충성 대상은 민족공동체나 국가 혹은 인류 공동체와 같은 어떤 형태의 공동체가 아니라, 올바른 일을 행하는 것, 즉 정의여야 한다고 주장한다. 그런가 하면 왈저M. Walzer는 보편성을 전제하지 않은 자국중심주의나 구체적인 충성 대상을 무시하는 세계시민주의는 똑같이 비도덕적 행위를 유발할 수 있다고 지적하면서 두 용어의 대체를 제안하고, 버틀러J. Butler는 문화의 특수와 보편이란 틀에서 애국주의와 세계시민주의의 문제에 대해 원리적으로 신중하게 접근할 것을 제안한다.

이런 애국주의 논쟁이 격렬해지면서 애국주의를 비판하며 세계시민주의를 옹호했던 너스바움은 최근 애국심이 강렬한 한국을 방문하여 조금 '순화된 애국주의purified patriotism'를 제창하며 유연한 관점을 취한다. 그녀는 애국한다는 것은 나라의 동료 시민들을 사랑하고 나라를 위해 헌신하는 것이라고 정의하면서, 그것은 공동의 이익을 위해 헌신하는 것이기 때문에 '세계 정의global justice'에 부합한다는 생각의 변화를 보인다. 그녀는 전 인류에 대한 사랑의 직접적 호소가 탐욕에 깊이 빠져 있는 사람들을 움직일 수 있을지 의문이라면서, 일차적으로 애국심은 품위 있는 세계 문화를 창조함에 있어 귀중한 역할을 담당할 수 있다며 종전과는 전혀 다른 애국주의론을 주장한다. 즉, 애국심이 '세계적 정의'를 향한 노력에 유익한, 심지어 본질적인 '버팀목'을 제공할 수 있다는 새로운 주장을 편 것이다. 그녀는 한국 강연에서 "야스쿠니 신사 참배와 같은 일본의 과도한 애국주의에 대해 어떻게 생각하느냐"는 질문을 받고 독일을 예로 들어 에둘러 설명했다. "어떤 국가에서는 애국주의를 실행하기가 매우 어렵다. 이를테면 양차 세계대전을 일으킨 독일이 그렇다"면서, 독일에서는 애국주의, 애국심이란 말조차 쓸 수 없었지만 나빠질 수 있다고 해서 시도하지 말아야 한다는 의미는 아니라며, 비록 전범 국가라 할지라도 '긍정적 애국주의'를 시도할 기회마저 빼앗아서는 안 됨을 역설한다. 그렇지만 일본의 야스쿠니 신사 참배가 긍정적 애국주의라고 말할 수는 없을 것이라며 세계주의와 애국주의를 조화시킨 '순화된 애국주의'를 요청하였다. 이렇게 세계시민주의를 표방했던 너스바움 교수는 애국주의 담론과의 융합을 모색하였다. 다만 그녀의 애국주의 요청은 전쟁의 가치가 아니라 세계 평화의 관점에서 필요로 하는 것이라고 할 수 있다. 애국한다는 것은 사적인 일보다 공적인 일을 앞세우는 자애와 자선의 하나이기에 그 어떤 덕보다도 영예로운 것으로 세계시민주의에 부합하는 가치라고 보는 것이다.

> 애국주의나 민족주의를 통해서도 희망의 씨앗을 볼 수가 있습니다. 간디나 네루 같은 인도 지도자가 설파했던 애국주의가 그것이지요. (Nussbaum, 2009)

너스바움은 간디나 네루 같은 지도자들은 애국심을 고양하면서도 가난한 사람들에 대한 배려와 연대의 끈을 놓지 않았다고 본 것이다. 마틴 루터 킹 목사나 링컨 대통령은 흑인 등 소외받는 사람들을 포함하는 애국심을 역설했으며, 이것은 '포용하는 애국주의' 또는 '긍정하는 애국주의'라고 말할 수가 있기에, 우려스러운 대상인 배척, 증오, 전쟁을 야기하는 형태의 애국주의와는 전혀 다르다고 보았다. 그녀는 '양면성'으로서 애국주의(국내)와 세계주의(국외)의 공존을 주창한 것이다. 그녀가 볼 때 애국심은 때때로 자아에게 다른 자아들에 대한 의무, 즉 공동선을 위한 희생의 필요, 다시 말해 국가 이념 속에 내재하는 평등과 존엄의 약속을 이행하기 위한 계속되는 노력의 필요성을 일깨워주면서 '외부'로 향할 수 있다는 것이다. 동시에 동일하게 자기와 다른 국외자 및 파괴분자를 구별하면서도 스스로를 '훌륭한' 혹은 '진정한' 미국인이라고 간주하는 사람들을 끌어들이면서 애국심을 '내부'로 향하도록 하고 있다(Nusbaum, 2009). 그녀가 생각하는 애국심은 마음을 더 넓게 만드는 것으로서, 마음을 탐욕과 이기주의로의 몰입에서 벗어나 품위 있는 공동생활과 관련된 가치들의 집합과 공동생활에 수반되는 희생을 필요로 하는 방편일 수 있다. 결국 애국주의와 세계시민주의가 양자택일이라는 개념의 틀에 집착하지 않고, 평화라는 대의를 가지고 9·11 테러 사태 이후 팽창주의적 애국심으로 인해 정의로운 애국심이 일시 흔들렸으나 너스바움 등의 애국주의와 세계시민주의의 논쟁을 거치면서 부드럽게 순화된, 사려 깊은 애국주의 담론으로 발전되어 가고 있다.

3. 한국사회의 애국주의 논쟁

근대민족국가의 정체성을 형성하는 민족교육의 핵심인 '애국주의愛國主義'는 일제강점기에 발아되기 시작했다. 조선시대까지 애군愛君, 애민愛民이라는 말은 있었어도 애국이라는 말은 없었다. 왜냐하면 군주 전제 밑에서는 권리도, 참정권도 없었기에 나라에 대한 관념이 형성되지 않았기 때문이다. 봉건제도가 무너지고 국가주의가 발흥하면서 민중의 애국사상이 발아된 것이다. 일제의 압박과 착취에 자극되어 민족적 반항에서 나온 민족적 양심으로부터 발동된 것이다. 나아가 일제의 억압은 조선이 타율적 종속이나 노예로 귀결되지 않고 자주적으로 근대민족국가를 형성하고 성숙하게 하는 중요한 계기가 되었다. 애국계몽 시기 애국주의는 약육강식의 국제사회 속에서 나라가 망하는 것을 막고, 민족의 독립을 유지하는 것을 의미했다.

그러나 메이지 후반기 「교육칙어」에 담긴 '충군애국'론과 결합한 애국심 논의가 박정희 권위주의 시대를 맞이하면서 「국민교육헌장」 등의 이념적 기반으로 사용되자, 애국심은 '국가주의'와 동일한 것으로 받아들여졌다. 천황제 파시즘에서 이승만 반공국가, 유신, 5공으로 이어진 한국 현대사는 한국인의 뇌리에 국가를 군림하고 학대하는 '억압적 아버지'의 이미지로 각인시켰다. 기실 한국의 진보 세력에게 '애국'은 오랫동안 금기의 언어였다. 애국심은 국가기구가 지배의 도구로 사람들에게 이식한 일종의 '집단 체면'과 같았다. 한국사회에서 국민은 일본 제국주의 강점과 한국전쟁 그리고 분단체제를 거치면서 '자율적 개인으로서의 시민'보다는 과대 성장한 '국가에 맹목적으로 충성하는 신민'으로 살기를 요구받았고, 애국주의는 그동안 주로 우파가 국민에게 국가에 대한 강한 충성을 요구하는 담론으로 작동해왔다.

최근 진보적 매체인 『시민과 세계』, 『한겨레신문』, 『경향신문』에서 '대한민국을 사랑한다는 것'이란 주제 아래 도전적인 '애국주의 논쟁'을 벌였다. '뉴라이트 교과서 파동'을 계기로 촉발된 대한민국사 논쟁은, 최근의 정치적 이슈들과 연계된 민감한 주제로서 진보 학계와 사회운동 단체들의 폭넓은 관심을 끌면서 이른바 '애국주의'에 대한 학술적·사상적 논쟁으로 확산되었다.

우선 '애국심'을 국민을 내면화하는 덕성으로 보는 새로운 보수주의를 추구한다고 선언한 뉴라이트 운동을 살펴볼 필요가 있다. 강경 보수 인사로 유명한 조갑제는 국가 중심으로, 국익 중심으로, 국민 전체의 이해관계를 세상을 보려고 노력하는 사람을 '국민'이라고 규정하고 있다(『경향신문』 2009년 3월 9일자). 그에게 '국민'이란 단어는 무조건 그 국가공동체에 법적으로 소속된 사람을 의미하는 것이 아니라, 애국적 덕성이라는 바람직한 지향성을 지닌 사람을 의미한다. 한국 뉴라이트 운동의 대표적 논객인 이영훈도 뉴라이트 이론지인 『시대정신』에 장기적인 국민 형성의 핵심 과제로 '공화적 애국심' 의제를 제시하였다.

> 이는 대한민국의 이념을 이해하고 그것을 자신의 개인적인 이해와 결합시켜 대한민국을 내면에서 존중하는 것입니다. 국가가 위기에 처했을 때 헌신하겠다는 '공화적 애국심'의 관점에서 한국의 국민 형성이 얼마나 성공적이었는가를 물으면 저는 높은 점수를 줄 수 없습니다. (『시대정신』 2007년 봄호)

흥미로운 점은 우파 진영이 애국주의의 내용에 대해 점차 '반정부=반국가+친북'이라는 도식에서 벗어나고 있다는 점이다. 예를 들어 조갑제조차도 다양한 정당과 사상의 자유를 허용하고, 심지어 경제적·사회적 측면에서 좌파는 정책적 문제일 뿐이라며 다만 좌파를 해도 '애국 좌파(『중앙일보』 2009년 8월 7일자)'를 하라고 충고한다. 물론 여전히 그는 국가에 대한 개인의 지극한 헌신을 강조하지만, 최소한 북한 이외의 이슈에 대한 좌파적 태도에 대해서는 '애국' 대 '매국'의 기준을 좀 더 유연하게 적용하겠다는 주장을 편다. 비슷한 성향을 보이는 이재교 변호사는 과거 애국이냐 매국이냐의 법적 시금석을 제시해온 국가보안법에 대해 과거보다 유연한 판단과 태도가 필요하다는 입장을 자기 진영에 주문한다. 그는 「2008 뉴라이트 한국보고서」에서 "북한을 찬양하는 시대착오적 행동에 대해서는 처벌이 아닌 논쟁, 즉 사상의 자유시장을 통하여 그 우매함을 논박"해야 한다고 주장한다. 애국주의에 대해 우파의 태도가 유연하게 변하고 있다는 점을 가장 선명하게 시사해주는 것은 뉴라이트 이론가인 한나라당 신지호 의원의 '공화주의적 애국주의' 주장이다. 서구의 키케로나 마키아벨리의 공화주의를 연상하게 하는 신 의원의 주장은 "조국이라고 해서 무조건 사랑하는 것이 아니라, 개인의 창의와 자유, 발전을 보장해주는 그런 공동체"를 지향하는 '공화주의적 애국주의(『시대정신』 2007년 봄호)'를 주창한다.

위의 주장들은 다음의 두 가지 측면에서 주목할 필요가 있다. 첫째, 개인의 가치나 민주주의가 사라진 채 존재하는 공동체에 대해 무조건적으로 애국과 헌신을 강조하는 기존 보수주의 흐름과 사뭇 다른 뉘앙스를 내포한다는 점이다. 둘째, 바로 그 점 때문에 심지어 서구의 진보적 공화주의나 이를 수용한 한국 좌파 일각의 진보적 애국주의 주장과도 수렴된다는 점이다(안병진. 2010: 119). 비록 이들 주장이 단지 서구의 듣기 좋은 말을 흉내 낸 것인지, 아니면 개인의 자유를 보장하는 '민주공화국'에 대한 실질적 지향성이 강화되고 있다는 사실의 표현인지는 인권과 평화 등의 정책이나 반대파에 대한 태도 등 구체적 쟁점에서의 검증이 필요하겠지만, 이전과 달리 좀 전향적인 담론을 제창했다는 점은 좌와 우가 소통할 가능성과 접점이 조금 늘어나고 있다는 것을 함의한다.

다른 한편으로 그동안 좌파 진영은 애국주의에 대한 거부감이 강했는데, 1990년대 초 탈냉전 민주화 이후 정치적 자유의 확대와 문화적 자유주의의 개화에 따라 애국심에 대한 좌파의 관점에 변화가 보이기 시작하였다. 첫째, '민족주의적이고 민중주의적인' 좌파의 전통적인 흐름이며, 둘째, 무조건적으로 강요되는 애국이 아니라 '공화주의적 애국주의'라는 새로운 관점으로 조명하는 흐름, 그리고 셋째, 국가권력에 의해 침해당하는 '개인의 자유와 인권 그리고 사회 정의'를 좀 더 중시하려는 흐름이다.

그러나 과거의 사회운동에서 나타났던 사실로부터 우리는 애국에 대한 좌파의 관점이 '이중적'이었음을 발견하게 된다. 1980년대 학생운동과 사회운동에서 정권과 재벌을 '매국'이나 '매판'으로 규정하고, '애국'과 '구국'과 같은 용어를 사용한 민족주의적 시각이 강했던 점과 '민중'이 국가권력을 장악해야 한다는 주장이 강하게 제기되었다는 사실이다. 즉, 우파 권력이 지배하는 국가에 애국하는 것에는 반대하지만, 이상으로 세워야 할 민주공화국에 대한 애국에는 좌파 역시 강하게 집착하고 있었던 역설적 태도를 보였다는 점이다(안병진, 2010: 120). 하지만 좌파 진영 내에서 좀 더 온건한 이들의 애국주의에 대한 태도에 변화를 가져왔다. 하나는 소련 사회주의 몰락과 북한 사회주의의 낙후된 모습이 드러나면서 상대적으로 남한 자유민주 체제의 우월성이 돋보이게 되었다는 점이고, 다른 하나는 권위주의 체제를 민주공화국으로 바꾸기 위한 자생적 투쟁들이 한국사회의 성격을 제법 긍정적으로 변모시켜 왔다는 점이다.

이런 측면에서 진보 운동의 대표적 실천가에서 사회민주주의 정당 활동가로 변신한 주대환은 좌파 진영 또한 애국주의를 중시해야 한다는 주장을 편다. 그는 지금까지 대한민국 자체를 부정적으로만 바라보았던 것은 민족주의에 속박된 '진보의 한계'라고 비판한다.

> 민족주의자의 눈으로 보면 도대체 대한민국은 태어나지 말았어야 할 나라이고, 미군정에 의해 만들어지고 친일파에 의해 만들어진 부끄럽기 짝이 없는 나라이다. 그런데 진보라는 사람들이 어리석게도 이런 '민족주의적' 관점을 그대로 받아들였던 것이다. (『시민과 세계』 2009년 상반기 호)

이런 관점 변화에 대해 '운동의 전향'이라며 가장 비판적 입장을 보이는 진보신당 장석준 정책실장은, '불완전한 국가'를 국민 주권의 힘으로 끊임없이 부정하고 극복하려면 국가에 맞서 '대중운동'을 함으로써 한국사회를 진정으로 민주공화국으로 만들어야 진정한 애국이라며, 그렇게 하는 것이 "참된 헌법정신"이라고 단언한다(장석준, 2008). 대한민국이 '민주' 공화국이게 만드는 것은 나라에 대한 사랑이나 국가에 대한 충성이 아니라, 당대의 국가를 부정하고 극복하는 지배 세력과 끊임없이 맞서는 공화국 시민의 투표행위 등 대중의 힘에 있으며, 민주공화국의 참된 긍정은 그것의 현존 형태를 부정하는 힘을 긍정하는 데 있다는 역설적 주장을 편다.

> 대한민국의 과거에는 도저히 납득하고 수용할 수 없는 부정적 현실들이 존

재하며, 그 현실은 아직까지도 살아남아 미래의 발전을 가로막는 질곡이 되고 있다. 그것을 무시한 채 대한민국을 자기 준거로서 규범적 현실로 인정하라는 것은 또 다른 폭력이다. (장석준, 2008)

영국 휘그파의 주장을 연상케 하는 장 실장의 입장은 오히려 대한민국을 긍정하기보다는 '민주공화국의 이상'을 구현하는 데서 미래 지향성을 찾는다. "우리가 아낌없이 사랑을 바쳐야 할 것은 지난 60년의 역사가 아니라 '아직 오지 않은 공화국'이라며, 이 미래의 민주공화국에 대한 열망만이 현실의 대한민국을 조금이라도 앞으로 이끄는 힘이 될 수 있다"는 주장으로 이어진다. 좌파 이론가들은 아직 오지 않은 민주공화국에 대한 사랑의 구현이야말로 불완전한 과거와 현재에 대한 애국보다 더 본질적인 것으로 본다. 한마디로 한국사회에 대해 자부심을 가질 수 있는 것은 대체로 국가의 탄압과 불의한 국가에 대한 '저항'의 성격을 가졌기 때문이다. 한국의 민주화 운동에서 태극기를 내걸거나 몸에 두르는 일은 대한민국에 대한 긍정을 상징하기보다는 '용공', '반체제적', '반국가적'인 딱지가 붙을 가능성을 전략적으로 사전에 차단하는 의도에서 비롯된 일일 것이다.

'국가'의 틀보다 '사회'에 주목해야 한다고 주장하는 서동진 교수도 애국주의의 선용보다는 악용 쪽으로 흐르는 반동적 이데올로기를 경계하면서도 국가에 대한 사랑이 인권을 비롯한 보편적 가치와 결합하고, 민주주의를 추진하고 확장할 수 있을 경우 그것을 돕는 좋은 수단이 될 수 있다고 판단한다(서동진, 2010). "그렇지만 '권리의 정치'를 기반으로 삼다 보면 자꾸 대안을 찾아 국가나 헌법으로 옮겨 가는 모습을 보인다"며 "그러다 보면 착취와 불평등이 실제로 드러나는 삶의 공간으로서의 '사회'가 잊힌다"는 문제 인식을 갖는다. 곧 시민적 권리에 기대느라 자본주의적 사회관계를 정면으로 다루지 않으면 노동문제 자체도 노동 현장에서 해결하지 못하는 상황이 벌어질 수도 있음을 강하게 염려한다.

그러기에 공화국의 이상만으로는 보편주의적인 국가의 모순을 극복할 수 없으며, 이것을 간과하고 '국가'를 새로운 진보정치를 기획하는 마당으로 삼은 '애국주의'는 아주 큰 위험한 의제라고 판단한다. 근대국가는 자본주의와 한 몸이고, 자본주의가 일으키는 계급투쟁 및 사회적 갈등을 조절하기 위해 사람들이 노동자·농민이 되기 이전에 이미 시민적 권리를 줘서 국민으로 만드는 작업을 수행해왔다며, 국가는 자본주의적 보편성과 정치적 공동체로서의 보편적 모순을 함께 담지하고 있기에 자본주의적 사회관계 속에 내장된 착취와 불평등을 고발하고 거부하기 위해 더 많은 권리나 더 좋은 법에 호소해야 한다는 점을 역설한다. 만약 국가가 정치적 공동체로서 보편성을 담지하고자 한다면, 그것은 결국 자본주의와의 대결이 불가피하다는 것이다(서동진, 2009; 서동진, 2010). 결국 서 교수는 애국주의를 통해 계급적 성격을 지닌 국가의 성격을 덮어버리는 오류를 범할 가능성, 즉 이데올로기적 가능성을 문제 삼고 있다고 할 수 있다.

이와 다른 입장에서 애국주의 논쟁이 벌어지면서 그 논쟁의 가장 중심에 서 있는 장은주 교수는, 자신의 '민주적 헌정주의'나 '민주적 공화주의'를 민주주의의 이념과 원칙이 지닌 참된 해방적 잠재력을 신뢰하는 근본·급진 민주주의를 추구하는 '진보적 애국주의'라고 주장한다. 전통적 자유주의자들이 강조하는 소극적 자유를 넘어 좀 더 근본적인 자유의 조건을 확보해야 한다고 주장하는 '신공화주의자'의 관점에 따라 자유주의의 긍정적 성취와 모순되지 않는 시민적 덕성을 요청하는, 민주주의와 애국주의를 결합한 '민주적 애국주의'를 주창한다(장은주, 2010). 이러한 수사의 선택은 뉴라이트의 '공화적 애국주의'와는 차별되는 전략이라고 할 수 있다.

특히 장 교수는 계급주의 국가관에 근거한 서동진 교수의 보편주의적 국가 모순론 지적에 대해 "바로 그 내적 모순이 끊임없이 국가 안에서 실질적 보편화에 대한 강력한 내적 동학을 발생시킨다"고 주장하면서 진보 세력의 완강한 '반反애국주의'가 놓치고 있는 지점들에 대한 충고를 한다. 그는 나라를 사랑하고 그것에 충성을 바치는 것 자체를 죄악시할 이유는 없으며, 인권·정의·자유 등의 보편 가치를 내장한 '헌법적 애국주의'가 현실적으로 가능하다며, '민주적 공화주의'의 이념을 성문화한 '제헌헌법'에서 보듯 '인권'과 같이 추상적이지만 가장 보편적인 원칙이 보편적으로 '입법화'되는 것 자체가 현실적 실천이 이뤄질 수 있는 출발점이기에 입법화는 억압적 지배가 아니라, '민주적 법치'를 옹호하는 것이라는 주장을 편다(장은주, 2009).

이런 논리에 따를 때 독재에 저항했던 민주화 투쟁은 민주공화국이라는 헌법 이념이 구현하고자 하는, 아직 실현되지 않은 가치를 환기시키고 운동을 하는 것이라고 볼 수 있다. 특히 2002년 월드컵 이후의 '대한민국주의' 열풍은 주목해야 할 현상으로서, 진보 진영이 그 현실을 외면하는 것은 우파에게 운동의 유력한 무기를 헌납하는 꼴이 된다는 것이다. 장 교수의 주장은 모든 시민의 인권 존중과 다양한 차원의 인간적 자기실현을 핵심 가치로 하는 '민주적 애국주의'를 공론화하여 진보 세력의 헤게모니를 강화하려는 의지로도 읽힌다. 장 교수는 서구 지식인 사회에서 애국주의 논쟁의 중심에 서 있는, 앞 장에서 거론한 미국의 법철학자 너스바움의 말을 빌려 말한다.

> 애국주의는 대체로 나쁜 것이다. 그러나 애국주의가 위험할 수 있다고 해서, 또는 우파들이 즐겨 이용하는 정치적 수단이라고 해서 진보정치가 그것을 외면하는 것은 더 위험할 수도 있다. 진보정치는 오히려 올바른 애국주의로 무장하고 우파가 독점하고 있는 정치적 공간을 확보할 수 있어야만 한다. (Nusbaum, 2009)

그것은 대중들의 정치적 삶에서 중요한 위치를 차지하는 '국가적 긍지'와 관련된 문제이기도 하다. “대한민국의 모든 권력은 국민으로부터 나온다”는 선언을 통해 국가의 독단적 권력 행사에 저항하는 촛불세대의 행동이야말로, 애국의 근거를 ‘민주공화국’이 보장하는 ‘모든 사람의 평등한 자유와 참여’에서 찾는다(장은주, 2009). 이 논리에 따르면 우리가 대한민국을 사랑해야 하는 이유는 명확하다. ‘민주공화국’이란 정치체제를 통해 모든 사람의 평등한 자유를 보장하고 실현함으로써 인간다운 삶을 누릴 수 있게 해주기 때문이다.

장 교수의 입장을 지지하며 좀 더 이론적 차원에서 ‘공화주의적 애국주의’를 적극적으로 지지하는 안병진 교수는 국가, 공동체에 대한 과도한 헌신을 강조하는 한국의 보수 진영의 그것과는 다르지만, 이른바 386세대나 좌파 정당이 애국주의에 대해 모호하거나 불편한 입장을 취해왔다면서 공화주의 애국심 담론이 가진 민주주의 가능성을 더욱 적극적으로 주창하였다. 이러한 이론적 전통에서는 ‘더 완벽한 나라를 만들기 위해’ 대한민국의 민주적 이미지를 찾아내려고 한다. 즉, 폭정의 속박 하에 시민을 ‘이방인’으로 만들었던 자랑스럽지 못한 대한민국, 그리고 비정규직이나 이주민을 동등한 시민공동체로 취급하지 않고 베트남 등 해외에서 ‘아류 제국주의’를 꿈꾸는 부끄러운 대한민국과 자유와 역동성으로 놀라운 성취를 이룬 ‘민주적 대한민국’을 구별해내어 부끄러운 측면에 무조건 애국적 감정을 이입하지 않고 자랑스러운 측면을 애국적 대상으로 삼을 수 있다는 관점을 보인다(안병진, 2010: 151). 대한민국 전체를 부끄러운 체제로 규정한 극단적 좌파의 관점, 즉 오늘날 발전한 근본 토대가 되는 시민의 위대한 힘과 열정을 무시하고, 오직 오늘날의 발전을 재벌과 권위주의 국가의 탓으로 돌리는 것에 대한 문제제기를 안 교수는 하고 있는 것이다.

같은 진보 진영에 속해 있으면서도 안 교수의 입장과 달리 ‘세계시민주의’ 시각에서 장 교수의 ‘민주적 애국주의’를 중심으로 비판론을 제기하는 권혁범 교수는 민주적 애국주의 자체가 분명 논리적으로 성립하기 어렵다는 판단을 하고 있다. 그는 애국심이 말 그대로 '나라를 사랑하는 마음'이고, 그것을 이념화한 것이 애국주의인데, 나라를 사랑하는 마음은 자연스럽지만, '국가를 사랑하는 마음'은 왠지 부자연스럽다며, 무엇보다 애국주의에 내장된 '전체주의적 위험'을 우려했다. '나라'는 매우 이데올로기적 성격을 갖고, 근대국가의 역사 속에서 '나라=국가=국민'이라는 등식을 암시해서 국가주의나 독재를 정당화한 예는 수없이 많다며 애국심이나 애국주의는 대체로 극우파 및 보수우파의 도구로 활용되었기에 비판적 거리를 두어야 한다고 주장한다. 애국주의에서 강조하는 공동체의식이 배타적인 배외의식으로 전락할 수도 있고 '표준형 국민'에 어긋나는 사람들을 억압하는 기제가 될 가능성을 경계하는 것이다(권혁범, 『한겨레신문』 2009년 7월 29일자 칼럼). 무엇보다 그것은 장 교수가 그렇게 비판하고 거부하는 국가주의와 민족주의에 쉽게 동원될 가능성이 있다며 위기 상황에서 민주적·진보적 가치가 밀려나고 국가가 전면에 나서게 되리라는 것은 필연적이라는 입장을 편다. 그는 뉴라이트가 '자랑스러운 대한민국'을 외치며 이승만을 건국의 아버지로, 박정희를 한강의 기적을 이룬 주역으로 담론화하면서 우파적 헤게모니를 강화하고 있지만, 그들이야말로 '배제와 분열'의 주체이며 반反대한민국적이라며, '국민으로부터의 탈출(권혁범, 2004)'을 적극적으로 주문한다.

장 교수가 강조하는 '시민 불복종'의 권리가 국가에 대한 사랑과 충성 안에 포함될 수 있다는 것 역시 권 교수에게는 순진한 발상으로 여겨진다. 장 교수는 보편적 인권과 개인의 자율성은 보호되어야 하고, 개인이 희생되어선 안 된다는 단서를 달지만, 그가 '국민국가적 수준의 하나 됨'이나 '대동의식'을 얘기할 때는 전체주의의 냄새마저 풍긴다고 비판한다. 민주적으로 제어되는 애국주의일지라도 국가적·국민적 위기 국면에서는 언제든지 인권과 개인의 자율성을 억압하는 전체주의 이데올로기로 전환될 개연성을 우려한다. "대체 나라를 미워하고 부정하거나 부끄러워하는 게 왜 나쁘냐?" "민주주의는 국가를 비판하고 심지어 그 존재를 부인하는 권리까지도 포함하는 것"이 진정한 나라사랑이라는 주장을 편다.

물론 장 교수의 주장처럼 나라를 아름답게 바꾸려는 노력의 중요성까지 권 교수가 부정하는 것은 아니지만, 대한민국이 "유일한 공동의 대지"이기에 그것을 사랑해야 한다는 장 교수의 주장은 전 지구적 이동과 소통이 증대되고 다문화적 정체성이 확산되는 오늘날의 현실에 부합하는 이데올로기가 될 수 없다는 것이다. 장 교수가 민족주의를 반대한다지만, 애국주의가 어떻게 민족주의와 분리될 수 있으며, 그가 우려하는 '종족주의적 애국주의'로 퇴행하는 것은 시간문제라고 권 교수는 예단한다. 이러한 우려를 차단하기 위해 장 교수가 만들어낸 '민주적 공화주의 애국심'의 실체 역시 의문스럽긴 마찬가지라며, 과연 모든 시민이 정치에 자발적으로 평등하게 참여하는 공화주의의 이상이 현대사회에서 실현 가능한지에 대해 깊은 회의를 품고 장 교수의 시도는 실패할 가능성이 높다고 본다. 차라리 권 교수는 애국주의의 위험한 물결을 견제하고 제어하는 너스바움의 '세계시민주의cosmopolitanism'를 새롭게 제창한다. 결국 권 교수는 부국강병주의적 국가가 호명하는 '국민'으로부터 탈출해서 '세계시민'의 구성원으로 진입해야 한다는 '보편주의적' 관점으로 나아갈 것을 주문한다고 볼 수 있다.

물론 많은 요소에서 권 교수와 장 교수는 기본적으로 동일한 규범적 지향을 갖고 있다. 장 교수 또한 누구보다 보편적 인권의 가치를 옹호하고, 국가주의나 전체주의를 혐오하며, 종족주의적 애국주의의 위험성을 경계한다. 다만 권 교수는 선험적이고 본질주의적 방식으로 나라사랑과 애국주의의 문제를 이해하고 있는 것 같고, 아마도 그에게 국가는 그 자체로 언제나 괴물이고, 애국주의는 반드시 정치적으로 부패할 수밖에 없는 이념으로 이해하는 반면, 장 교수는 권 교수처럼 문제를 형이상학적이거나 도덕주의적으로 파악하지 않으면서도 애국주의를 정치적 실천을 위한 '우회 불가능한 지반'으로서 수용할 것을 주장하였다고 보인다. 장 교수는 인권과 공화주의를 서로 모순되는 것처럼 파악하는 것은 매우 낡고 잘못된 이해로서 인권과 민주주의적 실천은 서로가 서로의 전제이자 귀결이라고 주장한다. 그 점은 민주공화국의 참된 이상이, 다수의 힘을 앞세우며 보편적 인권을 무시하는 뉴라이트식 대한민국주의나 이명박식 법치가 '대한민국은 민주공화국'이라는 헌법적 정체성과 근본적으로 모순된다는 점을 분명히 드러내줄 수 있다는 데서도 잘 드러난다고 본다. 장 교수는 이런 '민주적 애국주의'가 대한민국에서 실현될 수 있다는 믿음의 근거로 '민주공화국'의 이념을 명문화한 대한민국 헌법을 꼽았다. 이것은 하버마스Jurgen Habermas의 '헌법 애국주의constitutional patriotism' 입장과 동일하며, 대한민국 헌법 조문에 대한 존경심을 강조한다고 할 수 있다. 장 교수는 애국주의가 특수주의적이지만, 인권을 비롯한 보편적 가치와 결합하는 한 민주주의를 추진하고 확장하는 좋은 수단이 될 수 있다는 입장이다.

장 교수는 애국심을 한갓 헤게모니적인 정치적 쟁투의 대상으로 만들어서는 곤란하고 그것이 특정 세력의 전유물이 되도록 해서는 안 되며, 강제되거나 특정한 정치적 목적을 위해 이용돼서도 안 되며, 특정한 방식으로 이해된 애국심을 강제하고 정치적으로 수단화하여 그것을 배제와 분열의 논리로 둔갑시키려는 세력에 대해서만은 단호하게 맞서야 한다는 주장을 편다. 민주와 인권과 자유의 나라인 대한민국의 참된 정체성을 반공 사이비-자유주의자나 신자유주의적 권위주의로부터 수호해야 한다는 입장을 보인다(장은주, 2010).

시민사회와 시민운동의 활성화를 적극적으로 주창하는 신진욱 교수는 장 교수의 입장에 동조하면서 민주화 이후 시민들의 정치적 정체성이 근본적으로 변했다는 사실을 강조했다.

> 김대중·노무현 정부 10년을 거치며 이 나라는 극복해야 할 것만이 아니라 지켜야 할 많은 것들을 갖게 되었고, 문제 많고 불완전하지만 대한민국이 시민들이 함께 만드는 '내 나라'가 되어가면서 '대한민국은 민주공화국'이며 '모든 권력은 국민으로부터 나온다'는 정치적 자의식이 성장하게 됐다.

대한민국이라는 정치공동체는 나(우리)의 삶의 무대이며, 내(우리)가 주인되는 공동체라는 의식은 정당하고 중요할 뿐 아니라, 진보정치가 민중적이면서 동시에 국민적 지지를 받는 세력이 되기 위해 굳건히 발 디뎌야 할 토양이라는 주장을 편다. 2002년 월드컵 당시 시민들은 '대한민국'을 외쳤다. 신 교수는 장 교수와 같이 2008년 촛불시위에서 시민들이 외친 것이 '함께 살자, 대한민국'이었고, 그 대한민국의 외침은 '유기체'에서 '공동체'로 전환된 사건이라고 해석한다. 이러한 연대의식은 4·19혁명, 광주민주화운동, 6월 민주항쟁의 역사적 순간에 사람들은 언제나 태극기를 휘날렸고, 국가 폭력의 희생자들을 태극기로 감싼 역사 속에 깊이 뿌리내리고 있다. 이들은 '당신들의 대한민국'이라고 조소하는 데 그치지 않고, '우리들의 대한민국'이라고 적극적으로 외치고 있는 것이다. 그런 의미에서 한국의 '미성숙한' 시민사회를 유럽이나 미국의 '성숙한' 시민사회와 대비시켜, 진보적인 대한민국 정체성의 가능성을 부정하는 것에 동의할 수 없다는 생각이나. 오히려 신 교수는 아메리칸 징고이즘jingoism이나 게르만 내셔널리즘보다 한국 시민사회의 대한민국 정체성이 훨씬 더 건강하고 자랑스러운 역사를 갖고 있다고 생각하며(『한겨레신문』 2009년 8월 27일자), 그 역사 위에서 시민들 한 사람 한 사람은 '새로운 질서'를 만드는 주인공이 되고 있다고 생각한다.

이런 서로 간의 치열한 논쟁에 대해 중재를 시도하는 미국 뉴스쿨대 박사과정의 김만권은 스스로 자유주의자임을 밝히면서 장은주 교수가 강조하는 '헌법 애국주의'는 그것의 생성과정에서 '세계시민주의'와의 협력을 염두에 두고 만들어진 개념이기에 애국주의에 대한 진보 진영의 지나친 거부감을 안타까워했다(김만권, 2009). 역사적으로 정권이 동원한 애국주의가 많은 경우 민주주의의 적이었지만, 그렇다고 그것의 부정적 측면을 경계하는 일이 너무 심해지면 긍정적 측면이 보이지 않는다며, 내가 속한 정치공동체에 애정을 가지고 그 공동체가 더 바람직한 방향으로 갈 수 있도록 협력하거나 비판적 지지 또는 반대를 하는 민주적 행위가 필요함을 제안한다. 김 씨는 애국주의라는 말이 부정적으로 들린다면 내가 속한 정치공동체에 애정을 갖고 그 공동체가 더 나은 방향으로 가도록 돕는 행위 정도로 이해해보자며, 진보라는 것도 결국 우리 사회가 좀 더 민주적 방향으로 갔으면 하는 애정에서 시작되는 것 아니냐며 보다 유연한 입장을 취할 것을 주문한다. 이어서 그는 헌법 애국주의가 우파에게 빼앗긴 현실적 토대를 찾아오는 헤게모니 '쟁투의 대상'으로만 여기기보다 우파와 좌파가 만나 논쟁을 벌이고 협력할 수 있는 공동의 토대라는 입장을 제시한다. 헌법 애국주의의 기원을 보면 권혁범 교수가 대립적으로 파악하는 것과는 달리, 김 씨는 헌법 애국주의가 애초부터 세계시민주의와 공존할 수 있으며 그것과 친화력을 갖는다는 입장을 보인다. 결국 민주적 헌법과 공화주의의 결합 속에서 애국주의의 적절한 접점을 찾아야 한다는 것으로 정리할 수 있다.

지금까지 본 대로 우리나라의 애국심 또는 애국주의 논쟁은 서구 학계의 논쟁보다 긴장의 정도가 더 강하고 실천적인 동시에 변혁적 의미까지 띠고 있다.

	권위주의적(보수적 · 전통적) 애국주의	민주적(진보적 · 급진적) 애국주의
애국심의 정의	자기가 태어난 곳에 대한 사랑, 국가에 대한 충성, 국가의 정통성	자유, 평화, 인권에 대한 사랑, 불의에 대한 저항, 국가의 민주화
주요 담론	민족주의, 표준적 국민, 공화적 애국주의	민주적 애국주의, 세계시민주의, 민주적 헌법, 비판적 시민
이데올로기	① 자기 나라가 다른 나라보다 내적으로 우월하다는 신념 ② 땅, 출생권, 법적 시민권, 정부의 대의에 우선적 충성 ③ 의문 없는 충성 ④ 지도자를 반사적으로 따르고, 그들을 무조건적으로 지지함 ⑤ 국가 내의 결함과 사회적 부조화에 눈을 감음 ⑥ 순응주의자: 반대자를 위험스럽게 보고, 안정을 깨치는 것으로 봄	① 한 나라의 이상이 존경받고 존중할 가치가 있다는 신념 ② 민주주의를 뒷받침하는 원리에 대한 우선적 충성 ③ 의문을 갖고, 비판적이고 숙고적임 ④ 자유, 정의, 평화, 인권 등과 같은 원리에 기반한 사회의 사람들에 대한 관심 ⑤ 특히 국가 내의 결함에 대한 비판을 뚜렷하게 함 ⑥ 반대자를 존경하고, 심지어 고무하기까지 함
슬로건	① "옳든 그르든 나의 나라." ② "나의 나라를 사랑하라, 그렇지 않다면 떠나라."	① "나라의 정책에 대한 반대도 애국이다." ② "나는 침묵한 상태로 남아 있지 않을 권리가 있다."
역사적 사례	전쟁의 영웅, 건국의 영웅, 영국의 토리당, 미국의 왕당파 *반대하는 견해가 반미국적이고 비애국적이라는 생각을 강화하려고 매카시 시대의 House Un-American Activities Committe(HUAC)	사회 정의와 평화를 위해 싸운 영웅, 반체제 인사, 영국의 휘그당 *민주주의와 정의의 미국적 원리로부터 벗어나게 하는 HUAC 위원회 앞에서 폴 로버슨, 피티 시거 등의 격렬한 애국적 증언
현대적 사례	이라크에서의 전쟁에 내한 반내를 미국에 대한 증오와 테러리즘을 지지하는 것과 동일시함	특히 국가적 위기 시대에 평등, 정의, 관용 그리고 시민적 자유의 미국적 원리를 강화하려고 함

〈애국심 비교〉(Westheimer, 2007: 174)

4. 사려 깊은 애국심의 요청

공동체의식과 시민의 의무의 표출인 나라를 사랑하는 마음, 즉 '애국심 patriotism'은 자기 나라에 대한 특별한 감정, 자기 나라와 동일시하는 개별적 의식, 자기 나라의 번영에 대한 특별한 관심, 자기 나라를 지원하거나 보호하기 위해 희생을 하겠다는 의지로 구성된 태도의 복잡한 집합이라고 할 수 있다(Nathanson, 2002: 114). 애국심은 국가에 대한 사랑과 자부심, 그리고 최상의 국가 이익이라고 여겨지는 바를 위해 희생을 감수하는 마음이다. 국가에 대한 충성과 책무는 시민의 자격을 구성하는 핵심적 요소이기도 하다. 시민이란 특정 정부에 충성을 바치며 그 정부로부터 보호받고 일정한 권리를 향유할 자격을 가지는 사람이다. 시민으로서의 자격을 효과적으로 갖추는 일은 개개인에게 그들의 권리와 책무를 알려주는 엄격하고도 지속 가능한 교육체제에 달려 있다.

한마디로 애국심 또는 애국주의는 "국가에 대한 사랑과 자부심, 그리고 최상의 국가 이익이라고 여겨지는 바를 위해 희생을 감수하는(Butts, 2007: 314)", 정치적이면서 정서적인 개념이라고 할 수 있다. 그리고 애국심은 특정 민족성을 지닌 사람들만이 가지는 특정 민족에 대한 충성심이며, 애국자의 자기 나라에 대한 사랑은 행동으로 표현된 관심이고, 그것은 자기 나라에 대한 어떤 신념이나 감정을 포함한다고 할 수 있다. 애국심이란 민족이나 민족 공동체가 아니라 실제 삶을 영위하는 정치 체제 또는 정치 질서에 대한 애정이자 동일한 정치 체제하에서 함께 생활하는 구성원들에 대한 애정을 불가피하게 포함한다(곽준혁, 2003: 314-315).

그런데 정치 체제나 질서에 대한 애정으로서 애국심의 표현은 특정 정당의 이념을 넘어서는 전 국민의 도덕적 심성이어야 하는 것으로 이해되어야 한다. 모든 시민은 자기 자신을 사랑하듯이 동료 시민을 사랑하게 됨으로써 덕성이 형성되고 애국심이 충만한 시민이 될 수 있다. 애국심은 더 이상 관념 속에 존재하는 민족에 대한 맹목적인 충성심이 아니다. 애국심은 실제로 함께 삶을 영위하는 민족공동체의 성격, 장점, 업적에 대해 느끼는 구체적인 대상에 대한 애정이다. 이러한 조건들을 충족할 수 있는 애국심은 시민이 가져야 할 핵심적인 도덕적 덕성이 된다(MacIntyre, 2002: 47-50). 그렇지만 애국심은 논란이 많은 도덕적 감정이다. 이를 반박의 여지가 없는 미덕으로 보는 사람이 있는가 하면, 생각 없는 복종, 국가 우월주의 발상, 전쟁의 근원으로 보는 사람도 있다(Sandel, 2010: 319). 애국심을 열렬히 옹호하는 루소는 공동체에 대한 애착과 정체성은 보편적 인간성에 반드시 덧붙여야 할 요소라고 주장한다. 같은 시민 사이에 응집된 인간성이 서로를 습관적으로 만나면서, 그리고 서로를 결합하는 공동의 관심사로 인해서, 새로운 힘이 생겨나는 것은 좋은 일이다. 시민들이 충직함과 동질성으로 묶여 있다면, 외부인들보다는 서로에게 더 큰 의무를 느낀다는 뜻이다. 국가는 외국인보다 자국민에게 당연히 더 많은 것을 제공한다. 이를테면 한국 시민은 외국인이 받을 수 없는 공교육, 실업수당, 직업훈련, 사회보장, 노인의료보험, 복지혜택, 무상급식권 등 많은 공적 혜택을 누린다.

그렇다면 한국 납세자가 외국인보다 자국의 어려운 시민에게 더 큰 책무를 져야 한다. 그동안 시민의 책무를 제대로 규명하지 않으면서 시민의 권리를 증진시키고자 하였다. 그렇지만 둘 사이의 의미 있는 균형을 잡아야 한다. 국가 간 불평등은 국가공동체를 옹호하는 주장을 복잡하게 만든다. 모든 국가가 비슷한 부를 누리고, 모든 사람이 이런저런 나라의 시민이라면, 자국민을 특별히 돌봐야 하는 의무는 적어도 정의의 관점에서는 크게 문제되지 않는다. 그러나 부국과 빈국의 격차가 워낙 크다 보니 공동체의 요구는 평등의 요구와 팽팽히 맞서기도 한다.

유덕한 시민을 만들기 위해서는 교육을 통해 나라에 대한 사랑, 즉 애국심을 습관화하고, 그 습관이 그릇되지 않도록 교육을 통해 시민을 계몽할 필요가 있다. 덕을 함양시키는 것은 곧 애국심을 함양시키는 것이고, 이는 민주시민교육의 목적이기도 하다. 민주시민교육 없이 애국적 시민이 될 수 없다. 애국주의는 본질적으로 그리고 저절로 좋은 것이 될 수는 없다. 사실 그것은 대체로 매우 나쁜 것으로 작용한다. 그러나 자기 이익의 희생을 필요로 하는 목표들을 추구하는 국가는 상징과 수사, 그리고 정서적 기억과 역사를 끌어들이는 방식으로 애국주의에 호소할 수 있어야 한다(Nusbaum, 2009). 인간이 태어나서 교육을 통해 자연스럽게 내면화하는 것 중 하나는 자신이 속한 '나라에 대한 사랑'이다. 나라를 세운 이야기를 듣고, 민족의 역사를 배우며, 국기國旗와 국가國歌 등 나라를 상징하는 것들을 학습하게 된다. '애국심 교육patriotic education'은 일반적으로 학생들에게 조국에 대한 깊은 감정, 조국의 영광과 발전을 위해 헌신하는 정신, 조국을 보위하고 조국의 존엄성을 지키겠다는 결심과 강한 의지를 배양하는 교육활동으로 구성된다.

그런데 태어나면서 형성되는 조건 없는 사랑이라고 할 수 있는 일차적 자발적 자연적 애국심을 합리적인 이해관계에 의존한 인위적인 이차적 감정인 일반의지를 가진 시민의식으로 승화시키려면 민주주의의 가치와 접목되어야 한다. 일찍이 교육사학자 이만규는 해방공간에서 저술한 『조선교육사』에서 너무 지나간 역사에서 애국심을 찾지 말고 눈앞에 열린 현실생활에서 애국심을 찾아야 하고, 도의심으로 애국심을 발생시키려 하지 말고 실질적인 생존욕구의 자극에서 애국심이 발생하게 하고, 조상의 명예를 들추는 것으로 애국심을 일으키려 하지 말고 자손의 번영을 도모하는 것으로 애국심이 생기도록 해야 하고, 내 민족만을 위하는 고립무원의 정신으로 애국심을 기르려고 애쓰지 말고 세계 공동의 인류적 양심 위에서 애국심을 길러야 한다고 역설한다(이만규, 2010: 690). 이 말은 너스바움이 역설하듯 자기 나라의 우월성을 믿고 타국을 지배하려는 '극단적(맹목적) 애국심'이 아니라, 다른 나라에 대한 우월성이나 지배를 추구하지 않는 '순화된 애국심'이나 '중용적 애국심'으로서 '부드러운 애국주의' 또는 '사려 깊은 애국심thoughtful patriotism'을 요청하는 것으로 이해할 수 있다.

5. 애국주의와 민주주의의 융합을 통한 민주적 시민교육

지금까지 국가적 자긍심을 가진 국민으로서의 시민을 양성하려는 '국가주의(민족주의)' 입장, 공동선과 연대를 고무하는 시민을 양성하려는 '공화주의(공동체주의)' 입장, 헌법 정신에 따라 갈등을 정치적 타협, 협상, 불복종 등으로 해결하는 민주적 법치주의의 완성을 소중히 여기는 '헌법 민주주의' 입장, 정의와 포용 그리고 인권과 평화(비폭력)를 중시하는 세계시민을 양성하려는 '세계시민주의' 입장을 살펴보았다. 이 입장들 사이에는 충돌 지점이 발생하는데, 크게 보면 대체로 두 가지 대립으로 나뉠 수 있다. "나는 우리나라 국기(애국가)와 그것이 대표하는 공화국에 충성을 맹세한다"는 '국가의 정통성'을 강조하는 '보수적 애국주의' 관점에서 "옳든 그르든 나의 나라"라는 입장과, "나라(국가)에 대한 무조건적 충성이 아니라, 그것의 실체인 자유와 정의 그리고 인권과 평화 등에 대한 충성과 희생, 그리고 나라의 폭정에 저항하는 운동이 진정한 나라사랑"이라는 '국가의 민주화'를 강조하는 '진보적 애국주의' 관점에서 "나라 일에 반대하는 것도 애국이다"라는 입장이 대립하고 있다.

애국심 교육은 나라에 대한 충성심과 도덕적 헌신, 공유된 이해, 공동체에 대한 적극적 참여, 나라에 대한 비판적 태도 등을 지닌 '애국적 시민'을 양성하는 데 목표를 두지만 입장에 따라 보수와 진보의 두 극단으로 나뉠 수 있다. 애국주의는 이렇게 서로 상반된 두 얼굴로 표현된다. 전쟁에 나가 조국을 위해 싸우는 사람도 훌륭한 시민이지만, 이와 같은 전쟁이 불필요하다고 판단하여 세간의 비난 여론을 무릅쓰고 반전 내용의 글을 쓸 줄 아는 사람 역시 훌륭한 시민으로 볼 수 있다. 여기에서 어두운 얼굴을 한 맹목적 애국심을 밝은 얼굴을 가진 사려 깊은 애국심으로 전환시켜야 한다. 국가와 민족에 대한 사랑과 자긍심이 부재한 나라는 없지만, 나라를 사랑해야 하는 타당한 이유가 무엇일까? 그것은 나라사랑의 방식으로서 나를 '무조건' 사랑하는 게 중요한 것이 아니라 '어떻게' 사랑할 것인가를 깊이 사려하는 데서 찾아야 한다. 그것은 민주주의와 애국심을 결합해야 가능한데, 다음과 같은 점을 유념할 필요가 있다.

첫째, 애국심 교육은 이념적으로 논쟁이 많은 주제이므로 민주시민교육을 하는 데 있어 세심한 주의가 필요하다. 애국심이 도덕에 기초를 두었다고 믿는다면, 그리고 우리가 동료 시민의 행복을 추구할 특별한 책임이 있다고 믿는다면, 의무의 범주인 합의가 필요 없는 연대 의무나 소속 의무는 기본적으로 인정해야 한다(Sandel, 2010: 325). 인권을 위한 투쟁을 약화시키지 않으면서도 공동선을 위한 시민적 덕성(인성)과 개인적 책무를 강조함으로써 다음 세대들에게 공동체의식과 결속의지를 지녀야 한다(Butts, 2007: 318-319). 그렇지만 애국심 교육은 '정의'와 '평화'의 윤리에 바탕을 두어야 하고, '교화'의 방식이어서는 안 된다. 그것의 대안은 사려 깊은 나라사랑의 방식으로서 합리적 애국심을 요청한다. 그것은 강요된(강압적) 애국심이 아닌 '구성적' 또는 '민주적' 애국심에서 찾을 수 있다. 애국주의와 민주주의의 결합은 구성적 애국심으로서 민주적 애국심을 가질 때 가능하다. 한 나라의 이상이 존경과 숭배할 가치가 있다는 신념, 민주주의를 토대로 하는 원리의 집합에 대한 기본적 존중, 자유와 정의 등의 특별한 원리에 기반한 사회에 대한 관심이나 시민불복종운동도 국가에 대한 사랑과 충성 안에 포함될 수 있어야 한다. 민족주의나 국가주의로 경도되지 않으면서 철저하게 개인의 자율과 보편적 인권을 보호하고 신장시켜야 한다. 한국사회에서 지배적인 이데올로기로 작용하고 있는 민족주의로부터 나온 배타적 애국심과 구별되는 민주적 애국심으로 전환시킬 필요가 있다. 의심 없는 충성심, 지도자에 대한 무조건적 지지, 도덕적 헌신, 공동체의 공유된 신념 등 권위주의적·맹목적 애국심은 기득권 유지, 테러와의 전쟁, 정권 유지, 분단, 제국주의 등의 수단이 되어 퇴행적 애국심으로 전락하기 쉽다. 최근 노르웨이의 한 청년이 보인 인명 살상 행위를 보라. 자기 나라가 다른 나라보다 내적으로 우월하다는 종족주의적 애국주의는 위험하다. 그것은 땅·출생·법적 시민·정부의 대의 등에 대한 무조건적 충성, 사회적 결함과 부조화에 대해 눈을 감고, 지도자를 맹목적으로 지지하고 따르는 등 학생들이 체제 순응자나 권력 유지를 위한 수단으로 전락할 위험성이 있다. 그러기에 민주적 애국심은 자유로운 삶의 양식에 대한 애착으로서 시민의 경험에 바탕한 정치적 열정이어야 하고, 이런 위험성을 차단하기 위해 권력으로부터 오염되지 않은 민주시민교육이 필요한 것이다.

둘째, 민주주의 국가에서의 애국심 교육은 자유, 평등, 인간의 존엄성, 사회 정의, 역사, 인권, 평화, 관용 등 '민주주의'의 가치를 최대한으로 실현시켜야 한다. 민주주의와 결합되지 않은 애국심 교육을 염려하는 민주시민교육은 청소년을 세뇌시키는 검증되지 않은 애국심을 경계하지 않을 수 없다. 종종 시민교육이 그 사회의 전통과 문화를 가르치는 것으로 이해될 경우, 즉 '공민교육'으로 변질될 때 민주주의는 크게 쇠퇴할 수 있다. 전통적으로 시민교육은 많은 국가에서 나라에 대한 충성심, 즉 애국심과 시민에게 필요한 지식과 기술 그리고 태도를 강조하기 때문이다(Rearden, 1997: 600-601). 이런 관점에서 MB정부의 교과서 개편 시도나 '민주시민교육 활성화' 방안은 보수적 애국심을 복구하자는 것으로서 '글로벌 애국주의'에 역행하는 정책이다. 민주시민교육에서 중시하는 민주주의의 가치는 국가의 경계와 충성심 등 자국 중심의 애국주의를 넘어서는 것이다. 민주주의는 결코 제도의 문제가 아니다. 민주주의는 일상생활에서 시작되어야 하며, 민주주의의 집은 바로 이웃한 지역사회(공동체)라고 할 수 있다. 미래 시민이 될 학생들에게 민주주의의 본질과 참여의 실제, 시민으로서 개개인이 지니는 의무와 책임, 그리고 권리, 지역사회(공동체) 활동이 개인과 사회에 대해 갖는 가치 등에 대해 깨우쳐주는 비판적 탐구와 실천의 과정에서 나라를 사랑하는 애국심은 합리적으로 발아될 것이다.

셋째, 민주적 애국심 교육은 곧 '평화교육'의 관점에 서야 한다. 평화는 글로벌 시티즌십의 전제조건으로서 이에 기반한 평화교육은 글로벌 시티즌십을 지지하는 데 중추적 역할을 해야 한다. 민족국가 시대를 넘어 지구촌 사회와 다문화 사회를 맞이하여 애국심 교육의 목표는 달라져야 한다. 국가가 '국내의 정의'만이 아니라 '세계의 정의'를 추구할 경우 더욱더 그러하다. 그러기에 우리의 애국심이 우리 자신의 나라를 넘어서 더 넓은 세상으로 번져 가는 부드러운 나라사랑으로 변화되어야 한다(Noddings, 2009나: 41-46). 민주적 애국심 교육은 자기 민족이 본래부터 우월하다고 믿는 자민족 중심주의, 독립된 국가의 형성에 대하여 주된 욕구를 표현하는 국가주의나 민족주의, 그리고 조국의 이익을 위해서라면 수단과 방법을 가리지 않는 광신적이고 맹목적인 공격적 애국심과는 구별되어야 한다. 모든 민족에게 공통된 인류적 양심으로서 애국심이 내 민족만의 애국심이 아니라, 다른 민족의 애국심이 함께 공존하는 것이어야 한다. 즉, "내 민족의 애국심이 정의라면 다른 민족의 애국심도 정의라는 생각을 갖게 하는 것"이라고 할 수 있다. 나의 양심적 생활의 정신이 내 민족의 양심과 정의를 존경하는 것에서 시작하여 세계적으로 서로 소통할 수 있는 인류애로 발전되어야 한다. 그래야 세계 평화를 가져오는 지구적 애국심이 형성될 수 있다.

넷째, 애국주의의 논쟁에 포함될 수 있는 이슈를 중심으로 최대한 좌우의 합의점을 찾기 위해 진보 진영에게는 애국심을 권력 유지의 수단으로만 볼 것이 아니라 국가의 자부심과 같은 '특수주의적' 애국심의 가치를 받아들일 필요가 있다. 동시에 보수 진영에게는 애국심을 인권과 민주주의와 같은 '보편주의적' 세계시민주의의 가치를 수용하도록 할 필요가 있다. 충성이 나라에 대한 충성심뿐만 아니라, 사회 정의에 대한 충성심으로도 이행해야 평화로운 애국심이 형성될 수 있다. 만약 양자 간에 가치의 합의가 어렵다면 서로 인정하고 공존시키는 방법도 가능할 것이다. 현실적으로 존재하는 차이를 인정하지 않고 서로를 적대시한다면 애국주의와 민주주의의 공존은 어렵게 된다. 국가와 국민 간에 대화적이고 민주적일 때 애국주의를 둘러싸고 별다른 마찰과 갈등을 보이지 않지만, 비대화적이고 비민주적일 때 '비판적 애국심'의 입장이 선호될 것이다. 정치적·사회적 정체성들이 불안정해지고, 개인의 소외가 심화되고 있는 한국 현실에서 민족주의가 초래할 수 있는 집단적 동원의 힘을 방지하고, 정치로부터 멀어지고 있는 시민들을 재정치화할 수 있는 '비판적 애국심'이 요청된다. 비판적 애국심은 시민들 상호 간에, 그리고 자신이 속한 국가에 요구할 수 있기 때문에 개인이나 집단의 일방적인 희생을 막고 시민적 견제력을 늘릴 수 있는 장점이 있다. 그러기에 비판적 애국심은 오늘의 한국 현실이 당면한 문제들을 해결하는 하나의 정치적 자원이 될 수 있으며, 점점 더 국경을 넘어 전 지구적 상호 의존이 늘어나는 현재의 시점에도 재검토해 볼 가치가 있다.

다섯째, 한국사회에 비판적이고 민주적인 애국심을 함양하기 위해서는 시민들의 정치적 태도와 일상적 삶에서의 모습 사이의 간격을 줄이는 민주시민교육이 이루어져야 한다. 이러한 간극을 줄이기 위한 민주시민교육은 일상의 삶에서 사회적 약자의 문제를 나의 문제로 인식할 수 있고, 사회문제의 해결을 위해 지배 세력의 경제적 희생을 자신의 책임으로 받아들일 수 있는 이타심이 요구된다. 바로 민주적 애국심은 이러한 공감대를 넓히고, 시민들이 사회적 고립에서 벗어나 자신이 지닌 소외와 불안을 정치적으로 해소할 수 있는 근거를 제공해주어야 한다. 고립되고 원자화된 개인이 아니라, 다른 사람과의 관계 속에서 사고의 자율적 능력을 형성해야 한다. 이를 통해 공적·제도적 구조를 재구성하고 참여할 수 있는 정치적 주체를 상정하여 이기주의의 몰입에서 벗어나 공통의 삶과 관련된 공동선의 가치에 눈을 돌리면서 자신이 처한 사회적 조건을 개선해나갈 수 있는 실질적인 정치적 견제력과 비판적 능력을 신장시켜야 한다.

여섯째, 민주적 애국심을 함양하는 민주시민교육은 동료 시민의 목소리에 귀를 기울이고, 그들의 목소리가 학교나 국가기관에 전달되는 '민주적 공론의 장'을 마련하여 시민들의 주창이 수렴될 수 있어야 한다. 그러기에 나와 생각을 달리하는 상대방이 내가 힘으로 제압해야 하는 적대자가 아니라, 이곳에서 함께 살고 있고, 같이 살아야 하는 동료 시민이라는 것을 '인정' 하는 것이 필요하다. 상대방에게 도덕적 수치심을 주면서, 내 생각에 동의하라는 것은 오히려 적대감을 증가시킬 뿐이다. 서로를 설득해나갈 수 있는 공감의 지점을 찾아내고, 어렵더라도 이를 확인하며 협동하는 시민적 역량이 요청된다. 이를 위해 상대방을 적으로 간주하지 않는 관용의 원칙에 기반한 타협, 자신 주장이나 행동이 가져올 수 있는 결과에 대한 사려 깊은 판단이 필요하다. 이러한 판단력과 시민적 역량은 애국심이 궁극적으로 고양시키고자 하는 '민주적 시민교육'의 목표일 것이다.

제13장

봉사학습을 통한 민주시민교육

1. 자원봉사는 어떤 한계를 보이는가?

지금까지 자원봉사활동은 지나치게 일방적이었고 불우이웃을 위한 시혜나 동정의 형태로 진행되어 자기만족적이거나 온정적 요소를 내포해온 경향이 많았다. 자원봉사는 시혜자와 수혜자에 대한 일방적 봉사활동으로서의 한계를 지니고 있으며, 참여 의지와 능력을 키워내는 데 한계가 있었다. 자원봉사는 아직도 강제적 예속이라는 의미가 강했으며, 자신이 잘났다고 생각하는 사람이 자신보다 못한 사람들에게 자선을 베푼다는 독선적 의미도 담고 있다. 그리고 그동안 공민교육이나 국민교육은 봉사의 대상에 대한 비판적 의식 없이 단순히 노력 봉사만을 강조함으로써 봉사의 시민권을 확보하지 못했다. 많은 신보수주의자들이 새로운 부에 대한 이기주의와 탐욕의 문화를 보고 놀라, 자조·검소·노동의 가치 등 전통으로 회귀하여 공동체에 대한 자발적인 봉사를 포함하는 개인들의 의무감으로 충만한 가치로 보완하려고 하였으나 그 성과는 미미한 실정이다.

이러한 현실을 극복하고자 제창된 봉사학습은 사회 변화를 위한 학습의 열쇠로서 지식 및 기술, 체험과의 상호작용을 통한 경험의 재구성과 성장을 시도한다. 봉사학습은 체험교육experiential learning[97]의 한 형태로서 지역사회에서 발생하는 각종 사회문제를 해결하는 데 있어서 개입과 조정, 그리고 지원하는 기회를 제공함으로써 교육의 사회적 기능을 수행하고 자기발견의 장을 마련하기 위한 것이며 성찰과 상호작용을 핵심적 과정으로 포함하고 있다. 학생들이 교과지식이나 이전의 경험들을 지역사회의 실질적인 요구들을 충족시키는 데 적용할 수 있도록 그들을 실생활에 관계시키기 위해 실생활의 경험과 기회를 제공하려고 시도한다. 학생들은 봉사활동 자체를 통하여 그리고 그러한 봉사활동의 경험에 대한 비판적 숙고를 통한 학습활동을 활성화하는 것으로 발전하고 있다. 따라서 타율성과 수동성에 머문 봉사활동을 주체적이고 능동적인 봉사활동으로 전환하고, 봉사활동을 사회개혁과 시민권(성)과 연결시키는 봉사학습과 시민교육의 이념적 결합을 시도할 필요가 있다.

97 체험학습은 봉사학습을 포함한 포괄적 의미를 갖고 있는 데 반해, 봉사학습은 학생들의 일차적인 동기가 봉사활동이라는 점에 초점을 두고 있고, 동시에 학생들은 자신들의 학습을 위한 교육 전략들을 계획함에 있어 교사들과 협동해야만 한다는 점에서 민주적이다. 교육철학자 듀이가 말한 대로 교육 및 민주주의의 근본으로서 협동적이며 연관된 삶, 학습 목표의 구성에 있어 학생들의 적극적인 참여의 필요성, 학습 과제 해결에 있어서 협동의 필요성, 교육적인 경험의 극대화 및 비교육적 경험의 극소화, 지적 발달 및 사회적 발달의 중요성, 학습한 것과 개인의 경험 사이의 유기적인 관련성, 타인의 복리 증진을 위해 지향된 행동의 가치 등과 관련된다.

2. 시민성의 변화와 봉사활동

시민이 무엇이며, 시민은 무엇을 해야 하느냐는 세 가지 시민성의 역사는 봉사의 세 가지 독특한 개념과 역사를 함께한다.

> 첫째, 시민은 선거를 통해 독특한 덕과 자질을 가진 그들의 지도자를 선택하는 정치체제의 권리를 담지하는 구성원이다.
>
> 둘째, 시민은 어떤 가치를 공유하고 서로를 향하여 공동의 책임을 느끼는 도덕적 공동체의 배려하는 구성원이다.
>
> 셋째, 시민은 과업에 참여하는 공적 방식과 공간에서 함께 활동하고, 그들이 집단적으로 당면한 문제를 해결하려고 노력하는 공적 세계의 실천적 주체이다. (Boyte & Farr, 1997: 37)

이에 따라 시민성의 개념 변화와 함께 봉사학습의 개념도 민주주의 쇠퇴에 대응하기 위한 세 가지 이념적 변화를 가져왔다고 할 수 있다.

> 첫째, 봉사학습은 시민에게 필요한 민주적 성향의 형성을 직접 소개하는 교육이라고 할 수 있다. 오랫동안 지역사회 봉사활동 그 자체는 학생들에게 공유된 목적을 위해 활동할 필요가 있다는 것을 가르치고, 공적 가치의 집단적 본질과 협의할 준비를 갖추고 그것을 이해하도록 돕는다.
>
> 둘째, 봉사학습은 학생들이 활기찬 민주적 삶의 중심에 있는 시민결사체와 공적 공간과 직접적으로 접촉하도록 한다. 결사체적 삶이 허약한 사회에서는 민주주의에 의미를 두는 성찰하는 방식으로 자발적으로 봉사하는 소규모의 시민모임과 깊은 교류를 맺는 것이 어렵다.
>
> 셋째, 인종, 종족, 계급의 노선을 어느 정도 넘어선 함께 활동하는 봉사학습

> 은 경쟁적 단일문화주의를 허무는 데 도움을 줄 수 있다. 거대 공동체에서의 봉사는 공동의 프로젝트를 수행하고 공동의 목표에 도달하기 위해 다양한 배경과 경험을 가진 학생들을 허용하게 될 것이다. 봉사학습은 다양성과 민주주의와 관련된 이슈에 대한 참여를 구체적으로 의미 있도록 하는 보다 효과적인 도구를 제공할 것이다. (Elshtain, 1997: 13)

우선 '자유주의적' 시민성에 근거한 봉사의 첫 번째 이념은 한 시민으로서 '권리'의 담지자가 되는 로크적 전통에 뿌리를 두고 있다(Boyte & Farr, 1997: 37-38). 자유시민의 자유는 크게 소극적 용어로 이해된다. 즉, 고문, 부정의한 수감, 타인의 부당한 간섭으로부터 보호할 권리로 이해된다. 시민성을 실천하게 될 때 시민은 주로 투표하고, 탄원하고, 자신의 이익을 전달하기 위해 타인을 집단으로 조직할 수 있다. 그러나 이 시민의 행동과 실천은 정부 자체를 지향하고 그것에 의해 매개된다. 정부의 힘은 가능한 시민의 권리와 관련하여 최소로 지켜져야 하지만, 정부와 그 정부를 운영하는 지도자는 행위의 중심에 있다. 공화국은 시민의 선거로 선출된 대표 정부를 통해 나라의 진정한 이익을 위해 공동선에 호응하도록 한다.

이러한 접근은 사적 이익을 멀리하고 공동선을 추구하는 신사의 특징으로서 공공 봉사를 하는 공화국의 이념과 가장 밀접한 관련이 있다. 이러한 사람은 덕과 재능을 지닌 특수계층의 담지자로서 국가에 봉사를 한다. 이런 의미에서 봉사는 일, 즉 육체노동과는 엄밀하게 구별된다. 오랜 세월이 흘러 봉사와 관련된 공화국의 엘리트주의는 전문적 이상을 가진 자유주의로 교체된다. 이 이상은 '전문가'를 통해 해결되는 과제가 되었다. 이러한 시민성에서 도출된 '공민교육civic education'의 관점은 '공민과civics'를 통해 직설적으로 표현된다(Boyte & Farr, 1997: 38). 운영체제와 공공 문제에 있어 행위의 중심처가 정부라면 이때의 교육의 핵심적 교과목은 정부에 의해 이루어진다. 봉사학습이 나중에 행해질 전문적 종류의 일을 맡게 될 공공 봉사를 준비할 교외활동에서 이루어지는 것과 비슷하기는 하지만, 공민과에서 이루어지는 통상적 활동은 아니다. 학생정부, 모의국회, 지도자 훈련활동은 학생들이 의회 대표나 정당 관리로서 봉사하며 학습하는 인턴십과 같이 교육의 관례화된 형식이다. 공민과의 봉사학습은 기존 정치체제의 교육적 기능에 봉사하는 것이다.

오늘날 공민과는 시민성과 봉사와 연관된 자유주의적·전문가적·제도적 정치에 대한 비판을 열어놓고 있다. 그렇지만 기존의 정치와 정부에 대한 불만족과 분노가 더욱 커져갔다. 게다가 퍼트넘이 말하듯 '혼자 볼링하기'와 같은 개인주의 문화가 팽배해졌다(Putnam, 1995). 미국의 경우 1960년대에 사회적 자본으로서 타인을 신뢰하는 의식이 3분의 2 정도였으나 1990년대는 3분의 1로 급격하게 감퇴하였다. 미국인들은 민주주의에 대한 관심이 줄어들고 스스로를 고객과 소비자로 생각하게 된다. 시민의 사회 참여가 감소한 것은 범죄 증가, 가족 해체, 사회적 배제 문제와 아주 밀접하게 연결되어 있다. 이에 대한 하나의 해결책으로 사회의 갱생을 위한 열쇠로서 능동적 시민성과 자발적 참여를 촉구하였다. 개개인은 시민들의 강력하고 능동적인 사회 안에서 번영을 한다. 그러나 사회가 멀리 뿔뿔이 떨어져 나가면 강력한 사회도 하나의 국가도 아니다. 사회적 배제는 물질적 빈곤보다 자기 존중감에 더욱 해를 끼치며, 전체로서의 사회를 더욱 좀먹게 하며, 더욱 세대를 거쳐서 전승되기 쉽다.

사회의 집단은 파편화되고, 책임을 지지 않는 개인의 권리를 무한 주장함으로써 도덕적 공동체의 이상과 공동선이 위기에 봉착하자 이를 근본적으로 숙고하는 제2의 시민성 개념, 즉 '공동체주의적' 이념이 다시 요청되었다(Boyte & Farr, 1997: 41). 공동체주의communitarianism는 개인의 권리와 개인주의보다 책임을 더 강조한다. 공동체주의적인 관점에서 볼 때 시민교육은 다른 사람에 대한 헌신과 공동선에 대한 책임이라는 가치를 추구하기 위해 지역사회 봉사활동을 소중하게 생각한다(Althof & Berkowitz, 2006: 502). 공동체주의자들이 공동체의 목소리를 내기 시작한 공동체주의의 이념은, 시민성을 삶의 공유된 방식과 도덕적 가치의 공통된 체제에의 '참여'에 기반하여 서로에 대한 관심과 배려가 충만한 '좋은 사회'를 구상하였다. 일찍이 아리스토텔레스가 갈파한 바와 같이, 우리 인간은 정의로운 행동을 함으로써 정의롭게 되고, 정직한 행동을 함으로써 정직한 사람이 되는 것이다. 듀이도 "인간 학습의 본질은 실제로 해봄으로써 가장 잘 배운다(learning by doing)"고 했듯이 봉사활동 학습은 선에 대해 알고 배운 것들을 직접 실천해볼 수 있는 다양한 기회를 제공해준다고 말한 바 있다.

공동체적 삶의 방식은 자기 이익의 삶과는 반대되는 위치에 있다. 이러한 삶은 공동선에 대한 상호 헌신으로부터 나오는 보편적 공감을 목표로 한다. 이런 이념을 추구하는 공동체주의자는 덕과 공공 봉사를 중시하는 '공민적 공화주의' 전통에 뿌리를 두고 있다. 공동체주의자는 고전적 공화주의가 지닌 엘리트주의를 제거하려고 시도하였다. 특히 권리를 전제하며 '연루되지 않는 자아'에 뿌리를 둔 자유주의에 대해 신뢰를 보내지 않았다. 그리하여 공동체의 상황에 두는 도덕적 자아로서 시민의 자기 존중감, 개인적 가치 성장, 치유적 기능 등의 재개념화를 시도하였다. 자원봉사활동은 시민의 공동체적 개념 속에 포함되었다. 그렇지만 자원봉사활동은 개인의 자기희생과 헌신에 의존하는 시혜적·온정적 자선으로 인해 봉사 대상에 대한 근원적 문제에 대한 성찰을 간과하였다. 자원봉사활동이 갖는 한계를 극복하고자 '공동체적 시민성'의 개념이 요청되고, 그에 기반한 '봉사학습service learning'이 제창되었다. 현대의 봉사학습운동은 공동체주의와 생각을 같이하고 있다. 학생들과 청소년들은 공동체에서 타인에게 봉사할 때 시민성에 대해 학습을 받게 된다. 공동체주의가 옹호하는 봉사학습은 시민성을 위해 자기중심적 세대를 다르게 준비시킨다. 많은 나라에서는 봉사를 위한 재정 지원을 확대하고 있다.

그러나 공동체적 시민성에 바탕한 봉사의 이념은 현대의 복잡하고 도전적인 문제들이 해결을 기피하는 경향이 있다. 공동체주의는 영웅적 개인주의를 넘어서고 있지만, 정치적 시민의식은 부족한 상태이다. 공동체주의의 주장은 도덕적 내용으로 가득 차 있고 직무 이상의 내용을 담고 있다. 또한 상호성, 계약, 동료 시민으로서 이웃에게 '갚아야 할' 것을 넘어서는 의무를 요청하고 있다(Barber, 2006: 92-93). 자원봉사주의에 대한 공동체주의적 해석은 개인적 자족주의에서는 벗어나고 있지만 시민의식의 수준까지는 들어가지 못하고 있다. 또한 공동체 내에서 발생한 역사적 사건으로부터 배우는 공민적 갱생을 위한 특별한 교훈을 심각하게 경청하지 않는 경향이 있다. 이런 경향은 공동체주의가 근본적으로 안고 있는 의식(가치)과 문화의 우선성에서 비롯되는 근원적 문제에서 발생된 것이다.

이러한 이유로 실천적 문제 해결, 일의 공적 차원, 공적 일의 이념 그 자체에 대한 관심을 중시하는 제3의 '비판적 시민성'이 요청된다. 이 이념은 권리를 중시하는 로크의 자유주의 관점도 아니고, 공적 미덕을 강조하는 고전적 공화주의적 관점도 아니다. 제3의 비판적 시민성은 점점 더 복잡한 아이디어와 점점 더 세련된 기술을 점점 복잡한 문제들에 적용시킨다. 복잡한 공적 세계가 당면한 문제를 숙고를 통해 해결하고 협동적 작업을 통해 해결하고자 한다. 이런 이념에 근거한 비판적 시민은 고객이나 소비자 또는 봉사자나 단순한 투표자가 아니고, 문제를 집단적으로 해결하고 공적 생산물을 창출하는 '비판적 일꾼'이다. 그런데 대부분의 인적자원 개발 전문가들은 젊은이들을 관리해야 할 문제아, 봉사를 받아야 할 고객, 지식의 소비자로 취급하면서 그들의 재능과 잠재력을 제한할 뿐 아니라, 정치와 공공 문제에 관심을 멀리하도록 하는 경향이 있다. 반면에 비판적 일꾼은 단순한 덕이나 가치가 아니라 동료들과 함께 활동하는 시민의 기술과 생산적 능력을 강조한다. 동료를 위해 일한다기보다는 문제를 공유하고 함께 일을 한다. 전문인 또는 당원이나 도덕적 공동체의 구성원일 필요도 없다. 이 이념은 정치적 행동과 생산적인 경제적 삶의 결합을 시도하는 '실용주의적' 관점이라고 할 수 있다.

실용주의적 관점이 제창하는 봉사학습은 젊은이를 책임 있고 성실한 '공동 창조자'와 '공동 생산자'가 되게 하는 것이다(Boyte & Farr, 1997: 43, 46). 학교, 교회, 청년집단 등 어느 공간이든 집단적 작업을 통해 자신이 살고 있는 세상에서 직면한 문제를 스스로 해결하려는 시도를 한다. '일(노동)' 중심의 제3의 비판적 시민의 이념을 지향하는 봉사학습은 치료적·박애주의적 이념을 넘어서려고 한다. 직업훈련과 시민교육을 강력하게 결합시키는 '공적 활동public work'으로서 봉사학습은 학습과 성장뿐만 아니라 사회 참여의 기회를 제공함으로써 사회적 자아로서의 자기 이해와 직업세계의 진입을 위한 능력 개발에도 관련을 맺는다. 일은 시민성의 중심이어야 하고, 이것이 봉사학습의 주제가 되어야 한다. 일을 민주주의와 시민교육에 대한 논의의 중심으로 발전시키는 것은 민주적 갱생을 위한 새로운 가능성을 열어준다. 봉사학습운동은 자신의 일을 민주적 갱생의 사업으로 만드는 것이다. '강한 민주주의strong democracy' 관점에서는 자원봉사자와 피봉사자 모두를 시민으로 간주하려고 한다. 이러한 생각은 봉사하는 사람을 높이 평가하거나 봉사받는 사람이 구제받았다고 인식하는 것이 아니라, 주는 사람과 받는 사람 모두의 자치를 촉진시키고 발전시킬 능력이 있다고 인정하는 것이다. 사려 깊은 봉사자라면 결코 자신이 다른 사람을 위해서 봉사하는 것이 아니라, 자기 스스로를 위해 무엇인가 하는 것이라고 생각한다.

클린턴 미국 대통령은 1992년 취임하면서 봉사와 자발주의에 대한 강력하고 특징적인 민주적 정책을 제시하였다. 그가 조직한 '전국 및 지역봉사협회'가 시도한 기본적인 사회적 실험은 시장윤리적·사적 자원봉사주의로부터 시민윤리가 담긴 시민의식으로 전환시키는 것을 목표로 삼았다. 봉사학습이 그렇게 흔한 것은 아니지만, 최근 미국 민주주의 추진계획에 의해 대학 수준에서 급속도로 증가하고 있다. 봉사학습의 정의가 명확하지 않은 가운데 단지 공동체 활동에 덧붙여지는 것이 아니라, 의도적으로 학문적인 목표에 봉사학습을 연결시키는 것으로 이해되고 있다. 「국가교육통계 보고서」는 봉사학습을 지역사회 봉사활동과 교실교육을 강화시키는 교육과정에 근거한 공동체 활동이라 정의하고 있다. 미국 시민들과 정부를 갈라놓은 뿌리 깊은 불신의 골을 해결하기 위해 '혼자 볼링하기'와 같은 미국사회 내의 소외 현상을 심각하게 우려한 퍼트넘의 영향을 받은 클린턴 대통령은 '나 홀로 봉사'를 지양하고 '함께하는 봉사'를 주창한 것이다(Barber, 2006: 93).

클린턴 대통령은 봉사활동에 대하여 다음과 같은 세 가지 차원의 중요한 혁신적 조치를 취하였다. 각각의 내용은 자원봉사주의에 대한 매우 사적인 관점을 확장시켜 시민적 성격을 부여하려는 의도를 내포하고 있다.

> 첫째, 봉사를 교육과 확실하게 연결시킨다. 봉사를 하기 위해서는 교육을 받아야 하고, 봉사 그 자체는 시민의식을 함양하기 위한 교육이다. 우리는 시민으로 태어나지 않았기에 자유의 기술과 기능을 배워야 한다. 이러한 매우 어렵지만 지속적인 자유를 위한 숙련과정은 일종의 편의나 자원봉사에 대한 비용 지불을 은폐하기 위한 것이 아니라, 양자 간의 본질적인 관계를 표현하는 방법이다. 봉사협회는 이 프로그램을 '교육과 봉사'라고 이름 붙였다(Barber, 2006: 94).
>
> 둘째, 봉사 프로그램에 참여하는 자원봉사자는 정부의 구성원도 아니고, 그렇다고 하여 사적 영역의 구성원도 아닌 자율적인 시민사회의 구성원으로 인정하는 것이다. 자원봉사자들은 국가 프로그램에 등록하지만, 민간 자선단

체 및 시민결사체와 협력 관계를 맺고 있는 자율적 국가기관이 조율하는 지역적·국지적 프로그램에서 봉사활동을 벌인다. 연방정부나 주정부 그리고 지역사회 간 동반자 관계를 맺고 자원봉사자는 교량 역할을 하며 민주적 시민 공간을 만들어낸다. 자원봉사자로서의 활동을 통해 책임 있는 시민으로서 역량을 갖추게 될 뿐만 아니라, 그들이 활동하는 공동체에도 이익을 가져온다(Barber, 2006: 94).

셋째, 봉사의 형태가 봉사활동이 이루어지는 공동체(아동 학습지도나 노숙자의 쉼터 마련)뿐만 아니라, 봉사자들 스스로 책임감을 훈련하고 시민의식을 키우는 데도 뚜렷한 영향을 미치도록 만드는 것이다. 모든 자원봉사자는 전도유망한 시민이며, 모든 시민은 민주주의의 첨병이라는 것이다. 물론 자원봉사자는 일종의 영웅이다. 그러나 궁극적으로 민주주의는 영웅을 필요로 하지 않는 정부, 즉 자신의 생활을 스스로 책임지는 평범한 시민에 의한 정부이다. 그러므로 시민사회의 자발적 공동체 봉사활동은 시민의식을 훈련하는 기반이 된다. 그러한 활동은 사회에 유용한 혜택을 안겨줄 뿐만 아니라, 모든 여성과 남성을 시민이 되도록 훈련시킨다.

3. 봉사활동과 교과지식을 접목시키는 봉사학습

봉사학습은 봉사와 학습의 동시적인 효과를 거두는 데 그 목표가 있으며, '행동에 의한 학습' 혹은 '경험에 의한 학습'이라는 교육적 가치를 중시한다. 학생들은 밀폐된 공간에서 위대한 책들을 읽음으로써가 아니라, 체험의 창과 문을 열어봄으로써 가장 잘 배우게 된다. 봉사학습은 'Town'과 'Gown'의 격리에 교량을 놓는 하나의 방식이다(Lisman, 1998: 41). 봉사학습은 지역사회와 봉사와 학문적 연구가 서로를 강화하도록 연결시키는 다양한 교수법이라고 할 수 있다(Jacoby, 조용하 역, 2008: 7).

자원봉사활동이 학교에서 배운 지식들을 실천해보기 위한 부가적 경험을 제공해주는 데 반해, 봉사학습은 봉사활동 행위 자체와 비판적 탐구를 경험함으로써 교과지식은 물론 특정한 사회적 이슈들에 대한 지식을 변형시켜 주는 역할을 하게 된다. 봉사학습은 학생들로 하여금 다양한 발달적·사회적 기능들을 지닐 수 있게 해 준다. 학생들이 자존심, 감정이입, 비판적 사고력, 문제 해결 능력, 갈등 해결 기능, 협동 기술, 사회 참여 기술 등과 같은 다양한 사회적 기능들을 지닐 수 있게 해준다. 봉사학습은 봉사라는 기능적 실천을 하면서도 그 실천에 대한 '성찰reflection'을 동반한다. 각각의 특수한 맥락 속에서 실천적 지혜(맥락적 지혜)를 발현해보고 또한 비판적·반성적 실천을 통해 이루어지는 해석과 분석의 과정을 요구한다. 이때 교사도 스스로 사고하고 행동하는 주체로서 사려 깊은 반성(성찰)적 실천을 하고, 모든 학생들도 그러한 과정에 함께 참여한다.

예를 들면 빈민구호소에서 일하는 학생들은 "왜 집 없는 사람들이 있어야 하는가?" 또는 "우리는 왜 무주택자의 문제를 근본적으로 해결하지 않고 빈민구제소를 운영하는가?" 혹은 "무주택자가 전 세계적인 문제라면 다른 나라들은 어떤 정책적 자세를 취하고 있는가?"라는 질문을 스스로 반문해볼 수 있다. 이러한 질문은 사회과학적 지식을 가졌을 때 가능하다. 가난의 해결은 복지나 시혜만으로 해결 가능한가라는 질문은 인문학적 성찰을 요구한다. 인문학적 '성찰'은 봉사활동과 학습을 통합하는 것으로서 자원봉사활동과 구별 짓는 매우 중요한 요소이다. 봉사활동의 경험에 대하여 성찰해보는 것은 학생들이 자신들의 노력이 지니고 있는 의미와 효과를 이해하는 데 도움을 주며, 학습한 것과 그들이 실제로 행한 것을 연결시켜 주는 데 도움을 준다. 학생들은 실제로 행한 봉사활동의 경험에 대하여 곰곰이 생각해보고, 숙고해보아야 한다. 나는 무엇을 하고 있는가? 이 활동을 통해 내가 배우고 있는 것은 무엇인가? 숙고민주주의를 획득하는 '말하는 것'을 통한 학습은 봉사가 단순히 학교교육의 핵심이 되어야 한다는 것을 거부하며, 그 대신에 공동선이 무엇인지를 숙고한다. 성찰적 사고는 개인이나 집단, 말로 이루어지거나 글로 쓰인 것, 직접적으로 활동에 관련된 것일 수도 있고, 훈련에 중점을 둔 것일 수도 있는 등 여러 형태로 나타난다.[98] 교사와 학생은 일종의 대화식 일기나 기록한 내용물을 통해 함께 이야기를 만들고 이를 통해 서로의 경험(체험)에 대해 비판적으로 반성할 수 있는 가능성을 열어놓는다.

이런 교육적 상황에서는 다양하고 풍부한 종류의 살아 있는 상황, 지식, 그리고 의식과 가치관들이 상호 교환을 함으로써 반성 및 성찰의 습관화가 이루어지게 된다. 이때 성찰의 과정에는 봉사의 현장을 한걸음 물러나는 '비판적 거리 두기'의 자세로 분석하고 비평하며 해석하는 비판적 성찰과, 보다 봉사활동의 현실에 심층적으로 다가가는 내적 체험을 숙고하는 정서적 상상력이 작용하는 감정이입적·주관적 성찰이 요청된다. 이러한 정서적 성찰은 심리학의 힘을 빌리지 않고서는 불가능하다. 학생들이 반성 및 성찰의 기회를 갖도록 함으로써 그들의 자아감을 깊고 넓게 해주고, 그들 자신의 삶과 연관될 수 있도록 한다. 봉사활동을 통해 학교에서 배운 것들과 봉사활동을 통해 야외에서 배운 것들이 상보적이 되어야 한다. 자신들의 봉사활동 경험에 대한 지속적이고 비판적인 반성 및 성찰 활동을 통해 학생들은 반성 및 성찰의 습관을 지닐 수 있게 된다. 반성과 성찰을 하면서 느낀 생각이나 대안들을 제시할 수도 있다.

---

98 봉사학습은 팀워크, 규칙 제정, 협상, 숙고, 토의, 변론 등을 중요시한다.

봉사학습	국가봉사론 (기술공학적 교육/경제 성장 모형)	자유교양교육 (자유주의적/인문주의적 전통)	체험교육/봉사학습 (진보주의적 전통/실용주의적 전통)	공동체주의 교육 (진보주의와 일부 중첩)
사고방식	경제 발전을 위한 기술적 사고	추상적(논리적) 사고	이론을 실천으로 연결하기, 사회 변화의 추구, 비판의식, 자율성, 자발성, 창조성	협동적학습 동반자/비판적혁신
체험학습 유형	자원봉사활동	학습을 학습하기	독립적(자주적) 학습, 지식의 습득, 연구와 분석	참여, 협동학습, 학습공동체의 창조
인간 발달	효율성, 능력, 훈련	사고(지식의 형식)의 독립, 자아 각성, 지도력, 자제, 충성심, 의무	인간(개인)의 성장/ 개발, 자기신뢰, 이해, 열정, 갱생	공동선, 공동체, 배려, 포용, 정의
개인의 가치와 대인기술	이타성의 경험, 사회적 통합	자유주의적 가치(권리 옹호), 공감, 성숙한 사회적·정서적 판단	책임 있는 시민되기, 특수한 기술의 습득/ 개발(문제 해결, 대인 기술과 집단적 과정 기술)	개인주의 혐오, 결사체적 삶
직업 탐색	시장의 가치, 사회적 배치를 위한 기능주의적 직업 탐색	학문 중심적 직업 치중	아동 적성에 따른 직업 탐색을 매우 중시	공동선을 위한 진로
문화에 대한 태도	기존 문화의 수용, 국민의 형성	문화적 경험의 참여와 즐기기	기존 문화로부터의 분리	문화의 전승과 개방의 공존

〈봉사학습의 이념 비교〉(Couto, 1996: 84, Clark, 1996: 94-95 참조)

4. 봉사학습과 시민교육의 이념적 결합

우수한 시민교육 수업을 들은 지적 시민이라고 해도 활발한 시민적 참여를 이끌어낼 수 있는 경험적 요소가 부족한 경우 좋은 시민이 될 수 없다. 시민교육의 시각이 흔히 비판적 사고 또는 가치에 대한 교육의 계발을 강조하지만, 현실은 지식의 전달에 머무는 경향이 있다. 유능한 시민성을 확보하기 위한 수단으로서 지식의 전달에 초점을 둔 접근과, 그리고 유능한 시민성 형성의 수단으로서 실천과 적극적 참여 및 체험학습에 중점을 둔 접근 사이에는 오래된 긴장이 있어왔다. 그동안 '공민교육'과 동일한 전통을 갖는 '시민교육' 역시 '지식 모델'을 채택해왔다.

시민적인 지식과 기술, 그리고 성향은 동등하게 중요하고 상호 연관성이 있을 것이다. 시민적 지식과 관련된 기술과 성향을 촉진하기 위한 시민교육은 교실에서의 학습과 지역사회 활동을 통합시키고자 한다. 행동과 참여를 하기 위한 판단도 중요하지만, 적극적 참여를 위한 열정이 없어서는 안 될 것이다. 이런 사회적인 교육과정은 역사의 실체와 관련된 주제를 가르치는 데 있어 상당한 혼란을 야기할 수 있다고 주장한 사람도 있지만, 확고부동한 지식의 독점적 우위를 강조하는 사실적 지식을 옹호하는 것은 지식의 탈맥락화(탈사회성과 탈역사화)를 부추길 뿐이다. 따라서 교실 안과 밖의 '이것이냐, 저것이냐'의 선택이 아니라, '둘 다, 함께'라는 명제로 교체시킨 '봉사학습'의 의미는 더욱 커질 수밖에 없다.

카네기 재단의 『학교의 시민적 사명』(2003)은 시민교육의 효율적 접근에 대해 다음과 같은 특징을 보고하고 있다. 이 보고서는 학생의 투표 성향, 지역의 문제에 임하며 최근 소식들에 관심을 보이는 정도, 시민사회와 정치문제에 참여하려는 명백한 의지 등과 같은 시민성과의 의도적 초점, 학생들에게 문제의 토론에 참여할 수 있는 기회와 교실에서 배우는 것에 실생활의 관점을 지니도록 활동에 참여할 기회를 제공하는 능동적 학습, 민주주의 구성의 본질적인 생각과 원칙들에 대해 강조하고 있다. 이 보고서는 시민적 기술과 태도의 습득 이외에도 학교의 환경과 문화를 강조한다. 보고서에 기술된 것 중에서 최고의 실천은, 정규적인 교육과정과 교실에서의 교육과 연계된 봉사학습과 같은 지역사회 봉사활동이었다(Carnegie Corporation & CIRCLE,

2003). 교실교육만의 시민교육으로는 참여적인 기술과 지속적으로 참여하는 시민성을 위해 필요한 참여적인 자질과 평소의 태도를 기를 수 없다는 것이다. 어느 정도 행동을 이끌 수 있다는 점에서 중요한 지식을 형성하는 데는 도움이 될지 몰라도, 지식만으로는 의미 있는 활동을 이끌어내기가 충분하지 않다. 지역사회봉사community service는 다양한 동기부여가 가능하고 이를 신장시킬 수 있는 참여활동의 기회를 제공할 수 있다. 이는 다른 사람을 돕고 좋은 일을 한다는 만족감, 역할을 하고 책임감을 느끼는 데서 오는 자아개념과 공동의 효능감, 자신보다 더 위대한 무엇에 기여한다는 느낌을 통해 가능한 것이다.

지역사회 봉사활동과 봉사학습이 다양한 시민적 자질과 기술의 향상에 기여하는 것으로 나타나고 있다. 봉사학습계획의 일환으로 시행된 연구는 시민적 지식을 증진시키는 것으로 나타났으며, 지역사회봉사와 봉사학습은 봉사의 윤리(공익에 기여하겠다는 결심, 봉사와 자원봉사에 대한 헌신)를 발달시키는 데도 도움이 되는 것으로 나타났다. 이러한 자질에는 시민 참여(지역사회에 관한 공공 업무에의 참여와 관심), 시민의 자기 효능감, 사회적 자본의 개발(시민사회 지도자와 지역사회 조직들과의 관계)과 시민적 태도(협동심, 사회적 책임감), 시민으로서의 정체성(자신을 지역과 국가, 세계 공동체에 이바지하는 구성원으로서 인식하는 것), 소속감과 사회적 유대감, 관용과 다양성의 인정, 인지적이고 사회적인 유능함(의사소통, 공감, 인지적 복잡성, 문제 해결 기술, 인지적 복합성, 전체적 시야의 조망, 대인간·친사회적 행동)과 자기 존중감, 위험을 감수하는 행동의 보호, 학문적 동기부여와 성취 등이 있다. 봉사활동에 기반한 대화와 상호 반성을 허용한다는 점에서 가장 일관적으로 긍정적인 결과를 산출하는 활동 유형은 봉사학습이었다. 고등학교에서 봉사학습은 특히 효과적이다.

따라서 우리는 자원봉사활동의 한계를 좀 더 명확하게 한 후 봉사학습과 시민교육의 이념적 결합을 모색할 필요가 있다. 왜냐하면 봉사학습과 시민교육의 이념적 결합을 자원봉사활동이 가로막고 있기 때문에 자원봉사활동과 봉사학습의 이념적 차이를 명확하게 할 필요가 있다.

첫째, 자원봉사활동과 봉사학습의 차이를 도덕적 차원에서 검토할 필요가 있다.[99] 자원봉사활동voluntarism은 다른 사람들에게 도움을 주는 것을 지향하고 있는 반면, 봉사학습service learning은 도움을 주고받는 사람들 사이의 관계를 심화시키는 배려적 관계를 지향하고 있다. 자원봉사활동은 개인의 인격 형성과 자비심의 개발에 목적을 두는 것(양로원 봉사, 장애자 봉사 등)에 중점을 두는 반면, 봉사학습은 개인과 사회의 변화(개혁)에 목적을 두는 것(장애시설에 대한 조사와 분석 등)에 중점을 두고 있다. 처음에는 봉사로 시작하였지만 땀 흘리는 노작 과정을 통한 인격의 변화와 몸소 변화를 체험하는 '존재의 학습'이 이루어진다. 봉사학습은 인간 성장의 궁극적 관심, 사회적 성찰력, 인간사회에 관한 다양한 접근을 하는 이념에 바탕을 두고 있다. 봉사학습은 도덕적 행동의 실천을 강조하기 때문에 배려의 관점에서 중요한 가치를 지닌다. 배려의 실천은 돌봄의 행위를 통해 다른 사람들을 잘 보살필 수 있다. 학생들은 자신들의 도움을 필요로 하는 사람들에게 숭고한 봉사를 제공함으로써 협동과 상호 신뢰, 배려와 감정이입 등의 다양한 경험을 쌓게 된다. 학생들은 보살핌의 행위를 잘 실천하기 위해 어른들과 함께 보살피는 행위에 참여해야 한다. 봉사학습은 인간의 상호 의존성 그리고 나눔과 배품의 가치를 직접 체험하게 해줄 뿐만 아니라 상대를 이겨야 하는 경쟁 대상자가 아니라, 더불어 살아가야 하는 동반자로 인식하게 해준다.

그래서 봉사학습은 '호혜성'을 갖는 활동이라고 할 수 있다. 호혜성은 봉

99 미국의 국가봉사학습위원회(National Commission on Service-Learning)는 봉사가 학생들에게 시민활동에의 참여를 통해 시민정신을 준비시키고, 폭력과 성적 행위를 감소시키며, 책임감을 증진시킬 수 있다고 주창하였다.

사를 하는 사람과 봉사를 받는 개인이나 집단 사이의 상호작용이다. 상호작용을 통해 봉사 공급자와 봉사 수요자 간의 상호 책임감과 존중심을 배우게 된다(Jacoby, 조용하 역, 2008: 32-33). 사회개발과 복지, 타인에 대한 봉사, 봉사의 제공자와 수혜자 간의 교류 등은 상호작용의 요소로서 봉사학습의 이념이다. 상호작용은 더 나은 사람이 자신보다 못한 사람을 도와주게 되어 있다는 자원봉사의 개념을 거부한다. 실례로 자원봉사자는 종종 다른 사람들의 문제에 대한 정확한 이해 없이 봉사활동을 시도하곤 했다. 반면 봉사학습은 자기 자신의 만족을 위해서가 아니라, 다른 사람들을 위하여 봉사를 하도록 유도한다. 모든 사람은 어떤 일의 과정 속에서 변화를 기대하기 마련이다. 어떤 학생이 병원의 응급실에서 환자들을 돌보아주는 봉사활동을 하는 경우, 그 학생은 자신의 봉사활동 못지않게 열심히 환자들을 돌보는 의사나 간호사들과의 지속적인 만남과 상호작용을 통하여 그들의 행동을 모방하고 동일시할 수 있는 다양한 기회를 접하게 된다. 봉사학습은 상호작용의 철학으로서 자선을 사회 정의로, 봉사에서 빈곤을 척결하는 노력을 내포한다.

또한 봉사학습은 '사회적 책임감'을 갖게 한다. 봉사는 시민이 되는 사회적 책임으로서 사회적 실천을 하는 것이며, 봉사의 경험에 올바른 의미를 부여해야 한다. 봉사활동의 수혜자 측면에서 볼 때 봉사학습은 수혜자들의 당면 문제점들을 해결해주고, 그러한 문제들을 해결해나갈 수 있는 능력을 지닐 수 있게 해준다. 또한 지역사회 측면에서 볼 때는 지역 주민들은 개인적 혹은 집단적 요구 사항들을 해결할 수 있는 소중한 기회를 갖게 된다. 봉사학습은 봉사활동을 학습과 연계시킴으로써 학습자 자신의 변화는 물론 그러한 봉사활동의 수혜자라고 할 수 있는 학교 및 지역사회에 의미 있는 변

화를 가져오는 활동의 성격을 갖는다.[100]

둘째, 자원봉사활동과 봉사학습의 차이를 정치적 측면에서 검토할 필요가 있다. 자원봉사활동은 학생들이 민주사회에서 유능한 시민으로 성장하기 위해서는 이타심의 중요성을 인식하고, 편협한 이기심이 지닌 위험을 경험해볼 수 있는 다양한 기회들을 가질 것을 지향한다. 반면 봉사학습은 학생들에게 사회적 문제들이나 조건들에 대한 비판적 숙고의 기회를 제공하고, 정치 참여의 기능을 지니게 하며, 사회적 연대를 형성하게 하는 계기를 마련해주고 있다. 자원봉사활동이 '약한 민주주의weak democracy', 즉 개인에게 자기 이익과 최대의 기회 부여, 작은 정부, 자아실현과 자율성, 소비자 권리, 애국심 등에 의미를 두는 반면, 봉사학습은 학생들의 적극적 참여를 통하여 '강한 민주주의strong democracy', 즉 신자유주의 거부, 공동선과 참여민주주의, 교육의 기회 균등 등에 목표를 두고 있다. 시민성(권)을 '자기 이익'의 관점으로 볼 때는 약한 민주주의로 해석되고, '공동선'의 관점으로 볼 때는 강한 민주주의로 해석된다(Lisman, 1998). 이러한 입장의 강한 민주주의는 개인의 권리 옹호보다는 공동선에 기여할 수 있는 민주적 과정을 중시하고, 공동체의 공적 사업의 실제 경험에 대한 지식을 제공하고, 적극적 참여를 유도하는 '참여적 시민participatory citizenship'의 양성을 목표로 한다.

그렇다면 대학생들의 여러 가지 농활 방식에서 우리가 취할 수 있는 실마리가 보인다. 봉사를 통한 학습이 단순히 노력봉사에 머물지 않고 봉사의

100 윌리엄스(Williams, 1996: 551)의 도덕적 영역 분류에 따라 봉사활동과 봉사학습이 잠재적으로 ① 청소년들의 의무론적 추론(해야 할 옳은 일은 무엇인가; 인간의 자율성과 개인적 권리 증진을 추구하는 칸트의 윤리설), ② 청소년들의 좋은 사회에 관한 관점(가장 최선의 가능한 일의 상태는 어떻게 성취되는가; 공공 복리에 관심을 갖는 공리주의자), 그리고 ③ 청소년들의 인격(어떤 인격의 특질이 훌륭한 사람을 만드는가; 아리스토텔레스를 포함한 덕윤리학자들)이 지역봉사를 통해 증진될 수 있을 것이라고 보았다.

과정을 통해 노작의 의미를 체득하면서도 봉사의 대상에 대한 비판적 인식을 갖는 것이 좋을 것이다. 봉사는 시민이 되는 초보적 단계로서 봉사 경험에 대한 비판적 성찰을 요구한다.

위에서 말한 첫 번째 봉사학습의 기능은 도덕교육이나 인격교육과 친화력을 보인다. 시민교육의 도덕적 측면은 봉사학습의 보수적 특징, 즉 '시민성'과 친화력이 높다. 민주주의 사회는 좋은 시민을 길러내는 교육에 목적을 두고 있다. 여기에서 봉사는 시민이 되는 초보적 수준의 사회적 실천이다. 민주적 시민의 삶을 살기 위해서는 그에 걸맞은 덕목과 자질이 요청된다. 즉, 봉사학습을 통해 시민이 필요로 하는 민주적 성향(태도)을 함양해야 한다. 민주시민의 자격을 갖추기 위한 시민적 덕목으로는 신뢰, 희망, 용기, 자아존중, 우정, 신용, 정직, 예절 등을 겸비해야 한다(White, 1996).

두 번째의 봉사학습은 시민교육의 정치적 기능, 즉 진보적 기능으로서 시민권과 이념적 결합을 더 잘할 소지가 있다. 시민교육의 의미를 갖는 봉사학습은 자원봉사활동과는 달리 학습과 긴밀하게 연계되고, 그 학습과정에 숙고와 성찰의 기회를 갖게 한다. 즉, 봉사학습은 학생들이 학교나 지역사회에서 봉사활동을 전개하고, 그러한 경험들에 대해 숙고하고 반성해보는 일련의 학습과정을 요구한다. 말로 배우는 것이 아니라, 행위함으로써 배운다는 봉사활동이 지닌 실천적 특징은 공적 삶에 대한 참여의 기술을 별로 배우지 않은 채 행해질 때 정치적 무관심을 불러오고, 사회문제를 효과적으로 해결할 능력을 기르지 못하고, 학생들을 매일매일의 정치적 과정에 연결되는 작업으로부터 봉쇄할 위험이 있다(Rimmerman, 1997: 22-24). 게다가 기존의 자원봉사활동은 개인과 국가의 문제를 의미 있게 보지 못하고, '치료적 언어'만을 학습하게 할 위험이 있다. 다시 말하면 봉사와 불평등 문제, 개인과 국가의 의미 있는 관계, 보상 없는 자원봉사활동, 봉사받는 사람의 입장과 관점 그리고 처지에 대한 이해를 도외시할 위험이 있는 것이다(Guarasci

& Rimmerman, 1996: 107). 봉사 대상에 대한 현실적 이해가 없고 그 현실의 구조적 문제와 근본적 변화를 시도하지 않으면서 봉사활동에만 몰입할 경우, 그것은 소극적 봉사 행위로서 봉사의 적극적 의미를 체득하지 못하고, 결국은 민주주의 발전과 시민 양성에 실패하게 될 것이다. 그러기에 봉사학습은 남에게 도움을 줌으로써 동정, 이타심, 헌신 등의 공민의식을 함양하는 도덕적 봉사로 끝나는 것이 아니라, 예를 들어 복지제도에 대한 비판적 인식을 길러주는 시민의식의 획득이라는 혁신적 목표를 가져야 한다. 그렇게 할 때 봉사와 헌신만 하는 수동적 시민이 아니라, 봉사 대상에 대한 비판적 의식까지 체득하는 적극적 시민으로 성장시키는 시민교육으로 도약하게 된다.

시민교육은 민주주의 원리 속에서 이루어진다. 민주주의란 사회적 삶의 양식, 결속된 삶의 양식, 이익의 나눔, 의사소통의 확장 등으로 이해된다. 봉사활동은 단순히 노력 봉사만 하는 것이 아니라, 봉사의 과정을 통해 일의 의미를 체득하면서도 일에 대한 비판적 인식을 갖게 해야 한다. 사회성 성장 및 발달의 측면에서 볼 때 봉사학습은 사회적 책임감, 타인의 복리에 대한 적극적인 관심, 정치적 효능감, 시민적 참여 능력, 사회적·문화적 다양성 등에 대한 인식 능력을 향상시켜 준다. 공동체 활동 참여는 사회적이고 정치적인 문제들에 참여를 촉발하고 이를 강화시킬 수 있으며, 그렇게 할 때 정치적 발전에 기여하게 된다.

봉사학습의 철학이 이러하다면 봉사학습과 시민교육의 이념적 결합은 그렇게 어렵지 않다. 먼저 앞서 살펴보았듯, 봉사학습은 학생들에게 인간사회와 빈곤으로 인한 불평등 등 사회적 문제에 개입할 기회를 제공함으로써 교육의 질을 높이고 학생들의 자질을 비판적으로 개발할 수 있는 가능성을 보여준다. 또한 좋은 시민의 자질을 함양하는 시민교육의 요소로서 첫째, '개인으로서 책임감 있는 시민'은 지역사회 수준에서 기꺼이 봉사하려고 하며, 정말로 필요한 사람들에게 도움을 주고자 한다. 둘째, '참여적 시민'은 공공의 문제에 관심이 있으며 공적인 문제에 기꺼이 관여한다. 셋째, '정의 지향적인 시민'은 불의의 원인들에 민감하며, 사회적·정치적·경제적인 구조에 비판적으로 접근하여 문제의 해결과 변화를 위한 집단적인 전략을 탐색할 수 있다(Westheimer &Kahne, 2004a,b).

이렇게 봉사학습은 시민교육(citizen education, citizenship education)과 쉽게 결합할 수 있고, 시민교육은 '공적 활동'으로서 봉사학습을 하는 이유가 되기도 한다(Battistoni & Hudson, 1997: 47). 봉사학습은 학교에서 배운 지식들을 자신 및 다른 사람들을 위해 실천해볼 수 있는 기회를 제공해줌으로써 상호 신뢰와 협동, 참여와 배려, 민주적 의사결정 등에 기반을 둔 새로운 학교문화를 창조하도록 해주고, 동시에 권위주의적이고 경쟁적인 현재의 학교문화를 개선해나갈 수 있는 실질적인 계기를 마련해줄 것이다.

나아가 시민교육은 지역사회 봉사와 봉사학습 그리고 비판적 성찰을 결합 동시에 공존시킬 수 있을 것이다. 즉, 시민교육은 봉사활동을 통해 봉사 대상에 대한 현실 인식을 갖게 하는 동시에 대안을 모색하면서 정책을 제시하는, 활동하면서 발전하는 '정치학습political learning'의 단계까지 나아갈 필요가 있다. 이러한 봉사활동의 영역 확장은 봉사 대상에 대한 객관적 이해 등 현실의 학습을 통해 국가적 차원의 높은 정치학습으로까지 나아간다. 만약 우리가 무주택자들에게 관심을 쏟는다면, '자선'의 관점이 추구하는 바는 필요한 주택을 마련하기 위해서 부유하고 헌신할 시간이 있는 사람들의 자원을 동원할 것이다. 그런데 '정의'의 관점에서 볼 때 이것이 얼마 동안 지속될지가 확실하지 않고, 그리고 많은 사람들이 스스로를 권리의 소유자가 아니라 자선의 대상자라고 느끼게 되어 무력해질 가능성도 있다(McCowan, 2011: 184). 따라서 이런 방식의 자선적 성격에 머물지 않고 정치적 차원의 시민교육, 즉 정치교육적 봉사학습으로 발전해야 한다. 이런 정치적 지향을 갖는 봉사학습은 봉사활동(실천)과 사회개혁(운동)이 결합하여 시민운동과 시민교육의 새로운 변혁의 힘으로 기능할 것이다. 봉사학습의 시민교육적(정치교육적) 성격은 소극적 봉사정신의 내면화를 위한 '약한 민주주의'가 아니라, 자기 힘의 강화, 집단적 문제 해결, 타인의 이해 결정 등의 '강한 민주주의' 과정을 요구한다(Lisman, 1998: 89-115, 117-126). 봉사의 대상에 대한 비판적 이해, 구체적 봉사활동, 봉사의 결과에 대한 평가, 그리고 정부나 기관에 정책적 대안의 제시를 하는 과정까지 나아간다. 이렇게 되면 일 봉사만 하는 수동적 봉사가 아니라, 봉사에 대한 정치적 이해와 의미까지 학습하는 정치교육으로 발전하는 것이다. 봉사의 의미를 올바로 체득하게 하는 시민교육적 봉사학습은 사회적 책임, 지역사회 참여, 정치적 소양과 문해력 등을 동시에 갖추는 이념적 지평을 얻게 된다. 공동체 활동 참여는 사회적이고 정치적인 문제들에 참여를 촉발하고 이를 강화시킬 수 있으며 결국 이는 정치적인 발전에 기여하게 된다.

그러나 일부 봉사 프로그램은 정치적 주제를 회피하는 경향이 있다. 자원봉사활동 기회를 제공하는 청년 조직들에 있어서도 이는 마찬가지이다. 그렇게 되면 시민성은 도움이 필요한 사람을 돕는 개인적인 행동에 초점을 두는 친사회적인 행동으로 이해된다. 그러기에 학생들이 민주사회에서 유능한 시민으로 성장하기 위해 이타심의 중요성을 인식하고, 편협한 이기심이 지닌 위험을 경험해볼 다양한 기회들을 가지는 사회화 역할을 지향하는 자원봉사활동과는 성격을 달리해야 한다. 시민교육적 봉사학습은 그동안 자원봉사활동이 해결하기 어려웠던 사회적 과제나 공공 부문의 문제를 보다 적극적으로 사회문제로서 제기하고 공론화하면서 국가와 지방자치체의 해결 방안을 모색하는 사회 변혁적 역할을 담지하는 활동으로 확산되어야 한다. 봉사학습의 정치적 지향은 학생들에게 사회적 문제들이나 조건들에 대한 비판적 숙고의 기회를 제공하고, 정치 참여의 기능들을 지니게 하며, 사회적 연대를 형성하게 하는 계기를 만들어 사회적 재건을 하는 데 있다. 이런 지향성을 갖는 봉사학습은 지체되고 있는 민주주의와 시민교육을 한 단계 도약시키는 계기가 될 것이다.

	도덕적 목적	정치적 목적	지적인 목적
자원봉사활동 (개인의 인격 형성)	도움을 줌, 자선	시민의 의무, 사회화, 약한 민주주의	부가적 경험 (이타심, 헌신 등)
봉사학습 (개인과 사회의 변화)	배려적 관계, 정의	사회적 재건, 정치 참여, 강한 민주주의	개혁적 목적, 비판, 숙고, 성찰

〈자원봉사활동과 봉사학습의 비교〉

5. 봉사학습을 통한 학교의 혁명적 잠재력

체험학습인 봉사학습은 듀이와 진보교육 운동 이래로 촉진되어 왔다. 최근 교실 안의 학습과 교실 밖의 참여를 공존시키는 시도가 많아지고 있다. 오늘날 교실 속의 관념적 지식교육을 넘어서기 위해서는 적어도 체험을 중시하는 담론이 설득력을 가질 것이다. 최근에는 공동체 생활의 중요성을 강조하는 '공동체주의communitarianism'가 대두하였으며, 그리하여 개인주의와 개인의 권리보다 공동체적 책임이 더 중시되기에 이르렀다. 공동체주의적인 관점에서 볼 때 시민교육은 다른 사람에 대한 헌신과 공동선에 대한 책임이라는 가치를 추구하기 위해 지역사회의 봉사활동을 소중하게 여긴다. 교실과 지역사회가 연결된다면 통합된 '봉사학습'의 형태가 가능할 것이다. 교실의 학습과 지역사회의 체험은 둘 다 시민을 형성하는 데 중요한 역할을 하고 있다.

봉사활동을 통해 가난, 장애 등의 제도적 문제를 해결하기 위한 사회과학적 학습과 함께 존재·성찰·의지 등 왜 살아야 하며, 어떻게 해야 잘 사는 것인가에 대한 철학과 심리학 등 인문학적 소양을 동시에 길러야 한다. 외적 해결과 내면적 해결을 동시에 해야 문제가 풀리는 새로운 인문학 교육을 요청한다. 봉사와 교양이 결합되어 새로운 민주적 리더십을 발휘하는 시민을 양성해야 한다.

오늘날 봉사학습은 민주주의 추진 계획에 의해 초중등학교와 대학 수준에서 협정을 맺어 급속도로 성장하고 있다. 공동체 활동에 덧붙여지거나 그것과 일치하는 것이 아니라 의도적으로 학문적인 목표에 봉사학습을 연결시키는 것으로 이해되고 있다. 봉사학습은 지역사회 봉사활동과 교실교육을 강화시키는 교육과정에 근거한 공동체 활동이라고 할 수 있다. 봉사학습은 학생들을 '백지 상태'와 같은 의존적이고 수동적인 존재로 상정하는 전통적인 사고방식과의 단절을 요구하고 있다. 즉, 봉사학습은 학생들을 가정과 학교 그리고 지역사회의 실질적 문제들을 해결해나가는 적극적인 존재, 혹은 신뢰할 수 있는 교육적 자원으로 인정함으로써 단편적인 지식 전수에 급급한 현재의 학교구조를 변화시킬 수 있는 혁명적인 잠재력을 지니고 있다.[101] 대학은 더 이상 고매한 상아탑으로 머물러 있지 않고 사회적 요구에 따라 사회에 봉사하며 변화시키는 사회적 기능을 요청받고 있다.

오늘날 한국사회의 민주주의 지체는 제도(법) 개혁에 치우친 나머지 제도가 운영되는 실제에 대한 체험을 하지 못함으로써 제도 속에 살고 있는 공동체 구성원들이 자기소외를 경험하고 있다. 봉사활동은 제도(법)의 결과를 묵묵히 순종하고 봉사하는 순응적 시민이 아니라, 제도의 생산과정에 대한

---

101 물론 봉사학습은 만병통치약이 아니다. 봉사학습은 ① 사회 변화의 정치적 차원을 간과함으로써 이론과 실천의 균형을 잘 잡지 못할 뿐 아니라 현실 판단을 흐리게 하는 순진무구한 측면이 있고, ② 자비(사랑)와 정의를 뚜렷하게 구분하지 못하고 있고, ③ 공동체 성원으로서의 공적 도덕과 사적 개인으로서 사적 도덕의 구분이 잘 되지 않고 있으며, ④ 인간생활에 있어 자기 힘의 행사나 적절한 자기주장의 역할을 부인하고 있다는 비판을 받고 있다(Lee, 2009: 15-17).

근본적 문제를 비판적으로 성찰할 수 있는 적극적 시민의 양성을 필요로 한다. 그것은 권리와 책임 간의 '새로운 사회적 협약'을 맺는 것으로 나타나야 한다. 책임 없는 권리는 존재하지 않으며, 또한 권리 없는 책임도 존재하지 않는다. 더욱 열린 인터넷사회를 맞이하여 청소년을 교화와 주입이 아닌 비판과 성찰을 통한 시민으로 대우하고 그들을 시민으로 이끄는 시민교육이 절실하다. 일상생활의 민주주의화, 형식적 민주화를 넘어선 정서적 민주화, 지역사회의 네트워크가 활성화된 봉사학습 등 사회적 자본의 부활을 절실히 요청한다. 봉사학습과 시민교육의 결합력을 높임으로써 21세기 지구적 시민의 주체를 양성해야 한다. 소극적 시민과 적극적 시민의 동시 양성을 위해 봉사활동을 유기적으로 결합하여 개인의 인격 수양과 사회개혁의 동시적 추진체가 되어야 한다. 그렇게 해야 우리의 미래 청소년은 소극적 시민에서 적극적 시민으로 성장하게 되고, 나아가 사회 정의 구현과 견고한 민주사회를 건설하는 역군이 될 수 있을 것이다. 이런 봉사학습을 통해 학교의 '제2의 민주화 물결'이 일어나야 한다.

제14장

학생의 능동적 참여를 통한 핀란드의 민주시민교육

1. 학생들은 왜 시민으로 자라지 못하는가?

사회적으로 아동기와 청소년기는 능동적인 시민으로 성장하는 시기이다. 학교가 참여적인 공동체로 운영될 때 청소년들은 사회활동에 참여하는 데 흥미를 갖는다. 교실 안에서 그리고 학생들 사이에서 새로운 유형의 공동체성이 강화되도록 하는 것은 학교교육 업무의 중요한 부분이다. 청소년들이 자기 학교에 관련된 일을 결정하는 데 여러 방법으로 참여할 수 있는 학교는 건강하고 생산적인 환경을 창출할 수 있다.

청소년이 지역사회에 참여할 권리는 그들이 명백히 필요로 하는 것이 아니며, 항상 중요하게 여겨지지도 않는다. 왜냐하면 그들은 그러한 권리를 갖는 데 익숙하지 않기 때문이다. 청소년들이 주도하여 갑자기 참여를 시작하는 일은 드물다. 왜냐하면, 그들은 참여를 위한 지식도, 필요성도, 의지도, 그리고 동기도 갖고 있지 않기 때문이다. 참여가 제2의 본성처럼 되기 위해서는 반드시 전제 조건이 마련되어야 한다.

민주주의는 그 자체로 반드시 학습되어야 하고, 학습될 수 있는 것이다. 민주주의는 가지고 태어나는 것이 아닐 뿐만 아니라, 아무런 의식적 노력 없이 저절로 개발되는 것도 아니다. 민주주의가 해야 할 일 중 하나는 민주주의를 유지하기 위해 지속적인 학습이 이루어지도록 하는 것이다. 그러므로 민주사회란 학습하는 사회이다. 청소년들이 능동적 시민으로 성장하기 위해서는 필요한 지식과 기술을 습득해야 한다. 여기서 말하는 기술이란 의사소통하며 대화하는 기술, 사회 환경 속에서 평화로운 삶을 영위하는 능력, 공공 토론에 참여하는 능력을 의미한다. 청소년들이 여러 집단이나 개인들과 상호작용을 주고받는 경험은 그들의 시민적 영향력을 기를 수 있는 토대가 된다.

2009년 1월 필자는 핀란드 교육탐방 기간 동안 Pohjois-Tapiola 고등학교의 방문객들에게 학교장이 청소년들의 자치 모임인 '청소년의회' 대표자를 소개하는 모습을 보고 신선한 충격을 받았다.[102] 이 일은 아직까지도 생생하게 나의 뇌리에 박혀 있다. 도대체 '청소년의회Youth Parliament, Youth Council'가 얼마나 중요한 모임이기에 우리에게 소개하였을까? 대표 여학생에게 눈길이 집중되었다. 청소년의회에 대한 설명이 끝나자마자 많은 방문객들이 서로 다투어 함께 사진 한 장 박자고 줄을 섰으니 말이다. 마치 유명 가수의 사인을 받으려고 대기하는 것 같았다.

그렇다면 우리는 현재의 조건에서 어떻게 학생들을 시민으로 성장시킬 수 있는가? 그것을 핀란드의 사례를 통해 배울 필요가 있다.

---

102 필자는 2009년 겨울방학 기간 중 교육운동가들과 함께 핀란드 교육탐방을 하였다

〈훌륭한 시민 되기〉

(Morganett, R. S. 2001)

1. 핵심적 이슈에 대해 토의하고 논의하기
2. 바른 선택과 잘못된 선택을 인지하기
3. 다른 사람과의 대인적 기술을 개발하기: 다른 사람의 말을 경청하기, 분노를 통제하고 조절하기(차분해지기)
4. 다른 생명체의 요구에 대해 책임지기: 환경을 돌보기
5. 가족과 지역사회에 소속감 갖기
6. 학급 규칙을 수용하고 이해하기: 학급과 학교의 생활에 헌신하기
7. 좋은 습관을 갖기: 자기 존중감 기르기, 책임감 기르기
8. 평화를 만드는 기술: 갈등을 평화적으로 해결하기
9. 자원과 돈의 사용에 대해 학습하기
10. 공동체 건설: 친구들과 사이좋게 지내기, 돌봄, 참여, 자치, 친밀성, 소속감, 의사소통, 민주적 의사결정, 정의 실현 등

2. 능동적 시민 참여의 구성 요소

핀란드 교육청은 능동적인 시민의식을 정체성, 참여의 증가, 만남의 활성화, 자기와 타인 및 자기 공동체에 대한 진정한 배려 등의 개념으로 설명한다. 이 개념은 사람들에게 밀접한 구체적인 일로 구체화된다. 어떤 사람이 능동적인 시민이 되려면 성장하고, 배우고, 훈련을 받아야 한다. 왜냐하면 그

것은 타고나는 자질이 아니기 때문이다. 어떻게 해야 능동적인 시민이 될 수 있는지는 가르쳐야 할 필요가 있다. 지식이 사람에게 꼭 필요한 요소이기는 하지만, 사람들은 행동과 참여를 직접 경험할 때 비로소 능동적인 시민이 될 수 있다. 그러므로 어린이와 청소년은 지식을 구체적인 행동으로 옮길 수 있는 실제적인 연습을 해야 한다. 어린이와 청소년에게는 고무적인 사례들이 필요하다. 이런 방법을 통해서만 학생들은 지식을 종합적으로 다룰 수 있게 된다.

(1) 정체성

정체성identity은 시민의식의 기본이다. 모든 개인의 기본적인 목표는 건전한 자기 이미지를 창조하고 유지하며 자기 자신의 정체성을 갖추는 것이다. 정체성은 사람들로 하여금 공동체나 사회 안에서 자기 자신의 위치를 인식하는 데 필요한 준거를 갖게 해준다. 자기 정체성이 없으면 인간다운 존재가 될 수 없고, 능동적이고 사회에 기여하는 시민이 될 수 없다. 여러 사회 집단들은 도전과 건설적인 참여를 허용하는 가치체계를 통해 개인들이 자기의 정체성을 확립할 수 있도록 지원해야 한다. 자기 정체성은 능동적 시민의식의 핵심이다.

(2) 참여

참여participation는 참된 시민의식을 꽃피운다. 완전히 수동적인 사람은 신분만 시민일 뿐이다. 어떤 사람이 여가활동, 단체 활동, 지역사회 활동에 관계하고, 선거, 노동조합, 정치활동 및 다른 공적인 의사 표현 행위를 통해 사회에 참여할 때 그는 사회 현실의 한가운데에 살고 있고, 참여하고 있으며,

동시에 영향을 미치고 있는 것이다. 참여는 무엇보다도 의지와 동기의 문제이다. 능동적인 시민의식을 행동으로 옮길 수 있기 위해서는 이런 요인들이 강화되어야 한다. 어린이와 청소년들이 학생회나 청소년의회, 어린이와 청소년을 위한 국회, 청소년 모임의 목소리와 같은 집단에 참여할 수 있도록 실습과 참여 기회를 만들어주는 것이 중요하다. 능동적 시민으로 성장하기 위해서는 능동적인 아동기와 청소년기를 보내야 한다. 참여를 통해서 청소년들은 자기들에게 중요한 문제에 영향을 미칠 수 있으며, 그렇게 함으로써, 중요한 역할을 하고 있다는 느낌을 경험해볼 수 있다.

(3) 상호작용

다양한 상황에서의 상호작용interaction은 참된 시민의식을 탄생시킨다. 상호작용을 하면서 사람들은 타인에게 초점 맞추는 것을 배워야 한다. 상호작용하는 만남은 능동적인 시민으로 자라나는 데 가장 중요한 요소이다. 유익한 만남은 사람을 넉넉하게 하고, 자양분을 주며, 기운이 나게 한다. 상호작용하는 공동체의 분위기는 건전하다. 그런 공동체의 목표는 분명하며, 에너지를 제대로 사용할 수 있다. 핀란드에서, 시민 조직들과 비공식적인 사회 협력 네트워크들은 상호작용하는 만남을 가능하게 해주는 중요한 촉진자들이다. 공동체 안에서 사람들은 항상 상대방에 비추어 자신을 가늠하고 의견 차이를 만들어낸다. 이것은 위험한 일이 아니라 공동체 내 인간의 삶의 일부분이다. 예의 바른 논쟁 또는 다른 사람에게 말로 이의 제기를 하는 것은 창조적인 생각을 불러일으키며 공동체가 활발하고 능동적으로 유지되도록 한다.

(4) 배려

배려caring는 능동적인 시민의식을 분석할 때, 인도적이고 사회적인 중요한 차원을 제시한다. 배려하는 마음은 사람의 내면으로부터 솟아 나와야 한다. 자기 파괴적인 사람은 능동적 시민이 될 수 없다. 자기 자신에 대한 배려는 감정이입을 통해서 다른 사람들에 대한 배려로 이어진다. 배려의 범위는 자기 자신에서 다른 사람으로, 지역공동체로, 전체 사회를 넘어 전 지구적 수준으로까지 넓어진다. 배려의 철학으로 인해, 새로운 형태의 능동적인 시민의식을 정의함에 있어 공감과 인정과 사회적 책임이 포함된다. 배려의 철학은 공정함과 평등에 대한 전망을 강화시킨다.

3. 핀란드 학생의 능동적 시민 참여 사례

(1) 청소년의 목소리The voice of the young

'헬싱키 청소년의 목소리'는 헬싱키 어린이와 청소년들이 참여하는 조직의 이름이다. 캠페레Kempere와 이뵈스킬레Jyväskylä 지방자치단체에도 '청소년 목소리'라는 비슷한 조직이 있다. 헬싱키에서 청소년의 목소리는 캠페인을 벌인다. 이 캠페인의 비전은 어린이와 청소년들이 헬싱키 시를 자신들의 의견을 경청해주고, 자신들에게 중요한 사안들에 대해 영향력을 미칠 수 있는 도시라는 경험을 하도록 하는 것이다.

〈청소년의 목소리 회의The Voice of the Young meeting〉

모든 학교의 대표들은 헬싱키 시장이 이끄는 '청소년의 목소리'에 참석한다. 이 회의는 시의회 회의실에서 개최된다. 학생들이 자기 학교의 프로젝트를 설명하면, 그것을 위해 필요한 예산이 보조금 배분의 형식으로 이 회의에서 승인된다. 이 결정들은 확정을 위해서 다른 행정 부서에 제출될 필요가 없다. 시장이 이끄는 청소년의 목소리 회의에서 학생들이 학교 환경 개선을 위한 프로젝트에 배분될 보조금을 결정한다. 보조금은 학교의 유지 보수를 위해 사용할 전체 예산의 일부로 '청소년의 목소리'에 소요될 연간 총액을 따로 떼어두고, 운동장의 체력 단련 시설이나 복도 도색, 학생회실이나 도서관 코너의 집기 마련 등 사용자들이 정한 우선순위에 따라 각 학교에 배분된다. 이런 행사에 앞서 각 학교의 학급은 미래 워크숍, 학급 프로젝트에 대한 운영위원회에서의 토론, 그리고 각 학교에서 제안된 프로젝트에 대한 최종적인 결정 등이 이루어진다. 프로젝트에 대한 최종적인 결정은 학생회 운영위원회에서 이루어진다.

〈캠페인의 목표〉

- 어린이와 청소년들이 자신들의 거주 환경과 주변의 사물을 변화시키는 데 일정한 역할을 함으로써 영향력 행사의 경험을 얻는다.
- 학교와 청소년의회에서 어린이와 청소년들의 공동체성과 협상을 바탕으로 하는 운영 문화가 강화된다.
- 헬싱키 시에서 공공사업과 사회적 의사결정을 발전시키는 데 어린이와 청소년들이 참여할 기회를 갖는다.

(2) 청소년 열린 포럼Youth Open Forum

'청소년 열린 포럼'은 가을에 개최되며 참가자는 초·중학교의 고학년 학생, 고등학교 학생, 직업학교 학생, 청소년의회의 연장자 등이다. 청소년 열린 포럼의 주제는 언제나 청소년들과 관련되거나 사회의 최근 현안들과 관련 있는 것들이다. 열린 포럼에서 청소년들은 시의 정치가나 행정가와 함께 상호작용을 한다. 주제는 청소년들과 관련이 있는 최근의 현안들로 정해지고 있다. 이전에 다루어졌던 주제를 예로 들면 '음주 행위에 대한 공판 기간', '청소년들의 헬싱키, 그것은 존재하는가?', '학교법의 개혁' 등이다.

〈청소년 열린 포럼의 목표〉

- 청소년들은 사회적 이슈에 대해 동료 그룹 및 의사 결정자들과 함께 토론하는 것을 배운다.
- 공동의 문제들을 다루어보는 건설적인 상황에 대한 이해와 경험, 자신들에 관련된 의사결정에 청소년들이 영향을 미칠 수 있는 가능성을 창출한다.
- 학교와 청소년의회에서 사회적 활동을 장려하는 과정을 강화한다.
- 청소년들과 시 공무원 및 시 의원들이 친해질 수 있도록 한다.

청소년 열린 포럼의 핵심적인 임무는 청소년들의 생활과 그들이 즐기는 것들과 관련된 결정에 영향을 미치는 데 있다. 청소년 열린 포럼은 청소년들에 관련된 의사결정을 모니터링하고 그들이 중요하다고 여기는 사안에 대해 자신들의 의안을 만들어낸다. 목표는 탐페레에서 7학년 이상의 청소년들을 위한 일종의 로비 그룹으로 활동하거나, 영향을 미치는 통로의 역할을 하는 것이다. 청소년 열린 포럼은 악단을 위한 시설의 증가, 탐페레에 청소년 카페의 설립 및 자신들이 선정한 위원회에 참석하고 발언할 권리를 받는 것 등 많은 의안들을 제출하였다. 그중에 어떤 것들은 청소년의회, 어린이국회와 협력해서 만든 것도 있다.

청소년 열린 포럼은 일 년에 두 번의 중요한 회의를 여는데, 탐페레에 있는 7~10학년이 있는 모든 학교와, 학교가 정한 선출 절차를 거쳐 고등학교 및 직업학교에서 선출된 2명씩의 대표들이 참석한다. 운영위원회와 다른 여러 위원회들이 2001년 가을부터 활동을 시작했다. 위원회 안에는 학교위원회, 시 계획위원회, 문화위원회, 여가위원회 등이 있고, 음악과 스포츠 행사를 주관하는 이벤트 그룹도 하나 있다.

가장 중요한 연례행사는 '탐페레 일미와Tempere Ilmiö'라고 불리는 밴드 경연대회인데, 다음 일미외는 2005년 5월에 열렸다. 현재 30명이 넘는 청소년들이 운영위원회와 청소년 포럼 위원회 관련 일들에 참여하고 있다. 청소년 포럼은 탐페레에 있는 모든 정치적인 그룹 안에 연락 책임자를 두고 있다. 어린이국회와 청소년 포럼의 구성원은 2004년 가을 학기 동안 시의회 문화위원회, 여가위원회와 교육위원회에 참석하여 어린이와 청소년에 관련된 사안에 대해 발언할 권리를 부여받았다. 두 포럼으로부터 한 번에 한 명씩 참석하였다. 해당된 시 위원회의 의제들은 포럼 구성원 자신들의 위원회에서 재검토되었다. 새로운 참여 모델을 계속할 것인지는 참여 실험에서 얻어진 경험들이 평가된 뒤 결정된다.

(3) 학생회student association

'학생회'의 운영과 여러 교과 수업들 모두 동등하게 학교의 교육 목표 실행을 지원해야 한다. 학생과 교사의 협력은 참여적인 작업 문화의 핵심 열쇠이다. 학교가 진정으로 학생들로 하여금 참여하고, 자립적으로 되며, 자기 이미지를 고양시키고, 자기의 협력 기술 발달에 영향을 미치기 위해서 노력하도록 장려하고자 한다면, 이런 기술들이 모든 교과목 및 여타 학교 활동과 관련 속에 실행되도록 해야 한다. 학생들은 교사 및 관련 집단과 함께 학교에서의 일상생활과 교육적 가치를 숙고해야 한다.

함께하기는 협력적인 작업 태도를 일컫는 말이다. 협력적인 작업 태도는 체계적인 기교가 아니라 생각하는 방식이라는 점이 특히 강조될 필요가 있다. 협력은 민주주의와 참여와 협력을 지탱하는 사회적 틀이며, 경험주의적 학습과 구성주의적인 학습 개념에 바탕을 두고 있다. 함께 일하고, 서로 돕고, 서로에게서 배우면서, 우리는 개방성, 역동적 관계, 집단적 토론, 공동의 문제 해결을 특징으로 하는 사회로의 변화를 위해서 노력한다. 어린이와 청소년의 개인적 성장과 자립심은 사회의 성장 발달과 병행하여 진전되어 간다. 학급이나 학교에 유익한 사람이 되기 위해서, 학생들은 정신적이고 지적인 역할을 주체적으로 경험해볼 필요가 있다. 협력적인 작업 태도 속의 다음 요소들은 공동체적인 사고의 발달을 촉진시킨다.

〈협력적 작업의 태도〉

- 긍정적인 사고방식을 갖게 함으로써 위험에 대처하고, 문제를 파악하며, 토론을 진전시키는 능력을 향상시키며, 학생들이 학생회를 민주적인 공동체로 인식하도록 돕는다.
- 학생회 운영위원들에게는, 다른 사람들에게 조리 있게 문제를 설명하고, 협상하고 요약하고 논쟁하고 결정을 유도하는 능력을 기대하게 되는데, 그런 기대는 높은 수준의 인식 체계와 추론 능력을 요구한다.

- 협력적인 집단 안에서 토의하고 협상하면서 구두로 결론을 이끌어내는 능력과 개인이 알고 있거나 생각하는 것을 설명하고 평가하고 숙고하는 능력을 향상시킨다. 토의되고 있는 문제들은 심의하고 협상하는 과정을 통해서 공동으로 중요한 문제가 된다.
- 다양한 능력이 요구되는 임무를 수행해야 하는 학생회 운영위원회와 같은 이질적인 집단은 개개인으로 하여금 열린 사고와 창조적인 반응을 하도록 하며, 자신의 재능을 최대한 사용도록 한다. 집단 구성원들 사이의 차이는 문제점이 아니라 오히려 이점이 된다.
- 학생회 운영위원회의 구성원들은 다양한 수준의 생각을 서로 모방하고 문제 해결 방법을 설명하고, 피드백하고 격려하면서 서로의 학습에 영향을 미친다.
- 서로 갈등하는 의견들이나 해석, 설명이 있는 경우 어떻게든 해결되어야 한다. 이런 상황은 집단 구성원들이 신중한 대화에 참여하지 않을 수 없도록 강제한다. 갈등을 조직화하는 것은 해결책을 찾는 데 훌륭한 수단이 될 수 있다.

〈학생회 협력의 원칙〉

학교의 참여적인 작업 문화를 지원하는 협력적 학생회 운영에는 네 가지 원칙이 있다.

- 공통된 목표들과 긍정적인 상호 의존
- 상호작용과 사회적인 집단 기술
- 개인의 책임감
- 학생회의 목표와 그것의 참여 과정에 대한 집단적인 평가

(4) 청소년의회Youth Council

① 청소년의회의 역사

'청소년의회'는 청소년을 대변하고 청소년의 평등성을 증진하며 청소년에게 영향을 미치는 결정에 좀 더 관여하도록 함과 동시에 사회와 공공적 삶에 청소년의 참여를 촉진하는 것을 목적으로 한다. 청소년의회는 청소년이 시민으로서 책임 있는 행동을 하도록 하는 훈련에서 중요한 경험을 할 수 있게 한다. 민주시민 양성이라는 학교의 고유한 사명을 돕기 위한 최소한의 노력이기도 하다. 청소년들이 민주시민이 되기 위해서는 공동체 차원의 충분한 기회가 주어져야 한다는 철학에서 출발한다. 청소년의회의 출발은 핀란드 의회가 설립 100주년 기념을 앞두고 핀란드 의회를 개혁하고자 하는 국가 프로젝트의 일환으로 이루어졌다. 국제적으로 프랑스의 국회의장인 파비위스Laurent Fabius가 EU 회원국에게 청소년의회를 조직할 것을 제안한 것도 청소년의회의 결성에 영향을 미쳤다.[103] 핀란드의 청소년의회는 2006년 3월에 제정된 「청소년법Youth Law」에 의해 처음으로 만들어졌다. 청소년의회 설립을 위한 프로젝트는 국회, 청소년 활동가, 교육기관의 협력 속에서 집행되었다. 이 법 8조에는 지방자치단체가 청소년들의 삶에 영향을 미치는 주제에 관하여 청소년들의 의견을 들을 의무가 있다고 규정하고 있다. 청소년의회는 의회와 교육부의 공동 협력의 결과물로서 교육청에서는 청소년의회에 대한 정보를 학교에 알린다. 청소년의히 참가 학교는 신청서를 제출하며, 지역구별로 1개 학교를 선정한다.

국가교육과정의 기본으로서 법과 시행령, 보통교육 시행령에는 학생들의 역할은 교육의 목표나 임무에 따라서 규정될 뿐만 아니라 교육의 가치에 따

103 프랑스의 청소년의회의 운영에 대해서는 김은경의 『민주시민을 키우는 어린이 정치』(2009)를 참고.

라 규정될 수도 있다고 명시되어 있다. 그러므로 지방자치단체들은 학생들의 역할을 발달시켜야 할 여러 목표 중에 하나로 선택할 수 있다. "학생들의 참여적인 시민으로서의 책임감을 강화시키는 것은 헬싱키 학교들의 민주주의를 위한 전제조건이다. 헬싱키는 학생들의 참여적 시민으로서의 책임감을 특별히 발달시킴으로써, 개인으로나 사회 구성원으로 바람직한 방향으로 학습하고 성장하도록 지원한다. 참여해서 어떤 역할을 맡는다는 것은 어린이와 청소년들이 목표를 세우고, 토론을 하고, 다른 선택 가능성을 생각해 보고, 어떤 결정을 하며, 자기의 행동에 대해 책임을 지는 일련의 활동을 한다는 것을 의미한다. 어린이와 청소년들은 누구나 활동에 참여하면서 어떤 역할을 맡는 경험을 하게 되며, 자기의 환경에 변화를 가져온다.

학생 조직의 운영은 민주적인 운영 문화의 중요한 부분이다. 학생회 운영은 학생들이 자신들 집단의 대표로 활동할 수 있게 하고, 협상을 바탕으로 협력하는 훈련을 하게 한다. 청소년의회는 이러한 규정을 충실히 지키는 중요한 과정이고 절차이다. 청소년의회는 자신들의 영향력을 미칠 수 있는 평등한 기회를 청소년들에게 제공하기 위해 만들어진 기구이다. 청소년의회는 청소년의 목소리를 듣는 자연스런 채널이다. 청소년의회는 각 지방자치단체의 청소년들을 대표하는 자치조직이라고 할 수 있다. 청소년의회는 청소년들의 권리와 청소년 문제에 관하여 스스로 의사를 형성하고 전달하는 교량역할을 한다. 이 모임을 통해 시청의 의사결정 과정에 친숙해진다.

청소년의회는 청소년들이 관심을 가지는 문제에 대해 대의민주주의 방식을 통해 의사결정을 경험하게 함으로써 미래 시민으로 자라도록 준비시키는 정치적 훈련이기도 하다. 청소년의회는 청소년의 정치 참여를 위한 제도화 노력이며, 나아가 민주시민을 양성하기 위한 장기적 차원의 국가적·사회적 노력의 일환이다. 이 모임을 통해 지방의회의원이나 국회의원을 자연스럽게 만나게 된다. 이러한 만남을 통해 청소년들이 사회에 관심을 갖게 하는 동시에 정치에 대한 관심을 증진시키도록 유도한다.

② 청소년의회의 조직

청소년의회는 '능동적 시민active citizenship'의 경험을 하게 중요한 매개체이다. 청소년의회는 청소년들을 공공적이고 행정적인 일에 참여시키고 있는 청소년들의 특별자치조직이라고 할 수 있다. 청소년들을 정책결정 과정에 참여시키기 위해 그들의 목소리를 경청하고, 그들이 관심을 갖는 이슈를 공적으로 제기할 수 있는 조직체가 청소년의회이다.

핀란드의 지역청소년의회는 현재 전국적으로 약 150여 개가 있다. 청소년 개발 프로그램이 점차 개발됨으로써 더 많은 청소년의회가 출현할 것으로 예측된다. 보통 청소년의회에 참여하는 연령대는 13~26세까지이다. 청소년의회는 반드시 선거에 의해 선출한 대표로 구성된다. 해당 지자체에 거주하는 13~20세의 사람들에게 투표권이 있으나 나이 제한은 지역에 따라서 조금씩 다르다. 의원 수는 보통 10~40명으로 구성되며 시마다 그 수는 다양하다. 우리가 방문한 에스포Espoo시의 경우 30명의 청소년의회 의원과 30명의 부위원들로 구성되어 있다. 주로 13~18세이고, 실제 투표에 의해 선출된다. 연간 5만 유로의 예산을 시에서 법적으로 지원한다. 한 달에 한번 총회가 열리고, 그 외에도 실무위원회와 기다 활동이 이루어지고 있다. 시의회의 의사결정에 영향을 미치기 위해 청소년의회는 공정한 기회를 갖고자 각종의 시도를 한다. 청소년의회는 시의회에 제안을 보낼 권리를 가지고 있고, 시의회의 교육위원회, 환경위원회 등에 대표를 파견할 수도 있다. 미디어 문제에 대해 성명서를 발표하기도 하고, 비영리 청소년 단체나 학생위원회와 협력을 하기도 한다.

1998년에는 청소년의회를 지원하기 위해 청소년의회전국연합회(NUVARY; www.nuva.fi)가 설립되었다. 청소년의회전국연합회는 청소년의회의 활동을 지원하고 연대하는 청소년의회의 전국 조직이다. 핀란드 청소년의회전국연합회의 목표는 핀란드의 종합학교에 다닐 나이의 어린이들이 참여하여 영향을 미칠 수 있는 가능성을 확대하는 것이다. 운영을 위한 이념적인 기초는 「유엔 아동권리협약」에 두고 있다.

③ 청소년의회 전국연합회의 목표

- 종합학교 다닐 나이에 해당하는 어린이들을 대상으로 한, '참여와 영향력 행사를 위한 포럼'의 지방자치단체 차원의 소집 책임자로 활동한다.
- 행정 당국과 학교 및 학생들 사이의 상호작용을 개발하고 다양하게 한다.
- 지방자치단체가 탐페레 어린이국회 모델에 따라 자신들의 영향을 미치는 포럼을 개설하는 것을 돕는다.
- 지방자치단체별 특별 어린이국회와 핀란드 어린이국회의 성명서나 선언을 제출하고, 채택된 의안의 진행 과정을 지원한다.
- 관련 당국이 이미 준비하고 있는 어린이와 청소년에 관련된 의사결정에 대해서 청소년의회에 보고하도록 지원한다.
- 당국들, 특히 교육부와 접촉을 갖고 종합학교에 다닐 나이의 아동청소년들이 참여하고, 영향을 미치는 것과 관련된 현안 문제들에 대해 보고한다.
- 핀란드 국회 개원 100주년이 되는 2007년에 시작되는 핀란드 청소년의회 연례 회의를 조직한다.
- 운영위원회의 결정에 따라서 의안을 제출하고 제안서를 작성한다.
- 훈련을 위한 모임을 조직하고, 종합학교에 다닐 나이의 어린이들에게 '영향을 미치는 기술'을 증진시킬 수 있는 자료를 만들어낸다.

청소년의회전국연합회는 핀란드 전국 자치체에 1,500명이 넘는 회원들을 두고 있다. 9명(대표 1명, 부대표 2명, 평위원 6명)으로 구성된 위원회에 의해 운영되고 있다. 이 협회는 지역 청소년의회와의 협력을 도모하고 지원하며, 청소년의회의 권리와 가능성에 대해 청소년의회의 회원들을 훈련시키는 일도 한다. 중요한 사안의 경우 세미나 개최를 돕기도 한다. 정부로부터 기금을 따오기도 한다. 청소년들이 청소년의회에 더 많이 참여하도록 고무하는 활동을 하고, 새로운 청소년의회를 만드는 데 도움을 주기도 한다. 전국적 차원의 일일 경우 성명 등 언론활동을 주선하기도 한다. 전국협회는 청소년 친화적인 지방자치체가 되도록 청소년의회 활동을 지원한다. 일 년에 두 번 책자 『Vaikute』를 발행하고, 한 달에 한 번 이메일을 통해 뉴스레터를 발송한다. 전국협회는 국내뿐만 아니라 국외의 다른 나라 청소년의회와 기타 단체와 교류도 하면서 국제적 행동을 위한 가능성을 모색한다. 다만 전국협회는 정당의 정치활동이나 종교적 활동에는 간여하지 않는다.

청소년의회는 지방자치단체의 사안들에 대해 결정권이 없다. 그들의 가장 중요한 임무는 청소년들의 견해와 희망, 행동을 위한 제안을 지방자치단체의 의사 결정자들에게 전달하는 것이다. 어떤 지방자치단체에서는 청소년의회가 시의회에 직접 의안을 제출할 수 있는 권한을 가지기도 하는데 그 경우 시의회는 그 문제를 공식적으로 다룰 의무가 있다. 지방자치단체들 중에는 새로운 청소년 관련 시실을 계획할 때 청소년의회가 시작 단계부터 참여하도록 하고 있는 곳도 있다.

잘만 운영된다면, 청소년의회는 청소년들을 의사결정 과정에 참여시키는 효율적인 도구가 될 수 있다. 청소년들은 청소년의회 구성원들에게 쉽게 아이디어와 제안을 제출할 수 있고, 누구든지 후보가 될 수 있다. 더욱 좋은 점은, 영향력을 행사하고 참여하는 문제에 관한 한 청소년의회가 효과적으로 학습을 할 수 있는 최상의 기회라는 점이다. 지방자치단체는 반드시 청소년의회를 지원하는 성인으로 활동할 공무원을 임명해야 한다. 이 공무원의 임무는 청소년 의원들을 격려하고 지도해주는 것이다(예, 의안의 제출 등과 관련).

지방자치단체들 안에서 참여하고 영향을 미치는 문화를 확립·강화시키기 위해서 학생 조직과 청소년의회들 사이의 협력은 매우 중요하다. 예를 들면, 여러 학교의 학생회 운영위원회 대표들과 청소년의회 대표들이 6개월에 한 번씩 모여서 자기 지방자치단체의 어린이와 청소년 관련 문제들을 토론하고, 앞으로 추진될 프로젝트에 대한 공동 협약을 만들기도 한다. 청소년의회의 대표자들은 학생들의 역할을 증진시키는 운영 문화가 발달하도록 하기 위해서 지방자치단체의 지도적인 공무원들과 정기적으로 만날 수 있어야 한다.

참여와 영향력 행사를 가능하게 하는 다양한 구조를 만드는 핵심적인 목표는 어린이와 청소년들이 지방자치단체의 의사결정에 적극적으로 참여하도록 하는 것이다. 이런 구조는 지방자치단체의 청소년 및 교육 담당 부서와 협력하는 가운데 만들어진다. 젊은이들의 아이디어와 프로젝트들은 처음부터 끝까지 어린이와 청소년과 성인들이 함께 협력하는 가운데 실행된다. 어린이와 청소년들은 그들 자신의 주거 환경과 주변의 사물을 설계하고 시행하고 평가하는 데 참여한다. 어떤 사안에 대해 청소년들이 참석하는 것attending과 참여하는 것participating은 그 의미가 약간 다르다. '참석'하는 것은 다른 사람에 의해 조직되고 자기 자신이 영향을 미치지 않았던 어떤 상황에서 단지 그곳에 존재했다는 것을 뜻한다.

반면 어떤 일에 '참여'하는 것은 어떤 행동에 스스로 참여하고, 일의 진행과정에 영향을 미침은 물론 결과에 책임지는 것까지 원한다는 것을 의미한다. 참여는 의사결정과 영향을 미치는 행위에 대한 자기 자신의 경험과 경험에서 우러나는 책임을 가리킨다. 어떤 사람이 정말로 자기 자신의 삶과 주변환경을 변화시킬 수 있다는 경험을 해보는 것이 참여의 핵심이다. 청소년들은 영향을 미치거나 역할을 맡아보는 경험을 함으로써, 사회에 영향력을 행사할 수 있는 자신의 능력에 대한 경험이 많아지게 된다. 청소년들은 "나는 내 주위에서 일어나는 일들에 영향을 미칠 수 있다"는 느낌과 경험을 얻는다. 핀란드 헌법은, "모든 인간은 법 앞에 평등하다는 것은 어린이들에게도 똑같이 해당되며, 어린이들은 헌법에 따라 개인으로서 동등하게 대우받아야 한다"는 것을 명백히 강조하고 있다. 어린이들에게도, 그들의 발달 단계에 맞추어 자신들이 관련된 일에 영향을 미칠 수 있는 기회가 제공되어야 한다. 이 헌법 조항은 성인들에게, 자기들의 지식이나 견해, 경험에 근거한 관례를 이용해서 어린이들에게 영향을 미치는 문제들을 다루지 않도록 하는 의무를 부과하고 있다. 이 의무 사항은 특히 행정 당국에 해당된다.

이렇게 운영할 수 있는 가장 중요한 장소가 바로 학교이다. 학교에는 언제나 모든 연령대의 사람들이 함께 있기 때문이다. 학생 조직들이 영향력을 행사할 실질적인 기회를 제공할 때, 학생회 운영은 지방자치단체의 참여 및 영향력 행사 시스템의 한 부분으로 발전된다. 지방의 영향력 행사는 여러 학교의 학생회 운영위원회 대표들과 그 지역 청소년의회youth house의 대표들이 함께 모이는 지역 그룹[104]이 형성되면서 가동된다. 어린이와 청소년들은 지역 그룹 안에서 자신들의 관심을 끄는 주제들에 대해 토론하고, 어떻게 하면 결점이 고쳐질 수 있는지, 어떻게 해야 젊은이들의 새로운 아이디어가 실행에 옮겨질 수 있는지 등에 대해 계획한다.

104 지역 그룹Local Group: 학생회 운영위원회는 학교들, 교육기관들, 그리고 관련 집단들과 협력할 필요가 있다. 여러 학교의 학생회 운영위원회 대표들(학교당 4명씩)은 정기적으로 회합을 가져야 한다. 이 회의를 '지역 그룹'이라고 한다. 이들은 지역 청소년의회에서 회의를 할 수도 있다. 지방자치단체 청소년 담당 부서는 이런 형식으로 학생회 운영의 발달에 참여하고, 모든 연령 그룹들과 접촉할 수 있는 틀을 구축한다. 학생 조직들은 직간접적으로 시의 의사 결정자들과 접촉한다. 지역 그룹의 목표는 ① 학생회 운영위원들의 임무와 관련된 훈련을 시킨다. ② 자기 지역의 청소년들의 참여를 증진한다. ③ 지역의 문제들을 다루고 관리하기 위한 구조를 창출한다. ④ 성인, 어린이와 청소년 사이에 서로 정보를 교환하고 경험을 공유한다. ⑤ 학교와 시, 청소년 부서 사이의 협력을 명료하게 한다. ⑥ 지역 학교의 원칙을 구체화한다.

〈탐페레 어린이국회Tampere Children's Parliament〉

탐페레에서 '어린이국회'는 2001년부터 운영되고 있다. 어린이국회는 2004년에 시 문화국 소관의 청소년 사업의 하나로 설치, 운영되었다. 청소년 지도자 한 명이 어린이국회의 운영을 책임지며, 핀란드 최초의 지방자치단체 어린이 대변인인 '탐페레의 어린이 대변인'이 그를 지원한다. 어린이국회 모델은 참여적인 운영 문화에 기초하고 있다. 탐페레 어린이국회가 훈련 위원회에 제출한 발의안에 의하면 학급 대표들로 이루어진 학생 조직의 운영위원회가 1학년부터 6학년까지 다니는 모든 종합학교에서 가을(학기 초)에 시작된다. 그 후 교사와 학생들, 학부모-교사 연합회 대표들과 청소년 활동가들은 참여적인 운영 문화 속에서 훈련을 받기 시작한다. 탐페레의 모든 시민들이 그들 자신의 학교나 주거 지역 그리고 시에 관련된 문제들에 대하여 어떤 역할을 맡을 수 있다는 것은 매우 중요하다. 어린이국회의 학교 대표는 자기 학교에서 학교의 요구를 담아서 작성한 의안을 정부 또는 중요한 회의에 직접 제출한다. 어린이국회 대표의 형태는 학교에 위임되어 있다.

탐페레 시는 어린이국회가 여러 가지 문제들에 대해 의견을 표명해주도록 요청했고, 현안을 계획하고 준비하는 단계에서부터 어린이국회 대표들이 참여하도록 초대했다. 어린이국회는 시 당국자들을 만나 직접 얘기하거나 글로 써내는 방법 등으로 수많은 의견을 제출하였다. 제출된 의견들은 학교의 환기 상태, 컴퓨터 사용 가능성, 열쇠 달린 사물함, 스케이트보드 경사로, 해변의 쓰레기통 증설 등 다양한 문제와 관련된 것들이었다.

탐페레에서 어린이국회의 대표는 종합학교 5~7학년 학생들 가운데 선거를 통해 선출된다. 대표들은 일 년에 두 번 시의회 회의실에서 중요한 회의를 갖는다. 첫 번째 회의에서 운영위원회, 시 계획위원회, 문화위원회, 여가위원회가 선출되어 2년 임기 동안 일한다. 위원회의 회의는 대략 한 달에 한 번 조직되며, 관심 있는 사람 누구에게나 공개된다. 영향을 미치기 위해서 인터넷의 잠재적 가능성을 활용하려는 시도가 점점 더 많이 이루어지고 있다. 어린이국회는 탐페레 청소년 포럼과 협력하고 있으며, 시의회에서 대표되는 모든 정당에 접촉할 수 있는 연락 책임자가 있다. 2006년 11월에 차기 대표의 임기가 시작될 때 어린이국회는 1~6학년 학생들로 구성된다. 각 학교별로 한 명의 대표자가 나오고 그를 대신할 제1, 제2 부대표가 선출된다. 4~6학년 학생들이 학교 선거에 후보로 나설 수 있으며, 가장 많은 표를 받은 학생이 대표가 된다. 부대표는 4~5학년 학생 중에 다수의 표를 얻은 사람들이 선출된다. 만일 6학년이 대표로 선출되었고 활동 2년째에 7학년이 된다면, 제1부대표가 학교 대표가 되어 잔여 임기를 채운다. 임기는 여전히 2년이다.

④ 청소년의회가 한국사회에 주는 시사점

청소년들은 청소년의회 활동에 참여함으로써 시민성 함양에 유용한 시민교육적 경험을 하게 된다(www.org.uk, 2006). 청소년의회의 직접적인 활동과 체험을 통한 청소년의 시민교육에 주는 구체적 의미는 다음과 같다.

첫째, 청소년의회는 자기주도적으로 계획을 세우고 자신의 역할을 정할 수 있도록 해야 한다.

둘째, 청소년의회는 자신의 힘에 의해서 변화와 차이를 만들 수 있다는 자신감을 가지도록 한다.

셋째, 청소년의회는 학습 경험을 기록하고 성찰하고 공유할 수 있는 시간과 기회를 충분히 주어야 한다. (김영인, 2007: 199)

그런데 핀란드 청소년의회 활동에 문제가 없는 것은 아니다. 핀란드 청소년의회 전국 대표인 Sini Korpinen(sini.korpinin@nuva.fi)은 청소년의회가 직면한 문제로서 첫째, 공무원들이 청소년들의 행동을 너무 많이 지도하려고 한다고 불만을 표시한다. 둘째, 청소년의회의 행동에 대해 어른들의 기대치가 너무 높다면서 기대를 낮출 것을 주문한다.

다른 한편으로 청소년의회가 당면한 문제로는 첫째, 청소년의회에 대한 청소년들 스스로의 기대치 또한 너무 높다는 점이다. 둘째, 이렇게 기대는 높지만 청소년의원의 자원들(재정 등)은 너무나 빈약하다는 점을 토로한다. 셋째, 또한 지역 청소년의회 간의 협력이 그렇게 잘 되고 있지는 않다는 지적을 스스로 한다. 그러기에 청소년의회 활동가들은 함께 행동하면서 자신들의 요구를 관철해가는 공동의 활동이 매우 중요함을 역설한다.

핀란드의 청소년의회 활동을 보면서 민주주의가 어른들만의 일이 아니라, 학생들과 함께 참여하면서 이루어지고 있음을 알게 된다. 우리나라의 경우 청소년들을 미성숙하다는 이유로 시민으로 대우해주지도 않는 현실에 비하면, 핀란드 학교는 외국인 탐방객에게 학생자치활동의 대표자들을 자랑삼아 소개하는 모습에서 느낄 수 있듯이 미래의 시민으로 성장시키기 위해 현재를 유보하는 것이 아니라 현재의 시민으로서 현재의 시점에서 참여하는 실천적 과정임을 보여주고 있다. 이렇게 핀란드의 성인들이 보여주는 민주주의는 청소년들과 함께 실천하는 공동체 활동인 것이다. 외국인에게 소개되는 청소년들은 진정 자신의 나라가 민주주의 국가임을 체험하는 것이다. 민주주의를 교과서에서 단순히 지식으로서 암기하고 시험 보기 위한 도구로 사용하는 것이 아니라, 민주주의 지식이 실제의 생활에 영향을 미치는 유용한 수단으로 기능하고 있었다. 존 듀이가 말하듯 학교는 민주주의를 실천하는 작은 공동체인 것이다.

한국도 2003년 6월 청소년의회가 결성되어 지금까지 활동하고 있다.

2003년 정부 명칭이 참여정부인 만큼 참여의 분위기가 더욱 조성되었다. 그리고 전국사회교사모임 시민분과에서 학교시민교육에 대하여 공부하는 과정에서 핀란드를 비롯한 많은 선진 국가에서 청소년의 사회 참여 의식을 형성시키기 위해 청소년의회를 구성·운영하고 있다는 것을 알게 되었다. 유럽의 많은 국가를 비롯하여 세계 각국이 청소년의회를 운영하는 것에 감명을 받아 전국사회교사모임이 앞장서서 '대한민국청소년의회(http://www.youthassembley.or.kr/)'를 구성하고 사업을 추진하였다. 이 청소년의회는 교육시민단체의 지원 아래 정의교육시민연합(1대)을 시작으로 흥사단교육운동본부(2기)와 민주화기념사업회(3대)를 거쳐 흥사단교육운동본부(4기)가 각각 2년간씩 사무국 역할을 해왔다. 지금은 청소년 스스로 독자적으로 운영하고 있다.

대한민국 청소년의회가 결성되어 활동한 의미는, 청소년들의 자치활동으로서 처음 청소년의회 모델을 개발하여 선거(운동)를 통해 청소년의원이 되는 민주적 결정과정을 배우는 정치학습의 장이 되고 있다는 데 있다.

그리고 청소년의회가 해결해야 과제로는 첫째, 서울에 전국적인 하나의 청소년의회만 있을 뿐이므로 핀란드처럼 지역에서 먼저 청소년의회를 구성하고 그것이 다시 모여 전국적인 청소년의회 협의체로 발전되어야 한다.

둘째, 한국의 청소년의회가 처음으로 의회 모델을 도입한 것은 의미 있는 일이지만, 선거를 통해 이루어지는 청소년의회 활동에 제한됨으로써 다른 풍부한 청소년 활동을 스스로 차단하는 한계에 봉착하고 있다는 점이다.

셋째, 청소년의회가 의회 규정에 지나치게 얽매여 규정에 대한 논의만 무성하고 다른 활동을 전혀 하지 못하고 있다는 점이다.

넷째, 청소년의원들이 성인과의 관계에서 지도를 받지 않으려 한다는 점이다. 사무처가 청소년의회를 지원하는 부서로 남을 것을 요구하면서 여의

치 않으면 청소년 스스로 사무처를 챙기겠다는 강한 거부감을 보이기도 하였다. 그러다가 2009년에 새로 당선된 제4대 청소년의원들이 자신들의 힘으로 운영하겠다고 하여 자체적으로 운영하고 있는 상태이다.

4. 학생의 시민화를 위한 민주시민교육

학생이 미래의 시민뿐만 아니라 현재의 시민으로서 제 역할을 하려면 청소년의회 활동이 회의만 하거나 잘못된 권위의식에 물드는 것이 아니라, 세상을 비판적으로 이해하는 학습활동과 나아가 지역사회에 봉사하는 실천 활동을 동시에 함으로써 민주적 지도자로 성장하기 위한 민주시민교육을 동시에 진행해야 한다. 민주시민교육은 교과서의 언어를 통해 가르치는 것에 머물지 않고 최종적으로 청소년들의 실천적 경험을 통해 완성된다. 민주시민교육이 활성화되어야 청소년들은 성숙된 정치의식을 지닌 민주시민으로 성장할 것이다. 학생들의 경험을 중시하며 그들을 시민으로 성장시키는 교육이 민주시민교육이다.

민주시민교육은 사적 이익보다는 공동선을 위해 민주적으로 숙고하고 결정하는 공동의 삶의 양식으로서, 공동선을 향해 함께 활동하면서 대안적 삶의 양식을 추구하는 적극적 시민이 되도록 격려한다(Jaddaoui, 1996: 74-77). 청소년들은 자신을 도와줄 자격을 갖춘 어른, 즉 교사, 청소년 지도자, 사회복지사 등의 도움을 필요로 한다. 학교는 아동청소년들이 능동적 시민이 되게 하는 체험활동을 도와주어야 한다. 지방자치단체 안에 어린이와 청소년들이 영향력을 행사할 수 있는 다양한 시스템이 개발되도록 지원한다. 행정 당국과 함께 운영과 협력의 네트워크를 구축하고, 사업기관 간의 협력을 발전시킨다. 학교 안에 공동체적 운영 문화를 발전시킨다. 학생회 활동을 발전시키고, 국가나 지역 차원의 훈련을 조직하며, 교직원들을 위해 현직 연수의 기회를 마련한다. 지원할 수 있는 자료를 생산한다.

그동안 어른들의 잔치였던 국가 주도, 교사 주도의 배제와 소외의 정치를 청산해야 한다. 이제는 강요가 아닌 참여·포함의 정치를 할 때이다. 직접행동을 하겠다는 의지는 참여를 하겠다는 표시이고, 그것은 적극적인 시민권의 한 가지 표현이다(Carty, 2006: 516). 직접행동을 하는 참여의 가치를 믿는다는 것은 시민이 구사할 수 있는 하나의 운동 형태로서 대중의 저항에 잠재적으로 공감한다는 것을 뜻한다.

학생들의 적극적 참여를 통해 학교를 변화시키고 주체들의 힘을 강화해야 한다. 교육 현장의 가장 허약한 위치에 있는 학생들의 목소리를 '자력화' 해야 한다. 학생의 자력화는 자신의 삶과 그 삶에 영향을 미치는 결정에 대한 통제 혹은 통솔을 증대시키는 과정이다(Mcintjes, 1997: 65). 참여민주주의는 가장 약한 힘을 가진 사람이 자신의 목소리를 낼 때이다(Rubin & Silva, 2003: 1-2). 참여민주주의를 고무하는 데 필요한 요소는 대규모 대중의 자력화 의식과 해방감이다. 직접행동은 '민주적 자력화democratic empowerment'의 한 형태이기도 하다(Carty, 2006: 32).

따라서 비폭력과 민중에 의한 아래로부터의 권력 사이에 필수적인 연계가 필요하다. 실제로 직접행동은 저항을 계획하고 저항의 일부 요소인 대안 제도를 만드는 과정을 통해, 그런 운동에 참여하는 사람들에게 독특한 민주주의 사상과 실천을 불러일으키는 경향이 있다. 공동체의 성원으로서 '주체들의 목소리'를 내도록 해야 한다. 이러한 생각의 근본적 변화가 가능하려면 교사는 학생과 다른 존재적 위치에 있음을 인정해야 한다. 즉, 교사의 말을 무조건 따르도록 하는 순응의 정치와 같음의 정치가 아니라, 서로 다른 위치에 있음을 인정하는 '다름의 정치'가 필요하다. 학생은 단순히 듣는 존재만이 아니고, 교사는 먼저 학생들에게 말하기만 하는 것이 아니라 듣는 데(경청) 익숙해야 한다(McLaren, 2003). 학생들이 직접적으로 체험하는 경험의 목소리에 귀를 기울여야 한다. 교사와 학생 간의 상호작용적 반응적 대화를 해야 한다. 이제 교사는 군림하는 억압자의 위치를 넘어서야 한다. 교육개혁뿐 아니라, 삶의 변화는 교사와 학생이 함께 이루어내야 하는 공동의 작업이다.

아동을 권리의 담지자로서 시민으로 대우하기 위해서는 전통적 아동관을 넘어서야 한다. 즉, 아동은 부모의 자산이고 책임이며, 아동은 권리와 책임을 행사할 수 없는 미성숙 상태이고, 정치의 세계로부터 보호되어야 하며, 무질서하고 파괴적이며, 아동을 개인으로 보기보다는 국가와 사회의 구성원으로 보아야 한다는 관점을 넘어서야 한다. 그리고 학생들의 경험과 목소리를 신장시켜 민주주의를 완성하도록 하는 시민의 양성을 위해서는 인권교육과 민주교육의 활성화가 시급하다. 이런 민주시민교육이 활성화되어야 교양 있고 성숙된 정치 감각을 지닌 민주시민으로 성장할 것이다. 교실에서의 수업활동을 통해서 자주적으로 지식을 구성할 수 있는 민주적 소양을 길러야 한다.

또 학생의 목소리를 크게 할 수 있는 학생회 활동을 활성화해야 한다. 근본적으로 학생들의 의견이 존중되고 인권이 보호되는 학교를 만들기 위해 학생회의 자치활동이 활성화되도록 노력해야 한다. 학생자치 문화의 형성 없이는 민주주의의 생활화에 입문시키는 민주시민교육은 탁상공론에 지나지 않는다. 자치활동이 없다면 학생들이 민주시민으로 성장할 가능성을 원초적으로 가로막는 것이다. 민주시민교육은 실제 학생들의 학급회의와 전교회의를 통해 행사되어야 한다. 오늘날 기성 정치인들이 보여주는 반민주적 행태는 학창시절 생활로서 학습된 실천적 지식이 아니라, 대학입시를 위해 암기 위주의 명제적 지식으로 학습되어 발생한 내재된 한계에서 비롯된 자승자박의 결과이다. 따라서 우리는 학생들을 민주시민으로 성장시키는 학교자치활동에 대한 중대한 인식 전환을 해야 한다.

제15장

대안학교의 행복한 시민 양성

1. 학생은 왜 불행한가?

우리 사회에는 아직 교육을 통하여 행복이 증진되어야 한다고 생각하는 사람이 많지 않다. 아동과 청소년들의 행복감 또한 학령이 높아감에 따라 점점 감소되는 경향을 보이고 있다. 그렇지만 현재의 교육이 행복의 증진에 기여하고 있지 못하더라도 행복 증진이 교육의 가치 있고 의미 있는 목적으로 인식되고 추구되어야 한다. 이런 규범적 의미를 지닌 행복을 교육의 목적으로 추구해야 하고, 그러한 행복을 성취하기 위해 현실에 능동적으로 작용할 수 있는 행복의 역량을 함양해야 한다. 우리나라 헌법 제10조에 "모든 국민은 인간으로서의 존엄성과 가치를 가지며 행복을 추구할 권리를 가진다"고 명시함으로써 국가의 운영이 행복의 추구를 뒷받침해야 함을 천명하고 있다. 이렇게 행복은 개인과 사회의 주요 관심사이며, 특히 21세기 지식기반 사회를 맞이하여 행복교육에 대한 요구는 더욱더 커져가고 있다.

이러한 흐름에 힘입어 우리나라도 최근 행복한 학교, 행복한 교실, 행복한 교사, 행복한 학생 등에 대한 관심이 증폭되고 있다. 행복한 학교는 모든 학생이 안정된 느낌으로 생활하도록 교육환경을 조성하는 학교이다. 학생들은 어른으로 자라는 과정에 있기는 하지만 그들을 독립된 인격체로 대우하고, 학교는 단지 공부만 하는 장소가 아니라 그들의 삶이 행복한 공간으로 받아들여지도록 도와야 한다. 그런데 오늘날 학교는 세상 곳곳에 스며든 거짓 행복을 소비하는 괴물로 변해가고 있다. 그만큼 오늘날 학교는 학생의 행복한 삶과는 너무 멀어져 가고 있다. 그래서 최근 행복한 학교나 행복한 교실에 대한 관심이 역설적으로 높아지고 있다. 행복은 교육 목적의 하나로서 오늘날 학교가 짊어진 과제라고 할 수 있다. 서머힐학교와 간디학교의 '행복 찾기'는 여러 측면에서 일반 학교 교사들에게도 시사하는 바가 많다.

2. 어떤 인간이 행복한 시민인가?

행복은 인간 본성의 일부다. 어떤 환경에서 태어나 자랐든 사람은 행복이 어떤 느낌인지 잘 알고 있다. 우리는 행복을 좋은 느낌으로, 불행은 나쁜 느낌으로 금방 이해한다. 슬픈 생활보다 행복한 생활을 좋아하는 것은 인간의 자연스러운 성향이다. 행복에는 심리적 의미의 즐거움(쾌락)만이 아니라 물질적으로 쾌적한 생활을 제공하고 품위를 부여하는 객관적인 상황도 포함된다. 행복은 즐거움(쾌락)의 일부인 호감을 필연적으로 포함하지만 흥분을 불러일으킨 상대에게 초점이 맞추어지지 않고, 오히려 전반적인 상황에 대한 '만족감'을 요구한다. 유쾌하고 즐겁게 자극당한 기분을 느끼는 것은 대개 행복한 기분을 느끼는 것이기도 하다. 그래서 누군가가 물으면 우리는 일반적으로 "난 행복해." 하고 대답한다. 하지만 이 짧은 순간에도 쾌락과 행복은 결코 똑같은 것이 아니다. 쾌락을 즐기면서도 좋은 기분이 아니라 오히려 죄책감을 느낄 수도 있다. 마치 과식을 즐기면서도 동시에 후회하는 경우와 마찬가지이다. 어떤 경험에서 단지 쾌락을 느끼려면 그 것을 원하기만 하면 된다. 그러나 쾌락을 느끼면서도, 그 경험을 원하지 않았다면 후회할 수도 있다.

행복한 상태는 좋은 느낌과 긍정적인 마음을 갖고, 활기 넘치는 생활을 하며, 의미를 부여할 수 있는, 즉 인생에서 가치 있는 선택을 할 경우이다 (Hoggard, 2006: 30). 행복한 사람은 자신이 운명에 끌려다니는 희생물이 아니라 삶의 주인이라고 믿는다. 우리가 일정 시간 행복을 느꼈다면 그 시간 동안 상황이 '적절하게' 조합되었음을 의미한다. 상황의 적절한 조합은 우리의 생활이 이랬으면 하고 바라는 바를 그린 명시적·묵시적 구도에 의해 결정되며, 행복의 조건은 우리가 지각하는 실제 생활과 그림이 일치하는 것이다 (Dearden, 2003: 160).

그렇다면 쾌락을 넘어서는 '진정한 행복'이란 무엇인가? 진정한 행복이란 단순히 '주관적으로 좋다고 느끼는' 삶이 아니라, '객관적으로 좋은' 삶을 사는 것을 의미한다. 단순히 주관적인 행복을 느끼는 사람은 까다롭지 않은 기질을 타고나서 어떠한 삶에도 만족하는 이거나, 훨씬 만족스러운 삶이 바로 가까이 있는데도 천박한 쾌락의 삶에 만족하는 어리석은 사람일 수 있다. 즉 쾌락의 '질'보다 쾌락의 '양'을 더 중요시하는 어리석음에 빠질 수 있다. 플라톤이 행복을 '영혼의 조화'로 생각했을 때 그는 바로 이런 점을 우려한 것이다. 밀도 만족한 돼지보다는 불만족한 소크라테스가 되고 싶다고 하였다. 이 말은 단순한 쾌락이나 쾌감을 넘어서는 삶을 추구한다는 것을 의미한다. 그래서 아리스토텔레스는 쾌락을 추구하는 삶을 검토하면서 쾌락이 행복의 구성 요소가 될 수 없다면서 그 가치를 전적으로 부정한다. 그에 따르면 쾌락적 삶이 가치 있거나, 쾌락이 행복의 구성 요소라고 믿는 유일한 근거는 세상의 힘 있는 사람이 쾌락을 좇는 모습을 보이기 때문인데, 사실 이들의 삶을 자세히 살펴보면 늘 예속적이고 동물적이기 때문에 쾌락을 추구하는 것은 결코 가치 있는 일이 아니라는 것이다. 그는 외재적 선을 행복의 필요조건으로 간주했지만, 외재적 선의 양에 비례하여 행복의 양이 증가하는 것을 행복의 핵심 요소로 보지 않았다.

그래서 그런지 최근 '행복'이라는 낱말이 갖는 심리적 연상 때문에 객관적으로 만족스러운 경우를 뜻하는 그리스어 'eudaimonia'를 '행복/happiness'이 아니라, '잘 삶well-being'이라는 말로 번역하는 것이 더 적합하다는 주장도 있다.[105] 잘 삶은 탁월성에 의해 추구되는 '선善'이라는 뜻을 갖는다. 선은 지적·도덕적 덕(탁월성)과 같은 요소를 포함한다. 아리스토텔레스는 행복의 획득이란 선한 삶의 실현에서 온다고 생각하였다.[106] '선'이란 애초부터 사물이나 사람이 그것을 향해 움직이는 목적이나 목표로 규정된다. 무언가를 '좋다善'고 말하는 경우, 어떤 조건하에서는 사람들이 그것을 추구하거나 목표로 삼는다는 것을 의미한다. 행동과 목표는 무수히 많기 때문에 선도 또한 무수히 많다. 그러기에 내가 만약 목표로 삼고 있는 것을 선이라고 부른다면 "내가 추구하는 것은 '내가 원하는 것을 원하는 사람들'이 일반적으로 추구하는 것이나"라는 사실을 지적하는 것과 같을 것이다. 예를 들어 좋은 야구나 좋은 휴가 등을 선이라고 써서 '좋다'라고 부른다면, 그것을 원하는

105 'eudaimonia'를 '행복happiness'이라고만 번역하지 못하는 것은 그 속에 '잘 행동함 behaving well'과 '잘 살아감faring well'이라는 생각이 모두 포함되어 있기 때문이다. 그렇지만 필자는 잘 삶이 널리 통용되는 번역어는 아니기에 양자를 혼용하여 사용하기로 한다.

106 아리스토텔레스주의자인 아들러(Adler)는 행복을 획득하기 위한 참된 선의 항목을 일곱 가지, 즉 신체적 선(감각의 즐거움, 신체적 건강), 경제적 선(생계수단, 노동조건), 정치적 선(정치적 자유와 평화), 사회적 선(지위와 대우의 평등), 개인적 결합의 선(가족관계, 우정, 사랑), 정신의 선(지적 덕), 인격의 선(도덕적 선) 등으로 압축하였다.

사람들이 전형적인 기준으로 받아들이는 표준을 거론하고 있는 것이다. 일반적으로 사람들이 좋은 것을 원한다는 사실은 '좋음'과 '욕구의 대상'이라는 개념이 내적 관계를 갖고 있다는 말이다.

그렇다면 ① 우리가 행동하면서 추구하는 것 가운데에는 어떤 하나의 목표가 있고, ② 우리는 그것을 그 자체로 원하며, ③ 다른 것을 바라는 것은 그것 때문이고, ④ 우리가 선택하는 모든 것이 어떤 다른 것을 위한 것이 아니라면 여러 가지 선들 가운데 '유일한' '최고의 선'이 있음은 분명하다 (MacIntyre, 2004: 126). 행복이 최종적인 목표이자 유일한 선이라는 사실은 어떤 것이 최종적 목표이기 위해서는 반드시 갖추어야 하는 중요한 속성을 가지고 있다는 말이다. 사람들이 그것을 선택하는 것은 항상 그 자체를 위해서여야 하며, 단순히 다른 무언가를 위한 수단이어서는 안 되기 때문이다. 즉 궁극적 목적 이외의 어떤 것에 대해서도 사용될 수 없는 것이다. 인간이 지닌 능력을 최대한 발휘함으로써 인간다움이 나타나는 내재적 가치가 바로 행복인 것이다. 이러한 행복 개념은 무한한 가치를 지닌 인생을 시시한 일에 찔끔찔끔 낭비하면서 잘 살았다고 주장해서는 안 된다는 것을 말해준다. 행복하기 위해 시간을 때우는 심심풀이가 아니라, 본질적으로 '가치 있는 활동'을 반드시 생활에 포함시켜야 한다. 가치에 기초를 둔 행복이란 의미 있는 삶을 살거나 좀 더 큰 목적을 달성했을 때 느끼는 감정이다. 행복은 자신과 화합하는 영혼이라고 말한 플라톤은 겉만 번지르르하거나 추악한 가치체계를 절대로 받아들일 수 없다고 역설한다. 그래서 바로 행복이란 인간이 인간으로서 궁극적으로 추구하는 영혼의 상태 또는 삶의 조건이라고 여겨질 수 있어야 한다.

우리가 어떤 활동이 가치 있는가를 결정할 때는 주관적인 요소와 객관적인 요소를 고려해야 한다. 어떤 사람이 행복하다거나 불행하다고 말할 때, 그것은 특정한 상태나 행동이 아니라 자신의 인생에 대해 판단을 내리는 것이다. 인생을 구성하고 있는 개별적인 행동이나 과업에 대해 '유덕함/탁월성' 여부로 판단하고, 인생 전체에 대해서는 '행복' 여부로 판단을 내린다 (MacIntyre, 2004: 133). 사람은 일반적으로 행복 여부를 평가할 때 자신의 직업이나 경력, 결혼, 가족생활, 사회관계, 생활의 표준 등을 중시하고, 자신의 표준이나 사회의 지배적인 표준에 비춰 미흡할 때는 불만족스럽게 생각하는 경향이 있지만, 행복과 불행은 인생 전체를 두고 판단해야 하는 것이다. 한 사람의 인생을 행복한 것이라고 올바르게 판단하기 위해서는 일관되고 통합된 삶 전체를 보아야 한다. 인생의 계획은 내적 조화를 이룬 체제이며 추구할 만한 가치가 있다고 생각되는 여러 목표가 집합된 것이다. 인생은 연속되는 선택의 과정인 동시에 그 결정의 총집합이다. 행복이 인생 전체와 관련하여 '본래적(내재적) 가치'의 표준이 될 수 있으려면, 한 사람의 일생에 걸친 관점으로 비추어 보아야 한다. 일생 동안 자기 인생 계획의 목표를 순서에 따라 실현할 수 있는 기회와 능력이 있어야 하고, 어떤 목표를 추구할 것인가 기로에 섰을 때 그 선택을 인생 전체의 '우선순위'에 따라 결정을 해야 하는 것이다.

행복한 사람은 미래에 관한 신념과 욕망에 주로 의존한다. 왜냐하면 그는 언제나 미래에 있을 좋은 일들을 꿈꾸기 때문이다. 과거와 현재의 노예가 된 사람은 행복하기 어렵다. 행복한 사람은 미래에 전개될 상황에 대해 희망을 가지고 기대한다. 행복한 인생이란 단기적인 목표뿐만 아니라 장기적 목표도 추구할 수 있는 통합적인 인생이며, 순간마다 스스로 나아갈 방향을 결정하는 '자기결정적인' 인생이기도 하다. 자기만족 상태의 행복을 향유하려면 '자기 자신에 대한 지식self-knowledge'을 알고 있어야 한다. 자기 지식이란 자기 상황은 물론 자신의 인격, 기질, 선에 대하여 자각하고 있음을 의미한다. 불행하다고 생각하는 사람들 가운데는 자기 지식이 결여된 사람들이 많다. 행복한 사람은 자신의 내면에 대한 지나친 관심에서 빠져나와 객관적으로 사는 사람임이 분명하다. 그리고 삶과 세상에 대한 자비로운 애정과 넓은 관심을 가진 사람이고, 자신의 사랑과 관심이 다른 많은 이들의 사랑과 관심의 대상이 된다는 점에서 행복을 얻는 사람임이 틀림없다.

인간의 행복과 불행은 자신의 행위 선택은 물론 운과 우연에 크게 영향을 받는다. 인간은 행복을 추구하는 과정에서 많은 악과 불행을 맞이하게 된다. 인생은 염원하는 대로 모든 것이 성취되는 것이 아니기 때문에 우연과 과오에 따라 많은 시련에 부딪히게 되어 있다. 사실 불행은 행복의 조건이 결여된 데서 온다. 따라서 행복해지기 위해서는 먼저 행복의 정체를 알아야 한다. 사실 행복보다는 불행의 정체를 파악하기가 쉽다. 러셀은 사람들이 불행해지는 것이 어두운 인생관이나 그릇된 세계관, 그릇된 윤리와 그릇된 생활습관(경쟁, 권태, 질투, 피해망상), 부질없는 죄의식, 여론의 횡포에서 비롯된다고 하였다(Russell, 1995). 그는 행복한 사람이 되려면 대외적인 관심의 폭을 넓혀 가능하면 자기 자신의 운명이나 불행에 집착하는 옹졸한 태도를 갖지 말 것을 권고한다(Russell, 1995). 획득할 수 없는 것은 빨리 단념하고, 자기 자신에 대한 선입견, 즉 죄의식, 우둔, 단견, 시기 등에 대해 집착하지 않아야 한다는 것이다. 불행한 사람들은 외부에 대한 호기심보다는 자신을 질책하는 방향으로 나아가는 경향이 있다. 러셀이 지적한 것처럼 죄의식, 우둔, 단견, 시기 등은 사람을 자학하게 만든다. 시기는 자신만이 아니라, 타인도 불행하게 만든다고 생각하였다. 어떠한 불행도 이겨낼 수 있는 의지와 용기, 밝고 명랑한 인생관이 더 중요한 것이다. 개인이 일상에서 스스로 행복을 찾아 나서야 하고, 이러한 원인들은 개인의 노력을 통해 극복할 수 있어야 한다.

인간에게 용기, 절제, 정의, 지혜와 같은 탁월함이 없으면 가장 불경스럽고 가장 야만적이 되기 쉬우며, 이 덕이 있어야 색욕과 식욕을 잘 분별할 수 있다. 정의는 국가공동체의 질서를 유지해주고, 정의감은 무엇이 옳은지 그른지를 판별해준다. 탁월성은 행복의 전제조건이다. 인간은 행복을 추구하는 동물이다. 따라서 인간은 정치적 행위를 통하지 않고는 행복을 성취할 수 없다.

그리스어 '아레테areté'를 지칭하는 덕virtue 혹은 탁월성excellence은 특정의 실용적 목적을 위한 '지적 덕/지적 탁월성'만이 아니라, 좋은 인간으로서 인문적 삶을, 다시 말해 철학적 활동을 할 수 있는 '여가schole(school의 어원)' 활동을 하며 살아가는 도덕적 성향을 지닌 '도덕적 덕/도덕적 탁월성'을 포함하는 것이다. 아리스토텔레스는 한 인간의 훌륭함과 전체를 구성하는 시민들의 훌륭함을 만들어가는 것을 교육의 목적으로 보았다(김재홍, 2008: 424). 정치적 동물로서 인간이 행복하기 위해서 좋은 시민이어야 하고 좋은 인간이어야 한다. 인간은 고립해서는 '자족적인/자기충족적autarkeia, self-sufficient' 존재가 될 수 없기 때문이다(Aristotle, 2009: 374-382). 인간은 로빈슨 크루소 같은 고립된 삶의 방식에서는 자족적 존재일 수 없다. 인간은 개인으로서는 완전해질 수 없다. 본성적으로 인간은 자족적 존재가 아니기 때문에 그 부족함을 메우기 위해 무리를 지어서 살 수밖에 없다. 인간은 종족을 보존하기 위해 남녀가 결합해서 가정을 꾸리지만, 단순히 가정이라는 공동체만으로 자족한 존재가 될 수 없다.

자기충족성은 독립이나 고립만으로 이해할 때 오해의 소지가 있다. 자기충족성의 진정한 의미는 독립뿐 아니라, 남에게 의존할 필요가 없을 정도로 충분히 능력 있는 상태란 뜻도 담고 있기에, 자기충족적인 삶은 반드시 고립적이고 독립적인 삶이 아니며, 국가 안의 시민으로서의 삶을 포함한다. 인간은 더 큰 공동체인 국가를 지향한다. 인간은 어떤 좋음(선)을 목표로 살아간다. 그 궁극적 목적은 더 '잘 살기' 위해서다. '잘 삶well-being'은 '행복eudaimonia'을 말한다. 최고의 좋음은 좋은 삶이다. 좋은 삶은 신체의 좋음, 영혼의 좋음을 포괄한다. 좋은 삶은 탁월성에 따른 행위의 삶이다. 행복은 탁월성에 따른 영혼의 어떤 활동이다. 인간은 행복을 목적으로 하는 국가라는 공동체에서만 진정한 행복으로 구현해낼 수 있다. 국가의 목적은 인간의 삶을 행복하게 하기 위함이고, 인간의 진정한 삶이란 자신의 탁월함을 신장시키는 길이다. 행복은 외적인 선보다 우리의 내적인 상태와 더 밀접하며, 외적인 선은 목적 달성을 위한 수단일 뿐이다. 국가의 행복도 개인의 행복과 같은 탁월함을 전제로 한다. 최선의 국가는 행복하고 잘나가는 국가이다. 그러나 훌륭한 행위를 하지 않고서는 잘나갈 수 없다. 그리고 개인이건 국가건 탁월함이 없이는 훌륭한 행위를 할 수가 없다. 국가의 용기, 정의, 지혜, 절제는 개인이 용감하고, 정의롭고, 지혜롭고, 절제 있다고 불릴 때 나누어 가지는 탁월함과 같은 효력을 갖는다(Aristoteles, 2009: 363-366). 개인의 행복과 전체인 국가공동체의 행복이 다른 것일 수 없다. 개인의 행복과 전체의 행복이 다르다면 인간이 하나의 정치적 공동체를 만들어갈 이유가 없는 것이다. 개인의 행복은 전체 공동체의 행복 위에서 이루어져야 한다. 그래야 공동체 구성원들 간의 갈등이 소멸하고, 서로 조화하고, 서로 평등하게 살아갈 수 있는 것이다.

3. 학생은 행복한가?

교육의 주요 목적 중 하나는 행복이어야 한다. 일찍이 그리스 철학자 아리스토텔레스와 로마의 정치사상가 키케로는 "교육의 목적은 행복한 생활에 있다"고 하였으며, 인문주의 교육사상가 에라스무스는 "인간을 행복하게 하는 제1수단도 교육이요, 제2수단도 교육이며 제3수단도 교육"이라고 말함으로써 교육이 바로 행복의 열쇠임을 강조하였다. 18세기 범애주의 교육사상가 바제도우와 잘츠만은 국가, 민족, 종교 및 성별 등을 초월하여 모든 인류의 행복 증진을 교육의 목적으로 삼는 '범애학교'를 실제로 설립하여 직접 운영하기도 하였다(최관경, 2003).

아동과 청소년들은 행복해야 한다. 행복한 아동과 청소년들은 교육에 행복하게 참여할 것이다. 교육의 과정에서 아동과 청소년들은 자신의 성장을 즐길 것이며, 가족과 친구 그리고 타인들의 행복에도 기여할 것이다. 나아가서 행복한 사람들은 우리 사회와 지구촌을 행복하게 만드는 일에도 기여할 것이다. 학교라는 공간이 행복해지려면 그곳에서 공부하는 학생이 행복해야 한다. 동시에 학생을 행복하게 하려면 교사가 행복해야 한다. 나아가 교사가 행복해지려면 학교 전체 분위기가 행복해져야 한다. 학교의 전체 분위기가 행복해져야 그곳에서 사는 교사와 학생은 행복해질 것이다. 행복한 교실을 만들기 위해서는 학교 전체가 행복해져야 한다. 가장 좋은 학교는 행복한 장소여야 하고, 행복한 장소에 사는 교사들은 교육의 한 가지 목적이 행복이라는 점을 이해해야 한다. 그들은 또한 행복이 수단으로서 또 목적으로서 기여한다는 점도 인식해야 한다. 행복한 학생들은 행복이 무엇인가를 이해하면서 자라났기 때문에 자신의 교육 기회를 즐겁게 향유할 것이며, 타인들의 행복에도 기여할 것이다. 분명한 것은 만약 학생들이 학교에서 행복해야 한다면 그들의 선생님도 당연히 행복해야 한다. 행복한 교사로부터 행복한 학생은 자연스럽게 탄생될 것이다.

행복의 궁극 목직은 '외새적 가치extrinsic value'에 있지 않고 '내새적 가치intrinsic value'에 있다. 외재적 가치는 예컨대 재산, 권력, 명예 등이다. 이러한 것들은 우리에게 행복할 기회를 주고 즐거움을 제공한다는 점에서 아주 매력적이다. 그러나 모두가 원하는 것이어서 경쟁이 불가피하다. 제한된 외재적 선(가치)을 향한 경쟁은 인간성을 파괴하기 쉬우며 또한 외재적 선에 따른 행복은 부서지기 쉽다. 외재적 선에 과도하게 의존한 사람들은 행복의 불안정성을 절감한다. 외재적 가치가 불필요하다는 것이 아니라, 그 가치는 내재적 가치의 부산물이어야 한다. 공부를 하는 목적 또한 단순히 명예나 지위를 위한 외재적 수단이 아니라, 그것 자체에 내재한 가치에 의미를 두어야 한다. 낚시라는 놀이의 진정한 의미는 낚싯줄을 당기는 '손맛'에 있지, 잡은 물고기를 먹는 '입맛'에 있는 것이 아닌 것과 같은 이치이다. 피아노 연주자의 궁극적 목표는 연주를 잘하는 것이며, 구두 만드는 사람의 궁극적인 목표는 좋은 구두를 만드는 것이다. 훌륭한 연주를 하듯 사람들은 각자 자기의 기능을 잘 발휘해야 한다. 그렇지만 인간은 연주자나 기술자의 기능 이전에 한 인간으로서의 기능을 잘 발휘할 때 잘 살게 되는 것이다. 인간만의 독특한 행위는 자신의 합리적인 힘을 발휘하는 데 달려 있으며, 인간만의 독특한 탁월성은 그 합리적인 힘을 '올바르게' 발휘하는 데 달려 있다. 그러기에 인간의 기능은 덕과 일치하는 영혼의 행동이어야 한다. 만약 존재하는 인간의 탁월함 혹은 덕의 양이 많다면 그중에서 가장 최고이자 가장 완벽한 것과 합치되도록 행동해야 하는 것이다.

교육을 통해 얻은 지적·도덕적 덕(탁월성)[107]을 향유하는 삶은 불행과 불운을 어느 정도 피하게 해줄 뿐만 아니라 불가피할 경우는 더불어 살아갈 수 있도록 해준다(신득렬, 2007: 421). 지적·도덕적 행복은 다른 것에서 얻는 즐거움보다는 더욱 안정될 것이다. 플라톤은 배움에서 오는 행복이 승리와 이득에서 오는 즐거움에 비교할 수 없을 정도로 크다고 하였다. 승리와 이득도 우리에게 즐거움을 선사하지만 실천적 지혜를 배우는 데서 오는 행복과는 비교도 되지 않는다. 교사가 행복하다는 것은 잘 가르치는 '지성적 교사'이면서 동시에 좋은 실천을 하는 '도덕적 교사'일 경우이다. 교사는 지적·도덕적 덕에 따른 활동을 할 때 행복한 것이다. 지적·도덕적 덕은 교사의 인격을 형성하고 교양을 갖춘 시민이 되게 하는 요소이다. 교사의 행복은 지적·도덕적 탁월성(덕)을 발휘하며 가르치는 일에 몰입하고 헌신하는 데서 발견된

107 그리스어 'arete'를 영어로는 'virtue' 또는 'excellence'로 번역한다.

다고 할 수 있다. 교사는 내재적 선(가치)으로서 지적 덕(탁월성)과 도덕적 덕(탁월성)이 결여되면 불행한 삶을 살 수밖에 없다. 아리스토텔레스는 인간이 궁극 목적telos/lifés final end에 따라 사는 삶을 행복한 삶이라고 했다.

학습자들은 학교에서 그리고 교육을 받는 동안 행복해야 한다. 학습자의 장기적인 행복을 고려할 때 교육은 학습자에게 땀과 눈물을 동반하는 수고와 노력을 요구한다. 이것은 타인과의 치열한 경쟁이 아니라, 자기 안에 있는 탐욕, 권태, 나태 등을 극복하려는 시도에서 요구되는 것이다. 교양 있는 사람은 명예와 이득을 비롯한 외적 선(가치)을 통한 행복의 추구보다는 배움의 즐거움 속에서 행복을 발견해야 한다. 학습자가 학교에서 독서와 사색, 대화의 즐거움을 경험하지 못하면 학교는 권태와 단조로움이 지배하고 있다고 말할 수 있다. 이것은 학교를 넘어 인생 전체로 확산될 수 있다. 교육의 중요한 요소인 독서, 사색, 대화에서 오는 즐거움을 모른다면 인생과 공동체는 행복과는 거리가 멀어질 것이다. 그것은 행복의 조건으로서 내재적 선을 획득하게 해준다. 내재적 선을 대표하는 지적 덕과 도덕적 덕은 획득하기 어렵지만 한 번 획득하게 되면 비교적 지속적인 힘을 발휘할 것이다. 이것들은 외부에서 달려드는 불운과 환경의 영향을 감내하도록 해준다.

4. 행복교육의 조건

인간의 행복/잘 삶이라는 개념 속에는 구체적으로 서로 다른 세 가지 조건, 즉 복리, 만족, 존엄성이 포함되어 있다(Kenny, 2010). 행복/잘 삶의 세 조건을 교육과 연관시켜 구체적으로 논의해보기로 한다.

(1) 복리와 교육

행복/잘 삶의 선결 조건인 학생의 복리/복지는 학교 안팎에서 아동의 기본적인 '필요need'가 보장되어야 한다(Noddings, 2003: 240-250). 등하교 시 사고와 위협으로부터 아이들이 보호되어야 하고, 일상에서 안전해야 하고, 특히 체벌로부터 보호되어야 한다. 소수의 불우한 아동들만이 아니라 모든 아동들의 보호, 안전, 안녕과 같은 기본적 요구를 충족시켜야 한다. 그리고 우리 사회는 아직도 아이들의 신체적 필요를 제공하기 위해 해야 할 일이 많다. 끼니를 거르고, 아프고, 시력이 좋지 않은 아이들이 존재한다면 행복할 수가 없으며, 그런 아이들이 많은 교실은 행복한 장소가 될 수 없다. 끼니를 제공할 때 한 가지 중요한 필요를 충족시켜 주면서도 아이들에게 심리적인 부담을 줄 수도 있다. 자선의 대상이 되는 경우처럼 아이들은 공개적으로 가난한 사람으로 인식되고 만다. 학교에서 정규적으로 모든 아이들에게 식사를 제공하는 방식이 더 좋을 것이다. 식사시간은 학습이 중단되는 시간이 아니라, 진정한 교육 경험이 되어야 한다.

아동의 필요 충족은 베푸는 것이 아니라, 기본권을 존중하는 것으로 실현되어야 한다. 아동의 행복(잘 삶)을 구성하는 조건인 '복리welfare'는 가장 명백한 물질적 행복감으로서 의식주를 비롯하여 아동의 신체 건강에 이바지하는 인간의 동물적 욕구를 충족시키는 것이다. 복리는 아동의 잘 삶을 구성하는 조건 가운데 가장 간단히 확인하고 분석할 수 있다. 아동의 복리는 객관적이고, 쉽게 측정할 있으며, 복리가 좋은 것이고 잘 삶의 조건이라는 데는 모든 사람의 의견이 일치한다. 칼로리 섭취량 등 아동의 복리를 이루는 조건들은 명확하게 측정할 수 있다. 아동의 건강 진단이 주관적인 느낌보다 객관적으로 건강 상태를 알려주는 더 믿을 만한 길잡이라는 것은 누구나 인정한다.

나아가 아동은 어떤 것을 '필요'로 할 뿐 아니라 '원한다.' 아동의 원함want은 기본적 필요 이상의 것이다. 아동의 원함을 개인적으로 그리고 사회적으로 모두 충족시킬 수는 없다. 자녀가 외국 유학을 원한다고 모든 부모가 유학을 보내줄 수는 없다. 그러나 고아가 가정을 원한다면 사회적으로 어떤 지원을 해야 할 것이다. 행복 추구의 기본 조건으로 필요와 원함의 충족에 진지하게 접근하려면 아동 개개인의 다름과 차이를 인정하고, 그것을 지렛대로 활용하여 개개인의 고유한 역량 개발을 장려해야 한다. 개개인의 차이와 다름을 무시하고 획일적 성공 기준을 강요하는 교육을 해서는 안 된다.

(2) 만족과 교육

아동의 행복(잘 삶)을 구성하는 조건인 '만족satisfaction'은 행복에 대한 자기평가를 통해 측정된다. 만족은 느낌이나 감각이 아니라 태도나 기분이다. 행복을 만족과 동일시하는 행복관을 가진 교사와 학부모는 학생의 욕구를 있는 그대로 받아들이고 학생의 본성을 즐겁게 해주는 능력과 환경을 만드는 데 관심을 갖는다. 진보주의 교육자들은 이러한 생각을 가지고 학교를 즐거운 장소로 만들려고 하였다.

아동의 만족은 잘 삶의 필요조건이지만 충분조건은 아니다. 아동이 자신의 처지에 만족한다고 해서 반드시 행복한 운명을 누리고 있다는 뜻은 아니다. 아동의 만족은 무지에서 유래할 수도 있고, 다른 아동보다 자기가 낫다고 생각하거나 상상력이 부족하기 때문일 수도 있다. 그런 만족을 낮은 의식의 만족이라고 부를 수 있다. 그것은 '반성 없는 삶'의 만족이나 다름없다. 소크라테스는 그런 삶은 살 가치가 없다고 생각했다. 아동의 행복을 평가할 때 그들의 욕망 충족만이 아니라 욕망 자체의 본질도 고려해야 한다. 플라톤과 밀은 수준이 낮은 쾌락과 높은 쾌락을 둘 다 경험한 사람은 풍부한 지적 생활이 주는 고상한 쾌락에만 만족할 것이라고 주장하며, 그 두 가지 개념을 결합하려고 하였다. 아동의 만족이 잘 삶의 조건이 되려면 일시적인 도취감이나 뜨겁게 달아올랐다가 금방 식어버리는 일시적 만족감이 아니라, 지속적이고 안정된 상태를 유지하는 행복에 기초해야 한다.

교사는 아동이 자신의 제한된 운명을 체념하도록 애쓸 것이 아니라, 그들이 충분한 선택과 더 넓은 삶의 지평을 누릴 수 있도록 최대한 노력해야 한다. 아동이 좋은 삶과 행복에 대한 자신의 개념을 스스로 선택하도록 도와주어야 한다. 선택은 우리 앞에 실제적 선택지들이 있을 뿐만 아니라 그 대안이 무엇인지를 알며 그것을 판단할 근거가 있다는 것을 포함하고 있다. 이러한 것들에 대해 잘 알아야 비로소 바른 선택을 할 수 있고 이때 아동들은 만족할 것이다.

(3) 존엄성과 교육

아동의 행복/잘 삶을 구성하는 조건인 '존엄성dignity'은 정의하기가 더 복잡한 개념이지만, 자신의 운명을 스스로 지배하고 선택한 삶을 살아갈 수 있는 능력이 필연적으로 포함된다. 인간으로서 소중한 존재인 아동의 존엄성은 무엇보다도 자신과 타인의 관계와 관련되어 있기 때문에 복리의 경우와는 달리 절대적이고 객관적으로 측정하기란 어려운 일이다. 아동의 복리에는 물질적 복리 이외에 심리적 복리[108]도 있지만, 이것은 수량화하기가 그리 쉽지 않다. 심리적 복리는 아동의 잘 삶을 구성하는 인간의 존엄성과 어느 정도 겹쳐 있다. 물론 아동의 존엄성과 만족의 균형을 잡는 일은 매우 어렵다.

---

108 정신적 질환이나 결함이 없고, 가족이나 가까운 사회집단에 비극이 일어나지 않는 것이 심리적 복리에 속한다.

아동의 존엄성을 이루는 기본 조건은 각자가 복리와 관련하여 자신의 절대적 위치와 상대적 위치를 잘 인식하는 일이다. 사실 아동들이 이런 위치를 의도적으로 자각하지 못하도록 함으로써 그들의 만족감을 일시적으로 높여줄지는 모르지만, 그것은 그들의 존엄성을 모욕하는 일이다. 아동의 잘 삶을 구성하는 자기 삶에 대한 지배력이란 존엄성의 필요조건이기는 해도 충분조건일 수는 없다. 왜냐하면 비록 아동이 자기 삶을 완전히 지배한다고 하더라도 그냥 무의미한 활동에 삶을 낭비해버리면 존엄성이 존재할 수가 없기 때문이다. 아동이 존경받을 만한 자격을 갖추고 행복의 필수적인 요소를 얻으려면 '가치 있는 생활'을 해야 한다. 아동에게 특정의 일이 존엄성을 주는지 그렇지 않은지는 그 일에 아동이 얼마나 만족하고 있고, 또 사회가 그 일에 어느 정도의 가치를 부여하느냐에 달려 있다.

중요한 점은 아동이 존중되지 않는 사회적 환경에서는 행복한 삶을 기대할 수 없다는 사실이다. 아동의 존엄성을 무시하는 행위라고 할 수 있는 거만, 교만, 굴종, 경멸 등이 지배하는 공동체와 아동의 존엄성을 존중하는 행위인 사랑, 우정, 배려 등이 지배하는 공동체를 비교할 때 행복과 불행이 극명하게 드러난다. 아동 이익을 최상으로 여기는 인간의 존엄성을 존중하는 원칙은 행복의 조건을 획득하도록 해줄 뿐만 아니라 자신의 힘을 발휘하도록 도와줄 수 있어야 한다.

행복한 삶의 중요한 기준이 되는 인간 존엄성의 원리는 아동의 '자기 존중' 사상에 토대를 두어야 한다. 아동은 타인 존중과 자존심을 달성하지 않고는 행복해질 수 없다. 자기를 존중하는 아동은 행복의 조건을 얻기 위해 끊임없이 노력해야 한다. 아동 자신의 능력을 최대한 실현하기 위해, 그리고 인간으로서의 위엄을 갖기 위해 '자기교육'을 계속해야 한다. 왜냐하면 아동은 그러한 능력을 발달시켜야 행복해질 수 있기 때문이다. 인간의 존엄성에 기반한 행복의 지향은 결국 아동의 자아실현, 아동의 필요, 관심, 놀이의 욕구를 반영하고, 아동의 발달 단계 등을 소중하게 여기는 것에 달려 있다. 비록 미약하지만 아동을 가능성 있는 존재로 믿고 그들의 인간성을 존중하고, '그것(it, 수단, 물건, 놈)'이 아닌 '당신(you, 목적, 인격, 님)'으로 대우하는 아동 존중의 휴머니즘 사상에 바탕을 두어야 하는 것이다.

5. 서머힐학교와 간디학교의 행복한 시민 양성

(1) 서머힐학교의 행복한 인간의 특성과 행복한 학교의 조건

기존 학교에 대한 대안적 실험학교인 서머힐학교를 설립한 닐은 "학교라는 곳이 노이로제에 걸린 학자보다는 행복한 청소부를 길러내는 곳이어야 한다(Neill, 1999)"고 역설하면서, "서머힐이 세계에서 가장 행복한 학교(Neill, 1992: 13)"라고 자임하였다.

> 교육은 삶을 위한 준비가 아니라, 삶 그 자체이다. 삶의 목표는 행복을 발견하는 일이다. (Neill, 1991: 104)

행복은 교육이 미래에 유보하는 것이 아니라 현재적으로 성취해야 하는 본질적 가치이다. 학교와 교실 분위기는 행복을 지향하는 보편적 욕구를 담아내야 한다. 거기에는 고통이 최소화되고 즐거움을 위한 기회가 많아야 하며, 바람직한 성향과 행복의 관계에 대한 명확한 인식도 있어야 한다. 행복은 기쁨, 즐거움, 쾌락이 늘어나고 고통, 아픔, 슬픔이 줄어드는 삶이다. 행복한 삶은 인간의 기본적 필요가 해결되고 인간이 진정으로 원하는 바가 충족되는 삶이다. 닐은 이 같은 행복의 의미를 다음과 같이 기술한다.

> 만일 행복이란 단어가 무엇을 의미한다면 그것은 안락감, 균형감, 삶에 만족하는 내면적인 느낌을 의미한다. 이러한 느낌들은 자유롭다고 느낄 때 그리고 어떤 틀에 매어 있지 않다고 느낄 때에만 일어날 수 있다. 자유로운 아이들의 얼굴은 열려 있고 두려움이 없다. 한편 규율로 제약된 아이들의 얼굴은 겁에 질려 있고 비참하며 두려워하는 표정이 엿보인다. 행복은 억압이 최소화된 상태이고 불행은 신경증적 상태라고 규정할 수 있다. (Neill, 1990: 210)

위에서 말한 행동에 대한 정의는 세 가지로 요약이 가능하다.

첫째 행복은 균형감과 삶에 대한 충족감이라는 점, 둘째 행복은 심리적 억압이 최소화된 상태로서 신경증의 상반 개념이라는 점, 셋째 행복은 자율적인 성장을 의미한다는 점이다(박용석, 2003: 51). 이처럼 행복이란 단순히 심리적 느낌이나 상태를 가리키는 말이 아니라, 포괄적인 자유 속에서 아동들이 발달시켜 나가는 자율적인 인성을 지칭하고 있다. 우리가 교육의 목적 중에서 행복을 먼저 손꼽는 이유는 아동을 자유롭게 성장시키는 것이 아동의 행복을 구성하는 가장 중요한 조건이기 때문이다.

닐은 어린이가 행복해지려면 학교 안에 일체의 '공포'가 없어져야 한다고 생각하였다. 그는 교사가 주는 공포가 훗날 인생의 공포로 이어진다는 신념이 있었다. 그는 공포 대신에 학교 안에 있어야 할 것은 '자유'라고 생각하였다. 그는 서머힐학교를 통해 자유가 어떻게 작동하는지를 보여주려고 하였다. 이를 위해 모든 훈육, 지시, 제안, 도덕 훈련, 종교수업을 거부해야 한다고 역설하였다. 그는 모든 범죄, 증오, 전쟁은 불행으로 환원될 수 있다는 신념을 가지고 있었으며, 어린이의 불행을 치유하기 위해서는 행복 속에서 양육되어야 한다고 역설하였다.

닐은 서머힐의 포괄적인 '선택의 자유' 속에서 자유롭게 성장하는 아동들이 성취하는 것은 특정의 학업 수준이 아니라 인성 특성들이며, 이들 특성들이 교육이 성취해야 할 본질적인 요소들이라고 이해했다. 즉 "자유 속에서 아동들은 그 어떤 강제적인 체제가 그들에게 줄 수 없는 어떤 것을 획득하게 되는데, 그것은 삶에 용감히 맞서는 진실성과 독립적이고 융통성 있는 삶에 대한 태도, 이 세상의 모든 교과서들이 아동들에게 제공할 수 없는 사람과 사물에 대한 관심이다(Neill, 1945: 103-104). 이러한 인성 특성들을 함축하고 있는 행복은 닐이 제시한 교육의 목표이다. 행복이 자율적 인성을 총체적으로 지칭하는 것이라면 행복한 인간은 곧 자율적인 인간이다. 행복한 인간의 특성은 닐의 서머힐 교육이 교육의 본질적 요소들로 파악하고 추구해온 것들이다. 따라서 행복한 인간은 다음의 세 가지 특성을 갖추어야 한다.

첫째, 행복한 인간은 진실해야 한다. 행복한 인간의 주요한 특성인 '진실성'은 일체의 외적 훈육의 지배로부터 자유로워진 아동들이 우선적으로 발전시켜 나가는 인성 특성이다. 아동들이 자유로울 때 그들은 놀라울 정도로 진실해지고, 꾸밈이 없다. 예의상 상대를 위해 악의 없는 거짓말을 하는 것이 종종 필요한 일이긴 하지만, 거짓된 삶을 사는 것은 자유로운 사람들은 할 수 없는 일이다. 이러한 진실성의 바탕 위에서 서머힐의 아동은 형식적인 예절 학습의 차원을 넘어선 도덕적 인성을 발달시켜 나갔으며 두려움 없이 삶에 임하는 태도를 형성해갔다. 동시에 이러한 진실한 삶을 살아감으로써 서머힐의 아동으로 하여금 이리저리 끌려다니는 군중·대중이 되어 자신의 본심과 유리되어 거짓된 삶을 사는 것을 거부하도록 하였다.

둘째, 행복한 인간은 창의적이어야 한다. 행복한 인간의 주요한 특징인 '독창성' 혹은 '창의성'은 심리적으로 자유로운 아동이 보이는 본성적 성향이다. 닐에 의하면 심리적으로 자유롭다는 것은 아동이 생래적인 창조적 본성을 억압당함이 없이 자유롭게 표출하여 삶이 창조적 측면으로 열려 있는 상태를 의미한다(Neill, 김영숙 역, 1992: 12). 즉, 자유 속에서 아동들이 자신의 본성을 발현시킬 때 확인되는 자연스러운 결과가 창의성이라 할 수 있다. 이는 역으로 억압되고 왜곡된 심리에서는 창의성이 발달될 수 없음을 뜻한다. 창조적 측면으로의 본성이 닫혀 있는 '문제 아동'은 창조적 측면이 희생되고, 소유적 측면이 장려된 아동이다. 창의성을 중시하고 또 지향하는 서머힐 교육은 그 환경 자체가 창의성의 발달을 조장할 수 있고, 이와 정반대의 훈육 중심으로 이루어지는 전통적인 교육체계는 이런 교육의 결과에 도달할 수 없을 것이다.

셋째, 행복한 인간은 '관용'을 베풀 줄 알아야 한다. 서머힐의 졸업생들에게서 보편적으로 확인된 인성 특성의 하나인 관용은 사람들을 그들의 종교, 인종, 그 밖의 어떤 다른 표식에도 관계없이 있는 그대로 받아들이는 태도를 갖는 것이다. 닐은 서머힐의 아동들이 낯선 사람들에게 보이는 개방적 태도, 피부 색깔이 다른 아동에게 보이는 자연스러운 태도, 자치 회의에서 규칙 위반을 한 아동에 대한 지극히 관대한 처분, 수십 년의 서머힐 생활 속에서 아동 간의 큰 싸움이 거의 없었다는 점 등을 통해 자유 속에서 성장하는 아동들이 보여주는 관대한 성품을 경험적으로 제시했다(Bernstein, 1968).

위에서 언급한 인간의 본성적 특성은 행복한 인간의 특성인 동시에 자기를 실현시켜 가는 인간의 특성이기도 한다. 그리고 여기서 확인되는 행복은 단순한 심리적 상태가 아니라, 전인적으로 성장하는 과정들에 내재하는 역동성을 가지고 있다. '만족'이 흔히 상식적인 차원에서 바람직한 것으로 여겨지는 가치가 충족되는 상태를 의미하는 반면, '행복'은 인간의 내면적 성장을 통해 달성된다고 할 수 있다. 행복이란 삶의 지평으로서의 가치나 이념을 창조적으로 실현하는 자아실현의 생산적 삶의 활동에 대하여 증여되는 선물이라고 할 수 있다. 결국 닐이 교육의 목적으로 설정한 행복은 자율적이고 균형 잡힌 인성에 내재하는 것으로서 행복을 추구하는 교육은 바로 바람직한 인성 발달을 그 본질로 삼는 교육임을 알 수 있다. 여기서 닐이 추구한 인성 발달은 '외부의 훈육'을 통한 '성격의 주조'로서의 인성 발달이 아니라, '아동 내부로부터'의 '성격의 형성'이며, 이는 아동이 사랑과 인정 속에서 서머힐의 포괄적인 자유의 체험을 통해 형성되는 '자율'에 기초한 자기 성장의 과정을 의미한다고 할 수 있다(박용석, 2003: 53).

행복한 인간을 육성하는 교육의 조건으로서 중요한 가치는 '자치self-government'이다. 서머힐은 공동체 자치를 통해 공동생활의 질서를 형성해 온 학교다. 사회적 규칙 위반에 대한 처벌까지 포함해서 공동체 생활에 관련된 모든 일을 토요일 밤에 열리는 '전교회의'에서 투표로써 정한다(Neill, 1999: 64-77). 전교회의는 규칙 위반자에 대한 심리와 판결 권한을 갖고 있다. 전교회의를 통한 서머힐의 자치는 다루는 문제들이 생활 실제적이고 아동들의 직접적인 관심의 대상이 되는 문제 위주로 토의가 진행되며, 또 권위적인 성인들의 간섭을 일체 받지 않은 채 아동들 스스로 공동생활의 질서를 형성해 간다는 점에서 다음과 같은 중요한 의미를 내포한다.

> 첫째, 서머힐학교의 자치는 아동들로 하여금 자유와 방종을 구별하는 의식을 형성하여 개인의 사회적 조절 능력을 갖게 한다.
>
> 둘째, 서머힐학교의 자치는 공동체 생활을 지배하는 적절한 권위 성립의 조건을 제시하고 있다. 즉, 서머힐의 권위는 특정 개인이나 집단에 귀속되는 것이 아니라, '전교회의'라는 자치 기구를 통한 공동체에서 발생한다.
>
> 셋째, 서머힐학교의 자치는 아동들로 하여금 민주적 태도와 성향의 발달을 생활 속에서 실현 가능케 한다.[109]

---

109 물론 일정한 이타적 혹은 타인 지향적 감정이 발현되기 위해서는 아이가 어릴 적에 일정한 억압이나 학대, 무관심에 의해 왜곡되어서도 안 되지만, 단지 그러한 여건으로부터 자유로워진다고 해서 반드시 이타적 성향으로 귀결되는 것은 아닐 것이다.

반사회적인 그리고 종종 폭력적이기까지 한 청소년들에게 자치를 가르치는 과정에서 대체로 그들의 공격적이고 적대적인 근저에 놓여 있는 사회에 대한 부정적이고 파괴적인 태도를 없앨 수 있는 모종의 방법을 발견한 것이다. 폭력화되어 가는 청소년들이 자신의 마음속에 깊게 자리한 권위를 거부나 저항의 대상으로 강하게 여기는 것을 없앨 방법이 필요하였다. 그들의 반항심에 대해 더 이상의 징벌적인 조치를 취하는 것은 그들의 생각을 더욱 확고하게, 즉 권위를 부정적인 힘으로 간주하는 견해를 강화시킬 뿐이다(Carr, 1997: 169). 도덕적 설교나 체벌 등 기존의 훈육 중심의 도덕교육을 통해 민주적 태도와 성향을 발달시키는 것은 제한적일 수밖에 없다. 그러기에 서머힐학교의 자치와 같이 사회생활의 질서가 그 구성 방식을 잘 알고 있는 소수에 의해서가 아니라, 타인의 권리를 존중하는 등 사회생활을 하고 있는 당사자들에 의해 조절되고 구성되는 생활 경험을 통해서 비로소 가능할 것이다. 이러한 자치의 과정을 지배하는 원리가 '자율'이라는 점에서 자치는 자율이 사회적 차원에서 실현된 형태라고 할 수 있다. 따라서 서머힐 자치의 궁극적 의도는 아동들이 생활 속에서 민주적 태도와 성향을 자연스럽게 내면화시킴으로써 바람직한 민주시민이 되도록 하는 것이다. 행복한 학생은 사랑이 넘치는 자치 공동체 생활 분위기를 체험하며 살고, 반면 불행한 학생은 긴장을 조성하는 학교에서 살 수밖에 없다.[110] 이러한 방식은 잠재적 교육과정을 통한 민주적 학교 분위기를 조성하려는 콜버그의 '정의로운 공동체just community' 모델과 흡사하다고 할 수 있다.

110 다른 한편으로 서머힐학교의 쾌락주의적 행복관과 자유방임적 교육이 즐겁기만 한 유아교육과 초등교육에는 적합할지 모르지만, 더 좋은 직업을 위한 준비로 노력과 수고가 요구되는 중등교육과 고등교육에서는 부적합하다는 주장도 만만치 않게 제기되고 있다.

(2) 간디학교의 구조 악 척결과 행복한 시민의 양성

우리나라에서 대안학교를 세워 선풍을 일으킨 바 있는 '간디학교' 양희규 교장은 "인간이 왜 불행한가?"라는 화두를 붙들고 매달렸다. 현실 사회는 구조화된 악이 워낙 뿌리 깊게 스며들어 있기 때문에 개인이 혼자 힘으로 그 구조 악을 변화시켜 행복에 이르기는 어렵다는 판단을 한다. 그래서 인간이 행복하려면 개인이 어찌할 수 없는 사회구조적 악과 그 구조 악을 뛰어넘어 어떻게 개개인이 행복한 삶을 살 것인가를 깊이 탐색해야 한다. 이런 문제에 대해 고뇌를 거듭한 끝에 양 교장이 찾은 해답은 우리 사회에서 '구조화된 악structured evils', 즉 '구조 악'이 존재하는 것은 대개 무지, 부패, 억압이라는 세 가지 요소가 견고하게 뒷받침해주기 때문이라며 그 해답을 다음과 같이 찾는다(양희규, 1997: 127-130).

첫째, 일상생활의 악한 구조 속에서 사람들은 '무지'할 수 있다. 무지를 자각하면 진리 앞에서 겸손하고 단순해질 수 있다. 그런데 문제는 무지한 사람이 악한 사회가 요구하는 악한 행동을 하면서도 자신은 양심에 따라 살고 있다고 믿는다는 점이다. 이렇게 속는 줄도 모르고 속는 까닭은 인류 역사가 시작된 이래로 소수의 권력자가 다수를 지배하기 위해서 복종은 선이고 불복종은 악이라고 계속 주입시켜 왔기 때문이다. 이렇게 되면 사람들은 비판적 이성을 제대로 계발하지 못하고 그저 외적 권위나 권력에 복종하는 것을 도덕적 삶으로 착각하게 되는 것이다.

둘째, 우리 사회에서 구조 악이 계속 유지될 수 있는 까닭은 우리 자신들에게 있는 '부패'의 요소 때문이다. 우리는 종종 어떤 행위가 도덕적으로 잘못된 것을 알면서도 이기심 때문에 부패한 구조의 산물을 즐기거나 거기에 동참함으로써 그 악한 구조가 계속 유지되도록 돕고 있다. 교사가 양심의

가책을 느끼면서도 촌지를 받고, 독재가 빚어낸 부동산 투기 붐에 편승하는 것이 이러한 예에 속한다.

셋째, 구조 악은 '폭력'과 '억압'의 요소를 가진다. 이는 앞에서 말한 무지와 부패의 요소와 밀접하게 관련되어 나타나는 경우가 많다. 예를 들어 어떤 교사가 촌지를 주지 않은 아이에게 조직적이고 계획적으로 피해를 입히는 경우라든지, 학생들 사이에 존재하는 왕따 현상과 학교 폭력 등이 그러하다. 그런데 문제는 이런 경우 개개인은 그 행위가 도덕적으로 그른 줄 알지만 자신이 당할 피해와 폭력이 두려워 그 구조 악에 동조하고 만다는 점이다.

양 교장은 이 세 가지 요소 중에서 모두 혹은, 적어도 일부가 우리 일상생활의 전반에 삼투해서 삶을 황폐화시킨다고 주장한다. 이런 관점에서 보면 입시 위주의 교육제도는 분명히 구조 악이라고 볼 수 있다. 교육의 본질적인 목적과는 동떨어진 구조악의 요소가 입시 위주의 교육이라는 철옹성을 견고하게 유지시키고 있는 것이다. 이런 구조 악에 대한 자각이 새로운 문화창조 운동으로서 대안교육 운동을 낳은 것이다. 그렇다면 어떤 방법으로 구조 악을 해결할 수 있는가? 개인의 힘은 무력하기 때문에 선의 공동체를 만들어 구조 악에 저항하고 불복종하는 길밖에 없다. 이것이 바로 '운동'의 핵심이 된다. 양 교장은 이러한 불복종 운동을 높은 도덕적 가치를 추구하는 것이기에 '위대한 불복종'이라고 부른다. 이러한 불복종 운동은 너와 내가 힘을 모아 공동체를 이루어 그 공동체의 힘으로, 악한 구조의 토대를 무너뜨리자는 운동이다. 즉, 악한 구조 속에 살고 있는 사람들에게 무지를 일깨워주고 부패에 대해 엄중히 규탄하며 다수를 억압하는 소수의 권력자에게 저항함으로써 구조 악을 깨뜨리려는 노력이다. 하지만 위대한 불복종은 단순히 사회구조를 변혁하자는 운동에 그치지는 않는다. 그것은 끊임없는 자기실현과 자기반성의 길이기도 하다. 사회구조의 변화로만 인생의 문제가 해결되지 않는다는 것을 인류의 역사가 입증해주고 있기 때문이다(양희규, 1997: 130-131).

이러한 점을 꿰뚫어보고서 부단한 자기성찰의 삶과 더불어 구조 악에 맞서 비폭력적 저항과 위대한 불복종의 삶을 살았던 모델을 소크라테스, 소로, 간디, 마틴 루터 킹 등에서 찾는다(양희규, 1997: 131-150). 간디학교 교사들의 구조 악에 대한 불복종 운동은 자본주의 사회의 모순과 한계에 대한 도전으로도 해석할 수 있다. 물론 근대화와 산업화에 바탕을 둔 자본주의 사회는 우리에게 물질적 풍요를 가져다주었지만, 물질적 풍요 못지않게 중요한 삶의 영역을 경시하다 보니 갖가지 사회문제를 불러일으켰다. 사람들은 갈수록 지나친 개인주의에 빠지게 되고, 과학과 기술의 발달은 자연을 파괴하고 정복해도 된다는 그릇된 가치관을 낳았다. 돈이면 다 된다는 황금만능주의와 소비주의는 자본주의가 낳은 구조 악이라고 볼 수 있다. 간디학교 교사들은 이 같은 구조 악을 뛰어넘기 위해서 공동체 정신으로 대응하는 전략을 구사한다. 그들은 희생적 태도와 청빈한 삶을 유지하면서 황금만능주의와 소비주의라는 구조 악에 맞서고 있는 사람들이다. 그 어떤 공권력과 세속적 논리에도 '타협하지 않는 양심적인 삶'을 추구하고자 서약한 사람들이다(여태전, 2004: 156). 무지와 부패와 억압의 사슬을 끊고 참 행복의 길을 찾아가는 사람들이다. 사랑하고 사랑받을 수 있는 사람, 몸과 마음이 다 건강한 사람, 배움의 기쁨(지혜)을 누리는 사람, 그리하여 진정으로 자유와 해방의 기쁨을 갈망하는 사람들이다. 바로 이런 행복을 찾아서 그 행복을 아이들에게 전해주자고 뜻을 가지고 모인 공동체가 간디 교사 공동체이다.

간디학교는 교육을 아이들이 자신의 삶을 긍정하고 행복한 삶을 살 수 있도록 도와주는 데 두고 있다(양희규, 2005). 이러한 교육의 정의는 간디학교의 설립 취지이고 교육철학이기도 하다. 양 교장이 간디학교의 교육철학을

'행복한 학교'에 둔 것은 오늘날 우리나라 학교들이 '불행한 학교'라는 전제가 깔려 있다. 오늘날 학교가 행복하지 않은 까닭은 사실상 학부모, 교사, 교육 관료, 정치가 모두 공모자가 되어 '입시 위주의 교육체제'라는 철옹성을 굳건히 지키고 있기 때문이다. 간디학교는 이런 한국사회의 철옹성에 도전하면서 행복한 학교의 모델을 제기하고자 생겨난 것이다. 그리고 "만일 행복한 학교 하나가 탄생한다면 얼마 가지 않아 또 다른 행복한 학교들도 생겨날 것이고, 그렇게 되면 우리 사회가 좀 더 행복한 사회가 될 수 있다(여태전, 2004: 74)"라는 신념과 기대로 학교를 만들어가고 있다.[111]

간디학교의 궁극적인 교육철학은 '행복한 삶'을 실현하는 것에 있기에 간디학교의 교육 목표 또한 아이들을 행복한 사람으로 길러내는 데 두고 있다(양희규, 2005). 간디학교가 교육을 통해서 기르고자 하는 행복한 사람은 우선 자신의 삶에 만족하는 사람이다. 하지만 행복이 곧 개인적·주관적 만족 상태로만 머문다면, 즐거운 게으름뱅이, 완벽한 도둑, 알코올 중독자나 마약 중독자 역시 행복한 삶을 산다고 할 수 있기 때문에 행복의 객관적 필수조건들이 있어야 한다. 그러면 행복은 어디에 있는가? 사람마다 행복의 개념이 아무리 다르다 하더라도 행복한 삶에는 다음의 필수조건이 있다. 양 교장은 행복의 조건을 크게 네 가지로 분류하여 그것의 달성을 중요한 교육적 과제로 삼고 있다. 학교에서 이루어지는 모든 수업과 활동은 이것을 위해 존재해야 한다. 그렇다면 행복한 삶이란 어떤 모습일까?

---

111 구조 악에 대한 관심은 학교가 행복의 중요한 조건인 '아동의 복지(복리)'를 충족시키는 데 상당한 관심을 갖는 것으로 이해할 수 있다. 연령이 어린 아동일수록 보호, 안전, 안녕의 중요성은 더욱 크다. 아동들이 살 수 있는 기본적인 조건(복리)이 마련될 때 행복을 이야기할 수 있다. 아동의 신체적·심리적 안녕을 위하여 건강과 영양을 돌봐야 하고, 관심과 사랑이 제공되어야 한다. 모든 아이들이 먹어야 하고, 자야 하고, 놀아야 하고, 쉬어야 한다. 국민의 세금으로 운영되는 공교육의 무상의무교육 이념은 등록금과 교과서뿐 아니라 학용품이나 무상급식과 무상의료까지 포함하는 것이어야 한다. 학교 앞 문방구가 성시를 이룬다는 것은 진정한 무상교육이라고 할 수 없다.

첫 번째, '건강'하지 않고서는 행복할 수 없으며 건강은 모든 생물체에게 가장 중요한 존재 목적이므로 간디학교에서는 아이들이 최고의 건강 상태에 이를 수 있도록 노력하고 있다. 교육은 아이들의 건강을 증진시키도록 그 과정과 내용이 만들어져야 한다. 건강의 가장 중요한 세 가지 요소는 균형 있는 영양, 적절한 운동, 마음의 평화이다. 매일 1시간 정도 걸을 수 있도록 기숙사와 학교의 거리를 떨어뜨려 놓았을 뿐만 아니라 각자의 체력에 맞는 운동을 선택하여 즐길 수 있도록 유도하고 있고, 자연이 주는 건강상의 혜택을 만끽하도록 하고 있다.

두 번째, 인간은 누구나 '사랑'하고, 사랑받지 않으면 행복할 수 없으므로 간디학교는 적절한 교육과 습관을 통해 아이들에게 사랑하고 사랑받는 능력을 길러준다. 즉, 교사가 학생들을 대할 때, 혹은 한 아이가 다른 아이를 대할 때 서로 다르다는 사실을 인정하고 그것을 존중해주는 문화를 만들어 간다. 사랑은 이해하고 배려하며 믿는 것에서 출발하기 때문이다. 사랑이란 인간이 가진 최고의 능력이며, 오랜 세월 적절한 교육과 노력에 의하지 않고는 습득될 수 없는 능력이다. 이러한 사랑의 능력에 관해 학교는 많은 시간과 노력을 기울여야 한다. 자기와 다른 사람을 수용하고 존중하는 것을 배우는 것은 사랑의 능력을 기르는 기초가 된다. 간디학교 학생들의 일상생활은 처음부터 가족처럼 살도록 환경이 짜여 있다. 말하자면, 서로를 존중하고 배려하며, 사랑하고 사랑받을 수 있는 구조가 잘 짜여 있는 셈이다. 이런 학교 풍토이기에 체벌이나 왕따 현상은 조금도 발견할 수 없다.

이처럼 적어도 외형적으로 바라본 간디학교 학생들의 일상생활은 늘 행복해 보인다. 실제로 학생들은 대체적으로 다들 표정이 밝고 또 그들 스스로도 '행복하다'는 말을 자주 내뱉는다. 하지만 어느 조직, 어느 단체에서도 좀 더 깊이 들여다보면 '외로운 섬'처럼 존재하는 개인이나 그룹이 있게 마련이다. 때로는 아주 상상 못할 왕따나 폭력 문제도 언제든지 발생할 수 있는 것이 학교라는 조직이다. 간디학교 학생들도 마찬가지다. 친구나 선후배들 사이 자잘한 미움과 시기, 갈등에 빠져 있기도 한다. 그래서 가끔은 또래들끼리 다투어 '식구총회'에서 벌을 받기도 한다. 서로 간에 적극적 애정을 나누지 못해 깊이 있는 소통이 단절되어 간다는 염려의 목소리도 나온다. 또 사랑의 공동체를 지향하며 살지만, 때때로 이기주의나 독선으로 흘러 사랑받지 못하는 아이들도 생겨난다. 게다가 학생 서로 간에 예의와 사제 간의 예의가 부족하다는 반성도 한다.

이러한 간디학교가 직면한 고충과 난관을 헤쳐 나가기 위해 간디 교사 스스로 다짐한 공동체의 이상과 꿈을 실현하기 위해 새로운 대안들을 끊임없이 찾으려고 애쓰고 있다. 학생들을 행복하게 이끌어주려면 무엇보다 먼저 교사 스스로가 행복한 사람이어야 한다. 교사가 행복한 사람이 되는 데 가장 중요한 것이 '사랑의 능력'이다. 사랑의 능력이란 오랜 세월 동안 형성된 인간을 대하는 태도, 이웃을 향한 마음의 구조 등을 뜻한다.[112] 학생들은 사랑하고 사랑받는 법을 배워야 하며, 사랑을 배우는 것은 가장 중요한 삶의 목적이다. 이때 사랑하고 사랑받을 수 있는 능력이란 단순한 하나의 능력이 아니라, '덕' 혹은 '인격'이라고 부르는 복합적 능력을 말한다(여태전, 2004: 184). 학생들에게 사랑의 능력을 길러주려면 먼저 그 사랑의 능력을 길러야 한다.

그런데 문제는 간디학교 교사들도 이런 사랑의 능력을 먼저 갖추고 교사가 된 것이 아니라는 점이다. 또한 그 능력이라는 것도 어느 지점에 도달하

112 양 교장은 학생들에게 사랑의 능력을 길러준다는 데는 한계가 있음을 깨닫고 일곱 가지 사랑의 덕목을 통해 보다 구체적인 실천 방안을 제시한다. 즉, 관용(남에게 피해를 주지 않는 한 자신과 다른 의견, 느낌, 문화를 비난하지 않고 존중하는 태도), 이해(상대방의 관점에서 상대를 있는 그대로 보는 능력; 역지사지의 상상력을 요구), 배려(상대방의 행복을 바라는 순수한 마음), 신뢰(상대방의 잠재력과 변하지 않는 인격을 믿는 태도), 정의(존중할 수 있는 행위의 범위를 아는 것; 공정성), 용기(진실을 말하고 잘못을 고백하며 고통과 위험을 감수할 있는 자세와 힘), 성실(약속과 의무에 충실함)이다. 간디학교가 풀어나가야 할 일곱 가지 덕목은 생활해야 할 실천의 과제이다.

면 완성되는 것이 아니라, 평생 동안 끊임없이 새롭게 다듬고 가꾸어가야 할 '과정 중에 있는 능력'이다(여태전, 2004: 191). 이 점에서는 양 교장도 마찬가지다. 물론 그는 철학박사로서 간디학교 교사 공동체의 어느 누구보다도 사랑의 능력에 대한 이론적 설명 능력이 탁월하다. 하지만 사랑의 실천에서는 양 교장도 어쩔 수 없이 시행착오를 겪을 수밖에 없는 평범한 사람이다. 양 교장 자신도 평소 일상생활에서 사랑의 능력이 부족해서 벌어진 많은 시행착오를 낱낱이 고백하고 있다. 그는 다른 사람의 신경쇠약에 대해 동정심을 못 느끼는 무지한 사람이었음을 스스로 고백하며 자기비판을 하고 있다.

양 교장은 간디학교 교사연수원 강의에서 러셀의 『행복의 정복』과 프롬의 『사랑의 기술』을 교재로 하여 '사랑의 능력론'을 편 바 있다. 특히 프롬이 말한 '사랑의 능력' 문제를 '그리움'의 문제로 환언하여 "인간은 그리움의 존재다. 인간은 누구나 그리움을 해결하려고 노력하고 있다. 그런데 인간은 그리움을 파괴적으로 해결하고 있다(여태전, 2004: 192)"고 설명한다. 문제는 사랑의 능력을 가르쳐야 할 교사가 그리움에 지쳐 빠져 있거나, 그 그리움을 생산적이고 창조적인 방향으로 해결하지 못하고 파괴적으로 해결하려는 데 있다는 것이다. 가령, 술에 만취한 사람, 사치와 낭비에 버릇 든 사람, 허영과 허위의식에 젖어 있는 사람들은 대개 이 그리움을 생산적으로 해결하지 못하고, 거기에 찌들어서 스스로를 파괴하고 있다는 것이다. 이렇듯 개개인의 교사들이 자신의 사랑의 문제 또는 그리움의 문제를 해결하지 않은 상태에서 어떻게 아이들의 사랑 문제를 해결할 수 있겠느냐는 것이다. 그렇다면 간디학교 교사들은 어떻게 해야 일상생활에서 시시때때로 일어나는 그리움의 문제를 해결하고 나아가 스스로 사랑의 능력을 기르며, 스스로 행복한 사람이 되어 아이들과 함께 사랑의 공동체를 만들 수 있을 것인가? 바로

이 문제가 간디학교 교사들이 현재 부딪히는 고민거리들이다.[113]

세 번째로, 행복의 다른 중요한 조건은 '지혜'이다. 지혜란 쉬운 말로 배움의 기쁨이라고 할 수 있다. 간디학교에서는 아이들이 스스로 '배움의 즐거움'을 깨달아 이성의 능력을 기르도록 하는 방식의 '지혜교육'을 한다. 진정한 지혜는 기쁨과 열정으로 배움에 임하고, 그러한 배움을 통해서 끊임없이 자기발견을 하고, 이성의 능력을 키워나갈 때 얻어지는 것이다. 이때부터 비로소 삶도 행복해지는 것이다. 집을 짓거나 옷을 만드는 등 생산과 관련된 기술적 지혜, 인생의 여러 상황에서 판단을 잘하게 하는 실천적 지혜, 학문이나 이론적 지식과 관련된 학문적 지혜, 아름다움이나 감성과 관련된 예술적 지혜 등 네 가지 종류의 지혜가 있다.[114] 그런데 우리 사회는 아이들이 스스로 배움의 즐거움을 깨닫기도 전에, 강제로 공부를 하게 하는 풍토가 지배하고 있다. 배움 그 자체가 즐거워 공부하는 사람이 드물게 된 배경은 어디에서 찾아야 하는가? 인간의 타고난 호기심과 배움의 즐거움이 교육을 통해 오히려 배움에 대한 염증으로 바뀌고 강요된 것으로만 작용한다면, 분명히 오늘날의 교육은 행복과는 무관한 것이다. 말하자면 삶을 풍성하게 하는 수많은 배움의 원천들을 공부로 여기지 않는 우리 사회의 지배적인 풍토가 곧 배움을 싫어하는 고질적인 습성을 만들었다. 따라서 교육과 학문이 '불일치'를 보이고, 배움과 삶이 '따로' 되어버린다.

네 번째, 행복한 학교에는 '자유'가 있어야 한다. 자유는 신념과 선택에 따라 흔들리지 않고 살아갈 수 있는 능력을 말한다. 바로 이러한 자유의 능력을 학생들에게 길러주자는 것이 간디학교 교육철학의 중요한 부분이다. 자

113 진정으로 사랑이 넘치는 곳에는 다툼, 절제, 조절, 화해, 토론이 있게 마련인데, 현재의 간디 공동체는 그렇지 못하다는 내부 비판이 제기되고 있다.

114 간디학교의 지혜교육은 아리스토텔레스의 사상에 기반하고 있다. 지혜를 획득함으로써 더 높은 행복을 얻을 수 있다는 것이다.

유가 있다는 것은 '여유'가 있음을 말해준다. 아이들이 자기 삶의 주인으로 혼자 설 수 있도록 가르치는 것이 교육이 추구하는 목적이라면 자기에게 주어진 시간을 활용하는 능력을 반드시 갖추도록 해야 한다. 그렇게 하려면 아이들에게 여유로운 시간을 확보해주면서 시간 활용 능력을 갖도록 해야 한다. 21세기 지식기반 사회가 요구하는 창의력은 여유에서 나올 것이다. 운동도 하고, 문화예술 활동도 마음껏 할 수 있는 마음의 여유, 시간의 여유를 확보할 때 아이들의 행복은 보장될 것이다. 자유의 능력을 획득하려면 먼저 해방의 단계를 거쳐야 하는데, 이 단계에서 사람들은 두려움, 불안, 열등의식, 자기연민, 고상高尙병 등의 상처에서 해방되어야 한다. 간디학교에 오는 학생들은 대개의 경우 일반 학교에서 받은 여러 가지 상처를 '치유'하는 데 적게는 1학기, 많게는 1, 2년이 걸린다. 아이들이 일반 학교의 통제 구조 속에 길들여져 있다가 이곳에 오게 되면 처음 한동안은 자유 속의 방종으로 흐를 가능성이 많다. 이런 현상은 간디학교 개교 당시에는 더욱 심각했다. 양 교장은 이런 현상을 두고 "아이들은 자유 속에서 방종으로 치달았고, 교사들은 자유와 방치의 혼란 속에서 우왕좌왕했다(여태전, 2004: 174)"고 말한다.

그런데 이런 해방의 단계를 거치고 나서야 '선택과 책임'의 단계, 또는 '자율'의 단계로 나아갈 수 있다. 하지만 이제는 초창기처럼 그런 극단적인 혼란은 없어졌다. 그렇다고 간디학교가 추구하는 핵심적인 교육이념인 자유 또는 자발성 문제에 대한 뚜렷한 실천적 대안을 찾았다고 말하기는 어렵다. 현재 간디학교 학생들은 대부분 자유의 첫 단계인 해방의 단계까지는 나아갔지만, 그 다음 단계인 선택과 책임의 단계까지 나아갔다고 장담할 수는 없다. 진정한 장인의 삶에 기초한 자유인을 기르고자 하는 간디학교의 교육 이상을 현실로 바꾸어놓기에는 아직도 많은 어려움이 있다.[115]

---

115 간디학교 학생들은 행복해 보이지만 어쩌면 현실 도피, 타협, 비겁 등에 안주하고 있어서 발전이 없고, 또 서로 간에 적극적인 애정을 나누지 못해 소통이 단절되어 가고 있고, 기

이런 비판들은 그들 내부에서도 숨김없이 드러내고 있다. 양 교장은 이에 대해 "간디학교는 문제투성이이다. 그러나 분명한 것은 문제가 드러나지 않고서는 치유할 수도 없다는 것이다. 서서히 썩어가는 것보다는 드러날 수 있다는 것만으로도 다행한 일이다(여태전, 2004: 181)"라고 말한다.[116] 학교 경영자부터 학교가 당면한 문제를 스스로 드러내면서 끊임없이 새로운 대안을 모색하고 있다. 바로 이런 점에서 간디학교의 가능성이 보이는 것이다. 이런 현상은 앞 장에서 말한 서머힐학교와 비슷하다.

간디학교는 서머힐학교의 경우처럼 자유의 철학이 초래할 위험성을 인지하면서도 자유의 교육을 포기하지 않는다. 학생들에게 '자율'이라는 능력(자발성)을 길러주기 위해서는 먼저 폭넓은 '자유'를 주어야 한다는 진보주의 교육자들의 아동 중심 철학을 신뢰한다. 교육활동에서 자율은 교육 주체들이 외부에서 일방적으로 주어지는 가치나 척도, 또는 어떤 형식들에 휘둘리지 않고 내부에서 스스로 그런 것을 만들어갈 수 있는 자유가 주어질 때 가능할 것이다. 자유는 자율이 성장할 수 있는 삶의 필수조건이기 때문이다. 아이들에게 가능한 선택의 폭을 많이 주려고 노력하고, 그에 책임이 따르고, 그러한 노력은 늘 보답이 뒤따를 것이다. 선택의 자유를 가진 아이들은 기꺼이

숙사 생활을 통해서 공동체 정신을 배우지만 때때로 이기주의나 독선으로 흘러 존중받지 못하는 자가 될 수도 있으며, 나아가 공동선을 지향하면서도 학생 서로 간의 예의와 사제 간의 예의도 부족하고, 자신들은 지금 우물 안 개구리처럼 머물고 있으며, 자주적 능력을 기르지 못하고 자발성이 부족해서 사고의 게으름에 빠져 사회가 요구하는 지식의 보편성이 결여되어 있고, 또 그 지식이 개척 불가능한 상태에 빠져 있다는 등 학생들 자신의 자성적 비판을 쏟아내고 있다(여태전, 2004: 178-179). 이런 비판을 공개적으로 표현하고 있다는 것은 간디학교의 발전 가능성을 엿보게 한다.

116 간디학교 교사가 중요하게 여기는 가치와 덕목에는 내가 가진 최선의 것을 아낌없이 나누는 공동체 정신, 공동체 안에서 노동을 통해 기쁨을 느끼는 봉사를 함, 자발적 빈곤의 삶을 통해 자연과 하나가 됨, 서로의 개성과 의견을 존중하는 이해와 관용, 비난하지 않는 사랑의 마음, 거짓된 말이나 행동을 하지 않는 진실성, 인간과 자연에 대한 올바른 지식을 넓힘, 일상의 삶을 성품(인격)을 갈고 닦는 계기로 삼음, 공동체의 물건을 아끼고 관리함, 건강을 증진시키는 좋은 습관을 가짐 등이 있다.

배우고자 하며 배움에서 즐거움을 느낀다. 그들은 자유 속에서 크게 성장하였기 때문이다. 간디학교 아이들은 서머힐학교와 같이 스스로 생활의 규칙을 만들고 그 규칙을 어길 경우 벌칙도 만든다. 그래서 아이들은 학교의 교칙을 존중한다. 이것은 명예의 문제이다. 그리고 이들은 더 나아가 학기마다 무엇을 배울 것인지를 스스로 선택한다. 배움이 자발적일 때 열정과 관심이 일어난다. 인간은 자유롭지 못하면 행복할 수 없으므로 간디학교는 아이들이 자신의 인생을 선택하고 책임지는 진정한 자유의 의미를 터득할 수 있도록 지도해나간다.

자유의 가장 최선의 단계는 '자기발견'에 있다. 자기발견의 기회를 갖지 못하는 사람들은 불행의 악순환을 거듭하는 것이다. 사람은 대부분 온갖 체면과 허영심, 열등의식, 패배의식, 또는 냉소주의로 흘러들어 또 다른 불안과 초조를 확대 재생산한다. 일단 그 흐름에 한번 발을 들여놓으면 온갖 사회적 통념과 인습에 얽매여 발을 쉽게 뺄 수 없게 된다. 그렇게 되면 자기 인생에서 영원히 해방이란 없다. 일상생활의 소외는 바로 여기서부터 싹이 튼다. 이런 근원적인 물음을 회피하거나 접어두고 건강, 사랑, 자혜를 통한 행복한 사람으로 거듭나기는 어렵다. 그렇다면 이러한 불행의 악순환 고리를 끊고, 개개인이 진정한 자기발견을 통해 행복한 사람으로 거듭나려면 어떻게 해야 하는가? 물론 개인적인 차원에서는 끊임없는 자기발견의 길에 들어서야 하고, 사회의 다양한 영역에서는 다각적인 개혁을 시도해야 할 것이다.

우리의 교육은 아이들에게 자신이 진정 '무엇을 좋아하는지'를 찾도록 길을 안내해주는 교육으로 나아가야 한다. 진정한 자발성은 자기발견을 통해 자신이 원하는 바를 알고 그것에 열정과 헌신을 바치는 것이다. 이것을 다른 말로 하면 '장인정신'이라고 부를 수 있다. 이를 위해 아이들이 자기가 무엇을 좋아하고 어떤 일을 사랑하고 어떤 종류의 삶이 자신에게 맞는지를 깨달을 수 있도록 다양한 교과를 제공하며 폭넓은 경험을 쌓을 수 있는 기회를 제공한다. 인간은 호기심과 배움의 존재이기 때문에 그것을 충족시켜 주어야만 행복하다. 그것이 바로 '지혜'이다. 간디학교는 아이들이 좋아하는 것을 배울 수 있도록 따로 교과를 마련해주는 방식 등을 통해서 탐구에 대한 열정을 불태울 수 있는 기회를 제공하고 있다.

사랑과 자유를 가진 아이들은 배움에 관심과 열정을 보인다. 행복이란 어린 시절부터 형성되는 '정서' 구조에 달려 있다. 좋은 대학에 간다고 해서, 돈을 많이 번다고 해서 행복감이 형성되는 것은 결코 아니다. 행복지수는 어릴 시절부터 사랑과 자유의 양분에 의해 오랜 세월 형성된 고유한 정서 세계에 의해 결정되기 때문이다. 이렇듯 보이지 않는 정서 세계는 평생의 행복을 좌우하는 에너지이고 능력이다. 배움에 관심과 열정을 보이는 아이들은 자연스레 자기발견의 과정을 거치게 된다.[117] 즉 자신이 누구이며 무엇을 사랑하면서 살아가야 하는지를 알게 된다. 사랑과 자유에 이어 자기발견은 행복의 주요한 원천인데, 사랑과 자유의 교육은 자연스럽게 자기발견으로 인도한다. 교육은 약점을 보완하고 강점을 더 살리는 자기발견의 교육이어야 한다. 간디학교 교사들은 지금도 진실로 지혜가 충만한 한 사람의 교사로서 거듭나기를 갈구하고 있다. 하지만 참다운 지혜를 얻는 길은 결코 쉽지 않으며, 단시간에 획득되는 문제도 아닐 것이다. 그래서 그들은 지금도 끊임없는 배움의 열정으로 지혜를 찾아가는 과정에 있는 것이며, 끊임없이 공부하는 교사로서 거듭나기를 반복하고 있다.

간디학교가 꿈꾸는 교육 목표는 무엇인가? 과연 어떤 인간을 길러내자

---

117 양 교장은 "학생들을 진실로 배움의 열정에 눈뜨게 하려면 우선 교사가 먼저 진정으로 배움에 대한 열정을 가져야 한다. 그런데 대개의 경우 교사들은 누구에게나 기꺼이 배우려 하지 않는다. 교사가 정말 '배운다'는 태도로만 바뀌어도 우리나라 교육 현장은 엄청난 변화가 일어날 것이다"라고 역설한다.

는 것인가? 공식적으로 내세우는 구체적인 교육 목표는 무엇인가? 인생에 정답이 없듯이 행복한 학교의 교육 목표에도 정답은 없다. 물론 잘못된 인생이 있듯이 분명 잘못된 교육이 존재한다. 사실 간디학교가 내세우는 교육 목표는 일반 학교에서 말하는 교육 목표와 크게 다르지 않다. 간디학교에서 내세우는 교육 목표는 전인적인 인간, 공동체적인 인간, 자연과 조화된 인간이다.

> 우선, 전인적인 인간이란 인간으로서의 탁월성을 의미한다. 곧 그것은 한 개인이 지식, 정서, 인격에서 도달할 수 없는 최선의 자아실현 상태를 의미한다.
>
> 둘째, 공동체적 인간이란 역사와 사회 속에서의 책임성을 갖는 인간을 의미한다. 곧 한 개인이 자신이 속한 사회 속에서 다른 개인들과 '함께' 공동선을 추구하고, 그것을 위해 성원들이 합의할 수 있는 정의의 원칙들을 만들고 그것에 따라 협동할 수 있는 능력을 갖도록 하는 것이다. 이것은 민주시민교육이 추구하는 주요한 목표이다.
>
> 셋째, 자연과 조화된 인간이란 인간이 자연의 일부임을 자각하고 그 자각을 삶 속에서 구현해가는 것을 의미한다. 이것은 단순히 자연 보호나 환경 보호의 차원을 넘어서는 것이다.

위의 내용을 보면 대안학교라고 하는 간디학교의 교육 목표나 오늘날 일반 학교에서 명시적으로 표방하는 교육 목표 사이에는 별 차별성이 없어 보인다. 전인적인 인간이나 공동체적인 인간이라는 말은 일반 학교 교육계획서에서도 흔히 만나는 말이다. '자연과 조화된 인간'이라는 말이 좀 낯설어 보일 수 있지만, 이 역시 초·중·고등학교의 교과서에 자주 등장한다. 문제는 이러한 말들이 교과서 안에만 있을 뿐 일상생활과는 동떨어져 있다는 점에 있다. 아무리 좋은 이념과 교육 목표라 하더라도 현장의 실천 원리로서 아무런 역할도 하지 못하고 한낱 구호로만 그치는 것이 문제이다. 이런 관점에서 보면 대안교육은 이 같은 이념과 현실의 불일치를 어떻게 하면 더 일치시킬 수 있을 것인가를 고민한 데에서 출발했다고 볼 수 있다. 잘 다듬어진 세련된 '구호'나 겉만 번지르르한 '형식'적인 말보다는 투박하고 어수룩할지라도 '실천'을 더 중시하겠다는 것이다(여태전, 2004: 78). 그리고 돌진적 근대화 또는 압축적 근대화가 낳은 우리 사회의 병리적 현상으로 학력주의와 과잉 교육열 속에서 일반 학교가 전인적인 인간을 육성한다는 것은 말뿐인 구호가 될 수밖에 없을 것이다. 이런 현실적 제약이 있음에도 대안학교는 근대화 과정이 낳은 구호뿐인 '어두운 그늘'을 걷어내고자 하는 변혁 의지로 출발했다. 한마디로 오래전부터 추구하고자 했던 우리 교육의 꿈을 새로운 구조와 틀로써 다시 시작해보자는 것이 대안교육이라고 할 수 있다.

6. 행복한 시민의 양성을 위한 민주시민교육

대안학교에서 보여주는 특징인 소규모 공동체 학교, 자율적이고 민주적인 풍토와 리더십이 있는 학교, 지식의 전달과 수용을 넘어서서 전인교육에 관심을 두는 학교, 학생들의 선택과 행동을 존중하는 학교, 사회적 삶과의 관련성이 높고, 체험과 참여 교육의 비중이 높은 학교일 때 민주시민교육의 가능성도 높아질 수 있다. 왜냐하면 민주시민교육은 학생들의 행복을 최대화하고, 각 개인의 행복을 증진시키는 지식, 기술, 그리고 태도를 가르치는 것을 매우 중시하기 때문이다. 민주시민교육은 각 개인의 행복을 높일 수 있는 방법과 마찬가지로 학습과 더 큰 사회의 행복을 증진시키는 지식, 기술, 그리고 태도를 차례로 가르치려고 한다(Hepburn, 2005: 113).

이렇게 볼 때 서머힐학교와 간디학교 또한 학생이 행복하도록 학습의 과정에서 '행복감'이 증진할 수 있도록 최선을 다하고 있는 것으로 보인다. 학생이 행복하기 위해서 우선 학생의 학교생활이 행복해야 한다. 불행한 학교생활 속에서 행복이 학습되기를 기대하기는 어렵다. 그렇다고 학교교육이 기존에 지향했던 목적을 무시해야 한다는 주장을 하는 것은 아니다. 이제까지 그랬던 것처럼, 학교교육의 목적은 '지력'을 향상하는 데 있다. 그러나 여기서 주장하는 바는 지력을 향상하는 방식과 문화를 바꿈으로서 지력과 행복 역량이 함께 개발될 수 있도록 하자는 것이다. 바람직한 지력의 개발은 아동과 청소년들이 현재의 개인적·사회적 삶에서 자신의 지적·도덕적 능력을 활용하도록 지도함으로써 미래의 삶에 다가설 수 있게 준비하는 것을 뜻한다. 이러한 지력은 아동과 청소년들이 사적·공적 영역의 변화를 평가하여 참여하고, 정의롭지 못한 변화를 거부하고, 바람직한 변화를 촉진시킬 수 있는 능력을 갖는 것을 의미한다. 이러한 능력이야말로 바람직한 지력이며 곧 행복의 역량이다.

그렇다면 교육과정 전반에서 행복의 역량을 개발하기 위하여 교사와 학생들이 어떤 영역에 관심을 가져야 하는지 점검할 필요가 있다. 나딩스는 행복을 실제 삶의 영역에서 찾아야 한다고 설명하면서, 개인적 삶과 사회적 삶에서 행복을 찾는 경험을 활성화할 것을 제안한다(Noddings, 2003). 개인 생활에서는 가정 만들기, 삶이 이루어지는 공간과 자연에 대한 관심, 자녀 양육, 인격과 영성의 성장, 대인관계의 발달을 제시한다. 사회생활에서는 일을 위한 준비, 공동체와 사회에 참여와 기여를 들고 있다. 학업 성취 수준만으로 평가받고 아동의 권리가 끊임없이 위협을 받게 되는 상황에서 일부 시도에서 「학생인권조례」를 제정하는 것은 아동의 권리를 지키기 위한 최소한의 기준인 아동의 인권을 주요 지표로 삼아 학교행복지수를 개발하는 것은 매우 의미 있는 작업일 것이다(홍인기, 2010).

요소	지표	측정
안전	학교 폭력	일 년 동안 학교 폭력 피해를 당한 학생의 비율 교사에 의한 체벌 경험률 일 년 동안 학교에서 발생한 안전사고
건강	아침식사 흡연 과체중 운동	아침식사 결식 비율 청소년 흡연율 체질량 지수(BMI) 25 이상 비율 일주일 학교생활 중 운동 가능 시간 비율
학업	학업 성적	학업 성취 수준
	학업 열망	과목별 학업 흥미도
	인지 발달 기회	학급당 학생 수, 교원 1인당 학생 수
	학업 포기	학업 중도 포기율(장기 결석생 포함)
	학습 부진아	학습 부진아 비율(학업 성취 미도달 학생 수)
물질적 차별	학생 자비 부담율	전체 학교교육 예산 중 학부모 부담 경비 비율 (급식비, 교복비, 활동비, 학습준비물 구입비 등)
만족	학부모 만족도 학생 만족도 교사 만족도	매해 학부모 만족도 조사 매해 학생 만족도 조사 매해 교사 만족도 조사

〈학교행복지수 구성 요소와 주요 지표〉(『좋은 교사』 2010년 7월호)

그리고 아동이 자신을 이해하고 자신의 미래에 대하여 알아보고, 생각하고, 선택할 수 있는 시간과 장소를 허용할 수 있도록 교육문화가 바뀌어야 한다. 모든 아동과 청소년들을 한 줄로 세우고 순위를 매기는 학벌 경쟁과 성공 경쟁 속에서는 어떤 학생과 학부모도 행복할 수 없다. 최소한 성공만큼이나 행복에 가치를 두어야 하고, 성공을 지향하더라도 '행복한 성공'을 지향하는 것에 가치를 두어야 한다. 다양한 형태의 성공이 있다는 것 그리고 성공에 이르는 다양한 길이 있다는 것을 인정하는 사회적 분위기(풍토)가 조성되어야 한다.

이는 곧 교육문화의 변화를 요구한다. 행복을 증진하고자 하는 학교의 교육문화는 민주적이어야 한다. 민주적 학교의 교육문화는 곧 학교에서의 민주적 인간관계를 요구한다. 그러기에 민주적 학교들에서 공통적으로 나타나는 문화적 특징인 교감, 신뢰, 존중, 소통, 이해, 참여, 협력과 같은 인간관계의 덕목들을 활성화해야 한다. 인간관계의 변화에 꼭 예산 증액이 필요하지는 않으며, 오히려 교사의 관심과 노력이 가장 결정적이다. 무엇보다 학생 개개인을 인격으로 대함으로써 자아 존중감을 높여주어야 하고, 학생 개개인의 장점을 발휘하여 학교생활에 참여하게 고무함으로써 자기 존재감을 확인시켜 주어야 한다. 학생들이 교사와 교감할 수 있을 때 교사와 학생 그리고 학생들 간에 상호 신뢰 관계가 형성된다. 상호 신뢰 관계 속에서 학생들은 소통할 수 있으며, 서로 이해하고 존중할 수 있게 되고, 공동으로 주어진 문제를 협력하여 해결하고자 노력하게 된다.

민주적 시민은 행복해야 한다. 개인적으로도 행복하고 사회적으로도 행복해야 한다. 아리스토텔레스는 '좋은 인간'이고 '좋은 시민'이 되어야 행복하다고 하였다. 좋은 인간은 좋은 시민일 수 있다. 그러나 좋은 인간이 좋은 시민이 되려면 반드시 어떤 단서조항이 따라야 한다. 왜냐하면 정치적 활동에 참여하지 않는 사람은 시민일 수 없기 때문이다. 자유롭고 동등한 시민은 다스리고 다스림을 받음으로써 정치적 행위를 수행하고, 다스리는 사람은 전체 공동체의 행복을 지향하기 때문에 입법가는 시민을 좋은 시민으로, 나아가 좋은 인간으로 만들어야 한다. 치자와 피치자의 탁월함은 서로 다른 것이지만, 훌륭한 시민은 이 두 가지에 다 능해야 한다.[118] 좋은 사람의 탁월성은 '다스리는 탁월성'이고, 시민의 탁월성은 '다스리고 다스림을 받는 탁월성'이다. 다스림을 받는 주체이면서 동시에 다스리는 주체가 곧 시민이다. 결국 시민은 양쪽의 덕을 다 배워야만 한다. 다스림을 받는 자만이 잘 다스릴 수 있다. 다스리는 자와 다스림을 받는 자의 탁월성은 다르지만 좋은 시민은 다스림을 받고 다스리는 앎과 능력을 가져야만 하며, 자유로운 자들의 다스림을 양쪽에서 아는 것이 훌륭한 시민의 탁월성이다. 어떤 정체이냐에 따라 그 정체에 맞는 시민의 탁월성은 다를 수 있지만, 인간의 덕이나 시민의 탁월함은 반드시 정치체제와 관련이 있어야 한다(Aristoteles, 2009: 140-144). 입법가는 가능한 한 모든 시민의 행복을 가장 중요한 것으로 놓아야 한다. 시민의 덕의 진작은 그들의 행복을 진작시키는 데 본질적인 것이다. 말하자면 훌륭한 시민은 자유민답게 지배할 줄도 알고 자유민답게 복종할 줄도 알아야 하는데, 이런 것들이 바로 시민의 탁월함이다. 사람들은 지배할 줄도 알고 복종할 줄도 아는 능력을 찬양하며, 이 두 가지 일에 능한 사람을 탁월한 시민으로 간주한다.

인간이 보다 자족적이 되고 또 우리가 삶의 궁극적 목적으로 삼는 행복을 구현하기 위해선 '국가'라는 최종의 공동체를 만들어내야 한다. 최선의 국가는 행복한 국가여야만 한다. 국가가 행복하다면, 그 시민들 또한 행복한 삶을 살아야 한다. 최선의 정치체제는 분명 누구나 가장 훌륭하게 행동할 수 있고, 행복하게 살 수 있는 제도여야 한다(Aristoteles, 2009: 367-370). 정치의 목적은 최고의 좋음을 성취하는 데 있다. 정치는 시민들을 특정 종류의 성품을 가진 좋은 시민으로, 고귀한 일들의 실천자로 만들어야 한다. 본성

118 치자 고유의 탁월함은 선견지명(실천적 지혜)이고, 피치자의 탁월함은 올바른 의견을 갖는 것이다. 절제, 정의, 용기 등의 탁월함은 치자와 피치자 모두에게 필요하다. 피치자는 피리 제작자와 같고, 치자는 피리를 사용하는 피리 주자와 같다.

적으로 주어진 국가의 목적은 시민들이 탁월한 활동을 하게 함으로써 탁월한 시민으로 만들고 유지시키는 것이다. 정치적 활동 속에서 시민들을 탁월한 시민으로 성장시켜야 한다. 국가의 기본적 목적은 '공적인 이로움'을 고려하는 것이다.

어떤 것을 만들어야 하는지 배우는 사람은 그것을 만들어봄으로써 배운다. 정의로운 일을 행함으로써 정의로운 사람이 되는 것이다. 좋은 시민이라고 해서 반드시 좋은 인간일 수는 없다. 시민으로서의 의무를 다하는 것만으로 좋은 인간이 될 수 없기 때문이다. 국가는 인간을 좋은 인간과 좋은 시민으로 교육시켜야만 한다. 분명 훌륭한 사람이 지니는 덕을 획득하지 않고서도 훌륭한 시민이 될 수 없다. '훌륭한 사람이 지니는 덕'과 '훌륭한 시민'이 지녀야 하는 덕은 다를 수 있다. 이상적으로 보자면 좋은 인간은 좋은 시민이어야 하고, 좋은 시민은 좋은 인간이어야 한다. 시민은 법률적 행위에 참여하고, 공직에 나가야 한다. 설령 좋은 시민이라고 해서 곧 좋은 인간이라고 단적으로 말할 수는 없다. 그런 의미에서 이 양자는 완전히 같은 것이 아니다. 그러나 이 둘이 분리될 수 없는 이유는 양자가 공동의 목표로 삼는 삶의 목적이 행복이라는 데 있다. 인간의 목적도 행복이고, 공동체의 목적도 행복이다. 인간의 행복은 탁월성의 추구이지만, 이 탁월성은 탁월성을 추구하기 위한 외적 수단으로서 공동체를 필요로 하고, 더불어 이 공동체의 정치체제인 정체를 필요로 하기 때문이다. 인간은 본성적으로 정치적 동물이고, 정치적 공동체는 인간의 행복을 성취하기 위해 만들어진다.

서머힐학교와 간디학교는 아리스토텔레스보다도 더 급진적인 민주주의를 역설한다. 자유와 자치에 기반한 '참여민주주의'를 강조하기에 아리스토텔레스보다도 급진적이다. 두 학교는 행복한 시민을 양성하기 위한 교육의 조건으로서 자유와 자치 그리고 참여의 가치를 매우 중시하고 있다. 자유, 자치, 참여는 민주시민교육의 핵심적 가치이다. 두 학교는 또한 시민불복종

운동의 가치를 중시하여 구조 악에 대해 순응하지 않고 저항하도록 함으로써 민주시민교육에서 중시하는 정의와 인권의 가치와 친화력을 갖기에 인권교육의 내용과도 상당히 부합한다. 우리가 목격하듯이 행복의 추구에는 세상의 창조 못지않게 악의 문제가 늘 개입된다. 구조 악의 문제는 상상적으로만 고찰할 것이 아니라 삶의 현장과 관련시켜 고찰하지 않을 수 없다. 불행을 대비하고 불가피할 경우 그것을 감내하는 교육이 요청되는 것도 부분적으로는 구조 악의 문제를 피할 도리가 없기 때문이다. 교육은 행복을 추구하는 힘을 길러야 할 뿐만 아니라, 불행을 감내하는 힘도 길러야 한다. 사람들 중에는 불행과 불운 앞에서 쉽게 생을 포기하거나 좌절하는 이도 있으며, 이를 벗어나기 위해 타인을 해치는 범행을 저지르기도 한다.

따라서 어려운 여건 속에서도 교사가 행복해지려면 현실에 굴복하지 말아야 한다. 주어진 삶의 조건의 한계와 가능성을 인식해야 하고, 삶에서 추구해야 할 가치와 의미에 대하여 성찰할 수 있어야 하고, 개인과 공동체의 강점과 탁월성을 파악할 뿐만 아니라 확장할 수 있어야 하고, 확장된 강점과 탁월성을 활용하여 사적·공적 영역(주어진 삶의 조건)에서 바람직한 의미와 가치가 실현되는 데 기여할 수 있어야 한다. 민주시민교육은 현실적 조건과 적극적으로 상호작용할 수 있는 행복 역량을 개발하는 역할을 해야 한다. 민주시민교육은 행복을 가져오도록 해야 하지만, 불행에 대해서도 대처할 수 있도록 해야 한다. 행복을 민주시민교육의 주요 관심사로 삼자는 것은 새로운 일을 하자는 것이 아니라, 우리 교육의 비정상성을 인식하고 정상적으로 되돌리는 일을 해야 한다는 것이다. 사회적 양심을 지닌 행복한 교사들은 더 행복한 사회를 만드는 일에 헌신하는 용기를 내야 한다. 학교교육의 구조가 잘못되어 있을 때 우리는 그것을 바꾸려고 노력해야 한다. 사회구조적 악을 만든 것도 사람이고, 그 구조 악을 뛰어넘는 것도 사람이다.

박노해 시인이 말한 대로 "사람만이 희망이다." 그것을 학교 현장에 적용하면, "교사만이 희망이다." 한 사람의 교사가 먼저 바뀌고, 한 사람의 교장이 먼저 바뀌면 바로 거기서부터 우리 교육의 희망은 다시 싹틀 것이다.

제16장

민주시민의 양성을 위한 민주적 학교 만들기

1. 학교의 민주주의가 왜 뒷걸음치고 있는가?

학교는 민주적 시민의 개발을 위한 기반으로서 '작은 사회'이다. 건강한 민주주의의 미래를 위해서는 모든 청소년들이 지식을 쌓아 정치에 참여하고, 지역사회에서 활동하며, 공동선을 위해 봉사하는 자세가 매우 중요하다. 학교는 사실상 모든 청소년들에게 시민 규범을 직접적·체계적으로 전달할 수 있는 권한과 능력을 가진 기관이다. 학교는 청소년들이 건강한 소통을 촉진시키고, 민주사회의 시민이 갖춰야 할 습관을 만드는 데 반드시 필요한 상호작용을 배우고 연습할 수 있는 공동체여야 한다. 민주주의는 동의를 바탕으로 한 정부의 한 형태이고, 시민적·정치적 정책이 도그마와 물리력보다는 이성과 논의에 기반한 열린 토의에 따라 결정되어야 한다는 생각에 바탕을 두어야 한다. 민주주의는 교과서를 통해서 암기되는 것이 아니라 구체적으로 행동·실천을 통해 구현되어야 하는 것이다. 그런데 오늘날 특히 학교의 민주주의는 퇴행하고 있다. 그것은 권력 당국의 권위주의 국가 운영으로 퇴행하고 있기 때문이고, 동시에 학교의 주체들의 민주적 실천력이 크게 약화되었기 때문이다.

민주사회에서 모든 시민은 권리와 책임을 가지고 있다. 우리는 서로 경청하고 지식, 정보와 사상의 공유를 통해 사회 발전을 지지하는 동기를 촉구함으로써 좋은 결과를 획득하기를 바라는 생각을 갖고 있다. 모든 사람은 이 과정에 적극적으로 참여할 권리와 책임이 있다.

패러다임	학교의 오래된 전통	학교의 대안적 가능성
교실 관계	·교사는 기본과 축적된 확고한 진리의 훈련자이며 처분자 ·교육과정의 비타협과 아주 제한된 타협 ·위로부터의 규칙	·교사는 공동 학습자이며 비판적 의식의 촉진자 ·의미 있는 교육과정으로의 열림 ·규칙의 연합된 개발
학습 형식	·수평적이기보다 수직적 ·왼쪽 뇌 ·강력한 경쟁 지향	·수직적이면서 수평적임 ·전체적 뇌 ·협동적 학습과 소집단 활동의 강조
교수 기술	·환원주의적 문해 형태 ·미래로의 단순한 적응 ·갈등의 통제와 단순 관리	·통전적 문해 형태 ·도전과 책임에 대처하며 적응 ·단순한 갈등 관리보다는 갈등 변혁과 해결
잠재적 교육과정	·중요하지 않고 존재하지 않는 것처럼 여김 ·사회적 불평등의 함의에 대한 무지와 단견 (젠더, 사회계층, 종족)	·젠더적(사회적 성) 평등 ·사회적 정의, 폭력에 대한 대안적 프로그램
교육행정의 분위기	·결과를 측정하고 모니터하는 관리주의 ·기술주의적 질의 확보 ·유기적 사고보다는 형식주의적, 위기 관리	·협소하게 정의되는 업적보다는 민주적 참여적 질의 중시 ·신뢰와 관계의 질 중시 ·비판적 성찰, 적용될 수 있는 예견

〈학교의 전통과 대안〉

오늘날 대의민주주의가 광범위하게 쇠퇴하면서 국가에 대한 사람들의 '시민적 신뢰'가 총체적으로 쇠퇴하고 있다. 민주주의를 가르친다는 것은 이론적이거나 추상적인 관념이 될 수 없다. 학교에서 가장 중요한 일은 민주주의를 가르치는 것이다. 민주주의를 가르치기 위해서는 현재의 학교가 더욱 민주적 장소가 되어야 한다. 민주적 학교는 열린 논의, 토의와 자문과 같은 동일한 원리에 기반할 필요가 있다. 학생들에게 학교정책 결정과정에 참여할 기회를 갖게 하여 젊은이들의 태도와 행동에 영향을 미치게 할 필요가 있다. 따라서 민주시민교육은 청소년들이 스스로 권리가 있음을 믿고, 서로 배려하며, 상호 의존적인 시민으로 삶을 살아갈 준비를 시키기 위한 지식, 기술, 태도를 배울 수 있도록 만들어져야 한다.

민주주의에는 인권을 존중하고, 시민의 목소리에 귀를 기울이고, 풀뿌리 수준에서 시민의 역량을 강화하며, 우리 삶을 형성하는 결정에 참여하기와 같은 공통된 핵심이 들어 있다. 듀이의 '실천하는(살아 있는) 민주주의'는 개인의 존엄성과 그의 문화적 전통을 존중하고, 자유롭고 열린 탐구와 비판을 적극적으로 촉진하고 참여하게 하고, 집단적 선택과 공동선의 이익을 추구하기 위해 작동하는 상호 의존을 중시한다(Dewey, 1916). 이에 바탕을 둔 민주적 학교는 민주주의의 기본적 명제와 일치해야 하고, 학습자의 자아 개념을 증진시켜야 하고, 학습자를 적극적으로 참여시켜야 하고, 추상화 이전에 구체화를 위치시켜야 하고, 교사를 도움을 주는 관계에 위치시켜야 한다. 이런 관점은 권위주의와는 거리가 멀고, 오늘날 많이 거론하는 학습이론에서 중시하는 '사회적 구성주의', 그리고 민주주의 이론에서 중시하는 '참여민주주의'나 '심의민주주의'의 구현이라고 할 수 있다(Moos, 2004).[119]

119 대부분의 나라는 민주주의 이론, 즉 자유민주주의 접근, 사회민주주의 접근, 참여민주주의 접근에 터하여 교육혁신을 하고 있다. 첫째, 개인의 기회를 중시하는 자유민주주의 교육혁신은 학교교육은 주로 정부의 책임이며, 정부의 역할은 선거권자가 지지하는 것

소수자 집단은 어떤 유형의 민주적 학교로부터 이득을 얻는가? 누가 학교를 소유하고 있는가? 아동과 청소년들이 다양한 유형의 민주적 학교로부터 얻는 결실이 무엇인가? 전 세계에 걸쳐 주류적 도전이 일어나고 있는 것은 민주적 시민과 민주적 사회의 유지와 발전을 거역하며 교육을 재정적으로 관리하고자 하는 접근이다. 참여민주주의 이론은 참여와 소유권을 강조하는 '시민성(권)'의 그리스적 이상과 시민이 중요한 쟁점을 결정하기 위해 만들어진 '광장'agora의 중요성에 토대를 두고 있다. 민주적 과정에 대한 헌신 없이 학교가 민주사회의 목적에 기여할 수는 없다. 민주주의는 학교문화에 아주 적절한 리트머스 시험지를 제공한다. 오늘날 참여민주주의는 교육의 차원에서 '학부모의 참여'로 전환될 수 있고 아리스토텔레스가 거의 생각하지 못한 아동들의 교육에 대한 성인들의 권리와 책임을 중요하게 여기고 있다(Louis, 1994: 78).

참여민주주의는 지역(현장)의 다양성과 공동체의 반응에 상당한 가치를 둔다. 자유민주주의와 사회민주주의는 갈등하지만 많은 나라에서는 학부모의 권리를 지지하고 있다. 때로는 일부의 참여민주주의 지지자들이 더 많은 참여를 위해 지역통제 차원에서 효율성과 효과성을 중시하여 민영화privatization 운동에 참여하기도 하지만, 대부분은 노동현장의 산업민주주의와의 연대에 더 무게를 둔다(Louis, 1994: 80). 참여민주주의는 공동의 연대를 굳건히 하면서 협동 활동에 더 관심을 둔다. 교사, 학부모, 학생, 지역사회 구성원 그리고 전문적 피고용인과의 상호 연대에 심혈을 기울인다. 최근 학교 효율성을 제고하기 위해 도입된, 개별 학교에서 활동하는 교육 주체들의

을 결정하는 것이라고 생각한다. 둘째, 집단의 기회를 중시하는 사회민주주의 교육혁신은 국가가 교육을 통제해야 하며, 국가의 역할은 불균형이나 불평등을 시정하는 것이며, 취약한 아이들은 보호되어야 한다고 생각한다. 셋째, 현장의 목소리와 영향력을 중시하는 참여민주주의 교육혁신은 참여자가 교육 목표를 가장 잘 결정할 수 있는 위치에 있다고 생각한다(Riley, 2004: 56).

교육적 결정에 더 큰 권위를 부여하기 위한 '현장 중심의 학교 경영site-based management'은 헌장학교charter school 등 위임된 소유권을 통해 수단이나 목표에 더욱 밀착된 모니터링을 하려고 한다. 그렇지만 이런 방식은 여전히 현장을 중앙에서 직접 통제하는 의도를 갖고 집행되는 유사신자유주의 교육정책 프로젝트로서 진정한 권한 이양이라고 볼 수 없다. 이런 시장주의적 학교 경영은 '풀뿌리 민주주의'와 '상향적 압력'을 충분하게 책임지지 못할 뿐 아니라, 지역(현장) 단위에서 학생과 학부모의 진정한 요구를 반영하는 민주적 유연성과 사회적 책무성을 발휘하는 데 실패하고 있다. 이러한 상황에서 취약 계층의 아동 등 소수자의 '민주적 소유권democratic ownership'이 보장되기란 요원할 것이다. 신자유주의적 세계화는 민주주의의 정착을 더욱 어렵게 하고 있다. 그러기에 사회민주주의와 참여민주주의를 더욱 가속화시켜야 교육의 민주화를 더욱 진척시킬 수 있다. 민주주의의 궁극적 목적은 인간이 행복하게 살게 하는 데 있다. 그 행복은 인격과 교양을 내면화하고, 사랑과 정의가 충만하고 인권과 평화가 보장되는 시민권/시민성이 구현되는 민주시민교육을 실현하는 데 있다.

민주적 학교는 다음과 같은 조건을 갖출 때 더욱 좋아지고, 더욱 민주적이고, 더욱 전문적 만족을 주고, 더욱 재미있는 장소가 될 것이다(MacBeath & Moos, 2004: 195).

- 인기와 관계없이 아이디어를 자유롭게 교환할 때
- 문제 해결을 할 기회를 창출하는 사람의 개별적 집단적 능력을 신뢰할 때
- 비판적 성찰을 하고, 아이디어 및 문제와 정책을 분석하고 평가할 때
- 타인의 복리와 공동선에 관심을 가질 때
- 개인과 소수자의 존엄성과 권리에 관심을 가질 때
- 민주주의가 이상이 아니고 살아 있는 것이라는 이해를 할 때

• 민주적 삶의 방식을 촉진하기 위한 사회기관의 조직이 존재할 때

학교의 민주주의가 활성화되기 위해서는 제도의 민주화와 함께 주체들의 민주적 실천력을 확장해야 한다. 그리고 민주적 시민을 양성하는 민주시민교육이 활성화되어야 한다. 민주적 시민교육을 위한 시민사회의 합의가 도출되어야 한다. 국민적 합의 없이 민주시민교육을 일방적으로 실시하고자 할 경우 민주시민교육 자체가 새로운 사회 갈등과 불신의 핵심으로 등장하게 될 위험성이 아주 크다. 더욱이 과거 공민교육이라는 미명 아래 국가권력을 옹호하기 위한 국민윤리 교육, 사회정화 교육, 반공안보 교육 등에 의해 얼룩진 역사를 경험한 우리로서 권위주의 시대로 되돌아가는 조짐을 경계해야 한다.

2. 민주적 학교의 구성 요소

민주시민교육은 일정 부분 정규 교육과정과 교과서에 기초한 교과교육을 넘어서는 영역이며, 특히 학교와 교실에서 일상적으로 이루어지는 잠재적 교육과정이 민주시민교육에 있어 중요하다. 민주시민교육은 '정규 교육과정', 즉 학교 교과목으로 배우는 공식적인 학습 경험과 비공식적으로 이루어지는 '잠재적 생활교육과정', 그리고 학교 밖의 학습 경험인 '실천적 교육과정' 등에서 가능하다. 현행 교육과정 속에서 교과서를 가지고 교사의 재량에 따라 정규 수업 혹은 특별활동, 방과 후 활동 등을 통해 어느 정도의 민주시민교육을 실시할 수 있는 교사의 역량을 배가해야 한다. 그리고 민주적인 제도와 문화가 정착되어 있는 가정, 지역사회, 국가에서 이루어지는 일상생활과 경험, 그리고 그 속에 중요한 부분을 차지하고 있는 사회 참여 및 정

치 참여 교육 등 정치적 삶에 참여하는 것은 진정한 의미의 민주시민교육이 이루어지는 마당이라고 할 수 있다. 우리가 꿈꾸는 시민사회의 형성을 위한 민주주의 학교가 다차원적 시민성 형성을 위한 변화의 중심 센터로서 자리잡기 위한 실행 전략은 다음과 같이 세워볼 수 있다(Cogan & Derricott, 2000: 171:183; Lynch, 1993; Starratt,1994).

(1) 학교의 시민사회화

우리나라 교육 역시 형식적으로 민주시민의 양성을 목표로 하고 있다. 그러나 민주시민교육의 핵심인 인권, 민주주의, 그리고 법의 지배가 잘 지켜지지 않고 있다. 다시 말하면 유엔의 「교육의 권리에 대한 특별보고서」(E/CN. 4/2005/50,115-117항)에는 배움의 동기를 부여하고 양질의 교육에 버팀목이 되는 가치, 구체적으로 예를 들면 민주주의 사회에서 살 능력, 능동적 시민되기의 관점에서 볼 때 학습과정의 행위자인 학생과 교사의 요구가 확인되어야 하며, 이들의 요구에 부응하지 못한 학교 시스템을 고치기 위한 조정이 있어야 한다. 민주적 시민권의 행사는 교육당국의 명령 또는 지시로 되는 것이 아니라, 교실과 학교의 분위기 속에서 성장한다. 학교교육을 통하여 민주시민교육이라는 목표에 도달하기 위해서는 학생들이 학교생활에서부터 인권을 보장받고 권리를 행사하는 기회와 경험을 제공받을 수 있어야 한다. 또한 학칙 등 학교규정의 절차적·내용적 정당성이 갖추어져 있는가를 살피고 참여할 기회 역시 학생들에게 보장되어야 한다. 이를 위해서는 개별 학교에만 내맡겨 둘 것이 아니라 법을 통하여 학교생활에서 준수되어야 할 인권의 기준과 관련 절차를 명확하게 할 필요가 있다.[120]

---

120 이런 측면에서 2010년 10월 교과부가 발표한 「민주시민교육 활성화 방안」은 학교 단위의 학교규정 마련을 전제로 한 상태에서 준법교육을 강화하는 방향을 잡고 있어 문제

학교를 시민사회화하려면 그곳을 '공적 공간'으로 만들어야 한다. 시민을 형성하는 공적 공간은 학교를 물리적 공간이 아니라 사회적 공간으로서 '실천하는 공간'으로 변환시키는 것을 말한다(Ichilov, 1998: 272). 시민사회에 뿌리내리는 민주적 학교는 공적 덕성을 가진 '시민들의 공동체'여야 한다. 학교가 공동체로서 복리와 행복을 가져다주는 공간으로 변화시켜야 한다. 학교 공간에서 효과적인 정책과 실행, 환경지킴이, 정보기술의 윤리적 이용, 지구적 인식 등을 실행할 수 있어야 한다. 학교구조와 조직, 인사. 교육과정, 평가체제, 학교의 문화와 분위기 등이 협동적 민주적 관계, 비판적이고 체계적 사고, 다차원적 관점과 의견의 존중, 모든 사람을 위한 인권, 지구적 관점에서 문제와 이슈를 볼 수 있는 능력, 개방적 의사소통과 갈등의 평화적 해결, 환경보호를 위해 사람들의 삶의 양식과 소비습관을 변화시키는 의지, 다차원(지역적, 국가적, 국제적) 수준에서 시민적 공공 문제에 참여할 의지와 능력 등의 개발에 초점을 맞추어야 한다.

학교의 시민사회화가 가능하려면 각양의 결사체가 결성되어 활력을 불어넣어야 한다. 서로 모여서 잔치를 벌이고, 세미나를 개최하며, 독서발표회도 하고 문화활동도 해야 한다. 새로운 진실을 발표하거나 어떤 모범 사례에서 함께 감동을 받기도 하는 모임이 있어야 한다. 기존의 교과협의회, 교무회의, 학년별회의, 부장회의는 준국가기구의 성격을 갖고 있기에 이와 대조되는 새로운 자발적이고 자율적으로 만들어진 기구가 탄생되어야 한다. 이런 모임은 하나일 필요가 없지만 가능한 지적·도덕적 결사체로 발전할 수 있는 모임을 구성하여 대화, 논의, 토론을 할 수 있는 중간매개 집단으로서 상대적 자율성을 가진 심의민주주주의를 실천하는 공동체가 되어야 한다. 교장과 교사 간에 소통이 이루어지는 대화와 신뢰가 조성되도록 해야 한다. 이

가 많아 보인다.

모임은 의사소통하고 공동의 문제를 함께 해결하고 필요할 경우 연대할 수도 있다.

(2) 학교 지배구조의 민주화

학교의 민주화를 위해서는 학교의 '지배구조governance'를 바꾸어야 한다. 학교의 권위적 위계구조를 수평적 소통구조로 바꾸어야 한다. 소통이 원활해야 '민주적 생활교육·학습'이 가능하다. 민주적 학교를 건설하려면 민주적 의사결정 구조의 마련이 급선무이다. 합의를 통한 의사소통을 훈련하여 학교나 학급에서 발생하는 집단 갈등을 합리적으로 해결해야 한다. 교사는 학생과 다른 존재적 위치에 있음을 인정해야 한다. 즉, 교사의 말을 무조건 따르도록 하는 순응의 정치나 같음의 정치가 아니라, 서로 다른 위치에 있음을 인정하는 '다름의 정치'가 필요하다. 민주적 학교는 더욱 민주적이고, 더욱 전문적 만족을 주고, 더욱 즐겁고 행복한 장소가 되어야 한다. 인기와 관계없이 아이디어를 자유롭게 교환할 때, 문제 해결을 할 기회를 창출하는 사람의 개별적·집단적 능력을 신뢰할 때, 비판적 성찰을 하고 아이디어 및 문제와 정책을 분석하고 평가할 때, 타인의 복리와 공동선에 관심을 가질 때, 개인과 소수자의 존엄성과 권리에 관심을 가질 때, 민주주의가 이상이 아니고 살아 있는 것이라는 이해를 할 때, 민주적 삶의 방식을 촉진하기 위한 사회기관의 조직이 존재할 때 민주적 학교로서의 혁신학교는 가능할 것이다.

민주적 학교의 기본적 특징은 서로를 대우하고 소중히 여기는 관계와 방법, 성별과 배경에 상관없는 모든 사람의 평등한 목소리, 사람들 사이의 존중과 이해, 민주사회에서의 권리와 책임으로 이루어진다. 정부/지방정부와 이해 당사자 간의 협상은 물론이고 누가 교육을 통제해야 하고, 무엇을 가르쳐야 하는지를 어떻게 누구에 의해 결정하는지에 대한 질문을 던지는 것은 계속적인 논의와 논박이 이루어지는 원천이다.

우리는 민주공화국의 구성원으로서 타인 존중과 함께 자기 존중을 상실할 위험을 잘 해결하는 유형의 민주주의를 구현해야 한다. 학교의 소통 구조나 문화의 변화를 통한 학생들의 생활 변화는 학생들의 폴리스, 즉 '자치공화국' 건설을 통해 가능할 것이다. 교실에서 만나는 민주적 참여 기회를 갖는다는 것은 교실을 민주적 생각과 행동을 탐구하기 위한 '실험학교'나 '실험실'로 바꿔놓을 것이다. 실험학교는 사회 갈등을 줄이는 데 도움을 줄 수 있고, 지속 가능한 민주적 미래를 만드는 데 참으로 중요한 지적 자본과 사회적 자본을 늘리는 데 도움을 줄 수 있는 새로운 생각과 행동을 탐구하게 될 것이다. 고대 그리스의 폴리스는 정치공동체인 동시에 폴리스 전체의 모임과 함께 또 다른 의미의 정치공동체이자 학교라고 할 수 있다. 현대 국가 속에서 정치공동체로서의 폴리스 복원은 어렵더라도 가정, 학교, 지역사회 속에서 폴리스의 복원은 가능할 것이다. 민주적 학교는 사람들에게 가능한 충분한 정보를 제공하여 열린 생각을 하도록 하고, 생각을 평가하기 위해 비판적 성찰과 분석을 이용하도록 하고, 타인의 복지와 공동선에 관심을 갖고, 개인과 소수자의 존엄성과 권리에 관심을 크게 가져야 한다. 학교는 공동체의 열망과 그 공동체 속에 살고 있는 개인의 열망을 모두 반영해야 한다.

(3) 학교문화의 민주화

민주시민교육은 학교의 풍토, 분위기, 문화와 분리될 수가 없다(Burkimsher, 1993: 14). 그것은 학교 공동체 모든 참여자들 사이에 일어나는 운영 방식과 관계와 나아가 더 큰 공동체와의 상호작용 그리고 교육과정 등 모든 것에 의해 형성된다. 학교의 혁신은 학교구조의 변화와 함께 학교

문화가 변화되어야 한다.

학교의 변화를 위한 학교문화의 혁신을 위한 요소는 ① 모든 참여자 사이의 인간 상호 관계와 신뢰가 필수적이며, ② 교육과정, 가르침, 학생, 학교문화, 평가에 대한 확장된 숙고를 하고, ③ 행위와 학교교육, 가르침, 학생의 의미에 대한 탐구가 삶의 양식이고, ④ 협동적 전망, 문제 해결, 정책 결정은 전문적 활동의 측면을 관통하고, ⑤ 공유된 권위는 실천, 지식, 그리고 배려의 윤리에 근거해야 하고, ⑥ 참여자들은 그들이 믿는 학생, 학교, 지역과 국가의 최상의 이익의 목소리를 내는 용기가 필요하다.

학생 참여를 유지하고 확장하기 위해 어린 시절 초기부터 결정과정에 참여하지 않으면 안 된다. 더 공정하고, 더 소속감을 느끼고, 학교 규칙의 제정에 참여하고, 교사는 자기 견해를 표현하도록 격려하고, 학생들에 대한 인간적 관심을 보여주어야 한다(Jörgensen, 2004: 122). 교육을 둘러싼 권한과 의사결정을 공유하고, 생각이 다른 사람과 교량을 놓을 수 있고, 자신의 이상과 기존의 사회적 제약의 긴장을 타협을 통해 해결한다(Beyer, 1996: 150-161).

	전통적 학교문화	혁신적 학교문화
교육과정 철학	·높은 학업 성취 ·교육과정은 기본적인 기능을 강조하면서 '부분에서 전체로' 제시됨	·사고하는 정신, 강한 자아의식, 민주적 가치 ·교육과정은 커다란 개념을 강조하면서 '전체에서 부분으로' 제시됨
평가 방식	·기준과 평가의 주도 ·고정된 교육과정에 엄격하게 의거하는 것이 높게 평가됨 ·학생들의 학습에 대한 평가는 교수와 분리된 것으로 여겨지고 대개 시험을 통해서 이루어짐	·기준을 안내, 학생 중심, 윤리적 지도 ·학생들의 질문에 대한 추구가 높이 평가됨 ·학생들의 학습에 대한 평가는 교수활동과 얽혀 있으며 학생들의 활동에 대한 교사의 관찰과 학생들의 전시 및 포트폴리오를 통해서 이루어짐
결정 방식	·하향식, 외부에 의해 부과된 결정과 처방 ·학생들은 교사에 의해서 정보가 새겨지는 백지 상태로 여겨짐 ·교사는 학생들의 학습을 확인하기 위해서 정확한 답을 추구함	·모든 이해 당사자에 의한 숙고와 결정 ·학생들은 세계에 대한 이론을 만들어내는 사색가로 여겨짐 ·교사들은 후속 학습에서 사용될 수 있는 학생들의 현재 개념들을 이해하기 위하여 학생들의 관점을 추구함
대화 방식	·파편화된 개인주의, 파당주의 ·교사는 일반적으로 학생들에게 정보를 퍼뜨리는 설교적인 방식으로 행동함 ·학생들은 주로 개별적으로 활동함	·협동적 대화 ·교사는 일반적으로 학생들을 위한 환경을 매개시켜 주는 상호작용적인 방식으로 행동함 ·학생들은 주로 집단을 이루어 활동함
실천 방식	·주류에 의한 반성적 실천: 행정적 평가	·교사의 계속적 탐구와 책임을 5c(창조성, 배려성, 비판성, 관조성, 동료성)에 의한 반성적 실천

〈학교문화의 전통과 혁신〉

(4) 민주적 교육과정과 수업

민주적 시민성을 위한 교육과정은 민주적 가치가 촉진되는 전 교과 영역을 통해 학습하는 것은 물론이고 민주주의에 대한 학습을 전제로 한다. 민주적 수업(가르침)은 세 가지로 구성된다. 즉, 학생의 목소리를 발견하고 함양하며, 의식을 각성시키고, 새로운 각성을 요청하는 것이다(Puduska, 1996). 심의deliberation나 담론discourse 민주주의는 참여의 범위나 공간을 확장한 것 자체가 아니라, 참여의 결과 정부와 시민 사이에 대한 논의에 얼마나 질 높은 토론과 대화가 보장되느냐가 중요하다. 공동체가 직면한 문제는 심의(숙고)나 담론에 기반한 교육과정을 통해 해결해야 한다. 숙고의 교육과정은 비판적 사고와 분석적 기술의 개발, 즉 토의와 토론, 타협 그리고 더 나아가 심의하는 과정을 통해 해결해야 한다.

심의민주주의deliberative democracy는 오늘날 우리 사회가 안고 있는 문제를 해결할 수 있는 능력이 높다. 심의는 당사자가 직접 대화와 토론 심의를 통해 문제를 해결하려고 하기 때문이다. 대화, 토론, 그리고 심의를 통한 시민적 합의에 기초해서 결정을 내리기 때문에 정당성이 높다. 심의는 시민과 대표 간에 민주적 대화를 촉진한다. 심의의 과정은 시민들에게 민주주의를 교육하는 민주주의 학교의 기능을 하며 시민문화를 활성화시킨다. 심의를 통해 시민들은 민주적 가치와 규범을 내면화할 수 있는 기회를 가진다. 심의는 자기 자신의 사익보다는 공동선의 발견을 추구하기 때문에 이타주의적 행동을 장려한다. 의사소통이 가능한 지역공동체, 작업장 내에서 시민들이 심의과정에 참여를 통해서 개인적으로 해결할 수 없는 공적 문제(환경, 작업 안전, 치안, 지역경제 발전, 교육, 직업훈련, 의료 등)를 효율적으로, 공정하게, 그리고 합의를 통해서 처리할 수 있는 대안을 개발해야 한다.

숙고의 교육과정은 모든 교과에 해당된다. 학습의 기본적 토대는 숙고에 터하지 않으면 안 된다. 모든 학생은 다가올 시대에 직면한 자신의 삶에 대해 영향을 줄 거대한 문제에 대해 깊이 있게 검토할 기회를 가져야 한다. 숙고할 수 있는 지식과 기술, 그리고 태도는 우연히 개발되는 것이 아니다. 이들 공공 문제는 탐구와 담론을 통해 학습되지 않으면 안 된다. 학교의 학습 환경 속에서의 숙고의 교육과정은 다차원적 시민성의 모델을 만드는 데 기여할 것이다. 이것은 학교의 사회적 기능과 학문적 기능을 기본적으로 변혁시키는 데 기여할 것이다. 기존의 교과는 간학문적 접근을 시도해야 한다. 제기된 문제는 단일한 교과에서 해결할 수 과제가 아니라 범교과적으로 대처해야 하는 과제이다. 이 문제는 또한 학교 내에서만 논의될 유일한 영역의 것도 아니다. 학교는 아이들이 살고 있는 더 넓은 공동체 속에 존재하는 학습공동체로 확장되지 않으면 안 된다.

(5) 교사의 민주적 리더십

시민사회를 건강하게 이끌어 갈 교양을 가진 교사는 전문성 신장과 함께 '민주적 리더십'을 길러야 한다. 교사의 민주적 리더십과 함께 학생의 민주적 리더십 그리고 학부모의 민주적 리더십이 동시에 필요하다. 구성원들의 벽을 허물 수 있는 '소통적 리더십'이 요구된다. 탁월한 지도력을 발휘해야 할 위치에 있는 학교 관리자는 교사, 학생과 그리고 학부모와 적극적으로 관계를 맺어야 한다. 학교 관리자는 구성원들의 리더십을 공정하게 배분하고, 구성원들의 능력 계발을 격려하고, 학교의 공동체 건설에 참여하는 비전을 가져야 한다. 군림하는 권한과 그 권한을 수단화하지 않고 '권한을 함께 공유하는power with' 리더십을 가져야 한다(Möller, 2004: 154-157). 교장은 교사를 정책 결정에 참여시키고, 아동 중심성을 발휘하도록 하고 그렇게 하기 위해 교사들의 가르침과 배움을 고무하고, 교사의 동기에 신뢰를 보내고, 교사들과 학생들의 견해에 귀를 기울여야 한다. 교장은 교사, 학생과 그리고 학부모와 적극적 관계를 맺고, 타인으로 하여금 지도를 할 수 있는 힘을 주는 데 관심을 두는 민주적 리더십을 가져야 한다. 교장이 리더십을 배분하고, 직원계발에 참여하고, 관계와 공동체 건설에 참여하는 비전과 가치에 관심을 가지는 것이다.

다차원적 시민성의 함양을 위한 교육을 하려면 교사는 이론과 실제에 적절하게 준비해야 한다. 학생들이 실천할 수 있는 민주적 모델로서 교사가 존재하지 않으면 시민성을 구체적으로 정착시키기가 어렵다. 교사 양성 기관은 다차원적 시민성의 지식, 기술, 태도를 개발할 수 있는 프로그램을 가지고 있어야 한다. 다차원적 시민의 모범이 되는 교사가 없다면 학생들을 위한 다차원적 시민성을 계발하기 어렵다. 시민사회의 교사는 지구적 각성과 협동을 요구한다.

(6) 학생의 참여와 자력화

평생학습 시대에 학생들의 생활변화가 지도나 교육을 통해 이루려고 하는 것이 한계라면 학생 스스로 생활을 변화시키는 것은 학생들 자신의 자기주도력에 의한 '힘 기르기'를 통해 가능할 것이다. 즉, '권능화/자력화/권한 강화/능력 부여/힘 나누기empowerment'가 요구된다. 자력화의 과정은 의사결정, 비판적 사고, 성찰, 여러 관점의 인식 등을 통해 이루어진다(Sorensen, 1996: 91). 자력화는 행위가 없으면 실현될 수 없다. 학생의 자력화를 위해 공동체의 성원으로서 살아가도록 '주체들의 목소리'를 내도록 해야 한다.

학교생활 속에서 매일 겪고 있는 문제에 대해 학생들 자신의 목소리를 내는 것은 학생들의 힘(능력)의 강화를 통해 학생들의 목소리에 힘을 실어주는 것이다. 학생의 자력화는 학생 참여를 유지하고 확장하기 위해 어린 시절 초기부터 결정과정에 참여하지 않으면 안 된다. 그리고 생활학습의 경우 학생들의 의견을 청취하는 것은 학생들의 자력화에 매우 중요하다. 이것은 학생들을 시민으로 성장하도록 하는 것이다. 학교 현장의 가장 허약한 위치에 있는 학생들의 목소리를 경청해야 시민으로 성장할 수 있다. 학교혁신은 교사의 전문적 발달만큼 학생의 자력화에 있다.

청소년들의 목소리를 신장시켜 민주주의를 완성하도록 하는 정치적 소양을 가진 시민으로 성장시키기 위해서는 민주시민교육이 활성화되어야 한다. 학교는 사회현실이나 학생들의 미래 진로와 연관성이 많을 경우 더욱더 효과적인 민주시민교육이 될 것이다. 학생들을 '자력화'하려면 학생을 '시민'으로 보아야 한다. 그렇게 하여 학교교육의 혁신에 참여시켜야 한다. 이러한 방식은 인권교육과 평화교육 등을 중점적으로 실시하는 대안학교alternative school[121]에서는 이미 시도되고 있다. 만약 학과 모임 이외의 활동에 일체 학생들을 참여시킬 수 있는 통로가 봉쇄되어 있다면, 즉 학교조직에 민주주의 원리가 작동되지 않는다면, 그것은 학교를 민주화하는 데 있어 중대한 장애에 직면하게 된다. 이러한 통제 중심의 훈육 구조에서 벗어나려면, 그 무엇보다 학생들의 자치self-government 구조를 확립하는 데서부터 시작되어야 한다.

학생의 자치 능력을 강화하면 학생의 자력화로 나타날 것이다. 또한 학생들의 참여를 통한 갈등 해결 능력의 신장은 학생들의 민주시민 능력을 크게 신장시킬 것이다. 민주적 학습과정은 학생으로 하여금 학습에 헌신하도록 하고, 그렇게 하여 학습을 증진시킬 것이다. 삶과 행동이 어떤 민주주의 내에서 민주주의에 대한 학습으로부터 분리될 수 없다. 스스로를 학교 개선자라고 생각하는 사람에 의해 근거를 부수는 학생의 목소리가 중요하다. 학생의 참여를 활성화하고 자력화하기 위해서는 교사의 대표자와 학생의 대표자가 함께 만나 학교활동을 공동으로 협의를 해야 한다. 그렇게 하여 학교의 일상적 운영에 직접 영향을 미치게 하는 것이다. 교육과정의 경우 학생 참여의 단

---

121 오늘날 대안교육은 다음과 같은 특징을 지니고 있다. ① 대안교육은 인간적 규모의 '작은 학교'이다. ② 대안교육은 적극적 인간관계에 많은 관심을 갖는다. ③ 대안교육은 총체적(holistic) 교육을 지향한다. ④ 대안교육은 민주적 참여를 중시한다. ⑤ 대안교육은 학부모와 지역사회의 동반자 관계를 격려한다. ⑥ 대안교육은 지속 가능한 환경을 고무한다(Carnie, 2003).

계는 자문을 받지 않는 학생→학생들의 의견 청취→적극적 참여자로서의 학생→연구자로서의 학생→완전한 적극적 참여자와 공동 연구자로 발전하도록 해야 한다(Deuchar, 2009). 학생들의 의견을 청취하는 것은 학생들의 자력화에 매우 중요하다. 이렇게 하는 것은 학생들을 시민으로 성장하도록 하는 데 있다. 쟁점이 많은 주제일 경우 학생 참여는 더욱 필요하다.

여기에서 우리가 유념해야 할 것은 학교행정 과정에 있어 학생 참여를 지나치게 우려하는 다음과 같은 생각을 피하는 것이 좋다. 첫째, 규칙 제정과 시행, 그리고 규칙 위반을 할 때 처벌 등 어렵고 미묘한 난제를 회피하고자 하는 태도를 피해야 한다. 둘째, 학생들에게 맡기면 혼란만 생긴다고 보고, 교사가 규칙 제정에 절대적인 권한을 가져야 한다는 태도를 모두 버려야 한다(Entwistle, 1993: 62). 다른 훌륭한 기능들과 마찬가지로 민주적 통치 기능 역시 인내심 있는 어려운 과정을 통해 학습된다는 사실을 기억할 필요가 있다. 권위적인 아동 훈육 방법이 서둘러 학급 질서를 유지시키는 데 보다 손쉬운 방안이 되는 것은 사실이다. 하지만 이러한 식의 훈육 방법은 학교 민주주의를 위해서는 오히려 더 더디고 험난한 올가미가 될 수 있다. 민주주의란 편리한 방법이 아니기에 학교는 민주주의를 위해 학생들에게 민주시민으로서 갖추어야 할 자율성과 자제심을 키워야 하는 도덕적 책임을 져야 한다.

(7) 생태적 공동체로서의 민주적 학교

교육자들은 외국의 침략으로부터 자국민을 보호하는 전통적 의미의 군사 안보를 말하는 것으로 충분하지 않고 지구 온난화, 급속한 종의 소멸, 심각한 오염 등에 직면하여 인간이 자연 과정에 의해 보호받고 생존할 수 있는 '생태 안보ecological security'에 기초한 평화 개념이 필요하다는 점을 깨닫게 되었다(Harris & Morrison, 2011: 109). 환경 파괴에 관심을 가진 평화 교육자들은 적합한 기술과 지속 가능한 발전에 대하여 가르친다. 그리고 만약 학생들이 살아 있는 생명체를 평화적 방식으로 대하는 법을 제대로 배우지 못한 채 어른-시민이 된다면, 그들은 오히려 역기능적인 사회 행위를 조장하며 폭력적 성향의 성인이 될 수 있다. 인간의 삶에서 공존의 대상은 더 이상 인간으로만 제한되지 않는다. 인간의 권리를 존중하고 인정해야 하는 것처럼 자연에 대해서도 그 자체의 존재를 인정해야 한다. 그러기에 인간과 자연과의 새로운 관계를 정립하는 '녹색 시민'을 필요로 한다.

우리가 추구하는 공존의 대상은 인간에 그치는 것이 아니라 인간을 포함한 자연 그 자체이어야 한다. 자연과 인간의 공존, 그것은 자연과 인간의 갈등뿐 아니라 인간과 인간의 갈등도 예방하는 길이다. 지속 가능한 미래의 주체인 청소년들과 함께 자연과 모든 생명을 존중하는 것의 의미에 대한 대화를 해야 한다.

앞으로 21세기가 당면한 학교의 과제는 환경의 문제에 대처하는 일이다. 시민사회의 학교는 적절한 쓰레기 처리와 재활용 절차는 물론이고 물, 에너지 등 기타 자원의 세심한 사용을 포함한 환경적 마인드를 가진 행동 규범을 채택해야 한다. 교사와 학생은 지구의 미래를 보호하기 위해 공동체 속에서 '지속 가능한 개발'을 할 수 있는 행동을 하는 활동에 참여를 하도록 해야 한다. 학생들을 통해 부모들로 하여금 환경지킴이가 될수록 유도하는 프로그램을 만들어야 한다. 환경의 보호와 회복은 새로운 시민(활동가)의 참여를 계속적으로 요구한다. 평화 교육자들의 임무는 다른 무엇보다도 자연자원의 과도한 사용 등 단기적 이익을 부정하고 장기적 이익에 초점을 맞추어야 한다.

(8) 민주시민의 위상을 가진 학부모

학부모는 자기 자녀를 특별하게 책임지고 있는 시민이다. 부모는 자녀들을 좋은 시민이 되게 할 양육의 책임을 지고 있다. 그러므로 그들은 아이들의 학교에 영향을 행사하지 않으면 안 된다. 부모가 영향력을 행사해야 하는 또 다른 근거는 학부모가 학교에서 자녀의 결과들에 엄청나게 영향을 미쳐왔다. 학부모로서 우리는 아동의 학습과정에 참여할 권리와 책임을 져야 한다. 학부모와 교사들은 학생(자녀)에 대해 서로 잘 알고 지내는 것이 중요하다. 그렇지 않으면 그들이 좋은 동반자가 되는 것을 기대할 수가 없다. 아이들이 좋은 시민이 되도록 양육한다는 면에서 그들은 동반자이다. 학교가 자녀의 생활 문제에 대해 토의할 기회를 제공하고, 서로 상대의 기대를 표현하도록 하면서 학급 수준에서부터 교사와 학부모가 함께 학생들(자녀들)의 교육 문제를 가지고 모임을 시작하는 것이 만남의 첫 출발점이다. 교사와 학부모의 관계는 아이들이 좋은 시민이 되도록 양육한다는 면에서 동반자이다. 학부모와 교사는 아이들에게 가능한 학습할 좋은 기회를 제공하는 동반자이지 않으면 안 된다. 아이들의 복리를 위해 학교와 학부모 동반자 관계를 위한 좋은 법적 기반을 갖고 학부모로서 교사와 교장으로서 협력할 의지를 갖는 것이다.

단순한 소비자의 지위에 머물고 있는 학부모는 학교정책이나 운영에 있어 발언력을 가진 시민사회의 중요한 주체자로 변화되어야 한다. 그러기 위해서 자녀의 교육문제를 시민적 관점에서 바라볼 수 있어야 한다. 학교가 민주적으로 운영되고 있는지에 대한 감시·감독을 게을리하지 말아야 한다. 이런 관점의 함양을 위해서는 민주적 교양교육을 필요로 한다. 자녀가 행복하게 살아가도록 하려면 부모가 먼저 행복해야 한다. 성숙된 정치의식과 깨어 있는 시민의식으로 무장된 행복한 학부모야말로 자녀들을 올바른 시민으로 자라게 할 것이다.

(9) 평화교육, 인권교육을 통한 학교사회의 민주화

오늘날 우리의 학교사회는 한편으로 체벌문화로 돌아가려는 국면이 형성되고, 또 한편으로는 과도한 개인주의를 주장하는 학교문화가 맞물려 돌아가고 있다. 폭력을 극복한 평화문화를 조성해야 함에도 아직도 한국학교는 미래 사회의 시민으로 자라게 해야 할 아동을 올바른 권리의식을 갖지 못한 신민 상태에 붙들어놓고 있다. 이런 상태에서 학교 폭력의 싹은 암암리에 자랄 것이다.

학교 폭력은 억압적이고 경쟁적인 학교와 사회가 만들어낸 상처이기에 우리는 다른 사람의 인권, 구체적으로 '아동의 권리'를 침해하는 행위임에 주목해야 한다. 아동의 권리 침해는 성인의 경우보다 심각하게 그리고 지속적인 영향을 준다는 관점에서 아동에게 있어 아동 권리 모니터링은 특히 중요하다(이재연, 2004: 22, 32). 아동의 권리를 보장하기 위해서는 아동의 권리가 무엇인지를 이해해야 한다. 나아가 거시적으로는 학교와 사회구조를 변화시키려는 노력과 함께 미시적으로 개개인의 인권의식을 키우는 '아동권리교육 children's rights education'이 무엇보다 중요하다(Howe & Covell, 2007). 아동권리교육은 아동으로 하여금 인간의 권리가 무엇인지를 이해하고, 이것을 존중하는 가치관과 태도를 형성하며, 본인 또는 다른 사람의 권리가 침해될 경우 그 권리를 옹호하고 구제할 수 있는 현실적이며 구체적인 방법을 찾을 수 있는 능력을 갖추도록 하기 위하여 의도적으로 설계된 교수-학습 과정을 의미한다(허종렬, 2005). 이때 교육을 받는 아동이 자신의 의견이 존중되고 인정되는 능동적인 참여의 과정을 경험함으로써 일상생활에서 당면할 수 있는 다양한 차별과 억압으로부터 스스로 자유로울 수 있고, 자신의 삶의 주인으로 당당하게 살아갈 수 있도록 안내하는 것이 아주 중요하다(이혜원, 2006: 330). 아동권리교육은 그 효과가 쉽게 드러나지는 않지만 비인권적인 일상의 문화, 즉 의식과 태도 등을 바꾸는 힘을 기르는 교육이라고 할 수 있다. 아동의 권리를 신장하는 아동권리교육을 하기 위해서는 권리에 대한 성찰이 필요하다. 권리를 존중하는 가치에는 정의와 공정 의식, 예절, 관용, 상호 존중, 아동의 힘 기르기 등이 포함된다. 권리 존중에 대한 성찰은 권리에 대한 지식을 주입식으로 가르치기보다는 논의, 토론, 비판적 사고를 통한 학습과, 이 사고를 통해 배운 문제 해결 기술을 일상생활의 경험에 적용하는 것으로 이루어진다(심성보, 2008: 274). 결국 아동권리교육은 아동을 민주적 시민으로 성장하도록 돕는 시민교육의 한 과정이라고 할 수 있다(Howe & Covell, 2007: 56-62, 183).

더욱이 증대되어 가는 학교 폭력을 예방하기 위해서는 평화와 인권을 민감하게 예지하는 '권리교육', 나아가 '인권교육'을 해야 한다.[122] 인권교육은 사회 구성원 모두가 각각의 존엄성으로 인정받고, 특히 소수자나 약자들이 존중받아야 하는 교육을 지향한다. 폭력은 일종의 병적 현상이고, 설사 그것이 타고난 것이라고 하더라도 이러한 폭력적 성향을 제어하고 선을 행할 수 있는 인간으로의 변화를 시도하는 노력을 해야 한다. 학교에서 폭력을 없애기 위해서는 학교에 의한, 그리고 학교가 갖고 있는 일반적인 기능에 의해 폭력을 없애야 할 것이다. 학교 폭력을 예방하기 위해서는 사람 사이의 차이와 다양성을 이해하고 인정하는 것이 무엇보다 중요하다. 잘 듣고 잘

122 '권리교육'과 '인권교육'을 동일한 개념으로 사용할 수 있으나 구분하기도 한다. '권리'를 법적으로 자격이 있는 자에게 부여된 힘으로 정의한다면, '인권'은 인간다운 권리로서 역사적으로 약자에 대한 강자의 보호라는 인식이 내포되어 있다. 한국적 맥락에서 볼 때 아동권리교육이 발달론(양적 성장+질적 성숙)적 관점을 보다 많이 포괄하고 있다면, 아동인권교육은 보다 정치적 관점에서 바라보는 사람들에 의해 사용하는 경향이 있다. 전자가 제도교육 안으로 안착할 수 있는 대중적 용어라면, 후자는 사회운동적 관점이 많이 녹아 있다고 할 수 있다.

말하는 평화로운 의사소통과 비폭력적 대화 능력이 필요하기에 이 능력을 길러주는 교육을 해야 한다.

폭력과 체벌 등 인권 침해 문제를 슬기롭게 해결하는 방법은 청소년의 권한을 강화함으로써 그들을 문제 해결의 주체로 초청하고, 학교 안에서부터 반反폭력문화, 인권문화를 꽃피우는 데서 대책을 찾아야 한다. 우리는 복종의 논리가 지배하는 사회를 좀 더 부드럽게 만들 필요가 있으며, 그렇게 해야 비폭력적으로 가르친 아이들이 나중에 사회를 바꾸어가리라는 꿈을 꿀 수 있을 것이다. 동시에 이 과정은 폭력에 오염된 내 몸, 내 삶을 바꾸는 일이라고 할 수 있다. 차이를 인정하고 다양성을 존중하는 인권의식이 자리 잡을 때 학교 폭력이나 학급 안의 따돌림 문제는 줄어들 것이다. 그리고 폭력은 한 학교 안에 한정되지 않고, 지역사회가 함께 고민하고 실천해야 할 영역이다. 이미 학생은 학교를 벗어나 지역사회의 여러 곳에 머물고 있기에 더욱 그렇다. 그런 측면에서 학교 폭력 대처를 위해 학교와 지역사회의 유기적이고 원활한 네트워킹 체제가 구축되어야 한다. 그렇게 해야만 우리 사회는 폭력이 없는 문명·시민 사회로 진입할 수 있다. 교육과정이나 수업뿐 아니라, 학교 전체의 친인권적·친평화적 문화의 건설을 통해서 학교문화가 재구성되어야 한다.

3. 21세기 학교혁신의 방향

(1) 왜 학교를 혁신해야 하는가?

쌍방향 소통이 이루어지는 인터넷 혁명이 이루어지고 탈권위주의가 진행되고 있는 현대사회는 '기호사회'가 출현함으로써 새로운 시티즌십을 요구하고 있다(Wexler, 1993). 익명성을 요구하는 기호사회(사이버 공동체)는 전자민주주의를 더욱 활성화함으로써 폭발적인 성장을 보이는 '기호시민semiotic citizenship', '전자시민'이 등장하였다. 이러한 상황에서 전자시민의 주체가 되는 학생들의 참여는 매우 개방적이고 평등적 활동으로서 학교를 민주화하고 사회를 민주화할 수 있는 중요한 매개자가 되고 있다. 기술 자체는 통합자와 분산자의 기능을 동시에 가진 '디지털 학습자digital learner'를 만들어내고 있다. 정보기술의 급격한 발달은 전통적 역할과는 완전히 단절되면서 교육에 대한 또 다른 이미지를 창출하고 있다. 이런 이미지의 창출은 아동들로 하여금 인터넷과 가상현실과 같은 새로운 정보의 원천과 접촉하도록 하고 있다. 인터넷 등 전자민주주의의 발전으로 면 대 면이 아닌 사이버 사회를 통한 소통을 더욱 긴밀하게 하고 있다. 이런 새로운 대조적 이미지는 여전히 현재보다는 미래에 초점을 맞추도록 한다.

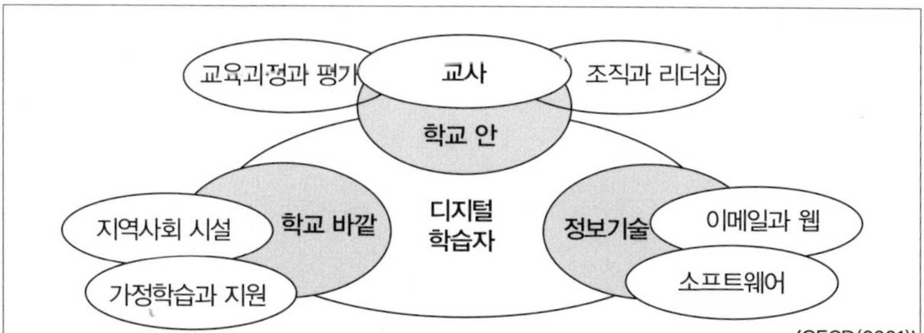

〈OECD(2001)〉

정보기술IT 혁명은 의사소통과 지식의 변화를 가져왔지만 새로운 긴장과 딜레마를 만들어내고 있다. 즉, 정보 격차와 인간성 상실을 불러오고 있다. 스치는 관계이며 일시적 관계가 이루어지는 기호사회는 지속적이지 않아 피상적 관계를 조장한다. 그러기에 사이버 공동체가 해결할 수 없는 역할을 학교가 해야 한다. 학교는 살아 있는 구체적 인간이 모여 사는 조직체로서 친밀한 현실공동체이기에, 의사소통이 잘 되고 인간관계를 더욱 돈독하게 하는 분위기를 형성하고 이를 위한 아동 친화적 소통 공동체를 만들어야 한다. 학교는 전자민주주의의 가능성을 잘 활용하여 사회적 변화와 개별적 학습을 상호 보완하고 균형을 잡아야 한다. 특히 무엇을 가르칠 것인가에 있어서는 외적 가치보다는 내적 가치에 보다 초점을 둘 필요가 있다.

게다가 시장 지향적 교육은 위험사회의 징후와 물신화 현상을 보이며 교육의 성격과 정체성을 흔들고 있다. 시장의 법칙은 학생을 인격이 없는 물건의 거래 법칙에 맡기려고 한다. 이러한 현실에서 아동과 교육을 시장의 상품으로 보는 시장주의적 교육정책market-led education에 휩쓸리지 말고, 전인적·통전적 교육관holistic education으로 대처해야 한다. 21세기의 새로운 가르침과 배움은 지구적·기술적·사회적 변화에서 나온 것이다. 견제받지 않는 지구화와 자유시장적 자본주의는 국가의 힘과 권위를 넘어서는 초국적 기업의 방식과 결합되어 있다. 이에 대한 반세계화의 저항 전선도 만만치 않게 형성되고 있다. 21세기의 가르침과 배움은 학교의 문과 교실의 벽을 넘어서고 있다. 이러한 지구적 이동이 일어나고 있다면 우리는 핵심적 가치와 목표를 재평가하고 주변으로 밀려난 요구들을 더욱 포용하는 새로운 틀을 개발할 필요가 있다.

(2) 어떻게 학교를 혁신해야 하는가?

① 참여적 접근

일선 현장에서 교육을 하고 있는 교육 주체의 참여권을 더 많이 부여할 때 교육의 혁신은 더욱 빨라질 것이다. 권한의 확대는 책임의 확대를 수반한다. 민주적 참여는 이런 질문에 대한 대답의 일부로서 교육체제로부터 나온 결과가 아니라 과정적 목표를 고려할 필요가 있다. 교사는 국가의 교육정책에 의해 만들어진 객체가 아니라 만드는 주체여야 한다. 민주적 참여의 본질과 정도는 교육 현장의 요구와 열망이 보여주는 신호로서 매개 척도라고 할 수 있다. 이러한 가정을 받아들인다면 가르침과 배움의 과정이 매일 어떤 방식으로 현장에서 일어나고 있는지는 물론이고, 교육의 전체 변화가 어떻게 구상되고 수행되는지를 심각하게 생각해보아야 한다. 국가의 교육정책이나 학교 운영 참여의 성공 여부는 주체들의 역량에 따라 좌우되기에 그들의 역량이 강화되어야 한다. 교사는 학생들이 진리와 현실 사이의 갈등이 무엇인지, 미래에 도래할 도전에 대해 무엇을 알고 무엇을 모르는지를 확인해야 한다. 학생들은 세계의 수많은 난제를 해결해야 하고, 그 곤란을 해결하는 데 교사의 수준 높은 지도를 필요로 한다.

학교를 민주적으로 혁신하려면 1)참여문화를 증진시켜야 한다. 학교에서 소통과 참여의 문화를 육성한다는 것은 교사, 학생, 학부모, 관리자와의 대화 채널을 열어주어 상호작용을 활발하게 하는 것이며, 신뢰하고 탐구하는 자력적인 학습자를 육성해야 한다. 2)학교 내에 민주적 가치를 확립해야 한다. 교사, 학생, 학부모 사이에 민주적 가치가 확립되어야 한다. 가치란 단순히 주장되는 것이 아니라, 논의의 광장에 올려 토의하고 타협하고 종합하여 변형되는 과정 속에서 탄생되는 것이다. 3)민주적 시민권/시민성을 위한 교육을 촉진해야 한다. 4)학교 단위에서 민주적 실천을 격려하는 전략을 세워야 한다.

② 포괄적 접근

성공적인 학교혁신은 세 가지가 서로 연관되어 있다. 즉, 학교혁신은 학교 안과 지역 단위에서 교육자의 기술·능력·헌신과 교사·학생·학부모의 열정과 헌신, 그리고 올바른 행정구조를 만들려는 정치인의 능력이 상호 결합되어 포괄적으로 나타날 것이다. 종종 학교개혁은 갈팡질팡하는 교육정책, 발전을 가로막는 관료주의, 부적합한 교사, 무책임한 학부모, 부적절한 교육과정, 동기 없는 학생 등에 의해 실패할 것이다. 학교 문제에 대한 해답을 행정가에게서만 찾을 것이 아니라 교사, 학생, 학부모가 해결의 주체라고 인식할 때 학교혁신은 시너지를 발휘할 것이다. 그들이 구상하고 있는 학교 변화를 수행하려면 관련된 모든 집단이 공동으로 적극적으로 협력하여 대처해야 한다.

③ 상향적 접근

상향적 교육혁신은 하향식 학교혁신보다 더 큰 영향을 줄 것이며 오랫동안 유지될 것이다. 학교혁신을 성공적으로 달성한 연구들에 의하면, 서로 다른 맥락에서 학교 단위의 발전을 달성하기 위한 성공적인 노력은 수많은 공통 요소를 가지고 있다. 동기가 잘 부여된 참모가 있어야 하고, 가르침과 배움의 향상에 초점을 두어야 하고, 물리적 환경의 변화가 있어야 하고, 학교의 문화가 변화되어야 한다.

(3) 무엇을 혁신해야 하는가?

정부는 학교혁신을 어떻게 할 것인지에 대한 선택뿐 아니라, 집중을 위해 그 선택된 것에 대한 선택을 해야 한다. 학교혁신의 접근은 나라마다 다르고, 또한 한 나라 안에서도 긴 시간을 통해 보면 다르다. 최근 많은 나라에서 학교 정책의 파편화와 정책 간의 조정이 결여되어 있는 것에 초점을 맞추어 문제를 해결하고자 하는 '시스템' 접근을 시도하기도 하고, 시대에 뒤떨어진 학교조직의 문제를 수술하고자 하는 '재구조화' 접근을 시도하기도 하고, 등록률과 교육 기회 확대 등 '팽창' 접근을 시도하기도 한다(Riley, 2004: 60).

그런데 학교혁신의 접근은 사회적·경제적 상황 그리고 이데올로기와 역사에 의해 만들어진 문화에 따라 다르다. 많은 경우 교육과정과 교사교육의 혁신 등 동일한 구성 요소를 포함하고 있다. 그것은 대부분 21세기의 지구적·기술적 변화를 수반하고 있다. 정부나 국가는 학교혁신의 방향을 조정한다. 이들 접근은 상호 배타적이지 않으며 성숙한 학교체제는 이들 요소 대부분을 포함한다. 우리나라는 입시 위주의 교육체제와 사교육비 절감을 둘러싸고 뚜렷한 해법을 찾지 못한 채 학생·학부모·교사들이 고통을 겪고 있다. 이에 대한 대안을 고려하여 적절한 학교혁신의 방향을 결정해야 한다.

(4) 누구를 위해 학교를 혁신해야 하는가?

노벨 평화상을 받은 센Amartya Sen(1999)은 과잉 풍요의 세계 속에서 수백만의 사람들이 기술 측면에서는 노예가 아니지만, 빈곤 및 시민의 자유와 건강과 교육이 결여되는 등 기본적 자유가 부정됨으로써 '자유롭지 않다'는 사실을 상기시키고 있다. 좋은 건강과 합당한 삶의 수준과 함께 질 좋은 교육은 오늘날 많은 사람들이 당연히 여기는 것이지만, 현실적으로 많은 아동과 젊은이들은 그 권리를 부정당하고 있다. 천만 원의 등록금을 내고 대학을 다녀야 하는 한국 대학생들의 처지는 매우 심각한 현실이다. 부자 아이,

가난한 아이를 구분하는 차별적 급식 제도도 그렇다.

세계적 학교혁신의 상징인 '배울 권리'의 개념은, 모든 아이들은 비용을 들이지 않고 법에 정해진 학업 규정에 따라 학교에 다닐 권리가 있다는 '모두를 위한 교육'의 맥락에서 볼 때 매우 중요한 것이다. 학생들 자신의 다양한 요구는 물론이고 국가의 요구에 의해 발생된 경쟁의 압력이 교사에게 누적된 결과로 인해 아동과 젊은이들은 학교교육의 과정을 통해 더욱 불리하게 되었다. 특히 일선 학교 현장에서 생생하게 경험된 학생들의 목소리에 귀를 기울여야 한다. 우리는 그들을 통해 학교교육을 재구성하는 방법에 대해 많은 것을 배울 수 있을 것이다. 이런 현실과 염원이 곧 일제고사 취소와 체벌 금지 그리고 「학생인권조례」 제정 등의 정책을 걸고 지역 교육감에 당선된 진보교육감의 출현을 낳았다고 할 수 있다.

(5) 무엇을 위해 학교를 혁신해야 하는가?

무엇을 위해 학교를 혁신하는가, 그 목적은 창조적 학습 환경을 개발하는 데 있다. 그것은 학생들이 경이감과 즐거움을 느껴야 하고, 소속감을 갖고, 논쟁적 이데올로기를 식별할 수 있고, 기술을 사회적 요구에 이용하는 신뢰를 가져야 하고, 서로 협동할 수 있어야 하고, 스스로를 평생의 학습자로 보아야 한다(Riley, 2004: 69-70). 이것은 학교교육을 사회적·정치적·경제적 변혁을 위한 지구적 시민성을 촉진하는 수단으로 보는 관점이다. 동시에 배움을 즐거워하고 자신의 삶을 통해 앎을 탐구하는 학교교육의 해방적 본질을 인식하는 관점이기도 하다. 미래를 위해 학교를 혁신한다는 것은 우리의 아이들이 생각하고, 배우고, 성찰하고 함께 작업하도록 준비시키는 기회를 갖도록 하는 것이다.

학습은 민주주의를 위한 혁신, 배움을 위한 혁신, 다양성을 위한 혁신으로 나아가야 한다. 학생들의 학습을 문제 해결의 과정으로 보는 관점이 요구된다. 학생을 위한 민주적 교수법은 자기교육을 사적 재화가 아니라 공공재로 본다. 배움은 결과가 아니라 과정이고, 학생 개인에게 사회적 가치와 열망은 물론이고 학습 경험으로 가져갈 수 있는 요인에 의존한다. 그것은 문화와 맥락에 대한 것이고, 문화적 신념과 열망으로서 학습의 특수한 모델의 적절성이 서로 다른 인지를 창조하는 것과 결합되어 있다. 한 나라의 문화와 역사는 교육과정, 학교의 분위기, 교실의 관계, 가르침과 배움을 기술하는 데 사용되는 언어 등 공교육의 모든 측면에 영향을 미친다.

4. 민주적 학교로서 '혁신학교'의 과제

지난 민주화 정권 시의 생활지도는 전체주의적 권위가 무너진 후 새로운 민주적 질서를 확립하지 못한 채 자유방임적 학생지도에 머무르고 말았다. 그런데 설상가상으로 지금 우리는 다시 이전의 권위주의 시대로 돌아가는 퇴행 국면을 맞이하고 있다. 이러한 조건 속에서 국가 전체적으로는 타율적 생활지도가 하향적으로 전달되는 반면, 진보적 교육청에서는 자율적 생활지도나 생활교육을 만들려고 하고 있기에 학생들만 죽을 맛이다. 이런 현실에서 학교 전체적으로 자율적인 민주적 생활교육과정을 창출한다는 것은 정말 난제이다. 혁신학교의 추진과정에서 보듯 많은 일선 교사들이 움직이지 않는 것도 문제이고, 혁신학교에서 성공적인 생활교육과정을 만든 성과도 그다지 많이 나타나지 않고 있기에 그만큼 어려운 현실에 직면해 있다.

이러한 조건에서 새로운 학교의 모형인 '혁신학교'에서의 교육 실험은 매우 중요한 의미를 지니고 있다(이광호 외, 2010; 경태영, 2010; 성열관·이순철, 2011; 초등교육과정연구 모임, 2011). 혁신학교의 실험은 성공해야 한다. 그렇게 하여 실종된 공교육의 혁신과 학교 민주주의를 복원해야 한다. 혁신학교의 핵심적 가치는 '민주주의'이기에 민주적 실천을 해야 하고, 혁신학교의 모델은 '민주적 학교'를 지향해야 한다. 공교육 안의 새로운 학교 만들기의 전형으로서 '혁신학교' 모델은 민주시민교육을 할 수 있는 새로운 가능성으로서 주목할 필요가 있다. 진보교육감의 출현으로 인권교육, 평화교육, 환경교육, 공동체교육, 행복교육 등을 중심으로 한 민주시민교육을 할 수 공간이 훨씬 넓어졌다고 할 수 있다. 이런 점을 유념하면서 다음과 같은 제언을 하고자 한다.

첫째, 현재의 대규모 학교는 권위적이고 관료적인 체제로 기우는 경향이 강하기에 '소규모의 학교'로 재편되어야 한다. 소규모 학교는 민주시민교육을 할 수 있는 학교 모습 중 하나일 것이다. 학교 내의 학교라고 할 수 있는 '큰 학교 속의 작은 학교 만들기'라고 할 수 있다. 큰 학교를 반으로 나누어 운영하는 방식도 가능할 것이다. 여러 대안학교에서 실험을 시도한 '소규모 공동체 학교'를 복원했던 경험도 많은 참고가 될 것이다.

둘째, 아동관과 학습관의 변화가 있어야 한다. 지식기반 사회는 창의성을 크게 요구한다. 이에는 아동중심child-centeredness 교육철학이나 사회적 구성주의social constructivism가 중요하다. 이들 교육사상은 모두 학생을 통제나 훈육의 대상에서 벗어나 자치를 할 수 있는 자율적 존재로 본다. 아동을 권리의 담지자이며 인권의 주체로서 시민으로 성장시키기 위해 전통적 아동관[123]을 넘어서야 한다. 전통적 아동관은 교사를 '성숙한 존재'로 보는 반면,

---

123 전통적 아동관은 아동은 부모의 자산이고 책임이며, 아동은 권리와 책임을 행사할 수 없는 미성숙 존재이고, 정치의 세계로부터 보호되어야 하며, 아동은 무질서하고 파괴적이고 반사회적이며, 그래서 아동을 완전한 개인으로 보기보다는 국가와 사회의 구성원으로 본다.

학생을 '미성숙한 존재'로 보는 이분법이 작동하고 있는데 이런 교육관을 넘어서야 한다. 오늘날 학생의 미성숙 못지않게 교육자의 미성숙도 사회문제가 되고 있는 현실에서 교육자와 피교육자 모두가 인간으로서 그리고 시민으로서 성장할 필요가 있다.

셋째, 학교교육 전반의 재구조화를 위해 새로운 '학교문화'의 구축이 시급하다. '학교구조의 혁신'과 함께 '학교문화의 혁신'을 동시에 추구해야 한다. 교육의 문제 해결은 구조(제도혁신)와 문화(의식혁신)의 종합적 처방을 통해서 가능할 것이다. 체벌 금지, 「학생인권조례」 제정이 구조(학교의 구조, 체제, 조례 등)의 문제냐 문화(학교의 문화, 의식, 의지, 가치 등)의 문제냐 하는 양자택일의 문제가 아니라, 양자를 동시적으로 공존시키는 접근이 요구된다. 학생의 생활(삶) 문제는 구조의 문제인 동시에 문화의 문제일 것이다. 학교운영위원회라는 '제도'가 도입되었지만 그 제도를 움직이고 있는 '사람의 의식'이 준비되지 않는다면, 결국 그 제도는 제 기능을 발휘하지 못한 채 타락하고 말 것이다. 구조(학교구조, 학교정책 등)는 문화(학교문화, 변화 의지 등)의 매개 작용이 없으면 형식만 남게 된다. 사안에 대해 다수결에 의해 대충 넘어가는 것이 아니라 교육적 차원에서 제기된 의제를 심각하게 숙고하는 태도가 필요하다. 그것이 오늘날 새롭게 제기된 '논의/숙고 민주주의deliberative democracy'이다.

넷째, 진보적 교육청에서 시행되고 있는 배움과 돌봄의 공동체 담론에 간혹 '돌봄'만 보이고 '정의'가 보이지 않기에 균형을 잡아야 한다. 정의justice 없는 돌봄care은 성실한 무골호인만 양성하는 것이며, 돌봄 없는 정의는 인간미 없는 원칙적인 사람만을 양산한다. 학교를 정의·공정·평등의 공동체로 만들기 위한 방안이 모색되어야 한다. 우리 사회에서 혁신학교의 핵심적 키워드인 '돌봄'의 원리가 지나치게 과대화되면 '정의'의 원리가 위축될 수 있다. 혁신학교는 정의와 돌봄이 동시에 작동하는 조화로운 평화 공동체로 발전되어야 한다. 극단적인 돌봄이나 극단적 정의의 대안으로서 요즘 '정의로운 돌봄just care'과 '보살피는 정의caring justice'가 동시에 요청되고 있다. 일본의 마나부 교수와 미국의 나딩스Noddings 교수의 돌봄적 교육철학은 정의의 교육철학을 소홀히 할 수 있다. 공교육 속의 대안학교를 꿈꾸던 콜버그Kolberg의 '정의로운 공동체just community' 관점이 우려하듯 정의가 빠지고 공동체만 남게 되면 불공정한 온정주의에 함몰될 수 있다. 그러기에 정의와 돌봄의 원리라는 '두 목소리'를 동시에 공존시키고자 하였던, 신페미니스트 길리건Gilligan의 입장이 우리에게는 더 적절한 모형이 될 수 있다. 특히 샌델의 『정의란 무엇인가』라는 책이 베스트셀러가 되고 있는 현실임을 감안한다면, 우리 사회에 그만큼 부정의가 팽배하고 있음도 유념해야 한다. 시민사회를 건설하는 혁신학교는 새로운 교육의 희망으로서 기존의 잘못된 교육관을 극복하는 의미 있는 모델이 되어야 한다. 혁신학교는 학생들의 행복한 삶으로서의 돌봄과 그것의 최소 조건을 마련하는 사회의 정의를 구현해야 한다. 그렇게 할 때 돌봄의 효과도 증대될 것이다.

다섯째, 민주시민교육의 토대이자 자양분으로서 자율적이고 민주적인 학교 풍토를 만드는 것은 '교장과 교사들의 민주적 리더십'에 달려 있다고 할 수 있다. 단순히 학교의 규모를 줄이고 학교 속의 학교를 만든다고 해서 민주시민교육이 바로 이루어지는 것은 아니다. 학교의 규모를 줄이는 노력과 함께 자유를 누리고 책임을 지는 구조 속에서 구성원들이 모두 동등한 권한을 가지고 의사결정을 할 수 있는 혁신학교를 만들어야 한다. 즉, 소규모 공동체로 조직된 학교체제 못지않게 학교의 민주적인 풍토와 분위기를 만들고자 하는 교사와 학교장의 노력이 중요하다. 학교의 민주적 풍토와 분위기를 만드는 것은 학교 규모나 주변 상황의 영향도 중요하지만, 학교 구성원들의 헌신과 리더십에 달려 있다고 할 것이다.

여섯째, 혁신학교가 민주시민교육을 위해 교육적 관심을 '전인'에 대한 관심으로 확대하려면 학생들의 목소리와 내면에 귀를 기울여야 한다. 학생들이 행복해질 수 있는 교육, 학생들이 인격적으로 성숙해질 수 있는 교육은 학교가 구성원의 다수인 학생들에게 다가갈 때 이루어질 수 있다. 그래서 대부분의 대안학교들은 교육적 관심을 지식 등 인지적 영역에 국한시키지 않고, 정서적인 부분이나 행동에도 많은 관심을 기울인다. 민주시민교육은 지식교육뿐 아니라 가치·태도 및 행동의 교육까지를 포함하기에 대안학교에서 중시하는 전인교육적 철학은 민주시민교육을 할 수 있는 매우 중요한 관점이라고 할 수 있다. 동시에 위로부터의 민주주의가 아니라 아래로부터의 민주적 역량을 강화해야 한다. 상향적 민주 역량을 강화해야 하향적 민주화도 안착할 수 있을 것이다.

일곱째, 학교체제와 문화 그리고 학교의 관심과 강조점 못지않게 민주시민교육을 위해 중요한 것은 학생들이 '자기주도적 학습'을 통해 교육과정과 수업을 선택하면서 배울 수 있는 학교를 만드는 일이다. 학생들이 교육 내용과 수업, 그리고 수업 외의 다양한 활동들을 스스로 선택하여 자기주도적으로 참여할 수 있는가는 민주시민 자질의 핵심적인 요소이고 능력이기에 학교생활에서부터 길러져야 한다. 자기주도적으로 자신의 생활이나 학습과 관련해서 중요한 선택을 해본 시민만이 권리를 누리고 책임을 질 줄 알 것이다.

여덟째, 혁신학교는 학생들과 지역사회와도 원활한 연결망을 구축하고, 기존의 벽을 허물어가는 '공동체 학교'가 되어야 한다. 사회와 격리되거나 유리된 학교에서 길러진 학생은 사회현실의 이해와 참여에 있어 많은 시행착오를 겪을 수밖에 없을 것이다. 학생들로 하여금 그들이 살고 있고, 앞으로 살아갈 사회를 미리 경험하고, 이해하고, 향후에 있을 시행착오를 줄이기 위한 교육 전략이다. 학교가 사회의 위험이나 문제로부터 학생들을 보호할 필요도 있지만, 학생들을 온실 속의 화초로 기르는 과잉 보호도 또한 위험하다. 그러기에 학교와 지역사회가 연계된 봉사학습 등 지역공동체와의 유대를 강화해야 한다. 봉사학습은 학교와 지역사회의 교량 역할을 하는 학교혁신의 가장 효과적인 방안이라고 할 수 있다. 구체적인 현실과의 접촉과 참여에서 배우는 의사결정 능력 및 행동을 통해 교과서에 요약되어 있는 사회과학의 내용을 반복적으로 암기하는 기존 학교의 벽을 넘어설 수 있을 것이다. 대부분의 대안학교에서는 교과수업 못지않게 사회 체험을 통한 프로젝트 활동을 많이 한다는 사실에 주목할 필요가 있다. 학교에서는 사회현실이나 학생들의 미래 진로와 연관성이 많을 경우 더욱더 효과적인 민주시민교육이 가능할 것이다.

아홉째, 혁신학교는 민주시민교육을 이해하고 민주주의를 경험하게 할 수 있는 핵심적인 공간으로 반드시 재편되어야 한다. 권위주의적이고 관료적인 학교체제와 문화 속에서는 민주시민을 기를 수 없다. 고대 그리스의 폴리스는 정치공동체인 동시에 폴리스 전체의 모임과 함께 개별 가정이 또 다른 의미의 정치공동체이자 학교라고 할 수 있다. 현대 국가 속에서 정치공동체로서의 폴리스 복원은 어렵더라도 가정, 학교, 지역사회 속에서 폴리스의 복원은 가능할 것이다. 학생들의 폴리스, 즉 '자치 공화국' 건설이 가능할 것이다.

열 번째, 진보적 교육청에서 추진하고 있는 혁신학교가 그 내용에 있어서는 혁신적이지만, 그것을 집행하는 과정에서 관료적이거나 하향적이어서는 안 된다. 그렇게 되면 내용의 정당성도 확보되지 않을 뿐 아니라, 현장의 착근도 어려울 것이다. 학생들의 생활상 문제와 관련된 체벌 금지와 「학생인권조례」의 제정은 주체들의 실천이 뒤따라야 하는 것이기에 교사, 학생, 학부모 등 교육 주체의 활발한 참여와 치열한 논의 그리고 능동적 동의 과정을 통한 새로운 학교문화의 조성과 함께 동시에 해결되어야 할 과제이다.

●참고문헌

강대현(2000), 「현대 자유주의와 공동체주의 시민교육에 대한 비판적 고찰」, 『시민교육연구』 제31집.

—— (2009), 「시민교육과 학교개혁: 시민교육을 위한 학교개혁 방안 연구」, 『사회과교육』 48(2), pp. 79-93.

강순원(2000), 『평화 · 인권 · 교육』, 한울.

고미숙(2008), 「도덕철학적 관점의 인성교육 」, 강선보 외, 『인성교육』, 서울: 학지사.

고범서(1994), 『행복의 윤리학』, 소화.

고병헌(2006), 『평화교육사상』, 학지사.

—— (2009), 『교사, 대안의 길을 묻다-대안교육을 위한 아홉 가지 성찰』, 이매진.

곽준혁(2003), 『아세아연구』 제46권 4호.

교육부(1998), 『초등학교 교육과정 해설』, 교육부.

권혁범(2004), 『국민으로부터의 탈퇴』, 서울: 삼인.

김경동(2002), 「시민사회사상사 개관」, 시민사회포럼 · 중앙일보시민사회연구소, 『시민사회와 시민운동』, 아르케.

김도균, 『권리의 문법』, 박영사, 2008.

김동춘(2000), 「시민교육」, 『NGO란 무엇인가』, 아르케.

김미현(2007), 『초등학교에서의 학교 폭력 예방 프로그램 연구: 갈등 해결적 평화교육을 중심으로』, 부산교육대학교 교육대학원 석사학위 논문.

김성재(1992), 「한국 평화교육의 이념과 원칙」, 『민중교육과 평화교육』, 풀빛.

김영삼(2010), 「교사들의 역할과 과제」, 학생인권조례제정운동 서울본부 외, 『학생인권조례 시대, 무엇을 어떻게 할 것인가?』, 81돌 학생의 날 맞이 토론회(11. 2).

김영인(2007), 「영국의 청소년시민교육」, 박재창 B. J. 젤리기(2007), 『민주시민교육의 전략과 과제』, 오름.

김용민(2003), 「루소의 정치철학에 있어서 일반의지와 애국심」, 『정치사상연구』 제8집.

김우창(2007), 『자유와 인간적인 삶』, 서울: 생각의 나무.

—— (2008), 『정의와 정의의 조건』, 서울: 생각의 나무.

김은경(1997), 「학교 폭력과 폭력의 사회화」, 『교육개발』 통권 105(1).

김은경(2009), 『민주시민을 키우는 어린이 정치』, 리젬.

김정수(2007), 『평화도 배워야 합니다』, 녹색동화.

김준호(1997), 「한국의 학교 폭력에 대한 연구」, 『청소년 폭력』, 한국청소년개발원.

—— (2006), 「학교 폭력의 정의 및 현상」, 문용린 외(2006), 『학교 폭력 예방과 상담』, 서울:학지사.

김재홍(2008), 「아리스토텔레스의 시민정치론: 아리스토텔레스의 시민교육과 공교육의 이념」, 『시민과 세계』 14호, 참여사회연구소.
김창환(2007), 『인본주의 교육사상』, 학지사.
김태수(2007), 「프랑스의 중등교육과정과 시민교육」, 박재창 · B. J. 젤리거, 『민주시민교육의 전략과 과제』, 오름.
김형민(2001), 「평화와 인권」, 『신학사상』 114집, 가을.
김호기(2001), 『한국의 시민사회』, 아르케.
—— (2001), 「한국시민사회의 흐름과 시민운동의 과제」, 『제8회 100년 비전포럼』, 흥사단100주년 사업추진위원회/비전위원회(2. 12).
나가오, 니시카와(2007), 『국경을 넘는 방법』, 일조각.
—— (2010), 『국민을 그만두는 방법』, 역사비평사.
나오키, 김규태 역(2009), 『사람들은 왜 싸울까?』, 초록개구리.
다카코, 정은지 역(2009), 『우리는 평화를 사랑해요』, 초록개구리.
류은숙(2003), 「낯설고도 먼 아동의 인권」, 『당대비평』 25, 256–267.
문수현(2009), 「전후 서독의 양심적 병역 거부에 대한 논의」, 『역사와 문화』 제17호, 문화사학회.
문용린 외(2006), 『학교 폭력 예방과 상담』, 서울: 학지사.
문지영(2009), 『자유』, 서울: 책세상.
민주화운동기념사업회(2009), 『2008년도 민주시민교육 종합보고서 연구용역 보고서–민주청서 21』.
박보영(2005), 『평화교육의 이론과 과제 연구』. 연세대학교 박사학위 논문.
박선영(2007), 「통합교과를 통한 영국의 시민교육」, 박재창 · B. J. 젤리거(2007), 『민주시민교육의 전략과 과제』, 오름.
박용석(2003), 「니일의 인간주의 아동교육사상」, 『열린유아교육연구』 Vol. 8, No. 3, pp. 45–70.
박용헌(2002), 『가치교육의 변천과 가치의식』, 서울대학교 출판부.
박이문(2010), 『통합의 인문학』, 지와 사랑.
박재창 · B. J. 젤리거(2007), 『민주시민교육의 전략과 과제』, 오름.
박흥순(2010), 「열린 사회의 시민교육, 주민학습을 통한 공동체 짓기」, 『갈등사회를 넘어서: 지속 가능한 발전을 위한 시민교육의 역할』, 시민교육 아태회의 자료집(2010. 10. 20–10. 23).
배경내(2000), 「형식화된 도덕교육에 대한 인권의 도전」, 『우리교육』, 겨울방학 교사아카데미 자료집.
—— (2007), 「배제된 목소리, 준비되지 않은 자리: 잊혀진 어린이 · 청소년이 자기결정권과 참여권을 찾아서」, 한국인권재단, 『인권평론』, 한길사.
—— (2010), 「시민사회의 역할과 과제」, 학생인권조례제정운동 서울본부 외, 『학생인권조례 시대, 무엇을 어떻게 할 것인가?』, 81돌 학생의 날 맞이 토론회(11. 2).
백승한(1999), 「학교 폭력과 학생의 인권 신장」, 『학생인권 신장방안 모색을 위한 세미나 자료집』(9. 30), 한국교육개발원.
서경식(2007가), 「왜 지금 교양인가?」, 『교양, 모든 것의 시작』, 노마드북스.
—— (2007나), 「현대의 교양이란 무엇인가?」, 『교양, 모든 것의 시작』, 노마드북스.

서규환(1993), 「포스트마르크스주의 논쟁에 대하여」, 『현대성의 정치적 상상력』, 민음사.
서동진(2009), 「애국주의 논쟁을 읽는 마르크스적 개입」, 『르몽드 디플로마티크』 제13호.
—— (2010), 「과연 공화국만으로 충분한가: 애국주의 논쟁을 되짚어 보아야 할 이유」, 『시민과 세계』 제17호, 서울: 참여사회연구소.
서울대학교 일반사회교육과(2002), 「시민사회와 시민교육」(http://aped.snu.ac.kr/cyberedu/cyberedu2/kor/kor3-02.html).
설규주(2005), 「한국시민사회의 성장과 학교 인권교육의 과제」, 『사회과교육』 제44권 1호.
성명옥 · 오효근 편(2004), 『대학과 사회봉사』, 아산: 지혜의 샘.
성열관 · 이순철(2011), 『혁신학교』, 살림터.
세이지로, 정은지 역(2009), 『평화를 지킨 사람들』, 초록개구리.
손경애 외(2010), 『한국의 민주시민교육』, 동문사.
손승남(2011), 『인문교양교육의 원형과 변용』, 교육과학사.
송현정(2004), 『현대 시민교육의 목표로서의 인권에 대한 연구』, 서울대학교 대학원 박사학위 논문.
신두철 · 허영식(2010), 『민주시민교육의 정석』, 오름..
신득렬(1993), 「파이데이아 제안의 연구」, M. J. Adler, 신득렬 역, 『파이데이아 제안: 하나의 교육적 제안』, 서원.
—— (2003), 「교양교육」, 『현대교육철학』, 학지사.
—— (2007), 『행복의 철학』, 학지사.
신봉섭(2007), 「호주의 학교 시민교육」, 박재창 · B. J. 젤리거, 『민주시민교육의 전략과 과제, 오름.
신진욱(2008), 『시민』, 책세상.
심성보(1999), 『도덕교육의 담론』, 학지사.
—— (2002가), 「신자유주의 교육정책의 문제와 민주적 공동체 교육의 모색」, 『교육비평』 8호.
—— (2002나), 「민주주의 교육」, 『처음처럼』 7~8월호.
—— (2007), 『인생교육론』, 서현사.
—— (2008가), 『민주화 이후의 공동체 교육』, 서울: 살림터.
—— (2008나), 『도덕교육의 새로운 지평』, 서울: 서현사.
안병진(2010), 「애국」, 구갑우 외, 『좌우파 사전: 대한민국을 이해하는 두 개의 시선』, 서울: 위즈덤하우스.
오동석(2010), 「학생인권조례와 과제」, 학생인권조례제정운동 서울본부 외, 『학생인권조례 시대, 무엇을 어떻게 할 것인가?』, 81돌 학생의 날 맞이 토론회(11. 2).
오인탁(2001), 『파이데이아-고대 그리스의 교육사상』, 학지사.
오장미경(2003), 『여성노동운동과 시민권의 정치』, 아르케.
양희규(1997), 『사랑과 자발성의 교육』, 서울: 내일을 여는 책.
—— (2005), 『꿈꾸는 간디학교 아이들』, 가야넷.
여태전(2004), 『간디학교의 행복 찾기』, 우리교육.

오천석(1960), 『민주교육을 지향하며』, 을유문화사.
우기동(2008), 「세상살이 인문학과 삶의 철학」, 임철우 외, 『행복한 인문학』, 이매진.
원준호, 「루소에 나타난 애국심과 시민의식」, 『한국정치학회보』 제37집 3호.
유네스코한국위원회 편(1995), 『평화를 위한 국제선언』, 오름.
유팔무 · 김호기 엮음(1995), 『시민사회와 시민운동』, 한울.
이경주(2006), 「일본의 기지 재편과 반기지 투쟁」, 『민주법학』 제32호, 민주주의법학연구회.
이광주(2009), 『교양』, 한길사.
이규영(2005), 「독일의 정치교육과 민주시민 교육」, 『국제지역연구』 9(3), 157-186.
이근관(2006), 「국제적 인권으로서의 평화권에 대한 고찰」, 『인권평론』 창간호.
이기범(2000), 「제도교육의 재구조화를 위한 좋은 학교의 교육철학 · 문화의 비교문화 연구」, 『교육인류학연구』 제3권 제3호, pp. 185-211.
—— (2009), 「한국의 교육문화와 아동 · 청소년의 행복」, 『한국청소년연구』, Vol. 20, No. 1, pp. 365-392.
이만규(2010), 『다시 쓰는 조선교육사』, 서울: 살림터.
이민희 외(1998), 『청소년 폭력 대책 모델 개발』, 한국청소년개발원 연구보고서.
이병수(2008), 「앎과 삶의 인문학 공부길 」, 임철우 외, 『행복한 인문학』, 이매진.
이상언(1992), 「자유교양교육 이념의 변천과정 연구—18~19세기 영국의 대학을 중심으로」, 고려대학교 대학원 교육학과 석사학위 논문.
이상희(2009), 「학교 폭력 예방과 인권교육」, 이혜원 외, 『학생권리와 학교사회복지』, 서울: 한울.
이승환(1998), 『유가사상의 사회철학적 재조명』, 서울: 고려대학교 출판부.
이윤영 외(2010), 『가치를 다시 묻다: 새로운 시대의 가치혁명을 위하여』, 궁리.
이재연(2004), 「아동권리모니터링의 내용」, 『아동권리모너터링 교육자료집』, 사단법인 한국아동단체협의회.
이재호(2008), 「인권교육의 재정립과 실천방향 모색」, 『정신문화연구』 31(3), pp. 333-362.
이혜원(2006), 『아동권리와 아동복지』, 서울: 집문당.
임재성, 「평화권을 통해서 본 한국인권 담론 확장과정 연구」, 국가인권위원회, 『2009 년도 인권 논문 수상집』.
임혁백(2001), 「21세기 한국 시민사회와 민주주의: 과거에 대한 성찰과 미래를 위한 비전 모색」 (http://yony7.hihome.com/comparative/process/citizendemo.html).
—— (2006), 「한국 민주주의의 발전과 인권의 변화 발전」, 『인권평론 』 창간호, 한길사.
장석준(2008), 「진보 좌파에게 대한민국은 무엇인가?」, 『시민과 세계』 제14호, 서울: 참여사회연구소.
장은주(2009), 「대한민국을 사랑한다는 것: 민주적 애국주의의 가능성과 필요」, 『시민과 세계』 제15호, 서울: 참여사회연구소.
—— (2010), 「민주적 애국주의와 민주적 공화주의: 비판과 문제 제기에 대한 응답」, 『시민과 세계』 제17호, 서울: 참여사회연구소.

정순원(2010),「학생인권 보호와 교권의 존중」,『교육비평』28, 한울.
조성래(2010),『공화국을 위하여』, 서울: 길.
조철민(2010),「민주화운동기념사업회의 민주시민교육사업」,『갈등사회를 넘어서: 지속 가능한 발전을 위한 시민교육의 역할』, 시민교육아태회의 자료집(2010. 10. 20-10. 23).
조효제(2007),『인권의 문법』, 후마니타스.
조희연(2000),「한국의 시민사회단체의 역사, 현황과 전망」,『NGO란 무엇인가』, 아르케.
정재걸(2010),『오래된 미래교육』, 살림터.
정현백 외(2002),『통일교육과 평화교육의 만남』, 통일부 통일교육원.
청소년위원회(2005),『지방청소년의회 구성 · 운영 매뉴얼』.
초등교육과정연구모임(2011),『행복한 혁신학교 만들기』, 살림터.
최관경(2003),「행복과 행복교육」,『교육사상연구』Vol. 12, 17-49.
최미리(2001),『미국과 한국 대학의 교양교육 비교』, 양서원.
최선영(1996),「교양교육의 원천」, 고려대학교·교육사철학연구회,『인간주의 교육사상』, 내일을 여는 책.
최장집(2009),『민중에서 시민으로: 한국 민주주의를 이해하는 하나의 방법』, 서울: 돌베개.
최현(2008),『인권』, 서울: 책세상.
추병완(1999),『도덕교육의 이해 』, 서울: 백의
카즈오 · 유미코, 김규태 역(2009),『평화는 어디에서 올까?』, 초록개구리.
하사오, 구계원 역(2009),『전쟁은 왜 되풀이 될까?』, 초록개구리.
하승수 · 김진(1999),『교사의 권리, 학생의 인권』, 사계절.
한국교육개발원(1994),『민주시민교육』, 대한교과서주식회사.
한대동 외(2009),『배움과 돌봄의 학교공동체』, 학지사.
허영식(2002),「한국의 시민교육」,『현대사회의 변동과 시민교육』, 원미사.
허종열(2005),「교육현장에서의 아동권리협약상의 권리보호와 인권교육의 방향」,『제8회 아동청소년 실무자교육』, 한국아동단체협의회.
홍성수(2010),「인권과 기본권, 시민권: 무엇을 말하고 실천하고 연구할 것인가?」, 인권과 시민권 그리고 장애인 인권교육,『제10차 인권교육 포럼』(4. 23), 국가인권위원회.
홍윤기(2010),「민주시민교육의 글로벌 트렌드와 과제」,『갈등사회를 넘어서: 지속 가능한 발전을 위한 시민교육의 역할』, 시민교육아태회의 자료집(2010. 10. 20-10. 23).
홍인기(2010),「서울학생인권조례 주민 발의안에 대한 토론」, 학생인권조례제정운동 서울본부 주최,『서울학생인권조례 주민 발의안 공청회 자료집』(10. 18).

Adler, M. J.(2004), The Paideia Proposal, D. J. Flinders & S. J. Thornton, RoutledgeFalmer, New York & London. *The Curriculum Studies Reader*.

Aegidius, K. K.(2004), 「시민을 위한 민주시민교육 어떻게 할 것인가」, 『처음처럼』 41호, 내일을 여는 책.

Allen, G.(1992) 'Active Citizenship: A Rationale for the Education of Citizens?', G. Allen & I. Martin, *Education and Community: The Politics of Pratice*, Cassell.

Althof, W. & Berkowitz, M. W.(2006), Moral education and character: their relationship and roles in citizenship education, *Journal of Moral Education*, Vol. 35, 4: 495–518.

Arent, H.(1958), *Human Condition*, University of Chicago Press.

Aristoteles, 천병희 역(2009), 『정치학』, 숲.

Ball, S. 이우진 역(2007), 『푸코와 교육』, 청계.

Barber, B.(1995), 'The Future of Civil Scoiety(http://civnet.org/civitas/ barber.html).'

———, 이선향 역(2006), 『강한 시민사회, 강한 민주주의』, 일신사.

Battistoni, R. M. & Hudson, W. E.(eds.)(1997), *Experiencing Citizenship: Concepts and Models for Service Learning in Political Science*, AAHE.

Beck, J.(1998), *Morality and Citizenship in Education*, Cassell.

Beck, J. & Earl M.(2003), *Key Issues in Secondary Education*, Continuum.

Bellamy, Richard(1992), *Liberalism and Modern Society*, Polity Press.

Berlin, I., 박동천 역(2006), 『이사야 벌린의 자유론』, 서울: 아카넷.

Bernstein, E.(1968), What does Summerhill Old School Tie look like, *Psychology Today*, Vol. 2, No. 5, 65–70.

Beyer, L. E.(ed.)(1996), *Creating Democratic Classrooms*, Teachers College Press.

Billante & Saunders(2002), Why Civility Matters, *Policy*, Vol. 18, No. 3.

Billig, S. H. & Wateman, A. S.(2003), *Studying Service-Learning*, London: LEA.

Bloom, A., 이원회 역(1997), 『미국정신의 종말』, 서울: 범양사.

Bobbio, N.(1992), 『자유주의와 민주주의』, 서울: 문학과 지성사.

Bosch, P. V. D., 김동윤 역(1999), 『행복에 관한 10가지 철학적 성찰』, 자작나무.

Bourdieu, P., 정일준 역 (1997), 『상징폭력과 문화재생산』, 새물결.

Boyte, H. C & Farr, J.(1997), The work of citizenship and the problem of service learning, Battistoni, R. M. & Hudson, W. E.(eds.)(1997), *Experiencing Citizenship: Concepts and Models for Service Learning in Political Science*, Washington, DC: AAHE.

Brabeck, M. M & Rogersm, L.(2000), Human Rights as a Moral Issues: Lessons for Moral Educators from Human rights Work, *Journal of Moral Education*, Vol. 29, No. 2, pp. 167–182.

Bridges, D.(1997), *Education, Autonomy and Citizenship*, Routledge.

Brighouse, H., 이지헌 역(2011), 「아동은 어떤 권리를 갖는가?」, R. Bailey(편), 『철학이 있는 교육, 교

육을 찾는 철학』, 학이당.
Browne, A. & Haylock, D.(eds.)(2004), *Professional Issues for Primary Teachers*, Paul Chapman Publishing.
Burkimsher, M.(1993), Creating a Climate for Citizenship Education in Schools, J Edwards & K Fogelman(eds.)(1993), *Developing Citizenship in the Curriculum*, DavidFulton.
Butts, R. F., 김해성 역(2007), 『민주시민의 도덕 』, 서울: 나남.
Carnie, F.(2003), *Alternative Approaches to Education*, RoutledgeFalmer.
Carr, D., 손봉호 외 역(1997), 『인성교육론』, 서울: 교육과학사.
Carter, A., 조효제 역(2006), 『직접행동』, 서울: 교양인.
Clark, D.(1996), *School as Learning Communities*, Cassell.
Cogan, J. & Derricott, R.(eds.)(2000), *Citizenship for the 21st Century: An International Perspective on Education*, Kogan Page.
Cohen, J. L. & Arato, A.(1995), *Civil Society and Political Theory*, The Mit Press.
Comte-Sponville, A., 조한경 역(1997), 『미덕에 관한 철학적 에세이』, 서울: 까치.
Conroy, J. C., 이지헌 역(2011), 「윤리를 가르칠 수 있는가?」, R. Bailey(편), 『철학이 있는 교육, 교육을 찾는 철학』, 학이당.
Couto, R. A.(1996), Service Learning: integrating community issues and the curriculum, in T. L. Becker & R. A. Couto(eds.), *Teaching Democracy by Being Democratic*, Westport, USA: Praeger.
Davies, L.(2008), Global Citizenship Education, M. Bajai, *Encyclopedia of Peace Education*, IAP.
Dearden, R. F., 최원형 역(2003), 「행복과 교육」, 『현대교육목적론』, 원미사.
Defrance, B., 전주화 역(2000), 『학교에서의 폭력』, 백의.
Dekker, P.(2009), Civicness: From Civil Society to Civic Services?, Voluntas, 20, pp. 220-238.
DeMeis, D. & Sutton, C.(2009), The Evolution of a Service-Learning Course, Rimmerman, C. A.(ed.)(2009), *Service-Learning and the Liberal Arts*, Lexington Books.
Desai, N.(2000), Replacing a Culture of War & Violence by That of Peace & Non-Viloence(http://www.unesco.org/cpp/uk/news/desai.html).
Deucher, R.(2007), *Citizenship, Enterprise and Learning*, Trentham Books.
——— (2009), Seen and heard, and then not heard: Scottish pupils' experience of democratic educational practice during the transition from primary to secondary school, *Oxford Review of Education*, Vol. 35, No. 1, February 2009, pp. 23-40.
Dietz, M. G.(2002), Patriotism, A Brief History of the Term, I. Primoratz(ed.), *Patriotism*, Humanity Books.
Dilthey, W., 손승남 역(2009), 『고대 그리스와 로마의 교육』, 지식을 만드는 지식(Ross Deuchar, 2009).

Edwards, J. & Fogelman, K.(eds.)(1993), *Developing Citizenship in the Curriculum*, DavidFulton.

Ehrenberg, J., 김유남 외 역(2002), 『시민사회, 사상과 역사』, 아르케.

Elias, N., 박미애 역(2009), 『문명화 과정 I』, 한길사.

Elshtain, J. B.(1997), The decline of democratic faith. in Battistoni, R. M. & Hudson, W. E.(eds.), *Experiencing Citizenship: Concepts and Models for Service Learning in Political Science*, AAHE.

Engle, S. H. & Oshoa, A. S., 정세구 역(1989), 『민주시민교육』, 교육과학사.

Enslin, P. & White, P., 조우진 역, 「민주시민성」, 강선보 외 역(2009), 『현대교육철학의 다양한 흐름』, 학지사.

Entwistle, H.(1993), 『민주주의와 정치교육』, 목원대학교 출판부.

Farrell, M.(1999), *Key Issues for Primary Schools*, Routledge.

Faulks, K., 이병천 외 역(2000), 『시티즌십』, 아르케.

Field, M. V. & Field, D., 이희영 외 역(2006), 『아동생활지도: 구성주의적 접근』, 21세기사.

Field, N.(2009), 「전쟁과 교양」, 『교양, 모든 것의 시작』, 노마드북스.

Field, S. L.(2004), Citizens for a New World Order: A Historical Perspectives of Citizenship *Education in the United States*. Kennedy, K. (ed.)(2004), Citizenship Education and the Modern State, RoutledgeFalmer.

Finland Minister of Education, *Participating- Co-active school*, 2006.

Flowers, et al.(2000), The Human Rights Education Handbooks. University of Minesota Human Rights Resource Center(http://www1.umn.edu/humanrts/edumat/hreduseries/hrhandbook/toe.html).

Fogelman, K.(ed.)(1993), *Citizenship in Schools*, David Fulton.

Fotopoulos, T.(2003), From (Mis)education to *Paideia. Democracy & Naturs*, Vol. 9, No. 1.

Fredman, S., 조효제 역(2009), 『인권의 대전환』, 서울: 교양인.

Galston, W.(1989), Civic Education in the Liberal state, N. L. Rosenblum(ed.), *Liberalism and Moral Life*, Harvard.

Galtung, J., 강종일 외 역, 『평화적 수단에 의한 평화』, 들녘.

Gay, G.(1999), 「인격교육과 다문화교육의 관계」, Molnar, A., 심성보 외 역, 『아동인격교육론』, 서울: 인간사랑.

Giddens, A.(2000), Citizenship Education in the Global Era. in Pearce, N. & Hallgarten(eds.), *Tomorrow's citizens: Critical Debates inCitizenship and Education*, IPPR.

Gomes, et al.(2007), Civility and Social Relations in South and Southeast Asia, *Suomen Antropologi*, 32(3).

Grayling, A. C.(2006), 『미덕과 악덕에 관한 철학사전』, 서울: 에코의 서재.

Guarasci, R. & C. A. Rimmerman(1996), Applying democratic theory in community organizations.

in T. L. Becker & R. A. Couto(eds.), *Teaching Democracy by Being Democratic*, Westport, USA: Praeger.

Halstead, J. M. & Pike, M. A.(2006), *Citizenship and Moral Education*, NY: Routledge.

Harris & Morrison(2011), Peace Education, London: McFarland & Company, Inc., Publication.

Harris, I.(2010), History of Peace Education. Salomon, G. & Cairns, *Handbook on Peace Education*, Psychology Press.

Hart, D. & Atkins, R., 김태훈 역(2010), 「지역봉사와 도덕발달」, 『도덕성 발달 핸드북』, 인간사랑.

Haydon, G.(1999), 'Violence, and the Demand for Moral Education', *Journal Of Philosophy Of Education*, Vol. 33, No. 1.

Heather, D.(1990), *Citizenship: the civic ideal in world history, politics and education*, Longman.

——— (1992), Tensions in Citizenship Ideal, E. B. Joners & N. Jones, *Education for Citizenship*, Kogan Page.

———, 김해성 역(2007), 『시민교육의 역사』, 한울아카데미.

Held, D.(1991), 「민주주의, 민족국가 그리고 지구촌」, 한상진 편저, 『마르크스주의와 민주주의』, 사회문화연구소.

Hepburn, M. A., 이광성 역(2005), 『학교와 교실에서의 시민교육』, 원미사.

Hoffman, M.(2000), *Empathy and Moral Development: Implications for Caring and Justice*, Cambridge University Press.

Hoggard, L. 이경아 역(2006), 『행복』, 예담.

Howard, C. C.(1991), *Theories of General Education: A Critical Approach*, Macmillan.

Howe, R. B. & Covell, K.(2007), *Empowering Children: Rights Education as a Pathway to Citizenship*, Toronto: University of Toronto Press.

Hung, Ruyu.(2007), Is Ecological Sustainability Consonant or Dissonant with Human Rights?–Identifying Theoretical Issues in Peace Education, *Journal of Peace Education*, Vol. 4, No. 1. pp. 39–55.

Hutchinson, F. P.(1996), *Education beyond Violent Futures*, Routledge.

Ichilov, O.(ed.)(1998), *Citizenship and Citizenship Education in a Changing World*, Woburn Press.

Ishay, M., 조효제 역(2006), 『세계인권사상사』, 서울: 길.

Jacoby, B.(1996), 조용하 역(2008), 『대학교육과 봉사학습』, 서울: 학지사.

Jaddaoui, N. H.(1996), 'Building Bridges toward Democracy', L. E. Beyor(ed.), *Creating Democratic Classrooms*, Teachers College Press.

Janoski, T.(1998), *Citizenship and Civil Society*, Cambridge University Press.

Jelev, J., 이선희 역(2009), 「21세기의 교육과 시민성」, J. Binde', 『가치는 어디로 가는가?』, 문학과 지성사.

Jones, E .B. & Jones, N.(1992), *Education for Citizenship*, Kogan Page.

Jones, T. S.(2006), Combining Conflict Resolution Education and Human Rights Education, *Journal of Peace Education*, Vol. 3, No. 2, pp. 187–208.

Jørgensen, P. S.(2004), Children's Participation in a Democratic Learning Environment. J. Macbeath & L. Moos, *Democratic Learning*, RoutledgeFalmer.

KEDI(2001), 'Redefining the Democratic Citizenship Education in the Globalized Society', The Proceeding of the International Forum of Democratic Citizenship Education in the Asia-Pacific Region, Oct. 16–17.

Kennedy, K.(ed.)(2004), *Citizenship Education and the Modern State*, RoutledgeFalmer.

Kenny, A.(2010), 「21세기, 행복의 발견 행복의 철학」, McCready, S., 김석희 역(2010), 『행복에 대한 거의 모든 것들』, 휴머니스트.

Kohlberg, L., Levine C. & Hewer A., 문용린 역(2000), 『콜버그의 도덕성 발달 이론』, 서울: 아카넷.

Kohn, A.(1999), 「인격교육의 난점」, Molnar, A., 심성보 외 역, 『아동인격교육론 』, 서울: 인간사랑.

Kozol, J., 김명신 역(2008), 『젊은 교사에게 보내는 편지』, 문예출판사.

Kroman, A. T., 한창호 역(2009), 『교육의 종말』, 모티브북.

Lee, S.(2009), Service-Learning in a Ethics Course. Rimmerman, C. A.(ed.) (2009), *Service-Learning and the Liberal Arts*, Lexington Books.

Lickona, T.(1991), An Integrated Approach to Character Development in the Elementary School Classroom. J. S. Benniga(ed.), *Moral Character, and Civic Education in the Elementary School*, NY & London: Teachers College Press.

———, 박장호 · 추병완 역(1998), 『인격교육론』, 서울: 백의.

Lind, M.(2006), Why the Liberal Arts still Matter, *Wilson Quarterly*, Vol. 30, Autumn, pp. 52–58.

Lisman, C. D.(1998), *Toward a Civil Society: Civic Literacy and Service Learning*, Bergin & Garvey.

Louis, K. S.(1994), Democratic Values, Democratic Schools: Learning Reflections in a International Contexts. J. Macbeath & L. Moos, *Democratic Learning*, RoutledgeFalmer.

Lynch, J.(1993), *Education for Citizenship in a Multi-Cultural Society*, Cassell.

MacIntyre, A., 김민철 역(2004), 『윤리의 역사, 도덕의 이론』, 철학과 현실사.

——— (2002), 'Patriotism a Virtue', I. Primoratz(ed.), Patriotism, Humanity.

Mary, M., 이수영 역(2010), 『양의 탈을 쓴 가치』, 책보세.

Matheson, C. & Matheson, D.(eds.)(2000), *Educational Issues in the Learning Age*, Continuum.

McCowan, T. 이지헌 역(2011), 「학교는 좋은 시민을 만들 수 있는가?」, R. Baily(편), 『철학이 있는 교육, 교육을 찾는 철학』, 학이당.

Mcintjes, G.(1997), uman Rights Education as Empowerment, G. J. Andreopoulos & R. P. Claude, *Human Rights Education for Twenty-First Century*, PENN.

McLaren, P., *Life in Schools*, Boston: Allyn & Bacon, 2003.

McLaughlin, T. H.(1992), 'Citizenship, Diversity and Education', *Journal of MoralEducation*, 21(3), 235–50.

Mill, J. S., 김형철 역(1992), 『자유론』, 서울: 서광사.

Miller, D.(1992), 'Community and Citizenship', S. Avineri & A.de–Shalit(eds.), *Communitarianism and Individualism*, Oxford University Press.

Mische, A.(1996), Projecting Democracy, Tilly, C.(ed.)(1996), *Citizenship, Identity and Social History*, Cambridge University Press.

Mitter, W.(2001), Education for Democratic Citizenship in Central and Eastern Europein the Mirror 'of Globalization and Transformation, L/J. Limage(ed.), *Democratization Education and Educating Democratic Citizens*, RoutledgeFalmer.

Møller, J.(2008), Democratic Leadership in an Age of Managerial Accountability, J. Macbeath & L. Moos, *Democratic Learning*, RoutledgeFalmer.

Morganett, R. S., 허승희 역(2001), 『삶의 기술』, 학지사.

Morrill, R. L.(2009), Liberal Education, Leadership and Value, J. T. Wren(et al.), *Leadership and the Liberal Arts: Achiving the Promise of a Liberal Education*, Palgrave–Macmillan.

Mouffe, C.(1992), *Dimensions of Radical Democracy*, London & New York.

Nathanson, S.(2002), Is Patriotism like Racism, I, Primoratz(ed.), Patriotism, Humanity Books.

Neill, A. S.(1945), *Hearts Not Heads in the School*, London: Jenkins.

——— (1992), The New Summerhill, Penguin Books.

——— 김인회 역(1990), 『문제의 가정』, 서울: 양서원.

——— 김은산 외 역(1991), 『문제의 아동』, 서울: 양서원.

——— 김영숙 외 역(1992), 『문제의 부모 』, 서울: 양서원.

——— 김은산 역(1999), 『행복한 학교 서머힐』, 서울: 양서원.

Noddings, N., *Happiness and Education*, Cambridge University Press. 이지헌 외 역(2008), 『행복과 교육』, 학지사.

———, 심성보 외 역(1999), 「인격교육과 공동체」, Molnar, A., 『아동인격교육론』, 서울: 인간사랑.

——— (2009가), 「순화된 애국주의란 가능한가?: 세계적 정의의 논증」, 석학과 함께하는 인문강좌 시리즈 제1강연, 한국학술진흥재단.

——— (2009나), 연세기독교교육학포럼 역, 『세계시민의식과 글로벌 교육』, 학이당.

——— (2004), The False Promise of the Paideia, D. J. Flinders & S. J. Thornton, RoutledgeFalmer, New York & London, *The Curriculum Studies Reader*.

Noddings, N. & Slote, M.(2003), Changing notion of the moral and of moral education. N. Blake et al., *The Blackwell Guide to Philosophy of Education*, MS & USA: Blackwell Publishing.

Nusbaum, M. C.,(1997), *Cultivating Humanity: A ClassicalDefence of Reform in Liberal Education*, Harvard University Press.

O'Hear, A. & Sidwell, M.(2009), *The School of Freedom: A Liberal Education Reader from to the Present Day*, Imprint-academic.

Oldfield, A.(1990), *Community and Citizenship*, Routledge.

Olweus, D., 이동진 역(1996), 『바로 보는 왕따 대안은 있다: 학교에서 일어나는 폭력문제』, 삼신각.

Ooi, G. L.(1999), Good Governance, Civic Education and Civil Society. M. Print(et al.), *Civic Education for civil Society*, Asean Academic Press.

Osanloo, A. F.(2009), Civil Responsibility and Human Rights Education, *Intercultural Education*, Vol. 20, No. 2, pp. 151–159.

Oser, A. & Starkey, H.(2005), *Changing Citizenship: Democracy and Inclusion in Education*, Open University Press.

Osler, A.(2010), Citizenship and the Nation-State: Affinity, Identity and Belonging, A. Reid, J. Gill, A. Sears(eds.), *Globalization, the Nation-State and the Citizen: Dilemmas and Directions for Civics and Citizenship Education*, Routledge.

Pearce, N. & Hallgarten, J. (2000), Citizenship Education: Framing the Debate. Pearce, N. & Hallgarten, J.(eds.), *Tomorrow's citizens: Critical Debates in Citizenship and Education*, IPPR.

Peters, R. S.(1966), *Ethics and Education*, George & Unwin.

Pocock, W. C.(1988), 'The Ideal of Citizenship since Classical Times', Shaffer, G. ed., *The Citizenship Debates: A Reader*, University of Minnesota.

Print. M.(1999), Civic Education and Civil Society in the Asia-Pacipic, M. Print(et al.), *Civic Education for civil Society*, Asean Academic Press.

——— (2004), Phoenix or Shooting Star?: Citizenship Education in Australia, Kennedy, K.(ed.), *Citizenship Education and the Modern State*, RoutledgeFalmer.

Puduska, K.(1996), To Give My Students Wings. L. E. Beyor(ed.), *Creating Democratic Classrooms*, Teachers College Press.

Purpel, D.(1999), 「인격교육론의 정치학」, Molnar, A., 심성보 외 역, 『아동인격교육론』, 서울: 백의.

Putnam, R. D.(2000), 『사회적 자본과 민주주의』, 서울: 박영사.

Putnam, R. D., 정승현 역(2009), 『나 홀로 볼링』, 서울: 페이퍼로드.

Quike, J.(1994), Individualism & Citizenship: Some problems and possibilities, *International Studies n Sociology of Education*, Vol. 2, No. 2.

Ranson, S.(1993), Market or Democracy for Education, *British Journal of Educational Studies*, XXXI, No. 4, pp. 334–340.

Reardon, B. A.(1988), *Comprehensive Peace Education*, Teachers College Press.

——— (1988), *Educating for Global Responsibility*, Teachers College Press.

——— (1997), Human Right as Education for Peace. G. J. Andreopoulos & R. P. Claude, *Human*

Rights Education for Twenty-First Century, PENN.
Reichenbach, R.(2010), Civility as Pedagogical Category, *The Korean Journal of Philosophy of Education*, Vol. 50, pp. 87–104.
Rich, J. M., 김정환 역(1985), 『인간주의 교육학』, 박영사.
Richards, C. & Taylor, P. H.(eds.)(1998), *How Shall We school Our Children?: Primary Education and its Future*, Falmer Press.
Riley, K.(1994), Reforming for Democratic Schooling., J. Macbeath & L. Moos, *Democratic Learning*, RoutledgeFalmer.
Rimmerman, C.(1997), 'Teaching American Politics through Service: Reflections on a Pedagogical Strategy', Reeher, G. & Cammarano, J.(eds.)(1997), *Education for Citizenship*, Rowman & Littlefield.
Rivera, J. D.(2010), Teaching about Culture of Peace as Approach to Peace Education. Salomon, G. & Cairns, *Handbook on Peace Education*, Psychology Press.
Roche, D.(2003), *The Human Right to Peace*, Nobalis.
Rubin, B. C. & Silva, E. M.(2003), *Critical Voices in School Reform: Students Living throughChange*, RoutledgeFalmer.
Russell, B. 이순희 역(1995), 『행복의 정복 』, 사회평론.
Sandel, M. J., 이창신 역(2010), 『정의란 무엇인가』, 서울: 김영사.
Scott, B. A. ed.(1991), *The Liberal Arts in a Time of Crisis*, Praeger.
Sehr, D. T.(1997), *Education for Public Democracy*, State University of New York Press.
Sen, A.(1999), *Development as Freedom*, Oup, Oxford.
Shiman, D. A & Fernekes, W. R.(1999), The Holocaust, Human Rights and Democratic Citizenship Education, *The Social Studies*, pp. 53–62.
Shorris, Earl, 고병헌 외 역(2006), 『희망의 인문학』, 이매진.
Starratt, R. J.(1994), *Building an Ethical school*, Falmer Press.
Taylor, C.(1985), *Philosophy and the Human Science*, Cambridge University Press.
Tibbitts, F.(2008), Human Rights Education, M., Bajai, *Encyclopedia of Peace Education*, IAP.
Thomcon, K.(2006), Service Learning in Grade K–8, California: Corwin Press.
Tilly, C.(ed.)(1996), *Citizenship, Identity and Social History*, Cambridge University Press.
Vasak, K. A, 1997, *30-year Struggle*.
Viori, M., 김경희 외 역(2006), 『공화주의』, 서울: 인간사랑.
Waghid, Y.(2005), Action as a Education Virtue: Toward a Difference Understanding of Democratic Citizenship Education, *Educational Theory*, Vol. 55. No. 3, pp. 323–342.
Westheimer, J. & Kahne, J.(2004a), Educating the good citizen, *Political Science and Politics*, 37(2), 241–269.

——— (2004b), What kind of citizen?, *American Educational Research Journal*, 41(2), 241–269.
Westheimer, J.(2007), Politics and Patriotism in Education, J. Westheimer(ed.), *Pledging Allegiance: The Politics of Patriotism in America's Schools*, Teachers Colledge Press.
Wexler, P.(1993), Citizenship in the Semiotic Society, Turner(ed.), *Theories of Modernity and Postmodernity*, Sage.
Whitaker, P. (1997), *Primary Schools and the Future*, Open University Press.
White, J.(ed.)(1994), *Rethinking the School Curriculum*, London, RoutledgeFalmer.
White, M.(2006), An Ambivalent Civility, *Canadian Journal of Sociology*, 31(4), pp. 445–460.
White, P.(1996), *Civic Virtues and Public Schooling*, Teachers College Press.
Williams, B.(1986), *Ethics and the Limits of Philosophy*, Cambridge: Harvard University Press.
Winch, C.(2000), *Education, Work and Social Capital*, Routledge.
Yvonne, H.(1997), Citizenship Education: Towards a Pedagogy of Social Participation and Identity Formation, *Canadian Ethnic Studies*, Vol. 29, pp. 82–97.

삶의 행복을 꿈꾸는 교육은 어디에서 오는가?

미래 100년을 향한 새로운 교육

혁신교육을 실천하는 교사들의 필독서

▶ 비고츠키 선집 시리즈

발달과 협력의 교육학 어떻게 읽을 것인가?

생각과 말
레프 세묘노비치 비고츠키 지음
배희철·김용호·D. 켈로그 옮김
690쪽 | 값 33,000원

어린이의 상상과 창조
L.S.비고츠키 지음 | 비고츠키연구회 옮김
280쪽 | 값 15,000원

도구와 기호
비고츠키·루리야 지음 | 비고츠키연구회 옮김
336쪽 | 값 16,000원

비고츠키 생각과 말 쉽게 읽기
비고츠키 교육학 실천연구모임 지음
316쪽 | 값 15,000원

어린이 자기행동숙달의 역사와 발달
L.S.비고츠키 지음 | 비고츠키연구회 옮김
564쪽 | 값 28,000원

비고츠키와 인지 발달의 비밀
A.R.루리야 지음 | 배희철 옮김
280쪽 | 값 15,000원

▶ 평화샘 프로젝트 매뉴얼 시리즈

학교 폭력에 대한 근본적인 예방과 대책을 찾는다

학교 폭력 어떻게 만들어지는가
문재현 외 지음 | 300쪽 | 값 14,000원

아이들을 살리는 동네
문재현·신동명·김수동 지음 | 204쪽 | 값 10,000원

학교 폭력, 멈춰!
문재현 외 지음 | 328쪽 | 값 15,000원

평화! 행복한 학교의 시작
문재현 외 지음 | 252쪽 | 값 12,000원

왕따, 이렇게 해결할 수 있다
문재현 외 지음 | 236쪽 | 값 12,000원

아이들과 절대 흥정하지 마라
로널드 모리쉬 지음 | 김복기 옮김
188쪽 | 값 10,000원

▶ 살림터 참교육 문예 시리즈

영혼이 있는 삶을 가르치는 온 선생님을 만나다!

꽃보다 귀한 우리 아이는
조재도 지음 | 244쪽 | 값 12,000원

선생님이 먼저 때렸는데요
강병철 지음 | 248쪽 | 값 12,000원

성깔 있는 나무들
최은숙 지음 | 244쪽 | 값 12,000원

서울 여자, 시골 선생님 되다
조경선 지음 | 252쪽 | 값 12,000원

아이들에게 세상을 배웠네
명혜정 지음 | 240쪽 | 값 12,000원

행복한 창의 교육
최창의 지음 | 328쪽 | 값 15,000원

▶ 교과서 밖에서 만나는 역사 교실

상식이 통하는 살아 있는 역사를 만나다

전봉준과 동학농민혁명
조광환 지음 | 336쪽 | 값 15,000원

통하는 공부
김태호·김형우·이경석·심우근·허진만 지음
324쪽 | 값 15,000원

즐거운 국사수업
김은석 지음 | 352쪽 | 값 13,000원

빨래판도 잘 보면 팔만대장경이다
전병철 지음 | 360쪽 | 값 16,000원

즐거운 국사수업 32강
김남선 지음 | 280쪽 | 값 11,000원

남도의 기억을 걷다
노성태 지음 | 344쪽 | 값 14,000원

즐거운 세계사 수업
김은석 지음 | 328쪽 | 값 13,000원

김창환 교수의 DMZ 지리 이야기
김창환 지음 | 264쪽 | 값 15,000원

한국 고대사의 비밀
김은석 지음 | 304쪽 | 값 13,000원

영화는 역사다
강성률 지음 | 288쪽 | 값 13,000원

팔만대장경도 모르면 빨래판이다
전병철 지음 | 360쪽 | 값 16,000원

친일 영화의 해부학
강성률 지음 | 264쪽 | 값 15,000원